Oxford DICTIONARY OF BUDDHISM

オックスフォード 仏教辞典

末木 文美士 [監訳]　豊嶋 悠吾 [編訳]

Damien Keown [著]

朝倉書店

A Dictionary of

Buddhism

DAMIEN KEOWN

Contributors
STEPHEN HODGE
CHARLES JONES
PAOLA TINTI

A Dictionary of Buddhism OPR was originally published in English in 2004.
This translation is published by arrangement with Oxford University Press.

監訳者まえがき

朝倉書店では，オックスフォード大学出版局から出版されている『オックスフォード辞典』のシリーズを逐次翻訳出版して，すでに10冊以上となる．それらは理科系のものが主であり，本書はその中では異色である．

仏教辞典の類は数多くあるが，日本で出版されているものは，多く日本仏教を中心として，それと関連するインドや東アジア関係の項目を収め，それも古典文献に出る語彙や概念の説明が中心である．確かに日本の仏教を理解するためには，それで十分である．しかし，世界の仏教の伝統はインド，東南アジア，チベット，東アジア，そして欧米と，きわめて広い地域にわたり，かつまたそれは過去の死んだ伝統ではなく，現在生きてますます発展している．こうして世界中に広がり，しかも紀元前から始まって現在進行形で進んでいる仏教の全貌を理解するためには，一地域に限定された視点を捨てて，まさに地球規模で見ていかなければならない．

そんなことは到底不可能そうに思われるが，本書では驚くべきことに，それを実現している．私たちには全くなじみのない東南アジアの現代の仏教者の名前が出ているかと思うと，オウム真理教もあり，また，幹細胞研究とかクローン化など，現代の宗教倫理上の大問題も正面から取り上げられている．必要な語彙を調べるというだけでなく，ちょっと仕事や勉強に疲れた時に，手元においてぱらぱらと気の向いたところを開くだけで，思わぬ発見があって，びっくりする．

このような辞典が実現したのは，編著者のダミアン・キーオンがきわめて意欲的な仏教倫理学の研究者であり，広範な分野にわたって多数の研究書を著している大学者だからである．執筆協力者たちも優秀である．東アジア関係を担当したチャールズ・ジョーンズは，かつてヴァージニア大学に在籍して，ポール・グローナー教授のもとで私も一緒に学んだ秀才であり，その名前を見て，当時が懐かしく思い出された．

朝倉書店がこの仏教辞典を翻訳したいという意向を示してから，すでに10年近くになる．毎日出版文化賞を受賞した『仏教の事典』（2014年）の編集が多少進んできた頃である．その翻訳の監修を依頼された時，到底引き受けられないと，一旦はお断りした．翻訳は書き下ろしよりもはるかに大変な作業であり，分厚い辞典をすべて訳出することはきわめて困難と思われたからである．しかし，豊嶋悠吾氏を中心とする若い研究者の方々がぜひやりたいと意欲を示したので，それならば，お手伝いをさせて頂くということで，了承した経緯がある．私の為したことはごくわずかであるが，彼らの熱意によって到頭この大事業を成し遂げたことに感歎し，心から喜びたい．本書が仏教に関心を寄せる人たちに愛用されることを願ってやまない．

2016年1月

末木文美士

序

仏教は広大なテーマであり，このようなページ内で要約することはできないものであり，たとえ一冊本の一般向けの仏教辞典として今日可能な最大のものであろうとそれは不可能である．仏教の伝統のもつ豊かさ，多様性，複雑さは単純な分類で捉えきれないものであり，本書が余すところのない参考文献であるというようなうぬぼれは抱いていない．このような事業は，長年にわたる様々な言語，伝統，文化に関する専門家の協力を要するものであり，その後も継続的に改訂される必要があるだろう．この種の取り組みとして，チャールズ・ミュラー（Charles Muller）教授の電子仏教辞典（www. acmuller. net）がすでに進行中であることは興味深い．東アジアの仏教学研究者のためのこのオンライン上の辞書は，参考文献に関する未来のデジタルの著作物の刺激的なモデルを提供している．それとは対照的に，この辞書の目的は，控えめである．急速に発達している仏教文献で見られる様々な概念，名称，テキスト，用語に関する簡潔な説明を求める学生や一般の読者に対して，手近な一冊の参考文献を意図しただけのものである．この辞書は仏教への入門を目指したものではないが，主要な宗派とその教学の項目まで拡張して，世界のおもな地域における仏教の発展に関して初歩的な概説を載せている．一般的なガイドとして，付録に発音解説，仏教経典の解説，年表，地図を掲載した．仏教をより体系的に学ぶための入門書を望む読者は，拙著『仏教：超簡単入門（*Buddhism*：*A Very Short Introduction*)』(Oxford University Press, 1996）も参考にしていただきたい．

項目に何を採用し何を削除するかという選択は，必ずしも容易なことではない．仏教のような複雑なテーマについて，厳格な基準を採用することは馬鹿げたことである．考え得るどんな規則に対してもあまりにも例外が多すぎるからである．仏教の主な伝統すべて，すなわちインド，東南アジア，チベット，東アジアのそれぞれに適切に配慮することを主眼とした．一つの文化の地域を優先することよりも，むしろそれぞれの伝統の相対的な重要性を認識することが目的である．項目には，教義，実践，歴史，美術品と建築物，神話，宗派と教団，経典，人物紹介，興味ある場所を考慮して採録した．このような分類は網羅的というにはほど遠く，内容の約

20%は単純な分類からはみ出す学術用語の説明に当てられている．簡単に分類できる項目では，18%が人物紹介に，12%が経典に，8%が重要な場所に，7%が宗派・教団に当てられている．項目を選択する過程は，必然的に個人の興味に影響されており，この辞書は，著者が興味をもつ分野を反映して，中絶，安楽死，クローン技術といった現代の倫理上の問題も項目に入れている．しかし，現代の問題を取り上げる一方で，学者であれ指導者であれ現在生きている人物に関する言及はまれである．それは死去が採録の基準となっているからである．この全体にわたる混在した優先順位が正しいかどうかについては，読者の判断にゆだねる問題となるであろう．

この辞書で用いられる凡例は一目瞭然である．各項目において，該当する見出語がある語には，初出箇所にアスタリスクを付した．相互参照の印のついた項目は，必ずしも直接関係性のあるものだけではない．読者の探し求めている情報が正確にわかることは常に容易なわけではなく，辞書的な著作においてはでたらめや偶然の要素すべてが悪いわけではないので，相互参照のシステムは，最低限に抑えるよりも広範囲に及び体系立てられたものとした．項目全体の中で特定の用語が現れない場合は，「→○○○」で関連するテーマに読者の注意を喚起した．イタリック体は読みやすさのために最小限にし，外国語は通常イタリック体にしていない．書名はイタリック体であるが，書籍の総称についてはイタリック体ではない（そのため『梵網経』は『　』に入れているが，長部は入れていない*）．発音を示すダイアクリティカルマークはアルファベットにするために無視した．とくに指示されていない場合は，日付は西暦紀元後の年である．

*訳者注記：翻訳では書名は原則的に『　』に入れることにした．

私はひとりでこのプロジェクトをやり遂げることはできなかった．様々な分野で私に協力してくれた諸研究者に感謝の気持ちを記さなければならない．東アジアの項目についてはアメリカ・カトリック大学のチャールズ・ジョーンズ（Charles Jones）教授が，チベットとインド仏教の一部はステファン・ホッジ（Stephan Hodge）が資料をまとめ編集してくれた．パオラ・ティンティ博士（Dr. Paola Tinti）が上座部仏教と東南アジアの項目の一部に寄稿してくれた．私はこの三氏の博学と徹底ぶりに恩義を感じている．彼らが寄稿した部分のほとんどは，必ずしももとのままではないとしても，何らかの形で辞書の中に見いだせる．また，チャールズ・プレビッシュ（Charles Prebish）には彼の著作である『仏教歴史辞典（*Historical Dictionary of Buddhism*）』（Scarecrow Press, 1993）から，仏教文献に関して私の案内書に採用する許可を頂き，さらにランス・カズンズ（Lance Cousins）には原稿段階で貴重な意見と訂正を頂いた.

当初計画していたよりも長期間にわたった作業の初めから終わりまで，私とともに作業してくれたオックスフォード大学出版局の編集者の方々全員は，編集のプロとして有能であるだけでなく協力的であり理解もあった．後に出版局を去ったアンガス・フィリップス（Angus Phillips）とヴィッキー・ロジャー（Vicki Rodger）の両者にも，刊行までこの辞書を最後まで見届けてくれたルース・ラングレー（Ruth Langley）にも感謝の意を表する．また相互参照，校正や，このプロジェクトの過程におけるその他の様々な問題について助けてくれた，私の生徒であるキャサリン・ホームズ（Katherine Holmes）にも感謝したい.

ダミアン・キーオン（Damien Keown）
ロンドン，2002 年

監訳者

末木文美士

編訳者

豊嶋悠吾

訳　者

石原美里　　岩崎陽一
大西　紀　　近藤隼人
田村航也　　豊嶋悠吾
中西俊英　　平井敦夫
廣瀬朋美　　宮崎展昌
八尾　史

凡　例

1. 項目名は太字で記し，原著の欧文項目名（言語名）を付して見出し語とした．人名の場合はさらに（　）内に生年と没年を入れた．

2. 項目名が漢字の場合は読みがなを小字で入れた．

3. 原著の項目名は異なるが，日本語では同じ項目名になる場合，項目名に上つきの数字を付して区別した．

4. 項目名は五十音順に配列した．濁音・半濁音は相当する清音として取り扱った．拗音・促音も一つの固有音として取り扱い，長音"ー"は配列上では無視した．

5. 説明文中の術語の冒頭に付した * 印は，その術語が項目として収載されていることを示す．

6. 書名・経典などは『　』で示した．

7. 言語名の省略形は原著に準じた．なお，中国語の発音表記はウェード・ジャイルズ式によっている．

Burm.：ビルマ語（ミャンマー語）　Chin.：中国語　Jpn.：日本語
Kor.：韓国語　Lao：ラオス語　Skt.：サンスクリット語
Thai：タイ語　Tib.：チベット語　Pāli：パーリ語

8. 訳注は最小限にとどめ，［　］内に示した．

9. 巻末の欧文索引は項目名の欧文をアルファベット順に配列し，用語集としても使えるように，日本語項目名を併記した．

ア

阿育王　あいくおう　⇨アショーカ

アーヴァーサ　⇨住処　じゅうしょ

アヴァダーナ　avadāna (Skt.)

過去世のさまざまな聖人たちにまつわる道徳的説話を物語る仏教文学の一形式．譬喩ともいう．サンスクリット語の仏教文学中，アヴァダーナは12形式のうちの一つとして伝えられ，在家信者の教化のために編纂されたと目されている．物語は複雑な教義的問題を避けるかわりに，愛情や信仰に動機づけられた善行は報われるが，悪意や憎悪から起こる悪行は罰せられる，というさまを描いている．

アヴァダーナ形式は，大乗興起以前の初期仏教の諸学派内で普及し，その年代はほぼ紀元後まもなくに定められる．アヴァダーナでは，大乗仏教においてより顕著になるブッダに対する帰依の姿勢の萌芽が見てとれる．菩薩の姿が見られないことや現実味のあるさま，物語の背景からも大乗仏教興起以前のものであることを示している．ブッダのとりなしにより救われるという教義は見受けられず，個々人が自らの精神的向上に責を負うという点で，道徳上の進展には長い道のりを要することをアヴァダーナは強調する．したがって，アヴァダーナ形式は文学的に小乗と大乗の間の過渡的様相を呈していると現代の諸研究者は考えている．アヴァダーナ形式をとるものとして特筆すべきは，たとえば，*『撰集百縁経』，『アショーカ・アヴァダーナ』(*Aśoka-avadāna*)，*『ディヴィヤ・アヴァダーナ』，後代の『アヴァダーナ・カルパラター』(*Avadāna-kalpalatā*) があげられる．

アヴァドゥーティ　avadhūti (Skt.)

人体を走る精神エネルギーの主要経路（*ナーディー）で，*アヌッタラ・ヨーガ・タントラの精神生理学に由来する．この経路は，外側は青白く，内側は光沢のある赤色の細い管として視覚化され，会陰から脊椎に沿って眉間にある4ないし5の*チャクラ，すなわちエネルギーの中枢点まで続いている．アヴァドゥーティはそのチャクラとの結節点で終わるのが通常であるが，*ララナーと*ラサナーという隣接する二つの経路から*風の微細なエネルギーが流入するものとされ，それは究極的実在たる*法身の*智を具現化している．

アヴァンティ　Avanti

ムンバイの北東地域の古名．古代インドにおける主要な国の一つ．西は*マガダに接し，シプラ川畔にある都ウッジャイニーでは，3本の重要な交易ルートが集結していた．ブッダ在世時には，マガダ・*コーサラ・ヴァンサ（もしくはヴァットサ）とともに4大王国を成していたが，最終的にはマガダ国に併合された．ブッダ自身はアヴァンティを訪れていないが，*マハーカーティヤーヤナの手によりダルマが広められた．しかし，ブッダの死後しばらくしてシシュナーガによってマガダ国の版図に組み入れられるまでは，アヴァンティで仏法が隆盛を極めることはなかった．その後，*バールフト，*サーンチー，ヴィディシャーの地に高名な仏教徒が登場し，多くの大塔がアヴァンティに建立された．それらの大塔の中には，現代になって発掘されたものもある．中国僧*玄奘の報告によると，7世紀半ばまでにアヴァンティの大部分で仏教は著しく凋落していたとされているが，これは政治的中心地の変化に応じて，ただ新たな僧院へと場所が移されたことに由来すると考えられる．アヴァンティでは政治が崩壊したものの，マーラヴァや*ヴァラビーでは多くの僧を擁し，その一方でハルシャがカナウジやアウドを統治していた時代の新たな中心地も多くの僧を擁していた．

閼伽　あか　argha (Skt.)

タントラ儀礼において用いられる供物の一種で，多くは花・葉・米を水に入れて混ぜたものである．

アキリヤ・ヴァーダ akiriya-vāda (Pāli)

道徳的な行いを重要視しない学説（vāda). この学説は*六師外道（ジャイナ教の指導者*ニガンタ・ナータプッタを除く）を含むブッダと同時代の人々により唱えられた. アキリヤ・ヴァーダの教えは業を認めなかったため, ブッダにより非難された. ブッダ自身の教えは, *キリヤ・ヴァーダの学説の範疇に収められる.

悪 1 あく evil

仏教には, 宇宙におけるなんらかの力や客観的実体としての悪という概念は存在しない. そのような悪に最も近いものとしては, 仏教における「悪魔」といえる, 神話的な存在である*マーラがある. その一方で, 人間の苦しみ(苦)としての悪については, 仏教は多くのことを語っており, それは*四聖諦の第1番目として提示されている. 人間の経験というものは, 病や死といった多くの苦しみを不可避的に伴う. また, 人間は火事や洪水, 地震といった自然界の有害なものに晒されてもいる. さらにこれらと並んで, 煩悩として知られるさまざまな悪徳に細分化される, 道徳的な悪というものも存在する. それらのうちで最も根本的なところに位置するのは, *貪, *瞋, *痴という3種の悪の根源（*不善根）である. 人生における不幸は, すべてとはいわずともその多くが業の理論によって説明されるため, 有神論的宗教をしばしば困難に陥れる「悪の問題〔悪の存在根拠を問う問題のこと〕」と呼ばれるものは, 仏教においてはそれほど深刻な問題とならない.

悪 2 あく pāpa (Skt., Pāli)

「罪」の意. 悪しきこと, または間違ったことで, 衆生を苦に導く. 功徳（*福, 善い行い）の反対で, 功徳が天界への転生をもたらすのに対し, これは, 地獄, *餓鬼, 畜生の三悪道のうちの一つへの転生を引き起こす（→趣). *不善である意図や行動, すなわち貪, 瞋, 痴の三つの*不善根から生じる. 本質的に, 衆生を涅槃から遠ざけるものである. そして, 神聖な権威に対する冒瀆や, 原罪などの人間性にもともと具わっている状態というよりは, 過失の概念に近い. 仏教においては, 罪は許されることがないが, 告白することはできる. →懺悔

アクシャラ akuṣara (Skt.)

音節, 文字, 音素. とくに, サンスクリット語のそれを指す. タントラ仏教において, この諸音節はしばしば, 導きを受けた者のみに知られる秘儀的な意味をもつ秘密の記号を構成するもの, とされる.

悪趣 1 あくしゅ apāya (Skt.)

輪廻する中での, 四つの苦難の境涯, すなわち阿修羅・畜生・*餓鬼・地獄の総称. →六道

悪趣 2 あくしゅ durgati (Skt.)

悪行をなした者がそこへと生まれ変わる, 惨めで悪しき境涯. 地獄, *餓鬼の世界, 畜生の世界という, 3種の低い存在のあり方をいう.

悪取空 あくしゅくう akushu-kū (Jpn.)

「空の誤った理解」の意. 禅で*空性を「無」と考える誤った理解の仕方をいう. 正しい理解は空は単なる存在の欠如ではなく諸法の真実のあり方である. *『般若心経』によれば「色不異空, 空不異色」である.

悪僧 あくそう akusō (Jpn.)

平安時代に宗教的な生き方を放棄し, 破戒僧や僧兵や欲得目当てに雇われた僧（比丘）のこと.

阿含 あごん Āgama (Skt.)

パーリ正典の分類に対応する, サンスクリット語の仏教正典になされる4分類のうちの一つ. したがって, サンスクリット語の*長阿含はパーリ語の*長部に対応し, *中阿含は*中部に, *相応阿含は*相応部に, *増一阿含は*増支部にそれぞれ対応している.

阿含宗 あごんしゅう Agonshū

桐山靖雄によって創始された現代日本の仏教宗派. 桐山は1970年, 観音菩薩が自分の前に現れて, この世の人々に現れ出ている悪業を打ち破る新しい手法を伝授したと主張した. 阿含宗の教義によれば, 日常生活で生ずるさまざま

な不幸は悪霊の働きによって起こされるので，不幸を根絶するためには悪霊（通常は死者の霊）とのつながりを切断しなければならない．そして信者は邪悪な業を切り離すため，清めの集団儀式などの密教の行法や口唱，瞑想，観音への祈禱などを行う．宗派の名称はサンスクリット語のアーガマ（*阿含）からきており，釈尊の教えを納めた正典を意味する．

阿含法 あごんほう Āgama-dharma (Skt.)
仏教経典を通して伝えられてきたものとしてのダルマ．体験を通して理解される法である*証得法に対して用いられる．

アーサールハ・プージャー Āsāḷha Pūjā (Skt.)
*鹿野苑でのブッダの*初転法輪にちなんで，*上座部の国々で行われる*祭典．この祭典は，その説法がアーサールハ月の満月の夜に行われたという言い伝えから名前がつけられた．この祭典はスリランカでは*エサラ・ペラヘラとして知られている．

アサンガ Asaṅga
*弥勒とともに，大乗仏教の*瑜伽行派の基礎を定めた歴史的人物で，*ヴァスバンドゥの異母兄．無着，無著ともいう．4世紀に北西インドに生まれ，初め*マヒーシャーサカの徒であったが，後に大乗に転じた．多年にわたって猛烈に瞑想を実践した後，*『瑜伽師地論』，*『摂大乗論』，*『阿毘達磨集論』という瑜伽行派の要となる著作を，その他の多くの著作とともに作り続けた．瑜伽行派の著作について，アサンガに帰されるか弥勒に帰されるかが，中国の伝統とチベットの伝統で異なっていることがある．

アサンニャサッター asaññasattā (Pāli)
「意識のない存在」の意．意識的な経験をもたない本体レベルに存在する神々（*天，デーヴァ）の類．一般的には，長い間第4の禅定に専念し，もはやどんな思考や感覚にも動揺しない境地に達した瞑想の従事者がそれにあたる．ある者はこれを涅槃の状態と混同し，その状態にとらわれる．天界の神々の心にどのような考えでも生じるや否や，彼らは低次元の精神的世界に落ちる．

アージーヴァカ Ājīvakas (Skt.)
*マッカリ・ゴーサーラによって創始された非正統の教団で，ブッダの同時代の対抗者である．マッカリは6年間，ジャイナ教の指導者*マハーヴィーラとともに遊行したが，後に意見の違いから別の道を歩んだ．両教団の実践には，いくつか似た点が存在する．入門儀礼（*灌頂）が髪を引き抜くことによりなされる，裸形・苦行などを含む極端に厳格な行を行う，などである．一方で，信条の点では異なっている．ジャイナ教徒は仏教徒と同じように業についての教義を認めるのに対して，アージーヴァカ教徒は自由意志の存在を否定する．マッカリは人の一生を糸の球に喩え，投げられると糸が尽きるまで曲がることなく定められた道を転がっていくようなものだ，とする．ブッダの生きた時代には，アージーヴァカは重要な教団となっており，その後も数百年間続いた．その後は衰退し，中世後期か近代の初めまでに，おそらくジャイナ教か，あるいは短命ではあったがマッカリを神格として崇めた南インドの献身的信仰集団に吸収される形で，すべて消滅した．

アシタ Asita
ブッダの父*シュッドーダナ王の教師で，後に宮廷司祭になった．阿私陀ともいう．ブッダが生まれたとき，アシタは，その子の体にある吉相の数々（→三十二相，随好，マハープルシャ）にもとづいて，その子の運命を予言した．アシタは未来の悟りし者の誕生を喜んだが，アシタ自身がその教えを聞くために生き永らえることがないであろうことを知って悲しんだ．アシタは死後，その偉大な瞑想の力によって，非物体の次元（*無色界）に輪廻した．

阿私陀 あしだ ⇨アシタ

アジタ・ケーサカンバラ Ajīta Kesakambala
六師外道の教師の一人で，ブッダと同時代の人である．彼の教えは*長部の*『サーマンニャパラ・スッタ』に描かれており，善や悪などは存在せず人は死によって無に帰するという一種の虚無主義の立場をとっていた．しかし他の箇所では，彼は輪廻を信じていたとされている．彼の名前は「髪の編み物を身につけたアジータ」という意味であるが，これは彼が，不快でひどい臭いのする人間の髪の編み物を身につけていた習慣に由来する．

阿闍世 あじゃせ ⇨アジャータシャトル

アジャータシャトル Ajātaśatru (Skt.；Pāli, Ajātasattu)

父親である*ビンビサーラを殺害して王位に就いた，第2代の*マガダ国王．阿闍世ともいう．はじめは*デーヴァダッタを信奉し，ブッダに敵対的で，デーヴァダッタと共謀してブッダを殺害しようとしたが，後にそれを悔いて，ブッダの熱心な信者になった．アジャータシャトルとブッダの出会いは，*長部の*『サーマンニャパラ・スッタ』に長く描かれており，そこにおいてアジャータシャトルは六師外道に対する不満を述べている．即位8年目にブッダが亡くなったとき，アジャータシャトル王は絶望したとされる．アジャータシャトルは32年間王位にあったが，彼自身も息子のウダーイン（別名ウダヤバドラ）に退位させられ，殺害された．

アジャパーラ・ニグローダ Ajapāla-nigrodha

*ナイランジャナー河畔の*ウルヴェーラーにある，菩提樹に遠くない位置にあるバニヤンの木の名．ブッダは，悟りを得てまもなくこの木の下で1週間瞑想をしたとされ，また生涯のうちに何度もここを再訪したとされる．*サハンパティ神がブッダにダルマを説くよう嘆願した場所であり，また悪魔*マーラが悟りを得たブッダに，法を説くことなくすぐに涅槃に入るよう説得した場所でもある．

阿闍梨 あじゃり ajari (Jpn.)

サンスクリット語のアーチャーリア（*軌範師）に由来する言葉で，弟子を指導する師匠のこと．弟子をもち沙弥を教え授戒を行う資格を有する上級の僧侶である．日本ではこれらの僧侶は朝廷との連絡役の役割を果たすこともあった．また*天台宗や*真言宗の密教で弟子をとり密教の儀式を執り行う僧侶についても用いられた．

アジャン ajahn (Thai)

しばしばアーチャーン（ācān）と綴られる．サンスクリット語の*規範師に由来し，先生やよく瞑想の教授者を意味するタイの言葉．

アジャンター Ajaṇṭā

28の人工の石窟寺院が並ぶ遺跡で，大変美しい多くの彫刻や壁画を有する．マハーラーシュトラ州東部にあるインディヤードリ丘陵の，断崖の面に沿って位置している．これらの洞窟にある芸術は，前250年より前から始まっているが，大乗仏教を奉ずる比丘たちが新たに入り拡張を施した西暦450年までには放棄されていた．7世紀に石窟は再び放棄され，英国軍将校により1819年に偶然発見されるまで忘れ去られていた．

アジャン・チャー Chah, Ajahn (1918-1992)

タイの比丘で，瞑想の教師（*アジャン）．アーチャン・チャーともいう．タイにワット・パー・ポン森林僧院を創設した．この僧院は後にワット・パ・ナナチャットと改名され，欧米人のためのトレーニングセンターとなった．ここで指導する多くの生徒が，ヨーロッパにセンターを設置した．その中には，米国人の僧侶であるアジャン・スメドの指導のもとにおいて建てられた英国のアマラバティ仏教寺院もあり，関係する協会が世界のさまざまな地域に存在する．

アシュヴァゴーシャ Aśvaghoṣa

初期*説一切有部の論師．馬鳴ともいう．1～2世紀，*アヨーディヤーの人．*クシャーナ朝*カニシュカ王（1世か2世かは不明）の宮廷詩人で，ブッダの生涯を描いた*『仏所行讃』，*ナンダの改宗を綴った『サウンダラナンダ』(*Saundarananda*)，*シャーリプトラの説話である『シャーリプトラプラカラナ』(*Śāriputraprakaraṇa*) といった，仏教徒を題材とする詩や劇作品を著した．伝統的に*『大乗起信論』もアシュヴァゴーシャに帰されている．アシュヴァゴーシャの作品の中でも『仏所行讃』は最も名高く，叙事詩マハーカーヴィヤ形式（偉大なるサンスクリット語古典文学形式）で記されたブッダの伝記である．元来は28編から成るものであったが，サンスクリット語では17編のみ残され，残りはチベット語訳や漢訳に現存する．アシュヴァゴーシャの作品にはすべて，ブッダに対する深い畏敬や恭敬の念が明らかに見てとれ，アシュヴァゴーシャは一般に大乗仏教徒とみなされている．

アシュヴァッタ　aśvattha（Skt.）
神聖な*菩提樹（*Ficus religiosa*）．その木材は儀式用に規定されることが多い．

阿閦仏　あしゅくぶつ　Akṣobhya（Skt.）
「動じない者」の意．五大如来（*ジナ）のうちの一人．図像学的には一般的に，青色もしくは白色の*報身仏として描かれ，東方に関連づけられる．また，*五智のうちの大円鏡智の具現とされ，五部のうちの金剛部の主とされる．初期大乗の信仰においては，東方の浄土である*妙喜と結びつけられている．

阿修羅　あしゅら　⇨アスラ

アショーカ　Aśoka（Skt.；Pāli, Asoka）
*チャンドラグプタ・マウルヤの孫，*ビンドゥサーラの息子であり，前272～231年にマウルヤ王朝の第3代の王位にあった．阿育王ともいう．王国全土にわたって，碑石や柱石を彫刻するよう，勅令を発したことで有名である．これまでに33の碑文が発見されており，初期のインド仏教の歴史について，はかりしれない価値をもつ歴史的・年代的な情報が，それらから得られている．アショーカ王は仏教の支持者として大きな存在であって，勅令からは，アショーカ王の説くダルマの内容が本質的に在家の仏教徒のものであったことが窺える．法は「少しの罪と，信愛・寛大・真実・清浄という多くの良いこと」から成っている，とアショーカ王はわれわれに教えている（石柱碑文勅令2）．勅令の中でアショーカ王は，父親のような忠告を与えており，平静・信心・宗教的な忍耐・熱意・両親と教師に対する尊敬・礼儀・慈善の心・感覚器官の制御・冷静などの道徳を勧めている．四聖諦の中で展開される仏教の教義の専門的な面については，まったく言及されていない．アショーカ王は石碑13号の中で，東北インドのカリンガ地方を壮絶な戦いの後に征服してから，自らの歩んだ戦争の道を悔いて在家の仏教信者になった，と述べている．アショーカ王はそのとき以降，「法王」（ダルマ・ラージャ，Dharma-rāja）すなわち正しき道を行く王として，法に則って統治を行うよう努めた（→転輪王）．アショーカ王は，法の監視人（ダルマ・マハーマートラ，dharma-mahāmātra）と名づけられた役人たちに，仏教を広めることを命じた．しかし一方で，インドの王の採るべき最良の道として，すべての宗教をともに保護した．「教団分裂碑文」として知られる，在位末期の碑文の一つは，僧伽内部の分裂を非難し，僧侶の追放を述べる内容となっている．これは，前250年頃に*パータリプトラにおいて催された，*上座部の伝統でいう第三結集と考えられる会議に，アショーカ王がかかわっていた，とする仏教徒による記述を確証するものと思われる（→パータリプトラ会議（第2回））．アショーカ王はギリシア圏を統治する5人の王に使節を派遣したとも，碑文は記録しており，これも，仏教の普及を促進するために多くの方策をとったとする仏教徒の伝承を，支持するものと思われる．アショーカ王は，仏教を根づかせるために，僧侶となっていた息子の*マヒンダをスリランカに送り，また東南アジアの他の地域にも布教師を派遣した，と信じられている．アショーカ王が前231年に死去すると，マウリヤ朝の支配は急速に衰退し，前2世紀には，バクトリア地方やパルティア地方のセレウコス朝のサトラップ（地方総督）であったギリシア人と，中央アジアの遊牧民族によって，北部と北西部が広範囲にわたって侵攻された．現在のインド政府は，アショーカ王の柱石にみられるライオンの柱頭など，アショーカ王にかかわるさまざまな紋章を，公式に採用している．

『アショーカ・アヴァダーナ』 *Aśoka-avadāna*
皇帝アショーカの一生のうちに起きたおもなできごとをめぐる一連の伝承を語る，*アヴァダーナという種類のサンスクリット語の文献.

アショーカ王の法勅 アショーカおうのほうちょく Edicts of Aśoka
仏教徒であったインドの王，*アショーカ（在位前 272-231）が残した一連の碑文．石柱や洞窟の壁に刻まれた碑文が，インドの諸地域やアフガニスタン等周辺の国々で，これまでに 33 点発見されている．それらに記された法勅は，ダルマによる治世という彼の政策と，親愛，忍耐，正直なふるまいにより，臣民の現世と来世での幸福が実現されるという彼の信念とを告げている．法勅の言語には*プラークリット語が用いられ，2 種類の文字が使用された．プラークリット語は，古典語であるサンスクリット語と，現在のインドで用いられる現代インド・ヨーロッパ諸語とをつなぐ言語である．また，ギリシア語とアラム語も用いられ，それらには合わせて 4 種の文字が使用されている．碑文は 16 の磨崖法勅，三つの小磨崖法勅，七つの石柱法勅，三つの小石柱法勅，二つの石柱碑文，二つの洞窟碑文に分類される.

飛鳥時代 あすかじだい Asuka period
日本の歴史において西暦 552 年から 646 年までの期間．この時代に仏教が初めて朝廷に伝わった．→日本の仏教

アースティカ āstika（Skt.）
1. ヒンドゥー教において，ヴェーダを最高の権威として認めている，いわゆる正統な信仰を有する者のこと.
2. 初期の仏教徒とジャイナ教徒にとっては，アースティカ（Pāli，アッティカ，atthika）とは，業と因果応報を認めている者のこと．大乗仏教においては，現象の中に永遠の実体的存在があると主張する者のこと.

アスラ asura（Skt.）
下級神，巨神．阿修羅ともいう．正統ヴェーダ神話において神々の対抗者とされる者たち．後に，生存の輪（*有輪）における*六趣の一つとして仏教の宇宙観に組み込まれた．*メール山麓に住まう神々の直下に居住すると考えられている.

アソーカーラーマ Asokārāma（Pāli）
*アショーカ王（Pāli，アソーカ，Asoka）により創立され，彼にちなんで命名された*パータリプトラにある僧院．この僧院は第 3 回会議（→パータリプトラ会議（第 2 回））の開催地であり，それにつながる行事の中心地となる.

アダムズピーク Adam's Peak
スリランカにある山で，多くの宗教的伝統において神聖視されている．頂上には「足跡」があり，それはアダムやヒンドゥー教のシヴァ神，使徒トマス，ブッダのものであるとさまざまにいわれている．パーリ語の資料において，その山はサマンタクータやサマンタギリのようにさまざまな名で呼ばれ，ブッダが 3 度目の島への訪問の際に，天から降りてくるときについた足跡であるといわれる．この場所には寺院があり，古代より重要な*聖地巡礼の中心である.

アーチャリヤムッティ ācariyamuṭṭhi（Pāli）
「師拳」の意．固く握りしめたこぶし，すなわち師が物事を隠し，自分の知っていることのすべてを弟子に教えず秘密にすることを意味する語．*『大般涅槃経』ではブッダが死の直前に，これから先の出家者の規則に関して意見してほしいという*アーナンダの頼みを断ったことを伝えている．ブッダは，自分には「アーチャーリヤムッティ」がなく，「内的な（秘密の）」教えと「外的な（公の）」教えとを区別したことがないので，死の前に明かすようなことは何もないと言明した.

アーチャン・チャー ⇨アジャン・チャー

アチラヴァティー Aciravatī（Skt.）
古代のサラスヴァティー川の近くを流れていた川で，現在のラプティ川である．ヒマラヤ山脈から東に流れて海に注ぐ五つの大河のうちの一つで，古い文献の中で数多く言及されている.

パーリ正典の一つである『テーヴィッジャ・スッタ』(*Tevijja Sutta*) は，ブッダがしばしば滞在したアチラヴァティーの南岸にあるマンゴーの林の中で語り教えられたとされる．アチラヴァティーには，比丘や*婆羅門が沐浴する場所が数多くあった．ただし比丘尼は，遊女が裸で沐浴する川の沐浴場では，沐浴することが禁じられていた．

アチンテーイヤーニ acinteyyāni (Pāli)
理解できないもの，計りしれないものを意味する語．一般的にその性質により次の四つの領域（ヴィサヤ，visaya）に分類される．(1) ブッダ，(2) 瞑想的専心（禅定），(3) 業と業の報い，(4) とくにそれが「はじまり」をもつかということに関しての世界（ローカチンター，lokacintā）．これら四つの疑問に関して熟考することは，非生産的で無益なことであるといわれる．

アッガヴァンサ Aggavaṃsa
12 世紀のビルマの*パガン朝時代の比丘．1154 年にパーリ語文法を著した．

『アッガンニャ・スッタ』 *Aggañña Sutta* (Pāli)
*長部の第 27 経．影響力のある初期の教説であり，その創造神話で有名である．そこでは，宇宙と人間社会が新しい*劫（宇宙の周期）の開始時に，どのような段階を踏んで展開するのかが語られている．この神話は，空気のような身体をもつ初期の人々が，貪欲さに刺激されてものを消費しはじめ，徐々に濃密な身体をもつようになったことを描写する．当然のなりゆきで，性的な分化と生殖が生じ，カーストを組み入れた人間社会が生じた．貪欲さのため不正が起こり，法律を守らせるために王が選ばれるようになった．この説話の目的は，*梵天の口から創造されたために，彼らのカーストは本来的に特権階級を享受することができるという*婆羅門の伝統（→バラモン教）を論破することにある．対照的に，道徳的な行いは家柄よりも重要であるといわれる．この説話の最初部分は*『マハーヴァストゥ』でも詳しく語られている．

『アッタサーリニー』 *Atthasālinī* (Pāli)
パーリ正典である*阿毘達磨蔵の第一巻である*『法集論』に対する注釈書．これは*ブッダゴーシャ学派の作品である（その序論によれば彼の要請により書かれた）．この作品は後世の作品について言及していることから，元来インドで創作されたが，スリランカで改訂されたと考えられる．

アティシャ Atiśa (980-1055 頃)
アティシャ・ディーパンカーラ・シュリージュニャーナ（Atiśa Dīpaṃkāra Śrījñāna）の略称．ベンガルの王族として生まれたアティシャは，高名な仏教学者であるとともに仏教僧でもあり，後に*ヴィクラマシーラ寺院の学頭を務めた．アティシャは 1043 年チベットに招聘された後，死ぬまでチベットに住み，仏教の再興に寄与した．とくに仏教教理の道筋を系統立てることでチベットでも通用するよう教理の体系化に身を捧げ，その道筋は主著『菩提道灯論』(ボーディ・パタ・プラディーパ，*Bodhi-patha-pradīpa*) に現れている．アティシャはチベット人の高弟ドムトゥンとともに*カダム派を創始し，チベット仏教のありように長らく影響を与えた．

アディチッタ adhicitta (Pāli)
「高度の精神鍛錬」の意．*八支聖道に従う者たちにより実践される瞑想的な鍛錬．とくに*三昧と関連がある．

アーディ・ブッダ ādi-Buddha (Skt.)
最初の仏．後期大乗やタントラ仏教のチベットの伝承においてのみ用いられる用語で，おそらくインド仏教で言葉が使用されていたことは立証されず，仏教混淆梵語（→サンスクリット語）の過程でつくられたものである．問題の仏はチベット仏教では通常，*普賢とされ，涅槃と輪廻の双方から生まれるという性質（性格）に起因するといわれている．

アティヨーガ atiyoga (Skt.)
*ニンマ派のタントラ教法における第 6 段階．*新訳派の*不二タントラとの間にいくつか

の共通点が見られるが，この部を構成するタントラ典籍はニンマ派特有のものである．*ヴォクチェンの同義語としてもしばしば用いられる．アティヨーガ乗の教説はさらに*心識部，*法界部，*訣竅部の3部門に分類される．

アートマン ātman（Skt.）

「自己」，「霊魂」の意．我ともいう．哲学的文脈における概念で，個人や実存の核となる独立，不変，恒常の自我を指す．仏教ではそのような自己の存在は否定されるのが通常であるが（→無我），研究者の中には，ブッダが否定したのは単なる低次の自我にすぎないと主張するものもいる．さらにまた，*『涅槃経』のような，真の自己としての超越的*仏性を説く後代の大乗経典もある．

アナウラター Anawrahtā

アノーラター（Anorahta）とも綴られ，パーリ語のアニルッダ（Aniruddha，もしくはアヌルッダ，Anuruddha）のビルマの王の名．1040～1077年に在位し，仏教の促進と国の統合に重要な役割を果たした．上座部仏教への改宗にしたがって，首都の*パガーンを宗教の中心地に変更しようと努めた．それは，国の統一の過程でもたらされる一連の軍事的勝利の後に彼が悟った目標であった．

アナガーリカ anagārika（Pāli）

「家に住まない者」の意．ブッダの時代以前，この語はさらに*苦行的な生活を送るために家を離れた者を意味しており，それゆえ比丘の別称になった．この語は，20世紀にスリランカの*アナガーリカ・ダルマパーラによって採用される．彼は，俗人と彼により入門した比丘との中間の役割を示すためにその語を用いた．この語は，僧団の隔離に対し，家や家族のつながりをもたないにもかかわらず，（世俗）世間に暮らしている人々を意味する．

アナガーリカ・ダルマパーラ Anagārika Dharmapāla（1864-1933）

デーヴァミッタ・ダルマパーラ師としても知られる．1864年にデイヴィッド・ヘーヴァーヴィターラナとして生まれ，*プロテスタント・ブッディズムの創始者となる．仏教徒の家庭に生まれたが，キリスト教のミッション・スクールで教育を受けた．1880年に神智学と出会い，自分の英名を捨てた後，マドラス近くの神知協会本部に移動し，そこで仏教とパーリ語を学んだ．一度スリランカに帰国し，仏教*神智学協会の会長に就任するが，1890年にはそれを辞任する．その後，世界中を旅しながら，さまざまなアジアの国の仏教徒たちにお互いの存在を認識させ，欧米において仏教を普及させた．1891年，*マハーボディ・ソサイエティを設立した．その最重要課題はブッダの悟りの地（*ボードガヤー）の支配の回復と，シンハラ人の仏教僧院をスリランカの外部から後援することであった．1915年に政治的活動を理由に追放され，僧伽の正式な一員としてその人生を終えた．

アナータピンディカ Anāthapiṇḍika

*シュラーヴァスティーの富裕な財産家（セーティ，seṭṭi）で，ブッダの在家信者の中心的な存在となった．ブッダと初めて会ったときに信者となり，*預流となった．名前は「貧者に食を与える者」を意味し，僧伽に対する惜しみない貢献で知られた．シュラーヴァスティーの近くの庭園を買い取り，*ジェータヴァナとして知られる有名な修行場を建設して，ブッダと修行者たちの利用に供した．後には自身の財産をすべてなげうち，ブッダよりも早く亡くなって，天に生まれ変わったといわれる．

『アナッタラッカナ・スッタ』 *Anatta-lakkhaṇa Sutta*（Pāli）

ブッダが*初転法輪を行った5日後に説かれた経説．五蘊の教義を説き，無我はすべての人間の中に存在することを明らかにする．

アーナーパーナサティ ⇨数息観 すそくかん

阿那律 あなりつ ⇨アヌルッダ

阿難 あなん ⇨アーナンダ

アーナンダ Ānanda

ブッダの主要な弟子の一人で，父親がブッダの父*シュッドーダナ王の兄弟であることから，ブッダの最初の従兄弟である．阿難ともいう．ブッダの教団の2年目に，ブッダ自身から戒律を受けて僧伽に加わったようである．パーリ正典によると，ブッダは20年間，つねに同一の付き添いの者をもたなかったが，その後終身同一の付き添いを望んでいることを明かした．重きをなしていた弟子の皆が，自らの奉仕を願い出たが，最初はその地位を望んでいなかったアーナンダが，ブッダによって突如選ばれた．アーナンダは，いくつかの条件が満たされるならば自らの師に奉仕する，と受け入れた．アーナンダは，特別な衣服や食べ物，別の寝起きの場所，ブッダが受け入れた招待の席に加わること，といった，自分の地位からくる特別な利益をまったく受けないことを要求する一方で，ブッダの代理としての招待は受けること，遠方よりアーナンダに会いにきている者たちをブッダに引き合わせること，自分の迷いをすべてブッダに打ち明けること，アーナンダがいないときに教えたことはブッダが再びアーナンダの前で繰り返し教えること，などが許されるように求めた．

アーナンダは，仲間たちに非常に尊敬されて，相談を受けることもあり，またアーナンダは教えを明確に説明することができるという評判があったので，ブッダから説法を受けた後に僧たちが，アーナンダに詳細な解説を頼むことも，時々あったといわれている．アーナンダが女性の福利を擁護したことも，よく知られている．とくに，アーナンダは尼僧団の規律を確立した役割が認められている．また，強力な記憶力があるとして崇められていた．このため，ブッダの死後，ラージャグリハ（→ラージャグリハ会議）で第一結集が催されたときに，アーナンダは結集の指導者であった*マハーカーシュヤパに選ばれて，ブッダによってなされた説法すべてを復唱することとなり，経蔵として知られる正典が編集されたのである．アーナンダは大変に長生きで，晩年は教育と説法をして過ごした．彼の死については，パーリ正典には詳しく語られていない．

アーナンダ寺院 Ānanda Temple

ビルマの*パガンにある寺院．1084年にパガンの王位についたチャンスィッター王によって建てられた．この寺院は，創立者の慰霊碑として意図されたと考えられ，四つの後退していく壇と二つの後退していく弓なりとなった屋根からなる十字の形に建てられ，シカラという中央の尖塔がそそり立つ．内部の中央は，尖塔まで続く巨大な立方状の柱となっており，教授の印（*ムドラー）を手に結んだブッダの巨大な像がそれぞれの面に位置している．*『玻璃王宮史』によると，寺院はヒマラヤの苦行者の石窟を表すことを意図している．

アーナンダ・メッテーヤ Ānanda Metteya (1872-1923)

英国の仏教徒．本名チャールズ・ヘンリー・アレン・ベネット．後にマグレガーという通称を用いた．マグレガーという名は，おそらくマグレガー・メイザースの影響，あるいは育ての親の名前に由来していると考えられる．ベネットは*エドウィン・アーノルド卿の詩『アジアの光』（*The Light of Asia*）を読み，僧（比丘）として*得度を受けようと奮起した．ベネットはスリランカとビルマに渡り，1902年ビルマで高次の得度を受けたが，その折にアーナンダ・メッテーヤと名乗った．翌年にはラングーンで国際仏教協会（ブッダシャーサナ・サマーガマ，Buddhaśāsana Samāgama）を設立し，後にイングランドに支局を開設した．

阿若憍陳如 あにゃきょうぢんにょ ⇨アンニャータ・コーンダニャ

アヌカンパー anukampā (Pāli)

「ともに震えること」の意．これは共感や他人の*苦を同じように感じることを意味し，*悲と密接に関連する心の状態である．

アヌッサティ ⇨随念 ずいねん

アヌッタラ・ヨーガ・タントラ anuttara-yoga-tantra（Skt.；Tib., bla-na-med-pa'i rgyud）

新たに還梵された語であり（→サンスクリット語），インドの原典には確認されていない言葉であるが，通常，四部タントラのうちの最上，すなわち「至上なる」ものとそれにまつわる行法を意味するものとして用いられる．無上瑜伽タントラともいう．チベットのタントラ仏教の*新教派（セルマ，gsar-ma）にそったものである．歴史的にはタントラは無上ヨーガを志向するとされ，8世紀初期から11世紀に至るまでの間にインドで発達し，形成された最終的なものであると考えられる．一方，伝統的には*シャーキャムニの在世時には普及していたが，後世に人間界に現れるまで秘匿された，と考えられてきた．無上瑜伽タントラの3分類はチベット人の解釈学者によってなされたもので，*父タントラ，*母タントラ，*不二タントラの三つである．*『秘密集会タントラ』に代表される父タントラは瞑想による神格への変化でのいわゆる*生起次第（ウトパッティ・クラマ，utpatti-krama）を強調する．*『ヘーヴァジュラ・タントラ』に代表される母タントラは完成の段階（サンパンナ・クラマ，saṃpanna-krama）を強調する．*『時輪タントラ』に代表される不二タントラは生起と完成の両段階を併せたものである．この分類の多くのタントラに関する行法は，性的な*ヨーガや荒々しい破壊の儀礼，その他無律法主義の行動様式を含むものである．それゆえ，厳重な秘密主義のもとで扱われ，*灌頂を受けたもののみに教授された．

アヌヨーガ anuyoga（Skt.）

*ニンマ派の区分による，タントラ教の第5段階．いくつかの点で，諸*新教派における*母タントラの階層に相当する．この中に含まれるタントラ文献は，ニンマ派に特有のものである．

アヌラーダプラ Anurādhapura

スリランカの北部に位置する都市．前4世紀頃から島の中心地であった．伝説によれば，この都市はパンドゥカーバヤ王によって創設された．そこには*マハーヴィハーラ，*アバヤギリ，*ジェータヴァナのような重要な歴史的僧院が存在する．またそこには，*サンガミッターにより島にもたらされたオリジナルの*菩提樹の分け木が植えられ，現在それは世界で最も古い木であると広く信じられている．10世紀，度重なるインドからの攻撃のため，その首都はポロンナルワに移された．東南アジア人の得度は13～14世紀にも依然として行われていたが，ポルトガル人による破壊の後，その都市は僧院の遺跡として放棄された．その後，しばらくの間は，巡礼の拠点として残存していたが，19世紀まで密林の中から再興されることはなかった．

アヌルッダ Anuruddha

1. ブッダの傑出した弟子で，従兄弟．阿那律ともいう．その忠実と信愛とにより知られる．*阿羅漢となり，神通（リッディ）と不眠によって知られた．ブッダの死のときにその場にいて，第一結集において指導的な役割を果たした．

2. 中世後期のシンハラ人の僧侶で，*上座部の*阿毘達磨の教えをまとめた有名な*『アビダンマッタ・サンガハ』を著した．また，『最高の真実の決定』（パラマッタ・ヴィニチャヤ，*Paramattha-vinichaya*）と，『名称と形態の分析』（ナーマルーパ・パリッチェーダ，*Nāmarūpa-pariccheda*）も著した．

姉崎正治 あねさきまさはる Anesaki, Masaharu（1873-1949）

ハーヴァード大学で日本の文学と生活についての講座をもち，また東京帝国大学で宗教学の教授を務めた．日本宗教史に関する日本における第一人者であった．日本の宗教についての全般的著作はもちろん，神道と日本仏教の関係やとくに*日蓮仏教についての一連の著作は，日本の宗教生活を西洋に紹介した最初の学術的論文の一つである．

アーノルド卿，エドウィン Arnold, Sir Edwin（1832-1904）

英国の文学者．詩『アジアの光』（*The Light of Asia*）を1879年に出版し，人々を大いに感化した．その詩はブッダの生涯とその教えをメロドラマ形式で表現したもので，ヴィクトリア朝時代の読者に非常に人気を博した．アーノルド自身はキリスト教徒であったが，キリスト教と仏教との間に多くの共通点を見出した．アーノルドは，サンスクリット語テキストからの詩の翻訳や，トルコ語文法書の執筆のみならず，25歳でインドのプーナにあるデカン大学の学長になった．アーノルドは1885年に*ボードガヤーを訪れ，荒廃した状況を復興させるために資金を求める運動を起こした．

『アパダーナ』 *Apadāna*（Pāli）
「人生譚，伝説」の意．パーリ正典の*経蔵部の*小部の第13経．ブッダの時代に生きていたとされる547の僧侶の伝記と，40の尼僧の伝記を含む作品である．これらに加え，ブッダーパダーナとパッチェーカブッダーパダーナという二つの導入的な章があり，ブッダとパッチェーカブッダ（*独覚）をそれぞれに扱っている．にもかかわらず，この作品は*ガウタマ・ブッダの人生や菩薩としての彼の前生譚に言及しない．同様に，パッチェーカブッダーパダーナはパッチェーカブッダの伝記を含まない．『アパダーナ』の注釈書は，*『ヴィスッダジャナヴィラーシニー』として知られる．

アーバッサラ ābhassara（Pāli）
「輝かしい」の意．*天（デーヴァ）の類，すなわち*色界に住む神的な存在の総称．彼らの霊妙な性質は，歓喜（pīti）と*慈に満ちているといわれる．

アバッバッターナ abhabba-ṭṭhāna（Pāli）
「不可能」の意．*阿羅漢が道徳的にすることができないといわれる九つの事項．(1)～(4)*五戒のうちの前から四つを破ること，(5) 財産を蓄えること，(6)～(9) 執着，憎悪，愚かな考え，恐怖から誤った行いをすることを指す．

アパブランシャ Apabhraṃśa
中世初期のインドの言語の一つ．口語に由来し，5世紀以降，仏教徒により，北インドで広く用いられ，後にベンガル語やオリヤー語などの言語の発達につながった．多くの後期仏教のタントラやタントラ歌謡（*ドーハ）が，この言語で現在に伝わっている．

アバヤギリ Abhayagiri
古代，スリランカの*アヌラーダプラに存在した複合寺院．ウッタラヴィハーラ（無畏山，むいせん）の名でも知られる．前1世紀に*ヴァッタガーマニ・アバヤ王により建立され，*精舎と*ストゥーパから構成される．しかし現在残っているのはストゥーパのみである．伝承によれば，王がタミル人から逃げているとき，ニガンタ・ギリという*ジャイナ教の*苦行者に出くわした．彼は王を罵った．王はもし自分が王位を回復したら，その場所に仏教僧院を建立することを誓った．王は誓いを果たし，その僧院に自分とその苦行者の名前を組み合わせて「アバヤ・ギリ」と名づけた．この僧院は建立後1，2世紀の間はそれほど重要ではなかったようである．同じ都市にはそれ以前に*デーヴァーナンピヤ・ティッサ王の治世（前247-207）に建立された*マハーヴィハーラがあった．マハーヴィハーラは僧伽に寄進されたが，アバヤギリは比丘個人に寄贈された．信憑性の乏しい後世の典拠によれば，その結果，マハーヴィハーラとアバヤギリの比丘の間に対立が生じたという．その対立では，比丘が（一般的な財産としての）金や銀を受け取れるかという問題が焦点となったと伝えられるが，実際には島における仏教支配をめぐる抗争を反映したものであると考えられる．非常に長い間，その2派は友好的に併存していたようだが，アバヤギリの比丘たちが公然と非公式の仏教聖典（異端とされていたヴァイトゥルヤ・ピタカ，Vaitulya Piṭaka）を採用したとき，両派間の反目は非常に激しくなった．その結果，異端の書物は燃やされ，マハーヴィハーラの建造物は破壊された．その二つのコミュニティはそれぞれの学派を発展させ，1000年以上の間，再び統合されたことはない．マハーヴィハーラの居住者はテリヤ学派（テリヤ・ニカーヤ，Theriya Nikāya）として知られ，一方，アバヤギリの居住者はダンマルチ学派（*ダンマルチ・ニカーヤ）と呼ばれる．1165年，アヌラーダプラで宗教会議が開催され，敵対する両派間の和解が達成された．しかし，中世の記録に見られる上記のような記述に反して，3 世紀以降におけるこの 2 派間の積極的な抗争の形跡は現実的に認められない．そして 13 世紀頃にアヌラーダプラが放棄されたとき，事実上のアバヤギリの歴史は途絶えた．

アーハーラ āhāra（Pāli）

「食物」の意．パーリ語の文献において，文学的，象徴的な意味で列挙される以下の 4 種の「食べ物」．(1) 身体を育てる食べごたえのある食べ物（カバリンカーラーハーラ，kabaliṅkārāhāra）．(2) 快・不快・中間の感情の支えとなる感覚的で精神的な印象（パッサ，phassa）．(3) 業を生み出す精神的な意志決定（マノー・サンチェータナー，mano-sañcetanā）．(4)概念における心と身体(*名色)の状態としての意識（Skt.，ヴィニャーナ，*識）．

アパラゴーヤーナ Aparagoyāna

*メール山の西方に位置する，伝説上の大陸．西牛貨洲ともいう．ここに住む人間は，屋外に居住し，大地の上で眠る．伝説の 4 大陸の上を太陽が時計回りに回るため，ここでの日の出時は，われわれの眼前の世界として当時考えられていた南の大陸*ジャンブドゥヴィーパの，真昼時にあたる．

アパラーンタ Aparānta

古代の西インドで，現在のグジャラート州とマハーラーシュトラ州の大部分を含む地域．仏教はこの地域で広まり，とくにバルカッチャやヴァラビーといった海岸地域で，アラブの軍事的拡張と民政の混乱により仏教が排されるまでの間，栄えていた．アパラーンタの名称は，最初の定住者たちが*アパブランシャからきたという伝承による．*アショーカ王は，第三結集の後，この地域に布教師を派遣したといわれる．

阿毘達磨 あびだつま Abhidharma（Skt.；Pāli, abhidhamma）

「高等な教義」，すなわち教説の学的な分析を意味する．アビダルマともいう．最初期の阿毘達磨文献は，前 300 年頃から数世紀にわたってつくられ，初期の諸学派それぞれに学説としての正典の集積（*阿毘達磨蔵）を形成した．正典に数えられない後代の阿毘達磨の教説の概説のうち影響力の大きなものに，*ヴァスバンドゥの*『阿毘達磨倶舎論』と*アサンガの*『阿毘達磨集論』がある．阿毘達磨の内容は，体系的な哲学を形成しておらず，ブッダの教説（経）に含まれた事項を，特殊な構成と術語を用いて分類し分析することをもっぱらとしている．したがって，阿毘達磨の中で議論されている基本的な教説は，すでに正典の中で述べられていることであって，批判的に検討されることはない．伝承によると阿毘達磨は，ブッダが母親の死後に天界に彼女を訪れた際，ブッダにより彼女に最初に教示された，とされる．また，ブッダが悟りののち，阿毘達磨の複雑な教説を心の中で考えるのに 1 週間かかった，とも伝承は伝えている．

『阿毘達磨倶舎論』 あびだつまくしゃろん *Abhidharma-kośa*

『阿毘達磨の宝蔵』，韻文で*ヴァスバンドゥによって著された，*阿毘達磨の主要文献．8 章から成る約 600 詩節で，*説一切有部の教義をまとめており，*『阿毘達磨倶舎論釈』という名のヴァスバンドゥ自作の注釈がつけられている．阿毘達磨の主要な論点はすべて議論されており，注釈の中ではヴァイバーシカ派（*毘婆沙師）に対抗する派の見解と反論が，多くの論点について示されている．サンスクリット語の原文とともに，チベット語訳，漢訳，モンゴル語訳が存し，英語やフランス語にも翻訳されている．

『阿毘達磨倶舎論釈』 あびだつまくしゃろんしゃく *Abhidharma-kośa-bhāṣya*

ヴァスバンドゥが『阿毘達磨倶舎論』に自らつくった注釈．この中でヴァスバンドゥは，ヴァイバーシカ派（*毘婆沙師）の解釈や，『阿毘達磨倶舎論』において彼が示したその他の派の教説を，批判している．ヴァスバンドゥの批判は，経量部の立場から行われている．この注釈は，一部の仏教徒により主張された「我」（*プ

トガラ）の概念を論破する一章（破我品）が付加されており，したがって，認識されるもの（*界，ダートゥ），器官（*根），世界（*世間），業，悪い素質（*随眠），尊い者（聖人），智慧（*智），瞑想（*三昧），我という概念の論破（無我）の9章から成る．この注釈に対する数多くの復注が，チベット語訳で現存している．

『阿毘達磨集論』 あびだつましゅうろん
Abhidharma-samuccaya

*瑜伽行派の学僧である*アサンガによって著された，散文の*阿毘達磨の文献．大乗の教義に大部分は基づきながら，伝統的な阿毘達磨文献の構成で組み立てられている．断片的なサンスクリット語写本と，中国語訳，チベット語訳，モンゴル語訳が現存しており，大乗仏教徒のための阿毘達磨の書として伝統的に重視されてきた．

阿毘達磨蔵 あびだつまぞう　Abhidharma piṭaka (Skt.)

「高等な教義の籠」の意．論蔵ともいう．*三蔵として分類される仏教正典全体のうち，三つ目に数えられるもの．経の中では三蔵のうちの経蔵と律蔵は言及されているが，この阿毘達磨蔵は触れられていない．このことから，阿毘達磨蔵が一つの独立した正典の種類と認められていなかった時期があることがわかる．経に現れる重要な用語の列挙である*マートゥリカーから発展したものであると考えられる．完全な阿毘達磨蔵としては，*上座部のものと*説一切有部のものだけが現存している．上座部の阿毘達磨蔵は，*『法集論』，*『ヴィバンガ』，*『カターヴァットゥ』，*『プッガラパンニャッティ』，*『界論』，『ヤマカ』（*Yamaka*），*『パッターナ』の七つの文献から成る．これらに対してはパーリ語の注釈がある．また，スリランカのアーナンダ・ヴァナラタナティッサによる『アビダンマ・ムーラティーカー』（*Abhidhamma Mūlaṭīkā*）は，阿毘達磨蔵全体に対する解釈の書である．一方，説一切有部の阿毘達磨蔵は，『サンギーティパルヤーヤ』（*Saṅgītiparyāya*），『ダルマスカンダ』（*Dharmaskandha*），『プラジュニャプティシャーストラ』（*Prajñaptiśāstra*），『ヴィジュニャーナカーヤ』（*Vijñānakāya*），『ダートゥカーヤ』（*Dhātukāya*），『プラカラナパーダ』（*Prakaraṇapād*），*『発智論』の七つで，おもにチベット語訳と漢訳で現存している．

『アビダーナッパディーピカー』
Abhidhānappadīpikā（Pāli）

12世紀のスリランカで*モッガッラーナ・テーラにより著されたパーリ語の辞書．辞書の大部分は，「天の」，「地の」，「混在の」という三つのカテゴリーに割り当てられたさまざまな対象に関する同義語のリストから成っている．

アビダルマ　⇨阿毘達磨　あびだつま

『アビダルマ・ディーパ』 *Abhidharma-dīpa*

『阿毘達磨の灯明』，著者不明の*説一切有部の*阿毘達磨文献．*ヴァスミトラが*ヴァスバンドゥの*『阿毘達磨倶舎論』に答えて著したものとされることがある．詩節および散文の注釈から成り，不完全なサンスクリット語の写本一つのみが伝わっている．『阿毘達磨倶舎論』の著者と大乗*瑜伽行派の学僧であるヴァスバンドゥとが同一人物であることを証言している文献として，重要である．

『アビダンマ・アヴァターラ』 *Abhidhamma-avatāra*（Pāli）

「アビダンマへの入門」の意．インドにおいて*ブッダダッタにより著された*阿毘達磨（Pāli，アビダンマ，Abhidhamma）に関する専門書で，大部分が韻文で書かれており，*ブッダゴーシャの*『清浄道論』と比較できる．ブッダダッタはブッダゴーシャと面識があったといわれている．ヴァーチッサラ・マハーサーミによるものと，スマンガラによるものの二つの復注釈書（*ティーカー）が現存する．

『アビダンマッタ・サンガハ』 *Abhidhammattha-saṅgaha*（Pāli）

「アビダンマ概論」の意．*阿毘達磨（Pāli，アビダンマ，Abhidhamma）哲学の要点の概略．スリランカのムーラソーマ僧院の居住者である*アヌルッダにより，11～12世紀頃に著された．

アビッジャー abhijjhā (Pāli)
「貪欲」の意．感覚的な執着を意味する語の一つ．*渇愛や*欲望（*貪）と同義．

アホーシ・カンマ ahosi-kamma (Pāli)
*上座部仏教において，過去の，終了した，もしくは過ぎ去り，それ以上*果を生まない業(Pāli，カンマ，kamma）に与えられた名称．

アマラーヴァティー Amarāvatī
初期仏教の修行地の一つ．*大衆部と関連しており，現在のアーンドラ・プラデーシュ州東部にあるクリシュナー川の近くに位置し，設立は前2世紀に遡る．中心となる*ストゥーパは，紀元後3世紀まで数世紀にわたって建設と拡張が続いた．最後のストゥーパは，直径42m，高さ30mに達したと考えられている．その大部分が，豊かな浮彫りや彫刻によっておおわれていた．このストゥーパは18世紀までもとのまま残っていたと考えられるが，後に建築資材として略奪された．約100年にわたる一連の発掘調査により，多くの浮彫りや碑文，加工品が出土している．

アマラーヴィッケーピカ amarāvikkhepika (Pāli)
「うなぎのようにのたうつもの」の意．論争点についての明確な立場を表明することを避けるために，詭弁を用いる論争者のこと．このような哲学者の例としては，ブッダと同時代のいわゆる*六師外道の一人である*サンジャヤ・ベーラッティプッタがあげられる．彼の見解は*長部の*『サーマンニャパラ・スッタ』に簡潔に述べられている．

『アマラコーシャ』 *Amarakośa*
*アマラシンハによって著された，主題順の配列になっている，韻文によるサンスクリット語の同義語辞典．

阿摩羅識 あまらしき ⇨無垢識 むくしき

アマラシンハ Amarasiṃha
*『アマラコーシャ』を著した，インドの仏教徒．生没年は不明だが，5世紀以前に活動したとは考えにくい．

アマラプラ・ニカーヤ Amarapura Nikāya (Skt.)
現代スリランカの主要な三つの*ニカーヤ(僧団の系統）のうちの一つ．その名称は関連するビルマの都市，アマラプラからきている．1803年にスヤーマ・ニカーヤから分裂した．その創始者，ニャーナヴィマラティッサ・*テーラ（長老）は，他のゴーガマ・カーストよりも，比丘になるための*得度を拡大することを望み，本来タイに赴くつもりであったが，そのかわりにビルマへ行き，アマラプラで彼とその他5人が得度を受けた．彼がスリランカに帰国した数年間に，アマラプラ・ニカーヤは，比丘の地域やカーストの違いにより，多くのグループに分裂した．

阿弥陀 あみだ Amitābha (Skt.)
「無限の光の」ブッダ．*無量寿仏（アミターユス，無限の命）としても知られる．五大如来(*ジナ）の一人で，図像学的にはふつう，赤色の*報身として描かれ，西方に関連づけられる．また，*五智のうちの妙観察智の具現とされ，五部のうちの蓮華部の主とされる．初期大乗の信仰においては，西方の浄土である*極楽と結び付けられ，浄土信仰を生み出した．
日本語では音写により「あみだ」と呼ばれる．*浄土宗，*浄土真宗，*時宗などの日本の浄土教諸宗における崇拝の対象であり，また救済者である．

『阿弥陀経』 あみだきょう *Amitābha Sūtra*
小部*『無量寿経』の一般的な略称．浄土教の主要経典である浄土三部経のうちの一つ．

阿弥陀信仰 あみだしんこう Amidism
*浄土宗，*浄土真宗，*時宗など個別の宗派に対し，日本の浄土仏教全体を指す言葉としてAmidismはしばしば用いられる．→浄土教

アメリカの仏教 America
ラテンアメリカでは仏教が広まることはほと

んどなかった．しかしながら，北米では，とりわけ最近数十年，仏教の影響力は大きく，今やアジアの主要な宗派や伝統がすべて見受けられる．北米における最初の仏教施設は，移民の中国人労働者の要請に応ずるために1853年サンフランシスコに建てられた寺院である．続く100年間に仏教が広まったのは，アジアのさまざまな地域からの移民集団到来によるものが大きく，ヴェトナム戦争を機にインドシナからの難民が押し寄せてきたことで，その広まりは最高潮に達する．1959年中国によるチベット侵攻以降はチベットのラマ僧が北米へと多数亡命し，現在チベット仏教が脚光を浴びている．移民のほかにも，多くの西洋人が仏教へと改宗して仏教の発展に寄与した．典型的な白人の中産階級は階級構造に異を唱えて民主主義的な構造を支持し，仏教徒集団や女性の役割拡大に賛意を示した．また，社会や政治に関する問題にも大いに関心を寄せている．米国における仏教徒は，現在300〜500万人ほどにのぼっている．仏教が西洋の慣習へと順応しつつあるため，北米全体におけるその状況は一定していない．

アモーガヴァジュラ Amoghavajra (705-774)

南インド出身のアモーガヴァジュラは，中国では密教の第6祖と考えられている．不空ともいう．彼はまた，多くの経典を翻訳した．13歳のときに見習い僧となり，720年に洛陽に移り，724年に完全な*得度を受けた．*ヴァジュラボーディが741年に死ぬまで一緒に密教の儀式と経典を勉強した．ヴァジュラボーディが死去したとき，中国を離れてインドとスリランカに旅行し，新しい経典を集めて746年に中国に持ち帰った．雨乞いの技術と皇帝を守護する有効性によって首都での暮らしは安定した．アモーガヴァジュラは，中国に持ち帰った経典の翻訳に多大な時間と労力を費やした．771年に，翻訳した101巻77点の経典を正典に加えるよう宮廷に嘆願書を出した．弟子の恵果が後を継ぎ，密教の第7祖となった．次に恵果は*空海を後継者に認め，空海は日本に密教を最終的に移入して*真言（マントラ）宗を開いた．

アモーハ ⇨無痴 むち

アヨーディヤー Ayodhyā

アヨッジャーともいう．ウッタル・プラデーシュ州のガンジス河畔にある都市．一時期南*コーサラの首都にもなり，ブッダも2度訪れた．また，ヒンドゥー教徒はラーマ神の生誕地ともみなしている．

阿羅漢 あらかん Arhat (Skt.；Pāli, arahant)

「敬意に値する者」の意．悟り（菩提）の目標を達した者．阿羅漢たることは本質的に，*漏の根絶と，煩悩の消滅である．また阿羅漢は，十の束縛（*結）から解放されており，死後には再生しない．阿羅漢とブッダとの違いは，ブッダが自分で悟りを得たのに対して，阿羅漢はブッダの教えに従うことで得た，という点である．しかし，ブッダはまた阿羅漢でもあり，たとえばパーリ正典の常套句である「あの，主であり，阿羅漢であり，完全に悟った方に，帰依します」（ナモー タッサ バガヴァトー アラハトー サンマーサンブッダッサ，Namo tassa Bhagavato Arahato Sammāsambuddhassa）のように，しばしば阿羅漢と呼ばれることには，注意が必要である．初期仏教において説かれるように，阿羅漢はブッダとまったく同じ目標を達している．しかし，大乗仏教においては，阿羅漢をブッダよりも劣った模範であると考えるようになり，阿羅漢は自分の涅槃のみを独善的に目標とする者として描かれるようになった．これに対して，あらゆる存在を解脱に導くことに勤しんでいるブッダと菩薩の偉大な慈悲が，強調されたのである．

阿頼耶 あらや ālaya (Skt.)

1. 土台，よりどころ．単に*瑜伽行派の概念である*阿頼耶識の省略語として用いられる場合があるが，チベット仏教においては「存在の根拠」という独立の概念として扱われることもある．この語についてのこれら二つの側面は，阿頼耶識の存在論的側面と認識論的側面をそれぞれ表している．

2. 哲学的でない意味において，執着や欲望を意味する*渇愛の同義語として用いられることもある．

阿頼耶識 あらやしき ālaya-vijñāna (Skt.)
8番目の識であり，*瑜伽行派の哲学によれば，よりどころまたは「蔵」の識である．阿頼耶識は，過去の経験や業を生み出す行為の潜在印象（*習気または*種子と呼ばれる）が貯蔵される受け皿として働く．ここから他の七つの識が生じ，輪廻の中における現在と未来の諸経験をつくり出す．悟り（菩提）の瞬間に，阿頼耶識は大円鏡智すなわちブッダの完全な智慧に形を変える．

アーラーラ・カーラーマ Āḷāra Kālāma
*ウドラカ・ラーマプトラとともに，ブッダの最初の二人の教師のうちの一人．ブッダは出家した後，アーラーラ・カーラーマの弟子になった．アーラーラ・カーラーマの教えの詳細は不明だが，無所有処として知られる奥深い精神集中状態に到達することを可能にする瞑想の実践を含んでいた．これは後に，古典的な仏教の瞑想の理論において，7番目の*禅定とみなされた．ブッダはまもなくこの教師を超えて，みずからの宗教的探求を続けるために去った．アーラーラ・カーラーマは，ブッダが悟り（菩提）を遂げる少し前に亡くなった．

阿蘭若 あらんにゃ ⇨空閑処 くうげんしょ

アーランヤ・ヴァーシン āraṇya-vāsī (Skt.)
森林または荒野に居住する者．ブッダと初期の僧伽の生活を見習い，居住者のほとんどいない人里離れた場所に住む僧侶に対する呼称．とくに，*頭陀支として知られる厳格な禁欲生活を実践する者たちを指す．森林に居住して瞑想を行う僧侶は，聖典を研究することに専念する僧侶とは異なって歴史的につねに存在し続け，初期大乗の形成過程の中では，これまで考えられてきたよりも大きな比重を占めていたと思われる．その後数世紀にわたって，少数派であり続けてから，僻地居住の伝統は，タイなどの東南アジアのいくつかの国において，劇的に復興して現在に至る．

アーリア人 Āryans
中央ヨーロッパおよび北ヨーロッパ（またはおそらくアジアの少数民族や南方のステップ—正確な場所は不明）から移住してきたインド・ヨーロッパ語族集団の総称．移住は前2000年頃に始まり，生態系や気候の変動，そして家畜のための牧草地を新たに探す必要性が生じたためと考えられている．その部族が単一の民族集団に属していたか否かは明らかでないが，たとえ彼らがそうであるとしても，彼らの話すインド・アーリア諸語（サンスクリット語はそれから派生）を規定の人種形式と結び付けることが古い段階で不可能となった可能性がある．移住の主要経路には次の2種がある．一つは西ヨーロッパへの経路で，もう一つはイラン（その名前はアーリアという語に由来する）とインドへの経路である．インドではアーリア人が国土の北部に入植し，在地のドラヴィダ族を支配したという記述もある．ドラヴィダ族はアーリア人社会の4カースト最下層に位置づけられたというが，この主張には議論の余地がある．アーリア人の信仰は，サンスクリット語で記された古代ヒンドゥー教文献であるヴェーダに記録され，多数の神的存在に対する崇拝（*供養）を含んでいる．その神的存在の多くは，太陽や月といった自然現象，稲光や雷，嵐のような気象を人格化したものである．仏教では「アーリア」という言葉が「高貴」や「尊い」という意味で用いられ，精神的に向上していく諸段階に到達した「高貴な者」という特別な意味を担っている．→聖道，四聖諦

『アリヤヴァンサ』 *Ariyavaṃsa* (Pāli)
仏教徒の僧伽において傑出した人物の人生を語るパーリ語テキスト．スリランカで編纂された．これは人々の教化のために公共の場で朗誦される．この慣習は，仏教寺院での祭典においてよく見られるものである．

アーリヤデーヴァ Āryadeva
2世紀初頭の，中観派の師僧．聖提婆ともいう．*ナーガールジュナの筆頭の弟子．南インドあるいはスリランカで生まれ，ナーガールジュナの著作に対する多くの注釈を著し，自らも著作をなした．*『四百論』が最も有名である．

『アリヤパリエーサナー・スッタ』
Ariyapariyesanā Sutta（Pāli）
「高貴な探求の経説」の意．ブッダの人生の初期に関する伝記的な内容を含む初期の経(Pāli，スッタ，Sutta)．その中でブッダは*アーラーラ・カーラーマと*ウドラカ・ラーマプトラの弟子であった時代から，*初転法輪に至るまでの，悟り（菩提）への探求を語る．

アルタ・クリヤー　artha-kriyā（Skt.）
結果を生み出すことができること．仏教の認識論（*プラマーナ）において，真に存在するものと架空の存在とを区別するために用いられる，定義の語．

アローバ　alobha（Pāli）
「無貪」の意．渇望と執着がないこと．三つの*善根のうちの一つ．

アンガ　Aṅga
現在のビハール州東部に位置した小王国で，独立していたが，後に*ビンビサーラ王によってマガダ王国に吸収された．

アンギラサ　aṅgirasa
パーリ文献に時折見いだされるブッダの別名．この名は，ヴェーダの伝承によれば，ブッダの氏族（*ガウタマ）にかかわりがある古代の民族名に由来する．

アングッタラ・ニカーヤ　⇨増支部　ぞうしぶ

アングリマーラ　Aṅgulimāla
婆羅門の子で，悪名高く非常に恐れられた盗賊であったが，よく知られている「ブッダとの出会い」によって改心した．「指の首輪」を意味する彼の名は，自分が殺害した旅人の指を切り落とし，編み合わせて首輪にして首にかけていたという，彼が行っていたおぞましい行為に由来する．彼が目標としていた指1000本まであと1本となったとき，彼の母がジャーリニーの森に入るのを見て，彼女に襲いかかろうとした．これを妨げるために，ブッダは彼を取り押さえて，改心させたのである．改心の後，彼は僧侶となり，完全に更生した．しかし，彼が僧伽に存在することは，時折地域住民の不安を引き起こし，彼は非難や侮辱に晒された．ブッダはこれを，過去の悪しき行為により起こった悪業の結果であると説いた．このような問題から，ブッダは無法者を僧伽に入れることを禁ずる規律を定めた．後にアングリマーラは，*阿羅漢となった．

安居　あんご　vassa（Pāli；Skt., varṣya）
毎年，雨季の間に3カ月間，仏教の出家修行者が雨を避けて一カ所に留まる慣習．ふつう，6月から10月まで続く．一カ所に留まる慣習は，ブッダにより始められた．この季節に旅行することが困難であったという実際上の理由もあるが，雨の後に非常に多くの小さな生物を傷つけないようにするという，倫理的な理由によるものでもある．*シュラーヴァスティーの*ジェータヴァナなど，出家修行者たちは毎年同じ避難所に戻ってきたので，この慣習は，半永久的な居住地の設置，さらには*精舎の創立につながった．
中国および日本の仏教では僧（→比丘，比丘尼）たちが定住し修行に専念する3カ月の期間をいう．通常夏季に行われるが冬の場合もある．この決まりを順守する寺院では許可なくして寺の地所の外に出ることは許されず，自己研鑽，瞑想，写経，受講などに専念することが求められる．

アンコール・ワット　Angkor Wat
カンボジアの複合型寺院．プノンペンの北西300 km以上，王都アンコール・トムの南1.6 kmに満たないところに位置する．この寺院はジャヤヴァルマン7世が創立し，1131年から1150年まで在位したスーリヤヴァルマン2世がヒンドゥー教の神ヴィシュヌを奉納したものである．アンコールの名前は，「町」を意味するサンスクリット語のナガラ（nagara）からきている．この寺院は，30年以上の歳月をかけて建設され，*クメールとヒンドゥーの美術の最も美しい例のいくつかとなっている．約0.8 km^2の面積をおおう大きなピラミッド状の建造物で，周囲は広い堀で囲まれている．巨大な入口につながる道路にそって，大蛇の形をした欄干がある．この大蛇は，宇宙の豊かさの象徴を表していると信じられている．アンコール・ワットは，壇と小さな建物のそびえ立つ建築物で構成されており，小さな建物は3層の細くなっていく階と*メール山の五つの頂きを表すと信じられている五つの塔がその上にそびえるよう設計されている．このメール山は，神々の住居でヒンドゥー世界の中心である．屋根のある建物もない建物も，繊細に彫られた石の彫刻群でおおわれている．壁は，ヒンドゥーの神話，おもにヴィシュヌ神と関係する場面を描いたレリーフでおおわれている．彫刻されている多数の浅浮彫りは，良質の，世界中で最も長い連続した浅浮彫りである．13世紀初めに，アンコールとクメール帝国は衰退し始め，アンコール・ワットは仏教寺院に変えられた．結局，この地方は厚いジャングルにおおわれ，国の残りの地域から隔絶された．1860年に西洋の学者によって再発見され，復元事業が始まった．20世紀後半にカンボジアを襲った残忍な内乱でアンコールの寺院に住んでいた多くの仏教の僧侶が虐殺されたが，寺院への被害は小さいものですんだ．今日，世界各地から訪れる考古学者が寺院の修復作業に積極的に参加している．闇市場で売るために広範囲の場所から美術品が盗まれているのが，現在もなお続く問題である．

安心 あんじん anjin (Jpn.)

1. 東アジア仏教において静止した不動の心の状態を指す一般的表現．

2. *浄土真宗の思想において死後における浄土への導きを確信して*阿弥陀仏に願うという心のもち方．

安世高 あんせいこう An Shih-kao (170没)

パルティアの僧で，148年に中国に移住し，首都の洛陽に居住した．仏教経典を中国語に翻訳する作業に従事し，残りの人生の22年間に30部以上の翻訳を成し遂げた．彼の翻訳の多くは，瞑想に関する経典である．

アンニャータ・コーンダニャ Aññāta-Koṇḍañña

生まれたばかりのブッダの未来を予言するため，人相学の技術のために召還された8人の*婆羅門の一人．阿若憍陳如ともいう．アンニャータ・コーンダニャは，この子どもが世俗を捨てて悟りの師となると予言した．このできごとが起こったとき，彼自身も他の4人とともに世俗を捨て，*『アナッタラッカナ・スッタ』が説かれるのを聞いて悟り（菩提）を得た．

安慧 あんね ⇨スティラマティ

安然 あんねん Annen (没年889-898)

日本の初期*天台の思想家で密教の実践者．密教あるいはタントラ仏教の実践体系を理論的に適合させるため，中国の天台の伝統的な教相判釈に修正を加えた．

アンバパーリー ambapālī

ブッダの従者となった*ヴァイシャーリーの美しく裕福な高級遊女の名前．彼女がマンゴー（Pāli，アンバ，amba）の木の根元で見つけられたと噂されたことから名づけられた．*『大般涅槃経』では，ブッダが生前，最後にヴァイシャーリーに訪問したとき，彼女が自分の家にブッダを食事に招いたことが語られている．彼はその地元の王子の招待は断ったが，彼女の招待は受け入れた．アンバパーリーは彼女の家の庭に建てられた屋敷を僧伽に寄贈した．彼女の息子はその組織の中で長老の位に就き，彼女自身も最終的に出家した．彼女は自分自身の肉体の老化について熟考することを通し，無常に対する識見を得，*阿羅漢になった．

アンベードカル，ビームラーオ Ambedkar, Bhimrao (1891-1956)

インドのアウトカースト，「不可触民」出身のカリスマ的指導者．不可触民のマハール・カースト出身で，アンベードカルは1956年10月14日にナグプールで仏教に改宗した．彼は仏教を，インドを何世紀にもわたって苦しめてきたカーストの問題を解決する最も可能性を秘めた宗教とみなした．インドのいたるところで何千人もの不可触民の人々が，社会からの排除への抵抗として彼の例に従った．今日ではマハーラーシュトラ州のすべてのマハール・カーストの人が自身を仏教徒と思っている．

安楽死 あんらくし euthanasia

生命を意図的に絶つものである安楽死は，*五戒の第1番目を犯すものであり，仏教の基本的な倫理に反している．また，より一般的な道徳原則である*不殺生とも相容れない．これは消極的安楽死と積極的安楽死のどちらにもいえることであり，たとえそれが*苦の回避を目的とする慈愛心によるものだとしても，認められるものではない．仏教正典の中には，「安楽死」という語に等しい言葉は見つからない．正典や注釈書類で安楽死が倫理的問題として明確に議論されることはなく，また，安楽死であると明確に判定できる事例もそれらの文献には見られない．しかし，正典の中には自殺や自殺未遂の事例が存在し，それらが安楽死の問題と関係してくる．一つの事例は，*波羅夷法の第3番目である，生命を絶つことを禁じる僧院の行為規定に関係する．あるとき，僧侶の一団が生きることに幻滅し，自ら死を選ぼうと，ある者は自らの手で，またある者は介錯人の手を借りて，命を絶とうとした．そこへブッダが分け入り，これを妨げた．ここでは，自発的な安楽死の禁止が明確に提示されている．他に次のような事例もある．あるとき，僧侶らが激しい苦しみの中で自殺を企てた．しかし彼らは考えを改め，自らの経験を，苦のあり方と無常についての洞察を深める手段とすることを心に決めたという．

イ

意 い manas (Skt.)

知性または思考する精神．初期の仏教と今日の*上座部では，意は12の*処（知覚範囲）と18の*界（領域）に含まれるものの，心および*識（意識）と実質的に同義とみなされる．しかし後代の仏教諸学派では両者とは区別される．それは6種の知覚作用（視覚，聴覚，味覚，嗅覚，触覚，心的な認識）から生じた知覚の形態を概念的イメージに総合する，精神の側面として理解されるようになった．*瑜伽行派では意は八つの意識（識）の第七に数えられる．意はその下位にある*阿頼耶識（蔵としての意識）を知覚するが，これを個人の自我(*アートマン)として誤って理解する．それゆえ意はその誤った思い込みのありかである．

イェーシェー・ツォギェル Yeshé Tshogyel (Tib., Ye-shes mtsho-rgyal) (757-817)

*パドマサンバヴァの著名なチベット人配偶者．高貴な一族に生まれて，のちにティソン・デツェン王の宮廷で暮らしていたが，そこでインド人学僧の*シャーンタラクシタと*行者であるパドマサンバヴァに出会った．パドマサンバヴァとの実際のやりとりは比較的短いものであったが，その間にパドマサンバヴァは彼女に数多くの重要な教えを伝えた．とくに，守護神格（*イダム）である*ヴァジュラキーラに関するものである．パドマサンバヴァの伝記を著すとともに，後世に発見されるように*テルマとして秘匿されていたパドマサンバヴァの教えの多くを記録したといわれている．パドマサンバヴァがチベットを去って後，チベット東部にダルマを広めた．

イェンチュー yon-mchod (Tib.)

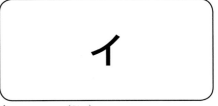

「保護者と聖職者」の関係を意味するチベットの用語．為政者と仏教僧伽の間で形成された

もの.

筏の喩え いかだのたとえ raft parable
パーリ正典のうちの*中部に属する『アラガッドゥーパマ・スッタ』(*Alagaddūpama Sutta*,「水蛇の比喩についての説法」)に収録されている譬え話で，他の文献に頻繁に引用される．川を網代舟または筏をこいで渡る旅人に，一度渡り終えてからもその筏を旅人が運び続けることが適切であるかブッダが尋ねる，という譬え話である．この譬え話が意味しているものは，仏教の教えと戒めの全体が，悟り（菩提）を得る手段としての一時的な道具にすぎず，得た後では放棄されてもよいということである，と考えられることが多い．しかし，文章を注意深く読解すると，教えそのものがまとめて放棄されるべきであるということではなく，教えは時々誤解されたり悪用されたりする可能性があるということを，単に意味しているだけであるとわかる．

潙仰宗 いぎょうしゅう Igyō school
唐朝の晩期に展開した禅の宗派.

池田大作 いけだだいさく Ikeda, Daisaku
*創価学会インタナショナルの第3代会長(1960-)．創価学会はもとは*日蓮正宗の在俗の支援団体であったが，1992年に日蓮正宗から離れて,池田が会の精神を統括するようになり,第二次世界大戦以降の学会の第二次規模拡大を生み出した.

意言分別 いごんふんべつ mano-jalpa (Skt.)
とくに*瑜伽行派で言語的指示に先立つ心的指示の過程を示すのに用いられる術語．*分別あるいは*伺と同義に用いられる.

潙山霊祐 いざんれいゆう Kuei-shan Ling-yu (771-853)
禅の*五家の一つである潙仰宗の開祖とされる，中国の禅僧.

イシギリ Isigili
*ラージャグリハを囲む五つの丘の一つ（→霊鷲山)．現在のインドのビハール州に位置する．風光明媚で名高く，*ジャイナ教などの他の宗教の*苦行者らと同様に，ブッダと彼の率いる比丘たちもこの地に滞在することを格別に好んだ.

イシパタナ Isipatana
ガンジス河畔の*ヴァーラーナシー近くの土地．ブッダが*初転法輪を行ったとされる*鹿野苑がある.

異熟 いじゅく vipāka (Skt.)
成熟．結実すること．5種類の結果（*果）の一つ．業の結果が現れることに関して一般に用いられるが，大乗では，衆生を精神的に成熟させるということから，ブッダまたは菩薩の救済活動をも含意することがある.

以心伝心 いしんでんしん ishin-denshin (Jpn.; Chin., yi hsin ch'uan hsin)
「心によって心を伝達する」ことを意味する用語．この禅の言い回しは，言語や文字によらず，悟り（菩提）を相手の心に直接伝達することをあらわしている．この伝達によって，弟子は師の教えを直観するのである.

偉大なる放棄 いだいなるほうき Great Renunciation
ブッダの生涯における重大事に与えられた名称．それはブッダが29歳のとき，父の宮殿を後にして世俗を捨て，家をもたない托鉢僧となったときのできごとである．絵画や文学の主題としても好まれ，ブッダは白馬*カンタカにまたがり，御者*チャンナを連れた姿で描かれる.

韋駄天 いだてん Wei-t'o
東アジア仏教で人気のある守護神．韋駄天は本来はカールッティケーヤやシヴァの息子で頭が六つあるスカンダという名のヒンドゥーの神である．仏教の到来によって「改宗」され，教えの守護者として仏教の神々に採用された．*四天王（ローカパーラ，チャトゥルマハーラージャ）の命令のもと，32人の将軍の長として地位を築いた．中国では唐代頃から，寺院と修行僧の守護者として，精神修養の激しい決意の象徴として認識されるようになった．韋駄天の像は，寺院の正面，本堂の片側でしばしば見ることができる．

イダム　yi-dam（Tib.）

タントラ仏教と関係する守護神格．神格の像や象徴物は個人が瞑想する（*サーダナ）間，自分と一体であるという意識を通して変化するために使われ，利用される．イダムの例としては，*チャクラ・サンヴァラ，*ハヤグリーヴァ，*ヘールカ，*マハーカーラ，*ヴァジュラバイラヴァ，*ヴァジュラヨーギニーがあげられ，そのすべてに特有の図像があって，鎮めるための儀礼など礼賛の行法の対象となっている．

一時的な出家　いちじてきなしゅっけ　temporary ordination

*上座部が広まっている東南アジア諸国の一部で行われている，成人男性となるための通過儀礼．すべての男性が，結婚する前の人生のどこかの時点で，出家して，*精舎において一定期間を過ごさなければならない．このような成人という社会的な機能に加え，一時的な出家は，功徳（*福）を得て他にめぐらせる方法の一つとして受け入れられている．タイなどのいくつかの国では，一時的な出家者は少なくとも雨季1回を精舎で過ごすことが慣例となっているのに対し，ビルマなどの国では，おそらく一時的に出家する年齢がより若いためであろうが，そのような仕方はまれである．ブッダが存命中には一時的な出家は行われておらず，上座部の仏教でいつ頃からこのようなことが行われるようになったかは明らかでない．スリランカにおいても近年，一時的な出家を定着させようという試みがあったが，成功しなかった．

一字不説　いちじふせつ　ichiji-fusetsu（Jpn.；Chin., yi tzu pu shuo）

「言葉としては何一つ説かれなかった」ということを意味する日本の言いまわし．究極的には言語表現不可能であるブッダの悟りの不可言性を示しており，また，東アジアの諸宗においては，教説が表現する言葉と悟り（菩提）そのものの体験とを混合すべきではないとの示唆を意味している．ブッダたちは，言葉によることなく，他のブッダたちとのみ，彼らの理解を十全に伝達することができる．

一乗　いちじょう　Ekayāna（Skt., Pāli）

「一つの仕方」または「一つの乗り物」の意．*『法華経』をはじめとする，大乗仏教のいくつかの文献に見られる概念．*『法華経』の教えでは，ブッダの説く*声聞乗，*独覚乗，*菩薩乗の*三乗は，仏乗という一つに統合されるという．ここではまた，はじめの二乗は教化の手段（*善巧方便）として説かれたにすぎず，菩薩乗は実際には仏乗と同一であるということも含意されている．この教義は，『法華経』の有名な「火宅の喩え」で与えられている．火事の家に閉じこめられた子どもたちを救おうと，父親は愉しげな乗り物を与えることを約束し，家の外へ呼び出す．しかし，外へ出られた子どもたちに与えられたのは，約束したものよりもずっと豪華絢爛な乗り物であった．

一然　いちねん　Iryŏn（1206-1289）

朝鮮の比丘で高麗時代の作家．おもに『三国遺事』（三王国の事件）の著者として知られる．この書は，朝鮮仏教史において主要な第一級の資料の一つとして役立つ歴史書である．→朝鮮の仏教

一念義　いちねんぎ　ichinengi（Jpn.）

念仏を1回だけ唱えるという教義であり，複数回唱えるという教義（多念義）に対する．*法然の死後，念仏の実践が浄土への再生にどのように影響するかに関して，弟子の間で議論が起こった．一念義を提唱した人々は，ブッダはその慈悲（*悲）の心から，救済と再生のすべての願いを受け止めてくれるであろうから，*阿弥陀仏の名を一度でも唱えることが重要であると主張した．一方，多念義の側にたつ人々は阿弥陀仏の名を繰り返し唱えることが精神を浄化し，再生により適したものにすると主張した．このように，争点は*自力か*他力かという問題と密接にかかわっている．つまり，浄土への再生を達成するに際してどれだけの役割を懇

願者が負うのか，また，ブッダの力にすべてを委ねるのかということである．

一味禅　いちみぜん　ichimi-Zen
「一つの味の禅」を意味する日本の用語．他の実践と混じらない，純一な禅を意味する．

一来　いちらい　sakṛdāgāmin（Skt.；Pāli, sakadāgāmin）
「一度戻る者」の意．4種の聖人のうちの一種．*聖道の第二段階に至っており，悟り（菩提）を得る前に人の世界にあと一度だけ転生するであろう者たちである．

一貫道　いっかんどう　I-kuan Tao
中国で組織化された融合的な民間仏教．その名前はおおよそ「統一の道」と訳される．公式には1928年に張天然（1889-1947）によって設立された古くからある老教の分派であり，まだ生まれていない尊い母（無生老母）と呼ばれる女神を信仰し，人間の歴史を3期に分け，それぞれの時代に老母が迷っている人類に呼びかけるための使者を派遣する（一貫道の場合，3期のブッダは連続していて，最後の*弥勒はいまだ現れて最後の救済を果たしてはいない）．こうして，仏教，道教，儒教，キリスト教，イスラム教の要素と合体する一方で，これらの他の宗教が包括され理解された独自の世界観をもっている．

一休宗純　いっきゅうそうじゅん　Ikkyū Sōjun
日本の禅僧．*臨済の系譜にあたり，禅の教化と実践での妥協を許さない厳格さで知られる人物である．突飛なふるまいと，晩年における「森」という盲目の女侍者に対する切なる愛情は対照的であった．自身の教えを受け継ぐ弟子は一人も残さなかったが，『狂雲集』という有名な詩偈集を後に残した．

一空　いっくう　i-k'ung（Chin.）
「一つの空」を意味する中国仏教の言葉．これは，個々の現象が目に見える多様性と差異にもかかわらず，すべて背後にある一つの性質を共有していることを意味する．

一向一揆　いっこういっき　ikkō ikki（Jpn.）
日本における地主階級（大名）に対する一連の農民の反乱であり，1470年代に加賀において起こり，他の地方へと広がっていった．これらの反乱の宗教的支配は，*浄土真宗の信仰，とくに各人の生活様式や能力に関係なくすべての衆生の救済をもたらすという*阿弥陀仏の絶対的な力への信仰に起因する．この信仰は，経済的・社会的な階級によるすべての差別を否定し，すべての人々の平等性を強調することで，人々の間に民主主義的な精神を助成した．加賀においては一向一揆が勝利し，1475年に大名を追い出し，92年もの間，自治を行った．浄土真宗教団への忠誠，および，浄土真宗の第8代門主である*蓮如（1415-1499）による一揆に加わった農民や一部の*侍の巧みな統制によって，宗の総本山である*本願寺の政治力は支えられ，事実上の封建領土も有していた．

一切智者　いっさいちしゃ　sarva-jña（Skt.）
「一切を知る者」の意．*阿羅漢もブッダも一切智者である．

一切智智　いっさいちち　sarva-jña-jñāna（Skt.）
「一切智者のもつ智」の意．ブッダのみが有する智であり，あらゆるものを対象とする．後代の大乗仏教の解釈によれば，この智は，(1) 鏡のように一切を映す智（大円鏡智，アーダルシャ・ジュニャーナ，ādarśa-jñāna），(2) 諸事象を観察する智（妙観察智，プラティヤヴェークシャナ・ジュニャーナ，pratyavekṣaṇa-jñāna），(3) なすべきことを実現する智（成所作智，クリティ・アヌシュターナ・ジュニャーナ，kṛty-anuṣṭhāna-jñāna）という，*菩提の直後に得られる3種の智よりなるとされる．

『一切如来真実摂経』　いっさいにょらいしんじつしょうきょう　*Sarva-tathāgata-tattva-saṃgraha*
五つの部分から成る大部の経典．7世紀の末に成立した*瑜伽タントラの根本聖典である．初期チベット仏教において一定の広まりを見せたが，むしろこの経の初会に説かれている部分が『金剛頂経』として広く流布し，金剛界曼荼羅に高い関心を示した中国や日本のタントラ仏教においていっそう重要視された.

一山一寧 いっさんいちねい I-shan I-ning (1247-1317)

中国の禅僧で，元朝の政府が日本に大使として派遣した人物．最初に誤解によりスパイとして日本の幕府に捕えられたが，その後偉大なる師と認められ，聡明な多くの仏教僧が魅了され弟子となった.

一師印証 いっしいんじょう isshi injō

日本の*曹洞宗のなかで，その法系を受け継いだただ一人の師から，その悟り（菩提）の認可を受けるしきたりを意味している．以降は，他の師からの認可を求めてはならない.

一心 いっしん One Mind

1. 集中された邪魔されない心，もしくは一つの対象に心を集中させる過程を示す東アジア仏教における一般的な用語.

2. *唯識学派においては，心，意識の最も根本的なレベルを示す用語．展開すると，業と一致して無数の個々の現象を生起させる.

3. 中国の*天台思想では，あらゆる生き物を支える基礎の役目を果たし，清浄と不浄の両面をもつ唯一の心．この考え方は，*『華厳経』や*『大乗起信論』のような初期の経典にみられる．天台宗では，さらに応用範囲を発展させた．この宗派によると，有情を輪廻に拘束し続ける不浄なものが究極の真実の現れであるが，これらの不浄なものは瞑想と解放の手段の適切な対象になりうる．ある天台の記述では，これは意志によって人の監獄に出入りすることができるようなことに似ている．一方で，不浄なものを撲滅して解放を得るという伝統的な考え方は，単に監獄を破壊することに似ていると説明する．それに加えて，究極の現実が心とみなされうるという考えは，*中観派の思想と*二諦の分類を超えた進展を示している．この考え方は，究極の真実は固定的で現実の本質に関する単純な理解である．しかし「心」という用語でものごとの最終的な本質を特徴づけることによって，天台宗は真理を生きており活動していると再考した．心によって真理が世界中の一般の事物を通して世界のなかで活動していると心に思い描くことができ，意識をもつ生き物の解放に影響を与える.

一説部 いっせつぶ Ekavyāvahārika (Skt.)

*大衆部の支派の一つ．前2世紀頃に現れた．*説出世部とも呼ばれる．この部派の名前は「一つの発言」または「一つの指示」を意味しており，ブッダがダルマの全体を一つの発言によって教示した，という理解に立つことを示していると見られる.

一闡提 いっせんだい icchantika (Skt.)

仏性を欠く者，つまり菩提に至る可能性をもたない者のこと．大乗経典のいくつかで説かれている．この説は輪廻から脱却できない者も存在するということを含意するため，論争の的となった．しかし後期大乗仏教においては，一般的に，そのような者も最終的には諸仏や菩薩らの介入を通して救済されるという解釈に改められた．→法相，法蔵，道生，涅槃宗，『涅槃経』

一遍 いっぺん Ippen (1239-1289)

日本の浄土仏教の一門である*時宗の創始者．「遊行上人」と呼ばれたが，それは諸国を巡歴する聖者を意味しており，どこにも定住しなかった生活スタイルを的確に表している．一遍の主要な実践は，*阿弥陀仏の名をつねに唱えることであり，人々に唱えるよう奨励した念仏の記された札（賦算）をばらまくことによって，他の人々を自らの実践へと改宗させようとした．一度，ある僧が，阿弥陀仏への不信心ゆえ，その名を唱えることは自分自身にとって偽善になるとの理由から，この札を受け取ることを拒否したことがあり，このことは一遍を大いに悩ませた．それは，「もし阿弥陀仏があらゆる生きとし生けるものを死後に浄土へと救い取る力が十分あるなら，信心をもたないものでさえも救い取るのではないか」という疑問であるが，参籠した熊野において，信仰は重要ではなく，仏の力は生きとし生けるものを再生させるに足るものであるとの阿弥陀仏の夢告を得，解決へと至った．以降，一遍は札を配り，たとえ信じていなくとも名を復唱することを人々に奨励し続けた．一遍は，男女両方を含む弟子の集団とともに旅し，彼らは阿弥陀仏の名を唱えながら踊る「踊り念仏」というふるまいによって知られることとなった．見物人たちは，紫の花のような雲の出現など，ふるまいの際の奇跡的なできごとをしばしば伝えた．一遍は男女混合の集団とともに旅したため，倫理的な面を非常に心配し，夜寝る際に男女間に設置する壁のための積み木を，追従者に行く先々へ運ばせた．時宗は，一遍の死後はその勢力が根強かったが，15 世紀までには*浄土真宗に取り込まれた．

『イティヴッタカ』 *Itivuttaka*（Pāli）
「このようにいわれている」の意．パーリ正典である経蔵の*小部の第 4 経．散文と韻文の混じった 112 の短い経説から成る．『如是語経』ともいう．この『イティヴッタカ』は，ブッダの真正の教えに対する批判的研究の結果編纂され，ある観点から熟考され，特定の目的のためにつくられたといわれている．その経説のすべてが同じ台詞，「このようにブッダは言った」から開始される．この経説はブッダにより，女性の弟子であったクッジュタラーに説かれ，その後彼女はそれを繰り返し語った．彼女はブッダの言葉を伝えていることを強調するために，その教説のすべてに上記の台詞を加えて説いた．『イティヴッタカ』の注釈書はおそらく 6 世紀に*ダンマパーラにより編纂され，*『パラマッタディーパニー』に収められている．

医療　いりょう　medicine
2000 年以上の間，仏教教団（僧伽）は病人の治療と密接に関連してきた．紀元前数世紀の間に，仏教僧はさまざまな種類の健康状態を治療する方法を開発し，伝統的なインド医学（アーユルヴェーダ，Āyurveda）の進展に対して重要な役割を果たした．厳しい僧院生活に耐えるには肉体的に健康でなければならなかったが，医療技術はそれを確保する手段として必要とされた．治療は僧院内で施され，医療の実践が僧院の規律（律）の一部として制度内に組み入れられることで，インドにおける医学知識は最初期にある程度体系化された．律の中でブッダは次のような言葉で互いに面倒をみるよう僧に勧めている．「僧らよ，汝らには自らを看護してくれる父も母もいない．僧らよ，もし汝らが互いに看護しあわなかったら，誰が汝らの看護をするというのか．僧らよ，誰であれ私を看護するものは，病人を看護すべきである」．僧院が拡大するにつれて，在家者の維持するホスピスや病院はしだいに僧院の一部を成すようになり，医療が主要な僧院大学のカリキュラムに統合されるまでとなった．仏教徒の大君主アショーカは，第二の*法勅碑文の中で，人と動物の両者に医療を施し，根菜や果物とともに薬草を輸入して栽培したことを述べている．現代の仏教僧は，西洋の医療のみならず，さまざまな文化に由来する伝統的医療の実践を続けている．

因　いん　hetu（Skt., Pāli）
原因，根拠の意．事物の発生や行為発動の根拠としての原因，条件，理由等を表す語であり，*阿毘達磨の学術的文献で頻繁に用いられる．この「因」は，*『パッターナ』に列挙される 24 種の原因（パッチャヤ，paccaya）の中で第 1 番目にあげられているものである．最も根源的な因は，*貪，*瞋，*痴という三つの*不善根と，その逆，すなわち貪りのないこと，憎しみのないこと，愚かさのないことという三つを合わせた 6 種である．

印可　いんか　inka
「悟りのしるしや証明」を意味する禅の用語．師による弟子の悟りの経験の真実性と深度の証明である．

印契　いんげい　⇨ムドラー

印光　いんこう　Yin-kuang（1861-1940）
中華民国時代の比丘．浄土教の改革者で，第 13 祖として広く認識されている．陝西省出身で，早い時期に家族を離れて僧団（僧伽）に加わった．一度，家族がだまして家に連れて帰ったが，そこに留まり続けることはなく，再び逃げ去りすべての関係を断った．初めの修練のときに，結膜炎に悩み*阿弥陀の名を盛んに暗唱することで治った．子どものときはよい生徒で，文学の才能はさまざまな寺院の僧院長を魅惑した．僧侶になった当初は，そこに住んで僧団の蔵書の管理を行うよう頼まれた．これには，定期的な「経典の虫干し」も含まれ，乾かしてカビを防ぐために太陽の下に書物をおいた．このときに，彼は自由に仏教文献を熟読することができた．彼はとくに浄土教の第12祖である際醒徹悟（1741-1810）の作品に引かれ，徹悟が住んでいた資福寺に居住した．彼はとくに禅師として名の知られた徹悟が後半生に完全な悟りを経験し，大多数の人にとって禅の方法は厳しすぎ不確かであるとして，それを捨て去り浄土教の実践に専念したことに感銘を受けた．この経験が，彼の浄土教への忠誠心を最初から固めた．

印光は寂しい場所を好み，30年間名前を偽って普陀洛山に住んだ．2回連続して3年間の山籠もりの修行をした．たとえ巧みに世間の目から隠れていても，教えと実践について質問する彼宛の手紙にはなお返事をしていた．彼の文学的な技術と本物の誠実さと敬虔さは，これらの取り交わしたものにみられる．1917年に，交流のあるものたちが手紙を集め出版した．彼自身は，『浄土への疑問を解決する論』（浄土決疑論）を含む禅を誹謗し浄土教の実践を支持する自分の随筆に加えて，*智旭の『浄土教要集』と『徹悟禅師語録』といった浄土文献の古典作品の再刊を概観していた．これらの出版物はそれを読んだ一般の仏教徒の心をつかみ，印光は望みとは違って非常に有名になった．1930年に蘇州の報国寺の僧院長を引き継ぐことを受け入れ，同じく近くの霊厳寺にも関与した．1937年に日本の中国への侵略を受けて霊厳寺に移り，3年間留まって，以前の祈禱書では強調されていた禅の影響を退け，浄土教の実践をより多く盛り込んだ僧団の日々の礼拝と儀式のための新しい祈禱書をつくった．この祈禱書は，今日の台湾で唯一共通して使用される基本となった．同時に，彼は人里離れた場所に留まっていたが，彼と言葉を交わすために山門にくる人々へは誠実に相談に乗った．1940年に亡くなると，中国の浄土教の第13祖として広く認められた．

因乗 いんじょう Causal Vehicle（Tib., rgyu'i theg-pa）

チベットの解釈学的な用語で，秘伝でない（顕教たる）大乗仏教の道程を指す．タントラ仏教の「果乗」と対比的に用いられる．得られるべきものとして，またそれを通して仏たる状態となる原因の基盤が形成されるものとして，因乗は悟り（菩提）に通じているといわれる．ラクシャナヤーナ（lakṣaṇayāna）やパーラミターヤーナ（pāramitāyāna）としても知られ，*波羅蜜を養うための乗として知られる．

因相 いんそう nimitta（Skt.）

「符号」の意．仏教心理学および哲学における，形態の認識と理解を指す術語．後で観念化作用（*想）によって処理される色，形，音などといった基本的な知覚情報を指す．

因陀羅 いんだら ⇨インドラ

インドの仏教 India

仏教の起源はインドにあるが，現在ではおもにインド以外のアジア諸国で栄えている．インド亜大陸では，最北端のラダックや*シッキム，ブータンなど，チベットの影響を受けた地域で局地的な仏教信仰が見られる．20世紀に入ってからは，チベット難民の流入や，*アンベードカル・ブディストとよばれるヒンドゥー教からの改宗者たちのはたらきもあり，限定的な規模での仏教復興の動きが見られた．後者は，それまで被差別カーストにおかれていた者たちが，低い身分から抜け出そうとして仏教に改宗したものである．

仏教の近代での展開を含めないならば，インド（ここではインドという語によって，今日のインド共和国の領域ではなく，インド亜大陸全土を指すものとする）における仏教の歴史は前5世紀に始まり，紀元15世紀，あるいはその少し後の時代まで続いたといえる．仏教の発端は*ガウタマ・ブッダの教えである．ブッダは*マガダ国の初期の時代（前546-324）に活動した．同国が急速にその領土を拡大していた時代である．ブッダが入滅した年には，*ラージャグリハ会議において初めて仏教の正典が編纂された．それより約100年後の*ヴァイシャーリー会議では，僧院内での行いに関する僧侶間の論争が調停される．これは，それまで一つにまとまっていた教団が派閥化していく，その始まりを告げるものであった．マガダ国の時代も終わりに近づく頃には，インド北西部はアレクサンダー大王によってギリシアの植民地とされる．この頃までに仏教僧たちは正典の基礎を完成させ，また，僧院共同体を組織していった．続く*マウルヤ朝時代（前324-187）を代表するのは*アショーカ王であり，彼の庇護の下，仏教はインド全土に広まった．この時代は僧侶たちの間での見解の相違が顕著であり，*大衆部の分裂は，初期仏教教団を二つの敵対する部派に分けてしまった（→パータリプトラ会議（第1回））．次のシュンガ族とヤヴァナ族〔ギリシア人〕の時代（前187-30）には，仏教は逆境と順境の両者を経験することになる．ガンジス川流域では，仏教はシュンガ朝のプシュヤミトラ・シュンガ王から敵視され，迫害を受けた．しかしそれにもかかわらず，*サーンチーや*バールフト，*アマラーヴァティーには，この時代に見事な*ストゥーパが建立された．一方，インド北西部ではメナンドロス王をはじめとするインド・ギリシア系の専制君主の治世で仏教が栄えた（→ミリンダ王の問い）．やがて北西部は，ギリシア系の王朝にかわってシャカ族とパフラヴァ族に支配されるようになる．仏教は，その時代（前100-後75）にも支配者の庇護を受けた．後の*クシャーナ朝の王*カニシュカ1世もまた同様であった．彼は仏教を支援して，*ガンダーラで「*カニシュカ王の会議」と呼ばれる第4回目の宗教会議を招集したとされている．

紀元後数世紀の間には，無差別の救済と俗人の果たす役割の拡張を喧伝する大乗仏教が台頭してくる．ブッダ観は新しい*三身説によって再構成され，また，菩薩の重要性が増し，初期仏教の理想的人格である*阿羅漢に取って代わるようになる．経典についても新しいものが著されるが，それは*『般若経』や，後代への影響の大きい*『法華経』などの経典群でとくに顕著であった．これらの経典は，建前上はブッダの直説とされている．また，これらの新しい経典を解釈するため，*中観派や*瑜伽行派といった哲学的な学派が登場し，初期仏教の教義を再解釈していった．新しい文献が盛んに作成されたその最後の波は，タントラと呼ばれる文献群であり，紀元7世紀頃に登場し，精神面での前進を早めるための儀礼や瞑想法を含む，急進的な実践方法を説いた．タントラ仏教は「*金剛乗」の名で認知されるようになった．

多くの学僧がこの時代の仏教の知的躍動感に魅了され，僧院兼教育機関として設けられていた宗教施設へと足を向けた．この種の施設のうち，少なくとも大乗仏教の中では*ナーランダーの僧院が最も有名であった．これは2世紀に設立され，後に*グプタ朝期にはクマーラグプタ1世（414-455）の庇護を受けた．1万人の学僧が居住し，入学に際しては門前での口頭試験が課せられた．この種の教育機関では，ナーランダーの他にもおもだったところで*ヴィクラマシーラ寺や*オーダンタプリー寺があり，ハルシャ王や*パーラ朝の諸王の継続的な庇護の下に繁栄を見せた．*シャーンタラクシタや*カマラシーラといった，当時一時代を築いた学僧たちがこれらの教育機関から輩出された．彼らは仏教のチベットへの伝播に関してきわめて重要な役割を果たすことになる．

このような僧院大学のもたらしたネガティブな影響は，学僧たちが難解な教義にかつて以上に深入りし，僧院外の世界との接点が失われてしまったことである．インドでは仏教が古い時代にどのように民衆に受け容れられていたのかはあまり明らかになっていないが，ヒンドゥー教がつねに村落社会に根を下ろしていたのと異なり，仏教の活動は少数の主だった高等教育機関に集中していたと想定される．そしてそのことが，11世紀のイスラム教徒の侵入によって仏教が壊滅したことの原因となる．仏教の僧院は，貴重な宝物を有していることが多いにもかかわらず，軍事的な防御が手薄であった．これは，聖戦の名のもとに戦利品を略奪しようとする侵略者たちの格好の標的となるのに十分な条件である．ゴール朝のトルコ系将軍シハーブッディーン・ムハンマドは，1197年にナーランダーを，そして1203年にはヴィクラマシーラを占領，略奪した．彼は図書館を焼き払い，計りしれない価値を有する文献や美術的な宝物を破壊した．これらの悪夢のようなできごとは，近代以前のインドにおける仏教の事実上の終焉を告げるものとなった．しかし，南部では小規模ながらも仏教徒の活動が続いていた．15世紀のオリッサ地方や南インドには仏教の僧院があり，それ以降もインドからチベットへ渡る仏教の指導者たちが存在していたことが知られている．

インドラ Indra（Skt.；Pāli, Inda）

ヴェーダにおいて崇拝されている，インド・アーリア人の信仰する暴風の神．因陀羅，帝釈天ともいう．パーリ正典では「デーヴァーナン・インドー（devānaṃ indo）」，すなわち「神々の王」として言及される．*シャーキャ（Śākya），またパーリ語ではサッカ（Sakka）とも呼ばれる．

インドラブーティ Indrabhūti

インド系およびチベット語のタントラ文献からは，インドラブーティという名の伝説的な王が最大で3人知られている．彼らはいくつかの*アヌッタラ・ヨーガ・タントラ文献の啓示ないし発展と関係しており，*オッディヤーナあるいは*サホルで7世紀後半から8世紀中頃にかけて存命したと考えられる．彼らが実在したことを直接証明する碑文の類はいまだ発見されていない．

因縁 いんねん nidāna（Skt., Pāli）

「連結」の意．物事をひきおこす原因あるいは条件．*縁起の鎖を構成する12の環のそれぞれを指して用いられる語．

ウ

有 う bhava（Skt., Pāli）

「生存」，「生成」の意．

1. *縁起の過程における第十段階．

2. 現実や生存様態に関する心理的な宇宙観．それには3段階あり，欲望の領域（*欲界）・形の領域（*色界）・無形の領域（*無色界）の3種である．

ヴァイシャーリー Vaiśālī（Skt.；Pāli, Vesālī）

ブッダの時代における*リッチャヴィ共和国の首都で，きわめて美しい都市として有名であった．ブッダはしばしば遊行中にここを訪れて多くの説法を行った．またブッダ入滅の約100年後に「第二結集」（→ヴァイシャーリー会議）が開かれた場所でもあった．8世紀までには都市の大部分が廃墟になっていた．近代の発掘で，ヴァイシャーリーがパトナの約30 km北東，バサールにあったことが明らかになった．

ヴァイシャーリー会議 Council of Vaiśālī

いわゆる「第二結集」．*ラージャグリハ会議から100年または110年後に*ヴァイシャーリーで開かれた．この会議は，僧院の規律，とくに僧による金銭の取り扱いに関する論争から起こった．一派閥の*ヴリジプトラカ（ヴァッジ族）は，他の9種の実践と並んでこれを正当であると主張した．他方，正統派はそれらを不法とし，律によって禁じられているとみなした．会議には*レーヴァタの監督下，700人の高僧が参加し，ヴリジプトラカに反対する裁決が下されたが，結果として，彼らの実践がどれほど改められたのかは不分明である．比較的早いこの時期に会議が招集される必要があったということは，初期の教団内で深刻な不一致が表面化していたことを示しており，その後まもなく*部派分裂へと至ることとなった．

ヴァジュラ　vajra（Skt.；Tib., rdo-rje）

本来，古いインドの宗教ではヴェーダの神*インドラの雷挺の武器で，のちにダイヤモンドを指す語にもなった．金剛ともいう．仏教での用法は，この二つの意味を結合して悟り（菩提）の不可分性，不滅性を含意している．文献にはこの意義が残る一方，ヴァジュラはタントラ仏教で通常金属製の，両端に1あるいは3, 5, 9の尖端をもつ儀礼用の道具をも指す．チベット仏教では，儀礼用の鐘（ガンター）と対にされる場合のヴァジュラは*智慧に対する巧みな手段（*善巧方便）を意味する．日本の*真言宗では，ヴァジュラは*『一切如来真実摂経』に由来する金剛界の概念に結びついている．

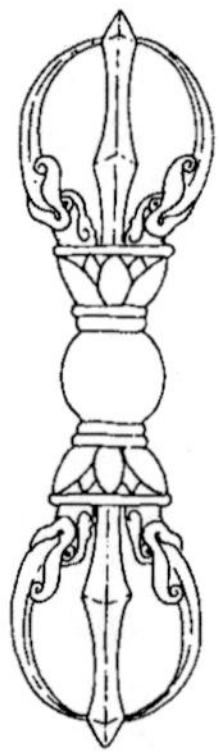

ヴァジュラ

ヴァジュラキーラ　Vajrakīla（Skt.；Tib., rdo-rje phur-ba）

タントラにおける忿怒の守護神格（*イダム）で，三面からなる儀礼に用いる短剣の化身で，それを紋章とする．とくに*ニンマ派として関係しており，ヴァジュラキーラに関連する教義と行法をチベットに伝えたのは*パドマサンバヴァである．

ヴァジュラダートゥ・ファウンデーション
Vajradhatu Foundation

西洋における仏教徒教会として最も大きいものの一つ．1973年に*トゥンパ・チョギャムによって設立され，カナダ・ノヴァスコシア州のハリファックスを拠点とする．100以上の施設と5000人以上の会員を擁する．

ヴァジュラバイラヴァ　Vajrabhairava

タントラの守護神格（*イダム）．*マンジュゴーシャ，あるいは*大威徳明王の忿怒面とされる．ヴァジュラバイラヴァに関する瞑想行や儀礼は『ヴァジラバイラヴァ・タントラ』（*Vajrabhairava Tantra*）とその関連典籍に説かれており，それらはラリタヴァジュラによって*オッディヤーナよりもたらされた．ヴァジュラバイラヴァはチベットとモンゴルの双方においてとくに*ゲルク派によって崇拝されている．

ヴァジュラボーディ　Vajrabodhi（671-741）

南インド出身と考えられているインド人の比丘．金剛智ともいう．後に中国で翻訳家や儀式の指南者として活躍した．*瑜伽行派の教義を完全に体得した後, 702年にナーガボーディ（龍智）からタントラ仏教の*『一切如来真実摂経』の伝法灌頂を受け取った．後にある見通しに従って行動し，中国へむけて航海し，ついに720年に広東に着いた．途中の難破で持っていたすべての経典をなくしてしまい，723年に洛陽に居住したとき記憶に頼って一部を翻訳した．その後の中国滞在期間に，彼が灌頂を与えた皇帝の注目を得るほど，密教に関する他の経典の十分な量を翻訳し整理した．弟子の*アモーガヴァジュラとともに日本の*真言宗では8人の祖の中に数えられている．

ヴァジュラヨーギニー　Vajrayoginī（Skt.）

悟りをひらいた神格（*ダーキニー）またはヨーガの熟練者（*ヨーギニー）．*母タントラの主要な女性守護神（*イダム）である．

ヴァスバンドゥ　Vasubandhu（Skt.）

アサンガの異母弟で，おそらく4世紀後半に北西インドで生まれ，そこではじめ『大毘婆沙論』にあるような*説一切有部の*阿毘達磨を学んだ．それらの教えに不満で，*経量部の観点から『大毘婆沙論』の重要な要約と批判を著した．のちに大乗に改宗し*瑜伽行派の最も影響力ある創立者の一人となったといわれる．世親, 天親ともいう．瑜伽行派の教義を要約した

二つの重要な作品，*『唯識二十論』と*『唯識三十頌』を著し，また*アサンガと*マイトレーヤナータの作品にいくつかの主要な注釈を書いた．何人かの近代の学者，とくにフラウヴァルナーは瑜伽行派学者と経量部学者という2人のヴァスバンドゥを区別しようとしたが，この見方は著者不明の*『アビダルマ・ディーパ』がヴァスバンドゥを両群の著作の唯一の著者と明確に認めることから，現在では否定されているようである．

ヴァスミトラ Vasumitra (Skt.)

2世紀に活躍した仏教の説一切有部の学者．世友ともいう．*ガンダーラ出身で*カニシュカ王の会議を主宰した．ヴァスミトラは，諸存在（ダルマ）は過去にも未来にも現在にも実在するという説一切有部の基本教義を擁護するための命題を提示した．彼によれば，ダルマは未来に本体的あるいは潜在的な状態で存在してから，現在において原因の効果（カリトラ，karitra）が現れる瞬間を得る．これはそれらが他の現象との機能的関係に入ることを示す．この瞬間が過ぎると，それらは本体的な状態にふたたび入り，この状態は今度は「過去」として描写される．ヴァスミトラの無常の理論は，競合する他の3人の哲学者ダルマトラータ，ゴーシャカ，ブッダデーヴァの見解よりも好まれてこの学派に受け入れられた．

ヴァッカリ Vakkali (Pāli)

ブッダの肉体的外見に魅了され，感嘆して彼につきしたがった比丘．ブッダが有名な発言「ダルマを見る者はわたしを見る．わたしを見る者はダルマを見る」を述べたのはヴァッカリに対してであった．これはこの比丘に肉体的外見への妄想を超えさせることを意図していわれたのである．しかし結局ブッダはヴァッカリに自分のもとを離れるよう命じなければならなかった．*相応部によれば，別のときにヴァッカリは*ラージャグリハにブッダを訪ねる途上病気になり，苦痛に耐えかねて喉を切って自殺した．ブッダは遺体を見に行って彼が涅槃を得たこと，*マーラは彼の死後の意識（*識）を見出すことができないであろうことを述べた．このことや数件の同様の自殺事件（とくにゴーディカと*チャンナの）にもとづいて，仏教が悟りを開いた者にとって自殺は不道徳でないとみなしたと考えた西洋の学者もあったが，この結論は*上座部の注釈書と伝統によっても，正典の当該部分によっても支持されない．

ヴァッジー Vajjī (Pāli；Skt., Vṛji)

ブッダが生きた時代に存在していた，古代インドの16の*マハージャナパダのうちの一つ．住民の多くは，*ヴァイシャーリーを本拠地とする*リッチャヴィ族か，*ミティラーを本拠地とする*ヴィデーハ族であった．ブッダは何度もこの国を訪れ，住民は幸福で繁栄していたと記録されている．ブッダが是認していた七つの慣習に支えられた，共和的な政治体制を有していた．七つの慣習とは，(1) 公的な集会を頻繁に催すこと，(2) 集団的決定を下すために会合をもち，同意に従って行動すること，(3) 自分たちが有する慣習や伝統を敬うこと，(4) 年長の者を敬い支えること，(5) 女性を略奪することを禁じること，(6) 儀礼の場所を大切にすること，(7) 自分たちの中で聖人（*阿羅漢）たる者たちを支え保護すること，である．ブッダの死後，この国の富は減少し，*アジャータシャトル王によって征服された．ブッダが亡くなって100年ほど後にヴァイシャーリー会議を召集したきっかけとなったのは，ヴァッジプッタカ（Skt., ヴリジプトラカ，Vṛjiputraka）として知られるヴァッジー国出身の出家修行者の一団の，10種の怠惰なふるまいであった．

ヴァッタガーマニ・アバヤ Vaṭṭagāmaṇi Abhaya

スリランカの王．即位して最初の年にあたる前43年に，インドのタミル人によって国を追われたが，後に復帰して，前29-17年の間王位にあった．復位してすぐ，首都である*アヌラーダプラに*アバヤギリ精舎を建立した（ただし，一部の資料では，この事業はヴァッタガーマニ・アバヤの祖先の一人がなしたものとされる）．一人の出家修行者に布施する形で建立しており，スリランカ最初の精舎の布施を一人に対して行ったというこの事実は，スリランカの出家修行者に階層分化をもたらした．伝承によると，ヴァッタガーマニ・アバヤの治世に，初めてパーリ正典とその注釈が文字化された．後世の人々は，ヴァッタガーマニ・アバヤを，仏教の偉大な守護者として敬った．

ヴァッチャゴッタ Vacchagotta

*出家外道の一人．ブッダと交わした会話に関して，パーリ正典の中で数回言及されている．*中部の『アッギ・ヴァッチャゴッタ・スッタ』（*Aggi-Vacchagotta Sutta*）の中で*無記の質問をしているのがヴァッチャゴッタであり，ブッダはこれに対して沈黙をもって答えた．その質問は，世界は永遠であるか永遠でないか，如来は死後も存在するか，などといったことについてであった．最終的にはヴァッチャゴッタは，*ラージャグリハにおいてブッダから出家を許され，*阿羅漢となった．

ヴァーユ ⇨風 ふう

ヴァーラーナシー Vārāṇasī（Skt.；Pāli, Bārāṇasī）

かつて英語ではベナレスとして知られた，ガンジス川に面したインドの聖なる都市で，古代国家カーシーの首都．仏教の中心地*サールナートに近いことから多くの仏教徒巡礼者をひきつけていた（→聖地巡礼）．ブッダは何度かここで説法をしているが，そのインドにおける文化的重要性にもかかわらず，ブッダはこの都市に強いかかわりをもたなかったらしい．

ヴァラビー Valabhī（Skt.）

今日のインド，グジャラート州カーティアーワル半島に位置した重要な仏教中心地．仏教は早くにこの地域に進出していたが，王家の庇護を受けて5世紀頃に支配的となり，ここは学問の中心地としてインド中に知られた．小乗と大乗の諸グループ，なかでも*サーンミティーヤ学派につながりのある多くの重要な僧院のあった場所である．7世紀に中国人巡礼者*玄奘が，約6000人の比丘が暮らす100以上の僧院の存在を記録した．ヴァラビーには名声と権威において*ナーランダーに匹敵する宗教大学が存在した．*ヴァスバンドゥの弟子*スティラマティとグナマティが教えたのはここであり，*パラマールタもここで学んだ．ヴァラビーは*瑜伽行派 の一大中心地であった．当時*ダルマパーラに擁護されてナーランダーで流行した観念論的な解釈とは対照的に，ヴァラビーはより認識論的なアプローチを好んだと考えられている．ヴァラビーは8世紀のアラブの侵略によって崩壊し，その重要性を失った．

有為 うい saṃskṛta（Skt.；Pāli, saṅkhata）

「形づくられたもの」の意．寄与する原因によって形成されたり引き起こされたりした事物．生（ウトパーダ, utpāda），住（スティティ，sthiti），滅（ヴィヤヤ，vyaya）の特質（*相）を保持するものすべてがあてはまる．形成された現象の部類である有為は，形成されたのでない部類の，涅槃の同義語である*無為と対照される．涅槃は，超越的であって，輪廻という形成された領域の中の現象すべてに作用する無常や*縁起の理のもとにはない．

ヴィクラマシーラ Vikramaśīla（Skt.）

ナーランダーの東方約240 km，ガンジス川に面した今日のバーガルプル市の近くにあった仏教大学．チベットの資料がこの大学に関する詳細な情報の大部分を提供するが，これは*後伝期にヴィクラマシーラ出身の多くの学匠がチベットで活躍したからである．ここは9世紀前半に*ハリバドラの着想と*パーラ朝のダルマパーラ王の庇護によって創設された．ジュニャーナシュリーミトラのような多くの名高い仏教論理学（*プラマーナ）の学匠もここで教えたが，とくにタントラ仏教の学習がブッダシュリージュニャーナや*ナーローパといった学匠の指導のもとで栄えた．近隣の他の仏教大学である*ナーランダーと*オーダンタプリー同様，ヴィクラマシーラは12世紀にムスリムの侵入者によって略奪され破壊された．

ウイグルの仏教 Uighur

中世期に中央アジア地域を支配したテュルク系民族．最初はトルファン・クチャ地域，後には敦煌地域で活動した．ウイグルの初期の支配者は熱心なマニ教徒であったが，一般集団の多くは仏教徒で，早く7世紀には仏教文献がウイグル語に翻訳された．後代には統治者も仏教徒になり，彼らの支持を得て仏教学習施設がいくつも設立され隆盛を極めた．ウイグルは貿易商人や筆写人としての役目を果たすことも多かったため，当該地域の他の民族に仏教を伝える一助となった．ウイグルの文字自体は古ソグド語を範としているが，それはモンゴル人の採用した標準字体の基礎としての役割を果たした．→モンゴルの仏教

ヴィジャヤバーフ Vijayabāhu

11世紀から15世紀にかけてのスリランカの王のうち6人に対する総称．その中で，後にシリサンガボーディ（Sirisaṅghabodhi）という異名を取ったヴィジャヤバーフ1世が最も偉大な王として知られる．その治世の初期に，ヴィジャヤバーフ1世は，インドのチョーラ朝の軍隊を撃退するだけでなく，*アヌラーダプラを含む多くの地方を征服して併合した．平和が確立すると，*モン族の王に使節を送り，スリランカにおける僧伽の復興を支援する目的で出家修行者をその国から派遣するよう要請した．ヴィジャヤバーフ1世は，*三蔵の写本をたくさんつくらせ，数多くの*精舎を出家修行者のために建立するなど，仏教の偉大な庇護者となった．また，*阿毘達磨蔵の最初の書である*『法集論』をシンハラ語に翻訳させたが，その翻訳はすでに失われて伝わらない．→ブヴァネーカバーフ，プラッティナガラ

『ヴィスッダジャナヴィラーシニー』 *Visuddhajanavilāsinī*

作者不詳の，*『アパダーナ』に対するパーリ語の注釈．

ヴィデーハ Videha（Skt.）

*ミティラーに首都をもつ*ヴァッジー同盟の中の二つの中心地の一つ．ガンジス川が領域の境界をなし，その対岸は*マガダ国であった．ヴィデーハは交易の中心として栄え，*シュラーヴァスティーや*ヴァーラーナシー，またおそらくは*ウッタラーパタすなわち北の交易路を使って，遠く*ガンダーラに至るまでの地域からも商人が到来した．ヴィデーハは，初めは王たちによって支配されてきたが，ブッダの時代には共和国であった．

ヴィドゥーダバ Viḍūḍabha（Pāli）

*コーサラの*パセーナディ王の息子．父の死後，ヴィドゥーダバは大軍を率いてブッダが属する*シャーキャ族を攻撃しようとした．これは過去にシャーキャ族が賤民の女を彼の父に輿入れさせたときの侮辱に対する復讐のためであった．3度にわたりブッダは軍隊を阻み，ヴィドゥーダバは退却した．4度目にブッダは一族の運命が決まっていることを理解して，その後の殺戮を阻止しようとはしなかった．

ウィハーン viharn（Thai；Lao, wihaan）

*精舎や寺院の信徒のための集会所を意味するタイとラオスの言葉．集会所にはふつう主要な仏像が納められている．

『ヴィバンガ』 *Vibhaṅga*

パーリ正典のうち，*阿毘達磨蔵に属する七つの書のうちの2番目．『ヴィバンナッパカラナ』（*Vibhaṅnappakaraṇa*）ともいう．ブッダの教えの中で中心的な種々の主題を，異なった方法を用いながらも一般的に専門的な分析によって扱っている．18章に分けられ，その一つ一つが「分節」（ヴィバンガ，vibhaṅga）と呼ばれている．それぞれの章に，スッタンタバージャニヤ（Suttantabhājaniya），アビダンマバージャニヤ（Abhidhammabhājaniya），パンハープッチャカ（Pañhāpucchaka）という三つの節がある．パンハープッチャカとは，「質問の列挙」という意味である．『ヴィバンガ』に対しては，*ブッダゴーシャによって著された*『サンモーハヴィノーダニー』という注釈がある．

『ヴィマーナヴァットゥ』 *Vimānavatthu*（Pāli）

「邸宅の話」の意．パーリ正典のうち，*小部の6番目の書．諸天が有する天界のさまざまな邸宅のすばらしさを描き，83の物語の中に，天として天界に転生するに至る道徳的な善い行

いを説いている．*ダンマパーラによって著された注釈があり，*『パラマッタディーパニー』の一部となっている．

ヴィマラミトラ Vimalamitra

8世紀にインド西部に生まれ，律，*阿毘達磨，大乗経典，タントラ仏教の包括的な研究を行った卓越した学僧．彼の後半生は中国に旅行し，そこでシュリーシンハから*アティヨーガの教えを学んだといわれている．その後，トゥリソン・デトゥンの支配しているチベットを訪れ，そこに13年間住んで密教と*ヅォクチェンの両方を教えた．その後，中国に向かったとされる．

ウェサク Wesak

西洋の暦の4月から5月にあたるひと月の名称．また，この月の満月の日にブッダの誕生，出家，悟り（菩提），死去を記念して*上座部の仏教徒によって催される祝祭を指すようになった．

ヴェーダ Veda (Skt.)

およそ前1200年に遡り，ヒンドゥー教の正統的聖典の基礎をなすサンスクリット語の宗教文献の集成．「ヴェーダ」という語はサンスクリット語の語根vid-「知る」に由来し，このテキストは神々（*天，デーヴァ）によって昔の予言者たちに明かされた究極の真実の宝庫であると信じられている．ヴェーダ文献は『リグ・ヴェーダ（*Ṛg Veda*）』，『ヤジュル・ヴェーダ（*Yajur Veda*）』，『サーマ・ヴェーダ（*Sāma Veda*）』，『アタルヴァ・ヴェーダ（*Atharva Veda*）』という四つの集成に分けられる．ヴェーダは本来*マントラ（詩節あるいは讃歌）と*ブラーフマナ（テキストの儀礼における使用についての聖職者の注釈）という二つに分けられていた．やがて付属文献が加えられ，今度は各ヴェーダが4部分から構成されるようになった．すなわちサンヒター（*Saṃhitā*，さまざまな区分に組織されたマントラ），ブラーフマナ（犠牲を伴う儀礼に関するテキスト），アーラニヤカ（*Āraṇyaka*，「森の書」すなわち秘密の教え），ウパニシャッド（*Upaniṣad*，神秘主義的な論書）である．ヴェーダの宗教は，犠牲への見返りに恩恵と守護を与える神々の複数性（伝統的に33）を信じていた．仏教は犠牲は無益であり，救済は神のとりなしによってではなく*八支聖道に従うことによってのみ得られると説いて神々の至上性を否定した．またヴェーダによって認められた動物のいけにえとカースト制も否定した．

『ヴェッサンタラ・ジャータカ』 *Vessantara Jātaka* (Pāli)

*ジャータカ集成の中の，惜しみなく与えること（*布施）の美徳を賞賛する物語．仏教世界で最も広く知られた物語の一つで，ヴェッサンタラ王子が惜しみなく与えたことを語る．王子はサンジャヤ王の息子で跡継ぎであり，妻のマッディーと小さい子供たちとともに首都に住んでいる．彼の気前のよさは並ぶ者がなかったが，国に適切な降雨をもたらす魔法の象を手放したとき，市民たちは怒ってサンジャヤに彼を追放させる．妻は子供たちを連れて彼と流刑生活をともにすることを選ぶ．ヴェッサンタラと家族はすべての所有物を手放してから長い旅に出，山や森を抜けてある谷に到着し，そこに住み着く．ヴェッサンタラは妻の外出中に，子供たちを奴隷に所望した*婆羅門に彼らを与えた．同様に妻を手放すところを，神々の王の介入でようやく阻止される．サンジャヤは孫たちが奴隷として働いているのを見て彼らを買い戻し，大いに後悔してヴェッサンタラとマッディーを呼び戻す．一家が再会したのちヴェッサンタラは王となり，その後はずっと全員が幸福に暮らす．

ヴェトナムの仏教 Vietnam

ヴェトナムではその地理的位置ゆえに，仏教の主要な二形式と接してきた．大乗は中国からの多大な影響を受けた北部で優勢となり，上座部は東南アジアの仏教と結びつきが強い南部の諸地域で顕著である．歴史的に仏教は時代も地域もさまざまに及び，その発展は折衷主義的で道教や儒教と混淆することもしばしばであった．現在ヴェトナムという国が広がるその領土において，仏教史は少なくとも紀元2世紀にまで遡り，その時代に中国から交趾として知られる南方の地域へと仏教が伝えられた．この領土は10世紀まで中国の支配下にあったが，その支配を受けている間も仏教は確実に存在し，盛んであったとも推測される．しかし，後代の歴史家はそれを「中国」仏教として考慮に入れない傾向にあり，力を注いだのは独立期のみであった．このようにして，中国の支配下にある間は仏教史に関する資料に乏しい．この期間以前には僧院仏教の存在が伝えられ，記述はわずかであるが経典読誦や像の建立，十分な説明はないものの僧の奇跡的なとりなしに関する説話が現在にも伝えられているが，そういったことは読者に説明する必要もないほどありふれていた．古い記録にも，交趾を統治する後漢の士燮が，中国や中央アジアの多くの僧を側近としたと伝えられている．中国宮廷の公的記録にも，高名で熟練した僧が交趾から北部の首都へと進出したことが伝えられている．それは，彼らが教説や経典，瞑想に関して細部にわたる訓練を受けるのに十分な資質をそなえていたことを示している．さらに，交趾に住む外国の僧が翻訳活動に従事しているという記録も残っている．僧*義浄（635-713）はインドへとわたり，他の同類の僧に関する記述を後に残したが，その中の幾人かは往路または帰路で南海路をとって交趾に停泊していたことにも言及している．換言すれば，ヴェトナムにおける仏教は，ある点では単に中国仏教を拡張したものにすぎず，そこで起こったことの多くは中華帝国あるいは他の地域におけるさまざまな発展を反映したものであった．

しかし，この当時ヴェトナムで盛んであった仏教には別の潮流もあった．インド文化の輸出の波は東南アジアを通過してインドネシアまで押し寄せ，中には上座部仏教の形態も含まれていた．ヴェトナムの南部では，中国の大乗仏教よりもこの形態の仏教の影響を受ける人が多かったため，ヴェトナムは二つの潮流の合流点となった．すなわち，インドから北上して*シルクロード沿いに中国へと下り，ヴェトナムへと向かった大乗と，南方では海沿いにタイ，ラオス，カンボジア，ヴェトナムへと向かっていった上座部である．ヴェトナム仏教は，結果として大乗と上座部の両形態が混在した独特のものである．

10世紀にヴェトナムが中国から独立を獲得するまでに，仏教は800年以上にわたり文化面で重要な一部を成してきた．独立ヴェトナムの初代皇帝ディン・ボ・リンは，968年権力の座に就いて以降，政府役人や仏教僧，道教の道士に対して階層的な序列のシステムを打ち立てた．その後，仏教僧は国政に加わり相談役として為政者に仕え，危急の際には人々を糾合して大衆のスピリチュアルニーズに応えていた．李朝（1010-1225）は先行する丁朝や前黎朝よりも安定し長期にわたって続いた．李朝は任務として国家の文化やアイデンティティーを構築する中で多くの要素を取り入れようとした．その結果，中国やインド，チャムの文化も含められ，多くの仏教学派の共存や開かれた宗教的市場での競争が可能となり，さらには大乗と上座部という両形態の混淆も促された．李朝期には密教がヴェトナムに進出したということも，考古学的な証拠によって示されている（*マントラの刻まれた石碑が発見されている）．僧が村々を訪れて土着の神々や祖先，宗教上の文化的英雄を「改宗」させ，今や彼らは「ダルマの守護者」であると宣明したため，仏教は一般人の間にも広く普及していくこととなった．このような動きによって，まったく異なる土着の宗教的集団が仏教の保護のもとで統合されるようになり，国家統一の一助ともなった．それに応える形で，李朝の王は高名な僧に俸給を与え，寺院を建立・改装し，経典を求めて中国へ使者を遣わせ，惜しみなく仏教を支持した．このようにしてヴェトナムでは，中国仏教，とりわけ禅の「灯史」作品の移入に伴う新たな展開に注目が集められた．その結果，旧仏教と新仏教に分裂したが，前者が非常に混合主義的で国家の保護のもと多くの要素や実践を取り入れたのに対し，後者は禅を中心として純粋に中国的な特性へと傾いた．

禅の研究と実践は陳朝（1225-1400）のもとで深く根を張ったが，旧仏教もまた依然としてなくてはならないものであった．世俗的な雑事の決定は儒教，人間の生命に関する形而上的・救済論的枠組みは仏教というように，職能に一種の区分が生じた．陳朝皇帝の多くは為政者として儒者を歴任した後，退位してイェントゥー山にこもり，仏教の実践に専念した．また，陳朝の為政者はヴェトナムにおける事実上最初の仏教「学派」の確立を後援し，それは陳朝第3代王が創始したチュックラム（竹林）禅派に始まる．伝道僧も中国から続けざまに到来したが，ヴェトナムに中国の*臨済宗と*曹洞宗が招来されると，それらは陳朝の上流階級の間でたちまち信奉された．残念ながら，現存する文献には系譜や寺院のリストしか残されていない場合が多く，教説や実践に関して実際の内容を決定するのは困難である．その現存する作品には，問答や菩提偈，菩提心の直伝など，中国で見受けられた「*祖師禅」を髣髴とさせる多くの特徴が示されている．

15世紀にヴェトナム人がカンボジアの一部を侵略・併合した結果，クメール人の宗教がヴェトナムへともたらされた．このため，カンボジアにおける上座部の教説や実践と並んで，エリート階級のヴェトナム禅との共存関係が強化された．ヴェトナムでは18世紀に現在の形式がとられ，各仏教学派の独特の混淆はこの時代に定着した．フランスによるヴェトナム占領によって，異なる民族集団に共通の言語が与えられたため，仏教の諸学派間での交流が促進された．20世紀初頭には，東アジアや東南アジアの他の文化と同様に，ヴェトナム文化は科学や西洋思想，マルクス主義といった現代の動向への対処を余儀なくされた．この間に，教養ある多くのヴェトナム人は，大乗仏教や禅に見られる神々や呪術的な儀礼，浄土に再生するための実践を迷信的に感じ，それらを放棄した．彼らは上座部に好意を示すようになったが，それは比較すると上座部の方がより実践的で現世的なものと考えられたからである．この展開に一助をなした人物はレー・ヴァン・ザンであった．彼はカンボジアの師のもとで上座部の瞑想を研究してホー・トンと名乗り，ヴェトナムに戻った後はサイゴンの付近に正式に上座部の寺院を建立した．ここを本拠地として彼は，地元の言葉で上座部仏教を積極的に普及させ始め，パーリ語経典をヴェトナム語に翻訳した．1957年にはヴェトナム上座部仏教サンガ集会（The Vietnamese Theravāda Buddhist Saṃgha Congregation）が正式に設立されたが，ヴェトナム仏教全体にわたり一要素として拡散していたものに対し，それを中国式の禅学派に対抗する正式な学派としたのである．1997年までに同集会は，国中に64の寺院を散在させた．1960年代に創設された仏教組織の中には，ヴェトナム統一仏教教会（Unified Buddhist Church of Vietnam）や統一仏教協会（United Buddhist Association），社会福祉青年学校（School of Youth for Social Services）が含まれる．*社会参加仏教の主唱者として西洋で広く知られている僧*ティク・ナット・ハンの指導のもと，社会福祉青年学校は多くの地域コミュニティー改善に努める改革ボランティア組織となっている．ヴェトナム戦争の間，仏教僧は積極的に身近な人への敵意を抱くことのないよう努め，彼らの中には公然と戦争に抗議して自らを犠牲とする者も多かった（→ティック・クアン・ドック）．ティク・ナット・ハンを含む他の僧は，外国へ赴いてヴェトナム禅を普及させた．17世紀に導入された*臨済禅のラム・テの系譜は，今日最大の仏教教団となっている．

ヴェールヴァナ Veḷuvana（Pāli）

「竹林」の意．*ラージャグリハ近郊の庭園．竹の壁によって囲まれていたため，そのように呼ばれる．竹林精舎ともいう．*ビンビサーラ王は，街の外側でそれほど遠く離れていないという位置の便利さだけでなく，静寂に包まれていて瞑想に適していることから，この庭園をブッダのために選んだ．ブッダは2度目，3度目，4度目の*安居をヴェールヴァナで過ごした．ブッダの死に臨んでのパータリプトラ会議（第1回）の後，会議に参加した出家修行者たちは，ここに来て休息した．初期の数多くの説法が，この地においてなされた．

ウォーレン，ヘンリー・クラーク Warren, Henry Clarke（1854-1899）

米国の研究者．子供時代の事故で負った深刻な肉体的損傷を乗り越えて，サンスクリット語やパーリ語文献の先駆的研究を行った．1879年にハーヴァード大学を卒業し，その後ジョンズ・ホプキンス大学でチャールズ・ランマンとともにサンスクリット語を学んだ．ウォーレンはランマンとともにハーヴァード・オリエンタル・シリーズを創立・出版し，2巻を寄稿している．第3巻の『翻訳で読む仏教』(*Buddhism in Translations*) は初期文献の中で人気の高いものをアンソロジー形式で編んだものであり，第41巻は*ブッダゴーシャの*『清浄道論』の校訂本である．

有身見　うしんけん　satkāya-dṛṣṭi (Skt.；Pāli, sakkāya-diṭṭhi)

永久不変の自己（*アートマン）の存在を認める見解．仏教の教義によれば，このような見解は，心身を構成する五つの要素（*蘊）との関連で自己同一性を捉える間違った考えに起因するものであるとされる．この見解には20のヴァリエーションがある．1～5：自己は五蘊のいずれかにほかならないとする見解．6～10：自己は五蘊のいずれかに含まれるとする見解．11～15：自己は五蘊のいずれかから独立しているとする見解．16～20：自己は五蘊のいずれかの所有者であるとする見解．有身見は10種の*結の一つであり，*預流になって初めてこれから離れられるという．

右旋　うせん　pradakṣiṇa (Skt.)

尊い物や人，場所のまわりを，円く回る慣習．右繞ともいう．囲まれた対象を中央に位置させることで，回り歩いている者たちの命の中心がそれであることを象徴する．また，地球の表面を右回りに回ると信じられた太陽にならって右回りに回るなど，自然現象を反映することで，円満さや宇宙の調和をも表現する．

『ウダーナ』　*Udāna*

もともとは「息を吐くこと」，「呼気」を意味し，後にとくに激しい感情によって生じた「発声」，中でもほとんどが「韻律に乗った発声」を意味するようになった．この名を冠した書は，パーリ正典のうち，*小部の3番目の部分にあたる．80の物語の短い集成で，8章から成り，別々の機会になされたブッダの宗教的な発言の数々を収めている．ブッダの発言より成る『ウダーナ』の核心部分は，ほとんどが韻文であり，どのような状況で発言がなされたかを述べる散文の解説を伴っている．ウダーナの語はまた，主題別に並べられたときのパーリ正典の一分野を指すこともある．この場合，感情が激しい状態で発せられた詩文である82の経が，ウダーナの分野に含まれることになる．*ダンマパーラの*『パラマッタディーパニー』には，『ウダーナ』の注釈が含まれている．

ウダヤ1世～4世　Udaya I–IV

8世紀から10世紀にかけてスリランカ島を支配した諸王の名前．

宇宙論　うちゅうろん　cosmology

仏教は伝統的な宇宙観の大半をインドに共通する伝承から受け継いでいるが，根本的な点で現代科学の概念と合致するところもある．とりわけ，仏教において宇宙は，西洋で想定されていたものよりも時間的・空間的に非常に広大なものとみなされている．世界（*世間）は最も広い意味では宇宙全体を含むが，その中にも「世界」（ローカダートゥ，lokadhātu）として知られる小さな構成単位があり，それは概して太陽系に相当する．その構成単位は太陽や月，*メール山，四つの大陸，四つの海，4人の大王（*四天王），7種の天界から成る．この構成単位が1000集まって「小世界システム」を形成し，「中」と「大」のシステムはそれぞれ下位のものより1000倍大きなものである．これらの大きな世界システムは，概して現代の銀河系の概念に相当する．宇宙は空間的にも時間的にも無限であると考えられているが，莫大な進化と衰微を繰り返してもいる．パーリ語文献の後正典期には，ローカダートゥという語がチャッカヴァーラ（cakkavāḷa，Skt.，*チャクラヴァーラ）にとってかわられたが，細部に至るまで手の込んだ形で伝統的記述に付加されている．インド以外の仏教徒の宇宙観では，概してインドの原型にもとづくが，その土地の文化的影響を受けて元来の青写真が修正されることも多い．

ウッタラクル　Uttarakuru (Skt.)

1. 古代インドの*クル国の別名．
2. 古代インドの宇宙論でいう，*メール山の北に位置する大陸．二つの付随する島とともに，形は方形であると考えられていた．住人は1000年にわたる長く幸福で高潔な一生を送ると考えられていた．

ウッタラーパタ uttarāpatha（Skt.）
初期の資料で大陸*ジャンブドゥヴィーパの北部にあると記述される地域．この地域の境界は明確に述べられていない．しかし交易について頻繁に言及されることは，その名が実際には*ガンダーラから東海岸まで北インドを横断する交易路あるいは交易路のネットワークを指すことを示唆する．

ウッタラムーラ・ニカーヤ Uttaramūla Nikāya
スリランカの*ニカーヤの一つの名称，または，*アバヤギリ・ニカーヤの系譜に連なる出家修行者の一団の名称．マーナヴァンマ王によって建立され，アバヤギリ精舎の出家修行者たちに布施された，ウッタローラ精舎を根拠地としていた可能性が高い．このニカーヤに属する数名の出家修行者が，すぐれた著作をなしたことで知られている．

ウッタラーラーマ Uttarārāma
*パラッカマバーフ1世によって，首都プラッティプラ(現在のスリランカのポロンナルワ)の北方に建設された，岩肌に彫られた彫像の宝庫の一つ．この複合施設は，シンハラ文化の石彫り技術の高い水準を示している．→ガル・ヴィハーラ

ウッパラヴァンナー Uppalavaṇṇā（Pāli）
女性の長老（テーリー，Therī）であり，ブッダの2人の筆頭女性弟子の第二である（第一は*ケーマー・テーリー）．名前は「*蓮華の色」を意味し，肌色が青い蓮の色に似ていたのでそう呼ばれていた．美貌で聞こえたにもかかわらず世俗を捨て，すみやかに*阿羅漢となった．超能力で知られ，ブッダは彼女が*神通を修めた女性の中の第一であると宣言した．

ウトパラ ⇨優鉢羅 うはつら

ウドラカ・ラーマプトラ Udraka Rāmaputra（Skt.；Pāli, Uddaka Rāmaputta）
ブッダが最初についた2人の教師のうちの一方で，もう一方は*アーラーラ・カーラーマである．ウドラカはブッダに，いかなる知覚経験もない純粋な認識の状態，「知覚も非知覚もない」（非想非非想処）として知られる法悦境に導く瞑想実践を教えた．ブッダがこの技術を習得すると，ウドラカは弟子になることを申し出たが，ブッダは断ってその集団を離れた．ウドラカの教えは*苦からの一時的な解放に導くにすぎず，涅槃の永続的な解放には導かないため，ブッダに退けられた．しかし彼の教えを通じて得られた瞑想段階はのちに八つの*禅定（Pāli, ジャーナ，jhāna）の最後として仏教の瞑想体系の中に組み入れられた．

ウー・ヌ U Nu
ビルマの独立連邦の最初の首相．ウー・ヌは1948年1月に就任し，仏教と社会主義を混在させた政治理念を通して統治を試みた．彼は，個人が物質的財産への自身の興味や望みに打ち勝てるような国家共同体，財産と階層の違いを超える社会を進展させようとした．*転輪王や公正な王の古典的なモデルからヒントを得て，賢い指導者の慈悲深い法律のもとで福祉国家を発展させることが彼の目標だった．1950年に彼はブッダ・サーサナ委員会をつくり，僧院を管理し統制する宗教業務の首相を指名した．彼は，委員会を招集しパーリ正典の新しい版を出版した．ウー・ヌの評論家は，彼は過度に宗教業務に関係し，国家が現代世界に適応するのに直面した政治的・経済的・社会的問題を軽視したと主張した．ウー・ヌの政治機関はわずか6カ月で政権への反乱に直面したが生き残り，最後には1962年にネ・ウィン将軍に率いられた軍隊のクーデターによって転覆させられた．将軍は，ウー・ヌの仏教の価値から離れて動き，非宗教的な社会主義国家を確立しようとした．

優婆夷 うばい upāsikā（Skt., Pāli）
女性の在家仏教徒．→優婆塞

ウ・バ・キン　Ba khin, U（1889-1970）
ビルマの瞑想の教師．集中力の劣った平信徒のために洞察（*観）の瞑想技術を発展させた．ウ・バ・キンは1948年から1953年にかけてビルマの会計士だった．50歳の頃に右目の下の肉と骨に腫瘍ができ，数年の瞑想の後に全快した．彼の瞑想への体系的なアプローチは，理論を超えた実践を強調したもので，人気を得て西洋にまで広まった．彼はまたヤンゴンにインターナショナル・メディテーション・センターを創立した．

ウパグプタ　Upagupta（Skt.）
前3世紀から紀元1世紀の間のある時期に*マトゥラー地域に住んでいた重要な聖者（*阿羅漢）．ウパグプタはパーリ正典では言及されず，正典外のパーリ文献には登場するものの，*上座部仏教国では12世紀頃まで著名とならない．その後知られるようになったのはサンスクリット語資料において彼が重要であった結果である．*説一切有部の伝承では*マハーカーシュヤパ，*アーナンダ，マドヤーンティカ，シャーナカヴァーシンに続く第五の祖師であり，禅の伝承では第四とみなされる．*アヴァダーナ文献に際立って現れ（*『ディヴィヤ・アヴァダーナ』第21，27章は彼の生涯についての最も詳しい記述を含む），*アショーカの時代に生きて王から篤い崇敬を受けたといわれる．

ウパーサカ　⇨優婆塞　うばそく

優婆塞　うばそく　upāsaka（Skt., Pāli）
仏教の在家男性信者を指すupāsaka（ウパーサカ）の音写語．比丘，比丘尼，在家男性信者（優婆塞），在家女性信者（*優婆夷）という仏教徒社会の四区分の一つ．初期の伝統では，在家者は*三帰依の定型文を唱えてブッダ，ダルマ，サンガ（僧伽）に「帰依」することで仏教徒となった．彼らはまた「*五戒」を受け入れることを求められた．在家の実践は，道徳的なふるまいと食物および衣服（→衣，カティナ）の布施を通して，サンガに物質的援助を提供することが中心であった．この種の善行を行うことで，この生と来世における物質的向上を保証する*福を獲得すること，遠い未来には世俗を捨てて比丘になる機会を得ることが望まれた．大乗仏教では，在家者の役割はより際立ったものであり，在家者と比丘の区別は菩薩の理想に包摂される．大乗における最も有名な在家の菩薩は*ヴィマラキールティである．

ウパチャーラ・サマーディ　upacāra-samādhi（Pāli）
パーリ語で，*禅定の諸段階に入る前に経る，心の集中した状態の一つを指す語．

優鉢羅　うはつら　utpala（Skt.）
青い蓮（スイレン科）．ウトパラともいう．

優波離　うぱり　⇨ウパーリ

ウパーリ　Upāli（Pāli）
修行者の法と規律（*律）の知識で名高いブッダの高弟．優波離ともいう．ブッダの故郷*カピラヴァストゥの理髪師一族の一員であったウパーリは，ブッダが悟り（菩提）を得てから初めて親族に会いに帰ったときに*得度を願いでた．比丘となってからは修行者の規則を学ぶことに専心し，問題のある事件をめぐってブッダと数多くの議論をかわした．これらの質疑応答は律蔵の*附随部分に記録されている．ウパーリは第1回*ラージャグリハ会議において律を唱えるよう要請され，（ほとんど確実に誤りではあるが）伝承によれば律はそのときに固定された．

ウボソト　ubosoth（Thai）
寺院の領域を意味する*界（シーマー）と同義のタイの言葉．

有余依涅槃　うよえねはん　sopādhiśeṣa-nirvāṇa（Skt.；Pāli, sa-upadhisesa-nibbāna）
「現世の生命の基体が残った状態での涅槃」の意．ブッダの場合にも見られるような，*漏と煩悩を滅すことによって，現在の生の中で悟りを得た状態のこと．パーリ語文献においては，煩悩の断滅（キレーサ・パリニッバーナ，kilesa-parinibbāna）を意味することもある．

この涅槃の状態にある者にとっては，個人の存在を構成する5種の要素（*蘊）はいまだ残存しており，*苦や，以前の業の果報を受ける可能性に晒されている．死に至って最終的な涅槃（*般涅槃）を得て，苦は完全に消滅する．

盂蘭盆 うらぼん Ullambana（Skt.）

伝統的に7月15日に行われるプレータ（「*餓鬼」）の祭で，亡くなった魂に食物，金銭，衣服の布施がなされる．この儀礼は『盂蘭盆経』に由来し，その実践は*阿羅漢*マハーマウドガリヤーヤナが，自分の母親が餓鬼に再生しているのを神通力で知ったときに行った布施に始まるといわれる．この祭はとくに唐代から中国仏教の中で重要となり，538年に初めて行われた．

ヴリジプトラカ Vṛjiputraka（Skt.；Pāli, Vajjiputtaka）

*ヴァイシャーリーに住み，ヴリジ（Vṛji；Pāli，ヴァッジ，Vajji）族に属する比丘の一団の名称．ヴリジプトラカは第二会議すなわち*ヴァイシャーリー会議で10の非正統的な習慣を非難された．シンハラ語の年代記によれば，この集団はその後*大衆部として知られる，1万人の比丘を数える別個の教団を形成した．→ヴァッジー

有輪 うりん bhavacakra（Skt.）

「生存の輪」の意．「生命の輪」として一般に知られている．チベット仏教の伝統では，再生時に赴く六領域（*趣）として6分割された各々の生の特質を描く輪が絵を用いて表現される．この6領域の中心では，鶏（*欲望）・豚（無知）・蛇（嫌悪）が互いに追いかけあっている．その円周には*縁起の12段階が象徴的に描かれ，12部門に分類されている．輪の背後には，死の神*ヤマが輪をつかみながら厳然と立っている（これは輪廻の全体がヤマの手中にあることを象徴している）．一部の記述によると，この輪は死ぬ瞬間の人間に対してヤマが掲げる鏡を表しているともいう．この鏡は再生時に赴く可能性のある領域を映しだすものであり，業に応じて霊魂がいずれか一領域に引き寄せられることとなる．

有 輪

ウルヴェーラー Uruvelā（Pāli）

*ボードガヤー近辺の*ナイランジャナー河岸にある地名．ブッダが自らの精神の道を求めて最初の2人の教師*アーラーラ・カーラーマと*ウドラカ・ラーマプトラのもとを離れたあと，苦行を行いつつ6年間を過ごしたのはここであった．ウルヴェーラー滞在中はのちに*五比丘として知られる5人の*苦行者と一緒であり，彼らはのちに彼が*中道を選んで激しい苦行の実践を放棄すると，彼を捨てた．ブッダが何度か*マーラに襲撃されたのはウルヴェーラーにおいてであった．1度目は菩提樹の下で悟りを開いた夜であり，さらなる3度の機会にマーラはブッダの気をそらせようと試みたが成功しなかった．

ウルヴェーラ・カッサパ Uruvela-Kassapa（Pāli）

*ナイランジャナー河岸に住んでいた*苦行者で，ブッダが悟り（菩提）を得てまもなく*ウルヴェーラー（彼の名前はそこからきている）でブッダにより改宗させられた．数百人の弟子をもつ3兄弟の一人であった．ブッダはウ

ルヴェーラー・カッサパのもとに一時滞在し，火を吹く悪魔（*ナーガ）を打ち負かすなどの多くの神通力の偉業を示した．これらの力に感嘆して*苦行者は兄弟と弟子たちとともに*出家することを願い出た．ブッダが「火の説法」をすると彼らは全員阿羅漢となった．ウルヴェーラー・カッサパの改宗の場面は*サーンチーに残されている．

蘊 うん skandha（Skt.；Pāli, khandha）

「集まり」の意．個々の人間存在を構成する5種の要素．仏教では，人間はこれら5種の要素にすべて分解できると考えられている．そしてこれら5種はいずれも永続する霊魂を示すものではないので，それゆえに仏教は*無我説を奉じているとされる．5種のうちのいずれかを霊魂と同一視するところに，自我の存在を信じるという，世間で広まっている誤った理解が生まれる．5種とは（1）物質的要素（*色），（2）感受作用（*受），（3）表象作用（*想），（4）意志作用（*行），（5）認識作用（*識，ヴィジュニャーナ）である．これら5種は，合わせて「執着の集合（五取蘊）」とも呼ばれる．これらは快楽の実現手段であるため，*欲望や*渇愛の対象となるからである．5種のそれぞれは，その総体としての現象がそうであるように，無常，*苦，*無我という三つの特徴（*三相）を有している．個々の人間は，その背後に永遠の霊魂や自我などなく，これらの構成要素が相互に作用し合うプロセスにほかならないと知ることの中に悟り（菩提）が存在する．

雲岡石窟 うんこうせっくつ Yün-kang caves

古代の首都である大同（現代の山西省）の近くの中国北部の遺跡．ブッダや菩薩を表した多くの彫像が岩に彫られている．作品は，北魏の446年の迫害の後，仏教の復興運動の一部として460年から始まり，北魏が493年に洛陽に首都を移すまで続いた．

雲水 うんすい unsui（Jpn.）

最初の師匠の下で初期の修行を経て*悟りを体験した後，他の師を求めて旅に出た禅僧をいう．これは，他の師について自分の悟りの境地を試したり，いっそう深めたりするためになされる．この言葉はこの期間彼らが定住の場をもたないことを表している．現在は初心僧を指していう．

雲棲袾宏 うんせいしゅこう Yün-chi Chu-hung（1532-1612）

明代の中国仏教の擁護者で改革者．1535-1615という生没年の説もある．もともと家長として生活し，2回結婚した（最初の妻が死んだ後再婚した）が，母の死をうけて32歳のときに比丘になるために家を去った．仏教の経論と教義を学んだが，杭州に着いた後に雲棲山にある荒廃した寺院に戻ることを決意した．そこで，人生の残りの期間居住した．彼の仏教のための努力はさまざまな方向へ向かった．最初に，イエズス会の宣教師の攻撃から仏教を守り，『天説四端』（天の説明に関する四章）と呼ばれる書でキリスト教の信仰と実践に対し反論を始めた．次に，伝統的な律への詳細な研究と固守を主張することで，仏教を退廃したもの，聖職者を怠惰で非常に営利的なものとみる大衆の理解に対して戦った．僧団に関して厳しいという彼の評判は，何百ものまじめな弟子を引きつけた．さらに，在家信者の*戒律を議論し，慈悲の実践と倫理的な懺悔を要求した．初めに彼は飢えた亡霊（*餓鬼）のために渇望する口の解放の儀式（→放焔口）と捕まった動物を自由にする生き物の解放の儀式（放生）を実行する指導者となった．二番目に，自身を考察するためのものとして毎日よい行いと悪い行いを記録する日記のようなもの，「善行と悪行の記録」を取ることを推奨した．三番目に，禅の瞑想と浄土教の実践と教義に関する研究に根本的な共通点を示すことで，中国仏教を統一しようとした．彼は浄土教の「*公案」と呼ばれるものの（創案者ではなく）普及者として注目されている．その「公案」において実践者は，阿弥陀仏の名を唱える間，自分の「真実の面目」を発見するための方法として「阿弥陀仏の名を唱えているこのものは誰であるか」を熟考する．この実践が，袾宏の「禅門を通しての進歩の拍車」（『禅観策進』）の引用の中から見いだされる．彼がこの試みにおいて多くの成功を収めたかどうかは議論の余地がある．禅のグループの人の多くが，彼を浄土教の熱心な支持者とみなしており，彼の悟りの正しいことを疑っている．浄土教の分野では，彼は*『無量寿経』に関する非常に影響を与えた注釈書を書いた．それは，阿弥陀仏の性質，実践者との関係，浄土の性質と現実の汚れた世界との関係，そして浄土教の実践が信者を救うために，どのように働き彼らを死後に浄土へ往生させるのかについて浄土教の教義の哲学的理解を提供した．これらの業績のために，彼は中国では浄土教の祖の一人にあげられている．

雲門文偃 うんもんぶんえん Yün-men Wen-yen (864-949)

中国の高名な禅僧の一人で，晩唐の禅宗「五家」の一つである「雲門宗」の名称は彼の名に由来している．*『無門関』や*『碧巌録』に収録される多くの*公案に登場する．若いときに在家の生活を捨て，伝統的な僧院で生活した後，真実のより高い境地を求める道に入った．さまざまな師のもとに学んだが，大悟したのは，中国北部の山岳地帯で極端に厳しい修行を実践していた有名な禅僧である*黄檗希運の常軌を逸した弟子，睦州道明とともにいたときであった．雲門は睦州に教えを求めたところ，睦州に前門から放り出され，脚をぶつけて折ってしまったが，それによって悟りを得たとされる．その後，雲門は南方に向かい，広東地方の韶州（現在の広東省韶関市）近辺の雲門山に，地元の支配者の保護のもと，居を定めた．雲門自身の名も，彼のために支配者が建立した僧院の名も，この山の名に由来するものである．そこにおいて彼は，質問に対して鋭い一撃や大声で答えたり，逆説的に一語のみで答えるなど，彼独特の方法を用いながら，多くの弟子を育てた．このような方法を用いることで，現実のあらゆる面の性質を見て，清浄と不浄，悟り（菩提）と*無明といった二項対立を超越するように，弟子を促そうとしたのである．雲門は，「仏とは何ぞや」という問いに対し「乾屎橛」すなわち「糞かきべらだ」と答え，世間的な「清浄」「不浄」の概念は事物の最高の真実を反映していない単なるつくり物であると示したことで，最も有名であろう．

エ

衣 え cīvara (Skt., Pāli)

仏教僧が着る衣服．伝統的に僧にとって必須とされる4種のもの（*依止）の第一．最初期の衣服は，長方形の綿布の断片でつくられ，3種の衣服が典型であった．すなわち，腰から膝までの内衣，胴と肩まわりの上衣，上着としての外衣である．僧が町へ入る際にはこの3種をすべて着るように規定されていた．伝統的には*カティナの儀式で新しい衣服が在家信者によって布施される．古代インドの教団や現代の東南アジアでは，赤みを帯びた黄色が好まれる．この色はパーリ語文献でカサーヤ（kasāya）またはカサーヴァ（kasāva），サンスクリット語ではカシャーヤ（kaṣāya）と呼ばれ，英語では濃い黄色（saffron）または黄土色（ochre）と翻訳される．他のアジア諸地域ではヴァリエーションが多く，チベットでは栗色，中国や韓国では茶色，灰色，青色，日本では黒色または灰色である．

英国の仏教 えいこくのぶっきょう Britain

英国で仏教に対する関心が高まったのは，アジアにおける大英帝国の諸部門，とくにインドとスリランカに役人や行政官が続々と配置された植民地時代であった．ウィリアム・ジョーンズ卿（1746-1794）は1784年にベンガルアジア協会（後の*王立アジア協会）を創立し，東洋の写本の蒐集・研究が始められた．最初に研究対象となった仏教文献は，英国総督代理 B. H. ホジソンがネパールで蒐集した大乗のサンスクリット語写本であった．上座部仏教研究に著しく寄与したのは，英国文官*トーマス・ウィリアム・リス・デヴィッツ(1843-1922)であった．リス・デヴィッツはスリランカに駐在する間に仏教に関心を抱くようになり，続いて1881年に*パーリ聖典協会を設立した．同協会は今日に至るまで，パーリ語仏教文献の原典と翻訳の出版という非常に重要な功績をあげた．仏教に対する関心は，*エドウィン・アーノルド卿の有名な詩『アジアの光』（*The Light of Asia*）によって高められ，西洋人はそれに触発されて*得度を求めるようになった．中でもC. A. B. マグレガー（1872–1923）は*アーナンダ・メッテーヤとして1902年に得度したが，それを契機として1907年には大英帝国およびアイルランド仏教協会が創立され，1908年にはイングランドへ使節が派遣された．他の集団，とりわけ禅やチベット仏教（→チベットの仏教）が到来し始める20世紀半ばまで，イングランドでは上座部が優勢であった．

連合王国へのアジアからの移民の多くがヒンドゥー教徒やイスラム教徒であったため，英国が多数の仏教徒に影響を受けるということはなかった．米国（→アメリカの仏教）とは対照的に，英国ではインドシナからの難民はわずか5万人ほどにすぎない．したがって，英国の仏教徒の多くは仏教に改宗した白色人種であり，そのほとんどが中産階級である．英国には20万人の仏教徒を擁する教団もあり，その中にはチベットの施設が100，上座部の施設が90，西洋仏教教団の友などの施設が100ほど含まれている．

英国仏教学会 えいこくぶっきょうがっかい UK Association for Buddhist Studies：UKABS

1996年7月8日ピーター・ハーヴィーとイアン・ハリスが創設した組織．英国における仏教研究を中心として活動している．会員資格は，研究生や大学院生，無所属の仏教研究者または当事者たる仏教修行者に開かれている．同学会の会則は次のとおりである．「本学会の目的は，仏教の主題に関連した研究を行うあらゆる研究者の国内および国際的な共同を通じて仏教の学術研究を行うことである」．同学会は年次会議を開催し，他の研究者の現在進行中の研究や関連会議，客員研究者，一連のセミナーなどの情報を伝えることをめざしている．同学会は，南アジア，東南アジア，中央アジア，東アジアにおける仏教や歴史的ならびに現代的諸相（「西洋」仏教における展開を含む），理論的・実践的・方法論的諸問題，文献学や言語学，考古学，美術史学といったさまざまな分野における研究者の相互交流を培おうと努めている．同学会の会誌が『仏教研究レビュー』（*Buddhist Studies Review*）である．

栄西 えいさい ⇨栄西 ようさい

叡尊 えいぞん Eizon（1201–1290）

日本の鎌倉時代の*密教の著名な僧．「えいそん」とも呼ぶ．真言宗の僧侶の当時の堕落した行いに不満を抱き，伝統的な仏教の戒律の教えを学び，その伝道と実践の再興のために尽力した．また，彼は1000もの野生動物の禁猟保護区域を設立したことでも知られている．

永平寺 えいへいじ Eiheiji

「恒久なる平和」を意味する名称の寺院．日本の曹洞宗の創始者である*道元によって，1243年に越前（現在の福井県）の地に建立された．日本曹洞宗の本山の一つである．

エヴァンス-ウェンツ，ウォルター・イェーリング Evans-Wentz, Walter Yeeling（1878–1965）

ケルト神話の研究者で，後にチベット仏教の書物数点の出版に携わった．それには，有名な『チベット死者の書』（*『ワルド・テーテル』）も含まれた．彼自身はチベット語もサンスクリット語も読めなかったが，これらの書物は最初はチベット人のカジ・ダワ・サムドゥプが翻訳し，エヴァンス-ウェンツは自らその文章を校正し，長い序文をつけたが，書物の重要性を疑問視する彼の見方はしばしば誤解を招く紹介であった．当時強い影響力をもったが，これらの翻訳は現代の研究者によって厳しく非難され，現在では一般的には歴史上の骨董品とみなされるべきものである．

慧可 えか Hui-k'o（487–593）

インドの禅僧である*ボーディダルマの弟子であり，中国における禅の伝統の2代目の祖師と伝統的に認められている．次のような説話から，献身と忍耐で有名である．教えを求めて初めてボーディダルマのもとに至ったとき，ボーディダルマはそれを無視して瞑想を続けた．忍耐強く雪の中で何日か立ち続けて，ついに慧可は自分の腕を切り落とし，自身の真剣さの証拠としてボーディダルマにそれを献じたのであった（ただし，慧可の腕はこれ以前に蛮族によって切り落とされていたとする史料もある）．

懐感 えかん Huai-kan（7 世紀頃）

唐代（618-907）に活動した中国の浄土教の比丘．首都の長安に住み，初めは「唯識」（唯心）の思想と僧団の規則を研究した．彼は自分の業績を誇りに思い，念仏の実践にもとづく信仰（信）や*阿弥陀の名の祈禱を軽んじた．しかし，*善導（613-681）に会い，学識と信仰心の両方において感銘を受け，浄土宗へ転向した．彼は最初に阿弥陀仏の像を得るために禁欲生活の実践を試みたが，3 週間後に不成功に終わる．彼は，自分の過去の罪があまりに大きいことを嘆き，早く死ぬことを決意する．善導は彼を思いとどまらせ，さらに 3 年の努力の後に，金色の肌と翡翠色の髪をした阿弥陀仏の像を得ることができた．その後も努力し，念仏*三昧（トランス）に到達した．完成前に死んでしまったけれども，非常に影響を与えた弁明書『釈浄土群疑論』（浄土に関する多くの疑問を説明した論）で最も知られている．

エサラ・ペラヘラ Esala perahera

「エサラの満月の行列」を意味するシンハラ語．*アーサールハ・プージャーのスリランカ版．この行列は，スリランカの古い都の一つである*キャンディーにおいて，*ダラダー・マーリガーワ（*仏歯寺）に保存されているブッダの歯（*仏歯）を祀るために 7 月か 8 月に行われる祭の中で催される．飾りつけられた象や，楽隊や踊り子たちの行列を含むこの祭典は 10 日間続き，7 月か 8 月の満月の日に終了する．この祭典の最初の 6 晩は比較的目立ったことは行われないが，7 日目からパレードのルートは延長され，行列はますます豪華になる．この行列は実際には五つの異なる*ペラヘラの結合体である．そのうちの四つは，キャンディーの四つの*デーヴァラ，つまり島を守る神格をまつる廟からやってくる．その四つとはナータ（*天，デーヴァ），ヴィシュヌ神，スカンダ（Skanda），そしてパッティニー（Pattinī）である．五つ目の最も壮麗な行列はダラダー・マーリガーワからやってくる．仏歯が収められた黄金の箱のレプリカは，この行事のために特別に訓練され，豪華に飾りつけられた象の背中に乗せられて運ばれる．

慧思 えし Hui-ssu（515-577）

中国仏教の*天台宗の第 2 祖．*『法華経』への傾倒と天台宗の事実上の開祖である*智顗（538-597）の師であることでおもに知られる．

依止 えじ niśraya（Skt.；Pāli, nissaya）

よりどころ，あるいは基礎．さまざまな文脈で用いられる語であり，たとえば悪を除き善を育てるための五つのよりどころ，すなわち信仰，恥，礼儀，努力，智慧などがある．比丘の四つの必需品をも指す．すなわち，住まいとするための木の根元（ヴリクシャ・ムーラ，vṛkṣa-mūla），栄養を取るための施食（ピンダパータ，piṇḍapāta），衣服とするためのぼろ布（パーンスクーラ，pāṃsukūla），*医療用の牛の尿（プーティムクタ・バイシャジュヤ，pūtimukta-bhaiṣajya）である．

『廻諍論』 えじょうろん *Vigraha-vyāvartanī* (Skt.)

「討論の転回」の意．*ナーガールジュナによる 70 詩節からなる重要作品．彼はこの中で標準的な討議の手順を使いながら，すべての現象は空である（*空性）という命題を擁護している．サンスクリット語テキストとチベット語訳，漢訳が現存する．

依他起 えたき paratantra（Skt.）

「依存的な」または「相対的な」性質．*瑜伽行派の哲学によれば，*三性のうちの一つ．輪廻に結びついた経験そのものの連関的な流れを指す．これを通じて，*阿頼耶識に収められた*習気をはたらかせることにより，誤って仮定された（*遍計所執）主体と客体の二元性が，生み出されて現実に反映される．→所取・能取，円成実

慧能 えのう Hui-neng (638-713)

初期の禅僧で，歴史的にははっきりしていないが，第6祖として，禅の「*南宗」の開祖として，『第六祖の演壇経』(*『六祖壇経』，*大正新脩大蔵経 no. 2007, 2008) のおもな登場人物として崇敬されている．歴史的な観点からは慧能について多くのことはわからない．彼の名前は禅の第5祖の*弘忍 (601-674) の「*十大弟子」のリストにみられる．これ以外では，彼の生涯と思想の詳細についての情報は広くさまざまであり，本当の伝記を構成し示すことは難しい．彼の生涯について偽りのない事実が何であれ，「*頓悟」についての真の教えと実践を続けたという人物像の方が伝統内では重要である．『六祖壇経』では，無学で得度をしていない寺院の労働者として表現されている慧能が，「弘忍」の年長の弟子の*神秀 (606-706) を詩の創作で出し抜いたというエピソードがある．その創作は，弘忍が誰の悟りが最も深く後継者かつ第6祖の任命に値するかを知るために催された．神秀の詩は鏡 (心) にたまった (汚れを表す) 埃を取り除く必要性を説き，「*漸悟」の立場を示した．一方，慧能は僧侶に口述して壁に書いてもらい，心も汚れもない究極の非存在を説き，「頓悟」の立場とより矛盾しない見方を示した．最終的に彼の主義を擁護した弟子の*神会 (670-762) の大きな尽力によって，「頓悟」の地位が禅宗を支配するようになり，『六祖壇経』や他の資料から移入された慧能の話が準聖典の位置に加わった．ついにすべての禅僧は慧能に遡る法系をたどるようになり，後に続くすべての禅宗内の家長，共通の始祖の地位を彼に与えた．慧能自身は，東山の道場で弘忍のもとで修練した後で南部に戻り，ついに僧侶となり最終的に故郷の新州にある曹渓寺に居を構えた．現在は赤漆でおおわれた慧能のものといわれている遺体がそこに保存されている．

エメラルド仏 エメラルドぶつ Emerald Buddha

前1世紀に緑色の孔雀石でつくられた仏像．この像は1436年に遺跡が落雷を受けて壊れたときその内部から発見された．ラオスのチェンマイに持ってこられ，最終的には1779年にバンコクにある現在の王宮内に位置する場所に移された．タイの人々と国王をブッダが守るシンボルとみなされている．→ワット・プラ・ケオ

慧文 えもん Hui-wen (550頃)

中国仏教の*天台宗の開祖．天台宗の事実上の開祖である*智顗 (538-597) の師となった*慧思 (515-577) の先生であったこと以外，何も知られていない．

エローラー Ellorā

現在のアウランガバードの北方30 kmに位置する土地．断崖に掘られた34の石窟で知られる．これらは8世紀から9世紀にかけてつくられた．34のうち12の石窟はつくられた当初から仏教のものであったが，それ以外はもともとはヒンドゥー教とジャイナ教のものである．これらの仏教石窟は*アジャンターの土工によってつくられたとみられ，アジャンターの石窟に似た彫刻的特徴と浅浮彫りとを有している．

縁 えん paccaya (Pāli ; Skt., pratyaya)

「状況」の意．あるものが依存している対象．*阿毘達磨では，包括的な24種類の縁を列挙するに至った．*上座部の阿毘達磨の最後の書である*『パッターナ』に，これらは説明されている．このような分析は，精神的であれ物質的であれ，あらゆる現象の間の認識可能なすべての関係を網羅するものと考えられている．

縁覚 えんがく ⇨独覚 どっかく

『円覚経』 えんがくきょう *Yuan-chüeh ching*

「完全なるさとりの経典」という漢訳名をもつ大乗の仏教経典．この経典は，中国において8世紀はじめごろに作成されたものとされる．禅や*天台・*華厳など，当時の中国の仏教の主要な思想に関連した哲学的・実践的な関心を，瞑想や僧院の儀式，*懺悔の指南とともに，簡明な言葉で伝えている．禅宗を揺るがした*頓・漸の議論の余波からほどなくして，この経は編纂され，その両者の判別に特別な意味あいをもたせようと試みている．深い禅定の状態から語られ，ブッダは上位の菩薩から彼に発せられた質問に対して，作品のはじめの部分にお

いては，頓の立場をはっきりと採るが，最後の部分においては，過度に熱心な頓悟主義者を正すために，漸悟を説く教えを紹介している．*大正新脩大蔵経 no. 842.

円覚寺 えんがくじ Engakuji

中国の僧である無学祖元によって，1282 年に鎌倉に創建された*臨済の寺院．臨済宗円覚寺派の総本山であり，禅の流行を抑制するために，足利幕府によって 13 世紀末に選定された「鎌倉*五山」の一つである．

縁起 えんぎ pratītya-samutpāda（Skt.；Pāli, paṭiccasamuppāda）

縁起の教え．因果および現象の存在論的あり方についての，仏教の基本的な教義である．すべての現象は，原因と条件に依存して生じるのであって，本質的に存在しているものはない，と教えるものである．この教義は，最も簡潔な表現では，「これが在るとき，それが生じる」（イダム サティ アヤン バヴァティ，idaṃ sati ayaṃ bhavati）と述べられ，記号論理的には，「A → B」（条件 A が存在するとき，結果 B が生じる）または否定的に「−A →−B」（条件 A が存在しないとき，結果 B は生じない）と表される．自らの力や意志で発生するものは何もなく，それゆえに，神や霊魂（*アートマン）などの，因果の連関を超越した形而上学的な実在は決してないということが，この教えの帰結として重要である．この点で，この教義は，*無我の教義と符合している．古い資料によると，ブッダが菩提樹の下で悟りを開いたのは，「すべての現象は条件づけられて（*有為）いて，決定された順序で生じたり滅したりするのである」という縁起の深い真実を完全に知ったときであった，とされている．

古い資料にはこの教義の定式に数種類あるが，最も一般的なものは，*苦と輪廻の束縛が*渇愛と*無明によって生じる仕方を明かしている，一連の 12 の段階または連関（ニダーナ，nidāna）であり，その中に因果論の救済論的な含みをもたせている．この 12 の連関は，(1) 無明，(2) *行，(3) *識（ヴィジュニャーナ），(4) *名色，(5) *六処，(6) *触，(7) *受，(8) 愛，(9) *取，(10) *有，(11) *生，(12) *老死，である．しばしば，*有輪の外輪に配置されて描かれる．この連関の意義についてはさまざまに解釈できるが，過去・現在・未来の三世に通じたものとしての*ブッダゴーシャの解釈が，広く受け入れられている理解の仕方の一つである．すなわち，(1)～(2) が過去世にかかわり，(3)～(7)が現在世の原因にかかわり，(8)～(10) が現在世の結果にかかわり，(11)～(12) が未来世にかかわる，とされる．しかし，後代の種々の学派は，それぞれの解釈を打ち出すようになり，中には極端な解釈も見受けられる．このような諸解釈のうちで最も重要なものが*中観派の解釈で，縁起が*空性の同義語とみなされたものである．*ナーガールジュナによれば，縁起の教えは，現象に*自性がないとした場合にのみ理に適う．諸現象が不滅の本質的存在を有しているとした場合，諸現象はこの教義が教えるとおりに生じ滅することがありえないはずだと，ナーガールジュナは論じている．

袁宏道 えんこうどう Yüan Hung-tao（1568-1610）

明代の中国の在家仏教徒で，浄土教の伝統の偉大な体系化を行った人物の一人として崇敬されている．随筆と*儒教の学者としての才能が知られている 3 人兄弟の次男で，1592 年に試験で最優秀の成績を修めた．公職を望んではいなかったものの，1595 年に蘇州の呉県の知事に赴任することを受諾した．しかし，文学と哲学への興味を追求するため，翌年に職を辞した．李贄のもとで禅の瞑想と教えを 10 年間学んだが，1600 年に兄弟が死んだことにショックを覚え，一時世間の仕事を離れて（首都の皇帝の学校で教師を勤めていた），再び仏教の教えに向かい，このときに浄土教の教義に転向した．彼は中国文化の中では思想家，随筆家，非才の詩人として記憶されているが，仏教界でのおもな名声は十巻から成る作品，『西方合論』（西域（の浄土）に関する対話，*大正新脩大蔵経 no. 1976）に由来する．これは，非常に長い問答形式の，弁明を現した作品で，浄土教の教えと実践とそれに対する批判に対する擁護からなる．

圜悟克勤 えんごこくごん Yüan-wu K'o-ch'in (1063-1135)

*『碧巌録』の編者として知られている中国の禅僧.『碧巌録』は, *雪竇重顕 (980-1052) によって最初に編集された*公案の集成である. 雪竇は100の公案を集め, それぞれに自身の偈を付して『碧巌録』としたが, 圜悟はさらに, それぞれの公案と偈に序と評釈を付した.

円測 えんじき Wŏnch'uk (631-696)

朝鮮の比丘で, 中国で有名な翻訳家, *玄奘 (596-664) のもとで*唯識を学んだ. 唯識経典の基本書である*『解深密経』に関する彼の解釈は, 朝鮮だけではなく中国, チベットにおいても権威あるものと認められ,「偉大なる朝鮮の注釈家」として知られていた.

円成実 えんじょうじつ pariniṣpanna (Skt.)

*瑜伽行派の哲学において, 最高の真実または完成の段階. この派によって認められている三つの真実の段階のうち, 最高のものである. これは, 二元的にではなく自然な単一の状態で認識されたときの, *阿頼耶識の状態のことである. →瑜伽行派, 三諦, 遍計所執, 依他起

円珍 えんちん Enchin (814-891)

日本の*天台宗の比丘であり, 学者, 密教者でもあり, *比叡山延暦寺第五代座主である. 857年に中国へと渡り, 天台山において天台教義を, 長安において密教を学んだ. 日本に帰国してからは, 台密の興隆に積極的に努め, 866年には三井寺の別当となる. その2年後には天台宗の座主に任命され, その地位を活かして, 密教を伝道する寺として三井寺が正式に認可されるよう画策した. しかし, このことは, 比叡山の僧からの怒りを買い, 山門派 (比叡山) と寺門派 (三井寺) の分裂を招くことになった.

円爾弁円 えんにべんえん Enni Ben'en (1202-1280)

初期の日本の*臨済の僧. 5歳の頃から*天台宗に参じ, その間に幅広く仏教学や儒教を学んだ. *得度した後, 台密の儀式の手ほどきを受けた. 1235年から1241年にかけて中国へと渡り, *臨済宗の一派である楊岐派の著名な禅師である無準師範 (1177-1249) の法嗣を継いだ. 弁円はこの系譜を日本に伝え, 日本におけるこの派の創始者となった. 彼のせいで, 日本の禅の諸師 (弁円自身の師も含む) は自身のダルマの系譜 (臨済宗の一派である黄龍派など) を流布することができなくなったため, 楊岐派は臨済宗の主流派となった. また, 日本に帰国した際, 弁円は*道元 (1200-1253) の寺のそばへと彼の寺院を移す命を受けた. 彼には該博な知識と意志があり, 貴族が望む儀礼の提供も可能であったので, 道元への支援の大半は弁円へと瞬く間に移ることとなり, 道元の越前地方への移動や永平寺の建設を促した.

円仁 えんにん Ennin (794-864)

初期の日本の*天台宗の僧であり, *延暦寺の第3代座主. 天台宗の開祖である*最澄のもとで, 15歳から修行を始めた. 838年から847年の間, 中国に滞在し, サンスクリット語や密教儀礼, 禅や*天台の観法など, 仏教学全般を幅広く学んだ. また, 滞在中に*会昌の破仏に遭遇した. 彼がつけていた日記は当時のきわめて重要な歴史資料である. 彼が奨励した天台の常行三昧は, *阿弥陀仏の名を唱えることに主眼をおいたものであり, 天台のレパートリーの一部としての浄土教の発祥, および後に起こった浄土宗の土壌ともなった.

焰慧地 えんねじ arciṣmatī-bhūmi (Skt.)

6あるいは10の菩薩の境地 (*地) のうち, 4番目の段階. *『十地経』によると, この名称は「燃えている者」を意味するが, この境地においては菩薩が意識の輝く光とともに「奮闘の完成」(*精進波羅蜜) に専念しているからである, とされる. →波羅蜜

閻浮提 えんぶだい ⇨ジャンブドゥヴィーパ

円仏教 えんぶっきょう Wŏn Buddhism

聖職者外部で起こった改革運動として朴重彬 (1891-1943) によって1924年に創設された朝鮮仏教の新興宗教. 朴は仏教, プロテスタント, カトリックの教義を学び, すべての宗教は,

*法身や定型のないブッダの真実の体に代表されるように，同じ真実を指していると結論づけた．ブッダが形をもたず言葉で言い表せないことは円によって表され，自宗にその名前と重要なシンボルを与えた．その教義を主として仏教からもってくる一方で，礼拝（*供養）や，自己改善，社会参加の形式は，おもにプロテスタントによっている．

『延宝伝灯録』 えんぽうでんとうろく *Empō Dentō-roku*

日本の仏教の禅宗の諸師と弟子たちの相承関係の記録であり，江戸時代の僧である卍元師蛮（1626-1710）が30年以上もの歳月をかけて編纂し，1678年に出版された．1000名以上の禅の諸師の伝記を収録しており，禅の祖である*ボーディダルマからはじまり，僧や尼僧，在家の修行者，さらには天皇や貴族などをも含んでいる．この文献によって禅の法系を知ることができる．また，語録や著作，詩などに関しての記述もある．

閻魔 えんま　⇨ヤマ

延暦寺 えんりゃくじ　Enryakuji

日本の天台宗の総本山．京都のはずれの*比叡山にある．

オ

応化身 おうけしん　nirmāṇa-kāya（Skt.）

大乗の「*三身」の教義でいう，ブッダの流出体すなわち物質的具現．この概念は（つながりは証明されていないものの）*大衆部に発している可能性がある．大衆部では，ブッダは宇宙的な側面すなわち*法身の側面では本質的に不滅で始原より悟っているが，輪廻の中のさまざまな生物たちに悟り（菩提）を得る方法を示すために，彼らに応じて多様な形態で現れることができると主張されていた．この仮現説的概念はのちの大乗信奉者たちにそのまま広く受け入れられた．しかし何人かの権威ある学者は，仮現説は大乗による発展であって，しかるのち後代の大衆部資料に影響したと考えている．タントラ仏教では，応化身はブッダの行為の身体ベクトルに等しいとみなされた．→身口意

王舎城 おうしゃじょう　⇨ラージャグリハ

往生 おうじょう　ōjō（Jpn.；Chin., wang-sheng）

*阿弥陀の*浄土で再生すること．

往生伝 おうじょうでん　ōjōden（Jpn.）

日本の浄土教文学における一つのジャンルで，*阿弥陀仏の浄土に再生した信者の伝記．

『往生要集』 おうじょうようしゅう　*Ōjōyōshū*

日本の浄土仏教の古典的典籍で985年*天台僧*源信（947-1017）の撰．この書は阿弥陀仏を観想するための25種の異なる方法を説明している．一般大衆向けではなく，むしろおもに天台僧の中の禅定の師匠に向けて書かれている．この書で源信は浄土仏教の修行に関係のある112の経・論・釈から選んだ617の引用文を論題ごとに整理し，浄土思想を平易に要約している．体系的にまとめられたこの浄土文献は，日本のみならず中国においても多くの著作に引

用・言及され，大きな影響を与えた．

王日休 おうにっきゅう Wang Jih-hsiu（1173 頃）
宋（960 ～ 1279）代の中国人仏教在家信者で，浄土教の伝統を復興させた．安徽省の宣城市の出身で，彼の仏教名が龍舒居士である．宋の皇帝高宗（在位 1127-1163）の統治期に進士を得て多くの儒教に関する随筆文を書いたが，決して官職をもたなかった．彼は儒教を捨て浄土教の実践と惜しみない寄付に完全に専念し，一日に何回もの平伏を実行した．1160 年に*『無量寿経』（*大正新脩大蔵経 no. 364）の再校訂と刊行の計画を始め，3 年後に完成させた．王日休の伝記は，日々行っていた祈願と誓願と彼に帰せられる奇跡的な治癒の物語をいくつか列挙している．その最も偉大な業績は『龍舒浄土文』，もしくは『龍舒の浄土選集』と呼ばれる作品集を創作し，後に大衆の人気を得たことである．この作品は，浄土教への信仰を起こすために王が項目別に整理し解説をつけた，他の作品からの抜粋をまとめたものである．実践方法に関する助言を与え，実践の結果，往生を得たり人生の中で奇跡的なできごとを経験した他のものの物語という証言によって，浄土の実践に成功した啓発的な物語を伝えている．→中国の仏教

黄蘗希運 おうばくきうん Huang-po Hsi-yün（-850）
唐代末期の有名な禅僧．禅の*臨済宗の祖師とされる*臨済義玄（-866）の師である．

黄檗宗 おうばくしゅう Ōbaku school
日本の禅宗の一派．幕府の招きによって 1654 年に来日した隠元禅師（1592-1673）が中国から日本に伝えた．隠元は宇治の幻住派の禅寺に定住したが，この寺を中国の黄檗宗の寺の様式に改装した．この寺の住持は 13 代にわたって中国人が就き，その後も住持職は日本僧と中国僧が交替で就任した．その結果，この宗派は中国的色彩が濃厚である．法系や修行の純粋性にこだわる日本の宗派とは逆に純粋な禅定に加え，浄土教の観想や密教的な修行法を組み込んでいる．さらに本山では中国語を公用語とし仏教の修行とともに中国の文化芸術を色濃く取り入れているので，この寺を訪れた人々が黄檗山へ出かけることは中国を旅するがごとしと述べたと伝えられる．1876 年に正式に禅宗の一派として認められ，現在 500 を超える末寺を擁している．

オウム真理教 オウムしんりきょう Aum Shinrikyō（Jpn.）
日本で 1980 年代に*グル麻原彰晃の指導によって展開された新宗教運動．シャイヴァ教と神道の習合の一種であり，その信仰や修行には仏教やユダヤ教・キリスト教の要素も含まれている．この教団は 1995 年 3 月 20 日に千年王国的な終末観にもとづき東京の地下鉄の五つの路線で神経ガスを散布したことにより世界の注目を集めた．この結果，教団は捜査を受け幹部が逮捕され衰退に向かったが，近時再興が試みられていると伝えられる．

王立アジア協会 おうりつアジアきょうかい Royal Asiatic Society：RAS
1823 年にサンスクリット語学者のヘンリー・コールブルック率いる集団が創設した組織．コールブルックは南アジアで活動をし，1824 年同協会の王立憲章において企図された「アジアと関連した主題の研究およびアジアに関する科学，文学，芸術学の促進のための研究」という諸目的の追求を願った．19 世紀の間に同協会はアジアに関する学的研究のため英国に主要な施設を設置し，ウェリントン公爵，ラビンドラナート・タゴール，ヘンリー・ローリンソン卿，リチャード・バートン卿など多くの著名な研究員を輩出した．同協会は約 700 人のメンバーを擁し，その半分が英国以外を本拠地としている．同協会は投票で選出された研究員 20 人ほどの運営陣によって運営されている．現在は運営陣に 7 人の職員が含まれ，そのうちの数人は非常勤で働いている．何年間にもわたって，目的やプログラムを同じくする多くの協会が南アジア，香港，日本，韓国，マレーシア，タイに設立され，王立アジア協会の提携協会とされている．これら協会のメンバーは，ロンドンに一時的に滞在している間，講義への参加や図書館の利用が可能となり，他に後援がなければ講読会

員として加入することもできる．同協会はその主要な活動として以下の内容をあげている．『王立アジア協会紀要』（*Journal of the Royal Asiatic Society*）の出版，協会の所有する大量の書籍や歴史文書や絵画，人工遺物に対するアクセス権の提供，保有物に関する研究促進，講義やセミナーのプログラム調整，アジアを主題とする書籍やモノグラフの出版，会議や展覧会の組織，斯界における業績を評価して顕彰することである．

横龍慧南 おうりゅうえなん Huang-lung Hui-nan (1002-1069)

宋代初期の，*臨済宗に属した禅師．宋代のあいだ，黄龍に続く系統は，楊岐方会(992-1049)の系統とともに，臨済禅の二大主流派となったが，宋代の終わりまでに黄龍の系統は途絶えてしまった．日本の*臨済宗の開祖である*栄西(1141-1215)が中国から日本にもたらしたのは，黄龍派の禅であった．

オェーセル ö-sel（Tib., 'od-gsal；Skt., prabhāsvara）

しばしば「まばゆい光」あるいは「清浄な光」と翻訳される．心のもつ本来的な清浄性（プラクリティ・プラバースヴァラ・チッタ，prakṛti-prabhāsvara-citta）を指したもので，それとは対照的な実体なく，偶発的に生じた汚れによって隠されているとされる．この考え方は仏教の最初期からみられるものだが，とくに如来蔵思想と後のタントラ仏教諸派で顕在化する．この思想においては，心には空性と輝きという相補的な二側面があり，悟り（菩提）を得るにはその二つが顕現し，合わさらねばならないとされる．*ナーローパの六法の一部はこの思想に関連した行法をもとに形づくられる．

和尚 おしょう ho-shang

年上の比丘への尊敬を表す中国の言葉．

オーダンタプリー寺 Odantapurī

インドの主要な仏教大学の一つ．8世紀に創立され，後にパーラ朝に支援されて継続した．オーダンタプリー寺は，チベットにおける最初の僧院であるサムイェー僧院の建設の模範となる構造を有していたが，チベット語の資料に記されていること以上はほとんどわかっていない．1198年頃にイスラム教徒の侵攻の中で破壊され，居住していた僧侶は殺害されて，建物は城塞に改造された．オーダンタプリー寺は，*ナーランダー寺の約11 km北東にあるビハールシャリフの遺跡であると，ごく最近になって同定された．→チベットの仏教

オッディヤーナ Oḍḍiyāna

インドの中世初期の小国．タントラ仏教の興りに関係があるとされる．実際に存在した位置については，論争がある．多くの研究者は，伝統的に，現在のパキスタンにあるスワート渓谷地方であるとする．しかし，文学，考古学，図像学の方面の研究者たちには，インド東部の現在のオリッサ州と考えざるをえないとする者たちがいる．この立場に立つと，オッディヤーナの名称は，ドラヴィダ語族の言葉でオリッサ（オドラ，Oḍra）の現地人を意味するオッティヤン（Oṭṭiyan）の語に由来するか，またはテルグ語でオリッサを意味するオッティヤム（Oṭṭiyam）に由来する，ということになる．しかし，オッディヤーナは，中世インド諸語においてウドヤーナ(Udyāna)という語の変化形でもあり，玄奘もウドヤーナの名で同地方に言及し，庭園の意で翻訳している．インドラブーティ(Indrabhūti)という称号を冠する数名の王によって統治された王国であったといわれ，*パドマサンバヴァをはじめとする後期タントラ仏教の数名の重要人物が訪れている．後代のチベットの伝統では，オッディヤーナは，*シャンバラと同じように，*ダーキニーが住んでいてふつうの衆生が至ることのできない，より神話的な神聖の地とみなされるようになった．→カーンチー，サホル

オーム Oṃ (Skt.)

古代インドの，神聖な音節の一つ．意味については，さまざまな複雑な解釈が，聖典解釈の文献の中にみられる．仏教において用いられるほとんどのマントラの冒頭に付加されているのが特徴的である．大乗仏教とタントラ仏教にお

いては，超俗的な知，とくに*空性の象徴となっている．

オルコット，ヘンリー・スティール Olcott, Henry Steele（1832-1907）

米国の陸軍大佐兼超能力捜査官．*神智学協会の初代会長を務めた．

オルデンベルク，ヘルマン Oldenberg, Hermann（1854-1920）

パーリ語仏教文献に関するドイツの先駆的研究者. オルデンベルクは*『島史』(1879)を校訂・翻訳し，全5巻の律蔵校訂本（1879-1883）を出版した．彼はまた，初期の古典的著作である『ブッダ―その生涯，教理，教団』（*The Buddha, His Life, His Doctrine, His Community,* 1881）の著者でもある．

遠行地 おんぎょうじ dūraṃgamā bhūmi（Skt.）

*『十地経』の説く菩薩の段階（*地）の第7番目.「遠くへ行く者」の意．この段階では，菩薩は人々を解脱へと至らしめる手段に熟練することの完成（方便善巧波羅蜜）に従事する．それゆえ，この段階は「遠行」と呼ばれる．

飲光部 おんこうぶ Kāśyapīya

部派の一つ．ブッダの死後3～4世紀経た頃に現れ，北西インドで栄えた．部派の起源はブッダと同時代に生きたスヴァルシャカ・カーシュヤパという*阿羅漢にあるとされ，それゆえ「サウヴァルシャカ」(Sauvarṣaka) と呼ばれることもある．

オン・マニ・ペメ・フン Oṃ maṇi padme hūṃ（Skt.）

チベットでとくに信仰された*観自在菩薩がもつ救済に導く慈悲に関係づけられた，最高のマントラ．この真言の文字どおりの意味はおもに，「おお（Oṃ），蓮の内なる宝珠に，帰依す(hūṃ)」と解釈される．通常の人間の心が本来的に具備している悟り（菩提）への可能性を象徴する宝珠とともに，蓮はその可能性を具備した心を象徴する．しかし，そのような読み方には，文法的に問題がある．別の読み方には，この真言を，マニパドミ（Maṇipadmi）という呼び名による女性神格への祈禱文と取るものがある（「おお，マニパドミ女神に帰依す」)．ところが，そのような神格は知られていない．この真言の重要性について，多くのさらに深い推論的な説明が，チベット仏教にみられる．最も一般的には，この真言の六つの音節それぞれが，輪廻の中で転生する六道の一つ一つに関係づけられる．

オン・マニ・ペメ・フン（チベット語による表記）

カ

果 か phala（Skt., Pāli）

「果実」の意．結果．効果．とくに，一連の行為の成果という意味．具体的には，おもに以下の二つを指す．(1) *預流，*一来，*不還，*阿羅漢の，四つの出世間の道の成果．(2) 以前の行いの，経験される結果または業の成熟．

我 が ⇨アートマン

戒 かい śīla（Skt.；Pāli, sīla）

1. 道徳，または道徳的規定．*五戒をはじめとする定式化された道徳的規則に示されている．戒の目的は，行動を正しく導き，徳を培うことにある．これは命令の形を取らず，宗教的権威によって強制されるものではない．一方，僧団内の規律である律は，共同体での宗教的生活の調和を守るために行動を律するものであり，他人から強制される処罰を伴う．戒はこの点で律と異なっている．戒の諸規定はブッダの行動に由来するものであり，悟りを得た者の道徳的行動を凝縮して表現している．悟りを得た者が実行しない行動が戒において列挙されているので，戒の文言は否定文の形を取る．

2. *八支聖道を三つの区分に分けるときの，第一のグループの呼称．(3) 正しい言葉（サンヤグ・ヴァーチュ，samyag-vāc），(4) 正しい行為（サンヤク・カルマーンタ，samyak-karmānta），(5) 正しい生活（サンヤグ・アージーヴァ，samyag-ājīva）の三つを指す．大乗仏教における*六波羅蜜の第2番目も「戒」の名をもつ．

界[1] かい dhātu（Skt., Pāli）

1. 知覚を成り立たせる要素．全部で18の界が数えられ，それらは六つずつで組になり，3種に分けられる．すなわち，六つの感覚器官，それらに対応する六つの知覚対象，そして六つの知覚認識である．すべてあげると，眼，色と形，視覚認識．耳，音，聴覚認識．鼻，香，嗅覚認識．舌，味，味覚認識．身体，触感，触覚認識．心，現象（ダルマ），意識となる．この分析は，知覚の発生時に存在するすべての要素を説明するために構成されたものである．それは仏教の知覚分析において，知覚の過程に含まれるすべての要素は永続的でなく，充足しておらず，自律的な実在性をもたないことを示すために用いられる．

2. *法界，仏界，世界といった複合語として用いられ，「源」や「基礎」を意味する．

界[2] かい sīmā（Pāli）

「境界」，「限り」の意．精舎の領域の周囲に公式に引かれた境界線．

蓋 がい nīvaraṇa（Skt., Pāli）

五つの蓋すなわち「障碍物」は心を混乱させ真実を見る目を曇らせる悪である．パーリ語資料では，(1) 感覚的な*欲望（カーマッチャンダ，kāmacchanda），(2) 憎悪（ヴィヤーパーダ，vyāpāda），(3) 怠惰（ティーナミッダ，thīnamiddha），(4) 不安（ウッダッチャクックッチャ，uddhaccakukkucca），(5) 疑惑（ヴィチキッチャー，vicikicchā）である．これらの障碍物があるうちは瞑想（禅定）に入ることができない．

海印寺 かいいんじ Haein Temple

892年に建立された朝鮮の南端にある寺院．13世紀から保存されている高麗正典（高麗大蔵経）を印刷する81000点の木版が所蔵されている．この寺院は現在でも禅宗の寺院として活動している．→朝鮮三蔵

戒賢 かいけん ⇨シーラバドラ

開眼 かいげん kaigen（Jpn.；Chin., k'ai yen）

1.「眼を開く」という意味で，悟りの同義語として中国と日本で用いられる語．

2.「眼を開く」儀礼のことで，仏や菩薩，守護神などの像に眼を描き入れて完成させる．これによって，その像は目覚めさせられて力を得

ると考えられている．同じ儀礼を指す語としてはほかに，開眼光，開光明，開光，開明などがある．

戒禁取見 かいごんしゅけん śīlavrata-parāmārśa (Skt.；Pāli, sīlabbataparāmāsa)

戒律や儀礼などの機械的な遵守をそれ自体で救済をもたらすものと信じて，それに妄執すること．これは宗教的な修行の道の妨げであり，10種の*結や4種の*取の一つに数えられている．ブッダは，*婆羅門の行う供儀も戒禁取見にもとづくものであり，*沙門らによって行われる過酷な苦行と同様，効果をもたらさないものであると見なしている．彼は無害な儀礼についてはそれに反対することをしないが，そのような儀礼は，必ず瞑想の実践や洞察と理解の増進によって補われなければならないとしている．

会昌の破仏 かいしょうのはぶつ Hui-ch'ang persecution

845年に唐の*武宗皇帝によって遂行された．これは3番目の，文化大革命に先立つ中国の歴史の中で仏教に対する最も壊滅的な被害を与えた迫害である．何年にもわたる反仏教政策の中で，845年の4月に皇帝は仏教の無条件の禁止を命じた．その結果，ほとんどの寺院と僧団の破壊，比丘と尼僧の強制的な還俗，外国人僧侶の追放が行われ，ブッダの銅像は硬貨に改鋳され，僧団の財産は没収された．この排仏の規模は，武宗が死に仏教により共感する新しい皇帝が即位する翌年まで影響した．多くの研究者が，この事件が中国における仏教の黄金時代の終焉を告げるキーポイントであると考えている．多くの学問，資材，人材の喪失は*天台や*華厳，*法相といった学問の伝統に大きなダメージを与え，現場には禅と浄土教の伝統しか残らなかった．これら二つは，他と同じ構造基盤や支援が必要ではなかったので，存続することができ，それ以後の中国の仏教の支配的な層となった．

戒壇 かいだん kaidan (Jpn.；Chin., chieh-t'an)

新しい比丘・比丘尼が*受戒し，*出家する際に登る壇．比喩的に，戒壇のある寺院を意味することもある．

戒波羅蜜 かいはらみ śīla-pāramitā (Skt.)

「道徳の完成」の意．菩薩へ至る道の中心をなす*六波羅蜜の第2番目．道徳的性質を修養するには，不道徳な行為を排除し，同時に，自他に有益な道徳的態度を培っていく必要がある．

戒名 かいみょう kaimyō (Jpn.；Chin., chich ming)

中国と日本において，出家志願者が得度を得るときに俗名のかわりに授かる名．「法名」,「法号」ともいう．

開明 かいみょう kaimyō (Jpn.；Chin., k'ai ming)

「開眼」の儀礼の別名．→開眼

戒律 かいりつ precepts

仏教には，*五戒，*八斎戒，*十戒，*十善業道など，多くの戒律の集成がある．出家者の戒律は，*波羅提木叉と律に述べられている．戒律は，神聖な権威により発せられた命令としてではなく，人間の幸福を増すように図られた合理的な原理に由来する勧告として理解されている．

『界論』 かいろん *Dhātukathā* (Pāli)

パーリ正典である*阿毘達磨蔵の第三巻．『ダートゥカター』ともいう．*『法集論』の補遺として創作されたと考えられている．この書は身体的現象の要素を体系的に分析し，おもに改宗した熱心な人物に見られる精神的な特徴を論議する．5世紀に*ブッダゴーシャにより著された『界論』の注釈は，『パンチャッパカラナ・アッタカター』(*Pañcappakaraṇa-aṭṭhakathā*)に収められている．

ガイン gaing

宗派や僧団を意味するビルマの言葉．研究者には，さまざまなビルマのガインは，独立した教理を発展させてきたものではなく，大部分は異なった実践内の用語における区別であるために,「宗派」という言葉は最適な翻訳ではないと論ずるものもいる.「ガイン」のおもな特徴は,明確な僧団の血統,聖職層の組織構造の形式,個別の規則・儀式・行儀作法,地元との接点を超えた所属,そして世俗権力による承認である.歴史的な用語において,スリランカへの*チャパタ僧の伝道の後,*パガンのビルマの僧伽は,プリマガナ(旧勢力)とパッチャガナ(新勢力)として知られる二つの方向へ分裂した.パガン王朝の崩壊の後,六つのガインがビルマ南部の*モン族の土地で14世紀前半に繁栄したと知られている.しかし,再統一の後,ビルマ南部の僧伽は衰退した.都市に居住する僧侶は,特有のかぶり物を採用し始め,17世紀の終わりの10年間に重要な影響を与え,森林に居住するものと衝突した.トン・ガインとヨン・ガインの間でも,公の場で衣を着るマナー,つまり片方の肩か両肩にかけるべきかを主とする論争が起きた.それ以後の君主の時代もこの論争は引き継がれ,1782年にボダウパヤ王が仲裁し,ヨン・ガインの支持する両肩にかける方法を正当な実践として復活するまで解決しなかった.この後,*シェギン派のガインの出現までの約70年間僧伽は統一された状態が続いた.国民性を伴う統一された僧伽を形成する試みが成功し,1980年5月に国の支援を受けて「全教団に関する僧伽の集会」(Congregation of the Saṃgha on All Orders)が開かれ,公式に承認されたガインは九つとなった.

カウシャーンビー ⇨コーサンビー

ガウタマ Gautama(Skt.;Pāli, Gotama)
ブッダの氏族の名.時にブッダは氏族名のみによって呼ばれるが,その習慣はパーリ語文献や一部の*長阿含経典でよく見られる.→シッダールタ・ガウタマ

カオ・ダイ Cao Dai
ヴェトナムで起こった新しい合同的な宗教運動で,1926年にゴ・ミン・チェン(1878-1932)が設立した.カオ・ダイは文字どおり「高台」を意味し,最高神を呼んだものである.ゴが受け取った啓示をもとに1919年に始まるこの運動は,仏教,道教,儒教の要素を合わせ,精神的機能のみならず政治的機能をも取り込んだ.その有機的結合は一部ローマカトリック教の影響を受けており,宗教的信仰と儀礼は,伝統的なヴェトナムの一般的信仰を濃密に受けている.信者は,父なる神,カオ・ダイが母なる女神ドゥック・パット・マウと協力して世界を創造したと信じる一方で,イエス・キリストやブッダを聖者として崇拝している.信者は,宇宙の調和と陰陽の力のバランスをもたらすために,菜食主義(→食事制限)や非暴力(→不殺生)などの道徳を実践する.

『カカチューパマ・スッタ』 *Kakacūpama Sutta*(Pāli)
「鋸の喩えを用いた経典」の意.*中部の21番目の経.鋸によって切断された四肢が,記憶しやすいように描写されていて,比丘はたとえ鋸(Pāli, カカチャ, kakaca)で四肢が切り離されようとも,怒りに身を任せるべきではない,と説かれている.また経典には,ブッダ自身がこの表題をつけたと書かれている.

餓鬼 がき preta(Skt.;Pāli, peta)
「空腹の幽霊」の意.輪廻の中で悲惨な存在の様態の一つ.このような霊はさまざまな種類が存在するが,そのどれも,前世の貪欲と強欲に対する罰として,飽くことを知らぬ満たされない食欲という苦痛を免れないで生きる.

カギュ派 Kagyü(Tib., bka' brgyud)
チベット仏教四大学派の一つ.その名が意味するところは「口頭伝承学派」であり,その教義は11世紀に*マルパによってチベットよりもたらされた.*ミラレーパの弟子,*ガムポパが教義と行法をカギュ派として組織化した.学派の要となる教義は大印契(*マハームドラー)と*ナーローパの六法に関するものである.根本学派は後にシャンパ(Shags-pa)派とダクポー(Dwags-po)派に分裂し,さらにダクポー派は四つの分派へと分裂した.すなわち,カルマ(Karma)とツェルパ(Tshal-pa),パロム('Ba'-rom),パクドゥル(Phag-gru)の4分派である.これらの分派がさらに分裂したこ

とも知られており，たとえばドゥクパ('brug-pa）はブータンとのかかわりがある.

カギュパ Kagyüpa（Tib., bka' brgyud-pa）
カギュ派に関連する人物・ことがらを指す.

覚 かく ⇨菩提 ぼだい

覚阿 かくあ Kakua（1143生）
1175年に中国に旅した日本僧．禅の師に師事して禅を学び，印可（悟ったことを認める師の証明）を受けて日本に帰った．しかし，帰国後に禅への関心を周囲に喚起することができず，ついには人里離れたところに隠遁した．ある物語には，覚阿は帰国したときに高倉帝にまみえ，帝が禅の第一義について問うたのに対して，笛を取り出して一音を吹いたが，顧みられなかった，とある.

覚恵 かくえ Kakue（1238-1307）
*浄土真宗の開祖である*親鸞（1173-1262）の孫で，親鸞の娘である*覚信尼（1224-1283）の子．親鸞の遺品の数々が眠っている廟堂を，初代の覚信尼に続いて管理した．廟堂を建てる土地を寄進した，父親を異にする覚信尼の他の息子の一人との間で，廟堂を管理する権利について論争となった．この相続争いは，覚恵の子である*覚如（1270-1351）の代まで続いたが，皇室の仲裁により覚如に有利な形で決着した．この争いによってこの廟堂は重視されるようになり，親鸞教団の中心地となるに至り，廟堂は浄土真宗の本山として*本願寺に発展して，その管理者に教団の指導者としての高い地位が認められるようになった.

格義 かくぎ ko-i（Chin.）
意味を釣り合わせることの意．仏教の経典や翻訳のために中国で必要な学術的語彙をつくり出した方法．この技術は，サンスクリット語の単語を表現する方法としてまったくその音だけに価値を置いて中国の漢字を用いることに反対して仏教以前にあった中国の宗教（主として道教）の中の用語を探すことと関係しているが，サンスクリット語原典に不慣れな読み手が，その言葉を通常の母国の意味で読んでしまい，経典を中国語の理解に曲解してしまう危険性をもたらした.

覚支 かくし bodhyaṅga（Skt.；Pāli, bojjhaṅga）
菩提，すなわち「悟り」を導く，または構成する七つの要因．菩提分ともいう．しばしば七つの「悟りの支分」として言及され，パーリ語資料において以下の七つの項目が列挙されている．(1) 専心（サティ，sati），(2) ダルマの探求（ダルマ・ヴィチャ，dharma-vicaya），(3) 力（ヴィリヤ，viriya），(4) 喜び（ピーティ，pīti），(5) 寂静（パッサッディ，passaddhi），(6) *三昧，(7) 無私（ウペーッカー，upekkhā）．この七つは37の「悟りの要因（*助菩提分法）」の6番目として現れる.

『学集論』 がくしゅうろん *Śikṣā-samuccaya*
*シャーンティデーヴァ（685-763）の編纂した，大乗経典からの引用集．27の偈頌を中心に据え，大乗の理論と実践を解説している．サンスクリット語原典が残っており，原典の散逸した他の大乗経典のサンスクリット語断片を数多く伝えるため，学術的に重要である.

学処 がくしょ śikṣāpada（Skt.；Pāli, sikkhāpada）
「修行のステップ」の意．*五戒や*八斎戒，*十戒をはじめとする，修行の戒律を広く意味する語.

覚心 かくしん Kakushin（1207-1298）
鎌倉時代の日本僧で，禅と密教の融合を図った．*真言宗に学び，その後*道元（1200-1253）を含む禅師たちのもとで修行し，中国に渡って*無門慧開から認められた．その後1254年に日本へ戻り，和歌山に西方寺（後に興国寺と呼ばれるようになる）を開いて，密教儀礼を行ずる能力により大いに繁栄して声望を得た．没後に法灯円明国師の名をおくられた．その系統は，後に法灯派として知られるようになった.

覚信尼 かくしんに Kakushinni（1224-1283）
*浄土真宗の開祖である*親鸞（1173-1262）

の娘．*本願寺の長（別当）は，親鸞の息子の系統ではなく，覚信尼の系譜をたどる．→覚恵，覚如

覚如 かくにょ Kakunyo（1270-1351）

*浄土真宗の開祖である*親鸞（1173-1262）の曾孫であり，親鸞の廟堂の3代目の管理者．41歳でその地位を継承したとき，親鸞の娘である*覚信尼（1224-1283）の最初の夫を通じて得られたその相続権は，廟堂の土地を寄進した2番目の夫の一族との間で争われていた．覚如が没する前に，皇室が仲裁して覚如に有利な形で争いを決着したので，親鸞の血統が廟堂の管理者の地位に就くという伝統が確立した．この当時，廟堂は浄土真宗の信徒たちの間で親鸞教団の中心地として重視されるようになっており，ついには*本願寺となって，その管理者が教団の事実上の最高指導者となったのである．

ガクパ ngak-pa（Tib.；Skt., mantrin）

*行者と同様に多大に尊敬される，マントラ行を常時行う修行者．

覚鑁 かくばん Kakuban（1095-1143）

日本の真言僧で，新義真言宗の祖師．13歳で出家し，またたく間に高位に上って，1134年までには*真言宗の本拠である高野山の二つの寺院の住持となっていた．しかし，彼の教えに対する，鋭く時に暴力的な反発により，根来山に逃れることとなり，そこに円明寺を建立した．覚鑁は根来山に終生とどまり続けて，密教の修定と著作に専心した．

カーシー Kāśī（Skt.）

古代インドの王国．*ガンガーを北の国境とし，中心には首都*ヴァーラーナシーがあった．ブッダの存命中に*マガダ国に併合され，独立した国家ではなくなった．→マガダ

加持 かじ adhiṣṭhāna（Skt.；Pāli, adhiṭṭhāna）

とくに諸仏が有している，変形させる力．奇跡的に現象を変質させたり現したりするために用いられる．一方，パーリ語のアディッターナは，*三昧の時間を制御することを可能にする意志の力のことであり，より後代には，心的な力の特定の結果を現す意志の力のことである．

カシナ kasiṇa（Pāli）

語源がよくわかっていないパーリ語の用語．おもに*上座部の伝統の中で，瞑想の対象として使われるものの名称である．これは，精神を集中させるときの補助として機能し，瞑想者は精神とこの対象を一体にする．パーリ正典は10のカシナ，すなわち地・水・火・風・青・黄・赤・白・*虚空・*識（Pāli, ヴィンニャーナ，viññāna；Skt., ヴィジュニャーナ，vijñāna）という一覧をあげている．カシナを用いた実践の例として，瞑想者は色のついた円盤状のものを数m離れたところに据える．この対象は，パリカンマ・ニミッタ（parikamma-nimitta, 準備段階のイメージ）と呼ばれる．瞑想者は，ウッガハ・ニミッタ（uggaha-nimitta, 獲得されたイメージ）と呼ばれる対象のイメージが心の中で起こるまで，自身の意識をこれに集中させる．さらに対象を超えて意識を導くことによって，完全に鮮明で安定したパティバーガ・ニミッタ（paṭibhāga-nimitta, 類似するイメージ）が生み出される．ここに至って，瞑想者は禅定の出発点に立つのである．

カシミール Kashmir

「カシュミーラ」（Kaśmīra）と呼ばれた古代インドの国家．今日の北西インドのカシミールに相当する．伝説では，仏教はブッダの死後，すぐにこの地に伝えられたとされるが，*チャンドラグプタ・マウルヤ（*アショーカ王の祖父）がこの地を征服したときに伝来したと考える方が信憑性が高い．*マウルヤ朝の庇護の下，カシミールには多くの僧院や*ストゥーパが建設され，ほどなくしてこの地は*説一切有部の本拠地となった．*カーティヤーヤニープトラ，*ヴァスミトラ，*サンガバドラといった論師らはこの部派と関係が深い．*クシャーナ朝後期にはこの地で仏教が栄え，クシャーナ朝の衰滅後は実質的な独立状態が長く続いたが，その間も繁栄が続いた．しかし，白フン族（エフタル）のミヒラクラ王による弾圧と破壊が行われるなど，短期間ではあるが暴力的迫害を受けること

もあった．いわゆる「第四結集」は，*カニシュカ1世が発起人となり，この地で招集されたといわれている（→カニシュカ王の会議）．その立地上の利点から，カシミールは仏教が中央アジアや西チベットへ伝わる際の重要な足がかりとなり，中国へ赴いた*クマーラジーヴァや*ブッダバドラ，またチベットへ旅したシーレーンドラボーディ（Śīlendrabodhi）やヴィディヤーカラプラバ（Vidyākaraprabha）など，多くの高名な学僧たちがこの地を通った．しかし12世紀以降，カシミールの仏教は衰退の道を辿り，チベットとの宗教的なつながりを保ってはいたが，16世紀にムガル帝国に侵略される頃にはほとんど消滅してしまった．

和尚 かしょう ⇨和尚 おしょう

迦葉品 かしょうほん *Kāśyapa-parivarta*

初期大乗仏教の文献．散文と韻文の混成であり，*『宝積経』経典群の一部となっている．菩薩の特性と*空性のあり方を説明するため，多くの比喩と譬え話を用いている．

カースト caste（Portuguese, casta ; Latin, castus）

「純粋な」の意．南アジア社会における社会的な階級構造，またはそれを構成する特定の社会階級や身分を示す語．現地の言葉では「色」を意味するヴァルナ（varṇa；Pāli，ヴァンナ，vaṇṇa）という語が用いられている．インド古典で言及されるカーストは4種，すなわち神職の*婆羅門，貴族のクシャトリヤ（kṣatriya），職人のヴァイシュヤ（vaiśya），奴隷のシュードラ（śūdra）の4種である．パーリ語では，これらがブラーフマナ（Brāhmaṇa），カッティヤ（khattiya），ヴェッサ（vessa），スッダ（suddha）として知られている．ただ，初期の文献では4番目のスッダに言及されることはほとんどなく，3分類が一般的であった．4種のカーストという古代の枠組みは，すぐさま何千ものカースト体系，すなわちジャーティ（jāti，生まれ，人種）として知られるサブカーストに道を譲ることとなった．ブッダはそのようなカーストの慣習を非難しなかったが，カーストを宗教上の生活に無関係のものとみなした．しかし，ブッダは神職カーストの傲慢さを酷評し，初期の多くの説法において，生まれという境遇が個人の道徳的・精神的地位に関係するという観念を嘲笑している．

『迦旃延阿毘曇』 かせんねんあびどん *Kātyāyana-abhidharma*（Skt.）

初期*阿毘達磨文献の一つ．*阿羅漢*マハーカーティヤーヤナに帰せられる．

火葬 かそう cremation

インドで死者を葬る際の標準的な手段．（キリスト教やユダヤ教，イスラム教とは違って）インドでは肉体の復活が信じられていない．古代以来，死体は公共の火葬場において薪の上で燃やされ葬られてきた．ブッダ自身も火葬に付され，その遺物は八つに分けられて地方の王国や部族に分配された．

『カターヴァットゥ』 *Kathāvatthu*（Pāli）

「議論されたことに関する書物」の意．パーリ正典の*阿毘達磨蔵に属する正典であり，阿毘達磨蔵の七つの書のうちの五つ目．伝承によると，*アショーカ王の治世に行われた*パータリプトラ会議の後に，*モッガリプッタ・ティッサが編纂したとされている（→パータリプトラ会議（第2回））．本書は教義に関する議論の要約であり，23の章から成っている．

荷沢神会 かたくじんね Ho-tse Shen-hui（670-762）

*南北宗論を引き起こしたと歴史的に信じられている中国の禅僧．五祖である*弘忍（601-674）の没するまでの弟子であり，その後は弘忍の最も名を成した弟子である*神秀(605-706)とともに学んでいたと思われる．しかし，732年に，北方の禅の運動の内部で*漸悟の立場に傾く傾向があることを憂慮し，洛陽近郊の大雲寺の教壇に登り，神秀（これよりずっと以前に死去していた）とその信奉者たちを*「北宗」と呼んで，彼らに対する激烈な批判を展開した．神会は*「頓悟」の立場を支持して，それが，弘忍の弟子のうちのもう一人，神秀のもとを去っ

た神会が師事した*慧能（638-713）に受け継がれたと主張した．はじめ，神会はほとんど人々の注目をひかなかったが，神会は荷沢寺という拠点から攻撃を続けた．745年までにはより広く名も知られるようになって，より多くの信奉者も獲得したが，753年に有力な政府の役人の逆鱗に触れ，追放されてしまった．しかし後に，北部地方一帯で安禄山の乱が勃発して，*唐朝政府は早急に歳入を引きあげて鎮圧のための軍事作戦の費用を賄わなければならなくなった．この当時，神会は人々を説いて得度を求めさせることにすぐれた才能を示していたが，得度のためには政府から得度の証書を得なければならなかった．この証書に料金を賦課することにより，政府は，さらなる増税や軍役賦課を免れながら，神会の力を借りて，帝室を守って陥落した首都を奪回するのに必要な資金を得ることができた．神会は首都の近くに自身の寺院を授けられ，帝室の保護を獲得した．神秀がこれと同じものを受けたことを批判し，真の法を30片の銀のために売り払ったと神会が主張していたのは，皮肉なことである．より安定し繁栄した晩年には，神会は多くの弟子たちを受け入れ，「荷沢宗」または*「南宗」という名を不朽のものとしたが，頓悟の極端な非二元論的立場に背を向け，かわりに悟りに至るまでいくらかの準備と熟練を要することを認める方法を教えたのであった．

カダム派 Kadampa（Tib., bka'-gdams-pa）

11世紀に*アティシャが創始した哲学体系．仏から伝えられた教え（カ，bka'）より派生した口頭の教説（ダムパ，gdams-pa）にもとづいたものであるが，中世までに独立した学派としては廃れてゆき，カダム派の取り組み方は他の学派の中に残り，とくに後の*ゲルク派の礎となった．

喝 かつ katsu（Jpn.）

日本の禅において，*公案を解いたり，悟り（菩提）に気づくなど，すでに突き抜けた経験を有する者が叫ぶ言葉．「勝利する」や「優越する」を意味する一般的な単語の「かつ」（勝つ）に通じる．「喝」の字そのものは，「叫ぶ」という意味を有している．

渇愛 かつあい tṛṣṇā（Skt.；Pāli, taṇhā）

「渇き」の意．渇望，あるいは，過度のまたは不適切な*欲望．渇愛（トリシュナー）は*四聖諦の第二において*苦が起こる原因として記述される．それはさらに三つの形態に分けられる．(1) 肉欲的な渇望（カーマ・トリシュナー，kāma-tṛṣṇā），(2) 生存への渇望（バヴァ・トリシュナー，bhava-tṛṣṇā），(3) 非生存への渇望（ヴィバヴァ・トリシュナー，vibhava-tṛṣṇā）である．*縁起の教義において，渇愛は12の鎖の環のうち感覚（*受）に続き把握（*取）に先立つ第八のものとして現れる．諸の感覚との関係で六つの形の渇望が区別される．見えるもの，音，匂い，味，接触，心的印象への渇望である．渇望はまた三つの領域（*三界，*界，ダートゥ）のいずれか一つへの再生に向けられたものとして3種であるといわれる．

『カッガヴィサーナ・スッタ』 *Khaggavisāna Sutta*（Pāli）

「犀の角の経典」の意．*『スッタニパータ』にある41の偈から成る有名な経典．それぞれの偈の最後にある「犀の角のごとくただ独り歩め」という反復句からこの名がつけられた．

合掌 がっしょう gasshō

「アンジャリー」（añjali）として知られるインドの尊敬のあいさつの動作と同様，「手のひらをあわせる」ということを意味する日本の用語．出家者の間の敬意を表す動作であり，また，儀礼的な崇拝の動作でもある．この語は中国の仏教にもみられる．

『カッチャーヤナヴィヤーカラナ』

Kaccāyana-vyākaraṇa（Pāli）

現存する中で最も古いパーリ語の文法書であり，カッチャーヤナ（5～6世紀）により編纂された．伝承によると，著者は*阿羅漢マハーカッチャーヤナ（Skt., *マハーカーティヤーヤナ，Mahākātyāyana）であると考えられている．

カティナ kaṭhina (Skt., Pāli)

衣をつくるために在家信者から比丘に支給される綿布．この布は，*上座部仏教が実践されている国々において，雨期の間の安居の後に毎年配られる．布は新品か状態のよいものであるべきとされている．また配っている周りでは儀式が展開される．古代にまで遡ることのできるこの儀式は，東南アジアすべてでほぼ同一の形をとる数少ないものの一つである．また，上座部仏教において在家信者が参加する多くの儀式のうちの一つでもある．→衣，祭典

カーティヤーヤニープトラ Kātyāyanīputra (Skt.)

*説一切有部の重要な学僧で，前2世紀後半に*カシミールで活動した．説一切有部の教理に関する*阿毘達磨の基本的綱要書*『発智論』を編纂した．

カトヴァーンガ khaṭvāṅga (Skt.)

*アヌッタラ・ヨーガ*母タントラに属する神格がもつ杖．その杖は上端に三つの人間の首（生首，ひからびた首，頭蓋骨）がついており，その上に*ヴァジュラまたは三叉戟が載っている．三つの首は三つの悪の根（*不善根）すなわち*貪，*瞋，*痴の克服を象徴する．

カドガ朝 Khaḍga dynasty

660年から750年にかけて東ベンガルを統治した仏教王朝．

ガナ gaṇa (Skt.)

「集団」や「集合」の意．*アヌッタラ・ヨーガ・タントラでは入信者と信者らによる一種の秘密集会のような集まりを意味する．彼らは死体安置所などの人気のない場所で儀礼を実践した．

カニシュカ1世 Kaniṣka I

北西および中央インドを支配した*クシャーナ朝の第3代目の王．128年頃から151年頃まで在位．仏教の庇護者として名高く，「第2のアショーカ」と呼ばれることもあった．とくに*説一切有部とかかわりが深い．彼の庇護の下に*ガンダーラで宗教会議が催され，それにより*『大毘婆沙論』が編纂されることとなった．→カニシュカ王の会議

カニシュカ王の会議 カニシュカおうのかいぎ Council of Kaniṣka

「第四結集」として言及されることもあり，*クシャーナ朝の王*カニシュカ1世が1～2世紀に開いたとされるが，その史実性は疑わしい．この会議は*ヴァスミトラが統轄し，499人の僧が出席した．*カシミールの伝承では，*三蔵の厖大な注釈作成という成果があげられた，と中国僧*玄奘は報告している．玄奘によると，カニシュカ王はその注釈を銅版に彫らせたり石棺に刻印させたりして，特別に建てられた*ストゥーパの中に隠したという．そのテキストの中には，大作*『大毘婆沙論』（*説一切有部の教義に関する厖大な要約かつ参考書）が含まれているというが，実際には『大毘婆沙論』自体が2世紀以前に編纂されたとは考えがたい．

カパーラ kapāla (Skt.)

頭蓋を象った半球状の器で，人間の頭蓋骨，または真鍮でつくられる．チベット仏教のタントラ儀礼において，不死の霊薬を容れる器として用いられる．

カピラ Kapila

仏教に影響を及ぼした仏教外部の哲学学派，サーンキヤ学派の伝説上の開祖．彼の生涯や作品に関して信頼できる詳伝は何も残っていない．

カピラヴァスツ Kapilavastu

*シャーキャ族の治める国の首都．今日のネパール国内，南の国境近くに位置する．この地で*シャーキャムニが幼少時代を過ごした．仏教にとって重要な場所であるにもかかわらず，後の仏教徒たちにとって特別な崇拝の対象とはならず，中国の遍歴僧*玄奘が訪れる頃には実質的に忘れ去られていた．この都市の位置については，多くの考古学者が20世紀にティラウラコットで発見された遺構に同定できると考える一方，ピプラーワーの近くの町がそれである

という説を有力視する見解もあり，いまだ確定していない．

鎌倉時代　かまくらじだい　Kamakura period

日本史における時代の一つで，おおよそ1185年から1392年までであり，その間に禅や浄土教や*日蓮系教団などの新しい仏教諸派が興った．貴族の没落や地方豪族の興隆など，当時の社会の全面的な革新に応じて，これらの新しい宗派は，支配階級の関心を離れて，民衆の救済をより強く志向するように，仏教に変化をもたらした．→日本の仏教

カマラシーラ　Kamalaśīla

8世紀のインドの学僧．蓮華戒ともいう．*シャーンタラクシタの弟子で，「前伝期」（ガデル，snga dar）とされる時期にチベットに仏教を広めるという師の仕事を受け継いだ．当時は禅の強い影響もあって，悟り（菩提）は急に獲得できるものか，徐々に獲得するものかに関する議論が巻き起こった（→頓悟，漸悟）．792～794年に*サムイェー寺で行われた*討論（→ラサの宗論）で，漸悟の立場を主張し，対論者の*マハーヤーナ和尚に勝利した．討論の結果をうけて，勝者の見解がチベットにおける正統な仏教の形となっていた．それからまもなくして，中国人の暗殺者と思われるものの手にかかってカマラシーラは795年に殺された．カマラシーラは*中観派の哲学に関するすばらしい学問上の遺産を残した．最も重要な著作は『中観光明論』（マディヤマカーローカ，*Madhyamakāloka*）であり，『中観荘厳論』（マディヤマカーランカーラ，*Madhyamakālaṃkāra*）と『摂真実論』（タットヴァサングラハ，*Tattvasaṃgraha*）というシャーンタラクシタの二つの著作に対する注釈を著した．彼自身の思想は*『修習次第』として知られる3部作に伝わっている．

カーマルーパ　Kāmarūpa

古代の地域名．おおむね現在のアッサム州とバングラデシュ東部を合わせた地域に相当する，とくに*カーリー崇拝と関連のある地域をそう呼んだ．仏教の時代には，この地域はインドの政治的・文化的統制の圏外にあると広く考えられていた．この地域に対して伝教の努力がなされたこともあったが，チベットと国境を接する北部一帯を除いては，ここに仏教が真に栄えることはなかった．

我慢　がまん　asmi-māna（Skt., Pāli）

「"私である"という妄想」の意．他人を引き合いに出した場合の価値ある自分という，不適切な評価．自身をすぐれたものであると信じる形をとることも，劣ったものであると信じる形をとることも，等しいものであると信じる形をとることもある．10種の束縛（*結）のうちの8番目である．永遠の自分である*アートマンを信じる一番目の*有身見とは，区別されなければならない．

神　かみ　God（Eng.：Jpn., Kami）

仏教は無神論的であって，最高者や創造神の存在を認めない．しかしながら，*天（デーヴァ）として知られる超自然的存在を広範囲に認めており，その多くはヒンドゥー教から仏教神話へと組み込まれたものである．

日本では，神道における，祈りと捧げものの受け手，かつ神話の主人公たちのことを指す．古代のギリシア・ローマ神話や北欧神話の神々に，ある意味では似ているが，名前や生涯譚を有する者たちばかりではなく，特定のものや光景によって喚起される畏敬の念として顕れる，不明瞭に認識される存在を含んだ語である．仏教が日本に伝来したときに人々の注目を浴びた疑問の主たるものは，「わが国の神々が他国の神々の移入にどのように応えるであろうか」というものであった．仏教と神道の共存をしばらくの間可能にした回答の一つが，「神というものは，仏教の仏や菩薩の全宇宙的な姿が，日本において土地に合わせて顕れたものだ」という，本地垂迹の理論であった．また別の答えとしては，「神々は自ら仏教に改めて，特定の神社や寺院を守護する神格の役割を果たす」というものもあった．

神のヨーガ　かみのヨーガ　deity yoga

タントラ仏教の重要な瞑想．修行者はこれを

通して，特定のタントラ文献またはサーダナ文献に説かれる神格を*観想する．そして修行者は，観想された神格の視覚像を*供養の対象としたり，自己をその神格と同化させるためのモデルとして用いたりする．それにより，その神格に対応する，自己のうちにある高次の属性が顕現する．

ガムポパ　Gampopa（Tib., sgam-po-pa）（1079-1153）

チベットの尊師，ダクポー・ダジェ・スーナム・リンチェン（Dakpo Lharje Sönam Rinchen）の通称．ガムポパの名は「ガムポという人」の意で，ガムポ地方で数年間禅定に入って過ごしたという史実にもとづくものである．1079年にニェル地方に生まれ，最初は腕のいい医者（ラジェ，lha rje）として活躍し，「タクポの医者」（タクポ・ラジェ，Dwags po lha-rje）として知られた．1110年に*ミラレーパから*カギュ派の法統を受け継いだ．数年間秘密の行法を治めた後，1121年にダクラ・ガンポーを建立して，そこに住んだ．*カダム派の漸悟の道程とミラレーパの大印契の秘法（*マハームドラー）を合わせて，結果的に*『道次第解脱荘厳』を著した．彼は1153年に75歳で没したが，以来，彼の法統はダクポー・カギュとして知られる．→チベットの仏教

『カーラーマ・スッタ』　*Kālāma Sutta*（Pāli）

パーリ正典の*増支部の中の重要な経典．*コーサラ（Skt., コーシャラ，Kośala）国に住む王族・貴族（Pāli, カッティヤ，khattiya；Skt., クシャトリヤ，kṣatriya）のカーラーマ族にブッダが説いたものであり，伝聞や伝統を盲目的に受け入れることを戒め，直観的な洞察（*智慧）を通して自ら知ることの重要性を強調している．

カーリー　Kālī

アッサム地方に起源をもつ，インドの代表的な女神の一つ．その図象と礼拝方法には，後期の*アヌッタラ・ヨーガ・タントラの実践法に転用されたと考えられる要素がいくつかみられる．仏教においてはこの女神が言及されることはあっても，信仰の対象とされることはまったくといっていいほどない．

訶梨跋摩　かりばつま　⇨ハリヴァルマン

カリンガ　Kaliṅga

古代インドの王国．現在のオリッサ州とアーンドラ・プラデーシュ州北部を占める地域に位置していた．この国には，非インド・アーリア系の民族が居住していたと考えられている．カリンガは前3世紀中葉にアショーカ王によって征服されるが，その戦争がもたらしたおびただしい血と破壊とは，彼が後に仏教を採り入れ，平和主義的な統治を行う一つの原因となった．この地域はやがて，ウトカラ，オードラ，トーシャリなど，多くの小王国に分裂する．それらの小王国は，名目上は上位支配者となっていた北インドの大王たちからはおおむね独立していた．アショーカ王の侵攻後，この地では仏教が栄え，少なくとも15世紀に至るまでは，イスラム教徒の侵略者たちから逃れて存続した．この地には，ラトナギリやウダヤギリなど，仏教の重要な僧院大学が数多く設立された．

ガル・ヴィハーラ　Gal Vihāra

ブッダの像が彫られた岩石群．*パラッカマバーフ王の*ウッタラーラーマの一部となっており，ブッダの立像，全長14mの涅槃像，二つの座像という四つの独立した彫像よりなる．これらの彫像はすべて1枚の巨大な花崗岩板から切り出されており，当初は四つの彫像の周囲にそれぞれの「家」が存在した．

ガルダ　garuḍa（Skt.）

インドの神話に登場する，巨大な鳥に似た種族．迦楼羅ともいう．彼らは*ナーガを食べるとされ，両者はつねに敵対関係にある．

ガルダンマ　⇨敬法　きょうほう

カルマ　⇨業　ごう

カルマ・カギュ派 Karma-kagyü (Tib., Karma bka'-brgyud)

*カギュ派の主要分派の一つ．*ガムポパの弟子であるドゥスム・キェンパから伝わるものである．

カルマパ Karmapa

*カルマ・カギュ派の転生する指導者が名乗る称号．初代はドゥスム・キェンパ(1110-1193)であり，さらに16の生まれ変わりによって今日に至る．自派のタントラ教法の伝承が損なわれることなく世代間で受け渡されていることを確かめるという役割が，カルマパが学派の中で果たすべきものである．新たなカルマパが即位するときに*ダーキニーの髪で編まれた黒い帽子を使用することが重要な要素の一つである．

カルマ・ムドラー karma-mudrā (Skt.)

1.「行為の*ムドラー」の意．*瑜伽タントラで説かれる4種の*ムドラーの一つ．手のジェスチャーなど，諸仏の行為の側面と対応するものを用いた「変容瞑想」(transformation meditation) の実践における諸仏をイメージするプロセスを指す．→アヌッタラ・ヨーガ・タントラ

2. アヌッタラ・ヨーガ・タントラでは，性的な*ヨーガにおける女性のパートナーを意味する．

迦楼羅 かるら ⇨ガルダ

我論 がろん pudgala-vāda (Skt.)

「個人我の説」の意．衆生は真の個人我（*プドガラ）を有しているという，異端の見解．正統的な仏教は永遠の自我（*アートマン）の存在を否定するが，*犢子部などの初期インド仏教のさまざまな部派は，業と転生の基体として行動する，何らかの実体的同一性の存在を，仮定する必要に迫られた．個人我の考え方は，このような必要を満たすために導きだされた．五*蘊の教義の中に組み立てられた，個人の同一性に関する標準的な仏教の理論の観点では，個人我は五蘊のどれとも同一ではなく，かつ五蘊のどれとも異ならない，といわれていた．個人我と五蘊との関係は，火と燃料との関係に比された．我論の立場は最終的に否定されたが，業による存在の継続についての疑問は，インドにおいて何世紀にもわたり残り続けることとなり，さまざまな他の解決法が提示された．*阿頼耶識説や如来蔵説は，その例として数えることができよう．個人我の教義を認めたその他の部派としては，*サンミティーヤ派，ダルモーッタリーヤ派 (Dharmottarīya)，シャンナガリカ派 (Ṣaṇṇagarika)，バドラーヤニーヤ派 (Bhadrāyanīya) があげられる．

漢 かん Han dynasty

前206年から後220年までの統一され繁栄し（王朝の中間の短期間を除いて）安定していた中国の一時代．この時代に仏教が中国に伝わった．

観 かん vipaśyanā (Skt.; Pāli, vipassanā)

「洞察」の意．仏教で説かれる2種の主要な瞑想技術の一つで，もう一方は*止すなわち鎮静させる瞑想である．この技術は仏教の教えの真実に対する直接的個人的な理解と実証をもたらすもので，その教えの真実とはたとえば，すべての構成物（*行）は無常で，自我の本質をもたず（*無我），苦しみに満ちている（*苦）という「三つの特徴」（*三相）をおびるという認識である．この洞察は*出世間の道に入ることと涅槃をもたらす．このように観は，止が陶酔的な精神集中のトランス状態をもたらすのに対して，教義の知的理解をもたらす．しかし通常，心が散漫では洞察は得がたいので，二つの技術は交替で発達させられることが推奨される．

ガンガー Gaṅgā

ガンジス川のインドにおける呼称．恒河ともいう．

『勧誡王頌』 かんかいおうじゅ *Suhṛllekha*

2世紀の哲学者*ナーガールジュナの著した，123偈より成る教訓的な手紙．南インドのサータヴァーハナ朝の王，ガウタミープトラ・シャータカルニーに宛てられたものと考えられてい

る．この作品では，大乗の道が一般的な読者に向けて簡潔に概説されている．

『カンカーヴィタラニー』 *Kaṅkhāvitaraṇī* (Pāli)

「疑いを晴らすもの」の意．比丘の修道上の規則の集成（*波羅提木叉）に対する注釈書であり，*ブッダゴーシャによって編纂された．

歓喜地 かんぎじ pramuditā-bhūmi（Skt.）

*『十地経』によると，菩薩の十地のうちの最初で，「喜ぶもの」の意．この境地において菩薩は，喜びに満ちながら*施波羅蜜を実践し，四つの*摂事を通じて他の衆生をダルマへと導くのである．

元暁 がんぎょう Wŏnhyo（617-686）

朝鮮史において最も著名な学僧の一人であり，東アジア仏教の理論と解釈の伝統の発展において重要な役割を果たした人物．彼の広範囲にわたる文学の知識は，240部にわたって80冊以上の作品と*『涅槃経』や*『大乗起信論』などに関する注釈書を生み出し，朝鮮だけでなく中国や日本においても模範として崇敬された．実際，『大乗起信論』に関する彼の注釈書は，東アジアの大乗仏教の伝統の中で重要な役割を果たす，おもに学習されるテキストの一つになった．

元暁は，社会と宗教の騒乱と激動の時代に生きた．彼の生涯は，朝鮮半島の三つの国が668年に新羅によって統一され，仏教徒が個人的にテキストを学習することに注目するようになり，仏教教義の一貫性の問題に取り組み始めた時代に当たった．元暁は気質として体系化・統一化を図る人物であり，すでに朝鮮に入ってきていた種々の宗派，*三論，*成実，*天台，*華厳，浄土，禅などのすべての著述や教義を広く見渡し，それぞれの宗派が仏教の智と実践のより大きな織物の一部になるように，それぞれの教えを全体の枠組みに組み込んだ．彼は，完全に朝鮮独自の宗派，法性宗を創設した功績がある．法性宗は，外見上は相違するにもかかわらず，互いに結びついているすべての現象の究極的な性質の原因の説明を求めた．元暁の統一的な仏教の見方は，通仏教や「総合仏教」と呼ばれている．学問の活動に加えて，元暁は貴族政治から仏教の学問を取り出し，一般民衆に広めたり，僧団（僧伽）を離れ後に*結婚した人物の一人としても功績がある．仏の名号を唱える浄土教の実践が彼の試みを通じて，人々に広まった．

環境論 かんきょうろん ecology

この主題は現代の関心事であって，古典期の仏教資料で言及されることはほとんどない．*社会参加仏教において関心が高められ，成功の度合いはさまざまであるが，仏教における環境論を進展させるために昨今努力がなされている．おもな研究法はあわれみ（*悲）のような伝統的価値観を持ち出すことであるが，それも人間と自然の関係に関しては西洋におけるほど人間中心的な観念ではない．再生という教義ゆえに人間と動物との関係はより親密なものと考えられているが，仏教において世界の創造は人間が利用・享受するためのものであり，人間は創造の残りの部分を管理する立場として神に任じられたとはみなされていない．とりわけ東アジアで起こったように，一部の大乗では*縁起の教説を解釈する上で，あらゆる現象が相互に関係しあう宇宙のネットワークとして世界を考えた結果，環境論的な関心が台頭するようになった（→梵網）．その一方で，仏教の価値観は生が苦しみ（*苦）であるという第一聖諦の世界に立脚していると否定的な価値観で捉えられるため，それが仏教における環境論進展の妨げとなったという側面もある．この教説の一部では，世界が保護や保持の対象としてではなく苦悩や悲痛の場として描かれ，そのような世界からは永続的に実在する幸福，すなわち超越的状態たる涅槃という無比のあり方へと脱出しなければならない．この問題に関する議論はいまだ初歩的な段階にすぎず，仏教の環境論が実行可能かつ批判的な形で確立されるか否かは未知数である．

幹細胞研究 かんさいぼうけんきゅう stem cell research

遺伝学における近年の躍進を基礎として，パーキンソン病やアルツハイマー病から糖尿病，脊髄損傷，変性心疾患に至るまで，多くの健康状態の治療に際し，科学者は人間の幹細胞の使用に大いなる可能性を見出している．幹細胞の多能性は，幹細胞があらゆる種類の身体組織へと展開しうることを意味している．仏教では知（*智慧）とあわれみ（*悲）という中心的徳目や，僧院での*医療実践という長きにわたる伝統に重きがおかれているため，近年における科学的理解の進歩や人の苦しみを緩和する治療・治療法の進展に対する展望は歓迎されるべきことである．しかしながら同時に，仏教では不殺生，すなわち傷つけないことが非常に重要視されるので，人間であれ動物であれ，生命を害するような科学技術や科学的手法に対して強い危惧の念が抱かれている．そのような行為は，生物に対して死や傷害を引き起こさないよう禁じる第一戒（→五戒）によって禁じられている．

仏教では倫理的なジレンマについて意見を表明できる中心的な権威者が存在していないが，地方レベルではさまざまな宗派や集団でそういった諸問題が一般的に論じられ解決されている．しかしながら一般原理の観点から，仏教では他の世界宗教と一致した，次のような見解を抱いているように考えられる．(a) 成人の幹細胞を治療用に用いることについて原則的に倫理上の問題はない．(b) 胎芽から胎児の幹細胞を摘出するというような，人間の生命を意図的に害することを含む研究は道徳的に容認できない．仏教の教説によれば，個々人の生命は受胎時に始まるという．さらにまた，再生に対する独特の信仰ゆえに，仏教では新たな受胎の産物は亡くなったばかりの個体の業の上での同一性を担うもの（→業）とみなされているため，成人と同じ道徳的観点が適用されうる．したがって仏教では，幹細胞研究の惹起する道徳的諸問題が，余剰胚の損壊や，さらに重大な*堕胎を含むIVF（体外受精）治療が惹起する道徳的諸問題と原則的に異ならないと考えられている．幹細胞研究を行う者の善意や，幹細胞研究から結果的に生じる善にかかわらず，上述の内容が当てはまる．したがって，IVF（体外受精）治療のために生み出された不必要な余剰胚または凍結余剰胚（これらがいかなる場合にも結果的に損壊されるものであろうとなかろうと）や，とりわけ研究目的で生み出されたクローン人間の胎芽（→クローン化）を，幹細胞の源として研究目的で用いることは反道徳的であることになる．流産した胎児から摘出された幹細胞の使用に関しては，さまざまな見解の余地がある．この場合，ドナーはすでに亡くなっている以上，幹細胞の摘出を通じて生物が害されるという主たる反論は適用されないため，そのことは容認されうると考える者もいる．幹細胞の使用に関して法的に妥当であるという合意が近親者から得られた場合，その状況は遺体の臓器を移植用に提供する場合に類似しているとみなされうる．この場合の基準は，2001年にブッシュ大統領が用いたものと類似している．大統領は合衆国政府が後援する研究として，現存する60の胚性幹細胞株は利用を認めるが，新たな胚性幹細胞株の使用・開発は行わせないという決定を下した．もう一方の立場では，共犯の問題に関してより厳しい見解が報じられている．堕胎を通じて得られた幹細胞は堕胎自体の反道徳性によって汚されているため，その幹細胞は用いられるべきでないとされている．この場合，遺体からの移植の場合とは異なって，同意を与える人（普通は母親）がドナーの死に直接の責任を負う人と同じになってしまうとの指摘を受け，臓器提供との類似性には異議が唱えられている．これに類似するより卑近な例をあげれば，銀行強盗が慈善目的で盗んだ金を使用することが示唆的といえる．それは，善が得られるかにかかわらず，悪であることに依然として変わりはない．このようにして特定の問題点に関して正当ながらも不一致を示す余地があるが，仏教徒の大多数は前者の立場に傾きつつあるようである．

寒山 かんざん Han-shan（7世紀または8世紀）

中国の禅の隠者，山岳修行者．隠棲していた中国南東部の天台山のあちこちの木々や壁に，自作の詩が書きつけられているのが発見されたことで有名である．寒山の人物についてはほとんど知られていないが，食事のために寒山が時々訪れた近隣の寺にいた典座僧である拾得との関係をめぐる伝説が数多く残っている．この二人は，極端に常軌を逸した会話やふるまいをもっぱらとし，その多くは荒々しい禅の伝統の中で後世まで記憶された．寒山のものとされる300を超える詩が，詩集にまとめられている．

関山慧玄 かんざんえげん Kanzan Egen (1277-1360)

禅僧の*宗峰妙超 (1282-1337) の弟子の一人．宗峰妙超は，中国の禅の修業の形を厳格に守り続けて，禅の日本化や皇室の権威の影響下に入ることに抵抗し続けたことで有名な系統の祖である．関山は，1335年に建立された妙心寺の初代の管長である．妙心寺は，*臨済禅の中の流派の一つである妙心寺派の中心地となった．

憨山徳清 かんざんとくせい Han-shan te-ch'ing (1546-1623)

明代中期の中国仏教の四大改革者のうちの一人．元来は禅僧であるが，同時代の多くの師僧たちと同じように，心を浄化して*阿弥陀仏の悟り（菩提）の心と不二であることを悟るという念仏の利点を強調して，禅と浄土の両方を修めることを認めていた．講師としても注釈家としても知られており，倫理的な戒律に対する厳格な従順が称賛された．

観自在 かんじざい Avalokiteśvara (Skt.；Tib., spyan ras gzigs)

八大菩薩の一つ．主として，衆生を救済庇護するためにあわれみ（*悲）を実践する．観世音，観音ともいう．その名は「(慈悲の心で衆生を）見る主」を意味する．初期大乗経典以来よく知られているが，チベットでの観自在崇拝は,多く後代のタントラ資料にもとづいている．*「オン・マニ・ペメ・フン」の*マントラを唱えることは，観自在と関連づけられている．図像的にはさまざまな姿で描かれ，頭が11で腕が1000本のものや，一般的には腕が4本のもの，中には憤怒の相を帯びるものもいる．観自在はチベットの菩薩の主たる庇護者とみなされ，*ダライ・ラマはその生まれ変わりとされている．

観自在

カンジュル Kanjur (Tib., bka'-gyur)

仏の翻訳された（ギュル，gyur）教え（カ，bka'）というチベットの正典．およそ100巻からなり1000以上の経とタントラで構成される．これらはおもにサンスクリット語や他のインド諸言語からの翻訳であり，わずかに中国語からの翻訳も含まれる．本来のサンスクリット語の形では現存しないインドの典籍を忠実に翻訳したものを残しているので，この集成書は研究者にとって大変貴重である．→テンジュル

灌頂 かんじょう abhiṣeka (Skt.；Tib., dbang-bskur)

「撒くこと」の意．インドに古くから伝わる清めと通過の儀礼にもとづいた，密教の出家入門儀礼．典型的なものとしては，儀礼を受ける者は聖なる円（マンダラ）に入る瞬間に力を与えられ，不浄を清められて，タントラを学び実践する資格と力を得る儀礼である．用いられるタントラの種類にしたがって，力の獲得の仕方に数種類あることが知られ，高い段階になるほどより多くの種類がみられる．たとえば，無上瑜伽タントラという種類であれば，力の獲得には通常，瓶の力の獲得・秘密の力の獲得・内観の力の獲得・第四の力の獲得，という4種類の段階がある．

鑑真 がんじん Ganjin (688-763)

中国人の僧であり，律の師の招請と中国方式の*得度のシステムの設立を目的として朝廷によって派遣された使節団の要請に応じ，753年に来日した．鑑真は742年に招請を受け，来日を承知したが，悪天候や船の難破，彼の中国残留を望む弟子の陰謀などのさまざまな要因が重なり，到着が11年も遅れたうえ，その間，鑑真自身も失明するなどした．そして，来日後の755年，彼の監修のもと，奈良の*東大寺に戒壇が築かれ，上皇をも含む数百人以上の希望者に出家戒・在家戒を授けた．当初の成功の後，律の研究と管轄を主張する既在の*律宗の一派，および政府からの僧侶の独立を考える鑑真の主張に反対する律令政府，これらとの争いの渦中にあると自覚していたが，失明と高齢のために争いに加わる気はほとんどなく，すぐに僧綱の職を辞し，彼のために造営された唐招提寺へと隠居し，勉学と後進の指導を行いつつ，余生を過ごした．

観世音 かんぜおん ⇨観音 かんのん

観想 かんそう visualization

帰依や精神的変容を目的として，ブッダまたは他の神的存在の姿を創造的に心に描く瞑想の一形式．大乗仏教興起以前は観想の形式に*カシナやそれ以外の無生物が含まれていたが，初期大乗では観想が*『無量寿経』や*『般舟三昧経』といった文献で説かれる．それはブッダやブッダの居所を理想化した形の存在を呼び起こすことと関連していた．この点はさらに進展してタントラ的実践(*サーダナ)の土台を形成し，個々人が自我一体感や変容を目的として神的存在の姿を創出する．

ガンター ghaṇṭā (Skt.)

タントラ仏教の儀礼で用いられる鈴（れい，ハンドベルに似た仏具）．*ヴァジュラ（金剛）と接合されていることが多い．ガンターの上部に半身のみの金剛がつけられ，持ち手として握られる．その金剛には通常5本の鈷（尖端）がついているが，鈷（尖端）が1本のものや，3本，9本のものも見つかっている．9本のものは，とくにチベットの*ニンマ派の伝統と関係が深い．チベット仏教では，ガンターには特別な意味づけがなされ，単に無常を思い起こさせるものということから，女性原理としての洞察（*智慧）を表象するものということまで，幅広い意味を与えられている．日本の*真言宗では，ガンターは胎蔵曼荼羅と関係がある．

ガンター

『ガンダヴァンサ』 *Gandhavaṃsa* (Pāli)

おそらく17世紀のビルマで著された後世のパーリ語の作品．パーリ正典の歴史を語り，パーリ正典以降のビルマとスリランカのパーリ典籍について記述する．奥付はこの作品の著者がナンダパンニャという名の林棲者である長老（*テーラ）であることを伝える．著者が用いた典拠はわかっていない．

カンタカ Kanthaka

ブッダの愛馬の名．全身純白で，ブッダと同じ日に生まれたという．カンタカは，王子*シッダールタ・ガウタマが俗世を棄て，父王の宮殿を去る*「偉大なる放棄」の逸話で際立った活躍を見せる．その際，馭者の*チャンナに尾をつかませ，この名馬はシッダールタを市中から約160 km離れたところまで運んだ．しかし，シッダールタがアノーマー川を渡るとき，カンタカは対岸に残り，悲嘆に暮れてそこで命を落とした．その後，*天界に再生したという．

ガンダーラ Gandhāra

今日のアフガニスタンに位置するカブール渓谷の低地域と，パキスタンに流れるインダス川の間に栄えた仏教王国．前2世紀にギリシア系のバクトリア王国の支配下に入って最初の繁栄を迎え，後に中央アジア出身のスキタイ人による*クシャーナ朝の支配に移った後も栄えた．ガンダーラは有名なパーリ語作品*『ミリンダ王の問い』の舞台となった．また，*カニシュカ1世と2世に統治された1世紀から2世紀頃に，第4回結集が執り行われたのもこの地である．この結集では*説一切有部が優勢であり，これにより大部の*阿毘達磨論書*『大毘婆沙論』が編纂された．ガンダーラはまた仏教美術，とくに彫刻美術の中心地の一つとしても重要であり，その初期の作品はギリシア様式の影響を強く受けている．最初期のブッダ像のいくつかはこの地で制作された．ガンダーラは7世紀までには独立した王国としては存続しえなくなったが，それ以降もこの地には，仏教徒が少数ながら存在していた．

ガンダルヴァ gandharva（Skt.；Pāli, gandhabba）

1. 天界に生きる種族であり，音楽の才能に長けているとされる．その名は「香りを食す者」を意味するが，それは，彼らが香りのみを食べて生きると信じられていることに由来している．

2. いくつかの仏教学派によれば，人は死後，ガンダルヴァと呼ばれる非物質的な身体を得るとされる．死者の魂は，次の生に至るまでの*ワルドと呼ばれる中間的状態をこの霊的な姿によって通過し，受精の際に母親の身体に入るとされる．

カーンチー Kāñcī

西南インドの重要な都市．今日のカーンチプラムにあたる．古代のドラヴィダ人国家の首都．スリランカと密な関係にあったため，前3世紀には*仏教がこの地に伝わっていたと考えられ，その後数世紀にわたり，学問の中心地として名高いこの地で仏教が栄えた．*ブッダゴーシャや*ブッダダッタなど，幾人かの偉大な学僧がカーンチーと関係している．後代，カーンチーはタントラ仏教の発展にとって少なからず重要であったとみられ，カーンチーこそが伝説の地*オッディヤーナであったと提唱する研究者らもいる．14世紀の遅きに至るまで，この地では仏教が存在感を保ち続け，スリランカの支援を受けた寺院も建立された．

ガンデン寺 Ganden

1409年に*ツォンカパによって建立される．ガンデン（「至福なるもの」）は*ゲルク派寺院で最高のものである．*ラサの東を流れるキチュ川の南岸に位置するワンブル山の尾根に位置する．文化大革命時に破壊され，3000人いた僧侶はわずか数百人にまで減ってしまった．近年大規模な復興事業が行われている．

看話禅 かんなぜん k'an-hua Ch'an

「単語や成句を見る禅」という意味の中国の言葉．悟り（菩提）の追求のために禅の物語や謎かけ（*公案）について瞑想する実践をいう．通常は，しばらくの間物語を学んでから，生徒は文や成句，単語を「決定的な成句」（話頭）と認識し，すべての努力をその一成句の意味を貫くことに集中する．そのため，この実践は「看話禅」といわれる．

観念念仏 かんねんねんぶつ kannen-nembutsu（Jpn.）

浄土教の行の一つ．心に*阿弥陀仏の像を保つもの．仏の名を口で唱える行である*口称(念仏）に対する対義語である．

観音 かんのん Kuan-yin（Chin.；Jpn., kannon, kwannon）

哀れみ（*悲）の菩薩，*観自在に割り当てられた名前の一つ．この意味は「音を聞き感じる」という意味であり，「世界中の音を聞き感じる」という意味の観世音を短縮したものである．菩薩の能力は，必要や問題に巻き込まれているすべての生き物の叫びを聞くことである．*『般若心経』では，観自在の名が与えられている．東アジア仏教で信仰され崇拝される最も人気のある対象の一つである．観音の能力と機能が大きく描かれる標準的典拠は*『法華経』の第七巻である．その中で，菩薩はすべての人に応じて哀れみ，すべての苦しむものを助けるよう働くことを望むということを宣言した．難破や盗賊の脅迫，嵐や他の危険といったあらゆる必要や苦しみにあるものはだれでも，観音の名前を一度でも心の中で唱えるだけで，彼らを救い出そう．加えて，彼に祈るものすべての要求をかなえよう．とくに祈る女性には誰でも子どもを授けると約束した．「子どもを授ける観音」というイメージは，とりわけ人気が出た．最終的に，彼は，すべての人の期待と意向に合うようにあらゆる形態をとり，彼らにダルマを教え，仏，*天上菩薩，比丘，尼僧，在家信者や望まれるなら売春婦として現れる姿に変えようと述べている．『法華経』でみられるこれらの性格以外でも，中国や日本の浄土教では観音を*極楽の神聖な三体の一人として崇敬している．『観無量寿経』，*『無量寿経』，『阿弥陀経』で述べられる特徴として，*阿弥陀は浄土を統括し，観音菩薩と*大勢至菩薩の2人の助けを受けている．

必要とされるあらゆる姿で現れるという観音の能力は，おびただしい数の図像描写をもたらした．この菩薩は，必要と状況の要求に応じて男性と女性の両方の姿で現される．非常に多くの変化が密教経典，マンダラ，像の中に出現し，その中では通常の人の形や多くの頭，目，腕をもつ形や准胝といった独立した外観をもつ姿で表現される．一つの共通の実践では，信者は大いなる哀れみのマントラ（大悲呪）を唱え，続いて菩薩の108の形態を心に思い浮かべる．菩薩の広い哀れみ（悲）とすべてのものに応じる誓願とさまざまな形態になって現れる能力，容易な近づきやすさのために，観音は東アジア仏教だけではなくあらゆる地域の民間信仰においても最も広く要求をかなえる源となった．

日本仏教では，歴史上の人物の聖徳太子(572-621）が観音の顕現であるとみられることが多く，また浄土真宗の開祖である親鸞（1173-1262）の生涯を観音の像と重ねることも盛んである（→日本の仏教）．

カンボージャ　Kamboja

ブッダの時代にインド北部に存在した十六大国（*マハージャナパダ）の一つ．アショーカ王の第13磨崖法勅によれば，カンボージャはアショーカ王の使節団が訪れた国々に含まれており，後にカブール川流域の地域に同定された．しかし，後代の文献ではタイ西部の地域がこの名で呼ばれている．

『観無量寿経』　かんむりょうじゅきょう
Amitāyurdhyāna Sūtra

東アジアの*浄土宗における3つの主要典籍のうちの一つ．サンスクリット語文献は現存しないとされ，漢訳および漢訳からの重訳とされる中央アジアの言語訳のみ現存する．このことから，この経典はインドで編纂されたものではなく，サンスクリット語のタイトルは漢訳名である『観無量寿仏経』からあくまでも仮につけられたものであると，研究者は結論づけている．ただ，この文献が*シルクロードぞいのオアシス王国の一つで編纂されたのか，もしくは中国撰述であるのか，このことは依然として研究者の関心の的である．なお，漢訳は，424年から442年の間に，畺良耶舎に訳されたとされる．

この経の主要な関心は，16段階の観を説明することであり，はじめの13観は，ブッダや*阿弥陀仏，そのお供の菩薩，およびその世界を直接に観ることを可能にする．太陽の沈む方向，つまり西方にあり，汚れのない清らかな水，地面，宝石で飾られた木々，きらびやかな八つの池などが存在する浄土の特徴を，観想するものである．この文献は，信や孝行と定義される倫理的実践，師への敬意と感謝，慈悲（*悲），および10のよい行い（*十善業道）が，上記の観には必須であることを説いている．さらに，3つの心の性質によっても促進されるとしている．それは，究極的な誠実さ，深遠な精神，浄土往生の渇望である．これらの補助により，実践者は，浄土への再生をもたらす十分な力を有する阿弥陀仏との業的連関を明示する阿弥陀仏の観へと至る．

その反対に位置するのが，不道徳な生活を送り，いわゆる五つの悪しき行い（*無間業）を犯す最下級の人々であり，一般的には，彼らは菩提を獲得することができないとされる．仏の教えを誹謗する者という唯一の例外を除き，それらの人々は臨終の際に自らを待ち受ける地獄に対する恐怖を予感するが，この危機的な状況下において浄土の教えを聞き，深い信心と苦しみをもって阿弥陀仏を念じることで救われるとされる．ただし，彼らは浄土へ赴くことができるが，その行き先は外側の端であり，数百劫の間，菩提に向けて精進し続ける．しかし，彼らであっても，不退転の位に達することは保証されており，輪廻へと再び戻ることは決してない．このように，この経典は，再生を獲得する手段としての高度に複雑な瞑想的自制にあり，それはまた，人類全体の往生への幅広い可能性を認めるものでもある．

16の観のうち，最後の三つは，実際に対象を沈思するものではなく，むしろ，浄土への往生を達成することができる人々の類型に関係する教理的な部分に論点がある．上級の人々（上品），中級の人々（中品），下級の人々（下品）を含んでいる．これらの階級は，おのおのにおいてもまた，上・中・下の三つに，より細かく分けられ，合計で9段階の階級となる．このうち最上級は，教義を深く理解した実践者，汚れのない慈悲行，深遠な瞑想的達成などの仏教者の規範を示している．彼らは浄土への往生に際して，阿弥陀仏を直接に観，ほぼ同時に菩提を獲得するのである．

漢訳三蔵 かんやくさんぞう Chinese Tripiṭaka

中国語の仏教文献の完全版である版を意味する言葉．中国における仏教の最初の数世紀において，文献は手で書写され，完全な全集をつくることは実用的ではなかった．しかし，印刷の出現によって，大規模な文献の全集を発行し配布することが可能となった．しばしば，中国の宮廷と貴族階級が大寺院とともに中国語の大蔵経の収集，編集，印刷を支援した．

そのような努力は最初に10世紀の宋代に実施され，宋版とよばれる最初の大蔵経が983年にできた．この版は，13万枚の堅い木の版木に彫られたものである．この記念碑的な全集は，（ある目録によると）総計1076部5586巻に及ぶ．北部の遼の契丹蒙古族の支配者は，別の版木を持っていて，1055年に新しい*三蔵の版を印刷した．これら二つの版は，*高麗王朝の朝鮮の宮廷に影響を与え，独自の二つの版を印刷した．顕宗（在位1009-1031）の統治期のものと，文宗（在位1046-1082）の統治期のものである．この二つの版はともに1524部掲載している．1232年に新しい版木が命じられ，1236年から1251年の間に完成した．81000枚の版木は朝鮮南部の伽耶山にある海印寺に保存されており，20世紀にも高麗蔵の新しい複製をつくるために使用されている．

宋版にもとづく三蔵のほかの版が，金王朝（1115-1234）と元代につくられた．完全に新しい版は1176年に南朝で現れ，数十年にわたる制作は，福建省の等覚禅院の僧院長が6代に続いて私的に支援した．この版は，宋版よりも50%以上多く，巻物よりも折り本の形式で刊行された．ページのテキストの配置は，昔の手で書写された版を反映し，学問上の比較を容易にした．これらの要素のおかげで，この版は元代の残りもの（を足す際）の基本となった．等覚禅院の版項目と様式が似ているその後に続く版は，宋版を引き継ぐ他の版と並行して存在した．

元王朝を滅ぼし明王朝をのしあげた戦争によって多くの寺院の蔵書が破壊され，明の皇帝，洪武帝（在位1368-1398）が，等覚禅院の三蔵をもとに新しい版を印刷させた．大蔵経は，日本の江戸時代の学僧が，間違いを正す一方で欠落を埋めるために両者の細部にわたる比較研究を行い始めるまで，通常は北宋か南の等覚禅院の版のどちらかに従っていた．この研究によって，それぞれその前身を発展させた，三つの連続した構成の版を発行することが可能となった．その三つとは，1880～1885年の大日本校訂大蔵経，1902～1905年の大日本校訂藏経，1924～1934年の*大正新脩大蔵経である．この最後の版は，現代の研究者にとって中国仏教文献の基本的な参考資料となっており，3360部100巻が収まっている．

甘露 かんろ amṛta (Skt.)

「不死」の意．インドの神話の中で，不死を得ることのできる，神々の飲み物で，ギリシアのアンブロージアに類似する．涅槃の同義語として用いられるが，これは，涅槃を得た者が，輪廻から脱出しているという意味で死ぬことがないからである．

キ

喜 き muditā (Pāli)

「喜び」の意．共感的な喜び，つまり他者の幸運を喜ぶこと．4種の聖なる住処（*梵住）のうちの第3のものである．

義 ぎ artha (Skt.)

1. 目的，目標．
2. 認識の対象．
3. 意味，意義．

疑 ぎ vicikitsā (Skt.; Pāli, vicikicchā)

神経症的な疑惑，または決心と行動を妨げる躊躇の形態．過度の懐疑的態度と，ためらっている優柔不断な態度を指す．五つの障碍（*蓋）の最後で，この文脈ではブッダ，ダルマ，サンガ（僧伽）についての疑惑，あるものが善い，悪い，正しい，間違っているのいずれであるのか，その他の問題に関連する．また五つの束縛（結）の第二でもあり，そこでは高貴な道（*聖道）の第一段階である流れを勝ちえた者（*預流）の段階の獲得を妨げる．

ギェルツァプ Gyel-tshap (1364-1431)

ギェルツァプ・ダルマ・リンチェンの略称であり，*ツォンカパの二大弟子の一人．「摂政」を意味する略称が授けられたのは，ツォンカパに後事を託された後継者として活躍したからであり，後に1419年から没するまでの間，*ガンデン寺の僧院長を務めた．

祇園 ぎおん ⇨ジェータヴァナ

祈願 きがん prayer

あらゆる善の源泉としての神を認めるというキリスト教的な意味での祈願は，創造神を認めない仏教では見受けられない．一般的にいえば，仏教の主たる精神的修養として推奨されるのは，祈願よりもむしろ瞑想である．しかしながら，仏教にも有神論の伝統，とりわけ大衆レベルの修養においては，宗教的修養に相当するものが数多くある．熱望的に嘆願する祈願が一般的であるが，とくに後者は大乗仏教においてブッダや菩薩に向けられる．ロザリオを数えるのと同様に，文言や*マントラを唱える実践も古くからよく知られている．

キサゴータミ・テーリー　Kisagotami Therī (Pāli)

「痩せ細ったゴータミー（ゴータマ姓の女）」の意．*シュラーヴァスティーの町からやってきた貧しい女性．パーリ正典の中に登場する．彼女は子供を産んだが，その子供はまだよちよち歩きのときに死んでしまった．取り乱した彼女は，死んだ子供をつねに抱えていた．ブッダは彼女に，まだだれも死んでいない村の家々から辛子の種を自分のところに持ってくるよう言った．彼女は，それが不可能であることをすぐに理解し，死の普遍性を悟った．そして死んだ子供を火葬に使う薪の上におき，*得度を求め，やがて*阿羅漢となった．

義湘　ぎしょう　Ŭisang (625-702)

朝鮮の*華厳宗の創始者．義湘は中国に渡り，唐の首都，長安に居住した．そこで，彼は華厳宗第2祖の*智儼（600-668）のもとで学び，第3祖の*法蔵（643-712）を手伝った．20年後に朝鮮に戻り，華厳教学を創立した．相互の関係を強調しすべての現象，究極の現実と個々の現実の両方ともに解釈を妨げない華厳の総合的な見解は，友人であり同僚の元暁の通仏教，総合仏教とうまく適合した．義湘は，多くの寺院を建立し，統一新羅時代（668～918年）の初期に朝鮮の仏教を高い水準までもたらしたことに寄与したことでも功績がある．

義浄　ぎじょう　I-ching (635-713)

インドに巡礼した唐代の翻訳家である中国仏教僧．*法顕や*玄奘といった前の巡礼者の崇拝者で，671年にインドへ南の沿岸ルートで行き，(689年に助手を募集するために一度広東に戻っているときをのぞいて）695年までそこに滞在した．約400点の仏教経典と専門書を持ち帰り，武則天から崇敬され翻訳活動への援助を受けた．死去するまでに，230部56巻を翻訳した．彼はまた，30以上もの王国を訪ねた東南アジア諸島の旅行での体験記を書いた．玄奘（596-664）と*クマーラジーヴァ（343-413），*パラマールタ（499-569）と並んで，中国仏教の「四代翻訳家」の一人と考えられている．

奇跡　きせき　miracles

広範囲の奇跡に関しては，仏教文献の至る所に示されている．そのような奇跡を起こす能力は，長きにわたる瞑想（*三昧）実践の蓄積として，超自然的認識（神通，アビジュニャー）や超能力（神通，リッディ）の獲得に由来するといわれている．最初期の仏教文献では，奇跡的能力を示すことに対してブッダは思いとどまらせ，禁じさえした．しかし，とりわけ大乗から発した後代の文献では見解を異にし，とくにブッダの指示があった際には，無限の力を示したり衆生を救済へと導いたりするための適切な手段として奇跡は推奨されるのが常であった．また，奇跡に関する記述はタントラに通じた者（*シッダ）の生と関連させたものが言及されることも多い．→神変，神通（リッディ）

吉蔵　きちぞう　Chi-tsang (549-623)

中国の*三論宗の最も偉大な体系化を行った人物．皮肉にも最後の師となった．（彼が生まれてまもなく出家した）パルティア人の父と中国人の母の息子として生まれ，7歳から13歳の間の時期に比丘となった．すぐに*法朗(507-581）のもとで三論（もしくは*中観派）の教義を学び始めた．中国が隋王朝によって再統一され，その後唐王朝に敗れた混乱した時代に生き，その時代の破壊に対して仏教文献を集め保存するよう働いた．多産な注釈家であり講師であった彼は，隋の皇帝の宮中で話すよう招待され*国師として崇敬された．同時代には，*天台宗の*智顗が，相互に独立したものとしてみられていた三論の*二諦に，より大きな総合的な見解である*三諦を持ち込み，その教義の精巧さで注目を得ていた．おそらく，これに対抗して吉蔵は，それらが3段階の弁証法的な批評を通して相互に作用し合い，最終的な分析で共通な統合に達するという方法によって伝統的な二諦のより深い表現を組み立てた．しかし，吉蔵の死後には三論の伝統を生きながらえさせるような師は生まれなかった．仏教研究の最前線に位置する場所は天台宗と*華厳宗に奪われた．

吉祥八瑞 きっしょうはちずい eight auspisious symbols

幸運の八つの象徴．インドに起源をもつが，チベット仏教教団で絶大な人気を誇り，仏教の教えのさまざまな側面とかかわっている．黄金の魚（幸運），傘蓋（精神的な力），右巻のホラ貝（ダルマの名声），*蓮華（心の清浄さ），勝利の幡（法の勝利），法の瓶（精神的・肉体的な充実），法輪（法の完璧なこと），無限の結び目（無尽蔵なるブッダの智）からなる（下図参照）．

キッティウットー・ピック Kitthiwutthō Phikkhu（1936-）

タイの僧侶で，パーリ語名のキッティヴッドー・ビックとしても知られる．1957 年に出家し，1973 ～ 1976 年に国内が大規模な学生運動に揺れたときに，政治的見解を公式に述べ始めた．彼は講演と著作の中で，現在の政権を支持し，デモの背後にいる共産党とその他の急進的な団体を批判した．彼はナヴァパラ（Navaphala）として知られる右翼の政治運動に関与し，仏教の修学と布教のための大学を設立して自身の思想を発展させ奨励した．政治と宗教の指導者に宛てた「共産党員を殺すことに何の欠点もない」という題をつけられた問題の多い発言で悪名高い．この発言の中で，彼は共産党員はブッダと国家と国王に背いているので，彼らを殺すことは悪い業を生み出さないと主張している．彼は，その目的が国を守ることである限り，殺害という行為は道徳の乱れ（煩悩）を正すことと類似であり，*マーラ，悪魔を殺すことに似ているという主張によって異常な申し立てを擁護した．自由主義のキッティウットーの反対者は，彼が仏教の教えを曲解し，政治的な目的のためにダルマを堕落させていると訴えた．

義天 ぎてん Ŭich'ŏn（1055-1101）

高麗時代の朝鮮人比丘．王の四男として，王室の生活を離れる前までは儒教の徹底的な基礎教育を受けた．僧団（僧伽）に加わってからは，華厳の学習を始め，後に 1085 年には中国へと渡った．そこで，彼は 50 人以上の師匠のもとで学習し，*天台，禅，華厳，律に及ぶ学問を修めた．朝鮮に戻ってから，禅と教義的・学問的な学習間の対立を改善するために，両者の統合に基礎をおくことを試みた．しかし，彼の教義学習を好む傾向が，自身の理論を構築することを邪魔し，多くの影響を残すまもなく夭折した．それにもかかわらず，幅広い学習と文学的な所産，中唐の廃仏によってすでに中国では失

吉祥八瑞

われてしまった仏教の経論を保存しようとした努力によって，記憶されている．

軌範師 きはんし ācārya (Skt.)

師，宗教的な教師．後期の仏教においては，タントラ師をとくに指す言葉となった．→アジャン

帰謬論証派 きびゅうろんしょうは Prāsaṅgika (Skt.；Tib., thal-gyur-pa)

*中観派仏教の主要学派の一つ．*ブッダパーリタ，*チャンドラキールティに代表される．これらの創始者たちは帰謬論法（プラサンガ，prasaṅga）によって敵対者の前提から望ましくない結論を導き出す．これらの思想家の著作は，ほとんどの仏教他派，とくに*中観自立論証派と*瑜伽行派を痛烈に批判した．この中観派のあり方はチベット仏教とりわけ*ゲルク派に最も影響を与えた．この言葉はインドの仏教典籍には確認されておらず，チベットの聖典解釈学の言葉にもとづいて現代の研究者によってつくり出されたものである．

機法一体 きほういったい kihō ittai (Jpn.)

*阿弥陀仏と念仏を行ずる信者とは一体であるという，日本の浄土教の教義上の概念．これにより，阿弥陀仏の*仏性そのものと，信者の浄土への輪廻転生とが一体化されて，念仏の有効性を証立てる．この直接的なつながりがなければ，阿弥陀仏の誓願（阿弥陀仏を呼び頼るすべての信者が浄土に生まれることがなければ，自らに仏性を受けない，というもの）は果たされることがなくなるので，阿弥陀仏は仏でなくなってしまうし，誓願が果たされなければ信者は*極楽浄土に生まれることができなくなる．この理論は，日本の*浄土宗の文献がもととなっているが，後に*浄土真宗や*時宗においても一般的なものとなった．

客塵煩悩 きゃくじんぼんのう āgantuka-kleśa (Skt.)

偶発的な悪意や否定的感情．大乗仏教において，如来蔵の観念に関連する概念である．如来蔵思想では，一切衆生の心は，悟り（菩提）や仏性の潜在的な力が生まれつき表れているので，本質的に清浄なものである．この潜在的な力は，悪意やその他の否定的な心的現象などの妨げによって一時的に妨げられるが，そのような心的現象は一時的な妨げにすぎず，除去することが可能であるので，「偶発的」と呼ばれる．

キャプド kyabdro (Tib., skyabs-'gro)

三宝（ブッダ・ダルマ・僧伽）への帰依を表すチベットの言葉であり，仏教への帰依を口頭もしくは心中で述べるものである．チベット仏教への帰依は第四の宝である*グルから始まる．それはグルより他の三宝に関する智慧を授かるからである．→三帰依

キャンディー Kandy

1592年から1815年の間，スリランカの首都だった都市．ブッダのものと信じられている歯を納めた*仏歯寺の所在地．毎年夏の*ペラヘラ祭のときには，遺骨であるその歯を象の背中に乗せて，松明の行列のなか，町中を練り歩く．

弓道 きゅうどう kyūdō (Jpn.)

日本の禅と関連しながら，精神集中の技法または精神的な教えとして修練される弓術．

経 きょう sūtra (Skt.；Pāli, sutta)

「糸」の意．ブッダの説教を指す．パーリ正典では，正典を3種に分類するうちの第2区分（*経蔵）にまとめられている．経蔵に含まれるそれぞれの経は，長さに従ってさらに五つの*ニカーヤ（*阿含）に分類される．これら初期仏教の教説は，すべて実在のブッダ，*シッダールタ・ガウタマに帰せられている．大乗仏教が正典として認める経はこれよりも多く，独立した大部の作品が多数含まれている．これらの大乗経典がブッダの直説でないことは明らかであるが，大乗の信奉者たちはこれらを初期仏教のそれに劣らない，あるいはおそらくそれ以上に重要なものと考えていた．*『法華経』や*『楞伽経』など，多くの経は新しい仏教学派の根本経典となった．それらの多くはサンスクリット語で著されたが，今日ではチベット語訳や漢訳でしか残っていないものも多い．独立した複数

の作品が連結されて，*「方広経」として知られる，より大部の経典に統合されることもある．

境 きょう viṣaya（Skt.）

六つの感覚とその対象の「領域」であり，対象とは色かたち，音，匂い，味，触感，さらに思考と感情である．

行 ぎょう saṃskāra（Skt.；Pāli, saṅkhāra）

「形成」の意．個人の善悪の変化や心的な深化を構造化，具現化し，規定して，形づくるはたらき．行蘊（サンスカーラ・スカンダ，saṃskāra-skandha）は五*蘊の4番目で，人間の人格を組み立てる．また，行は十二支*縁起の第二の*因縁である．行はとくに，善・悪・中立の意志や意図を指し，また，これらが個人の行動の傾向や性格の特徴を形成することに寄与する，その仕方をも含意する．行為の反復が特定の行を心に印象づけ，その印象が来世に引き継がれる．仏教徒の実践の目的は，悪しき印象を善き印象に変えることである．

行基 ぎょうき Gyōgi

奈良時代の有名な僧侶．行基は都にある本山に留まらず，街道に赴いて布教を行ったり，精力的に社会事業に従事するなど，当時の他の伝統的な仏教僧とは異なっていた．朝廷や貴族は仏教を支配下におくことを望んでおり，大衆に対する影響力の大きさから，行基に対してしばらくの間は猜疑の目を向けていたが，最終的には，745年に，僧尼の統括機関の長として政府が迎えることとなった．*聖武天皇（在位724-749）は，行基を大僧正に任命し，*盧舎那仏の壮大なイメージをモチーフとした奈良の東大寺の大仏の造立の指揮を執らせ，また，天照大御神の了解を取り付けるために伊勢神宮に派遣するなど，行基を非常に評価していた．

香厳智閑 きょうげんちかん Hsiang-yen Chih-hsien（-898）

潙仰宗（→五家）に属した有名な中国の禅師．以下のような話が帰されている．歯のみで木に高く吊るされている男が，*ボーディダルマがなぜ西方からやってきたのかを尋ねられた．この男は，何と答えるべきであろうか．この話と，聞き手に対してのものとも解釈されるこの話に示されている質問は，*『無門関』に収録されて*公案となった．

警策 きょうさく kyōsaku（Jpn.）

「警告するための棒」を意味する，禅寺での正式の坐禅の際に用いられる長細く平らな棒．禅寺の後堂または指導者が，うたた寝をしたり気をゆるめていたりしているとみえる坐禅者の肩に，鋭い一撃または数打を加えるために用いる．時には坐禅者が自ら後堂に，集中力を高めるために肩を打ってもらえるように，合図を出すこともある．

仰山慧寂 ぎょうざんえじゃく Yang-shan Hui-chi（840-916）

唐代の中国の禅僧で，*五家の潙仰宗に属する．広東省出身で，9歳のときに親元を離れ，17歳のときに頭をそり二指を切り落とすことで，悟りの境地に達する決意を表明した．おもしろいことに，彼は，悟りが本物であることを証明する*印可を*潙山霊祐（771-853）から受けるまで*戒律にまったく従わなかった．戒律に従い律の研究の指導を行ってから，潙山に戻り15年間師に仕えた．この期間の問答の多くは，現在にも残っており伝えられている．879年に江西省の大仰山に移動し，彼の名前の由来となった．

行者 ぎょうじゃ yogin（Skt.）

*ヨーガの修行者．女性の修行者は*ヨーギニーとして知られる．一般に，長期間洞窟または他の孤立した場所で集中的，瞑想的，儀礼的修行に従事する密教の修行者に対して適用される．*ナーローパの六法はこれらの修行の一例を提供する．

経蔵 きょうぞう Sūtra Piṭaka（Skt.；Pāli, Sutta Piṭaka）

ブッダが述べた，あるいはブッダが述べたということにされている教説の「蔵」，すなわちそれらの教説の集成．経蔵は大きく以下の二つのタイプに分けられる．大乗以前の諸部派が用いていた正典を構成する教説の集成と，大乗仏教の正典を構成する教説の集成である．前者のタイプでは正典に含まれる経が限定されていたが，後者は正典の範囲が厳密でなく，開かれていた．大乗以前の諸部派においては，経蔵は当初，口承で伝えられた，*ニカーヤや*阿含と呼ばれるブッダの教説の一部を伝えるものであった．経蔵にはおよそ5000の経が含まれるが，その正確な数とそれらのグループ分けの方法にはさまざまな考え方がある．最も一般的に行われている分類法では，経は以下の4種に分類される．すなわち，(1) *長阿含（*長部），(2) *中阿含（*中部），(3) *相応阿含（*相応部），(4) *増一阿含（*増支部）である．*上座部の諸部派は，これら4区分に加えて*小部という第5の区分を認める．今日容易に参照できる最も完全なバージョンは，上座部の伝えたパーリ語のものである．それ以外に，*説一切有部や*法蔵部など，他の部派に帰属するバージョンの漢訳や，説一切有部に帰属するバージョンの多数のサンスクリット語断片が現存している．研究者たちの間では，経蔵に含まれる経にはブッダの死後に創作されたものも数多くあり，パーリ語のバージョンも広く用いられてはいるが，他の小乗のバージョンと同様，ブッダの教えを知るための信頼できる一資料にすぎないだろうと考えられている．大乗の経蔵は，それ以前の経の集成に対する増補とみなすことができる．正典の範囲が開かれていたため，大乗の信奉者は，革新的な思想や実践を広めるために新しい作品を創作したり，口承で伝わっていた教えの断片を編纂したりすることができた．

行相 ぎょうそう ākāra（Skt.）

仏教の心理学において，知覚した形態（*因相）から*意によってつくられる知覚の像のこと．この心理的な仕組みを通して，固定的に構成された世界の見方が形成される．

京都 きょうと Kyoto

有名な古い仏教寺院や遺跡を数多く擁することで知られる，日本の都市．*平安時代の首都であり（当時は「平安京」と呼ばれていた），鎌倉時代やその後の時代の軍事的支配者たちが他の都市に「幕府」という政府を確立した後も，皇室の本拠地として存続した．このことから京都には，平安時代から鎌倉時代にかけて成立した数多くの仏教宗派の開祖たちが，寺院を建立するにふさわしい地と考えて集まったのである．

京都学派 きょうとがくは Kyoto school

20世紀の日本における，禅仏教研究の学派の一つ．伝統的な禅の学と，ドイツを中心とするヨーロッパの哲学とを結びつけた．この学派の創始者はふつう，*西田幾多郎（1870-1945）であると認められている．西田は，『善の研究』（1911年）や『自覚における直観と反省』（1917年），『哲学の根本問題』（1933年）を著し，自らの若い頃の禅の修行や悟りにもとづいて「無」や「絶対矛盾的自己同一」の実体験的理解を明らかにしたが，ここにおいてヨーロッパの神秘主義やドイツの観念論との対話を展開している．西田の後，京都学派の探求は，田辺元（1885-1962），久松真一（1889-1980），*西谷啓治（1900-1990）らに受け継がれた．

教判 きょうはん ⇨判教 はんぎょう

敬法 きょうほう garu-dhamma（Pāli；Skt., guru-dharma）

女性が比丘尼として得度するための条件としてブッダが課した付加的な八つの重要な規律（八尊重法）．ガル・ダンマともいう．この規律の裏の意図は，一般的に比丘尼を比丘より下位に位置づけるためだといわれているが，近年の新たな解釈では，弱い立場で生活する女性たちに対する保護手段であったと考えられている．その規律は*小品に以下のようにあげられている．(1) 比丘尼は比丘に対してつねに敬意を払わねばならない．たとえば，最も若い比丘にさえも頭を垂れるべし．(2) 比丘尼は比丘のいない場所で，雨季の時期の避難（*安居）をすべきでない．(3) 毎月の*布薩は比丘により先導されるべきである．(4) 安居の最後に，比丘尼は実際に生じた，もしくは疑わしいと思われる規律に関する違反を報告するために，比丘と比丘尼の集会に出席しなければならない．(5) もし比丘尼が深刻な違反を犯せば，両集会の前で罪の償いをせねばならない．(6) *沙弥尼としての2年間の見習いの時期が完了した後，比丘尼は両集会により得度を受けるべし．(7) 比丘尼は決して比丘に忠告してはならない．しかし比丘は比丘尼に忠告してもよい．

経量部　きょうりょうぶ　Sautrāntika

古い部派の名．起源や教義は明らかになっていない．*ヴァスミトラは『異部宗輪論』において「説転部」（サンクラーンティカ，Saṃkrāntika）という名の部派に言及し，転生（サンクラーンティ，saṃkrānti）に関するいくつかの教義をこの部派に帰しているが，*玄奘はこの部派名を誤って「経量部」（サウトラーンティカ，Sautrāntika）と訳してしまった．同書のチベット語訳と玄奘訳以外の漢訳2本は，いずれも正しく説転部の名を記している．漢訳仏典において経量部が言及されている他の箇所も，これと同じ誤訳に起因するものと思われる．また，6世紀以前の*説一切有部の文献では，部派（*ニカーヤ）の一つとして経部の名があげられることはない．経量部という名称の由来は，次のことから想定できるだろう．すなわち，説一切有部の僧院のいくつかは，*大乗の*経と教義を受け容れ，独自の*阿毘達磨の体系を築いた．その体系は譬喩者（ダールシュターンティカ，Dārṣṭāntika），または経量部と呼ばれるようになった．つまり，経量部は「阿毘達磨を行う大乗」であると考えられた．後に大乗自身が独自の阿毘達磨を発展させると，経部の体系の必要性がなくなり，このような経量部の由来はやがて忘れられていった．以上のことがらを踏まえると，経量部は独立した部派として存在したことは一度もなく，小乗十八部の一つとして数えられるべきものではないといえる．しかし，現存する*阿含と律を用いた交叉テキスト研究に依拠し，経量部と*根本説一切有部，ガンダーラの説一切有部の三つは同一の部派であり，譬喩者はその初期の別称であると述べる研究者たちもいる．

香林澄遠　きょうりんちょうおん　Hsiang-lin Ch'en-yüan（908-987）

雲門宗（→五家）に属した禅僧．*『碧巌録』の*公案の第17則に現れる．この公案によると，香林に弟子が「*ボーディダルマはなぜ西方からやってきたのか」と尋ねたのに対し，香林は「くたくたになるまで長く坐するためにきたのだ」と答えたという．

虚雲　きょうん　Hsü-yün（1840-1959）

中国の禅の比丘で中国仏教の復興者．虚雲はその厳格な実践，温かい説教，*聖地巡礼時代の*文殊師利菩薩との出会い，質素で簡素な生活，仏教倫理への妥協を許さない信奉，驚くべき長寿で知られている．多くの仏教徒が，彼を近代化に貢献した*太虚（1890-1947），律師の弘一（1880-1942），浄土教の復興者である*印光（1861-1940）とともに，現代の「偉大な4人の復興者」の一人に位置づけている．

清沢満之　きよざわまんし　Kiyozawa Manshi（1863-1903）

日本仏教の改革者であり，明治時代（1868～1912年）の教育者．*浄土真宗東本願寺派（→本願寺）に属した．幼少の頃に出家し，宗派の支援で教育を受けた．優秀な学生であり，哲学を専攻し，偶然と必然との関係性を解明することに没頭した．彼が自らの思想を形成するにあたり，*親鸞（1173-1262），エピクテトス（ギリシアのストア派の哲学者），初期仏教の*阿含，という三つのものが，決定的な影響をもっていた．この影響の混合にもとづいて清沢は，*阿弥陀仏の慈悲（*悲）と誓願を完全に信頼して浄土真宗の教えに従い，さらに，思索と研究の熱烈な行者生活を送った．

1890年代の初期に清沢は，東本願寺派の内部で，改革運動を起こした．これは時に「白川党」と呼ばれ，宗派の事務管理を，財務管理ではなくより精神的なものに集中させようとするものであった．これにより，清沢とその同調者たちは宗門を追われたが，後に復帰した．結核にかかりながらも，東京で新しく開かれる真宗大学の創立の学長となる招きを承諾したが，大学当局との対立が起きて辞任させられた．清沢は高度に知的な手法を取ったので，浄土真宗の教団との間に誤解を生じることが多く，一般の信者からも評価されなかったが，浄土真宗の僧侶たちのうちで高等教育を受けた層や若い世代の間に，宗派の教義と実践に対する新たな敬意を呼び起こしたのであった．著作の一つである『宗教哲学骸骨』は，1893年のシカゴ万国宗教会議（1893 World's Parliament of Religion in Chicago）において，英語訳が公開された．このように清沢は，浄土真宗の教義の近代化と世界化への大いなる貢献者となった．

キリヤヴァーダ　kiriya-vāda（Pāli）
　ある行為は，その道徳的な善悪に従った結果を生む，という説（ヴァーダ，vāda）．正統派や分派を問わず，ブッダを含めた多くの師が，業に対する確信を伴うこの説を教示した．しかし，中にはこれを受け入れない者もおり，彼らは善悪の判断に基づく選択の現実性と有効性を否定し（→六師外道），*アキリヤ・ヴァーダという対抗する理論に固執した．ブッダは，そのような教えは人々を不道徳へ導くから誤っていると非難したのである．

ギルギット　Gilgit
　*カシミール北部，ジェーラム川の中心渓谷の上にある土地の名．近隣のチベット人からはブルシャと呼ばれている．インドから中央アジアに至る主要な経路の一つに位置するため，仏教の影響を，大乗と小乗の両方から強く受けた．10世紀には，イスラム教徒から迫害されたカシミールの比丘たちの疎開地となった．ギルギットは，また，*ストゥーパの町としても知られている．1931年にそれらのストゥーパが発掘されると，その中から200部を超えるサンスクリット語の仏教写本が発見された．写本の多くは，それぞれの著作の現存する唯一の写本である．

キンナラ　kiṃnara（Skt.；Pāli, kinnara）
　天界の生き物の一分類．緊那羅ともいう．古い出典では鳥に似て人頭をもち，後代の文献ではケンタウロスと同じである〔むしろ馬頭人身である〕．*帝釈天の*天界で音楽を奏する．

緊那羅　きんなら　⇨キンナラ

経行　きんひん　kinhin（Jpn.；Chin, ching-hsing）
　中国や日本の禅の修行の中で，脚部への血行と感覚を取り戻し眠気を帯びた心を晴らすために，禅定の合間にゆっくりと心を保ちながら歩くこと．

禁欲　きんよく　celibacy
　禁欲は僧伽を構成する者すべてに義務づけられている．性欲は*世俗の世界に対する強力な桎梏であって，家庭や家族を捨てた者にとっては不適切なものである．仏教では欲望（*渇愛）が苦しみ（*苦）の原因とみなされているため，性的*欲望にさまざまな危険性がひそんでいることは明白であり，そのことは仏教文献でも頻繁に指摘されている．律（僧院の規律）には，禁欲を保てなかった僧や尼僧に対する厳しい罰則規定がある．4種の*波羅夷法の中では性交渉が最初に禁じられ，それを破った場合には罰則として一生涯に及ぶ教団からの追放が科せられる．律の伝えるところによると，自慰や猥褻行為のような微罪に関しては，それほど厳しく罰せられることはない．また，既婚の在家信者は，長期間ないし短期間の自発的な禁欲実践を取り入れてもよいとされている．

ク

苦 く duḥkha (Skt.; Pāli, dukkha; Eng., suffering)

*四聖諦の第一番目に置かれる，ブッダの教説の礎．苦をはじめとする各聖諦の意味は，*初転法輪を始め，仏典のさまざまな箇所で述べられている．英語には，仏教における苦が意味するものと同じ概念を表す語は存在しない．通常用いられる suffering という訳語は意味が強すぎるため，仏教においては生は苦痛にほかならないというような印象を与えかねない．実際，その結果として，仏教を厭世的と捉える者もいる．苦という語は，たしかに suffering という英語が通常表すような意味をもってはいるが，より深遠な，たとえば*無常性や非充足性といった意味も含んでいる．それゆえ，あえて英語の訳語を与えない方がよいだろう．ブッダは生における幸福を否定することはしないが，その幸福もまた，無常であるがゆえに苦の一部であるとみなされる．苦という概念は，三つの側面をもつものとして説明される．通常の苦（苦苦）は，病や*死，愛する者との別離，求めるものが得られないことといった，生におけるあらゆる種類の苦悩を意味する．第二の側面，変化によりもたらされる苦（壊苦）とは，あらゆるものごとが無常であることに起因する苦である．第三の側面，相対的状態にあることの苦（行苦）は，四聖諦説において哲学的に最も重要な観点である．われわれが個別的存在とみなすものはすべて，仏教においては，*五蘊と呼ばれるつねに変化し続ける物質的・精神的な力が組み合わさったものにほかならない．これが，行苦のいわんとするところであり，*無我の教義として知られているものである．これを，ブッダは「存在者は自己同一性をもたない」ということを意図していると理解する者もいるが，最近の研究では，この教義は存在者が機能する仕方を記述したものであるとみられている．五蘊は，それがつねに変化し続けるものであることにもとづいて，苦と同一視される．より重要なのは，他の万物と同じように，個人の自我も他に依存して生じるものであり，相対的であるということである（→縁起）．ブッダによれば，自我が他に依存せずに生じるという妄想を抱けば，そのような自我の充足を切望することになるという．しかし，すべては苦であり，また無常であるので，持続的な充足というものはありえない．切望（*渇愛）は満たされない欲望の悪循環を導き，さらなる苦がもたらされる．

空 くう k'ung

「中身のないこと」（*空性）を意味する中国の言葉．

空海 くうかい Kūkai (774-835)

日本仏教の*真言宗（「真言」は「マントラ」または「まことの言葉」の意）の開祖である，平安時代の僧侶．四国の豪族の家柄に生まれ，儒教や詩学や文化を学ぶために長岡京に送られ，後に宮廷の大学に入って，政権の高位を得ることを望んだ．しかし，彼は突然に学業を中途で捨て去り，仏教の道に入った．最初から密教の行法に惹かれており，真言を唱えたり密教の文典を学んだりすることに専心した．私度僧として山間に住んだ後，知識を深めるために中国に渡ることを決意した．804 年に外交団とともに海を渡り，中国の首都長安に至って，密教の師となる恵果（746-805）に出会う．恵果は，中国における密教宗派の 7 代目の祖師として広く認められた人物であった．伝説によると，寺に入る空海を見て，恵果はすぐさま，自分の生涯待ち望んでいた弟子であると見た．恵果は，短い残された寿命の間に，自ら空海に密教の*灌頂の数々の段階を通過させ，鍛錬を積ませた．空海は，8 代目の祖師の衣をまとって，806 年に日本に帰国した．はじめ空海は，自らの拠点を築くことが困難であった．空海と同じ船で中国に渡り後に*天台宗を創始することになる*最澄（767-822）が，密教儀礼の修練を積んで日本に戻り，宮廷に最初にそれを伝えていたが，そのために空海は，余分な存在とみられたのである．しかし，空海の修練のほうが最澄よりもはるかに広汎かつ専門的であることが明らかになり，3年後には隆盛し始めて，日本第一の密教僧として最澄を完全に凌ぐようになった．

空海は，日本で最も偉大な書家の一人として記憶されているが，空海が宮廷に注目されるようになったのは最終的には書道によってであった．嵯峨天皇が書の芸術を高く評価し，自らもその大家となっていたからである．嵯峨天皇は空海に，宮廷の文書を碑に刻むように多くの依頼を出したが，その後この二人は懇意になり，密教の修練に特化した拠点となる*精舎を*高野山に建てる許しを得ることに成功した．この建設は，819年に始まった．空海はその生涯に数多くの事業を完成させたが，碑文をつくったり，国家の守護と平和のための儀礼を催したり，他の寺院を革新したりするために，皇室が空海を大変忙しく動かした．しかも高野山は遠く離れていたため，空海は高野山の事業が完成することを見ることができなかった．次代の淳和天皇は，首都に*東寺を完成させる事業を空海にさせたが，この見返りに，東寺を50人の僧侶を指導する密教専門道場とすることが約束されていた．空海はこの寺院の土地を，年齢にかかわらず，費用支弁能力も問わず，仏教のみならず世俗の学問も含む完全な教育課程を備えた「綜芸種智院」としたが，おそらく自身の若い頃の教育の益を考えてのことであろう．しかし，847年には，この学校を維持する負担があまりにも過大となり，東寺はこれを売り払ってしまうことになる．空海が生きた時代には密教は中国においてさえ新しいものであり，空海の著作や典籍目録，儀礼書などによって，空海が亡くなるまでに真言宗は，確固たる知的な足跡を歴史に残すことになった．

空閑処 くうげんしょ araṇya（Skt.）
森林または荒野．阿蘭若ともいう．このような人里離れた無人の地は，出家者がダルマを実践する理想的な環境として，仏教の文献の中で賛美されている．

『空七十論』 くうしちじゅうろん *Śūnyatā-saptati*
*ナーガールジュナの著した，73の偈よりなる論書．*空性の本質を論じ，五蘊などの*阿毘達磨の諸範疇を具体的実在とみなすことを批判している．

空性 くうしょう śūnyatā（Skt.；Pāli, suññattā）
空虚であること，または何もないこと．大乗仏教と関係の深い概念であるが，それ以外でも用いられる．また，同じ大乗でも学派によりさまざまなニュアンスの違いがある．*中観派においては*縁起と同義であるが，*瑜伽行派においては認識する主体と認識される客体が存在しないことの直観的理解を意味し，それが心の本来のあり方であるとされる．空性をめぐる哲学的議論では，この語の意味するものは*真如や*法界と同じであるとされ，ニヒリズムと同視されるべきものではない．空性の概念をも棄て去ることを「大空」（マハー・シューンヤター，mahā-śūnyatā）と呼ぶことがある．

共相 ぐうそう sāmānya-lakṣaṇa（Skt.）
一般的な属性．普遍的な性質．たとえば，長さ，硬さ，などである．この語は，*ブッダゴーシャ以降の時代のパーリ語の注釈文献と，仏教の論理学（*プラマーナ）の学派とその関連学派の文献にみられる．*自相（「特殊な属性」）とは対照的に，その属性自体に何らの現実性も欠きながら心によって生み出されて対象に付与される，純粋に名義的な説明のことである．→相

空也 くうや Kūya（903-972）
*阿弥陀仏の名を口に唱える念仏の行を一般の人々に広めた最初期の日本僧．空也の念仏行への邁進は広く賞賛され，また仏教寺院内の選良集団の外に生きる姿勢も広く称えられ，「念仏聖」と呼ばれる遊行する念仏行者たちの先駆者となった．

クェンドェン Kün Dün（Tib., kun ʻdun）
チベットの人々が*ダライ・ラマを呼ぶときに一般的に使う名称．「御前」を意味する．ほかにキェルパ・*リンポチェという呼称があり，「親愛なる主人」を意味する．

苦行(主義) くぎょう(しゅぎ) ascetic, asceticism
ブッダの時代までに，苦行はインドの宗教的伝統を特徴づけるものとしてすでに確立していたが，それは古代のヴェーダにおける苦行，すなわちタパス（tapas,「熱」または「燃焼」）の実践に由来している．ブッダは説法の中で，同時代の集団が行っていた種々雑多な実践に関して記述し批判している．多くの者は裸で暮らしていたが，その一方で布や麻，ぼろきれ，毛の衣服をまとっている者もいた．中には動物の仕草をまねたり，地面やいばらの床で眠ったりする者もいた．また，口にする食物の種類や食事の頻度，食物を受け取る相手を制限している者も多かった．これらの苦行の実践は，*ヨーガという洗練された心身の技術によっても補完される．ブッダはこの種の極端な実践を禁じたが，節度を守った13種の苦行を任意に実践すること（*頭陀支）は認めた．しかしブッダは，それらのうち5種を僧に対して強制することには制限を加えた．

悟り（菩提）を求める初期段階において，ブッダはヨーガと苦行の実践をともに体験し，二つの特定の方法に関して自らの体験を記している．第一の方法は長い時間息を保持することであるが，結果的に激しい頭痛に終わるだけであった．第二の方法の断食は肉体が衰弱するまで続けられたが，後にブッダはこの状況を次のように記述している．「四肢すべてが，しなびた爬虫類の関節のようになっている．……やせこけた肋骨は，今にもつぶれそうな小屋の壊れかけの垂木のようになり，頭皮はしぼんで小さくなっている．そして腹の皮は背骨にはりついている」．ラホール博物館所蔵の有名な彫像には，悲惨な姿のブッダが描かれている．ブッダはこれらの実践を非生産的であるとして放棄したが，その後は再び食事をとり，宗教生活を探求する上では精神と肉体の関係を調和させることがいかに重要であるかを実感した．ブッダは（王子としての）安らぎに満ちた快適な生活という極端と，極端な禁欲生活や苦行生活との両者をすでにして経験している．そのいずれも満足できるものではなく，最終的にブッダは解脱へと至る唯一で確実なる道として両者の「中庸の道」（*中道）を選び，その後すぐに解脱を得ることとなった．このようにして，ブッダ自身の個人的な体験が，あらゆる極端な姿勢や実践に関する仏教徒の見解の中心を占め，その後極端な苦行が仏教の伝統内で真の立脚点となることはなかった．

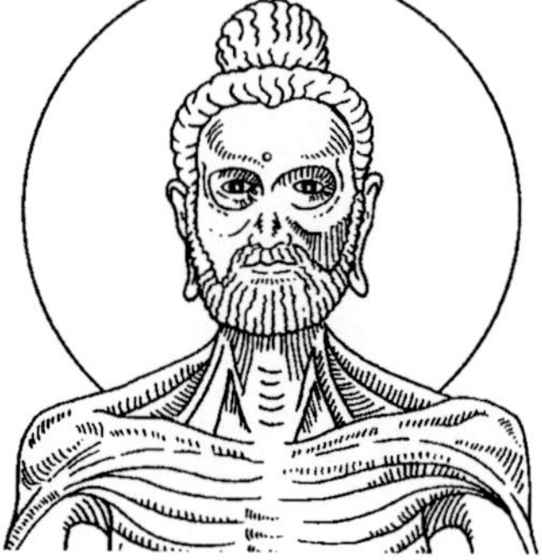

断食中のブッダ

究竟次第 くきょうしだい completion-phase (Skt., saṃpanna-krama)
一般的には*アヌッタラ・ヨーガ・タントラ，とりわけ*『ヘーヴァジュラ・タントラ』のようないわゆる*母タントラと関連した瞑想の実践（*サーダナ）における第2段階．究竟次第には創造的な構想力や*観想を用いることが含まれているが，個人レベルでの転換の手段としては現実が空虚である（*空性）という側面が強調される．悟り（菩提）に結びついた至福を生み出すために，微細なエネルギー（*風）の流動する経路（*ナーディー）とともに神秘的な中枢点（*チャクラ）やそのエネルギーに専一する点が特徴的である．

倶解脱 くげだつ ubhato-bhāga-vimutta (Pāli)
「両方の仕方で解脱した者」の意．禅定を通じた心の解脱（チェートー・ヴィムッティ，ceto-vimutti）と，般若を通じた心の解脱（パンニャー・ヴィムッティ，paññā-vimutti）との，二つの仕方で解脱を成就した者．般若のみによっても解脱を得ることは可能だが，両方の方法を全うすることの方がすぐれているとされる．ブッダは，倶解脱である．→解脱

クシナガラ Kuśinagara (Skt.；Pāli, Kusinārā)

ブッダの時代に存在した*マッラ国の首都で，ゴーグラ川の支流の一つに面した場所に位置する．ブッダが沙羅双樹の下で*般涅槃に赴いたのはまさにここであり，この町の外で火葬された．ブッダの死後ほどなくして，マッラの地は拡大しつつあった*マガダ国に吸収された．クシナガラの町はその後何世紀にもわたって，仏教徒にとっての重要な聖地として栄えたが，13世紀にはほとんど忘れ去られていた．1878年，考古学者たちの手によって大涅槃塔の遺跡が発見され，発掘された．そしてその塔は，1927年と1956年，ビルマからの寄付によって復元された．

倶舎宗 くしゃしゅう Kośa school

*中国の初期の時代にあった仏教の小宗派．インドの賢人，*ヴァスバンドゥが著し，563年から567年にかけて*パラマールタによって中国語に翻訳された*『阿毘達磨倶舎論』の研究を中心とする．この論書は，中国では通常，小乗の作品とみなされ，ヴァスバンドゥがインド北部の*説一切有部の*阿毘達磨の思想を体系化しようとしたものである．仏教の心理学と形而上学すべての面を扱っている．この宗派はつねに存在が薄く，703年にはすでに帝国の政府が*法相宗に属するものとしてこの論書の専門家を登録している．しかし，日本が積極的に仏教の教えと経典を探している間は繁栄し，*南都六宗の一つ「*倶舎宗」として日本に伝えられた．

クシャトリヤ kṣatriya (Skt.；Pāli, khattiya)

貴族または戦士のカースト．4カーストの第2.

クシャーナ Kuṣāṇa (Skt.)

中央アジアの中国国境から移住していたトルコ系の人々によって，北西インドおよび中インドに建てられた王朝．*カニシュカ1世統治下の絶頂期に，クシャーナの領土は今日のアフガニスタンから東は*マガダにまで拡大したが，帝国は短命であり，紀元3世紀末までに崩壊した．クシャーナ人は仏教の敬虔な信奉者であり，仏教の全インドにわたる拡大，および中央アジアの多くの地域への伝播を支援して力があった．

口称(念仏) くしょう(ねんぶつ) kushō (-nembutsu)

*極楽浄土に生まれることを得るために*阿弥陀仏の名を声に出して唱える，浄土教の修行法．阿弥陀仏の像を途切れることなく心に描き続ける*観念念仏と対をなす方法である．

九乗 くじょう nine vehicles

*ニンマ派に特有の仏教教義の分類体系．九乗は*声聞乗，*独覚乗，菩薩乗の三つの「外の乗り物」，*クリヤー・タントラ，ウバヤ・タントラ (ubhaya-tantra)，*瑜伽タントラの三つの「外の」タントラの乗り物，*マハーヨーガ，*アヌヨーガ，*アティヨーガの三つの「内の」タントラの乗り物からなる．

クーターガーラサーラー Kūṭāgārasālā (Pāli)

「切妻屋根の講堂」の意．*ヴァイシャーリー近くにあった建物の名前．ブッダはしばしばここに滞在し，訪問者と面会した．注目すべきいくつかのできごとがここで起こっている．女性が尼僧として得度することをブッダが最終的に許したのもここであり，身体の不浄に関するブッダの説法を誤解した結果，多くの比丘たちが自殺したのもここであった．また，ブッダはここで自分の死が3カ月以内に迫っていることを予言した．

クチャ Kucha

中世初期の小さなオアシス国家で*シルクロードの北路に位置する．亀茲ともいう．*クシャーナ朝の影響のもと早い時期にここに仏教が確立され，クチャはすぐに仏教の小乗の重要な中心地になった．多くの経典の断片がこの地域で発見されたことはさておき，クチャはとりわけ美術史の研究家にとってこの地域で多量に高品質な絵画が発見されたため重要である．クチャはまた，偉大な翻訳家，*クマーラジーヴァの生地としても有名である．

クッダカニカーヤ ⇨小部 しょうぶ

『クッダカパータ』 *Khuddakapāṭha* (Pāli)
パーリ正典の経蔵に含まれる*小部の第一の書．この書は，最後に小部に付け加えられたと考えられている．というのも，正典の一部に含むべきかどうかという本書の正当性に関する議論が，*ディーガバーナカとマッジマバーナカとの間でなされているからである．本書は後の時代の創作であり，初学者のための手引き書として編纂されたと考えられる．九つの短いテキストから成り，おそらくスリランカで編纂されたが，そのうちのただ一つだけは，正典の他の場所に見い出すことができない．本書に対する注釈書は伝統的には*ブッダゴーシャ（5世紀）作とされているが，それは*『パラマッタジョーティカー』の一部である．それによれば，『クッダカパータ』という書名は最初の四つのテキストに由来する．それら四つのテキストが残りの五つのテキストよりも短いからである．

求那跋陀羅 ぐなばっだら ⇨グナバドラ

グナバドラ Guṇabhadra (394-468)
インド中部出身の重要な翻訳家．求那跋陀羅ともいう．スリランカに旅し，後に劉宋時代の中国に船でやってきた．多くの大乗，小乗の経典の翻訳を遂行し，その中には南朝に住んでいた時期に訳した*『勝鬘経』や*『楞伽経』がある．

工夫 くふう kung-fu (Chin.)
中国語で精神の鍛錬を表す一般的な言葉．西洋人の多くはこの言葉を*武道の特定の形式をいう際に用いるが，実際には精神の発展の手段として着手するすべての鍛錬を意味する．武道のほかにも，踊りや生け花，書道，絵を描くことといった他の芸術も「工夫」と考えられる．

グプタ朝 Gupta dynasty
紀元350年頃から650年頃にかけてインドの北部および中央部を支配した王朝．この王朝の時代に，インドの芸術的・建築的・宗教的文化があらゆる側面で栄えた．大乗仏教の偉大な論師たちが多くこの時代に生き，著作活動を行った．また，*ナーランダーをはじめとするさまざまな仏教施設が設立され，それに惹かれて中国などから多くの僧が渡来した．

クマーラ・カッサパ Kumāra Kassapa (Pāli)
雄弁な説法で知られる*長老．その母親は彼をみごもったことを知らずに尼僧になった．少年のときに*出家し，そのため「少年(クマーラ)」カッサパと呼ばれた．20歳で*授戒を受け，規則では最低21歳でなければならないと指摘された際，ブッダは母胎で過ごした期間を計算に入れることを許可した．

クマーラジーヴァ Kumārajīva (343-413)
中国に旅した中央アジアの仏教僧で，中国仏教経典の「四代翻訳家」の一人．鳩摩羅什ともいう．*クチャに生まれ7歳のときに出家し，*説一切有部と大乗の両方の研究で有名であった．379年にその名声は中国にまで届き，前秦の皇帝の符堅が宮中に招待するための代表団を派遣した．クマーラジーヴァはそれを承諾したが，将軍が彼を連れて戻る途中で，中国北西部で17年間政府に反抗してもちこたえていた呂光の捕虜となった．この遅延は宮廷を失望させ，このことはクマーラジーヴァが翻訳活動を引き受けるに先立って，中国語に非常に流暢になる機会を与えた．呂光の反乱が鎮圧された後，クマーラジーヴァは401年に長安に着き，すぐさま翻訳を行い始めた．インドの仏教思想に精通していることと中国語に熟達していることとの組み合わせは，彼が今なお標準となっている(たとえば*『法華経』といった）翻訳をなすことを可能にさせただけでなく，仏教の教理，とくに*空性の思想においての多くの誤解を解く知識を与えることをも可能にさせた．

鳩摩羅什 くまらじゅう ⇨クマーラジーヴァ

クムブム寺 Kum-bum (Tib., sku-'bum)
*ゲルク派の主要僧院（*精舎）の一つ．ツォンカ地方，現在の青海省に位置する．1588年に*ツォンカパの生誕地に建立され，*ダライ・ラマ3世の布告をうけて，スナム・キャツォとその後継者たちがかなりの増築を行った．文字

どおりには「十万の仏」を意味するその名は，莫大な図像を有していることに由来する．

クメール王国 Khmer

おもに現在のカンボジアの領域と一致する古代の王国．インドと中国両国との関係にもかかわらず，クメール王国は仏教よりもヒンドゥー教のさまざまな形態を好んだ．仏教は，12世紀初期に*アンコール・ワットを建てたジャヤヴァルマン7世の統治の時代まで重要な進展がなかった．その後は上座部仏教が存在していたが，1970年代後半から1980年代初期の間のクメールルージュ政権下で多くの僧侶が虐殺された．

供養 くよう pūjā

崇拝，奉納，崇敬の儀式．仏教の広まっている国それぞれによって，さまざまな形態が知られており，*上座部の国々における献花，献香，詠唱といった単純なものから，チベット仏教の国々における複雑で長い儀礼まで，幅広く存在する．また，さまざまに異なった種類の供養が，公的に挙行されることもあれば私的に催されることもあり，個人により行われることもあれば団体によりなされることもある．

クリヤー・タントラ kriyā-tantra（Skt.）

「行為タントラ」の意．仏教におけるタントラが後代に4分類されたうちの，第一を指して用いられる語．この一群のタントラは主としてタントラ仏教の最初期の発達途上段階を代表し，*『蘇悉地経』，*『蘇婆呼童子請問経』，*『サルヴァ・マンダラ・サーマーニャ・ヴィディ・グフヤ』，*『ディヤーノーッタラ・パタラ』といった重要な作品を含む．後代のインド，チベットの注釈によれば，この部類のタントラはおもに外的な，対象物に依拠した実践と儀礼を説く．

クル Kuru（Skt., Pāli）

古代インドの16国の一つで，その領土はインド北西部，現代のデリーの近くから，ヤムナー川とガンジス川の中間，*マトゥラーの北にわたっていた．その生涯の中では比較的重要でないが，*シャーキャムニ・ブッダは数回この国を訪れて説法をしたことがある．

グル guru（Skt., Pāli）

「重いもの」の意．インドで導師または教師を広く意味する語．とくに，宗教的な教示者を指して用いられる．この語は，仏教よりもヒンドゥー教でより一般的に用いられる．初期仏教では*「軌範師」（Pāli，アチャリヤ，acariya）という語が好まれ，「グル」という語が使用されることは大変まれであった．しかし，*金剛乗，とくにチベットの*カギュ派をはじめとするタントラ系の宗派では，神秘的知識を師が弟子に直々に伝授することが重視され，「グル」という語が一般的に使用された．

グル・プージャー guru pūjā（Skt.；Tib., bla-ma mchod-pa）

チベットの祭祀の一つで，自学派のかつての崇高な師たちに供物を捧げるためのものである．

グル・ヨーガ guru yoga（Skt.）

チベット仏教に関連した信仰を伴った瞑想の行法．自らのよりどころとなる師匠，すなわち*グルを一切諸仏の精髄と認識する行法である．そして，弟子は自身とグルの*空性について瞑想することでグルと一体化し，自らを同一の自性を有するものとして思い描く．この行法を実践すると仏のあらゆる徳目を瞬く間に熟練者に伝えることができると信じられている．

グル・リンポチェ Guru Rinpoche

*パドマサンバヴァへの尊敬と帰依を込めた称号．

『クルンディー・アッタカター』 *Kurundī-aṭṭhakathā*（Pāli）

パーリ正典の中でもとくに律蔵に対する注釈的文献の集成．原文はシンハラ語で書かれていて，現在は失われてしまったが，*ブッダゴーシャによって彼の注釈書の中に引用された．その書名は編纂された場所，スリランカのクルンダヴェール精舎に由来する．

クローン化　cloning

クローンに関しては，宗教全体で論ずるのに適した中心的な権威者が皆無であるため，仏教における「公式」見解は存在せず，それが表面化する余地もなかった．しかしながら，仏教徒一般は伝統的教説にもとづいて，近年の遺伝子工学の進歩は警戒すべきものの一つでありうるという態度を示している．とりわけ，核置換技術を取り巻く重大な懸念要因が現に存在している．すなわち，1997年の羊ドリーのケースのように，成熟した動物の双子を生み出すために，受精卵細胞の核を取り出して，さらに別の生物から取り出した細胞の核と取り替える場合を指す．

仏教では，その技術に対してキリスト教などの有神論的諸宗教が奉ずるような異論が唱えられるとは考えられない．キリスト教にとっては，クローン化によって人間や動物の生命を新たに誕生させることは，造物主の役割を奪うこととみなされうるからである．仏教では新たな生命の創造が「神からの恵み」とはみなされないため，仏教でこのことが問題となることはない．したがって，その技術「自体」が問題をはらんでいるとは考えられないであろう．さらに仏教では，人間や動物が再生するための手段としては有性生殖が最も一般的であると考えられているが，仏教の教説によれば，生命は「4種の発生」(*四生）のいずれかから誕生するものであるという．この四生の最後には，聖者や超自然的存在が人間の形をとって具現化しうるために「自然発生」という超自然現象があげられ，生命は複数の方法で誕生しうることが正当視されている．

クローン技術自体は道徳的に中立であるが，その技術を用いる目的に関してはそれを取り巻くさまざまな懸念がある．これらの懸念の中心を占めるのは，クローン技術の特性からすれば，生命が技術自体の目的としてよりもむしろ生産物としてみなされているという事実である．クローンは実験室の中で技術者によって生み出される以上，これまで考えられていたほとんどの目的からしても，クローンは固有の権利や本有的な尊厳をもつ個体としてよりもむしろ，消費可能な資源としてみなされている．他のさまざまな目的で生命が創造・操作される場合には結果として人間性が剝奪されることになるが，いかなる目的によって—それが科学的であれそれ以外であれ—そのことが正当化されるのかを見定めるのは困難なことである．たとえば，もしクローンがクローン元の人間のスペア臓器として提供されるならば，個人の生命が一方に益するための単なる道具として生み出されたことになり，かつての奴隷と同様に事実上の財産として扱われたことを意味すると考えられる．人間性を剝奪するそのような技術は仏教にとって嫌悪の情を抱かせるであろうが，仏教の教説によれば，個人存在（人間と動物）はその固有の権利において尊敬に値するとされる．仏教では，他の諸宗教に比べて動物に対する関心が比較的高く，この種の実験に動物を用いることに関しては慎重な態度を示しているといえる．ドリーの生みの親イアン・ウィルマットがドリー誕生までに276回の失敗を重ねていることは心に留めておくべき必要がある．当然のことながら，人間に対してこの割合で失敗することはいっそう由々しき事態となるはずであるが，これまでに確認されている，人間のクローン化から得られる利益に比べれば，その危険性が正当化されることはないであろう．実際，人間をクローン化するという点に関して，説得力のある理由は一つも存在しないと考えられる．これまでに確認されている利点としては，おもに次の二つに分けられる．すなわち，現代のIVF（体外受精）技術促進と，遺伝子選択や優生学を目的とした使用である．前者から利益を得られる人の数はごくわずかであり，後者に関しても潜在的に重大な結末をもたらしうることは，歴史が示してきたところである．→幹細胞研究，医療

クワン　khwan（Thai）

クアン（khuan）ともいい，人間や稲，水牛や象といった特定の動物の「生命を保つ要素」を意味し，タイの言語のさまざまな形式でみられる．ビルマではレイクピャー，クメール王国ではプラルンとして知られるこの「生命を保つ要素」はタイの信仰では人体の32カ所に，クメール王国では19カ所に存在すると考えられている．しかし，実際には統一体として，死ん

だり災難に遭ったりしない限り人間や稲や動物の体内に存在しているはずの霊魂として考えられている．体内にクワンを確保するために，とくに地位や居住場所の突然の異動の際に，周期的な儀式が行われる．死ぬとクワンは存在することをやめ，新しいクワンが胎児として形成される．クワンが一時的なものであるため，*アートマンや不滅の霊魂とは理解されてはおらず，仏教の*無我の教えと直接対立することはない．

ケ

偈 げ śloka (Skt.)

32音節よりなるサンスクリット語の韻律，またはその形式の詩節．散文の長さを測る単位として使われることもあるが，これは写本の筆記者が依頼者に請求する料金を計算するためのものであったと考えられる．

鶏胤部 けいいんぶ Gokulika

*大衆部の支派の一つであり，これからさらに*説仮部と*バフリカが派生した．これらの部派の教義は，*経蔵よりも*阿毘達磨蔵をおもな拠り所としている．ゴークリカともいう．

瑩山紹瑾 けいざんじょうきん Keizan Jōkin (1268-1325)

日本の*曹洞宗の僧侶で，1299年から1301年にかけて形作られた曹洞禅において権威ある歴史的文献の*『伝光録』(*大正新脩大蔵経 no. 2585) の作者．曹洞宗の開祖である*道元 (1200-1253) から数えて4代目の祖師であり，この宗派の偉大な第二の祖であると考えられている．霊感が強く，幼い頃に*観自在菩薩の現れを何度も見て，まだ小さいうちに母親の請いによって僧伽に入った．曹洞宗の本拠の寺院である*永平寺において修行し，1285年から1288年にかけては日本中の数多くの寺院を巡礼して祖師たちに出会い，仏教の知識を深めた．師である徹通義介 (1219-1309) から法を嗣ぐと，阿波の城満寺に開山の住持として送られ，後には師の跡を継いで大乗寺の住持となった．それから，他の諸寺院を開いて自分の弟子を住持として送ったが，最も偉大な功績は，*真言宗に属していた寺院を*総持寺と改めて管理することになったことである．彼の指導によって総持寺は曹洞宗の中心的な寺院となり，永平寺と並ぶ重要性を保持して，皇室の保護を得た．瑩山が亡くなるときまでには，瑩山の精神性，魅力，交渉力，管理能力により，瑩山の師の時代に曹洞宗が経験した教団分裂の傷は癒やされようとしており，曹洞宗においては瑩山の系統が優勢となっていた.

『景徳伝灯録』 けいとくでんとうろく *Ching-te ch'uan-teng-lu*（Chin.）

「景徳年間（に出版された）教えの灯の伝授」の意. 過去の仏や祖師や中国の禅の大家の，伝記と発言の記録の集成. 道原という僧によって宋代に30巻で編纂され，景徳年間（1004～1008年）の1004年に仏教の聖典に加えられた. 総計1701件の項目を記録しており，初期の禅の歴史についての非常に貴重な史料となっている.

加行道 けぎょうどう pragoya-mārga（Skt.）

「準備の道」の意. ブッダとなるに至る*五道の2番目で，瞑想の熟練者がその技量をさらに深化させる.

華厳（中国） けごん Hua-yen

中国の仏教の主要な宗派の一つ. その非常に難解な哲学は，一般に，教理的な面において中国仏教の最高峰に位置づけられる. この宗派の教学の特徴としては，教義の階層的分類，あらゆる現象間における無礙の解釈，という2点があげられる.

〔歴史〕

この宗派の名称は，主要研究対象である*『華厳経』に由来する.『華厳経』は，ブッダのさとりの世界とそこに至る道筋を説き明かしたものであり，*シャーキャムニが悟り（菩提）を得てすぐに説かれた経とされている. 中国においては，この経典は，少なくとも，*ブッダバドラが初めて訳出した420年以降に，注目・研究されてきた. *杜順（557-640）の周辺の研究者らは，この経典の中でもとくに「十地品」を中心に研究し，その結果，彼らが華厳宗の前身ともいうべき*地論宗を形成することになった. 杜順の弟子の*智儼（602-668）も，この経典の研究と伝道に専心したが，華厳宗を樹立した功績は，智儼の弟子である*法蔵（643-712）に帰せられる. ただし，すぐれた前任者に対する配慮からか，法蔵は華厳宗の第3番目の祖とされている. 法蔵は，中央アジアの人間を祖先としており，インドの言葉をある程度理解していた可能性があってか，主都長安における*玄奘の訳経事業に携わってもいた. のちに玄奘とはたもとを分かつが，その後，則天武后によって，インドの僧侶であるシクシャーナンダ（実叉難陀）による『華厳経』の新しい翻訳事業を手伝うように命じられた. 翻訳は704年に80巻本の『華厳経』として完成する. 法蔵の役目は翻訳者ではなく，華厳経の深遠な哲学を身近な言葉で解説することであり，皇室の支援者の興味を駆り立てるような巧みな比喩を用い，宗の地位を確立した.

法蔵の後，華厳宗の系譜は，*澄観（738-820/838）へと引き継がれる. 彼もまたインドの言語に精通しており，*プラジュニャーによる『華厳経』「*入法界品」の訳出を手助けした. プラジュニャー訳における新しい要素の追加や，より質の高い経典の結末部分には，彼の尽力があったのである. さらに，澄観の教化活動や，『華厳経』に対する丹念な注釈によって，宗派の基盤は保たれた.

華厳宗の第5番目の祖は，禅の師としても知られている*宗密（780-841）である. 彼は前の二祖と同様にその学識や講説によって高位を得，宮中に務め，継続的な支援を受けていた. しかし，彼の死の4年後，次の皇帝は仏教を迫害した. それは20世紀の文化大革命に先立っての非常に大規模なものであり，皇室の支援によって学術活動を維持していた華厳宗は，この時期に消滅することとなった.

〔教義〕

華厳宗の成立以前に，*天台宗の創始者である*智顗（538-597）は，きわめて多様な仏典や教義の数々を調べ，秩序づけ，それらの間の不一致を説明した総合的な構造（→判教）を打ち立てた. しかし，彼の大系には，欠陥が存在する. つまり，三つの異なった基準を用いて，三つの異なった枠組みを打ち出している点，また，智顗の時代には成立しなかった，*法相宗に気を配っていない点である. それゆえ，法蔵はこれらの問題をふまえて，華厳宗における教義区分の枠組みを構築した. それは，法相宗を内包した一元的な階級であり，小乗教・大乗始教・大乗終教・頓教・円教の５つである．(1) 小乗の教え（小乗教）．最も低い段階であり，我のみの空を説き，法の有を主張する．また，他への慈悲を欠いており，自己の解放のみを目的としている．(2) 大乗の初歩的な教え(大乗始教)．我と法の両者の空を説くが，*仏性の悉有を認めないため，いまだ慈悲に欠けており，一部のものは，決して成仏しえないと説く．法相宗では成仏の可能性のないものと規定される*一闡提を説くことから，法蔵が法相宗を位置づけた段階である．(3)大乗の進んだ教え(大乗終教)．天台の教義を対象とし，我と法の両者の空を説く．その教義は，仏性の普遍性，あらゆる存在の成仏の可能性，空と同時に仮の存在をも説く*三諦の思想などで知られている．(4) 一挙に説く教え（頓教）．重要な教義や経典の学習なしに，即座に顕現する*頓悟の経験を説く文献や宗派，*『維摩経』や禅宗が含まれる．(5) 完全（円満）な教え（円教）．『華厳経』に確認されるように，*一心や事物相互間におけるあらゆる現象の混淆や，過去・現在・未来の同時性を説く．この教えは，悟りの内容を完全に説き明かしている．

華厳宗の思想，とくに，完全なる相互円融という思想は，天台宗を超えた大きな進歩であるとされている．この宗では，あらゆる現象は，絶対や一心との結びつきにおいて存在していると説くが，後者の一心は，現象を離れて，もしくは超えては存在しないものである．このように，華厳宗では，「理」とも呼ばれる絶対と，現象との完全な円融を説くのである．法蔵は，この思想をさらに推し進め，経典にしたがい，あらゆる現象相互間の完全なる円融を主張した．彼はこの考え方を説明するために，多くの表象や比喩を用いて明確に示した．その譬えの一つとして因陀羅網があげられる．ヒンドゥー教の神である*インドラの網によって，世界を荘厳する喩えである．この網の結び目一つ一つが宝石であり，その宝石それぞれが，宝石それぞれの光を映し合い，さらに映し合って，限りなく照応するのである．また，法蔵は，全体性と個別性や，理（絶対）と現象の関係を示すために，家屋と垂木に譬えた．垂木は，あくまで家屋の一部であるが，部分なくして家屋はありえず，また，部分が合わさって全体を成さなければ部分は部分のままでしかないので，家屋と垂木はお互いによって成り立っているのである．これは，天台宗の理（絶対）と現象のとらえ方に影響された可能性がある．また，垂木などの部分によって家屋が存在しているように，垂木が垂木として存在し，垂木としての役割を有するためには，家屋の他のすべての部分によっている．さらに，事物が変化すると異なったものになるとの道理にもとづき，法蔵は，垂木が取り除かれ，他のものがその場所におかれたならば，家屋は異なった家屋になり，他のあらゆる部分も家屋における部分のあり方に関して変化を受けるであろうと主張した．それゆえ，垂木（もしくは他の個々の部分）は，完全に他の部分を決定しているのである．このように，法蔵は，世界における現象は，全面的に影響し合い，他のあらゆる現象に対して決定的な役割を負っていると主張した．そして，順々に，それ自身も他のあらゆる現象によって決定づけられるのである．上記のようにあらゆる現象が妨げなく交じり合う，これこそが華厳宗の思想である．

華厳（日本） けごん Kegon, Kegon-shū

奈良仏教の六宗のうちの一つで，日本仏教の最古の宗派のうちの一つ．中国の華厳の伝統を継ぐものと自ら認め，日本仏教の未来の世代に華厳の伝統を伝えようとしている．華厳の教えを日本に最初に伝えたのは，新羅の僧である審祥(-742)であり，彼の弟子である良弁(689-773)により宮廷で講義が催されて，流行となった．インドの大乗仏教の文献である*『大方広仏華厳経』にもとづいて，大毘盧遮那仏（→毘盧遮那）が全宇宙の中心かつ土台であって，すべての現象がこの仏そのものから生じてくるのである，と教えた．天皇はこの教えの中に，天皇が仏の位置を占めて国中のすべての従属的政治集団の権力の源が天皇に遡るという，相似する政治的文化を植えつける示唆を見出したので，すべての従属的なものがその存在を中心的な力に負うというこの教えの表現を宮廷は高く評価した．この結果，聖武天皇は首都である奈良に*東大寺という拠点の寺院をこの宗派に授け，大毘盧遮那仏の像を建立し749年に完成した．また，聖武天皇はこの仏の名前の一部である「盧舎那」（Roshana）の名を用いた．華厳宗は，この深遠な文献の研究に身を捧げた学僧たちの小さな集団以上になることはなく，平安時代（794～1185年）には政治的に強力な*天台宗に吸収される危機を迎えた．完全な吸収には抵抗したものの，独立した機関，教団として生き残ることはできなかった．しかし，強い動機やすぐれた才能をもった者が，熱意と必要を表明することによって入り，集中して研究する場所として存続した．華厳の哲学は，中国の場合と同じように，悟った者が世界を見たときの最高の最も奥深い描写として，すべての者に認められた．

袈裟 けさ kesa（Jpn.；Chin., chia-sha）
日本の仏教僧の衣服．「泥まみれの布きれ」を意味するサンスクリット語のカシャーヤ（kaṣāya）に由来する．

ゲサル Gesar（Tib., Ge-sar）
伝説上の英雄的な王で，そのめざましい偉業は『ゲサル王伝』として伝えられ，チベットとモンゴルでは大人気を博している．ゲサル王の生涯の事績はおそらくは多彩な中央アジアの資料や伝承にもとづいて描かれたもので，「ゲサル」の名自体は最終的には「カエサル」の称号から派生したものと考えられる．『ゲサル王伝』は数群の物語からなり，韻文と散文を含むものである．かつては吟遊詩人の間で口頭伝承されてきたものであるが，現在では多様な口頭伝承が書物の形で集成されている．

ゲシェ geshé（Tib., dge-bshes）
チベットの称号で，*ゲルク派の学者に与えられるもの．とくに*ラサ周辺のゲルク派三大寺院の法統に属するものに与えられる．「崇高な恩恵を施す者」を意味する「ゲペー・シェーギェン」（dge-ba'i bshes-gyen）の略語である．

『解深密経』 げじんみっきょう *Sandhi-nirmocana Sūtra*
大乗仏教の重要な経の一つ．10章より成る．*瑜伽行派の主要な教義が説かれる最初期の文献である．2世紀後半以降に成立．高度な哲学的内容を含んでおり，初期の般若経典群に関する誤った解釈を修正するものとみなされうる．この作品は三つの独立した部分から構成されており，それらが2世紀の間に一つにまとめられ，3世紀初頭に現在見られる最終形態に至ったと考えられる．*阿頼耶識や*三性，*三転法輪といった重要な概念を導入している．サンスクリット語原典は現存しないが，漢訳5本とチベット語訳1本が伝わっている．

解脱[1] げだつ vimokṣa（Skt.；Pāli, vimokkha）
1. 三つの「解放」あるいは「救出への門」．涅槃に近づくための三つの「扉」（ムカ，mukha）といわれる．パーリ語資料では空（スンニャタ，suññata），しるしがないこと（アニミッタ，animitta），望みがないこと（アッパニヒタ，appaṇihita）として知られる．これらの三つは涅槃の超越的な性質を強調する．それはいかなる本質ももたないという点で自我がない．またそれにはいかなる「しるし」すなわち輪廻に特有の（生まれることや死ぬことのような）特徴（*相）もない．さらにそれには*欲望がない．それを得た人はそれ以上何も求めないからである．
2. パーリ語資料はまた，八のヴィモッカ，すなわち解放の諸段階のリストをも含んでおり，それらは瞑想（禅定）の各水準の獲得における熟達にかかわっている．後の五つは四つの高次の瞑想と「停止の獲得」（*サンニャー・ヴェーダイタ・ニローダ）からなる．

解脱[2] げだつ vimukti（Skt.；Pāli, vimutti）
*四聖諦の理解を通して得られる*苦と再生（輪廻）からの解放．大乗では，解放を助けるといわれる三つのいわゆる解放への「門」がある．*空性，しるしがないこと，すなわち知覚による形態の不在（*無相），欲望がないことすなわち目的あるいは欲望の不在（アプラニダーナ，apraṇidhāna）である．これらに第4の項目が加えられることもある．すなわち本来の光輝（プラクリティ・プラバースヴァラ，prakṛti-prabhāsvara）である．パーリ語資料

では2種の「解放への門」（ヴィモッカ・ムカ，vimokkha-mukha）が区別される．すなわち理解による自由（パンニャー・ヴィムッティ，pañña-vimutti）と心による自由（チェートー・ヴィムッティ，ceto-vimutti）である．前者は本質的に知的なもので，洞察の瞑想（*観）を実践することで育成される．後者は意識のトランス状態に関係しており，鎮静させる瞑想（*止）を通して育成される．理想は，ブッダがそう理解されているように「二つの道で自由になった」者であるが，洞察のみ（パンニャー・ヴィムッティ）を通して解放を得ることも可能であると考えられている．そのような者は「眼の乾いた者」あるいは「乾いた視界をもつ者」（スッカ・ヴィパッサカ，sukkha-vipassaka）として知られる．

『解脱道論』 げだつどうろん *Vimuttimagga*（Pāli）

「放たれるに至る道」の意．*上座部の伝統の中で理解されている，悟り（菩提）への道のさまざまな側面を解説した書．3世紀に活動していた可能性があるウパティッサによって著された．後代の，より広汎な概説書である*ブッダゴーシャの*『清浄道論』は，この『解脱道論』に触発されたと，一般的には考えられている．

結 けつ saṃyojana（Skt., Pāli）

「結びつけるもの」の意．個々人を*輪廻に縛りつけるものとして，英語ではfetter（足枷）と訳されることが多い．結には以下の10種があるとされる．(1) 永遠なる自己が存在すると信じること（*有身見），(2) 懐疑心（*疑），(3) 戒律や儀礼に妄執すること（*戒禁取見），(4) 感覚的な快楽を渇望すること（カーマ・ラーガ，kāma-rāga），(5) 憎しみ（ヴィヤーパーダ，vyāpāda），(6) *色界の対象を渇望する（*貪）こと，(7) *無色界の対象を渇望すること，(8) 慢心（*我慢），(9) 心の高ぶり（アウッダティヤ，auddhatya），(10) 無知（*無明）．はじめの5種は，人を*欲界での輪廻に縛りつけることから五下分結と呼ばれ，後の5種は，人を色界と無色界での輪廻に縛りつけることから五上分結と呼ばれる．4種の*聖人は，それぞれ異なる数の結から自らを解き放っている．*預流は始めの3種から解放されており，*一来はそれに加えて第四と第五の粗雑なものからも解放されており，*不還は始めの5種のすべてから完全に自由であり，そして*阿羅漢は10種のすべてから解放されている．

訣竅部 けっきょうぶ Secret Instrustion Category（Tib., man-ngag-sde）

*ニンマ派*アティヨーガ乗に含まれる三支分の第3番目．訣竅部においては本来そなわっている真理すなわち悟りは作為的な努力や選択なしに自ずと顕現するとされている．

結婚 けっこん marriage

仏教では禁欲的な僧院生活が高次の理想とみなされているが（→禁欲），その一方で結婚は一社会制度として重要視されてもいた．しかしながら，仏教において結婚は，本質的にパートナーどうしの世俗的契約であって，相互に対して義務を負う協調の場である．キリスト教と違って，結婚は神聖な儀式ではなく，僧が結婚式を執り行うことはない．また，夫婦の誕生に際して僧が仲人としての役を果たすことは律によって禁じられている．それにもかかわらず，新婚の人は慣習的に，祝福や聖句が唱えられる純然たる儀式を求めて，後に地元の僧院（*精舎）に入る．パーリ正典の初期の文献*『シガーローヴァーダ・スッタ』には，夫と妻の義務に関して次のようにまとめられている．「夫は，尊敬，礼儀，信頼，（家庭における）権威を妻に与えること，装飾品を妻に与えることという五様によって妻に仕えなければならない」．妻は確実に「自らの義務を十分に果たし，両親族を厚遇し，忠実であって，夫が持ってくるものに注意し，自らの責務をすべて果たすことに対して手腕を発揮する」ことで報いる．一夫一婦制が推奨されかつ支配的な形式である一方，仏教国では結婚の様式が地方に応じて変化する．初期の文献では感情的理由と経済的理由との双方を勘案して，さまざまな暫定的措置や恒久的措置について言及されているが，仏教を奉ずるアジアのさまざまな地域では，一夫多妻制や一妻多夫制も許容されてきている．仏教は離婚に対して宗教的に異を唱えているわけではないが，伝統社会における社会的重圧ゆえに，離婚は西洋に比べてそれほどありふれているわけではない．*西洋仏教教団の友といった西洋の仏教集団では，西洋の核家族に見られる排他的性質を超克するため，結婚をしない共同体生活という新たな形式が試みられている．

月称 げっしょう ⇨チャンドラキールティ

外道 げどう tīrthika（Skt.）
「浅瀬をつくる者」の意．仏教の文献では，仏教以外の哲学学派を広く指す呼称として用いられている．この単語自体の意味するところは明らかでないが，それらの教えは輪廻の流れの浅瀬を渡ることを目的に説かれている，という理解が含められている．

ケーマー・テーリー Khemā Therī（Pāli）
大いなる智慧（マハープラジュニャー，mahāprajñā）のゆえに，ブッダによって女弟子の中の第一と目された尼僧．前半生においては美貌で名高く，*ビンビサーラ王の第一妃となった．のちブッダに会い，ブッダは女性の美がいかにして衰えるかを示す幻を出現させ，また物質的なものごとに惑わされることの危険を説いた．その瞬間に彼女は*阿羅漢となった．

ゲルク派 Geluk（Tib., dge-lugs）
チベット仏教四大宗派の最大のものであり，*ダライ・ラマが所属する．14 世紀に*ツォンカパによって創始され，17 世紀には*ダライ・ラマ 5 世のもとで優勢となり，現代に至るまで最も大きな影響力を及ぼしてきた．この学派はツォンカパとその弟子が発達させてきた，経とマントラの入念な研究と実践を統合したもので，*アティシャの教えから派生した古い*カダム派にも部分的にもとづいている．典籍の研究に重きをおくとともに，律の遵守が重要であることも強調する学派である．ゲルク派の比丘は伝統的に「黄帽派」としても知られ，儀式の際には黄色い帽子を被る．それに対して他の学派では紅い帽子を被る．→チベットの仏教

ゲルクパ Gelukpa（Tib., dge-lugs-pa）
*ゲルク派に関係する人物やことがらを意味する．

ケーレシ，チョーマ Körösi, Csoma（1784-1842）
ハンガリーの学者．ハンガリー人の起源を求めて西チベットや中央アジアの諸地域を旅した．ラダックに 2 年間滞在したケーレシは，西洋の学者で最初のチベット語研究者となり，*『翻訳名義大集』の翻訳や，チベット語文法書を著し，チベット語正典の調査，チベット文化に関する諸論文を執筆した．

戯論 けろん prapañca（Skt.）
「拡大」の意．現実の本性を隠蔽する誤った概念や観念の増大，という意味である．瑜伽行派の思想の観点では，認識する主体と認識される客体に誤って分割することなどの，誤った二元論的概念（*分別）を，一般的に指す語である．この意味で，*意言分別とよく似ている．

見 けん dṛṣṭi（Skt.；Pāli, diṭṭi）
「視野」や「見方」の意．ものの見方や見解，とくに 3 種の悪の源（*不善根）に穢されて不確かになっている，あるいは誤った見解をいう．とくに批判される見解には，自我または*アートマンが実在するという見解（*有身見），自我は恒久であるという見解（常見），自我は*死によって滅びるという見解（断見）がある．→常住論，*断滅論

現観 げんかん abhisamaya（Skt.）
ダルマの，直接かつ明確な理解または悟り．

乾観者 けんかんしゃ dry-visioned Arhats（Pāli, sukkha-vipassaka）
「乾いた洞察力をもつもの」の意．この語はパーリ語資料において用いられ，注釈によると，トランス（禅定）のどの段階をも踏むことなく，瞑想（*観）のみによって*阿羅漢になった人々を指す．

『現観荘厳論』 げんかんしょうごんろん *Abhisamaya-alaṃkāra*

「直接的な悟りの飾り」の意．マイトレーヤナータに帰される，9章から成る合計273詩節の文献．『二万五千頌般若』の内容をまとめて，大乗の道程の順に対応するように配列している．インドとチベットの後期大乗には大きな影響を有したが，中国には伝えられなかったと考えられる．

『賢劫経』 けんごうきょう *Bhadrakalpika Sūtra*

賢劫のブッダ1000人（このテキスト以外ではほとんど知られていない）に関して，その名前や居所，眷属などに至るまでの詳細を一覧化した厖大な大乗経典．その長大さゆえに読むには冗長な作品であるが，信仰や礼拝を構成する一要素の役割を担っていたと考えられる．

玄沙師備 げんしゃしび Hsüan-sha Shih-pei (835-908)

影響力の大きかった唐代の禅僧．*雪峯義存(822-908) の弟子で，兄弟弟子に，禅の雲門宗の開祖とされる*雲門文偃（864-949）がいる．また，次世代の弟子に，法眼宗の開祖とされる*法眼文益（885-958）がいる（→五家）．三巻の法話の記録が1080年に出版されており，1626年にはそれが再編されて出版されている．

見性 けんしょう kenshō（Jpn.；Chin., jien-hsing）

「(真の) 性質を見ること」を意味する禅語．無常である，つねに変化する，すべてのものに潜在する真実とともにある，というように，自らが本当は何であるのかを見る，ということから，「悟り」(菩提) を意味する語である．

玄奘 げんじょう Hsüan-tsang (596-664)

インドに旅し17年間経典を集め言語を学んだ中国人僧侶．*クマーラジーヴァの後の偉大な2番目の翻訳家であり，おもに*唯識派や唯識の哲学への興味を追求するために629年に政府の許可なしにインドに向けて出発した．645年に多くの経典や有名なインドの僧団や王からの贈り物を持って戻ってきた．皇帝は彼に何日にも渡って旅行のことを尋ね，公式な職を申し出たが断られた．残りの人生を持ち帰った翻訳に費やした．彼の翻訳が広大で（73部），高い質であったため，またすでに中国にあった多くの経典を同等の翻訳として彼自身が考案した新しい語彙を用いて翻訳したため，彼の活動は，(クマーラジーヴァの影響を大きく受けた)「古い翻訳」(旧訳) の時代から「新しい翻訳の時代」(新訳) へと推移するキーポイントとなった．翻訳に加えて，インド史の非常に貴重な資料を示す『偉大なる唐の西国の記録』(大唐西域記，*大正新脩大蔵経 no. 2087) と呼ばれる旅行記を出版した．この作品は，西域への旅という中国の古典文学の基礎ともなった．

源信 げんしん Genshin (942-1017)

日本の*天台宗の学僧であり，多様な仏教の項目を幅広く集めた重要な資料を著した．中国の浄土関連の文章を体系的に取りまとめた*『往生要集』の著者として有名である．『往生要集』は，1世紀後に，独立した宗派としての浄土宗の発展を促すことになった．この作品は中国に逆輸入された日本の作品の一つであり，中国における仏教の展開にも影響を及ぼした．

現前地 げんぜんじ abhimukhī-bhūmi（Skt.）

菩薩の境地（*地）の6番目．*『十地経』によると，この境地の菩薩は完全なる智慧（*智慧波羅蜜）の実践を通して*空性を理解して現象の平等性を体得し，確固として悟りに向かっているので，「現前して向かっている境地」という意味である．→波羅蜜

現前生成 げんぜんせいせい front generation

タントラ仏教で用いられる観想法の一つ．この瞑想においては，神格が実践者と対面するようにして空中に現れるように観想される．これは，*自己生成において行われる，実践者自身と神格の同化に相対するものである．この方法は上級者向けではないが，それゆえに実践者にとっては比較的安全であり，贖罪の礼拝に使用されることが多い．

見道 けんどう darśana-mārga (Skt.)
「洞察の道」の意．ブッダへと至る五つの道(*五道)の第三．この道によって，*疑，*見〔「見道」の「見」とは異なる〕，煩悩が取り除かれる．

剣道 けんどう kendō (Jpn.)
日本の武道の一つで，室町時代（1392～1603年）から現在に至るまで，禅と深いかかわりを有している．

ゲンドゥン Gendun (Tib., dge-'dun)
僧団すなわち僧伽を意味するチベット語．

犍度部 けんどぶ Skandhaka (Skt.; Pāli, Khandhaka)
律の3区分における第2番目．社会的かつ宗教的な集団としての僧伽を運営するに当たっての諸規則を扱う．約20の章に分かれ，*得度はいかにしてなされるべきか，*安居はどのように組織されるべきか，*部派分裂をどう扱ったらよいかなど，僧院社会での日常生活に関係することがらが扱われている．

ケンポ Khenpo (Tib., mkhan-po; Skt., paṇḍita)
高位にある師もしくは僧院や僧院学校の長に与えられるチベットの称号．

現量 げんりょう pratyakṣa (Skt.)
直接の感覚的な知覚．仏教の論理学と認識論(*プラマーナ）によると，推理（*比量）と並んで，知識を得るための有効で信頼できる手段であり，これら二つ以外にそのような手段は存在しない．

コ

悟 ご wu
「悟り」や「目覚め」を意味するサンスクリット語の菩提に対応する中国語の言葉．同じ性質のものに日本語の悟りがある．

五位 [1] ごい five degrees of enlightenment
仏教の禅で取り入れられた図式．菩提の性質や宗教の覚醒を段階的に深まるレベルに分類したもので，5番目が最高位になる．その段階は，その名のとおり相対的な真実と絶対的な真実である*中観派で説明される「*二諦」を基礎としており，真実の各段階におけるあり方と関係し，それらの関係が知覚される．悟りの5段階は以下のとおりである．(1) 正中偏，相対の中の絶対．(2) 偏中正，絶対の中の相対．(3) 正中来，絶対のみ．(4) 偏中至，相対のみ．(5) 兼中到，相対と絶対の両方．

五位 [2] ごい Five Ranks (of Ts'ao-tung)
曹洞五位ともいう．中国禅の*曹洞宗の祖師である*洞山良价（807-869）により初めて体系化された，現実の本質についての古典的な言説．中国曹洞宗からさらに，日本の後継者である曹洞宗に，この系統の禅の理解の要として伝えられた．洞山がつくった詩の五節を用いて，特定の現実において顕れている究極の現実の本質を観察する五つの異なった道を表現している．(1) 空の究極の本質の中にすべてが入っている限りにおいて，すべての個別の現象が同一である，ということにおいて，絶対的なものが知られる．(2) すべてのものの本質は完全でありそれ自体で完結しているから，別々のものと考えられるそれぞれの現象において，絶対的なものが知られる．(3) あらゆる個別の現象を，正反対であったり相互に矛盾したりするものでさえも顕現させる可能性を，絶対的なものはそのうちに含んでいる．(4) 究極の本質において同一であっても，すべての現象は区別されるのであり，混同されることがない．実際，現実の区別においてのみ，現象相互の関係性および現象と絶対的なものとの関係性がみえるのである．たとえば，炎と氷はともに絶対的なものから生じ，同じ基本的な性質を共有するが，炎は氷ではなく，氷は炎ではない．(5) 絶対的なものと個別の現象との間，および一つの現象と他の現象との間の，活発で動的な相互作用を，悟った心は直接に知る．

好 こう ⇨随形好 ずいぎょうこう

劫 こう kalpa（Skt.；Pāli, kappa）

イーオン（aeon）〔とてつもなく長い時間〕．古代インドで広く用いられた，時間の長さを表す語．一劫が正確には何年を意味するかについては諸説ある．また，小劫，中劫，大劫，無央数劫（数えきれない劫）という単位も存在する．一無央数劫の年数として，10^{51} 年，10^{59} 年，10^{63} 年という数が一般的にいわれている．菩薩がブッダになるには三無央数劫かかるとされる．

業 ごう karma（Skt.；Pāli, kamma）

「行為」の意．カルマともいう．業の理論は，ダルマの普遍的な法則が含意する，倫理面にかかわる教理を記述するものである．ダルマの法則には，行為者により自由に選択され，意図的になされた行為は，必ずその結果を引き起こすというものがある（Pāli, カンマ・ニヤマ, kamma-niyama）．その結果の回避は不可能であり，ブッダを含め誰一人として，悪しき行為を赦免したり，それにより引き起こされる結果を避けたりすることはできない．悪しき考えや言葉，行いは，3種の悪の根源（*不善根）の影響を受けて生じるものであり，一方，よき行いはこれらと対になる3種の善の根源（*善根）に起因するものである．これら善の根源と悪の根源は，幾度もの生を繰り返す中で養われていき，善徳または悪徳へと向かわせる性根として根づく．悪しき行為は*悪，*不善，非福，染汚などのさまざまなあり方で示されるが，人はそのような行いにより*苦と輪廻のプロセスにいっそう深く巻き込まれていくことを避けられない．業は人が次に*六趣のいずれに再生するかを決定し，個々の境遇，たとえば外見や健康，財力などに関する資質と特性とに影響を及ぼす．仏教の考え方では，個々人が輪廻に巻き込まれているのは，〔キリスト教でいわれるような〕「堕落」の結果でもなければ，人間の本性を咎あるものとする「原罪」によるものでもない．それゆえ，個々人は自分自身の救済について自らが最終的な責任を負い，また善と悪を選択する自由意志を有している．

後有 ごう punarbhava（Pāli）

「再び成ること」の意．転生，すなわち一つの生涯からまた一つの生涯へと続く存在の過程を指すパーリ語．したがって，輪廻の同義語である．この過程は，涅槃を得ることによってのみ終わらせることができる．

公案 こうあん kōan（Jpn.；Chin., kung-an）

禅の伝統から引用される短い物語文や会話文で，禅の修行者がその表面の意味を突き抜けるために禅定の間に思案するもの．「禅問答」といわれることもある．中国の唐代末期と宋代初期の間，禅の各教団は，師僧が弟子たちに悟り（菩提）の経験を直接に引き出すことができるように，さまざまな新しい教授方法を試した．これらは，弟子を打つ，弟子の耳に直に大声を出す，弟子の質問に対し逆説的または無意味な返答をするというような，衝撃的な禅や狂ったような禅の手法であった．その後，宋代中期から末期にかけて，師と弟子のよき対面の物語や師僧の不可思議な態度についての簡単な逸話が，「言行録」や「伝灯録」という形で禅の各教団に出回った．たとえば，『臨済録』や『祖堂集』がこれにあたる．弟子たちは，これらの物語を熟慮するにしたがって，それらを自身の禅定において役立つ道具として用いることができるようになった．悟りに弟子を導く教授方法を用いた祖師たちの物語を読んで，弟子たちは「その瞬間の祖師の心はどうであったか」,「弟子は何を経験したのか」などと自問することができる．また，悟りの経験を詳細に解説することを含まずに，祖師の教えや単なる日常の会話の例を与えるだけの場合でも，弟子は，自らの心のうちにあって，自身の本性の直接的な経験や自身の本来的な悟りを見ることを妨げているものを，突き抜けようと試みることができる．そのような物語を教えの道具として弟子に公式に用いることは，南院慧顒（-930）に関連して言及されているのが最初である．

公案集を編んだのは*臨済宗の汾陽善昭(942-1024）が最初であり，その多くは自身が撰したものであった．これらは，『汾陽録』の中巻に現れている．これに続いて，宋代の臨済宗の多くの祖師たちがよく公案を用い，また新たな場面を考え出して後に公案に組み入れた．しかし，禅の伝統においては，二つの公案集が抜きんでている．一つめは，*雪竇重顕（980-1052）が最初に編集して，後に*圜悟克勤（1063-1135）によって増補された，*『碧巌録』である．雪竇は，この公案集を構成する100則を集め，これに自身の詩を付した．そして圜悟は，公案のそれぞれに序を加え，また公案と雪竇の詩の一つ一つに注釈をつけたのである．二つめは，*無門慧開（1183-1260）によって集められた48則の公案から成る，1229年に完成した*『無門関』である．この題名は，文字どおりには「無門の通路」または「無門の障壁」ということであるが，無門の名前の意味を用いた言葉遊びとなっており，「扉のない門」や「門扉のない関所」という，より逆説的な解釈をなしえるものとなっている．『無門関』に収録されている公案は，弟子がそれぞれの逸話の真髄と直面するように，最も重要な要素以外はすべてを取り除いた文章となっている．年を経てその他の公案集も編まれたが，これら二つの公案集は最も偉大なものとみなされ，公案による修練の教科書とされた．公案の利用はおもに臨済宗（およびその後継たる日本の*臨済宗）の本分とされ，中国と日本の曹洞宗においてはその利用は軽視された．公案の修行を，仏性を得るための人為的な努力と考えたのであって，これに対してより直接的な仏性の経験としてただ単に禅定に坐すことを用いた．また，公案を用いる教団の内部においてさえも，公案の修行は，真の悟りよりも単なる狡知や言葉遊びを増長するとして批判を受け，一時期は弟子たちが容易に公案の「課程」を通過して適性を得ることができるように模範解答本が現れたのである．

しかし，公案は，正しく用いられれば，弟子たちを助けて，理性的な心のふるまいが組み立てるところの悟りに対する障壁を解消し，仏教の深遠な理解および仏教の直接の経験の水準における達成を少しずつ浸透させるものと信じられた．たとえば，『無門関』の第43則に，次のような例がある．「首山が竹篦を取り出して，次のように言った．これを竹篦と呼ぶならば，実際に反する．これを竹篦と呼ばないならば，事実を無視している．さあ，早く，これが何であるか言ってみなさい．」仏教の教義を学ぶ者ならば，この公案の中に，「完全な真実」（勝義諦，逸話中の「実際」）と「慣例の真実」（世俗諦，逸話中の「事実」）という*中観派の二諦の教えを認めるであろう．どれほど理知的にこの教義を理解しようとも，この公案は，現実のものにこの教義を適用したときのそれら二つを，一つの簡潔な理解に総合する必要を迫る．そうするためには，理解の新しい水準に突き抜けなければならないのである．先にあげた二つの公案集は公案の伝統の核心を代表するが，公案は現在も生きている伝統であり，新しい時代と場所にあわせて新しい公案が示され続けている．

ゴーヴィンダ，ラマ・アナガーリカ Govinda, Lama Anagarika（1898-1985）

西洋の仏教研究者．最初は*上座部，後にはチベット仏教に魅了された．本名はE. L. ホフマンといい，ボリヴィア人とドイツ人を両親にもつ．当初の職業は芸術家であったが，1928年のスリランカ訪問時に仏教に関心を抱くようになり，*アナガーリカになることを決心した．後にゴーヴィンダはチベットへ向かい，そこでトモ・ゲシェー・リンポチェという*グルに出会った．ゴーヴィンダはチベットでの自身の体験を『白雲の道』（*The Way of the White Clouds*, 1966）として自伝に記した．他にも『初期仏教の心的態度』（*The Psychological Attitude of Early Buddhism*，1937）や『チベット神秘主義の礎』（*Foundations of Tibetan Mysticism*，1960）といった著作を残している．

恒河 ごうが ⇨ガンガー

洪州宗 こうしゅうしゅう Hung-chue school

中国禅の系統の一つ．*馬祖道一（709-788）によって確立された．洪州宗という名称は，現在の江西省にあたる，馬祖が住していた寺院があった場所の地名である洪州に由来する．洪州宗は，日常の行いやものごとの中に*仏性（究極的な現実およびブッダとなる可能性）をみることを重視する．そのようにして，（日常の行いやものごとの欺瞞を強調する）*北宗と（すべてのものごとは夢の如しと教える）*牛頭宗という同時代の二つの主要な競合者たちの教えの，中道を進もうとする．後には，洪州宗の系統は禅の主流，他の二宗は傍系とみなされるようになった．

業処 ごうしょ kammaṭṭhāna（Pāli）

「行為の場」の意．禅定に入る手段として使われる瞑想の主題を意味している．*『清浄道論』は，40の題目の一覧をあげている．すなわち，*カシナが10個，不浄観が10個，*随念が10個，*梵住が四つ，無色定が四つ，食の不浄性を観ずること，四要素の分析である．瞑想の師は，矯正を必要とするような負の性向には特別な注意を払いながら，この一覧にあげられた主題を，弟子の個性に従って割り振った．

香姓 こうしょう ⇨ドーナ

康僧鎧 こうそうがい Saṃghavarman

中国で活躍した初期のインド人翻訳僧．*『無量寿経』を含む多くの大乗経典を翻訳した．

高僧伝 こうそうでん Kao-Seng-Chuan

仏教文学の一分野と，その最初期の例の題名を指す中国の言葉．「高名な僧侶の伝記」を意味し，この分野の作品は，ある時代のさまざまな著名な僧侶の伝記に関する記述からなり，概して題名はその時代からとる．最初の高僧伝は，慧皎（497-554）によって編纂された14巻の「梁代の高僧の伝記」（『梁高僧伝』，*大正新脩大蔵経 no. 2059）であり，道宣（596-667）による30巻の『続高僧伝』（大正新脩大蔵経 no. 2060）と続く．賛寧（919-1001）が宋代に「宋の高僧の伝記」（『宋高僧伝』，大正新脩大蔵経 no. 2061）を編纂し，明代には如惺（生没年不明）が8巻の「大明の高僧の伝記」（『大明高僧伝』，大正新脩大蔵経 no. 2062）を書いた．中国の伝統では，これら四つを「四王朝の高僧の伝記」という．中国では後代に他の伝記集が現れ，その形式は日本や朝鮮でも用いられた．（浄土教，*天台宗，*律宗の師に専念したもののような）宗派によって限定された版や地理的な区域で制限された版もある．

弘忍 こうにん Hung-jen（601-674）

初期の禅宗の比丘で，開祖の*ボーディダルマによって確立された系統の中国の第5祖として崇敬されている．「ぐにん」とも読む．第4祖の*道信（580-651）によって確立された東山の大きな僧団集団のトップであった．*敦煌で発見された文書が彼に帰されている以外に，その生涯，思想，修行の方法などはほとんど知られていない．この文書が正しいとすれば，浄土教に起源をもつ『三昧経』に基づく方法を用いて，精神の生来の純粋さや明快さを失わないようにすることに集中する実践を示す*『楞伽経』の思想に傾倒していた．彼はまた，次の代に弟子の*神秀（606-706）と*慧能（638-713）が，*漸悟と*頓悟の見解をもとに，おのおの*北宗と*南宗を確立したので（この記述が歴史的に間違いないかどうかは非常に議論がある），禅宗が統一されていた最後の祖としても伝統的に記憶されている．

紅帽派 こうぼうは Red Hats

チベット仏教の非*ゲルク派の3派を総括して用いられる中国の用語．儀礼に用いる赤い帽子が理由であり，黄色い帽子を用いる*ゲルクパに対する．カルマ・*カギュ派の分派である支持者と指導者にのみ赤い帽子を適用するチベット人の間では用いられない．

黄帽派 こうぼうは Yellow Hats

チベット仏教の*ゲルク派を示す中国の言葉で，彼らが着用する儀式用の黄色い帽子に由来する．対照的に初期の三つの宗派は紅い帽子を

使用した．→紅帽派

高野山 こうやさん Kōya, Mt

*京都の南に位置する山で，日本の*真言宗の本拠地．真言宗の開祖である*空海(774-835)が，816年にこの地を密教の修練の中心地とする許可を皇室から得たが，空海が亡くなるまでにこの寺院建立を完成することができなかった．はじめ高野山は，空海の諸活動のもう一つの中心地であった*東寺とともに指導権を分け合っていたが，後にどちらが優越するかをめぐって争いになった．しかし，空海の遺体は高野山に葬られており，また空海が高野山において「永遠の三昧」に入ったとする伝説があって，高野山は有名な巡礼地となった．このことやその他の事情により，高野山は最終的に確かな指導力を得ることとなった．

高麗時代 こうらいじだい Koryŏ Period

朝鮮の統一国家の時代（918～1392年）．仏教が国家の支援のもとに繁栄した．この時代には，13世紀初めに朝鮮の仏教正典の出版と，義天（1055-1101），知訥（1158-1210）や*太古普愚（1301-1382）といった影響力のある人物の理論的な普遍的な活動がみられる．しかし，繁栄は怠惰と堕落ももたらし，高麗時代の終わりまでに，仏教僧団体制は悪評されるまでに落ち込み，続く李氏朝鮮時代（1392-1909）の仏教の抑圧への下地をつくった．

高麗大蔵経 こうらいだいぞうきょう ⇨朝鮮三蔵 ちょうせんさんぞう

ゴェンド preliminary practices（Tib., sngon-'gro）

チベット仏教の信者が行う，準備的な行法の一つ．功徳（福）を十分に積んで後に行者としてタントラ行法を行えるようにするためのもの．行法はほぼ同じであるが，チベットの仏教各派の間では儀礼や教義に違いがあるため，おのおの独自の伝統に則って実践する．概して準備行は2部構成となっていて，通常のものと特別のものからなる．前者（＝通常の準備行）は瞑想行で，人間としての存在に価値があることや無常であること（無常），輪廻のもつ短所，業の働き，精神的な指導者つまり*グルを必要とすることに関して瞑想することからなる．特別な行法についてはタントラのやり方が浸透しており，帰依（→三帰依）と悟りへの渇望を生むこと，*金剛薩埵のマントラを唱えること，マンダラの布施，*グル・ヨーガを内容とする．特別な行法は通常それぞれ少なくとも10万回ずつ続けて行われる．

五戒 ごかい pañca-śīla（Skt.；Pāli, pañca-sīla）

「五つの戒律」の意．縮約形は pansil（パンシル）．五つの倫理的な規律で，その歴史は仏教の起源まで遡る．ほとんどすべての宗派に共通して保持された．五つとは次のようなものである．(1) 不殺生．生き物を殺したり傷つけたりしない．(2) 不偸盗．与えられたのでないものを取らない．(3) 不邪淫．性的なことに関する不品行を避ける．(4) 不妄語．真実でないことをいうことを慎む．(5) 不飲酒．酒を摂取しない．五戒は，とくに在家信者にとって，仏教徒としての倫理の基礎である．比丘と比丘尼は，さらに多くの従うべき規律を，付加されて有する．→波羅提木叉，律

虚空 こくう ākāśa（Skt.）

空間．*阿毘達磨の分類法では，地・水・火・風の*大種が中で顕現する容器と定義される．一般的に，実体によって限定される空間（つまり物体の間の空間）と，限定されない無限のものとしての空間との2種類といわれる．一部の阿毘達磨の体系においては，*無為のダルマの一つに分類される．大乗の文献の中では，空間それ自体は無であるから，空間の無限の広がりが清浄・不変・空虚を特徴としつつも同時にすべての現象に対して区別なく容器や支持体としてはたらくために，自然な状態にある心の同義語としてしばしば用いられる．

国際仏教学会 こくさいぶっきょうがっかい International Association of Buddhist Studies

1976年に創立された，専門的な仏教学者の国際組織．同学会は数年ごとに大規模な国際会

議を主催し，『国際仏教学会紀要』(*Journal of the International Association of Buddhist Studies*) という主要な紀要を発行している．

国師 こくし National Teacher (Chin., kuo-shih ; Jpn., kokushi)

東アジアの仏教史において，すぐれた仏教僧に対して皇帝から授けられる称号．ふつうは，免状および紫衣とともに授けられる．

極難勝地 ごくなんしょうじ sudurjayā bhūmi (Skt.)

「打ち勝ちがたい者」の意．*『十地経』に説かれる，菩薩が経るべき境地の10段階（*地）の第5番目．この段階において菩薩は「禅定の完成（*静慮波羅蜜）」に従事する．それは鬼神たちにとって打ち勝ちがたいものであるので，この名で呼ばれている．

極微 ごくみ paramāṇu (Skt.)

原子．仏教の中で仮定されている，物質の最小の単位．部分がなく，目に見えない，物質の点である，と定義される．標準的な*阿毘達磨の教義によると，一つ一つがさまざまなダルマやその「種子」の複合体である．しかし，この見解は*瑜伽行派と*中観派の大乗仏教信徒たちによって批判され，そのような原子の存在は論理的に成り立たないので原子は概念的な虚構にすぎないとされた．

極楽 ごくらく Sukhāvatī (Skt.)

「幸福の土地」の意．*阿弥陀が治める西方の楽園（*浄土）．大乗経典では多くの天界が言及されているが，この天界は阿弥陀がその*福の力でつくったものであり，信仰（*信）と帰依を伴ってその名を念ずる者がそこに再生するユートピアである．ひとたびそこに生まれれば，その者は幸福に暮らし，容易に涅槃に到達できるという．東アジアで栄えた浄土教は，極楽への再生をめざしている．極楽での歓びの数々は，*『無量寿経』や*『阿弥陀経』，*『観無量寿仏経』などに記されている．

ゴークリカ ⇨鶏胤部 けいいんぶ

五家 ごけ Five Houses

中国の禅の初期の重要な法脈に与えられた称号．その中で*曹洞宗と*臨済宗のみが数世代以上生き残った．「五家」という言葉は，五家の中で最後に現れた法眼宗の創設者である*法眼文益(885-958)によって最初につくり出された．五家は次のとおりである．(1) 潙仰宗はその本山がおかれる二つの山（潙山と仰山）にちなんで名づけられた．その創設者は*潙山霊祐(771-853) である．(2) 臨済宗，*臨済義玄 (866年頃) に創設された．(3) 曹洞宗，創設者の*洞山良价（807-869）の本拠地である洞山と，その弟子の*曹山本寂（840-901）の本拠地である曹山の二つの山にちなんで名づけられた．(4) 雲門宗，*雲門文偃（864-949）によって創設された．(5) 法眼宗，法眼文益（885-958）によって創設された．

コーサラ Kosala (Pāli ; Skt., Kośala)

*シャーキャムニ・ブッダ時代のインドにおける主要な国家の一つで，強敵*マガダの北西に位置した．北インドにおける3本の主要な交易路の合流点*シュラーヴァスティーに首都をおき，そこから富を引き出していた．ブッダはこの地域で多くのときをすごし，仏教の初期の庇護者であった*プラセーナジット王ととくに親交が深かった．数十年のうちにコーサラは*アジャータシャトルに征服され，成長しつつあるマガダ帝国に吸収された．

五山十刹 ござんじっせつ Five Mountains and Ten Temples

1. *臨済宗の楊岐派すべての禅宗の寺院の集まりに与えられた名前．杭州と寧州に位置し，南宋（1127～1278年）に始まる皇帝の保護を得た．これらの寺院がそのような保護を得る一方で，国家が寺院の支援を暗黙の状態で要求する統制に苦しんだ．公式には五山は最初のランクに，十刹は2番目に，その下に3番目が構成されるが，そのシステムは実行力の点でかなり曖昧である．それでもやはり，五山十刹という名前を用いた体系のもとに公式な寺院制度を設けようとした後の日本にとって示唆とモデルを提供した．

2. 13世紀末から14世紀初めにかけて日本で始められた公式な寺院の階級制度に与えられた名前．中国の宋代の「五山十刹」がもととなっている．五山は最初のクラスの*臨済の禅寺で，足利政権の公式な保護を受けていた．その下にある次のランクには「十の有名な寺院」(十刹）があり，3番目に「雑多な寺院」（諸山）がある．実際にこれらのランクを支配する寺院は，支配者の好みによって変化し，しばしば最初のランクに5以上，2番目のランクに10以上の寺院が含まれた．そのシステムが効果があるうちは，幕府が禅宗の寺院を官僚的な階級制度に編成することを助け，地方にある辺境の居留地を幕府に提供し，地方豪族の影響を弱めることができた．このシステムは最高時に300以上の寺院(会員にされた何千もの末寺とともに）を取り込んだが，15世紀にライバルの禅宗の台頭によって衰えだした．

コーサンビー　Kosambī（Pāli；Skt., Kauśāmbī）

ブッダの時代の重要な都市で，*ヴァーラーナシー（ベナレス）から川づたいに約140km西にあった．カウシャーンビーともいう．比丘たちのための四つの居住地（*園）があり，ブッダはそれらに幾度か滞在した．コーサンビーはブッダ存命中で唯一の教団分裂が起こった場所である．ある比丘が僧院規則に違反した疑いで告発されたが，有罪に異議を唱え，その支持者と反対者との間に激しい諍いが発生した．ブッダが仲裁したが両者は聞こうとせず，殴り合いにさえなった．ブッダによる二度目の仲裁でも決着はつかず，愛想をつかしたブッダは森にひきこもった．在家信者の圧力をうけて比丘たちは悔いあらため，争いを解決してブッダの赦しを求めた．

ゴーシターラーマ　Ghositārāma

*コーサンビーにある寺院．その寄贈者であるゴーシタ（もしくはゴーサカ）にちなんで名前がつけられ，ブッダと比丘たちの使用のために引き渡された．ブッダは頻繁にここに滞在し，この場所は何度もパーリ語資料の中で言及されている．この寺院の二人の比丘が論争を引き起こしたために，最初の*部派分裂が生じた場所でもある．このためブッダは彼らを見捨て，近くのパーリレーッヤカの森に隠棲した．

五時八教　ごじはっきょう　Five Periods and Eight Teachings

*判教や，中国の*天台宗の開祖．*智顗（538-597）によって発明された教義上の分類体系に与えられた名前．

護呪　ごじゅ　paritta（Pāli）

「守護」の意．加護や祝福のために詠唱される種々の呪文を指す，パーリ語の単語．また，それを含んだ一連の文献．さらには，そのような文献の一部または全体が詠唱される儀礼をも指す．*上座部仏教の信徒たちによって催されるこのような儀礼は，病気，自然災害，新居建築などの，特別な状況のそれぞれに応じた個別の形式を伴う，複合的な宗教儀礼である．出家修行者が，手に儀礼の紐を握りながら，文献を詠唱する．この紐は，水の瓶などのさまざまな儀礼用の道具に結いつけられていて，最後には，集まっている，詠唱の祝福が届けられるべき人々に辿りついている．儀礼の終わりには，儀礼の清浄な水が振り撒かれ，用いられた紐の一片を，守護のために首か手首を囲んで丸く結びつける．

牛頭宗　ごずしゅう　Oxhead school

唐代（618～907）前期に中国の禅宗で確認できる最初期の分派の一つ．この宗派は*法融（594-657）によって創設された．彼は最初に洞察を完全にする文献（→『般若経』）の研究に主眼をおく*三論宗に所属していた．法融は，*ボーディダルマ（580-651）から続く禅宗の第4祖道信（580-651）の弟子であると報告されている．しかし，これは歴史的に証明できない．この学派は，南京の南の牛頭山に位置する法融の寺院から名づけられた．*北宗と*南宗の間の論争の間（→南北宗論争），牛頭宗は第三の立場を表明し，議論が最高潮に達したときに他の宗派が取っていた極端な立場の中間の道を探そうとした．牛頭宗は，瞑想の実践が完全な智慧の理解に加えられるべきだと主張する南宗に加わったが，北宗とともに瞑想への独占的な依存を好んで他のすべての実践と仏教経典を放棄することは主張しなかった．牛頭宗は8世代後に消滅したと考えられ，最後の祖の名前が与えられたものは，径山道欽（714-792）である．

五台山 ごだいさん Wu-t'ai-shan

中国仏教の主要な巡礼地として知られる「四名山」の一つ．モンゴルに隣接する北部の州にそった山西省に位置し，その場所は実際に，その名（五つの台地状の山）に由来する2600 km^2 に及ぶ穏やかな五つの峰である．最も高い峰は海抜3000 m 以上ある．万里の長城から少し離れたところにあり，ちょうど万里の長城が政治的な境界を記していたように，中国と未開人の間の精神的な辺境を象徴している．この目に見えない質は，この場所を中国に仏教が伝来する前から聖なる場所とした．仏教寺院は5，6世紀に現れ，智を具現化した*文殊師利菩薩の祀られた場所として知られるようになった．

コータン Khotan

中世初期の小さなオアシス国家で，*シルクロードの南ルートに位置する．2世紀までの仏教の重要な中心地であり，重要な中継地点であった．仏教がここに樹立されたとき，大乗と小乗の僧団がともに設立された．この地域の乾燥した気候によって，結果的に仏教の経典の断片と重要な初期の絵や壁画が保存された．

五智 ごち pañca-jñāna (Skt.)

完全な悟り（菩提）の五つの側面．とくに，*瑜伽行派にもとづく大乗仏教の教義，究極的には大乗の『仏地経』の教義を根拠とする．五智とは以下のようなものである．(1)真如智（タタター・ジュニャーナ，tathatā-jñāna）または法界体性智．そのものだけの概念化しない*空性の知で，他の四つの智を統合する基礎としてはたらく．(2) 大円鏡智（アーダルシャ・ジュニャーナ，ādarśa-jñāna）．鏡がそれに映る像と合一しているのと同じように，あらゆる二元性を有さず，つねにその知の内容と合一している．(3) 平等性智（サマター・ジュニャーナ，samatā-jñāna）．すべての現象（ダルマ）が同一であることを認識する．(4) 妙観察智（プラティヤベークシャナ・ジュニャーナ，pratyavekṣaṇa-jñāna）．すべての現象の，普遍性と特殊性を認識する．(5) 成所作智（クリティ・アヌシュターナ・ジュニャーナ，kṛty-anuṣṭhāna-jñāna）．あらゆる方角にこの智自体を顕現させて，衆生がよく生きるためになされるべきすべてのことを自発的に実行する．瑜伽行派の考え方によれば，これらの智は，悟りの瞬間に八識が変化することを通して出現する．五智の概念は，後にタントラ仏教の興隆に伴って大きく発展した．タントラ仏教においては，*毘盧遮那仏，*阿閦仏，*宝生仏，*阿弥陀仏，*不空成就仏の，五智如来（*ジナ）の姿に，象徴化または実体化するといわれる．

笏 こつ kotsu

日本の寺院の住持や年長の教師が権威の印として手にもつ，装飾としての杖または棒の一種．

後伝期 ごでんき Second Propagation (Tib., phyi-dar)

チベットで11世紀に仏教の教えと典籍が組織的に広められた第二の時期で，*ラン・ダルマ王の破仏によって*前伝期が終焉した途絶期間の後に起きた．インド人の学僧*アティシャとチベット人翻訳者の*リンチェン・サンポは，仏教が普及するこの過程で重要な役割を果たした人物である．

『御伝鈔』 ごでんしょう *Godenshō*

*浄土真宗の創始者である*親鸞（1173-1262）の由緒ある伝記．親鸞の曾孫にあたる*覚如（1270-1351）によってまとめられ，祖師崇拝を中心に新興の宗派の地盤を固める計画の一環として，1294年に刊行された．

五道 ごどう pañca-mārga (Skt.)

*阿羅漢や菩薩の心的向上のさまざまな段階を体系化したもの．多くの大乗仏教直前の各部派以降，とくに瑜伽行派で強調された．五道とは以下のようなものである．(1) *資糧道．必要とされる功徳と知の集積を蓄える道．(2) *加行道．瞑想の技術を深化させる道．(3) *見道．

諸現象または*空性の真実の性質を直接に観察することを得る道. (4) *修道. 空の経験を幅広げ, 実体験とする道. (5) *無学道. すべての煩悩と, 本来的で永遠の自我を信じるなどの, 知りうるものについての邪見とが克服される道. 衆生が阿羅漢やブッダとして悟りを得るのは, この克服のときである.

五比丘 ごびく pañcavaggiyā (Pāli)

ブッダが*ヴァーラーナシーの鹿野苑において最初の説法 (初転法輪) をしたときに, それを受けた5人の行者の総称. *アンニャータ・コーンダニャ, バッディヤ, ヴァッパ, マハーナーマ, アッサジの5人である. この5人は以前, ブッダとともに行を積んでいたが, ブッダが苦行の道を捨てて*中道に従い始めたときに, ブッダを見限って去っていた. ブッダが悟り (菩提) を得てから5人のもとにやってきたとき, 初めは5人ともブッダの教えを聞くことを欲しなかったが, まもなくブッダの非凡な魅力に抗えなくなった. 説法を聞いた後, 5人はブッダの弟子となることを望み, 仏教の最初の出家修行者として出家した. →得度

五仏 ごぶつ five Buddha families (Jpn.)

ブッダや菩薩, 中期大乗経典の伝統に由来する神的存在や後代のタントラで採用される神的存在を5種に分類したもの. 各群は, 特別な性質を具えた特定のブッダによって率いられている. その群とは, 如来群 (*毘盧遮那), *金剛群 (*阿閦仏), 宝石群 (*宝生), 蓮華群 (*阿弥陀), 行為群 (*不空成就) である. この五仏の体系は, 初期の*三仏の体系にとってかわり登場した.

五仏 ごぶつ go butsu (Jpn.)

日本の密教において, マンダラの中心に位置する五体のブッダ. これには基本となる胎蔵界と金剛界の2種類のマンダラがある. 両者ともに*毘盧遮那 (→毘盧遮那) を中心におき, 従属する諸仏をその周辺の四つの重要な位置に配置している.

ゴプラ gopura (Thai)

寺院構内の入り口ホールを意味するタイの言葉で, とくにクメール王国で使用された.

護法 ごほう Dharmapāla (Skt.)

「ダルマを守る者」の意. ダルマとダルマを信奉する者をあらゆる負の力から守護する超自然的存在. チベット仏教においては, これは2種に分けられる. (1) *マハーカーラなどの高次存在が顕現したもの. (2) *パドマサンバヴァのような神通力をもつ者によって, ダルマを守護するよう強いられた低次存在.

護法【人名】 ごほう ⇨ダルマパーラ

御本尊 ごほんぞん ⇨本尊 ほんぞん

護摩 ごま homa (Skt., Pāli)

ヴェーダ時代の火を用いた儀礼. ホーマともいう. 神々のために供物が火にくべられる. タントラ仏教にも導入され, 外的および内的な障碍を排除するために執り行われた. 鎮護, 増益, 調伏, 排除など, どういった効果を望むかに応じて, かまどの形状や使用する薪, 供物の種類に至るまで, さまざまな形式の護摩が具体的に定められている.

虚無僧 こむそう komusō (Jpn.)

日本において, *普化宗に属して遊行した僧侶. 竹の笛を吹きながら, 田舎をあちこち回った. 個性を隠すことのできる, 蜂の巣型の特徴的な竹でできた帽子によって見分けられた.

ゴムパ gompa (Tib., dgon-pa)

僧院または隠棲所. 伝統的に, 聴覚が届く距離だけ直近の村とは離れている.

虚妄分別 こもうふんべつ abhūta-parikalpa (Skt.)

「実際でないものを想定または投影する作用」の意. 他に依存した, 相対的な (*依他起) *自性の機能を表す, 瑜伽行派の重要概念. これにより, 対象を認識する主体と認識される対象との誤った分別が, 経験に焼きつけられ, 想定さ

れた(*遍計所執)自性となる．→依他起，所取・能取，遍計所執

コーリヤ Koliya, Koḷiya（Skt., Pāli）

ブッダの時代のインドにおける共和制の一氏族の名．彼らの領地はブッダの属する氏族である*シャーキャ族と近接しており，両氏族は姻戚関係を結んでいた．両者の土地はローヒニー川で区切られており，ブッダは一度水利権をめぐる両者の諍いを仲裁した．ブッダの死後，コーリヤ族は遺骨（*仏舎利）の8分の1を与えられ，その上に*ストゥーパを建立した．

根 こん indriya（Skt., Pāli）

「感覚器官」の意．個々の人間が有する感覚器官またはその能力や機能を指し，通常，以下のような22種に分類される．6種の感覚の基体（*処），すなわち眼耳鼻舌身意（1～6）．性に関する3種の要因，すなわち女性性，男性性，生命力（7～9）．5種の感覚，すなわち身体的な快楽，身体的な苦痛，幸福，悲痛，無関心（10～14）．5種の精神的機能，すなわち信仰(*信)，活力（*精進），注意深さ（*念），瞑想（*三昧），洞察（*智慧）（15～19）．3種の涅槃に関する機能，すなわちいまだ知られていないことがらの知識，高位の知識，完全な知識（20～22）．これら3種はそれぞれ，涅槃に至る道（*聖道）への到達，涅槃へ至る流れに入った者（*預流）となること，*阿羅漢の段階のおのおのを特徴づけるものとされている．

権化 ごんけ avatāra（Skt.）

「降下」の意．元来は神が人間界に顕現・転生することを意味するヒンドゥー教の用語であり，ヴィシュヌの十化身がその典型である．仏教においても，ブッダが*応化身として現世に顕現することを表して用いられることがある．

金剛 こんごう ⇨ヴァジュラ（金剛）

金剛薩埵 こんごうさった Vajrasattva（Skt.）

「堅固な生き物」の意．チベットのタントラの伝統における，精神的な浄化と悪い心的傾向の克服に関連するブッダ．色は白で，不壊の清浄性を象徴する雷挺（*ヴァジュラ）を右手に持ち，憐れみを表す鐘（*ガンター）を左手に持った姿で描かれる．彼の100音節のマントラはよく知られており，チベット仏教のすべての学派で共通して唱えられる．

金剛手 こんごうしゅ Vajrapāṇi（Skt.）

8人の偉大な菩薩の一人で，とくにタントラの教えの伝達に関連する．その名は彼の象徴として手（パーニ，pāṇi）に持った雷挺（*ヴァジュラ）に由来する．図像法としては，黄色の温和な姿あるいは紺色の忿怒に燃える姿で現れる．

金剛乗 こんごうじょう Vajrayāna（Skt.）

「ダイヤモンドの乗り物」の意．後代のインドで密教の道（*乗）を指して用いられた語．その名は悟り（菩提）の不滅性と，現象と*空性の，または憐れみ（*悲）と智慧の不可分性を象徴して用いられた雷挺（*ヴァジュラ）のイメージからきている．

金剛智 こんごうち ⇨ヴァジュラボーディ

『金剛頂経』 こんごうちょうきょう *Vajra-śekhara Tantra*（Skt.）

1.「ダイヤモンドの頂上というタントラ」の意．*『一切如来真実摂経』の，チベット語訳のみ現存する補遺文献．補遺文献は根本のタントラから起こる一連の疑問を解明するものである．

2. それに相当する漢訳の中で，唐代に*ヴァジュラボーディ，*シュバーカラシンハ，*アモーガヴァジュラによって漢訳された『一切如来真実摂経』の諸部分に一般的につけられている題名．

『金剛般若経』 こんごうはんにゃきょう *Vajracchedika Sūtra*

「智慧の完成」（*智慧波羅蜜）に関する文献集成の中の，必要不可欠な教えをわずかな短い詩節に凝縮した短いテキスト．300年頃につくられ，何度もチベット語と中国語に翻訳され，般若経典類の中心にある「空性」または「空虚

であること」(*空性) の教義の要約として，現在なおきわめて人気が高い．正式名称は『ダイヤモンドを切るものという「智慧の完成」の経典』(ヴァジュラッチェーディカ・プラジュニャーパーラミター・スートラ，*Vajracchedika-prajñapāramitā Sūtra*).

『金光明経』 こんこうみょうきょう *Suvarṇa-prabhāsottama Sūtra*

「黄金の光の経」．ブッダの広大無辺なあり方を強調し，ブッダの諸法における遍在を説いていることで非常に重要な大乗経典である．ブッダが*悲の心を起こし飢えた虎に身を捧げたという有名な物語が含まれている．この経の教義が含意する「ダルマは寺院と国家の区分を超越している」という政治的な意味合いによって，とくに奈良時代の日本において影響力を有した．

コンゼ，エドワード Conze, Edward (1904-1979)

ドイツの仏教学者．1930年代にナチス政権から亡命し，大英帝国に居を構えた．サンスクリット語で現存する大部の*『般若経』に関する先駆的な著作で有名である．『般若経』の多くを校訂・英訳し，それらのテキストから得られた資料をもとに『サンスクリット語・英語辞典』(*Sanskrit-English Dictionary*)を著した．また，*仏教協会といった，ロンドンのさまざまな仏教センターで教鞭をとった．多少粗野なところはあるが感動的な自伝『現代グノーシス主義の回顧録』(*Memoirs of a Modern Gnostic*) を著したものの，一部しか出版されていない．

言説 ごんせつ vyavahāra (Skt.)

1. 一般的には宗教の領域に対する現世的，世俗的生活の領域．

2. 言語に関しては，ブッダたちが悟りをひらいていない生き物と意思疎通するために用いる*世俗的な名称や話し方．これと対比して，仏教哲学の術語は事物の本性を正確に余剰なく記述するものと考えられている．

3. とくに*中観派の思想では，究極的な真実 (*勝義諦) に対立するものとしての相対的または慣習的な真実 (*世俗諦) を含意して用いられる語．

根本識 こんぽんしき mūla-vijñāna (Skt.)

基礎的な，すなわち根本の意識であり，*大衆部に関係する概念である．この形態の意識は知覚による意識の補助として働くといわれ，*瑜伽行派の「蔵の意識」(*阿頼耶識) の概念の先駆とみなされることもある．

根本説一切有部 こんぽんせついっさいうぶ Mūla-sarvāstivāda (Skt.)

後代の注釈者たちの説明するところでは，7世紀に仏教の*説一切有部が，それ以前にそこから独立した三つの分派と区別するために採用した呼称である．それは説一切有部内の一派で，*『大毘婆沙論』中心の教義と同書が*阿毘達磨に与える特権とを受け入れない*経量部への別名であると考える者もいるが，「根本」(ムーラ，mūla) の語は説一切有部が他派の由来するところの親学派であることを示す．根本説一切有部と説一切有部の*阿含は異なるにもかかわらず，前者の語は後者の別称にすぎないと考える研究者もいる．他の者たちは，毘婆沙師であったカシミールの説一切有部に対して，19人のガンダーラの説一切有部メンバーが根本説一切有部あるいは経量部を自称したと示唆する．この学派の律はかなりの量がサンスクリット語で現存しており，のちにチベットで標準的な教団規則として採用された．

『根本中頌』 こんぽんちゅうじゅ *Mūla-madhyamaka-kārikā* (Skt.)

「中観派の体系についての根本詩節」の意．大乗仏教の*中観派の基礎となった，*ナーガールジュナによる最も重要な作品．27章に配置された448詩節からなる．その全体の目的は，*縁起や存在，無常，束縛，解放を含む仏教・非仏教の哲学的概念と理論を具体化することで現れる矛盾に，光を当てることである．ナーガールジュナの意図はそれらの概念の根拠となる実体的あるいは自律的な実在 (*自性) の不在を立証し，そのような誤った見解を，縁起から必然的に導かれる空性の理解におきかえることである．この作品には*ブッダパーリタ，*バーヴァヴィヴェーカ，*チャンドラキールティ，*スティラマティといった後代のインドの学僧たちによって多くの重要な注釈が書かれた．

サ

坐 ざ āsana (Skt.)

瞑想の実践の座となる，ヨーガの姿勢の一種．両足を反対足の両腿の上に安んじる蓮華座（パドマーサナ，padmāsana）が，最も広く行われる例である．

西牛貨洲 さいごけしゅう ⇨アパラゴーヤーナ

再生 さいせい rebirth

死後に生まれ変わるという信仰．この考えは仏教以前のもので，古ウパニシャッド（前800年頃）において最初に見受けられる．この観念はインドの諸宗教で広く行き渡り，個人はある生から次の生へと連続すると信じられている．再生に対する信仰は業の教義から必然的に導かれるものであり，その業の教義では，道徳上の行為の結果として善悪の果報が後に経験されると考えられている．仏教では，再生時に赴く領域として6種があげられている（→有輪，趣）．再生は仏教思想における「所与」の一つであって，今日まで至る所で真実とみなされているため，教義として攻撃や保守の対象とされることはまれであった．再生の事実は，無数の前世の境涯をきわめて詳細に想起しうるといわれるすぐれた*行者（たとえばブッダ）によって経験的に裏づけることが可能であるとさまざまな典拠において主張されている．現代の仏教徒の中には，再生に対する信仰は仏教教義の本質的な部分ではなく，伝統や古代の文献の中で深く浸透した観念であることを示唆する者もいる．→転生

最澄 さいちょう Saichō (767-822)

日本の僧侶で*天台宗の開祖．767年敬虔な仏教徒の家庭に生まれた．最澄は父が比叡山に登り産土神に子供を授かるよう祈りを捧げた後に生まれた子である．12歳で寺に弟子入りし，14歳で得度し沙弥となり，19歳のときに受戒した．正式に僧となった3カ月後に隠棲のために比叡山の隠れ家に籠るという異例な行動をとった．788年に比叡山の頂上に寺を建てた．この時点で最澄の運命は急速に上向きに転換した．官僧を伴った知己が訪れて朝廷からの通知を伝えた．最澄は禅定の能力を買われて797年に官僧に任命された．802年に朝廷が*『法華経』講義の会を主催し，最澄は主要な講師として招かれ，このときに桓武天皇の個人的知遇を得た．794年に遷都された平安京は比叡山の麓に位置し，最澄は朝廷権力に近づいた．天皇の知遇を利用して，804年最澄は天台の文献を得るため入唐した．唐に着いた後ただちに天台山をめざした．最澄が訪れた時期が中国の天台宗の大きな変革と復興の直後であったことは幸運であった．唐における滞在許可を6週間超過して9カ月半滞在した．この超過した期間はその後の展開において重要である．最澄は帰国の船を6週間待ち続けたが，その間に唐の密教の師匠順暁と知り合い短期間の学習の後，順暁から密教の付法を受けた（→密教）．最澄は805年に帰国したが，桓武天皇には死期が近づいていた．最澄が唐から持ち帰ったすべての教えの中で天皇が最も関心を示したのは，密教の儀礼とその執行であった．最澄は要請に応えて天皇のために密教の儀式を執り行い，その見返りに新しく天台宗を創設し毎年二人の弟子に戒を授けることについて朝廷の許可を得た．二人のうち一人は教義研究のため，他の一人は*灌頂のためである．最澄が帰国数日後に桓武天皇が没した．これを境に最澄の運は下降し続けた．その理由の一つは806年に*空海が密教の師および儀式の執行者としてはるかに格上の印信を得て唐から帰国したことである．二人はしばらく友好的関係にあり，812年に最澄は空海から2種の伝統的灌頂を受けた．

しかし，時の経過とともに空海は力を増し，宮廷内の影響力向上のための最澄の助力は不要になった．最澄が後継者と定めた弟子を含め最澄の下の密教僧たちは空海の下へと去り始め，最澄は厳しい打撃を受けた．二人の関係が悪化したのは最澄が阿闍梨灌頂を授けてくれるよう空海に接触したときである．空海はすぐさま返

信を送り，その中で最澄はまず3年間空海のもとで学習する必要があると述べた．翌年には空海が最澄に対する密教文献の貸出を拒み，関係は永久に崩壊した．このときまでに最澄の教団は悲惨な状況に陥り，817年に比叡山を去り教団再建のために東国に退いた．このとき，最初に最澄がしたことは『依憑天台集』（天台宗の基礎）を編纂したことである．この書は都にも出回り*法相宗の僧侶徳一の注目するところとなる．徳一は論駁書を著した．この*論争は天台宗を永続的に確立することに結びついた．これは徳一個人の論議に留まらず，最澄を論争に誘い出すという政治的立場を背景にしていた．当時法相宗は僧侶の監督機関としての責任があり，最澄の著作が宮廷に届くことを差し止めようとする立場にあった．当局は最澄を遮断しようと意図していたが，普段は口を慎み謙遜な最澄が不満をつのらせ自分の主張に強く固執したため，結局この騒ぎは朝廷の知るところとなった．初期の段階では授戒の手続きに小さな変更を加えることを唱えていた最澄であったが，やがて比叡山は*律宗による小乗戒を完全に免除される大乗寺院である旨が布告されるべきであると要求した．そのかわりに大乗経典の*『梵網経』による授戒を行うと主張した．『梵網経』による戒は菩薩戒であり，伝統的な戒を補完するに留まり，それに代替する内容のものではない．このように既存の体制にとって最澄の立場はまったく容認できないものであった．最澄の見解では，釈迦が最初に説教を開始したときに与えた小乗戒は仏道の初心者，仏道の学習や瞑想に時間を割くことができない人々，仏道の進み方が緩慢であるために特別な道徳規範や教えを必要とした人々などの集団に与えられたものであった．最澄の認識では日本の状況は異なり，仏教はすでに長い間普及し大乗の教えは確立されており，人々は単純な小乗の教えや修行をもはや必要としてしない．日本は人々の宗教的能力が完全に成熟している国であり，小乗の戒律を免除することが適切であり，それにかわる菩薩戒を解脱のためのより効率的な経路，最澄の言葉では円戒として適用することが適切であると主張した．しかし非運が訪れた．この論争の緊張によって最澄の健康は悪化した．最澄はこの論争が解決しないまま822年に56歳で没した．おそらく最澄の死が契機となったのであろう，朝廷は天台の僧は独自の仕方で受戒できるという最澄の要求を死の7日後に認めた．

祭典 さいてん festivals

古い文献を見る限り，初期教団内で開かれた祭典に関してはいささか厳格な印象を受けるであろう．その一例としては，舞踊・歌・音楽・観劇はすべて八戒（*八斎戒）中の第七戒によって禁じられている．しかし，祭典に対する一般的な姿勢は，それほど厳格であったとは考えがたい．とくに在家者にとっては，満月祭のような前仏教的な祭典がほぼ変わることなく実施されていたようである．また，*布薩や*カティナのような，明確に仏教的な儀礼も発展した．そして，在家者とのかかわりが増すにつれ，この種の宗教的行事によって大衆的祭典の機会ももたらされるようになった．ブッダの誕生や悟り（菩提），*般涅槃といった，ブッダの生涯における注目すべきできごとは5月の満月の日に祝われる．この祭典はスリランカでは*ウェサクとして知られ，タイではウィッサーカー・プージャーとして知られている．ブッダの*初転法輪は*アーサールハ・プージャーにおいて祝われる（→エサラ・ペラヘラ）．日本では，ブッダの誕生は4月8日に花祭として祝われ，ブッダの悟りは2月15日（涅槃）に，ブッダの死に関しては12月8日（臘八）に祝われる．仏教徒の祭典の多くは，チベットの「大願祭」（チベット語でムンラム・チェンモ，smon lam chen mo）のように，新年の祝宴と同時に祝われるものや，種蒔きや刈り取りといった農耕サイクル上の行事と同時に祝われるものが多い．*ポソン祭は，スリランカにおける仏教の伝来を祝ったものである．中国では，「空腹の亡霊」（*餓鬼）の祭典が民間ではきわめて普及している（→放焔口）．東アジアのように仏教が他の諸宗教と共存するところでは，仏教の祭典が儒教や道教，神道といった地方の伝統的祭典と融合することもしばしばである．

『西遊記』 さいゆうき *Monkey or The Monkey King* (Chin., *Hsiyu chi*)

この作品は，奇想天外なつくり話の世界に関する不可思議な小説である．この世界では，神や鬼が大規模に現れ，その支配権を争っている．この小説は初めは口述と筆記のシリーズであったが，明代の公的な学者である呉承恩（1500-1582）が最終的な形式を定め，1592年に出版された．物語は唐代の比丘，*玄奘（596-664）が仏教経典を求めて砂漠を通過してインドに向かった旅がベースとなっている．道中で，猿の「王」の孫悟空に出会い，山の下に囚われている彼を救出した．この猿は並々ならぬキャラクターで，岩から生まれ有名な道教の師のもとで学び，魔法と*武道の並はずれた能力と不思議な武器を手に入れた．ブッダによって囚われる前には，何年間も玉皇に反乱した（批評家によると，中国の皇帝に抵抗した地方の将軍の反乱を天界で類似させたもの）．ブッダは，81の危難に会う際に玄奘に付き添い，護衛し案内するものとして仕えることで罪滅ぼしができるように，玄奘が彼を見つける手配をした．『西遊記』は，3部に分かれている．(1) 猿の神霊の初めの歴史，(2) 玄奘一行とインドで経を取ってくる旅の前の生活に関するつくりごとの歴史的記述，(3) 玄奘と孫悟空，その他2人の動物の連れ：猪八戒（もとは天界の将軍であったが，妖精を暴行して罰せられ豚に姿を変えられた）と沙悟浄（海の怪物に変えられた）が直面した危険と災難を列挙したおもな物語．漠然と歴史的な事実にもとづいてはいる一方で，この小説は中国の民間伝承や伝説の宝庫であると同様に，その形式，構造，生き生きとした心理描写，テンポにおいて文学の傑作である．

サキャディーター Sakyadhita

1987年に創設された組織で，その名称は「ブッダの娘」を意味している．その名称が示唆しているように，この組織は仏教徒の女性の地位を改善するために存在し，それは会議やセミナー，討論を通じて行われている．サキャディーターは『サキャディーター・ニューズレター』(*Sakyadhita Newsletter*) の出版も行っている．会員資格は，世界中の在家女性と尼僧に開かれている．尼僧が*得度した系譜の多くは歴史上さまざまな時点で途絶えてしまっていたため，サキャディーターは女性の参加を広く認める得度の別の形態を進展させることに専心している．インドの*ボードガヤーで開かれた1987年の設立集会で示されているように，サキャディーターの目的は次のとおりである．(1) ブッダの教説の実践を通じて世界の平和を促進すること，(2) 世界中の仏教徒の中で女性間コミュニケーションのネットワークを構築すること，(3) 仏教における諸伝統の中での調和と理解を促進すること，(4) *仏法の教師としての女性教育を促して助成すること，(5) 女性が仏教を研究し実践するために施設を改良して提供すること，(6) 現時点で存在していないところに比丘尼僧伽（正式に得度を受けた尼僧のコミュニティ）を設立できるよう助成することである．

サキャ派 Sakya (Tib., Sa-skya)

チベット仏教の四大学派の一つ．その起源となった僧院がチベット南部のサキャ（灰色の大地）にあったことからそう呼ばれる．1073年にクン氏の一族が創始し，在家者ながら，伝統的に学派の指導者を務めてきた．サキャ派にはヴィルーパから伝承された*ラムデ（道程と果報）の教義が残るが，仏教論理学（*プラマーナ）と認識論への強い関心をもっていることが知られていて，それは*サキャ・パンディタ（1182-1251）の画期的な典籍に由来するものである．サキャ派は13世紀から14世紀にかけて政治的に影響力をもっていたが，とくに隣接モンゴルとの駆け引きによるものである．学派の指導者はサキャティジン (Sa skya khri 'dzin) すなわち「聖座の保持者」として知られる．現在の指導者は中国の侵攻後にチベットを捨て，現在インドのサキャ学院に居住している．

サキャパ Sakyapa

チベット仏教の*サキャ派に関連した人物やことがら．

サキャ・パンディタ Sakya Paṇḍita (1182-1251)

クンガ・ギェルツァンの尊称．クン一族の一人で，*サキャ派で最も著名な学者．モンゴルと取引することでかなりの政治的な影響力も保持した．1244年に彼はモンゴルの宮廷に招聘され，統治者であったゴダン・カンは彼の学識に感銘を受けたあまり仏教に改宗したほどであった．このできごとをきっかけに「保護者と聖職者」(*イェンチュー）という関係が始まり，サキャ派の*ラマたちはモンゴルの宮廷に宗教上の教授者として仕えるようになった．サキャ・パンディタはサンスクリット語の読解に長けており，仏教論理学（*プラマーナ）への造詣が深かったことは有名で，それは短編だが影響力の大きい小論集である『正しい認識の宝蔵』（ツェマリクテル，*tshad ma rig gter*）からうかがいしれる．これらの典籍は，インドの偉大な哲学者である*ディグナーガと*ダルマキールティが定めた論理学に関する取り決めを注釈したものである．

サーケータ　Sāketa

古代インドの，コーサラ国の街．現在の*アヨーディヤーまたはスジャーンコート近辺にあった．政治的には重要な場所ではないが，ブッダはその後半生に，毎年の雨季の安居を過ごす場所として，何度もこの地を選んだ．

『サーサナヴァンサ』　*Sāsanavaṃsa*

文字どおりには「教義の年代記」の意．1861年にビルマのパンニャサーミによって編集された2部からなる聖職者の年代記．前半はブッダの誕生に始まり，第三結集（→パータリプトラ会議（第2回））へと至って，9カ国へ伝道師を送るまでが記され，それらの国々の宗教の記述が含まれる．後半はすべてビルマにあてられている．

坐禅　ざぜん　zazen

字義として「禅において坐ること」を意味する日本語．日本の禅において坐して瞑想する修行を指す．

サダー　sadā（Burm.）

ビルマでは，生後すぐに，また定期的に生涯を通して，とくに日常で主要な変化が起きた場合や今にも起きそうなときに意見を求めるために天宮図で占う．天宮図はタイの北部でチャタとして知られており，配置された天体の要素（天体，重要な点，土地の位相など）の星座を図に記す．並列したこれらは，個人の人生の展開に影響を与えると考えられている．正当な仏教は*占星術への信仰をやめさせているが，多くの仏教徒は，天宮図を通してわかるものとしての運命の考え方と，業や道徳上の行為によって決定されるような個人の未来との間に矛盾を見ていない．運命は，日常生活の変化をこえて影響を及ぼす力とみなされているが，一方で業は生と死のできごとのような人間の運命のより根本的な面を決定すると信じられている．

サーダナ　sādhana（Skt.）

タントラ仏教の瞑想の要となる型で，可視化の過程を通じて特定の神聖な存在と合一・一体化し，主体と客体を*空性に継続的に解消することを達成しようとするもの．実習法のそれぞれは，長い年月を通して編集された論書や儀礼文献のどれか一つにもとづいている．チベットにおけるタントラ仏教におもに関連しているが，中国や日本においても，同類の文献やその実習が存在することが知られている．

サッダーティッサ　Saddhātissa

ドゥッタガーマニ王の弟で，在位前77-59年のスリランカの王．王であった父の死去により王位を継承したが，王位をめぐって兄と戦争になった．サッダーティッサが敗北したが，最終的にこの兄弟は和睦した．

殺仏　さつぶつ　kill the Buddha

中国の禅師，*臨済義玄（866年頃）に帰せられる教え．省略せずにいうと，彼の教えは次のとおりである．「もしあなたが仏に会ったら，仏を殺しなさい．もし師に会ったら，師を殺しなさい．もし*阿羅漢に会ったら，阿羅漢を殺しなさい．もし両親に会ったら，両親を殺しなさい．……こうしてあなたは自由を得る．」(*大正新脩大蔵経 no.47,500頁b）禅の伝統では，彼の意図するところは生徒に自身が仏であり，師であり，阿羅漢などであり，自分の外部にある人物に依存し，間違って客観化し，過度に崇敬する必要のないということを理解させるためにショックを与えることである．

『サティパッターナ・スッタ』 *Satipaṭṭhāna Sutta*

瞑想の実践に関してパーリ語でなされた重要な説法で，以後長い時代にわたって継承される仏教の瞑想の方法の基礎を築いた．この説法は，パーリ正典においては，*長部の中のもの（『マハーサティパッターナ・スッタ』（*Mahāsatipaṭṭhāna Sutta*）として知られる）と，*中部の中のわずかに短いものとの，2カ所でなされている．サティパッターナという名称は，「*念を確立すること」という意味であり，身体，感受，心，観念（仏教の教義に関する諸概念）のそれぞれにかかわる4種の瞑想の実践を描写している．瞑想する者は，これらのうちの一つを瞑想の対象として選んで修し，それに集中することで体と心を落ちつけ，*禅定に入る．このような実践の局面は，この説法においては特定の名称を得ていないが，後に*止として知られるようになった．これに続く局面が，*観として知られるものである．すなわち，瞑想の対象を，直接に経験するために，無常，苦，無我という*三相を有するものとして，仏教の教義に照らして分析的に考察するものである．

左道タントラ さどうタントラ left-hand tantra

ヒンドゥー・タントリズムに由来する語であるが，仏教の文脈では一部の学者により誤って性的な*ヨーガや兇暴な破壊の儀式，その他の形態の反道徳的行為を説くタントラを指して用いられている．

悟り さとり enlightenment

サンスクリット語ボーディ（菩提）の一般的な訳語であるが，菩提は厳密には「覚醒」を意味し，「悟り」を意味してはいない．「悟り」という訳語は二次文献で広く確立されてきたものではあるが，西洋における文化的・歴史的関係から見た誤解の可能性があるとして，この訳語を非難する研究者もいる．悟りの状態は，仏教における修行道の極致を特徴づけるものである．悟りの原型は，ブッダが35歳のときに菩提樹のもとで涅槃に達したときの悟りであり，続いて多くの弟子たちも同じ目標に到達した．

日本の禅仏教では直観的に真理を体得することをいう．それは概念的な思考を超越し「言葉や文字」によっては表現されえない．悟りにはさまざまな段階があり，修行者は不断の訓練によって悟りの体験を深めてゆく．→見性

サネイ・ギョダイ sanei gyo-daing (Burm.)

「惑星の配置」を意味するビルマ語．これは，ブッダの像のある*ゼディの近くの小さな聖堂から成り立っている．ブッダの像に対する信仰は，彼らが生まれた週の日にしたがう．ふつう八つの配置があり，水曜日が2日に分かれて配置されるビルマの週のそれぞれの日に一つずつある．→ビルマの仏教

サハジャ sahaja (Skt.)

「生来の」の意．悟り（菩提）や清浄性が，それらを妨げる後天的な性質とは反対に，元来から存在していることを示す語．→サハジャヤーナ

サハジャヤーナ Sahajayāna

タントラ仏教の後期の無律主義の一派．*サラハなどの幾人かの偉大なる成就者（*マハー・シッダ）たちがかかわり，後にチベット，とくに*カギュ派で人気を得た．通常タントラ仏教の行法としてみなされるが，タントラの行法と標準的に関連した複雑な儀礼や観相はサハジャヤーナの行法ではほとんど用いられない．→サハジャ

サハンパティ Sahampati

*スッダーヴァーサからきた天．パーリ正典の中に数回現れるが，最も有名なのは，ブッダが悟りを得たすぐ後，ブッダが法を説くべきかどうか躊躇しているときのことである．現れて，「目の前にわずかな塵だけがある」者たちが解脱を達成できるよう，ブッダに法を説くように懇願した．

坐蒲 ざふ zafu (Jpn.)
小さな円形もしくは弦月型のクッションで，坐禅のときに通常*座蒲団の上に敷く．

座蒲団 ざぶとん zabuton (Jpn.)
1m四方の四角い布団で，東アジアの仏教徒が坐禅修行をするときに用いられる．座蒲団は膝のクッションになり，座蒲団の上に置く*坐蒲は尻のクッションになる．

サホル Sahor
チベットの資料ではザホルとされる．中世初期インドの小王国で，タントラ仏教の資料には仏教タントラが初めて明らかにされ，編纂されたところの一つとして言及される．正確な位置については議論の余地があり，*オッディヤーナとの間で何らかの合併があったようで，両国ともインドラブーティ王の支配下にあったとされる．現在の西ベンガルすなわちオリッサのどこかに位置していたようである．チベットの資料には，*アティシャがやってきたのはサホルかもしくは他の西ベンガルとされており，両地方が同一であることを支持する．

『サマンタパーサーディカー』 *Samantapāsādikā*
ブッダシリーの求めに応じて*ブッダゴーシャが5世紀に著した，パーリ正典の律蔵に対する注釈.「バーヒラ・ニダーナ」という序章がつけられており，スリランカにおいて律蔵ができあがるまでの仏教の歴史に関して述べている．内容は，『マハーパッチャリー』(*Mahāpaccarī*) と*『クルンディー・アッタカター』という，より古い二つの注釈にもとづいている．

『サーマンニャパラ・スッタ』 *Sāmaññaphala Sutta*
パーリ正典のうち，*長部の2番目の説法．標題は，「宗教的生活の成果についての説法」と訳すことができる．*沙門すなわち宗教的な行者の道に従う者に生じる福徳が，主題となっている．ブッダが*アジャータシャトル王を訪問した場面が，この説法の舞台となっている．王は，宗教的な生活の核心について尋ね，以前に同じ質問を他の6人の宗教的な教師にしたものの，満足できる回答を得られなかったと明かす（→六師外道）．ブッダは，答える中で，ブッダの教える宗教的な生活が，どのように*阿羅漢の高次の知識（神通，アビジュニャー）に向かって段階的に導いていくかを説明する．王は，この教えを賞賛し，父親を殺したことへの悔恨を表明しながら在家信者となる．王が去ってから，ブッダは，王にこの罪がなかったならば，*聖道の最初の段階に至っていただろうにと考えるのであった．

サーミンダヴィサヤ Sāmindavisaya (Pāli)
パーリ語の，タイ（以前のシャム）の名称．

サムイェー Samyé (Tib., bsam-yas)
チベットで最も古い僧院と訳経場であり，767年にディソン・デツェン王の治世に建立された．建立時に*パドマサンバヴァが敵対する土着の神格を鎮める役目を務め，*シャーンタラクシタがインドの僧院（*精舎）である*オーダンタプリー寺の構造をもとに設計した．*カマラシーラと*マハーヤーナ和尚が討論した場所として有名であり，*ラサの宗論として知られる．伽藍は文化大革命の際に中国の人たちに著しく破壊され，冒瀆されたが，近年，復興事業がなされている．

サムイェー・リン Samyé Ling
スコットランド・ダンフリース州にあるチベット仏教の施設．*カギュ派の伝統を支援しており，1960年代後半にアーナンダ・ボーディによって設立され，*トゥンパ・チョギャムに譲渡された．トゥンパ・チョギャムが英国を去った後は，アコン・リンポチェが僧院長，監督者として施設を引き継ぎ，その指導のもと，チベット様式の僧院建築(*ゴムパ)が建てられた．施設は静修と学習への設備を提供するとともに，チベットの伝統的な技芸を育成する．さらに近年では聖なる島（ストラスクライド）を購入し，長期の静修と互いを信頼する交流のための適当な環境を提供しようとしている．

侍 さむらい samurai

中世後期の封建領主による土地所有制である荘園とともに発展した日本の武士層を構成する人々．中世においては中央政権が弱体化し，地方貴族は自己の武力を調達することができた．1192年に成立した鎌倉幕府（→鎌倉時代）による武家統治は1868年の明治維新まで続いた．侍と主君との関係は名誉，英雄主義，忠誠を強調する*武士道として知られる行動規範により規定された．多くの侍は仏教，とくに禅を戦闘における精神集中や死に際しての超然とした態度の涵養に有益であると考えていた．→武士道

サヤド Sayadaw（Burm.）

僧院の院長を指すビルマ語．

『サーラッタッパカーシニー』 *Sāratthappakāsinī*

「本質の意味を明かすもの」の意．*相応部に対する，*ブッダゴーシャの注釈の題名．

サラハ Saraha

タントラ仏教の達人（*マハー・シッダ）の名．今日のオリッサ州にあたる地域の出身といわれる．9世紀に活動したと考えられるが，その生涯は神話的に伝えられており，詳しい年代はわかっていない．彼は*サハジャヤーナの代表的な論客であり，その教えは*ドーハーと呼ばれる特徴的な様式の詩歌によって伝えられた．彼に帰される，*アパブランシャで書かれた少数の詩歌が今日に伝わっている．

サーラ・ロン・タン saala long tham（Lao）

比丘と在家信者が仏教の教えを聞くための広くスペースの空いた小屋を意味するラオスの言葉．

『サルヴァ・マンダラ・サーマーニャ・ヴィディ・グフヤ』 *Sarva-maṇḍala-sāmānya-vidhi-guhya*（*Tantra*）

「一切の曼荼羅のための全般の儀式に関する秘密タントラ」．重要な初期タントラ仏教の作品で，後に*クリヤー・タントラに分類される．*灌頂のためのマンダラの作成と使用に関する基本的な手順について述べている．サンスクリット語は残っておらず，チベット語訳と漢訳のみ現存する．

サールナート Sārnāth

仏教で重要な町の一つ．今日の*ヴァーラーナシーの北方約10kmに位置し，ブッダが*菩提を得た後に*初転法輪を行った*鹿野苑があることで知られる．彼はその後も何度かこの町を訪れており，12世紀までは仏教の重要な拠点の一つであった．近代の発掘作業により，巨大なダメーク・ストゥーパやダルマラージカ・ストゥーパ，多数のブッダ像を含む*精舎や*ストゥーパの大規模な遺跡が発見された．

サルボダヤ Sarvodaya

スリランカに源を発する改革運動で，近代的な都市社会の崩壊と物質主義を治癒するために，仏教の原理にもとづいた伝統的な村の生活へと回帰することを主張する．「サルボダヤ・シュラマダーナ」(Sarvodaya Shramadana) の名で呼ばれることが多い．「サルボダヤ」とは「すべての衆生の良き生活」を意味し，「シュラマダーナ」とは，相互扶助と実際的な共同計画への参画を表す,「労働の布施」を意味する．典型的な共同計画としては，井戸を掘る，道を敷く，学校を建てる，医療を提供する，村落民に農業と畜産業の新技術を教える，などがある．出家修行者も参加を許される在家信者の運動であり，1958年にA.T.アーリヤラトネーにより始められた．拠点はスリランカにあったが，世界の先進地域にも後進地域にも*社会参加仏教が広まるにあたり，大きな影響を与えた．スリランカの村落の3分の1（約8000カ村）がこれと提携したが，この運動は，独自の財政と政策を実施する村落覚醒会議を通じて動きながらも，各地に分散したまま続いた．この運動は，仏教が「社会的な福音」に欠けているとする非難に対する反応であって，世俗の領域と宗教の領域とが協調的に歩んできた伝統的な村落と僧院（*精舎）との共存関係へと，回帰することを特徴としている．

三阿僧祇劫 さんあそうぎこう three uncountable kalpas (Skt., try-asaṃkhyeya-kalpa)

〔「三つの数えきれない*劫」の意.〕大乗仏教でいわれる，菩薩が悟り（菩提）に至るために必要な時間．一つの「数えきれない劫」(無央数劫）が正確にどのくらいの年数になるのかについてはさまざまな説があるが，10^{51}年，10^{59}年，10^{63}年といった年数が与えられている．また，「想像すらできない期間」として説明する文献もある．

サンガ ⇨僧伽 そうぎゃ

三界 さんがい three realms (Skt., tridhātu, triloka)

「三つの世界」の意．輪廻および再生が行われる3階層の世界．仏教の*宇宙論は，*古代アーリア人が想定していた，大地，大気，空という3階層よりなる世界の考えを採用しつつ，それらを「欲望の領域（*欲界）」，「形態の領域（*色界）」，「無形態の領域（*無色界）」と呼び変えた．人間は最下層の欲界に生き，他の*六趣に住む者たちとともに，いまだ*欲望から離れていないために再びこの領域に生まれ変わる．色界には欲望は存在しないが身体は残っており，無色界には欲望と身体のいずれも存在しない．ある領域から他の領域へ移動するには二つの手段がある．自らの業に従ってその領域に再生するか，禅定の実践によるかである．これらの領域は*界やアヴァチャラ（avacara）と呼ばれることもあり，*欲界，カーマ・アヴァチャラ（kāma-avacara）といった名称も用いられる．

三階教 さんがいきょう San-chieh-chiao

中国仏教の一宗派．隋代に*信行（540-594）によって創設された．この宗派は，基本的な理論として，現在の世界と仏教の歴史が，真実のダルマの時代，偽りのダルマの時代，最後のダルマの時代と3期に分けられるという考えをとる．中国仏教史のこの時代には，多くの思想家が3期の思想の意味と，仏教の教えがそれぞれの期間においてどのように発展したかの考えを提出した．信行によると，*『法華経』の読みにもとづいて，一乗の教えを証言する最初の時代，(*声聞・*独覚，菩薩のための教えと実践に分けられる）三乗を説く2番目の時代，3番目の時代は6世紀半ばに始まり，彼自身の教えに支配されるべきとしている．真実の教えがなく，世界に教師がいないために，彼の信者は，伝統的な僧団に住まず，経典を学ばず，通常行われてきたように仏像の前で祈禱したりはしない．しかし，中庭と離れ家に住み，その人々の間を移動する．自身を清めようとして厳格な規律を保持する．彼らはまた，世界で堕落がいきわたるにつれて神聖さもいきわたるので，あらゆるものに*仏性が存在すると信じている．この仏性の普遍性のサインとして，彼らは，仏と敬ってすべての人と生き物の前で屈服した．7世紀に，慈善家（*布施）の支持によって，長安の化度寺内に無尽蔵院が設立された．この無尽蔵院は，施設の貸与や施しもの分担や借金の返済として機能した．その富は大きくなり，無尽蔵院の規模が皇帝の宮中に警告を与えるほど潜在的に経済力をもつまでになった．これによって，その時代の堕落と支配権力の違法性への非難もあって，最終的に713年に政府はこの宗派を解散させ，その資産を没収することとなった．

サンガバドラ Saṃghabhadra (5世紀)

北インドの*毘婆沙師の学僧．衆賢ともいう．現象（ダルマ）が過去，現在，未来にわたり同時的に存在するという自派の教義を説明するために，刹那滅論を展開した．同時代に生きた年長の*ヴァスバンドゥの見解に対し，批判的であった．

サンガ法 Saṃgha Administration Act

1902年にタイで，*モンクト王の息子でチュラーロンコーン王の兄弟であるワチラヤーン（ヴァジュラニャーナヴァローラサ）王子によって草案・制定された法令．法律は，タイ各地にある僧伽を統一し，中央の管理と単一の聖職者の権威を与えるのが目的である．この法律によって，出家に関する僧団の教えと手続きが規格化されるため，国家によって組織された教育システムが提供された．僧団の僧院長は，それ以後は王や政府に任命されるようになった．法律の履行には何年も要したが，1921年にワチラヤーンの死去によって順調に進行した．この改革の結果として，タイは強力な統一された国家の僧伽とともに，植民地時代から抜け出した．このモデルは，各国の植民地の状況に適応されたけれども，ラオスやカンボジアでも模倣された．

サンガミッター　Saṅghamittā（前 280-221）

*アショーカ王の娘で，比丘マヒンダの妹にあたる比丘尼．18 歳で兄のマヒンダとともに出家し，その日のうちに，マヒンダと同様，*阿羅漢たることを得たといわれる．スリランカの*デーヴァーナンピヤ・ティッサ王の求めに応じて，その王の国で比丘尼の出家の伝統を創始するために，11 人の比丘尼とともにその地に赴いた．そのときに，菩提樹の原木のひと枝を持っていった．59 歳で亡くなるまで，スリランカに留まり続けた．葬儀の後，遺灰の上には*ストゥーパが建立された．

三帰依　さんきえ　triśaraṇa（Skt.；Pāli, tisaraṇa）

「三つの避難処」の意．ブッダ，ダルマ，僧伽の三つを指し，とくに信仰告白において言及されるものをいう．在家の者が仏教に入信する際の形式的な手続きは「避難すること〔帰依すること〕(taking refuge)」によってなされ，そこでは定型の文句「私はブッダに帰依する．私はダルマに帰依する．私は僧伽に帰依する．」が 3 度復唱される．（パーリ語では「ブッダン サラナン ガッチャーミ，ダンマン サラナン ガッチャーミ，サンガン サラナン ガッチャーミ（buddhaṃ saraṇaṃ gacchāmi, dhammaṃ saraṇaṃ gacchāmi, saṃghaṃ saraṇaṃ gacchāmi)」と唱える．）この文句の発声に続き，*五戒が発声される．タントラの影響を受けたチベットの仏教では，これら三つの帰依対象への接近は*グルの厚意に依存すると考えられ，上記の文句にグルへの帰依が加えられる．三つの帰依対象は*三宝とも呼ばれる．→ツォクシン

三教　さんぎょう　san-chiao

中国の「三つの教え」，おもに仏教，道教，儒教を意味する中国の言葉．

三教宗　さんぎょうしゅう　San-chiao school

明代頃に思想家の林兆恩と合体した中国の宗教の一派．林兆恩は表面上は仏教，道教，儒教の三教を方針の三つの側面として等しく基盤をおいた．実際には，林は他の二つよりも儒教を好み，両者を儒教の枠組みの中で再解釈した．

懺悔　さんげ　pāpa-deśanā（Skt.；Pāli, pāpa-desanā）

「誤った行いを明かすこと」の意．告白の儀式．仏教において，告白はキリスト教のような秘跡ではなく，神の力に赦しを求めることでもない．出家修行者も，聴罪司祭として行動することはないし，罪を赦す力を有してもいない．そうではなく，過失の告白は，恥（フリー，hrī）と自責の念（アパトラーピヤ，apatrāpya）が承認され放免されるようにすることによる，心理的な健康や心的な進歩への助けである，とみなされている．罪を犯した心は修行の深化の妨げとみなされ，誤った行いを認めることはそれを繰り返すことを防ぐと信じられている．出家修行者たちには，*布薩が催されるごとに告白の公的な機会が設けられている．*波羅提木叉が暗唱され，修行者が規律に対するすべての違反行為を，自らまたは他の者によって公表させられるときが，それにあたる．在家信者には，同様の儀式は設けられていない．

三時　さんじ　three periods of the teachings

仏教の歴史を区分する方法で，3 世紀のはじめ，中国の漢朝の滅亡に伴う乱れた時代に生じた．この教えによると，仏教の歴史は三つに区分される．最初は正しいダルマの時代（正法）であり，500 ～ 1000 年間続く，釈迦の死の直後の時代である．その教えには活力があり，人々にも理解し実践する力があり，多くは自らの力によって悟り（菩提）を獲得した．2 番目は偽りのダルマの時代（像法）であり，真の教えが何かはっきりとしておらず，教説が上辺の部分でしか存在していない時代である．この時代も再び 500 ～ 1000 年間続く．ただし，正確に教義を理解し，悟りを獲得することのできるすぐ

れた智慧を有した人間はほとんどいない. 3番目は最終のダルマ（*末法）の時代である. 人々の能力は脆弱であり, 教えが失われてしまった時代である. 中世東アジアにおける多くの仏教徒たちは, 当時を, 末法の時代に差し迫った時代, もしくはすでに末法の世へと到達した時代であると考えていた. 伝統的実践および教義に対する信仰が失われた結果, 解脱を獲得する手段として, *浄土仏教の場合ではすでに悟りを得た仏の力, *日蓮宗の場合では経文に頼るという, 新たな実践の形式が一般化したのである.

サンジャヤ・ベーラッティプッタ Sañjaya Belaṭṭhiputta

ブッダと同時代に生きた*六師外道の一人. 仏教の伝承によれば, 彼は懐疑論者であり, あらゆる問題について何ら確定的な見解を述べなかったとされる. 彼の考えは, 初期の仏典で「*アマラーヴィッケーピカ（鰻のようにヌルヌルとはぐらかす者）」と呼ばれる者たちの立場に似ている. *シャーリプトラや*マハーマウドゥガリヤーヤナは, ブッダの弟子になる前はサンジャヤを師としていたといわれる.

三十三天 さんじゅうさんてん trāyastriṃśa (Skt.; Pāli, tāvatiṃsa)

伝統的な*宇宙論において, 四方位を守護する4人の大王（持国天・増長天・広目天・多聞天), *四天王が住む領域のさらに上, *メール山の頂きにあるとされる天界の領域. 忉利天ともいう. *帝釈天がこれら二つの領域を支配する. 聖者がこの天界を訪れることもあり, 言い伝えではブッダは母の死後, 彼女がこの天界に生まれ変わると, そこを訪れて彼女に*阿毘達磨を教えながら数カ月間を過ごしたという. *マハーマウドゥガリヤーヤナもしばしばこの天界を訪れた. 名称の「三十三」とは, この天界にはヒンドゥー教の33柱の神々が住むという, ヴェーダ時代からの古い神話に由来する.

『三十頌』 さんじゅうじゅ ⇨『唯識三十頌』 ゆいしきさんじゅうじゅ

三十二相 さんじゅうにそう dvātriṃśadvara-lakṣaṇa (Skt.; Pāli, dvattiṃsa-lakkhaṇa)

ある者を偉大な人（*マハープルシャ）と認識するための, 32の身体的な特徴. これらの特徴は, ブッダおよび世界の王（*転輪王）の身体に見られる. *長部に含まれる『ラッカナ・スッタ（*Lakkhaṇa Sutta*, 特徴についての説教）』に枚挙されており, 足裏に車輪の形の痕があること, 手足の指の間に水掻きがあること, 手先が膝に届くほど腕が長いこと, 男根が体内に隠されていること, 歯が40本ありそれらに隙間がないこと, 舌が長いこと, 目が青いことなどがある. これらの特徴は, おそらく仏教以前からいわれていたものであり, 神々の特徴についての*婆羅門の伝承から取り入れられたのであろう. 眉間の渦毛や頭頂の肉髻等の細かい点は, 後に仏像や仏画, およびブッダの他の図像を特徴づけるものとなる.

三性 さんしょう tri-svabhāva (Skt.)

他に依存していること（*依他起性), 想像・構想されていること（*遍計所執性), 完成されていること（*円成実性）という三つの性質をいう. *瑜伽行派の重要な理論であり, *『解深密経』で初めて説かれた. これら三つの性質により, 輪廻の経験と涅槃の経験の関係が説明される. この理論は, *中観派の*二諦説に関して知られていた問題点を回避するために考えられたものであろう. 二諦説は, 悟り（*菩提）と日常的な経験の間に, 超えることのできない断絶をつくり出すものであると考えられる. 一方, 三性説においては, 遍計所執性は世間的な*世俗諦に対応し, 円成実性は*出世間的な*勝義諦に対応するが, 両者は経験そのものの依存的プロセスである依他起性によって結びつけられる. 依他起性は両者に共有される, 軸となる要因としてはたらく. 三性は存在論的な理論として見られることもあるが, 正確には, 瑜伽行派の主要な関心事であった認識プロセスのモデルとして理解されるべきである. →所取・能取

三乗 さんじょう triyāna (Skt.)

「三つの乗り物」の意. 大乗文献において救済への三つの道を指して用いられる名. (1)

*声聞乗すなわち「聴聞者たちの乗り物」(「小乗」としても知られる)，(2) *独覚乗すなわち「独り悟った者たちの乗り物」，(3) 菩薩乗すなわち「菩薩たちの乗り物」である．異なる「乗り物」はブッダたちによってさまざまなときに，さまざまな個人にふさわしく説かれた．しかし大乗によれば，最も高邁かつ偉大なのは最後のものである．

『三性論』 さんしょうろん *Tri-svabhāva-nirdeśa* (Skt.)

「三つの本性についての論書」の意．*ヴァスバンドゥによる，38 詩節からなる*瑜伽行派の重要作品であり，彼の遺作と考える者もいる．彼の*『唯識三十頌』と同分野を扱っているが，「三つの本性」(*三性) 説の解釈をより詳しく論じている．この作品は幻術でつくり出された象の類比によって，初期の瑜伽行派が観念論的な体系ではなくむしろ認識論的なことがらを論じていたことを明確に示すため，重要である．サンスクリット語テキストとチベット語訳で現存するが，奇妙なことに漢訳は知られていない．

三身 さんじん trikāya (Skt.)

大乗仏教でよく知られるようになった理論で，ブッダは三つの身体 (あり方，次元) で顕れるとする．初期仏教の段階から，ブッダのあり方の厳密なところは曖昧にされていた．一方では彼は人間として生を受け，人間としての一生を送ったとされる．しかし同時に，他方では彼は悟り (菩提) を通して人間としてのあり方を超越し，またその悟りによって，過去と未来のすべてのブッダたちが得る*出世間の状態を享受したとされる．彼がダルマを悟ったということは，彼がダルマに合わせて変容し，ダルマと大部分同化したということを意味する．このことは，ブッダ自身が「ブッダを見る者はダルマを見，ダルマを見る者はブッダを見る」と述べていることからもわかる．ブッダは一方ではこのような超越的なあり方をし，また他方では物質的身体によって物理的行動を起こす．そしてこれら2側面に加えて，卓越した*行者としてのブッダは諸*天界間を意のままに移動し，不可思議な身体で顕れて神々に教理を説くような，超自然的能力を有している．

ブッダの死後数世紀すると，ブッダのあり方のこれら3側面は，一つの教理を形成した．この教理は当初は小乗の*説一切有部において発展したが，後に大乗でも取りあげられ，洗練されていった．この発展したブッダ観によれば，すべてのブッダは本質的に，究極的真理または絶対的真実と等しいとされる．これがブッダの，「*法身」として知られる第1の身体である．それと同時に，ブッダらは崇高で霊妙な姿を取って天界に顕れ，菩薩や超自然的存在に囲まれて説教をするような能力を有している．これが「*報身」として知られる第2の身体である．さらに，彼らはその限りない慈悲に突き動かされ，苦しみのうちにある者たちの世界，つまりわれわれ人間の世界に自らを映す．その際は，人々が恐れ不安にならぬよう，そして人々にとって最も必要であり，利用価値のあるものを与えられるように，「巧みな方法 (*善巧方便)」によって適切な仕方で仮の姿を取る．これが「*応化身」として知られる第3の身体である．上記のような三身説は，初期の大乗仏教では認知されていなかったようである．そこでブッダの身体として言及されるのは，通常物質的な「色身」か，「意生身」として知られる第2の身体であった．そのような考えは，大乗に限らずあらゆる学派で受け容れられた．しかし，後の大乗の思想において三身説の発展した教理は中心的な役割を担い，*上座部の栄えた国々ではあまり影響力をもたなかった．というのも，それらの国々ではほとんどの場合，ブッダは単に類いまれな一人の人間であり続け，涅槃に至ってはいるが，人間的な事象とのかかわりを超越することはないとみられているからである．

サンスクリット語 Sanskrit

インドの古典文学や哲学・宗教文献で用いられる言語のうち，最も重要なもの．サンスクリット語で記された現存する最初期の碑文も，時代的には相当新しいものであり，サンスクリット語の起源はいまだ明らかになっていない．ヴェーダで用いられている言語との関連も見られるが，一部の研究者たちの間では，「サンスクリット」というその名前 (「完成されたもの」

の意）が示唆するように，これは前4世紀から前3世紀の頃にインドで使用されていたさまざまな言語や方言をもとにしてつくり出された，一つの人工言語であるとも考えられている．サンスクリット語があらゆる言語の中でも最高の栄誉と権威を集めるのは，それが複雑な文法構造と，微妙な哲学的・宗教的概念を表現するのにふさわしい厖大な語彙とを備えていることによる．初期の仏教徒たちはサンスクリット語を用いなかったが，*説一切有部が最初にこれを採用したとされる．後には標準言語となり，大乗のほとんどの文献はサンスクリット語で著された．また，大乗の経典では，*仏教混淆梵語と呼ばれるサンスクリット語の異形がしばしば用いられる．これは，パーリ語と同様，中期インド語が高度にサンスクリット語化されたものである．

三世 さんぜ three times（Skt., tri-kāla）
過去，現在，未来のこと．

三相 さんそう trilakṣaṇa（Skt.；Pāli, tilakkhaṇa）
あらゆる限定的現象（*有為法）が有する三つの特徴またはしるし．無常，*苦，*無我の三つをいう．これら三つは区別して考えられているが，相互に関連しあっている．諸存在に苦があるのはそれらが無常であるからであり，また無常であることから必然的に，それらに永続的な自我が存在しないことが導かれる．これら三つのしるしは，*四聖諦の1番目と2番目において示唆されている．

三蔵 さんぞう Tripiṭaka（Skt.；Pāli, Tipiṭaka）
仏教正典の総体を指す名称．仏教の正典は経蔵，律蔵，*阿毘達磨蔵の三つよりなる．伝承によれば，三蔵の編纂はブッダの没したその年に開催された*ラージャグリハ会議で決定されたが，いくつかの学派，とくに*上座部では，このときに認定されたのは経蔵と律蔵の二蔵のみであるとされている．しかし，三蔵の発展や変更を示す内在的な証拠が存在するため，正典の制定がこのような早い段階で行われたという言い伝えは信憑性が低い．とくに第3の阿毘達磨蔵には多くの差異が見られるので，最も遅くに成立したものと考えられる．初期の部派（→小乗十八部）はそれぞれ独自のバージョンの三蔵を有していたが，現在完全な形で残っているバージョンは*上座部の伝えたパーリ語のものである．紀元1世紀の終わりには，これらはインドのさまざまな言語や方言で書かれるようになった．これらの原典は断片のみ伝わっているが，漢訳ではより長い抜粋が残っている．初期仏教の諸部派は正典を閉じたものと考えていた．それに対し，大乗仏教では正典は開かれたものと考えられ，ブッダの死後1000年以上に渡って新しい文献がそこに組み入れられてきた．そこでは新しい経，新しい*論，そしてついにはタントラ文献までもが正典として認められた．その結果として，中国やチベットの三蔵では本来の三部構成が守られなくなっている．たとえばチベットの正典は，ブッダの言葉を集めた100巻超の*カンジュルと，注釈を集めた200巻超の*テンジュルに分ける二部構成をとっている．→漢訳三蔵，大正新脩大蔵経，朝鮮三蔵

三諦 さんたい Three Truths
*中観派の基本的に否定的な形而上学的分析に不満をもった*智顗によって発展した教義．智顗にとって，肯定的な表現が一切なく何々ではないという，単なる否定として究極の真実が主張される中観派の「*二諦」が問題であった．智顗は，*空性の真実（空諦）と一時的な真実（仮諦）とその中間の真実（中諦）という三諦を提案した．最初の空諦は，物事に関するすべての幻想を破壊し，それらの永遠性とその中にある本質的なものの存在を否定する．二番目の一時的な真実（仮諦）は，それらの存在を，因果の法則に従って生じ留まり衰え滅する永久ではないものとして肯定する．こうして，これらの二つの真実は，中観派の究極（*勝義諦）と世俗（*世俗諦）の真実に一致する．その中間に位置する三番目の真実は，これら二諦を現実の性質に関する肯定的な表現に統合する．あらゆる現象の非永遠性（無常）と相互依存性がこれらに関する究極の真実である．智顗は空と一時的なものが二つの異なる無関係な物事の側面である

ことや，空が一時的なものを否定することを否定し，物事の偶然性が究極の真実の中にあることを主張した．智顗によって発展した*天台の教義は，内在する超越性という見方を具体化した．つまり，現実の汚れのある世界の向こうに純粋で汚れのない国土を探さず，むしろ3段階の真実を仮定することによって，偶然の外やそれを越えてではなく，その中にもしくはそれを通して究極性が実在すると肯定する．これは，宗派の特徴的な教義の一つとして，究極に即した現象の妨げのないこと（理事無礙）という表現を確立した．

サーンチー　Sāñcī

古代インドの宗教的拠点の一つ．現在のマディヤ・プラデーシュ州，ボーパル市の近郊に位置し，前3世紀から前1世紀の重要な建築がのこる．そのうち最も有名なものは大ストゥーパであり，その最古層とされる部分は*アショーカ王の時代にまで遡ると考えられるが，その後も紀元1世紀初頭に至るまで継続的に拡張と改築とが行われた．高さは16.5m．四方にはトーラナ（toraṇa）と呼ばれる門が配置されている．トーラナにはブッダの生涯に関する逸話を表す図像や動植物，女神ヤクシー（yakṣī）などが贅沢に彫刻されている．サーンチーにはこのほかに二つのストゥーパがあり，それらの最古層はシュンガ朝（前187–72）の時代に遡る．

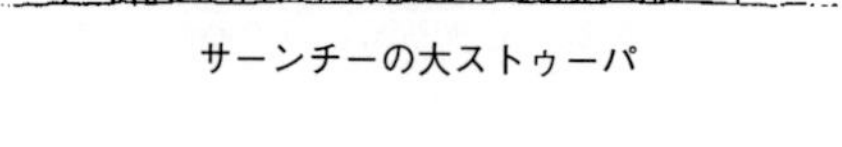

サーンチーの大ストゥーパ

サンティ・アソーク　Santi Asok

プラ・ポーティラックによって設立されたタイの急進的宗徒の運動．プラ・ポーティラックは，最初はテレビタレントであったが，1970年に突然の回心の体験の後に*タンマユットで出家した．彼はバンコクで支持者を集め，「アショーカグループ」として知られた．そして，バンコクから48kmほど離れた場所に「アショーカランド」（ダン・アショーカ）と呼ばれるセンターを設立した．型破りな活動がますます度を強めたために，タンマユットから追放され，1973年にマハーニカイに加わった．そこでも彼はグループと仲たがいし，結局は彼とその支持者はタイ国内の僧伽とのすべての関係を断った．サンティ・アソークの僧侶は，草葺きの小屋で集団内で生活し，上座部の林住修行の伝統にある適度な禁欲的管理体制に従う．この運動は，タイのサンガの怠惰やタイ社会の不道徳，政府内の汚職とみなされるものについて批判的である．プラ・ポーティラックの忌憚のない態度と制度への口やかましい批評，聖職者の法に対する軽視のために，1989年に最高サンガ議会がこの運動に反する懲罰的条例を定めることとなった．プラ・ポーティラックと79人の信者が逮捕されたが，告訴はされなかった．

三転法輪　さんてんぽうりん　three turnings of the wheel（Skt., tri-dharma-cakra-pravartana）

1. ブッダの*初転法輪の仕方から導かれる考え方．そこでは*四聖諦のそれぞれが，真実そのもの，修行者によって理解されるべき真実，ブッダによってすでに理解された真実という三つの視点から説かれる．

2. *『解深密経』で初めて説かれた*瑜伽行派の理論．ブッダの教えを三つのレベルに区分するものである．第一転では基本的なダルマを*声聞に教え（→声聞乗），第二転では暫定的な*空性の教理を*『般若経』経典群等の経典によって教え，第三転では現実の真のあり方についての確定的な説明を*三性説によって与えるとされる．第二転の内容は暗に*中観派と関連づけられており，また第三転は瑜伽行派と結びつけられている．それゆえ，中観派の信奉者らは当然ながらこの考えに同意しなかった．

サンニャー・ヴェーダイタ・ニローダ　saññā-vedayita-nirodha（Pāli）

「観念化と感受の断絶」の意．瞑想の集中状態の，深い段階の一つ．冬眠と似たような仕方で，活動的な身体の機能が休止している．*滅尽定の同義語としても用いられる.

三部 さんぶ three Buddha families

多くのブッダや菩薩をその特質によって区分する, 古い区分法. 仏部, 金剛部, 蓮華部の三部より成り, それぞれ*シャーキャムニ, *金剛手, *観自在によって代表される. この区分はブッダの身口意の三側面や*三身（*法身, *報身, *応化身）とも関係している. *『一切如来真実摂経』以降のタントラ文献では, この三区分法は宝部と羯磨部を加えた*五仏の区分法にとってかわられる.

三宝 さんぼう triratna（Skt.；Pāli, tiratna）

ラトナトラヤ（ratna-traya）とも呼ばれる.「三つの宝」の意. すべての仏教徒によって崇敬され, 信仰の核をなす仏（ブッダ）, ブッダの教えとしての法（ダルマ）, 法を奉ずる人々の集まりである僧（僧伽）の三つを指す. *三帰依とも呼ばれる.

三昧 さんまい samādhi（Skt.）

1. 深い精神統一の状態. 仏教の教義では「一点になった」集中, すなわち心の落ちつき（心一境性）と定義され, 瞑想して一つの健全な対象に集中した結果として起こる状態である. 後代の大乗仏教の文献では, 多種多様の三昧の名称が述べられており, それぞれ達成すると, それに伴う超越的な神通（アビジュニャー）の発達を通じて, 特定の神通力を顕すことができるといわれている.

2. 八正道の三分類である三学のうちで, 二番目のもの. 八正道の正精進（サンヤグ・ヴァーヤーマ, samyag-vyāyāma）, 正念（サンヤク・スムリティ, samyak-smṛti）, 正定（サンヤク・サマーディ, samyak-samādhi）にあたる.

三摩耶 さんまや samaya（Skt.）

1. 教理や教義の, 定まった体系.

2. タントラ行者に求められる行為で, 一連の制約や義務などのこと.

3. 仏であることの*現観.

4. タントラ仏教において, 仏の身口意と一体化すること.

三昧耶印 さんまやいん samaya-mudrā（Skt.）

「象徴の印契」の意. *瑜伽タントラによると, 四つの瞑想の印契のうちの一つ. 変身的な瞑想の実践の中で, 心の側面に連関した象徴的な印によって諸仏を観想する過程に, 関連している. →身口意

三昧耶薩埵 さんまやさった samaya-sattva（Skt.）

「象徴的な存在」の意. タントラの*サーダナの過程において, 行者は集中する対象としての尊格の像を, 自らの身体にまたは自らの前に思い描くが, この像は, *供養の対象または自らの変身として, その尊格が現れでたものである, と理解される. この像は, その尊格の実際の現れである*ジュニャーナ・サットヴァと比較される.

サンミティーヤ Saṃmitīya

小乗十八部に含まれる, 仏教初期の主要な部派の一つ. 前1世紀末頃に, *犢子部の分派として形成された. 犢子部はまた, 初期の*上座部から分かれた分派である. サンミティーヤは, 犢子部と同じように, 無常ながら実体的な個人の存在を認める, 一種の*我論を主張した.

『サンモーハヴィノーダニー』 *Sammohavinodanī*

『ヴィバンガ』に対する*ブッダゴーシャの注釈で, *阿毘達磨蔵の2番目の書である.

三律儀 さんりつぎ three vows（Tib., sdom-gsum）

道徳上の自制と*倫理学に関する三つの段階を意味するチベットの用語. 律における規定, 菩薩の誓願, そしてタントラの誓約（*三摩耶）を内容とする. これら3種の誓約に関する正確な関係と体系には矛盾点がいくつかみられ, チベットの宗教界で数多くの議論が起こる原因となった.

三論（中国） さんろん San-lun（Chin.）

中国仏教の初期の宗派.「三つの論」を意味し, 当時*クマーラジーヴァ（334-413）によって翻訳された*中観派に関する三つの作品をおもな

対象とする．三つの論とは，『中論』（中（道）に関する論），『十二門論』（12の門に関する論），『百論』（百（偈）からなる論）である．初めの二つはインドの師，*ナーガールジュナ（2世紀頃）の作品であり，最後の一つは，その弟子の*アーリヤデーヴァによって書かれた．クマーラジーヴァの死後，この宗派のおもな擁護者は，彼の弟子の*僧肇（374-414）であるが，彼も師の死より1年ほどで死んでしまった．僧肇はインドの三論という複雑な外国の思想を，中国の語法にそって整理し，『物不遷論』，『不真空論』，『般若無知論』という要約書を著した．これらの作品で，彼は一般的に思われていた物事の実在や時間におけるできごとの必然性（とくに原因と結果）という考え方や深い智慧において不十分であるとして従来の知識を批判した．

僧肇の後の三論の思想のおもな伝承は，朝鮮の比丘である僧朗，僧詮，*法朗（507-581）を含む一連の弟子を通じて受け継がれた．この宗派は決して大きくはないが，現実に対する批判が宗派の容認を難しくし，中国では過度に否定的に捉えられた．法朗の晩年に，*智顗（538-597）が自身の新しい天台の思想を喧伝することに成功した．天台教学では，他の物事の間に，固定的な*空性ではなく，彼が「中道仏性」と構想した動的な構造物として現実の最終的な性質を分析する．この名前のもとで，智顗は，すべての生き物に驚くべき物事の性質を隠している世界の動的な力として真実を語ることが可能となった．この競り合いのために，最後の偉大な三論の師である*吉蔵（549-643）は，革新的な新しい考えを三論の思想に持ち込んだ．それは，インドの中観思想の伝統的な「*二諦」を3段階に分析するものである．生き物ではない究極の真実や空性に対抗する元来は生き物の世俗の真実の場に，吉蔵は二つのさらなる段階を取った．そして「二諦」の世俗的な真実が生き物か生き物でないものかどちらかを肯定し，次の究極の真実でその両方を人工的な人間の構造物として否定する．最終的に，世俗の真実が生き物と生き物でないものの両方を肯定し，究極の真実は両者を肯定も否定もしなくなる．こうして，二諦はたえず信者を未だ大きくなる理解の深みへと，天台の体系に対抗する動的な過程を経て導く．しかし，最終的に天台が勝利し，三論は忘却されていった．

三論（日本） さんろん Sanron（Jpn.）

日本仏教史初期の*南都六宗の一つ．中国の宗派の典籍と教義を日本に移入しようとした当時の努力の現れである．625年に高句麗の僧慧灌が日本に伝えたといわれる．次の世紀にかけて3回の伝来があり，それぞれ別の寺に依拠したために多様な三論思想の潮流が生まれた．しかし，この宗派の活動は少数の僧侶による学問的な研究と実践に限定され大衆に広まることはなく，理論面や教義面のほかに広く影響を及ぼすことはなかった．三論のさまざまな潮流はしだいに消滅し，最後の三論の師は1149年にこの世を去った．

シ

止 し śamatha（Skt.；Pāli, samatha）

「鎮まっていること」の意．仏教において教えられる瞑想の仕方の，主要な二つのうちの一つ．もう一つは，*観すなわち内観的瞑想である．相互に補完しあうこの止観両方を並行して深めることが，ふつうは勧められる．止の基本的な目的は，心一境性として知られる，心がその瞑想の対象に揺らぐことなく集中し続ける，精神的に統一した状態を達成することである．心が平静であってこのように集中しているとき，心は連続的に，八つの*禅定を達成することができる．これと対照的に，観の瞑想は，教義の知的な理解へと導き，意識が覚醒した状態のままである心に依存する．止において取られる基本的な方法は，身体に入ったり出たりする呼吸に集中することであり，たとえば，呼気と吸気をある数まで数えてから再び1から数えるということを繰り返すというものがある．呼吸を制御しようとするというよりはむしろ，注意のみによって呼吸を監視することが目的である．他の方法としては，パーリ語文献において*カシナとして知られる，外的な対象に集中する方法もあり，伝統的に列挙される40の対象のうちのどれかに集中する方法もある．このようなものを実践すると，身体内部の生理学的変化と，精神的な深化に入りやすくなった意識の状態が現れる．止の実践は，心を散漫な状態から解放し，初禅を達成した段階で残っていた五*蓋などの精神的な不浄を取り除くのである．

死 し death（Skt., Pāli, maraṇa）

再生して*六趣のいずれかで生が終わる地点．仏教思想において死は無常という普遍的原理の所産であり，再び死ぬことは輪廻における生という実存的問題を内包し，輪廻から解放されることこそが涅槃である．死はそのようなものとして，第一の聖なる真実のもとで苦しみ（*苦）の一側面としてあげられている（→四聖諦）．パーリ正典において死は，生命（アーユ，āyu），熱（ウスマー，usmā），意識（*識，ヴィジュニャーナ）（たとえば『サンユッタ・ニカーヤ』iii. 143）が停止することとして，生物学的な用語をもって定義されている．また，老年と死は*縁起の鎖の第十二支でもある．仏教のスコラ学（*阿毘達磨）では，個々の生の連続体の中で現象が生じては滅するように，死も瞬間ごとに生起していると考えられている（→バヴァンガ）．*チュティ・チッタとして知られるこの最後の瞬間が，いかなる生においても存在が停止するときである．死はまた，象徴的に大きな意義を有し，*マーラという仏教の悪魔の姿によって神話的に表現される．

伺 し vicāra（Skt.）

推論的な思考と検討．道徳的に中立なものに分類される心的機能（*心所）の一つで，心に浮かぶあらゆる対象の細部を識別する心的過程である．大乗では時として*分別の中立的同義語として用いられる．

思 し cetanā（Skt., Pāli）

意図，意志，動機という動能的心理機能を表す語．つねに存在する五種の心理機能（心所，チャイッタ）の一つであり，とりわけ業の生成と関連している．

地 じ bhūmi（Skt.）

「段階」の意．精神的に向上していく上での一連の段階を示す語．改心して宗教生活を始めてから悟り（菩提）に至るまでに通過する段階の階層分類システムとみなされ，仏教のほとんどの学派において認められる．小乗では聖人，すなわち「高貴な人物」に4段階あるとされ，地の理論はこれの副産物，または，徳行（*戒）・瞑想（*三昧）・直観（*智慧）を通じた*八支聖道における向上の体系が拡張されたものであると考えられる．地の種類は6種または7種とする文献もあるが，10種を数えるものが最も一般的である．最初の6段階の後，行者は自我がないこと（*無我）を体得し，第10段階の後にすべての現象は無我であること（ダルマ・シューニヤター，dharma-śūnyatā）を体得する．このようにして初期仏教の目標である個人的な解脱は，普遍的な無我という「高次の真実」を掲げる大乗の形而上学によって補完されることとなる．

10種の地は*『十地経』で詳細に記述され，以下の6種の完成（*六波羅蜜）を実践することと結びついている．(1) 喜悦（*歓喜地）：菩薩は悟りへの思念（菩提心）の生成とともに宗教生活が始まる．(2) 清浄（*離垢地）：道徳に反する行為・心性がすべて根絶する．(3) 光照（*発光地）：瞑想を通じて菩薩は自らの直観を強大かつ深遠なものとする．(4) 光輝（*焔慧地）：あらゆる徳性を果敢に追い求める．(5) 克服されがたい（*極難勝地）：菩薩は自らの向上と他者に対する利福に献身する．(6)現前(*現前地)：大いなる智慧と，あらゆる現象の真のありように対する直観を獲得する．(7)遠行(*遠行地)：巧みな手段（*善巧方便）の力を獲得する．(8) 不動（*不動地）：未来永劫退転する可能性がない．(9) 善（*善慧地）：菩薩は教説を説いて衆生を改心させる．(10)ダルマの雲(*法雲地)：菩薩は完成の境地に到達し，完全に悟りを得たブッダとして神聖視される．

慈 じ maitrī（Skt.；Pāli, metta）

友人（ミトラ，mitra）の性質としての思いやり，善意，好意．仏教の重要な徳目である慈（マイトリー）は，執着あるいは利己的な考えからはなれた寛容の精神においてすべてに向けて育成されるべきものである．四つの「神的な居住」（*梵住）の第一として，慈はそれをまず自分自身に，続いて近しい人（友人や家族）に向け，それから徐々にあらゆる生き物を包摂するまでに拡大する瞑想実習として実践される．パーリ語の*『慈悲経』はあらゆる生き物が健全で幸福であるようにとの願いを表現するもので，多くの比丘や在家者によって日常的に唱えられるごく一般的なテキストである．

ジーヴァカ・コーマーラバッチャ Jīvaka Komārabhacca

ブッダ，*ビンビサーラ王，および*アジャータシャトル王がかかった名医．*タクシラで7年間医術を学び，社会的に影響力のある人々の病を治したことで富を成した．仏教に帰依して*預流となった後には，*ラージャグリハにある「ジーヴァカ・アンバヴァナ」（Jīvaka-ambavana）という名で知られるマンゴー園を僧伽に寄進し，そこに僧院を建てた．

慈雲 じうん jiun

日本の*真言宗の僧で，江戸時代末期における仏教の改革者．彼の主要な関心は，仏教教育と内部道徳の改革にあった．前者に関しては，彼が仏教学のあらゆる側面に関して博学であったことは知られているが，とくに，日本で初めてサンスクリット語に関する大部の研究書を編纂したことは有名である．後者に関しては，彼は戒律を復興し，伝統的な十のよい行い（*十善業道）を積極的に奨励した．彼は，真言宗内に律の研究機関を設置し，「正法律」（真実のダルマの律）という，戒の研究に従事する別の一派を打ち立て，1786年に幕府の認可を得た．

ジェータヴァナ Jetavana

1. *シュラーヴァスティーにある森．祇園ともいう．在家信者の*アナータピンディカがブッダと比丘たちのために，ここに精舎を建立した．ブッダはこの場所を好み，19回の*安居を過ごした．

2. *アヌラーダプラ（スリランカ）にあるさまざまな建築物からなる寺院．マハーセーナ王によって建てられた．もともと，ジェータヴァナ園は，精舎や大*ストゥーパ，また他の建物で構成されていた．これの造営を勧めたティッサという名の僧に対する抵抗の後，この複合施設は*マハーヴィハーラ派の比丘たちに与えられた．

ジェディ jedi（Lao）

*「制多」を意味するラオスの言葉．

シェンラプ・ミウォ Shen-rap Mi-wo（Tib., gshen-rab mi-bo）

*ブンの伝説的な創始者あるいは組織化をなしたもので，ブンでは*シャーキャムニに相当する地位を占める．シェンラプはタジクの出身

とされてきたが，おそらく東ペルシアと同定される．

自我 じが ego

時折見られる通念とは裏腹に，仏教では自我の存在が否定されたり，自我を消し去ろうと求められたりすることはない．しかし，仏教における心識論の教説によれば，西洋における自我の概念に相当する自己同一性は，永遠の自己または魂ではなく，概念的に構築されたものを意味するという．個人の同一性のあり方に関するさらに詳細な仏教の教義については，*無我を見よ．

始覚 しかく acquired enlightment

大乗の文献である*『大乗起信論』に見られる概念で，宗教的な実践の結果として得られる悟りを指す．すべてのものに生来具わり内在する，清浄で純粋な性質である「本覚」の対概念である．これら二つの概念は，存在するものをそのままで完成していて解脱しているとみる，ある種の救済論を形づくり，修行は単にその事実を体得するために必要なものとする．

『シガーローヴァーダ・スッタ』 *Sigālovāda Sutta*

『シガーラカ・スッタ』(*Sigālaka Sutta*) ともいう．パーリ正典のうち，*長部の31番目の説法．世俗の人間の実生活上の道徳を述べる内容を含んでいることから，「在家信者の律」として言及されることも多い．在家信者の倫理を主題とする，数少ない説法の一つである．ブッダは，*ラージャグリハの在家信者で若いバラモンであるシガーラに出会う．シガーラはそのとき，六方位（東西南北および天頂と天底）に対する奉納儀礼をしていた．ブッダはシガーラに，両親は東，教師は南，妻子は西，友人仲間は北，奴隷と使用人は天底，宗教的な師とバラモンは天頂なのであるという，その儀礼の象徴的な解釈を教えた．ブッダは，そのそれぞれが担っている責任を順に説明し，お互いに対して負っている義務について述べる．ブッダはさらに，6種の悪しき行い，悪しき行いへの4種の動機（貪り，怒り，恐れ，迷い），富が浪費される6種の道，善い友人と悪い友人の特徴，ということについて，概括的な説教を行っている．

止観 しかん chih-kuan (Chin.)

1.「止めること」や「観察すること」を意味する2語からなる熟語．サンスクリット語の*止（心を静めること）と*観（洞察）に対応する．これらはさまざまに解釈されてきた．止は，知覚の外的世界との連結から精神を取り外すために，(*浄土経典における) *悪の行為を思いとどまるために，瞑想の一対象に焦点を当てるために心の働きを抑えることを意味する．観は，現実の本質を究明するために，精神の対象を間近に凝視したり観察したりするために，精神の自然な働きを観察することを意味する．

2. *天台宗の瞑想の体系では，*智顗の手引き書の『摩訶止観』(偉大なる心を静めることと洞察) で設定されており，止と観の両方とも三つの方法で説明されている．止は，(a) 精神を鎮め，揺れ動く不純な考えを一時停止し，(b) 精神を現在のときに固定し，(c) 揺れ動く精神と静まった精神の同一を現実の現れと等しいと理解することを意味する．観には，(a) 精神の動揺を架空の性質を通して見る智によって追い払うこと，(b) そのようなもの (*真如)，すべての物事の根本的な性質への洞察を得ること，(c) 真如の観点から浅慮と熟慮の根本的な同一性への洞察を得ることの三つの意味がある．

只管打坐 しかんたざ shikan-taza (Jpn.)

日本の禅宗の*曹洞宗の用語で「ただひたすら坐る」,「坐るのみ」(字義的には「瞑想において坐ることに専心すること」) の意．曹洞宗開祖*道元 (1200-1253) はすべての衆生はすでに仏性を有しているのでその獲得を追求する必要はなく，坐禅は仏性を得ることを目的とするものではないと教えた．この言葉はこのような教えにもとづいた曹洞宗の修行のあり方を示している．道元は修行者は坐禅によりすでに具えている仏性を現すのであり，坐禅はそれ自体が目的でありまた到達点であると教えた．ピアニストが座って演奏することによりその能力を顕現することと同様である．

色 しき rūpa (Skt., Pāli)
「もの」,「形態」の意．形を有し，感覚に物体として表れるもの．五*蘊の最初のものであり，その文脈では，人間個人の物質的成分や身体を意味する．各主体の心理と物質の統合を意味する，*名色という複合語においては，「名」が*受，*想，*行，*識という四つの心理的または非物質的な集まりを指すのに対し，「色」はこの場合でも実体を意味する．

識[1] しき vijñāna (Skt.；Pāli, viññāna)
意識または認識．活動的弁別的な形での知ることと，意識下のあるいは無意識の身体的心理的機能の両方についていう．識は英語の consciousness がおもに示すような心的認識の流れ以上のものを意味する，と知ることは重要である．たとえば仏教の資料は最初期から六つの感覚に対応する 6 形態の識すなわち眼識，耳識，鼻識，舌識，身識，意識を区別している．したがって，識は西洋語の「意識」と「無意識」の両方を包摂し，それゆえにいかなる単一の語でも翻訳しがたい．これは五つの集合（*蘊）の第五として，仏教の人間性分析における重要な要素である．*縁起の体系においては 12 からなる列の第三の環をなす．

識[2] しき vijñapti (Skt.)
表象．存在すると誤って信じられている主体と客体の，心的に生み出された投影を指す*瑜伽行派の術語．瑜伽行派の教えによれば，真実には，それは悟りをひらいていない生き物によって現実に重ねあわせられているものにすぎない．瑜伽行派の実践の目的はこれらの投影の誤った錯覚した性質を理解し，二分法的でない認識（*無分別智）を得ることである．

色界 しきかい rūpa-dhātu (Skt., Pāli)
「形態の領域」の意．仏教の宇宙論および瞑想理論において，三界の 2 番目にあたる．17 の天から成っており，四禅に合わせて四つに分類される．嗅覚器官，味覚器官，生殖器官，身体的苦痛，そして道徳的に悪しき心理的要素が，存在しない．このような状態は，瞑想を通じても到達することができるので，四禅と関連づけられているのである．これらの天のうち最高のものが，*色究竟天である．

色究竟天 しきくきょうてん Akaniṣṭha (Skt.)
*色界のうち最高のものであり，形態を有する存在のちょうど最後の境界にあたる．また，10 の方角に広がる仏界全体という，清浄な側面における全世界の意味で用いられることもある．

『慈経』 じきょう *Metta Sutta* (Pāli)
パーリ正典の*『スッタニパータ』にある有名な経典で，『カラニーヤメッタスッタ』(*Karaṇīyametta Sutta*) としても知られる．この経は，ブッダによって説かれた慈悲に関する説法である．人は高潔で，柔和であり，思いあがることなく，正直であるべきことを説き，母親の独り子に対する態度を例えとしながら，生きとし生けるすべてのものに対する慈悲の実践を勧めている．比丘は毎日，在家信者も頻繁にこの一節を朗唱する．

自空 じくう intrinsic emptiness (Tib., rang-stong)
広く知られる*中観派における空観であり，「*他空」と対照をなす．自空の理論では，あらゆる世俗の現象は空であり，*自性を欠いている．よって，世俗の現象と経験は，悟りに至っていない心により，それらが存在していると誤解させることで妄想され捏造されたものとみなされる．

四弘誓願 しぐぜいがん shiguzeigan (Jpn.；Chin., ssu hung shih yuan)
菩薩の「四つの大きな誓い」をいう．(1) 衆生は数限りないがそのすべてを救うことを誓う (衆生無辺誓願度)．(2) 煩悩は数限りないがすべてを滅することを誓う (煩悩無尽誓願断)．(3) 仏教の教えは計りしれないほど多く深いがそのすべてを学ぶことを誓う (法門無量誓願学)．(4) 無上の覚りを開く仏道はこの上なくすぐれたものであるがこれを成就することを誓う（仏道無上誓願成）．東アジアにおいてこの誓願は菩薩戒の授戒やその他の通過儀礼において唱えられる．

竺法護 じくほうご ⇨ダルマラクシャ

ジクメー・リンパ Jigmé Lingpa（Tib., 'Jigs-med gling-pa）(1729-1798)
*ニンマ派の偉大な尊師であり，東チベットで起きた「*無宗派運動」に携わった．一連の運動を見た結果，*ロンチェンパの弟子となり，ロンチェンパの教えのあらゆる点を組織化し，同時にニンマ派のタントラ集成を改正して，現在の形にした．

四枯 しこ shiko（Jpn.）
字義としては「四の滅」を意味している．釈迦入滅のとき，寝床の四方がそれぞれ１対の沙羅双樹によって囲まれていたという伝説にもとづいている．各双樹の一方は枯れ，他方は生い茂ったことが仏教に四つの衰退と四つの繁栄という観念を与えた．枯木が象徴する四つの滅は声聞（*声聞乗）と*独覚の二乗の仏教修行者が陥る誤解，すなわち*法身は永遠である，涅槃の純粋さは至福である，仏性は真の我である，如来の体の純粋性は卓越しているという四つの誤った見方を示している．これは修行の果報を過度に実在視・具体視した見方であり，修行を鼓舞するために有益ではあるが，根本的には正しくない．

地獄 じごく hell
仏教には永遠の罰を受ける場としての地獄という概念はなく，死後の報いというその概念は西洋の煉獄の概念に近いものがある．悪業の蓄積によって数多くの地獄（Skt，ナラカ，naraka；Pāli，ニラヤ，niraya）のうちの一つに再生し，大衆芸術や民間伝承では生々しく描かれることもしばしばである．地獄には熱地獄と寒地獄とがあるとされ，おのおのには数多くの下位区分がある．そこでは悪業が尽きてよりよい状態に再生するまで，悪人たちは獄卒による責苦を受ける．すべての地獄のうち最深層にあるものは*無間地獄である．→宇宙論，天界，趣

自己生成 じこせいせい self-generation
タントラ仏教で用いられる観想法の一つ．この瞑想においては，神格が呼び出されて実践者自身と同化する．自己変容の一つの手段である．これは*現前生成と対になるものであり，より高度な観想法であるが，神通力（*シッディ）が急速に解放されることによる精神的なリスクを伴うとされている．

自殺 じさつ suicide
仏教において自殺は，苦しみ（*苦）に対する解決策とはならない無益な行為とみなされている．仏教では再生が信じられているため，自殺によって人生の諸問題から永遠に解放されることはなく，後に直面するその諸問題を先延ばししたにすぎないと説かれる．さらにまた，命を奪うこと（自分自身を含む）は五つの戒律（*五戒）のうち，第一戒によって禁じられている．このことは，自殺によって困難が軽減されるどころか，単にその困難を重くするだけの悪業が生み出されることを意味している．仏教では「人身受けがたし」とされ，人として生まれ変わることはきわめて困難であるとされるため，その生を短くすることは精神的に向上していく上での貴重な機会を無駄にするものだと説かれている．また自殺は，菩薩としてもたらしうる利益を他者から奪うことにもなり，友達や親族に悲しみをもたらすことにもなる．上述の一般規則に対する例外としては，特定の状況が２種考えられている．第一は*阿羅漢による自殺であるが，仏教の考えではこの自殺が道徳的に容認されうると結論づける研究者もいる．この観念は一般的ではあるものの教義的には疑わしく，悟りを得た者が通常の道徳的基準を超越している，すなわちもはや広く尊敬を集めることがないという見解と結びつくことによって容認されるようになった．第二は，日本における儀式的な自殺の行為（*腹切り）である．これは日本文化に顕著な特色であるが，インド仏教に前例はなく，仏教*倫理学においても是認されているものではない．→安楽死，ヴァッカリ

『四讃』 しさん *Catuḥstava*
*ナーガールジュナの著した四つの讃歌

(著者に関しては論争の的となっている). その四つとは『ローカアティータ・スタヴァ』(*Lokātīta-stava*, 世間の超出),『ニルアウパミヤ・スタヴァ』(*Niraupamya-stava*, 無比),『アチンティヤ・スタヴァ』(*Acintya-stava*, 不可思議),『パラマールタ・スタヴァ』(*Paramārtha-stava*, 究極的な真実) である. この讃歌はブッダの悟り (菩提) や偉大さのさまざまな側面を讃え, 大乗の体系内ではインドで広く人口に膾炙した. 一連の讃歌はサンスクリット語版が現存し, 四つ以上の詩句 (讃歌) が知られている. これらが『四讃』であったとしても, どの四つが元来のものであったのかは不明である.

師子賢 ししけん ⇨ハリバドラ

持誦 じじゅ japa (Skt., Pāli)
「読誦」の意. とくにマントラの読誦を指し, 伝統的に, その実践に際しては108個の珠でつくられた数珠 (*マーラー) を用いる.

時宗 じしゅう Jishū
鎌倉時代に展開した浄土仏教の一宗派で, *一遍によって開宗された. この宗の教義では, 個人救済において最も効果のある唯一の力は*阿弥陀仏の誓願であり, 個人個人のあらゆる努力は一切必要がないとする. 時宗においては, 信心さえも解脱には必要がないのである. つまり, 必要なことは, 仏の名を一度唱えることであり, それによって解脱は保証される. また, この唱名によって, 人はすでに浄土にいるのであり, 他の浄土教の宗派の信仰していることは死後にのみ起こることであるとも説いた. 時宗は, 鎌倉時代初期には他の浄土教の宗派よりも優勢を誇ったが, 16世紀のはじめに*浄土真宗に吸収された.

『四十二章経』 しじゅうにしょうぎょう *Sūtra in Forty-Two Sections*
中国仏教の正典 (*大正新脩大蔵経 no.784) の経典で, 漢代中頃にさかのぼるとされている. 伝承に拠れば, 明帝が夢を見て後 (前67年頃), 仏教を求めにスキタイに送られた中国の使者が, 中国に持ち帰ったとされている. (→明帝) 他の伝承では, 中国に居住していたインド人の比丘がそれを翻訳したとする. さまざまな小乗文献からの重要な引用部分に関する概説書であり, 中国人の質問者に仏教を紹介するためのものである. 現在大正新脩大蔵経に載せられているヴァージョンは漢代に広まった初めのヴァージョンとは異なるという疑問があるものの, その名前の経典, もしくは同様の性質をもつ経典がその時代に存在していたことはおそらく間違いない.

四生 ししょう catur-yoni (Skt.)
4種の「発生」, すなわち誕生の様式. 伝統的に仏教では, 生命の誕生が4種の方法によると説かれている. すなわち, 卵, 子宮, 熱または滲出 (昆虫の場合と考えられている),「自然発生」(神秘的な力を通じて身体を生み出す*天 (デーヴァ) のような場合) である.

自性 じしょう svabhāva (Skt.)
本来的な性質, または自己・自体のあり方. 初期の文献にも見られる語であるが, とくに後代の仏教において, *アートマンの概念, あるいは実体の有する恒常不変な自己同一性を指して用いられる. *説一切有部などの*大乗以前の諸部派とは対照的に, 大乗の諸学派はすべて, このような本来的性質の存在を否定し, あらゆる現象はいかなる類の自性ももたないと主張した (→空性). *阿毘達磨では, 自性とは諸存在がそれによって他から区別され, 分類されるような, それぞれの存在に固有の, 他の存在に移動できない特相 (*相または*自相) であるとされる. 諸存在の自性を識別することにより, 種々の実在の分類が可能になる. たとえば, 火の自性は熱とされ, 水の自性は流動性とされる. このように, 小乗の諸部派は人間存在における自己を否定する一方で, 個別的人間主体の構成要素である5種の*蘊を含む, 世界を構成する諸要素 (ダルマ) については, その本質的実在性を認めている. この立場は人無我 (プドガラ・ナイラートミヤ, pudgala-nairātmya) と呼ばれる. しかし, *ナーガールジュナ以降, *中観派が自己 (アートマン) のみならずこれら諸現象すべての本質的実在性を否定する法無我（ダルマ・ナイラートミヤ，dharma-nairātmya）を唱え，人無我の立場は基盤を揺るがされる．法無我の立場では，すべての存在はそれぞれ個別のあり方，すなわち自性を欠いており，そのかわりに空性という性質を共有しているという点で，すべて一様であるとみなされる．

自証 じしょう pratyātma-adhigama（Skt.）

人自身の悟り，または直の理解．主体と客体の二元論的な分裂がまったくないため認識の主体・認識の対象・認識自体が一つになっている，現実の直接的な経験である，と理解されている．

自性清浄心 じしょうしょうじょうしん luminous mind

「本来的に発光している心」または「明るく輝く心」（Skt., プラクリティ・プラバースヴァラ・チッタ，prakṛti-prabhāsvara-citta）は，初期の若干の教説に初めて言及され，のちに大乗に採用された概念である．*心に本来そなわった，光を放つあるいは発光するという潜在的な性質，とくに汚れ（煩悩）の覆いから解放された状態でのそれをいう．*上座部の*阿毘達磨の教えでは*バヴァンガと同定されるが，この概念はのちに大乗で，生得の仏性すなわち如来蔵の別名として理解された．

自性身 じしょうしん svābhāvika-kāya（Skt.）

「本質としてのブッダ性の体現」の意．*『現観荘厳論』で最初の用例が見られる．同書に対する*ハリバドラの注釈では，自性身は，ブッダ性のあり方として標準的に認められている*三身に加えるべき，それらと不可分の第4の側面であるとされている．ハリバドラがこのような解釈を示したために，自性身は正確にはどのようなあり方なのかという問題が，大乗における議論の一つの焦点となった．ハリバドラの解釈は，自性身を真理の身体（*法身）の単なる別名として考える多数派の解釈と対立するものである．

四聖諦 ししょうたい Four Noble Truths

ブッダの*初転法輪（『ダルマ・チャクラ・プラヴァルタナ・スートラ』）の中でブッダにより表明された仏教教義の基礎となる四つの定理．四諦ともいう．最初の聖諦（Skt., アーリヤ・サティヤ，ārya-satya；Pāli, アーリヤ・サッチャ，ariya-sacca）は「*苦」（Pāli, ドゥッカ，dukkha）であり，通常「苦しみ」と訳されるが，「不完全」または「不十分」という意味により近い．これは，あらゆる生存は痛みと失意を伴うことを説く．第二の聖諦は集，すなわち「生起」であり，苦は好ましい感覚や体験への渇望（*渇愛；Pāli, タンハー，taṇhā）を原因として生ずると説く．第三の聖諦は「止滅（*滅）」であり，苦は滅することが可能である（これを涅槃という）ことを述べる．第四の聖諦は「*八支聖道」であり，涅槃に導く八つの要素から成る．

パーリ正典においてたびたび繰り返される型どおりの言い回しは以下のとおりである．Ⅰ，さて，比丘らよ，苦の真理（苦諦）とは一体何か．生まれることは苦であり，病は苦である．老いることは苦であり，死ぬことは苦である．愁，悲，苦，憂，悩は苦である．好ましくないものと出合うことも苦である．愛しいものと離れることも苦である．一言でいえば，個体を構成する5要素（*蘊）も苦である．Ⅱ，比丘らよ，これが苦の生起の真理（集諦）である．この渇望，渇愛は，再生をもたらし，歓喜に結びつき，肉体的な喜びへの渇望，存在することへの渇望，そして存在しないことへの渇望という形で，今あちらこちらにある新たな喜びを求める．Ⅲ，比丘らよ，これが苦の止滅の真理（滅諦）である．それは完全な渇愛の消滅と，そこから離れ，それを放棄し，それを拒絶し，それから解放され，それに執着しないことである．Ⅳ，比丘らよ，これが苦の滅を導く真実の道（道諦）である．以下が八支聖道である．(1)正しい見解，(2)正しい思惟，(3)正しい言葉，(4)正しい行為，(5)正しい生活，(6)正しい努力，(7)正しい念想，(8)正しい精神統一．*『清浄道論』(XVI)において*ブッダゴーシャは，四聖諦を説明するために以下のような医学治療との類比を用いる．「苦の真理は病と，苦の原因の真理は病の原因と，苦の止滅の真理は病の治癒と，道の真理は*医療と似ている.」

死随念 しずいねん maraṇānussati (Pāli)

「死を思い起こすこと」の意. 10の*随念のうちの7番目. 避けることができず，すぐにでも起こりうるできごとである死を思い起こす瞑想法. 宗教的実践における努力と熱意を刺激するためになされる. 瞑想者は，人生の短さと儚さや，死がやってくるさまざまな可能性，たとえば蛇に噛まれること，事故，病気，暴行などを考察する.

自相 じそう sva-lakṣaṇa (Skt.)

「自らのしるし」の意. 個々の事物に特有の属性または特徴. 仏教認識論（*プラマーナ論）において，認識対象の真実の側面を指して用いられる. ひとが対象を認識するとき，対象のありのままの知覚に概念を適用することにより，その認識対象の「普遍的属性（*共相)」と呼ばれる側面が認識に顕現する. それに先だって，認識対象はそのありのままの知覚に自らの姿を顕すとされる. *阿毘達磨では，自相を伴う対象のみが結果を生む作用（*アルタ・クリヤー）を有するとされる.

地蔵菩薩 じぞうぼさつ Kṣitigarbha (Skt.)

「ボーディサットヴァ・クシティガルヴァ」の日本語訳. 大乗仏教における神話的な菩薩の一人. 苦悩する衆生を救うために地獄へと赴くという有名な誓いによって，またたく間に彼は東アジアにおいて人気者となり，死人を審判する十王の頭や命の守護者として知られるようになった. 地蔵信仰を促した経典は日本で編纂されたものであり，地蔵菩薩に対する儀式は早くから行われていた. 地蔵菩薩への供物は，伝統的に毎月24日に供えられる. 日本においては，巡礼者や水子の守護者とされ，杖と宝玉を手に持ち首回りに赤い布の前かけを着けた微笑む僧侶の姿の地蔵菩薩の影像を墓地で見ることができる. →堕胎

四諦 したい ⇨四聖諦 ししょうたい

支提 しだい ⇨制多 せいた

四大名山 しだいめいざん four famous mountains

四つの神聖な山で中国仏教の*聖地巡礼の主要な中心地となっている. 四山とは，山西省の五台山（*文殊師利菩薩と同一視される)，四川省にある峨眉山（*普賢菩薩)，浙江省の沖にある島，普陀山（*観自在菩薩)，安徽省にある九華山（*地蔵菩薩）である. これら四つは巡礼者の巡回地を形成し，その象徴性が年月を経て広がっていった. たとえば，それらは四つの重要なポイント，四つの基本元素などを象徴している.

十戒 じっかい daśa-sīla (Skt.；Pāli, dasa-sīla)

10種の*戒. *八斎戒の第一から第六までに，⑦舞踏，歌唱，音楽，観劇の禁止，⑧花飾り，香水，私的装飾品の使用の禁止，⑨高い座席や寝台の使用の禁止，⑩金銀の受け取りの禁止を加えたもの. 新参の僧や尼僧がこれを遵守した. →五戒，十善業道

十界 じっかい jikkai

大乗の仏教思想における10の領域. その10の領域とは，地獄，*餓鬼，*動物（畜生)，人間，修羅，*天，*声聞，*縁覚，菩薩，そして仏である.

シッカマト sikkhamat

「修行する母親たち」の意. 尼僧として出家していないけれども，禁欲などの僧団の生活の内容に帰依するタイの仏教徒の女性の名称. スリランカの*ダサシルマーターやビルマの*シラシンといった，他の上座部の国々にも同様なグループがある.

シッキム Sikkim

ヒマラヤ山脈の小国で，かつては独立したチベット人の王国であったが，1975年の国民投票でインドと合併した. 3分の2の国民がヒンドゥー教を信仰しているが，チベット仏教の強い影響が残っている. 伝承によると，8世紀に*パドマサンバヴァによって仏教が伝えられたとされる.

習気　じっけ　vāsanā（Skt.）
習慣的な傾向あるいは習性．しばしば*種子と同義に用いられる語．パーリ語や初期のサンスクリット語資料にもみられるが，*瑜伽行派とともに重要となり，この学派では主体の「蔵の意識」（*阿頼耶識）に「刻印される」と考えられる，行為から結果する潜在的なエネルギーを指す．これらの習慣的傾向の蓄積は個体が未来に特定の型の行動をとることをひきおこすと考えられている．

実際　じっさい　bhūta-koṭi（Skt.）
現実の限界点または境界線．究極的に真なるものを示す大乗の用語であり，最高の現実，すなわち究極的な真実（*勝義）の同義語としてしばしば用いられる．

悉地　しっじ　⇨シッディ

実真如　じっしんにょ　bhūta-tathatā（Skt.）
大乗で用いられる語で，諸現象の本来的または真のありようを示す．「真なる本質」または「事物の本質」の意．一般的には外界の顕現をともなう諸現象の典型的性質と対照させるために用いられる．たとえば，*中観派によれば，対象の「真なる本質」は空であること（*空性）であるが，悟りを開いていない者にとっては，中身のある恒久的なものとして対象は現れ，個々の特性，すなわち「自身の存在」（*自性）を有しているとみなされるようなものである．このように実真如は，諸現象が生起しては消滅するという流動的なあり方とは対照的に，究極的に真実のものである．

シッダ　siddha（Skt.）
「熟達した者」の意．導師（*グル）を指し，とくにタントラ仏教で用いられる語である．シッダの伝統はインドのタントラ仏教の中で生まれ，チベットにおける仏教の展開に大きな影響を与えた．シッダは魔術的な能力を有し，奇跡を行うことができるような*行者を意味している．チベット仏教では84人のシッダの系譜が認められており，その中には*パドマサンバヴァや*ナーローパが含まれている．

シッダールタ・ガウタマ　Siddhārtha Gautama（Skt.；Pāli, Siddhattha Gotama）
（前485頃-405頃）実在したブッダの名前．サンスクリット語で「その目的が達成された者」を意味する「シッダールタ」は個人名，「ガウタマ」は姓あるいは氏族名である．生没年はいまだ確定できていないが，近年の研究では，従来支持されていた前563-486の説と異なる年代が支持される傾向にある（→ブッダの年代）．シッダールタは*シャーキャ族の王族に生まれたので，「*シャーキャムニ」，つまり「シャーキャ族の聖人」という名で呼ばれることもある．父の名は*シュッドーダナ，母の名は*マーヤー．文献によれば，父シュッドーダナは*カピラヴァスツという都市の王であった．カピラヴァスツは今日のネパール国内，南の国境近くにあったと考えられている．シッダールタが誕生する直前，母マーヤーは自分の胎内に白い象が入る夢を見たという．予言者はこの夢の話を聞き，シッダールタは将来，ブッダか世界の支配者（*転輪王）のいずれかになるだろうと予言した．母マーヤーは出産の7日後に死亡する．青年になったシッダールタは*ヤショーダラー（別名*ラーフラマーター）を娶り，16歳または29歳のとき，息子*ラーフラが誕生した．伝承によれば，父王はシッダールタが過酷な現実に触れぬように彼を匿うようにして育てていたが，若い王子は宮廷の四方の門から外に出たとき，それぞれ老人，病人，死者，出家者という4種の象徴的な存在を目にした．この経験により*苦の現実と人間の苦境のありさまを知ったシッダールタは，家族との生活に背を向け，出家者としての道を歩み出すことになる．彼はまず，*ウドラカ・ラーマプトラと*アーラーラ・カーラーマという二人の師に就いた．しかし，これらの師の下で行った6年間の*苦行は何の成果ももたらさなかったので，苦行の道を捨て，彼が「*中道」と呼ぶ，より穏健で精神的な修行の道に身を移した．そしてこの修行によって，35歳のときに*ボードガヤーで悟り（菩提）を得て，ブッダとなった．この目覚めの後，多くの信奉者が彼に付き従い，彼は僧団（僧伽）を組織した．そして45年間に渡り，インド北東部を広く遍歴し，教えを説いて回った．彼は

80歳のとき，数カ月病に伏した後，豚肉にあたって病死したといわれる．→チュンダ，『大般涅槃経』，スーカラ・マッダヴァ

シッディ siddhi（Skt.）

タントラ仏教の実践の到達点である，超人的な能力．悉地ともいう．これは*世俗的なものと*出世間的なものの2種に分けられる．世俗的なものとは，霊視力，霊聴力，空中浮遊，透明人間になる能力，不老などの超能力であり，出世間的なものとは悟り（菩提）そのものである．

四天王 してんのう lokapāla, caturmahārāja（Skt.）

仏教の神話体系における世界の四守護神であり，四方位に位置して世界と仏教の教えを守護する．しばしば「四方の支配者」または「4人の大王」として知られ，人間界の上にある最下位の*天界に住む神々である．天界の最下層を支配していることから，人間世界の近くにいる4体の強力な神（*天，デーヴァ）として，眷属とともに人間世界を訪れるといわれる．四天王の像はしばしば寺院の守りとして置かれる．

支遁 しとん Chih-tun（314-366）

東晋時代の中国南部の比丘．本来は智の完成（*智慧波羅蜜）経典を学ぶ生徒であったが，人生すべてにおいて新道教の運動と関係があった．彼は，道教の世界観の間違いに気づき，それを正すために仏教の思想を用い，道教の古典である『荘子』への注釈を書いたことで有名である．その中で，人々は自分の運命に囚われておらず，幸福は自身の好みに従うことだけではなく，活発な育成を通して自身を完全にすることで見いだされると主張した．彼はまた，*阿弥陀の像をつくり，*浄土への往生を探すことを誓ったといわれているが，中国における浄土教の発展に正式に認められるような影響はない．

ジナ jina（Skt., Pāli）

諸々のブッダに対して与えられる尊称．「勝利者」の意．ブッダは自らの悟りを通して，諸存在を*輪廻の世界に閉じこめていた負の力のすべてを圧倒した，という逸話にもとづいてこう呼ばれる．それらの負の力はしばしば*マーラという悪魔の姿によって集合的に象徴される．ブッダのマーラに対する勝利は，仏教美術の主題として人気が高い．大乗仏教およびタントラ仏教の文献に共通して，5人のジナという発想が見られる．→五仏

『ジナカーラマーリーパカラナ』 *Jinakālamālīpakaraṇa*（Pāli）

「征服時代の一輪の花飾り」の意．タイの*長老，ラタナパンニャによって1516年に編纂されたパーリ仏教の年代記．同作者によって改訂が続けられ，1528年まで刊行され続けた．この著作はインドにおける仏教の起源から，スリランカへの拡大，そして東南アジアにおける*上座部仏教の確立までの時代を題材としている．スリランカと東南アジア間の宗教的交流に関する豊富な情報に加えて，東南アジアの諸王国に関する記述も含んでいる．しかしその中でもとくに，ランプーンとチェン・マイ（両者とも現在のタイに存在した）の宗教的な年代記として価値がある．

『四百論』 しひゃくろん *Catuḥśataka*

*アーリヤデーヴァの最も有名な著作．著作のタイトルは「400の詩節」を意味し，16章から成る．最初の8章では*中観派の哲学を解説しているのに対し，残りの8章では対抗する仏教徒や非仏教徒の諸学派に対する排斥がなされている．

シーペー・コルロ srid pa'i 'khor-lo（Tib.）

「生存の輪」に相当するチベット語．→有輪

持明 じみょう vidyādhara（Skt.）

「知識を保つ者」の意．

1. 北インドの雪深い山に住んで，魔術的能力（*明）による長寿，飛行あるいは変身の能力といったさまざまな神通力をもつと考えられていた，強力な生き物の一種．いくつかの資料によれば彼らはタントラの伝承の保護者と考えられており，そのため初期のタントラの文献集

成は経蔵，律蔵に対して持明蔵と呼ばれた．
2. 転じて，持明はタントラの修練を完成した者，さまざまな魔術的な力をそなえると信じられている者の称号である．

慈愍慧日 じみんえにち Tz'u-min Hui-jih (680-748)
初期の思想家で，中国北朝の*浄土運動の護教論者．禅の攻撃から浄土の思想と実践を守ったことでおもに知られている．山東省出身で，若いときに僧団に入り，インドから帰ってきた*義浄（635-713）に出会う機会を得た．慧日は義浄に深く感銘を受け，インドとスリランカで学ぶ決意をし，702年から719年にかけて滞在した．その間，浄土に往生することを讃える学問の師を多く見つけた．彼は*観自在菩薩の幻を見て，7年間その像の前で祈り，観自在菩薩が彼に浄土の思想と実践を教えた．多くのインドの経典をもって中国に戻ると，禅宗が浄土信仰を批判し攻撃しているのを見てショックを受け，禅宗の非難に反論することに自身を捧げる決意をした．しかし，彼が擁護する論書の中で前面においた浄土の思想と実践のスタイルが*廬山慧遠（334-416）や浄土思想の「主流」派の創設者—*曇鸞（476-542）とその弟子たちと認められている—の実践と著しく異なっていたために，浄土教史の研究者は浄土教のそれらとは分かれた「慧日の系統」を主張している．

捨 しゃ upekṣā（Skt.；Pāli, upekkhā）
「傍観」の意．平静あるいは不偏．感情的にかかわることなく見る者の，感情の上で距離をおいた状態．単なる無頓着または関心の欠如とは反対に，徳目であり育成すべき態度である．捨は「神の居住」(*梵住）の第四で，「悟りの肢分」(*覚支）の第七である．

ジャイナ教 Jainism
インドにおける非正統派宗教の一つ．仏教と類似する点はあるものの，教義上の重要な諸問題について見解を異にする．中でも最も根本的な差異は，ジャイナ教は仏教と異なり，不滅の霊魂（ジーヴァ，jīva）の存在を信じるということである．この宗教の名前は，その指導者たちへの敬称，サンスクリット語で「勝利者」を意味する「*ジナ」から取られている．ジナはまた「浅瀬を作る者」（ティールタンカラ，tīrthaṅkaras）と呼ばれることもある．これまでに24人のジナが存在したとされるが，第24番目のジナである*マハーヴィーラはブッダと同時代に生きたと考えられ，初期の仏典では*六師外道の一人として言及されている．ジャイナ教の僧侶は厳格な道徳的戒律を遵守し，また*不殺生を徹底するため，昆虫の生命をも尊ぶ．

舎衛城 しゃえじょう ⇨シュラーヴァスティー

社会参加仏教 しゃかいさんかぶっきょう Engaged Buddhism
社会的，政治的，環境論的諸問題に対して，仏教的な解決法を進展させるための現代の運動．かつては「社会参画仏教」(Social Engaged Buddhism）と呼ばれていたが，今では一般にそう呼ばれることはなくなってきている．参加の動きは在家/出家の区分を越え，中には改宗した西洋人のみならず伝統的な仏教国出身の仏教徒も含まれている．社会参加仏教は20世紀後半に端を発し，しだいに仏教の思想や実践の主流を成すものとなってきている.「社会参加仏教」という語は，ヴェトナムの（→ヴェトナムの仏教）禅僧*ティック・ナット・ハンが故国を戦争で荒らされた際，1963年に彼が創出したものである．ナット・ハンは，従来に比べてより積極的な方法で仏教の教説を適用することによって，この問題や他の諸問題に対する解決法を模索し始めた．彼は今でも運動を主唱する一人として第一線に立っており，現在はフランスに住み「インタービーイング教団」(Order of Interbeing）を創立し，価値ある社会的大義を促進している．同教団などの「参加」集団の目的は，不公平で抑圧的な社会構造・政治構造の改革を通じて*苦や抑圧を軽減することにあるが，その一方で伝統的な仏教が本質的な精神的成長を強調してきたことも見落としてはいない．一面においてこの進展は，仏教があまりに受動的で孤高であったため，多くの人間に手を差し伸べることよりも瞑想や隠棲を強調してきたという批判への一回答でもある．したがって，大乗の菩薩は運動家の理想像ないし象徴とみなされている．この運動の根源は，植民地時代における仏教とキリスト教との出会いや，キリスト教でいえば，貧しき人々や抑圧されている人々の要求について語る「社会的福音」が仏教でいかに進展させられるかという，仏教に対する挑戦に跡づけられると解説する者もいる．

釈迦牟尼 しゃかむに ⇨シャーキャムニ

シャーキャ Śākya
ブッダが生まれた，氏族または部族の名．釈氏ともいう．ヒマラヤ山脈の山麓丘陵とビハール州北部に居住した諸部族は，大国に服従しながら内部の自治を堅持し，共和制的な形態の統治体制を有していたが，それらと同じようにシャーキャ氏は，共和制的な形態の統治体制を有していた可能性が非常に高い．後世の伝承では，ブッダの父である*シュッドーダナは王として描かれているが，実際には，部族の政治について議論するために集会場に定期的に集まった家父たちの集会の支持に支えられている，部族の指導者であった可能性が最も高い．シャーキャ氏が（『アルタ・シャーストラ』(*Artha-śāstra*) などの，マウルヤ朝時代とそれ以後の史料に描写されているような）北東インドおよびその他の地域のクシャトリヤの部族と同様であると仮定するならば，貴族の成人一人一人が王（ラージャ，rāja）という称号をもっていたことになるが，統治者として任命されていなければ，実質的な統治者ではなかったということになる．そのような諸部族のうち少なくともいくつかは，ある期間には寡頭制的な政体を有していたが，他の時代には君主制的であった．シャーキャ氏については，仏教文献以外に，その政治的な国家体制に光をあてうる史料が現存しない．

シャーキャムニ Śākyamuni
「釈迦族の聖者」の意．釈迦牟尼ともいう．ブッダの称号の一つ．とくに，諸経の意において述べられる他の多くの仏とブッダとを区別する必要のある，大乗仏教の文献にみられる．→シャーキャ

釈氏 しゃくし ⇨シャーキャ

寂室元光 じゃくしつげんこう Jakushitsu Genkō
日本の中世の*臨済禅の有名な僧侶．日本で有名な中国人僧のもとで学んだ後，中国へと渡り，1320年から1326年まで，*臨済宗*楊岐派の中峰明本（1263-1323）など，他の著名な僧侶から学んだ．日本へ帰国してからは，諸国を遍歴する生活を送っていたが，死の5年ほど前から，彼のために地方地主によって建てられた寺である近江（現在の滋賀県）の永源寺に定住した．慈悲深さ，あらゆる世俗的な誘惑の超越，笛や詩などの腕前などで知られており，とくに詩に関しては禅の詩集の好例とされている．

寂滅 じゃくめつ Jakumetsu（1235頃没）
日本の僧侶で，奈良時代の有名な僧である*行基（668-749）の墓標を掘り起こす事業や，そこでの墓誌の発見などにかかわった．その後，それらは都に送られ，奈良時代の仏教を研究する上での重要な文献資料となった．

ジャータカ Jātaka（Pāli）
*ガウタマ・ブッダがこの世に生まれる以前の前生について記述した初期の仏教文学の一類型．本生経ともいう．パーリ正典の経蔵に含まれる*小部の10番目の書名である．ジャータカにおけるブッダの伝説が正典に現れると，それは仏教文学において，つねに承認されるべき前提となったと考えられる．ジャータカの一場面が初期の仏教彫刻に多く刻まれていることからわかるように，ジャータカは古代の伝統を広範囲にわたって形づくっていった．パーリのジャータカは22篇に整えられた550の本生物語から成っている．それぞれの話は，ブッダが自身の過去世を語るに至る事情を述べた序文から始まる．一方，最後は，その話の登場人物が，それぞれどのような因縁で現在世にあるのかをブッダが明らかにする短い要約で終わる．さらにどの話も，一つないし複数の偈によって表現されている．スリランカの伝承によれば，ジャータカの原型はそれらの偈のみで構成されてい

て，その偈を解説するためにつくられた物語から成る注釈部分は，ごく初期の時代にはシンハラ語で書かれていた．これが紀元430年頃，*ブッダゴーシャによって*『ジャータカ・アッタカター』としてパーリ語に翻訳され，これより後に原本は失われてしまった．いつ頃ジャータカが体系的な形に整えられたのかはわかっていないが，最初これらは口承されていたと考えられている．インドにおいて，このように前生を追想するのは，聖なる伝説をもつ英雄や聖人の伝記に見られる共通の特色であり，彼らの現在世は禁欲という信心深い前生の結果であると考えられている．ジャータカは，仏教文学の典型として，また古代インドの社会生活や習慣の描写として非常に興味深い．

『ジャータカ・アッタカター』 *Jātaka-aṭṭhakathā*（Pāli）
*ジャータカに対する注釈書であり，パーリ正典の*小部の10番目の書．スリランカに伝わったシンハラ語のジャータカをパーリ語に翻訳したものであり，異論はあるものの*ブッダゴーシャ（5世紀）作とされる．この作品はジャータカのすべての偈を含んでいて，その偈にかかわる物語を散文で付け加えている．それぞれの物語は，それが語られることになった事情を明かす序文から始まり，最後は主要な登場人物たちが前世におけるブッダ，または彼の同時代人であったことを明らかにして終わる．この集成はまた，*『ニダーナカター』という別の題名をもつ長い序文で始まっている．そこでは，シッダールタとして生まれる前のブッダと，彼が最後の人生で菩提を得るまでが語られている．

『ジャータカ・マーラー』 *Jātaka-mālā*
4世紀のアーリヤシューラ（Āryaśūra）の手による，ブッダの過去世にまつわる34の物語（*ジャータカ）を韻文で編纂した文学作品．この作品はインドで大きな影響力をもち，*アジャンター石窟などの壁画にブッダの過去世が描かれる際には，この作品から着想が得られたといわれている．サンスクリット語原典とチベット語訳1本が現存する．

車匿 しゃのく ⇨チャンナ

沙弥 しゃみ śrāmaṇera（Skt.；Pāli, sāmaṇera）
新参の見習僧で，*出家をしてはいるが，いまだ*授戒していない者をいう．*波羅提木叉の諸規則は*沙弥には適用されないので，彼らは*布薩の日に行う波羅提木叉の読誦に参加できない．女性の見習僧は沙弥尼（シュラーマネーリー，śrāmaṇerī；Pāli, サーマネーリー，sāmaṇerī）という．

ジャムグェン・コントェル Jamgön Kongtrül（Tib., 'Jam-mgon kong-sprul）（1813-1899）
東チベット出身で，いわゆる「*無宗派運動」にかかわった偉大な学僧の一人．「無宗派運動」は19世紀のチベットでの宗教と知性が回復する時代の先駆けとなったものである．*ニンマ派と*カギュ派の双方で*得度を受け，他の学派からも多くの伝承と教説を受けた．多くの典籍を記し，編纂しながら，*プンも含む，あらゆるチベットの宗教諸派の間に価値の差はないと考えていた．

沙門 しゃもん śramaṇa（Skt.；Pāli, samaṇa）
「努力する者」の意．宗教的知識を求めて懸命に努力する者のこと．托鉢僧や放浪僧として活動する者がその典型である．ブッダより多少先行する時代，このような沙門たちが，バラモン教の正統的な教義を否定して真理を追求する宗教運動を起こした．彼らは，特定の指導者を中心とした少人数のグループをつくることが多かった．このような非組織的な宗教的共同体から，後にジャイナ教や*アージーヴァカ教，仏教などのグループが発生することになる．パーリ正典では，ブッダはしばしば「沙門ゴータマ」として言及されている．「沙門と*婆羅門」（それぞれ非正統派と正統派の宗教的実践者を指す）という言葉は，インドにおける宗教的共同体のあり方を適切にいい表している．

舎利 しゃり śarīra（Skt.）
「身体」の意．ブッダや他の聖人の遺骨を指し，多くは*ストゥーパに収められている．→仏舎利

シャーリプトラ Śāriputra (Pāli, Sāriputta)

ブッダの弟子たちの長となった比丘．舎利弗ともいう．生涯を通しての親友*マハーマウドゥガリヤーヤナと同じ日に出家し，二人はまず懐疑論者として知られる*サンジャヤ・ベーラッティプッタに弟子入りしたが，後に改心して仏教に帰依したと伝えられている．そして彼らの*得度の日，ブッダは彼ら二人が弟子たちを率いることをいいわたした．ほどなくして二人は*阿羅漢になる．ブッダは，シャーリプトラは完璧な弟子であり，超越的な知識（*智慧）に関してはブッダ自身につぐ者であると言う．ブッダの許しを得て彼がかわりに説教を行うこともしばしばあり，真理の普及に対して果たした功績から「ダルマの将軍」(Pāli, ダンマセーナーパティ，Dhammasenāpati）という称号を与えられた．彼は分析的思考についてすぐれた能力を有しており，*阿毘達磨の伝統の創始者とみなされている．彼の*悲，忍耐，謙虚さは，他の弟子たちの模範となるものであった．彼はブッダよりも年長であり，ブッダに数カ月先んじて没するとき，ブッダは頌徳の言葉を贈って追悼した．

舎利弗 しゃりほつ ⇨シャーリプトラ

シャングリラ Shangri-la

地上の隠された楽園という西洋の思想．チベットの*シャンバラの伝説にもとづいたもので，ジェームズ・ハミルトンの『失われた楽園』(*Lost Horizon*, 1993）で広く知られるようになった．

シャーンタラクシタ Śāntarakṣita

*サホル王の息子で，*ナーランダーでジュニャーナガルバより具足戒を受けて，*中観派の*自立論証派の高名な大家となった．彼は『中観荘厳論』（マディヤマカ・アランカーラ，*Madhyamaka-alaṃkāra*）や『摂真実論』（タットヴァ・サングラハ，*Tattva-saṃgraha*）などの重要な著作をいくつか著した．8世紀後半のディソン・デツェン王の治世にチベットに赴き，没するまでの13年間をそこで過ごした．彼は*サムイェー僧院の建立にあたってはその設計を担当し，監督することで，出家者教団をチベットに伝え，仏教典籍をチベット語へ翻訳する大事業を始めた．

シャーンティデーヴァ Śāntideva (685-763)

詩人や学者としても活動した仏教僧．*中観派の*帰謬論証派に含められる．彼の生涯についてはっきりと知られていることは少ないが，伝説的な逸話が数多く伝わっている．それらによれば，彼は王の子として生まれたが，ブッダと同様にその地位を捨て，宗教的な生活に身をおくことを選んだという．智慧の象徴である*文殊師利菩薩にことさらに帰依し，夢や幻視を通して文殊師利から教示を受ける．王の相談役を経験した後，仏教僧となった．後年は*ナーランダーに生活の拠点を移し，中観派の観点から大乗の基本的教義に関して著作と教育とを行った．彼は深い学識と神通力とを有していたが，謙虚な姿勢を保っていたので，僧としても尊敬を集めていた．その死については何も記録が残っておらず，多くの仏教徒は彼がまだこの世に残り，真の菩薩として善行をなし続けていると信じている．彼の著作としては，*『学集論』と*『入菩提行論』が，いずれもサンスクリット語で残っている．

シャンバラ shambhala

想像上の王国で，とくに*『時輪タントラ』と関連している．地理上の正確な位置ははっきりしないが，通俗的にチベットの北のどこかにあると考えられている．一方で神話のもとになったその地をオリッサに位置づける，いくつかの証拠がある．インドでイスラム教が興隆するとともに，シャンバラ王国は目にみえなくなり，未来に王が軍を率いてイスラム教徒を滅ぼし，新たな黄金時代が始まるまでの間そのまま残るとされる．

ジャンブドゥヴィーパ Jambudvīpa (Pāli, Jambudīpa)

「ジャンブ樹の島」の意．閻浮提ともいう．伝統的な仏教神話における四大大陸のうちの最も南方の大陸の名称．当時知られていた世界に対応し，おそらくインド亜大陸と東南アジア（とくに*タンバパンニ・ディーパ，すなわちスリランカ島との対比で）に相当すると思われる．この大陸の名前の由来となっているジャンブ樹とは，ヒマラヤ地方に生えていると考えられていた巨大な木のことである．ブッダと世界の支配者（*転輪王）はこの大陸にのみ出現するといわれている．

取 しゅ upādāna（Skt., Pāli）

愛着，あるいは把握．渇望（*渇愛）の増大された形態．以下の四つの形態をもつといわれる．(1) 楽しい肉欲的経験（*欲，カーマ）への愛着，(2) 見解や理論（*見）への愛着，(3) 規則や儀礼への愛着（*戒禁取見），(4) 魂あるいは自我を信じること（アートマ・ヴァーダ，ātma-vāda）への愛着．*縁起の教義における12の環の中では取は欲望と再生の関係を示して渇愛に続き，発生（*有）に先行する．五蘊が「執著の集合」(*取蘊）として言及される場合には，把握する対象としての五蘊について同じ主張がなされている．

趣 しゅ gati（Skt., Pāli）

「道筋」または「行き先」の意．死後に趣いてそこに*再生するさまざまな行き先のこと．一般的に，次のような6種があるとされている．(1) *天（デーヴァ），(2) 人間，(3) *アスラ，(4) *動物，(5) *餓鬼，(6) *地獄．はじめの3種はよい行き先（善趣），あとの3種は悪い行き先（*悪趣，ドゥルガティ）といわれる．初期仏教の文献では，3番目を除いて5種の趣をあげるのが通例である．→有輪

受 じゅ vedanā（Skt., Pāli）

「感覚」の意．感覚を経験する心理的，生理的能力．受は経験を「味わう」あるいは「楽しむ」といわれる能力であり，これらの経験は快適なもの，不快なもの，どちらでもないものの3種に分類される．さらに六つの感覚器官（眼，耳，鼻，舌，身，意）のそれぞれに対応する6種類の感覚があるといわれる．受は五つの集合（*蘊）の第2であり，人間の経験のうち感情の側面に関するすべての現象を包含する．*縁起の鎖の7番目の環でもあり，第6の環すなわち感覚とその対象の接触（*触）に続き，第8の環である渇望（*渇愛）を発生させる．

頌 じゅ gāthā（Skt., Pāli）

宗教的な詩句を意味するサンスクリット語．その多くは賛歌である．大乗経典には，その全体が韻文で構成されているものや，散文で述べられた教えを後続する韻文の箇所で反復し，まとめるといった体裁をとっているものが多くある．

十王 じゅうおう ten kings

中国の民間伝承では，これらの人物は新しい死者の魂が死後のさまざまな時代で出会う10人の裁判官であった．これらの王は死者の罪と罰を裁き，ふさわしい処罰を割り当てる．死者の利益に関して行われる一般的な死後の儀式の多くは，死者に関する十王の決定に影響を及ぼすことを目的としている．十王の信仰は，中国では唐代に起こり，仏教と道教の両方に広まった．

十牛図 じゅうぎゅうず Oxherding pictures

中国の伝統的な禅の内部で，芸術的な隠喩を用いて瞑想法と悟り（菩提）の到達のモデルの一つを表す方法として発達した10枚の絵．心のさまようことを調節することを学ぶための文学的な隠喩である「牛の番」は，唐代（618～907年）まで遡り，禅宗内で人気を博するようになった．一連の絵では，後に続いて徐々に白くなっていき，最後には完全に消えてしまう牛を調教する牛飼いとして修行者を示しており，心を飼い慣らすことは執着の個々の対象としてそれを取り除くことであると主張する．そのような連続性は，5枚目から8枚目にかけてみられる．12世紀には，廓庵師遠が基本となる10枚組の絵をつくった．順番に絵をあげると以下のとおりである．(1) 牛を探す，(2) 足跡を見る，(3) 牛が最初にちらりと見える，(4) 牛を捕まえる，(5) 牛を飼い慣らす，(6) 牛に乗って家に帰る，(7) 牛を忘れ自分だけが残る，(8) 牛と自分両方とも忘れる（穴の開いた円を描く），(9) 本源に帰る，(10) 贈り物を授ける手を持って町に戻る．これらの絵は，廓庵の時代

以降中国や日本の禅宗の修行者への教えの助けと瞑想の対象の両方の面で用いられた.

執金剛 しゅうこんごう Vajradhara (Skt.)

「雷挺をもつ者」の意.

1. 5人の*ジナの1人で, 絶対の, あるいは始原の真実(*法身)とみなされる. 図像法では, 憐れみ (*悲) の力と巧みな手段 (*善巧方便) を象徴する雷挺 (*ヴァジュラ) を右手に持ち, 妨げなくあまねく響きわたる, *智慧の清浄で明朗な音を象徴する鐘 (*ガンター) を左手にもった姿で描かれる. 色は紺, *報身仏の壮麗な装いという変則的な形で描かれる.

2. 完全に熟達した成就者 (*シッダ) を指すタントラの術語.

種子 しゅうじ bīja (Skt.)

「種」の意. 仏教の*瑜伽行派で用いられる語で, 日々の行為から生じ, *阿頼耶識に蓄えられた業のエネルギーの「束」を意味する. 業の働きに対する従来の理解と同様に, この「種」は, 好ましい経験や好ましくない経験というかたちで未来に「果報」を生み出す. この語は*金剛乗でも用いられ, 神格やその他の神的対象を生み出す根源としてのマントラの音節を意味し, 読み方も「しゅじ」とかわる.

『十地経』 じゅうじきょう *Daśabhūmika Sūtra* (Skt.)

大乗経典の一つ. 菩提に至るために菩薩が経るべき10の段階 (*地) を説く. 後に*『華厳経』に取り込まれてその一部となり, サンスクリット語原典のほか, チベット語訳や漢訳も現存している.

十重戒 じゅうじゅうかい jūjūkai (Jpn. ; Chin., shih chung chieh)

「十の重い戒律」を意味する仏教の漢語. 顕教における意味と, 密教における意味とがある.

1. 顕教においては, *『梵網経』(大正新脩大蔵経 no. 1484) に含まれているいわゆる「菩薩戒」の最初の10項目のことである. 僧伽における律の四つの*波羅夷法の罪 (「敗退となる違反」という意味) に相当するものとして意図されており, 続く四十八軽戒と対を成している. 10項目とは, (1) 不殺生 (殺さない), (2) 不偸盗 (盗まない), (3) 不邪淫 (禁じられた性行為をしない), (4) 不妄語 (嘘をつかない), (5) 不酤酒 (酒類を売り買いしない), (6) 不説過 (他の仏教徒の罪をあげつらわない), (7) 不自讃毀他 (他を蔑みつつ自らを称えない), (8) 不慳法財 (僧伽からの施しを止めたり施しをする他人を蔑んだりしない), (9) 不瞋恚 (表すことなく怒りを心に抱かない), (10) 不謗三宝 (仏法僧を蔑まない) である.

2. 密教において師僧たちは, 『大毘盧遮那成仏経疏 (大日経疏)』(大正新脩大蔵経 no. 1796) の第9巻と第17巻から「十重戒」を引いている. それは, (1) 不捨仏宝, (2) 不捨法宝, (3) 不捨僧宝, (4) 不捨菩提心, (5) 不謗一切三乗経法, (6) 不応於一切法生慳恪, (7) 不発邪見, (8) 於発大心人勧発其心, (9) 不観彼根不可説大小法, (10) 常行施不可与害物具である. またはかわりに, 『無畏三蔵禅要』(大正新脩大蔵経 no. 917) から引いた同じような密教戒を師僧が授けることもある.

住処 じゅうしょ āvāsa (Pāli)

比丘たちが雨季に隠遁のために居住する場所. アーヴァーサともいう. 雨季の避難所として建設された*精舎という一時的な建物をその中に含む, 地理的な境界を意味する. 古い時代には, この建物は雨季が終われば放置されたが, やがてそれは常設の比丘の住居として発展するようになった.

十善業道 じゅうぜんごうどう daśa-kuśala-karmapatha (Skt.)

10の善い行い. *戒を定式化したものであり, *身口意の行いはこれに準拠することが求められる. 大乗でとくに重視された. (1) 殺さない, (2) 盗まない, (3) 姦淫しない, (4) 妄言を吐かない, (5) 陰口を叩かない, (6) 粗暴な言葉を口にしない, (7) 虚飾のための言葉を口にしない, (8) 貪らない, (9) 憎まない, (10) 正しい見解をもつこと, これらをもって10を数える. 大乗仏教の典籍によれば, 凡人が劣悪な境涯への*再生から逃れるためにこの十善業道を遵守しても，彼らは輪廻からの*解脱に至ることはできない．それゆえ，その場合の十善業道は*世俗的な規範であるとされる．一方，菩薩が*善巧方便と*智慧をともなってこれを遵守するとき，その菩薩は*解脱に至るので，十善業道は*出世間的な規範であるとされる．

十大弟子 じゅうだいでし ten great disciples

ブッダの弟子の中で最も有名な10人．彼らの名は大乗経典にしばしば表れる．それぞれの名は，(1) *マハーカーシュヤパ，(2) *アーナンダ，(3) *シャーリプトラ，(4) *スブーティ，(5) プールナ (Pūrṇa)，(6) *マハーマウドゥガリヤーヤナ，(7) *マハーカーティヤーヤナ，(8) アニルッダ (Aniruddha)，(9) *ウパーリ，(10) *ラーフラという．はじめの2人は，禅の伝統における最初の祖とされている．

宗峰妙超 しゅうほうみょうちょう Shūhō Myōchō (1282-1337)

大燈*国師としても知られる日本の鎌倉時代の高名な*臨済宗の禅僧．禅の*公案の解を導くためその真意を敷衍する偈頌である頌古を革新的に用いたことでも知られる．妙超は10歳のとき*天台宗書写山円教寺に入り，9年間経典，律，禅定を含む広範な教育を受けた．鎌倉期の禅師のほとんどは禅宗一筋の履歴であることに鑑みるとこれは異例である．妙超は自著で述べているように16歳の頃から天台の教育が枝葉末節にこだわり，*悟りと自己変革という本質的な問題を無視していると感じ不満を抱き始めていた．幾度か旅に出たのち鎌倉の高峰顕日 (1241-1316) に弟子入りした．高峰の下で1～2年修行した後に，坐禅中に隣の部屋で誰かが吟じている詩を聞いて悟りを体験した．高峰は妙超の悟りを喜んで認めた．しかし妙超はそののちすぐに京都の南浦紹明 (1235-1308) に学ぶため高峰のもとを去った．一説では妙超は高峰の禅が過度に日本化されていることに不満を抱き，南浦の純粋に中国風の修行に魅かれたといわれている．南浦紹明の下でさらなる悟りの体験を積んだ後，1307年に20年にわたる隠遁修行に入った（一説ではこの時期の妙超は橋の下で乞食をしていたといわれている）．その後京都に行き*比叡山から遠からぬ場所に*大徳寺を創建し，そこを拠点に旧仏教諸宗派の抵抗を受けながらも急速に西国に禅を広めた．1325年朝廷が主催した正中の宗論において禅宗側の二人の論客の一人として参加し，謎めいた禅語と身振りを駆使し相手（そのうちの一人は改宗したといわれている）に論駁した．天皇は禅宗側の勝ちを認め，この地域における旧仏教の優位に終止符が打たれた．彼の死後弟子たちは逆境に遭遇したが，やがて大徳寺と彼の弟子*関山慧玄 (1277-1360) が開山である妙心寺はそれぞれ臨済宗の本山の一つになった．

宗密 しゅうみつ Tsung-mi (780-841)

中国*華厳宗の第5祖で，最後の師と認められ，広く禅の師と敬服される人物．彼は若いときに標準的な*儒教教育を受け，科挙をまさに受けようとした807年に禅僧の道円に出会った．宗密は道円に感銘を受けて，道円のもとに参じるために出世を諦めた．1年間禅を学んだ後，*澄観 (738-820) の*『華厳経』の注釈を読み，華厳の研究に焦点をかえた．首都の洛陽に旅し，そこで澄観が死ぬまで彼のもとで勉強した．宗密の名声は広まり，皇帝の宮殿で講義するために招待され，後に君主から多くの尊称が与えられた．彼の広範囲に渡る研究は瞑想の体験と対になって，禅が経典や口述の教えを却下することを批判するようになった．かわりとして，彼は教義の学問と禅の瞑想が相互に助け合い補強し合うこと，「同じゴールに導く教義と瞑想」（教禅一致）と呼ばれる理論を提案した．

彼の華厳の講義と著作は別にして，独自の作品以外にも他の大乗経典に関する注釈書を書いた．おそらく最も重要なものは，禅宗における*頓悟・*漸悟に関して長引いている議論を落ちつかせるために，理論的な枠組みを提案したことである．修行と悟りの両面において頓と漸の可能性を認める類型論を発表した．これによって彼は，頓悟の最初の体験から続いて漸進的な修行によって深まっていくと特徴づけられるものとして禅の実践の理想的なコースを仮定した．彼は，*北宗禅が現実の本質を経験にもとづいて認識することに基礎をおかず，個人の漸進的な修行を離れたと考え，これらの過程を逆にした北宗を批判した．しかし，*南宗禅の後継者も頓悟だけで十分な体験であると好んで修行の面を無視していると批判した．

十力 じゅうりき daśa-bala（Skt.）

如来の有する 10 種の力．以下の 10 種の知識よりなる．(1) 何が可能で何が不可能かを知る知識．(2) 行為の*異熟と*業の成熟についての知識．(3) 衆生のすぐれた性質と劣った性質についての知識．(4) 衆生のさまざまな趣向についての知識．(5) 世界を構成するさまざまな要素についての知識．(6) 衆生がさまざまな存在領域へと至る道についての知識．(7) 純粋な行為と不純な行為についての知識．(8) 禅定の成立とそれに関連する成果についての知識．(9) 衆生の死と再生についての知識．(10) *漏の断滅による解脱についての知識．

十六羅漢 じゅうろくらかん sixteen Arhats

伝承によれば，ブッダは死の直前，彼の教えを守ることを 16 人の*阿羅漢とその弟子たちに委ねたという．彼は森に住むこれらの聖者たちに（→アーランヤ・ヴァーシン），在俗の信者たちにも接し，その寄進を受けてほしいと頼んだ．そうすることにより，寄進者は徳（*福）を得ることができるからである．16 人の阿羅漢は，ブッダの要請に応えるため，神通力によって自分たちの寿命を無限に延ばした．そして，彼らは現在でも信者たちの寄進を受けるという．この逸話はインド由来の多くの漢訳された文献に見られるが，代表的なものとしては 7 世紀に*玄奘によって翻訳された『大阿羅漢難提蜜多羅所説法住記』（ナンディミトラ・アヴァダーナ，*Nandimitrāvadāna*）がある．16 人の名はピンドーラバーラドヴァージャ（賓度羅跋囉惰闍），カナカヴァトサ（迦諾迦伐蹉），カナカパリドヴァジャ（迦諾迦跋釐墮闍），スビンダ（蘇頻陀），ナクラ（諾距羅），バドラ（跋陀羅），カーリカ（迦理迦），ヴァジュラプトラ（伐闍羅弗多羅），シュヴァパーカ（戍博迦），パンタカ（半託迦），ラーフラ（囉怙羅），ナーガセーナ（那伽犀那），インガダ（因掲陀），ヴァナヴァーシン（伐那婆斯），アジタ（阿氏多），チューラパンタカ（注荼半託迦）である．

取蘊 しゅうん upādāna-skandha（Skt.）

「執著の集合」すなわち，把握（取）の材料あるいは対象と見た場合の五つの集合（*蘊）．第一の高貴な真実（→四聖諦）の最後の部分は「五つの執著の集合は*苦である」と述べる．これは肉体をもつ存在にとって苦が本質的であることと，そのような存在自体が快楽の感覚のあとに把握をひき起こし，輪廻における終わりのない苦の循環を生み出すということを意味している．

シュエギン派 shwegyin

二つの主要な宗派（*ガイン）の一つ，ミンドン王（1852–1877）の統治期間に設立されたビルマの僧伽内の僧団の分派（*ニカーヤ）．1980 年では，ビルマのすべての僧のうち 7.1% がシュエギン派に属している．この宗派は，設立者であるウ・ジャガラの村にちなんだ名称を名のり，ずっと大きい派閥である*トゥダンマよりも厳しい僧の戒律への固辞を強調する．この二つの集団の違いは，タイ・ラオス・カンボジアにおけるマハーニカイ（Pāli，マハーニカーヤ，Mahānikāya）と*タンマユット（Pāli，ダンマユッティカ，Dhammayuttika）の違いと似ている．シュエギン派はつり皮ではなく両手で*鉢を運び，同じ容器にすべての食べ物を受け取り，日に一度だけ食事するといったようなより厳しい規則，お金を手で触れることや娯楽場所を訪れることに関してより厳しく規則を守っている．彼らは，勉学と瞑想により時間を費やし，社会業務や共同体の繁栄の計画にはあまり時間を費やさない傾向ももつ．

シュエダゴン・パゴダ Shwedagon Pagoda

ビルマのすべての仏教の場所で最も聖なるところとされる．シュエダゴン・*パゴダ(*パヤ)は台座から 98 m の高さで，ヤンゴン中部の 58 m の高さがあるシングッタラ丘に立っており，57 万 m^2 ほどの広さをおおう巨大な金の*ストゥーパから成り立っている．ストゥーパの周りには，さまざまな種類の小さい*ゼディ，彫像，寺院，聖堂，像にパヴィリオンがある．

おもなストゥーパは，まったく標準の形式で壇から立っている．最初に，小規模な建築物の上にただちにシュエダゴン・パヤを置いている6.4 m の高さの台座がある．小さいストゥーパは土台の上に建っており，四つの大きなストゥーパは四つの基本的な方向にあり，四つの中サイズのストゥーパは四隅にあり，60 の小さなストゥーパは周囲を囲んでいる．この土台から，ストゥーパは四角から八角形に最終的に円形に変化する壇の中に立っていて，特徴的な建築の要素，ベル・ひっくり返った鉢・繰り形・*蓮華の花びら・バナナのつぼみ，そして*ティーによって屋根が飾られている．伝説によると，この建造物はブッダの時代まで遡る．しかし，考古学上の根拠によると，もとのストゥーパは*モン族の人々が 6 世紀から 10 世紀の間のどこかで建てたものである．そのとき以来，何度かにわたって改築され，現在の形が確認できるのは 1769 年まで遡る．ある時代には，聖堂の壇が 37 の*ナッの像で飾られたが，これらは今隣接された聖堂に移されている．伝説によると，2 人の商人の兄弟がブッダに出会った．ブッダは彼らに自分の髪を 8 本与え，ビルマに戻って安置するよう言った．2 人の兄弟と王は，多くの精霊の助けを得て，丘を発見した．その丘は以前のブッダの*遺物が安置されていたところだった．かつて遺物は安全に安置されていたが，会館の上に黄金の板が置かれ，黄金のストゥーパがその上に建てられた．この上に銀のストゥーパが建てられ，続いて錫のストゥーパが，銅のストゥーパが，大理石のストゥーパが，最後に鉄のレンガでできたストゥーパが建てられ，こうしてシュエダゴン・パゴダが完成した．また伝説によると，その後の時代にストゥーパは使用されなくなり，ビルマを訪問した*アショーカ王が非常に苦労してその場所を見つけ，後で修復したといわれている．15 世紀に，ストゥーパに金メッキを施した伝説がある．シンサウブ女王は自分の体重分の黄金を提供した．それは，金箔にされ建造物を金メッキするために使われた．彼女の義理の息子のダンマゼーディはかわりに 4 度自分の体重と后の体重の分の黄金を差し出した．その後の時代において，ストゥーパは多くの地震の被害を受け，何度も襲撃された．最後の世紀には，この複合建築はビルマの独立運動と関係して政治活動の中心となった．

受戒 じゅかい jukai

師とする僧から弟子が戒律を受けることを意味する漢語．

授戒 じゅかい Upasampadā（Skt., Pāli）

師が弟子に戒律を授けること．僧伽の一員としての完全な許可を与える高次の*得度．

授記 じゅき vyākaraṇa（Skt.）

1．とくに教義の要点についての説明，解明，分析．

2．文法学．

3．予報，予言．とくに大乗経典で，道に入ったばかりの菩薩にブッダが与える予言に関して用いられる．予言はしばしば菩薩の未来の行い，悟りの獲得，その結果得られるブッダとしての名前を列挙する．

儒教 じゅきょう Confucianism（Chin., ju-chia, k'ung chiao）

儒学，孔教ともいう．中国の聖人である「孔先生」，孔子（前 552-479）の教え．その名前のラテン語訳の「コンフシウス」の名を通して西洋に知られている．孔子の教えは深く東アジアに影響を与え，何世代にも渡ってこの地域の偉大な道徳の先生とみなされてきた．彼の知的遺産は過去 2000 年にわたって中国の哲学の主流を形成した．その生涯について確実なことはほとんど知られていないが，彼の教えは弟子との会話という形式の『語録』（『論語』）で残されている．とりわけ人間らしさや善意を意味する仁の美徳を強調し，社会に奉仕し改善しようとする新しい紳士の学者層（儒）にこれを教え込もうとした．士夫としても知られるそのような人たちは，社会の階級のトップに教育を受けた紳士階級を構成する．儒教の思想の主眼点は，こうして社会的な関係の*倫理，とくに親子の間の関係の上におかれたが，家族の関係を超えてすべてのレベルにおける上位と下位の関係にまで延長された．彼の見方は利他主義，人本主義，個人の誠実さといった価値観に駆り立てられた規律正しい階級社会であった．超自然的な現実の存在を否定はしないものの，来世や超自然的なものについてはほとんど語らなかった．この点に関して，業や再生の信仰をもつ仏教がその隙間を埋め，儒教がほとんど興味を示さなかった問題に説明を与えた．この両者は，道教とともに，優勢と劣勢の時代を含むしばしば複雑な関係にありながら何世紀もの間共存してきた．儒教は10世紀に始まる新儒教の復興を享受したが，つねに権力をもっていたわけではなかった．これは，仏教の形而上学の挑戦に反応して発展し，*悪の起源といった哲学的・宇宙論的な問題を説明しようとしてある程度は仏教の考えを取り込んだ．儒教は中国文明においてぬぐい去ることのできない跡を残し，文化大革命（1966～1976）でさえも生き残り，共産主義者が迷信を根絶することで中国の現代化を繰り返し図った．儒教の倫理と家族の忠義の強調は，世界中の中国人社会における日々の生活と経済的な成功を下から支え続けている．

衆賢　しゅげん　⇨サンガバドラ

修験道　しゅげんどう　shugendō（Jpn.）
　日本仏教の密教*苦行者の修行（→密教）で*天台宗と*真言宗の中に見られる．字義としては「経験を養う道」であり，平安時代に始まる．朝廷の僧侶に対する干渉的な規制が強化されたため，日本古来の自然崇拝や山岳崇拝という背景もあり，私度僧がこれをのがれようとして山岳に籠ったことが発端である．*山伏（山に伏す人）と呼ばれるこれらの人々は険しく長い山道を聖地巡礼のように駆け巡り，飲食抜きの長時間の読経など禁欲的修行に励んだ．元来独立した存在であったが密教を重視する天台や真言の伝統の中で一派を形成するようになった．この修行の目的は自己変革と解脱および超自然的な力の獲得である．

修習　しゅじゅう　bhāvanā（Skt.）
　「涵養」の意．心を適当な対象に集中し続けることなど，瞑想の修練形式に対して仏教で用いられる一般的な用語．仏教で実践される瞑想には主として2種あり，静的瞑想（*止）と直観的瞑想（*観）である．→三昧，サーダナ

『修習次第』　しゅじゅうしだい　*Bhāvanā-krama*
　3部に分かれた*カマラシーラの作品．チベットと中国の翻訳とともにサンスクリット語版が一部残っている．禅宗でみられるような東アジアの「頓悟」の教えとは対照的にインド・チベットの伝統内で教えられてきた悟り（菩提）への段階的な道筋を概説している．『修習次第』は*ラサの宗論で*マハーヤーナ和尚によって主張された「頓悟」に対する正統的なインドの大乗仏教の見解を要略して書かれたと考えられている．

シュシュナーガ王朝　Śuśunāga（Pāli, Susunāga）
　インドの古い王朝．*ハリヤンカ王朝を継ぎ，前414年頃から前346年頃まで，68年間にわたり*マガダ国を支配した．

種姓　しゅしょう　gotra（Skt.）
　「氏族」のこと．大乗仏教においては，宗教的グループや精神的共同体を意味して用いられるが，所属が生まれつきであるか生後であるかは問わない．*瑜伽行派によれば，そのような精神的グループには5種類があるという．そのうちの3種は，*声聞，*独覚，菩薩の*三乗に対応している．これに加え，「いずれにも定まらない者たち（不定）」（アニヤタ，aniyata）と「精神的な潜在能力をまったくもたない者たち（無性）」（アゴートラ，agotra）というグループがある．

数息観　しゅそくかん　⇨数息観　すそくかん

出家　しゅっけ　pravrajyā（Skt.；Pāli, pabbajjā）
　「前進」の意．俗世を離れて，行者の生活に入ること．仏教の出家修行者になる二つの段階のうち，下の段階にあがるものであり，いわば準備にあたる．

出家外道 しゅっけげどう parivrājaka（Skt.；Pāli, paribbājaka）
「彷徨する者」の意．インドの宗教的な乞食行者たちの類で，ブッダの時代を含む古い時代から，さまざまな信念をもちつつインド各地を巡った．女性をも含むこのような彷徨する教師たちは，さまざまな一定の範囲の主題について，お互いに論を戦わせていた．彼らのために特別な集会場が設けられ，地元の住人たちは彼らに敬意を表しにやってきた．パーリ正典の*『梵網経』には，当時の彼らの代表的な見解が述べられている．彼らのうちの一部は，自身の教えがブッダのものと同じであると主張したが，ブッダはこの主張を否定している．仏教に改宗した多くの者が，パリヴラージャカからの者たちであって，*シャーリプトラと*マハーマウドゥガリヤーヤナの二人はその中でも最も著名である．

出世間 しゅっせけん supermundane（Skt., lokottara；Pāli, lokuttara）
*世俗のことがらと対置される，救済と涅槃への探求に関することがら．*聖道とその結果に関することがらを指す語であり，それゆえ，*解脱と関連する，またはそれへと導くものである．*凡夫の住する*世俗の世界と関係しない活動と実践は，すべて出世間であるとされる．大乗仏教では，ブッダは世俗を超えていると考えられ，制限のない智慧と力をもった超越的な存在とみなされる．

シュッドーダナ Śuddhodana
*シッダールタ・ガウタマの父．浄飯王ともいう．仏教の伝承によれば*シャーキャ族の王（ラージャン，rājan）であったが，歴史的には，シャーキャ族は共和制を敷いていた可能性もあるとされる．彼は今日のネパール国内，南の国境近くにあったと考えられる首都*カピラヴァスツを拠点にして統治を行った．王族・武士の*カースト（*クシャトリヤ）に属し，文献では裕福で子煩悩な人物として描かれている．息子シッダールタが俗世を棄てて宗教的指導者になるだろうという予言を聞き，息子が王宮を離れぬよう，贅沢品や娯楽を与えるなどの万策を尽くした．シッダールタの母*マーヤーはシュッドーダナの正室であり，彼女の死後，彼は彼女の妹*マハープラジャーパティーを妻として迎えた．彼女との間に生まれた子が*ナンダである．シッダールタが弟ナンダと息子*ラーフラの二人を出家させたとき，シュッドーダナはひどく悲しみ，比丘は親の承諾なしには出家してはならないということについてシッダールタの同意を得た．→シッダールタ・ガウタマ

修道 しゅどう bhāvanā-mārga（Skt.）
「涵養の道」の意．ブッダの境涯へと至るための５種の道の中で，第４の道．→五道

ジュニャーナ・サットヴァ jñāna-sattva（Skt.）
「意識的存在」の意．後期タントラ仏教で用いられる語であり，悟りの側面の一つとしての，尊格の真の姿を指す．*行者は*供養や自己変容の過程の一部として意識的存在を呼び出し，それを*サマヤ・サットヴァ，すなわち観想された神格のイメージと融合させる．

須菩提 しゅぼだい ⇨スブーティ

須弥山 しゅみせん ⇨メール

シュラーヴァスティー Śrāvastī（Skt.；Pāli, Sāvatthi）
古代インドの*コーサラ国の首都．舎衛城ともいう．今日のウッタル・プラデーシュ州，ラプティ川に接するサーヘート・マーヘート遺跡の場所に位置するものと考えられている．重要な交易路にあったために繁栄し，政治的にも重要な都市であった．ブッダは晩年，豪商*アナータピンディカによってこの地につくられた*ジェータヴァナの*精舎（祇園精舎）や，裕福な女性寄進者ヴィシャーカーがその東に建立したプールヴァ・アーラーマ寺院で多くの時を過ごした．７世紀，*玄奘をはじめとする中国僧がここを訪れたときには，都市の大部分はすでに廃墟と化しており，多くの精舎は打ち棄てられてしまっていた．しかし，12 世紀に至るまで，少数の仏教徒がこの地に留まり続けたようであ

る．この都市の遺跡は1908年に発見，発掘された．

シュリーヴァツサ　śrīvatsa（Skt.）

ブッダの胸にある，巻き毛あるいは*スヴァスティカ（卍）の形をした印のこと．

シュリー・クシェートラ・ピュー・ゴールデン・パーリ・テキスト　Śrī Kṣetra Pyu Golden Pāli Text

現存する最古のパーリ語文献資料として知られるものの一つ．金でできた20枚の写本であり，貝葉写本と同じように綴じられていて，内容は仏教正典文献からの8節の抜粋である．5世紀の中期から後期につくられ，現在のビルマにあたる地域において数名の書き手によって編まれた．

『首楞厳三昧経』　しゅりょうごんざんまいきょう　*Śūraṅgama-samādhi Sūtra*

「英雄的な前進という三昧」の意味を有する経典．初期の大乗の経であり，サンスクリット語の断片がわずかながら現存している．*クマーラジーヴァによって4世紀初めに漢訳された作品が残っているほか，9世紀はじめのチベット語訳もある．その内容は，*『維摩経』とも関連するものであり，経典の名前でも言及されるように，*三昧とは心の統一（*心一境性）を志向する状態であり，制限されず，妨げられないものであり，英雄の自在な動きにたとえられる．

『集量論』　じゅりょうろん　*Pramāṇa-samuccaya*

仏教の論理学と認識論（*プラマーナ）について大きな影響を及ぼした文献で，*ディグナーガにより韻文でつくられた．(1) 直接知覚（*現量），(2) 自己のための推理（スヴァールタ・アヌマーナ，svārtha-anumāna），(3) 他者のための推理（パラールタ・アヌマーナ，parārtha-anumāna），(4) 実例の検証（ドリシュターンタ・パリークシャー，dṛṣṭānta-parīkṣā），(5) 他者による反証の検証（アンヤ・アポーハ・パリークシャー，anya-apoha-parīkṣā），(6) 普遍性の検証（ジャーティ・パリークシャー，jāti-parīkṣā），という六つの章から成る．この文献は，全インドを通じて，仏教界においても他領域においてもきわめて影響が大きく，この文献が著されて以降の何世紀にもわたり哲学的討論の議題を設定するものとなった．チベット語訳は全体が現存しているが，残念ながらサンスクリット語の原典は，少しの部分しか残っていない．チベットにおいて，この文献は，*ダルマキールティの*『量評釈』がチベット語に翻訳されてさらに大きな影響力を得るまで，*ニンマ派を除いて広く学ばれた．

順観　じゅんかん　anupaśyanā（Skt.；Pāli, anupassanā）

「熟思」の意．習慣的な誤った認識を克服するための，考察や分析の過程．たとえば，「現象を永遠不変のものと考えるのをやめて，それらの真の性質は非永遠性であると見るように心を鍛えること」や，「現象を幸福の原因と考えるのをやめて，苦しみ（*苦）の原因であるとみるようにすること」などである．最終的な目標は，ものごとを，どのように表れているかではなく，真実のままに（*如実）みることである．ふつう，7種のそのような実習が列挙される．

循身観　じゅんしんかん　mindfulness of the body

公平な自覚の態度で身体（カーヤ，kāya）を観ずる瞑想実践．四つの「注意の基礎」（*念住）の第一である．

純陀　じゅんだ　⇨チュンダ

順道　じゅんどう　Sundo

仏教の経典と仏像を朝鮮の王国の高句麗に持っていくよう前秦の王に派遣された中国の僧．372年に到着し，朝鮮半島へ仏教が公式に伝来した年とされる．→朝鮮の仏教

処　しょ　āyatana（Skt.）

入ともいう．仏教の心識論では，6種の感覚器官または知覚様態，および6種の認識対象をあわせて十二処と呼ぶ．すなわち，(1) 視覚と色・形（ルーパ・アーヤタナ，rūpa-āyatana，色処），(2) 聴覚と音声（シャブダ・アーヤタナ，śabda-āyatana，声処），(3) 嗅覚と匂い（ガ

ンダ・アーヤタナ, gandha-āyatana, 香処), (4) 味覚と味 (ラサ・アーヤタナ, rasa-āyatana, 味処), (5) 触覚と感触 (スパルシャ・アーヤタナ, sparśa-āyatana, 触処), (6) 心と概念 (マノー・アーヤタナ, mano-āyatana, 意処) である. このように各処は特定の感覚器官が対象とする領域であり, その特定の「感覚門」を通じて経験されうるものすべてを包摂する. →六処

生 しょう jāti (Skt., Pāli)

「誕生」の意.

1. 受精から誕生に至るまでの, 胎児が子宮内に存する期間のこと. 受精の瞬間と胎児の発達の初期段階は, 新しい存在の始まりとしてとくに重視される. *縁起における 10 番目の要素となっている「生」は, この意味での「生」である.

2. 仏教の縁起説においては, 何であれ事物が生ずる瞬間を意味する. *阿毘達磨では, この後に持続 (スティティ, sthiti) の瞬間が続き, さらに*死あるいは帰滅 (バンガ, bhaṅga) の瞬間が後続すると考えられている.

障 しょう āvaraṇa (Skt.)

「覆障」の意. 大乗において, 悟りを得られずに輪廻に巻き込まれる状態を引き起こす 2 種の要因. (1) 煩悩という覆障 (煩悩障, クレーシャ・アーヴァラナ, kleśa-āvaraṇa), (2) 真実に対して誤り倒錯した見解という覆障 (所知障, ジュニェーヤ・アーヴァラナ, jñeya-āvaraṇa) という 2 種である. 大乗の教説では, *阿羅漢は否定的情念の覆障を除去して劣位の涅槃に達するが, ブッダや菩薩のみ「あらゆる現象は空である (*空性)」と直接的に認識することで誤見の覆障を克服することが可能であるとされている.

乗 じょう yāna (Skt.)

道または乗り物. この語は大乗の誕生とともに使われるようになり, ブッダによって聴衆の精神的な鋭敏さに応じて説かれたさまざまな道を指す. 概して大乗は三つの道の存在を前提とする. *声聞乗すなわち聴聞者の乗り物, *独覚乗すなわち独りで悟りをめざす者の乗り物, 菩薩乗すなわち菩薩の道である. →一乗, 金剛乗

長阿含 じょうあごん Dīrgha Āgama (Skt.)

「長い説教」の意. 経蔵に含まれる代表的な典籍群の一つ. パーリ正典の*長部に対応する. *小乗十八部の多くはそれぞれ固有の長阿含を保持していたが, それらの大部分は今日に伝わっていない. 近年, *説一切有部の長阿含の部分的なサンスクリット語原典と, いくつかの経のチベット語訳が発見された. それらに加え, 漢訳では完全な形の長阿含が残っている. パーリでは 34 の経が現存しているのに対し, 漢訳には 30 の経があり, これらはもともと*法蔵部のものと考えられている. 現存する長阿含のさまざまなバージョンを比較すると, 内容的にはそれらが全体として高度な一貫性を保ちつつも, 教義についてそれぞれ若干の改革を行っていることがわかる.

正覚 しょうがく saṃbodhi (Skt.)

仏によって得られた「完全な悟り」. 最も古い層の資料においては, *阿羅漢, 仏, および*独覚の, 悟りの質について, 何の区別もされていないが, ブッダの悟りについてはしばしば, たいていは敬意を込める意味で, パーリ語でサンマーサンボーディ (sammā-sambodhi, 「円満なる完全な悟り」) と呼んでいた. 後代のパーリ語の論の中では, 阿羅漢になるか, 独覚 (Pāli, パッチェーカブッダ, Paccekabuddha) になるか, 仏になるかによって, 悟りの三つの段階を区別する. 大乗仏教の資料では, 仏の悟りを, 阿羅漢や縁覚の悟りよりも深いものであるとみなす. →悟り, 見性

生起次第 しょうきしだい generation phase (Skt., utpatti-krama)

*アヌッタラ・ヨーガ・タントラにおける瞑想実践 (*サーダナ) の第 1 段階であり, とくに*『秘密集会タントラ』をはじめとする*父タントラと深い関係を有する. 生起次第においては, 人格変容の手段として*観想が行われる. これによって, 実践者は神的な存在をその現前に観想するか, またはそれを実践者自身とほか

ならないものとして観想する．前者は*現前生成，後者は*自己生成といわれる．これらにより，実践者は真実在の表象的側面についての知覚と経験とを変容させる．

勝義諦 しょうぎたい paramārtha-satya (Skt.)

絶対的な真実．絶対的な現実．概念化という隠蔽を有さない直接的な経験を意味し，*世俗諦と対照的な位置におかれる，真実または現実の究極的な段階のこと．世俗諦の語と勝義諦の語はともに，大乗仏教思想の中で，存在論的にだけでなく認識論的にも用いられる．→二諦

聖教 しょうぎょう śāsana (Skt.；Pāli, sāsana)

仏教徒が自らの宗教をいうときに用いる呼称．「教え」や「教義」など，さまざまな訳語を与えうるが，とくに宗教的伝統としての教えの歴史的継続性が含意される文脈では「ブッダの教え」(ブッダ・シャーサナ，Buddha-śāsana) という意味に理解される．聖教が存続する期間については，さまざまな予言が行われている．パーリ正典によれば，ブッダが女性を教団に受けいれたことにより，聖教の存続期間は1000年から500年に縮まったという．この他にも，1000年から5000年までさまざまな予言があるが，多くは聖教が徐々に衰退し，やがて世界から消えてなくなるまでをいくつかの段階に分けて示している (→末法)．しかし，時がくれば新しいブッダが世に現れ，聖教を新たに説き直すと考えられている．→仏教

少康 しょうこう Shao-k'ang (805 没)

唐代の中国人僧侶で，一般には浄土教第5祖と認められている．少年のときに僧団（僧伽）に加わり，首都洛陽へ移動するまで中国仏教の文献を学んだ．洛陽で，彼は*善導 (613-681) の行った説法と人々を浄土教の実践に改宗させる活動を続けた．乞食を通して得たお金を持って，通りにいる子供たちにたった一度でも*阿弥陀の名前を唱えるとそれを配ったことでも知られる．後に彼は浄土教の実践に専念するための寺院を建て，詩と讃歎文からなる短い作品を一つ残した．

正勤 しょうごん samyak-prahāṇa (Skt.；Pāli, sammappadhāna)

*八支聖道の第6番目にあたる「正しい努力（正精進)」と関連して述べられる，四つの正しい努力のこと．それらは，(1) 避けること，(2) 打ち勝つこと，(3) 生まれさせること，(4) 育てることの四つである．はじめの二つは*不善を避け，それに打ち勝つことをめざすものであり，あとの二つは*善を生み，それを育むことをめざすものである．

上座 じょうざ Sthavira (Skt.；Pāli, thera)

「年長者」の意．*大衆部と並ぶ，初期インド仏教の二大グループの一つ．これら二つのグループは，*パータリプトラの宗教会議で袂を分かった（→パータリプトラ会議（第1回)）．上座は自らがブッダに直接の起源を有する，より古い正統的な教義に従っていると主張し，対立部派を異端と呼んでいた．しかし，当時すでに大衆部の方が多数派となっていた．*上座部(テーラヴァーダ) は自分たちが上座（スタヴィラ) の直接の後継であると銘打っており，確かにこれら二つの部派は同様の名称を掲げているが (スタヴィラとテーラは，それぞれ「年長者」を意味するサンスクリット語とパーリ語の単語である)，上座部が興起したことを示す最古の歴史的な証拠は，パータリプトラでの大*部派分裂から約200年も経ってのものである．

上座部 じょうざぶ Theravāda (Pāli)

「長老の道」の意．初期仏教の，いわゆる小乗の諸部派のうちで，現代に残っている唯一のものである．今日，上座部は，東南アジアのほとんど，とくにスリランカ，ミャンマー，タイ，ラオス，カンボジアにおける仏教の，最も有力な伝統となっている．伝統的には，初めに，*アショーカ王の息子である*マヒンダがスリランカに上座部を伝えて以降，伝道活動の結果として広まっていった，とされる．その起源については，*大衆部と分裂する前の古い*上座の人々に遡る，と主張しているが，このことを支持する歴史的な証拠は存在しない．しかし，*パータリプトラ会議（第2回）においてアショーカ王により正統な部派と宣言された古い

*分別説部と，上座部との間には，密接な類似性がある．上座部は，単一の正典言語によりもとのままに保たれてきた最古の完全な仏教聖典である，パーリ正典に対する忠実さが特徴的である．近年は伝統的な態度に異議を唱える出家修行者の動きもあるものの，教義や社会的な問題に対する態度は，一般的に保守的である．→小乗十八部

『小史』 しょうし *Cūlavaṃsa*

「短い年代記」の意．『チューラヴァンサ』ともいう．1世紀にもわたって複数の著者により編纂されたパーリ語の史書的作品．*『大史』の続編であり，302年から20世紀にかけてのスリランカの歴史を扱っている．『小史』という名はおそらく著者の意図するところではなかったが，『大史』と明確な区別をするために，中世よりスリランカで好んで用いられている．

摂事 しょうじ saṃgraha-vastu（Skt.）

四つの「摂する手段」．菩薩の，他の衆生との関係における実践の一側面．菩薩は，*布施，愛語（プリヤ・バディヤター，priya-vadyatā），利行（アルタ・クリヤー，artha-kriyā），同事（サマーナールタ，samānārtha）によって衆生を法に引き寄せる四摂法を，手段として用いる．

成実宗 じょうじつしゅう Jōjitsu school

日本仏教の初期に政府の保護によって繁栄した，奈良仏教の六宗のうちの一つ．インド僧の*ハリヴァルマンによって3世紀に著された*『成実論』の教えを根本教義とする．この文献の教義は，形式的には経量部のものであるが，*中観派の教えにきわめて近く，また当時の日本において中観派の教義は三論宗によって保持されていたので，成実宗は後に三論宗と同一視されるようになった．ハリヴァルマンは，人間と現象を，より小さな構成物に分析し，ついには何も見出されなくなるまで分析することを通して，人間と現象についての空の思想を確立しようと試みていた．

『成実論』 じょうじつろん *Satyasiddhi Śāstra*

*ハリヴァルマンによる*阿毘達磨の論書．書名は「真実の確立」を意味する．一部の研究者によれば，この論書は*経量部の教義を示すという．*空性をはじめとする大乗仏教的な教義を多く含んでいることから，この論書の思想は大乗の原型となっているか，あるいは初期大乗の影響を受けていると考えられる．しかし，そこに見られる空性の概念は阿毘達磨的なものであり，大乗のそれとは異なる．東アジアでは，これは成熟した大乗の思想を示す論書であると誤解されたため，漢訳が多く保持され，また学習された．近年の研究によれば，この書の原題は正しくは『サティヤシッディ・シャーストラ』（*Satyasiddhi-śāstra*）ではなく『タットヴァシッディ・シャーストラ』（*Tattvasiddhi-śāstra*）であったと考えられる．

精舎 しょうじゃ vihāra, ārāma（Skt., Pāli）

文字どおりには「住まい」という意味の語であるが，とくに仏教僧院を指す．本来，比丘と比丘尼が地方を遊行し雨季の間だけ定住していたときは，雨季の隠棲生活中の個人の草庵を意味していた．のちに比丘たちのための常設の住居が建てられるようになると，この語は僧院全体を指すようになった．そのため，この語を聖堂に限定して使うタイのような国もあるものの，僧院のことはこの包括的な語で呼ぶのが習慣となっている．初期には異なる教義に属する比丘たちが同じ精舎に隣り合って暮らしていた．これは概して中庭をとりまいて配置された個人の僧房と聖堂，回廊からなるものであった．中庭にはたいてい柵で囲まれた菩提樹があった．時代が変わり，制度化の進行を反映して僧伽が多くのものを必要とするようになると，いくつかの精舎は巨大，複合的かつ豊かな，手のこんだ運営上の階層構造をもつ設備となった．*ナーランダーや*ソーマプリのような精舎は数千もの寄宿生を擁する大学に発展した．近代インドのビハール州はこの地域に仏教僧院が多かったことからその名をとっている．

趙州従諗 じょうしゅうじゅうしん Chao-Chou Ts'ung-shen (778-897)

唐代中期の中国の禅僧．創造的でのびのびとした教えをなすことで有名である．数多くの会話や発言が，*公案の集成に記録され撰されている．犬に*仏性があるかどうかを弟子が問うたときに「無！」と答えた，という公案は，禅の実践を始めた初心者に最初に与えられることが多い公案である．

常住論 じょうじゅうろん śāśvata-vāda (Skt.; Pāli, sassatavāda)

*断滅論と並んでブッダから非難された「極端な見方」の一つ．常住論は永遠不変の自己(*アートマン）の存在を認め，片や断滅論は死に際して消滅し，完全に破壊されてしまう自己の存在を認める．ブッダによれば，これら二つの極論はともに真実を正しく述べてはおらず，ものごとの真理は*中道の原理を用いることによって見出されるという．したがって，自己は永遠でも，死に際して消滅するものでもなく，現在の生から次の生へとダイナミックに継続する個別的存在として認められるべきである．

勝処 しょうしょ abhibhāyatana (Skt.)

「八つの統制」すなわち認識の統制・制御についての八つの分野．これらは瞑想の実践であり，パーリ正典の中で述べられている色を塗った瞑想対象（*カシナ）を用いる瞑想に似ているが，*欲界を乗り超えるために自分の身体の特徴や部分を精神集中の対象とする点が異なる．八つの統制とは，(1) 自分の身体の外的な形態（色と形）を認識して身体を超えた制限された形態を認識すること，(2) 自分の身体の外的な形態を認識して身体を超えた制限されない外的形態を認識すること，(3) 自分の身体の形態を認識せず小さな外的形態を認識すること，(4) 自分の身体の形態を認識せず大きな外的形態を認識すること，(5)～(8) 自分の身体の形態を認識せずにそれぞれ青色・黄色・白色・赤色を認識すること，である．(5)～(8)の対象は，カシナの実践における (5)～(8) と同じであり，*八解脱の第3段階と同じである．

小乗 しょうじょう Hīnayāna (Skt.)

「小さな乗り物」の意．大乗(「大きな乗り物」)の信奉者らは，大乗以前の初期仏教の諸部派を，蔑視を込めてこう呼んだ．大乗では，小乗の信奉者は自己の救済および*阿羅漢になるための修行の進展にのみ専心しており，それゆえに小乗は大乗に比して劣っていると考えられた．それに対し，大乗における菩薩はすべての生類の救済のために努力しているとされる．*声聞乗（「聞く者たちの乗り物」）という語の方が，あまり一般的な語ではないが，初期仏教を指すのにふさわしい．

小乗十八部 しょうじょうじゅうはちぶ Eighteen Schools of Early Buddhism

仏教が誕生してから400年の間，それがインド全土に広がるにつれ，*部派分裂も進展していった．教義上の重大な差異に起因して分裂が起きることもあれば，単に活動地域の違いによって分かれることもあった．大乗の学僧たちは，分裂してできた部派は18を数えると述べているが，それら部派の間の関係や相違点については学僧によって見解に違いがある．ヴィニータデーヴァ（調伏天，Vinītadeva）は簡潔な分類法を示しており，18部派は以下のように四つの主要な部派とそれぞれの分派として整理される．(1) *上座およびその分派である勝林部，無畏山住部，大寺住部．(2) *大衆部および東山部，西山部，*説出世部，*説仮部．(3) *説一切有部および*飲光部，化地部，*法蔵部，*根本説一切有部．(4) 正量部および鶏胤部，アヴァンタカ，*犢子部．しかし，ヴィニータデーヴァの分類は後代になされたものであり，すべて信頼してよいというものではない．たとえば，上座は (1) のグループに区分された三つの*ニカーヤ（出家者集団）から独立して存在していたのではない．そして，同じことがおそらく，大衆部と正量部についてもいえる．また，(3) のグループの説一切有部と根本説一切有部は，議論の余地が残ってはいるが，同一の部派であったと考えられる．ヴィニータデーヴァの時代には，法蔵部と飲光部はおそらくインドではすでに残っておらず，また化地部は大乗や説一切有部の影響を受けたかたちでのみ残っていたはずである．初期の説一切有部の文献でこれら三つの部派が言及されているため，ヴィニータデーヴァは史実とは異なる，不正確な分類を行ってしまったといえる．したがって，18部の伝統的な分類には過度の信頼をおくべきではない．

『清浄道論』 しょうじょうどうろん *Visuddhimagga*
「清くなるに至る道」の意．パーリ語の注釈文献の中で，最も影響の大きいものの一つ．サンガパーラ*長老の求めに応じて*ブッダゴーシャ（5世紀）が著した，仏教の教義と哲学の概説である．ブッダゴーシャによって書かれた文献のうち最も重要なものであり，瞑想の詳細な手引きであるとともに，仏教の教えの体系的な解説書である．構成は，八正道の三分類である*戒，定（*三昧），慧（*智慧）に従っている．*ダンマパーラにより注釈が編まれており，『パラマッタマンジューサー』(*Paramattamañjūsā*) または『マハー・ティーカー』(*Mahā-ṭīkā*) として知られている．伝承によると，『清浄道論』の冒頭に引用されている二つの詩節は，シンハラ語で著されていた諸注釈をブッダゴーシャがパーリ語に翻訳する許しを得るときに，*マハーヴィハーラの出家修行者たちから試験としてブッダゴーシャに与えられたものであった．『清浄道論』は，より古いウパティッサの*『解脱道論』に触発されたと考えられている．

精進 しょうじん vīrya (Skt.；Pāli, viriya)
精力または活力，宗教的目標に向けられた努力．五つの*力と七つの悟りの要因（*覚支）の一つ．→精進波羅蜜

浄心 じょうしん jōshin (Jpn.；Chin., ching hsin)
「清浄な心」を意味する仏教の漢訳語．すべての衆生が生来的に授けられている清い心を指す．

常身 じょうしん jōshin (Jpn.；Chin., ch'ang-shen)
「永遠の身体」を意味する仏教の漢訳語．または，完全なる悟りを得た仏の身体のこと．輪廻にとらえられたままの衆生の無常なる身体に対する語である．

静心 じょうしん Jōshin (1157没)
密教の教義と儀礼を専門的に学した天台僧で，*栄西（1141-1215）の初期の師僧のうちの一人．

精進波羅蜜 しょうじんはらみつ vīrya-pāramitā (Skt.)
精力的であることの完成．大乗仏教で菩薩の道の中心的要素をなす六つの完成（*六波羅蜜）の第四．この徳目の育成はしばしば少なからぬ自己犠牲において，自己の発展とともに他者を利益する無私の精励と努力とを伴う．→精進

聖僧 しょうそう ārya-saṃgha (Skt.)
「高貴な共同体」の意．超俗的な道（*聖道）に至った，アールヤすなわち聖人たちの共同体．これは，三つの帰依するところ（*三帰依）としての僧伽であり，在俗の信者たちを含めた広い意味での仏教教団とは区別される．

正像末 しょうぞうまつ shō-zō-matsu (Jpn.；Chin., cheng-hsiang-mo)
東アジアの仏教思想における教えのあり方に関する三つの時期の名称．「正」は真あるいは正統を意味し，正法（正統な法）の略である．これは最初の時期であり，釈迦が涅槃に入った後500年間続く．修行者の能力は高く，教えが完全に伝わり多くの人が目標を達成する黄金時代である．次の期間は像法（「見せかけの法」）の略で，次の500年または1000年の期間を指し，修行者の能力は低下し短命になり，教えは不完全にしか伝わらず悟りを開く者はまれになる．最後の期間は末法（通常つまって「まっぽう」と発音する．「終末の法」あるいは「法の終わり」）であり，われわれが現在生きている時代を指す．この時期には法は正しく伝わらず，修行者の能力は低く世の中には多くの災いが生じ修行は不可能になる．しかし東アジアの思想ではこの三時説には暗黒の時代の到来を予見したブッダが準備してくれた，末法の時代に適切な教えが付随しているために，これは絶望の根

拠とはならないと考えられている.

『摂大乗論』 しょうだいじょうろん *Mahāyāna-saṃgraha*

大乗仏教の概説書. 著者は*アサンガに帰せられる. *瑜伽行派における主要な文献であり, 11の章から成る. *阿頼耶識や*三性の説, *五道の説, 悟りという果(菩提)などに関して, さまざまな瑜伽行派の概念を紹介している. サンスクリット語の原本はいまだ発見されていないが, チベット語訳と漢訳, およびそれらに対する注釈がある.

聖提婆 しょうだいば ⇨アーリヤデーヴァ

浄土 じょうど Pure Land

「浄土」という言葉は, 中国の発明であるが, 仏国や*仏国土のような他の名前で, 仏教において長く知られる概念をいう. インドでは, 大乗仏教の発展とともに, 人は単に仏に到達して消滅に入るわけではなく, 人々を救うためにこの世界に留まるという刷新のなかでこの考えが起こった. 彼らが存在し続けているためには, ある場所に存在しなければならない. 彼らは完全に罪や汚れが取り除かれているので, その住居も完全に清らかでなければならない. *『維摩経』などの経典では, 迷いのある衆生の住んでいる世界とは別の離れた世界の存在を意味しているのではなく, このまさに*苦の世界が仏国土であるとする. その純粋性は, 他のものが思い違いのレンズを通してそれを不純なものと見るのとは違い, ブッダがその真実の性質を純粋であるものと見るという事実から引き出される. しかし, 他の思想の傾向は, それぞれの仏にそれぞれの領域を割り当てる. 時にはさまざまなより著名な仏が, 名前と限定された場所をもった浄土を受け持っている. 西には*阿弥陀が*極楽に住み, 東には阿閦仏が*妙喜を統括している. *密教の伝統内では, これらの国とその方向はマンダラとして知られる宇宙の地図の一部となっている. その場所と特徴の特異性にもかかわらず, これらの国々は輪廻の外にあるとみなされ, ヒンドゥーの神話から引き出された人気のある神々(*天, デーヴァ)の領域である「天界」と混同されることはない.

インドでは, (*『無量寿経』や『阿弥陀経』といった)古典的な浄土経典の編纂によって, これらの浄土に住んでいる仏が環境の純粋さを損なうことなく教えのために迷いの衆生をそこに導くという考えが有名になった. 中国では, 浄土教の起こりが, この考えを社会に広めた. 浄土の性質を理論的に説明しようする試みや浄土のさまざまな種類を分類しようとする類型学の起源が何世紀もの間盛んとなった. たとえば, *浄影慧遠(523-592)は, そこに住みその像を得る人々にしたがって, 浄土を三つの異なった種類に識別した. (1) 知覚できる浄土. 迷いの衆生が行くところで, 仏の存在によって純粋にされる間, まだ望みに随って自分の心に思い浮かべる浄土. (2) 特徴をもった浄土. 小乗や修行の初期の段階の大乗の教えに従って悟り(菩提)に到達した人を収容する浄土. (3) 真の浄土. 大乗の方法で成就した菩薩によって到達される浄土. この最後の浄土は, 菩薩の国と仏の国にさらに再分割される. 仏の国は, さらに二つの面:そこに住む仏のために現れる国と仏が他のものにそれを証明する方法から, さらに分類される.

中国の*天台では, 浄土と穢土の両方に関して4段階の分類を立てた. (1)「神聖なものと一般の人がともに住んでいる浄土」(凡聖同居士)仏が教えるために現れる穢土を指す. (2)「残りのものとともに熟練した手段のある浄土」(方便有余士)直接表現するのではなくその能力に適した教えを採用する熟練した手段の道を手に入れた小乗に精通したものが住む浄土を指す. 彼らは, 輪廻を離れており, そのためこの場所はふつうの往生の場所の外にあり, 真の解放を表すが, 住民はなお学び続ける. (3)「妨げのない真の報いのある浄土」(実報無障礙土)直接真実を見ることができた大乗の菩薩が到達する. (4) 最後は「永遠に静止した光の浄土」(常寂光土)完全な仏の到達先であり, すべての特性の限定と二元を離れ, 心を束縛するものが何もない静寂と平和でのみ表される.

中国の浄土教の動きの中でのもう一つの問題は, 極楽, 阿弥陀仏の浄土が仏の業や死後に仏が自分の国に導く迷いの衆生の業のための明白な特定の方法はあるかないかであった．この疑問に対する回答は，浄土と仏の三つの身体（*三身）との関係に一部かかわっている．初期の浄土の師は極楽を仏の流出する身体（*応化身）と一致させて捉えていた．応化身は，仏がそこに入る俗人のために教える道具として出したものである．その現れは，仏の悟りの像を反映したものではない．この見方を捨てて，*道綽(562-645）は，それは仏の享受の身体（*報身）と一致する「報いの国」であると思った．これは，国の現れが，仏自身の理解のレベルとまさに一致し，俗人の劣った能力に影響されないことを意味する．理論的には，第三の身体である真実の身体（*法身）はそれらを超えて言及される永遠に静寂な光の国のようなものと一致するが，道綽はそのようなものは存在しないと否定した．あらゆる実体の最終的な性質を完全に見ると，不純な現象とは分離できず，どのような方法でも場所を突き止めることはできず，そのためにそのような国はどこにも認識されえない．以上の点は，一般的な浄土，とくに極楽の性質に関する中国の師の反応を抽出したものである．浄土は「三界」の中にあるのかどうか，後に広く考えられるようになった，「原理」（理）と「現象」（事）の一対の概念を用いて浄土をどのように考えるかといった，さまざまな僧らが議論した他の問題もある．これらの問題すべては，浄土の性質を説明する文献を豊かに取り巻く母体をもたらした．

正堂　しょうどう　shōdō（Jpn.）
　禅寺の住職の居室．

正道　しょうどう　shōdō（Jpn.）
　修行の正しい道のこと．

唱道　しょうどう　shōdō（Jpn.）
　道を唱う，もしくは仏・菩薩の道を説き勧めること．

聖道[1]　しょうどう　ārya-mārga（Skt.；Pāli, ariya-magga）
「高貴な道」の意．とくに初期仏教において，涅槃に導く4種の超俗（ローコーッタラ，lokottara）的な修練を指す語．そのそれぞれが，*預流（「流れに打ち勝った者」），*一来（「一度来た者」），*不還（「戻らぬ者」），*阿羅漢たることの達成という*果を有する．これらのいずれも達成していない者は，「ふつうの人」（*凡夫）と呼ばれる．大乗仏教においては，五つの道という体系が，より一般的である．→道（マールガ）

聖道[2]　しょうどう　shōdō（Jpn.）
1. 浄土教の宗派において*阿弥陀の慈悲に依存して救いを求める「浄土門」に対して，現世における悟りや証果を求めて苦行する「聖道門」を指していう．
2. *八支聖道の略．

障道　しょうどう　shōdō（Jpn.）
　修行の過程での障害物をいう．

正等覚者　しょうとうがくしゃ　samyak-saṃbuddha（Skt.）
　すべて完全に悟った者のこと．*阿羅漢や*独覚という他の2種の悟者と対比させ，ブッダの優位性を強調するときに用いられる語である．これら3種の悟者は，すべて本質的には同一の悟りを得ている．しかし，教えを広めようとするブッダの活動にも見られるように，正等覚者は他者に対する慈愛を有しているという理由から，他の2種よりもはるかにすぐれていると考えられる．とくに大乗において，このような考えが見受けられる．ブッダは自らのために真実を悟ったということに加え，全知であり，また10種の智力（*十力）を有するために，よりすぐれているといわれる．→正覚

浄土教（中国）　じょうどきょう　Pure Land school, China
　厳格にいえば，中国には浄土「宗」は存在しない．特定の教えの系統と中国史上さまざまなときに社会的・宗教的運動はあったといえるが，（*天台のような）地理上の本拠地のある，（*三論のような）一連の基準となる経典や注釈書，（禅や密教のような）師と弟子の一つの継続的な血脈をもつ統一された宗派は決して存在

しなかった．信仰と実践の方式を統一すると仮定するための二つのおもな源は，(1) 仏に到達するに先立って，完全な悟り（*正覚）に到達する条件として，迷いの衆生が教授と実践，悟りのために訪れる浄土をつくると誓った*阿弥陀という名のブッダへの信仰，(2) さまざまな時代に復興したり伝統のための説得力のある弁明を提供したりした一連の13人の祖である．しかし，禅宗や密教の血脈とは異なり，この血脈は師と弟子から成り立ってはおらず，活動した時代や地域で接触しているメンバーでもない．むしろ，リストそのものが後の伝統の再建時にできた結果であり，中国のさまざまな重要な浄土教の思想家を除外しており，この宗派は時々「蓮華宗」（蓮宗）と言及される．

最近の研究者は，大乗仏教が発展した初期の時代のインドでさえ，仏は単に消滅に向かうのではなく，いまだ苦しみに閉じこめられている人々を救うために世界で活動しているという考えの起源があることを明示している．この場合では，仏が住んでいる環境は，仏自身の智慧の純粋さを反映しなければならず，「仏国」や「*仏国土」という考えが生じるようになった．やや後になって，特定の仏の阿弥陀が広く人々の意識を占めるようになり，*極楽や「無上の幸福の国」と呼ばれる仏の国が，ふつうの人々でさえ切望する目的地となった．*『無量寿経』や『阿弥陀経』によると，この仏はいまだ菩薩のままで，もし仏自身の名前を聞いたり思い出したりすることがあればすべての人がやってこられる「浄土」へ人々を連れてこない限り，最終的な仏の境地に入らないという誓願を含む一連の誓願を立てている．この経典が普及したために，信者は阿弥陀の誓願に対する信仰（信）を通して，もともと純粋ではなく悟っていない状態で浄土へ趣き，そこで一度，仏のかわりの指導者や学問や実践や悟りのための理想的な状況を手に入れようと信仰するようになった．*ナーガールジュナや*ヴァスバンドゥ，*アシュヴァゴーシャといったインドの著名な仏教の思想家はこの神話の体系化に理論的な形式を与えた．

中国に阿弥陀仏を中心とする思想と実践が最初に現れたのは179年のことである．*ローカクシェーマが*『般舟三昧経』の翻訳を作成したときで，この経典は修行者の面前にすべての仏を現す瞑想の価値を激賞している．簡単にいうと，この経典は，阿弥陀仏が西方に何百万の仏の国を超えた極楽に住んでいることに修行者が気づき，心の中で仏を呼ぶだけで，修行者が阿弥陀仏や現宇宙すべての仏の像を得ることができると述べている．阿弥陀の実践はこの短い叙述だけを受け取るしかなく，実践のゴールも死後に極楽に往生することよりも現世における仏の像であるが，この経典の出現は中国における最初の浄土信仰出現とみなすことができ，組織化された浄土の実践の最初の事例としてテキスト上の基礎を提供した．

この経典にもとづき，402年に*廬山慧遠（334-416）が居住していた（現在の江西省にある）東山寺に123人の聖職者と地元の知識人を集め，極楽に往生するためにそこで一緒に阿弥陀仏の*観想を実践した．彼らの実践の主眼は観想にあり，仏の名前を暗唱することではなかった．慧遠は，クチャ国の僧侶や翻訳僧の*クマーラジーヴァ（343-413）と，夢の中でみられる阿弥陀仏の像の性質といった多くの点で一致している．慧遠がつくったこのグループは，数世紀後に白い蓮華の社会（白蓮社）として知られるようになり，慧遠自身は後に浄土教の開祖に位置づけられた．

その後の発展は，首都の長安や洛陽の周辺である中国北部の中心地で起こった．浄土三部経（『無量寿経』，『阿弥陀経』，『観無量寿経』）として知られるようになる経典の翻訳の出現によって，阿弥陀仏，その浄土，その誓願に関する浄土神話の物語はより完全になり浄土教学と実践の新しい説明のための基礎となった．*曇鸞（476-542）は重病に脅かされ，学僧としての平凡な生き方を後にして，『無量寿経』で説かれている48の誓願にもとづいた往生を得る手段として阿弥陀仏の名を口で唱えることに専念した．彼はまた，他のものにこの実践に従うよう教えることにも専念し，念仏（仏名の暗唱）の方法の最初の普及者の一人となった．もう一人の*道綽（562-645）は，南北朝の騒乱に落胆し，心を純粋にさせる方法として，できるだけ多く仏の名前を暗唱するよう人々に助言し，彼らに暗唱した数を数えるために豆を用いることを指導した．彼は，実践の有効性を助け誹謗者から守るために経典の一節を集めた，『観無量寿経』の注釈書である『安楽集』（安心と無上の喜びの収集）を書いた．彼の弟子の*善導（613-681）もまた，仏の名前を暗唱することを支持する作品を書き，一緒に実践するよう組織された社会のために礼拝用の作品を多く編纂したが，自身の知的情熱は，現世に阿弥陀仏の像を得る方法として難しい観想の複雑なやり方を教える『観無量寿経』の注釈に注がれ，名前を唱える「正しい修行」と組み合わせて行われる「補助的な修行」を主張した．これら3人の師とその後継者は，多かれ少なかれ排他的に浄土の実践に専念する北部に集中した浄土の運動の指導的地位を形成した．

浄土思想の別の潮流は，この運動の外から他の宗派とみなされる師から起こり，浄土の実践と浄土神話をより広い教義的・実践的選択科目に合体させようとした．たとえば，*天台の開祖である*智顗（538-597）は，現世における阿弥陀仏の視覚化を目的とする瞑想の実践と死後の浄土への往生を，瞑想の百科事典である『摩訶止観』（偉大な落ち着かせることと熟慮）に取り込んだ．この作品では，浄土の実践は大変骨の折れるものとなった．実践者は，最初に身を清め集中した後に，中心に阿弥陀の仏像を置いた特別な部屋に足繁く通い，90日間止まることも坐ることも寝ることもせずにその周りを歩き回る．浄土「宗」以外の他の師は，学問全体の学習課程の一部として浄土三部経の注釈書を書いた．智顗，三論宗の*吉蔵（549-623），*浄影慧遠（523-592，廬山慧遠と混同しない）や他のものもまた，『観無量寿経』の注釈書を書き，しばしば（道綽のような）浄土運動内で書かれた注釈書とは多くの重要な点で著しく異なっている．浄土の出現は，阿弥陀仏が不純な衆生に利益を与えるための適切な手段であるかどうか．浄土は阿弥陀の悟りの性質を反映したものであるかどうか．観想で見える阿弥陀は放たれた身体（*応化身）の現れであるか，もしくは享受の身体（*報身）であるか．観想は現象（事）か原理（理）であるか，などである．

中国の多くの浄土の思想家は懺悔の作業に身を捧げた．人々が輪廻を逃れ，純粋であろうがなかろうが悟っていようがいまいが，純粋な仏国に住むという浄土思想の中心となる要求は，多くの仏教徒の感情を害した．*『六祖壇経』や*『維摩経』にもとづいて，*空性の教えからみると，現在の不純な世界に対して浄土をおくこと，文字どおり修行者の心の外に仏が存在することという容認できない二元論を設置していることに関する多くの批判が起こった．彼らは，浄土は正しく見れば苦しみの現在の世界の何ものでもなく，仏はあらゆる誤解を離れて修行者自身の心でしかないと批判した．後の論争に関する文献は，この立場を「心だけの浄土」（唯心浄土）と名づけている．

これに対し，多くの浄土教の弁護者は，初期の時代の道綽や*慈愍慧日（680-748）から（雲棲）袾宏（1535-1615）や*袁宏道（1568-1610），際醒（1741-1810），*印光（1861-1940）といった後代の人物に及ぶまで，そのような批判は循環論であると返答した．迷いの衆生を世界に関して悟りの見解をもっていないために批判することは，悟り（菩提）に達する前に悟っていないと酷評するだけであり，自己撞着な批判である．彼らは，浄土の教えは，時期や傾向，この世界で悟りを得るための非常に努力を有する不確かな方法のための素質すらもたない，この世界で苦しむ人々のために仏が憐れんで与えたものであると説明した．浄土に一度往生することで，彼らは悟りに至るための完全な状態をもち，この時点で，浄土は実際には正しく見ると苦しみのこの世界でしかないと認識するようになる．しかし，そのときまでは，彼らは一般に認められるように二元論ではあるけれども，それでやはり彼らをゴールへと上手に導く適切な教えを必要としている．ありのままに浄土教の神話を文字どおり読む妥協の余地のあるこの立場は，「西の方角の浄土」（西方浄土）として特徴づけられるようになった．

研究者の長期にわたる研究によると，845年の迫害の後には，仏教の宗派はごく一部しか生存できなかった．禅宗と浄土教はその軽便さと経済的・政治的にその中枢から独立していたことで，天台宗は中心となる本山が継続したため残った．宋代（960～1279年）に，浄土の思想と実践に新しい発展が起こった．社会運動の点から，何千人もの構成員をもつ大規模な仏を暗唱する社会が出現した．そのほとんどは，南東部の海岸の江蘇省や浙江省で働く天台の師の援助を受けて形成された．他の発展は，浄土教との交流と育成の他の形式に起こった．永明延寿(904-975）は浄土教と禅のような他の仏教の宗派の思想とをどちらも矛盾しないよう育成される体系へ一致させようとした．これは，「禅と浄土の実践の接合」（禅浄双修）として知られるようになった．この「実践の接合」は，おもに念仏*公案と呼ばれ，中峰明本（1262-1323）と天如惟則（14世紀），袾宏によって主張された．実践者は，阿弥陀仏の名を暗唱する間，定期的に念仏をやめて，「仏の名を唱えているこの私は誰なのか」という公案を考える．

しかし，他の師はこの融合に反対し，純粋な浄土の実践を維持することを主張した．たとえば，印光は浄土思想を心理学的に読むことはすべて否定し，力強く浄土の文字どおりの実在と，公案の実践やその他の外部からきた方法に頼ることなしに自己で十分なされる浄土の実践を擁護した．中国の浄土の実践を擁護するものがみな，従来の仏教の実践である「困難な道」に反する「容易な道」として特徴を受け入れた一方で，これらの中国の師によって考察された実践はまったく容易ではないことは理解しなければならない．阿弥陀仏の名を唱えることだけで十分に浄土への往生が保証されるという極端な教えをもつ日本の浄土宗とは対照的に，中国の伝統ではつねにそれを，心を純粋にし浄土とその仏と調和する継続的な努力とみなす．際醒は著作の中で，全体的に伝統的な考え方に賛成し，浄土の実践は観想という複雑な瞑想の実践であろうと簡単な仏の名の暗唱であろうと，その目的として心を清めることにあると述べている．しかし，心はつねに変化し続ける．名前を唱える瞬間は，その一瞬で心を完全に清らかにするが，次の瞬間には世俗的な思いに戻り，再びそれを汚してしまう．道綽が計算用に豆を使用し，後に数珠を用いるポイントは，つねに心を清らかに保つために実践者が暗唱を続けるよう励ますものである．加えて，観想も暗唱も，そこに往生する可能性を強化するために業を極楽に関係づけることを目的として実践者の心を仏の心と一致させる．究極の目標は，死の瞬間に心を阿弥陀と浄土に集中させることである．その瞬間に気が散ると，何年間も信心深く名前を暗唱した結果を無効にし，輪廻に戻る事態を引き起こす．このため，継続して実践することは，ますます自分の心を習慣によって強固にし，死ぬ瞬間に揺るがずに浄土へ正しく調節するために必要である．

宋代以降，祖の中心となる系譜が承認されてはいるけれども，浄土の実践は単なる浄土宗の領域ではなくなった．ごくわずかな例外を除いて，中国の仏教徒は，自分の実践による自力を通して一生の終わりに輪廻から脱出する保証となる完全な悟りを得る機会はとてもわずかであり，他の実践や学習とは関係なく，確実な手段として浄土の実践を行い極楽へ往生する希望をもたなければいけないことを認めている．こうして，浄土の思想と実践は，人が仏へと歩む道のよりどころや保証として中国仏教全体に浸透した．

浄土教（日本）　じょうどきょう　Pure Land school, Japan

一つの宗派ではなく仏教の多くの宗派を包含している言葉であり，*法然（1133-1212）によって創められた*浄土宗，*親鸞（1173-1262）を開祖とする*浄土真宗，*一遍（1239-1289）によって創始された*時宗，*良忍（1072-1132）を宗祖とする*融通念仏宗が最も重要である．これらの宗派はすべて鎌倉時代以後に独立した集団として形成されたが，一般的な*浄土思想とその行法が複合された形態はすでに数世紀前から存在していた．

*最澄（767-822）は中国を旅した後，中国の*天台の教義と行法を日本に移入しようという明白な意図のもとに，*天台宗を創始した．中国天台は瞑想の技術を豊富に蓄積し広めたが，その中には*阿弥陀仏と*極楽浄土に向けられたものが含まれていた．こうして中国天台を起源とする浄土に関する書物や行法が9世紀初めに日本にもたらされ，天台宗内部で保存され研究された．天台の浄土仏教の伝統は*源信（942-1017）が*『往生要集』を著したことによってさらに深められた．この書物の普及は二つの重要

な影響をもたらした．第一に，天台宗の浄土思想の中に中国の*善導（613-681）の信仰形式を導入したことを意味する．善導は死後に浄土での再生を得るための*阿弥陀仏の称名念仏を大衆に広めた人物である．第二には，この書物は仏教の経論に現れた阿弥陀仏と浄土に関する周知の小文を集めており，以前と比べ浄土思想を研究し擁護する上で非常に有益なものであった．第二の点に関しては，この書物の影響は決して過大評価ではない．『往生要集』は現代に至るまで日本の浄土研究において広く読まれ続けたことに留まらず，中国に逆輸出され同国で影響力をもった数少ない仏教関連の著作の一つである．『往生要集』の登場は源信の時代に天台内部においては浄土の姿を可視化する実践をもたらし，他の宗派の僧にも浄土教の行法の採用を促した．源信のほかに鎌倉時代に先立って登場したもう一人の浄土教の僧侶について言及したい．

*空也（903-972）は最も早く一般大衆に念仏修行を広めた人物の一人であり，最初の念仏の*聖つまり遊行聖として広く認められている．貴族の家（天皇の一族とも伝えられる）に生まれたが若くして家族から離れ，20歳で尾張の国の寺で*得度し沙弥となった．勉学の後遊行遍歴の旅に出た．間断なく鉦を鳴らしながら阿弥陀仏の名を唱え，人々に念仏の功徳を説いた．集まった施物を貧者に与え，牢屋で説教し，道を拓き，遺棄された死体を埋葬し，井戸を掘り橋を架けた．念仏修行や遊行生活や一般大衆への奉仕によって，後に彼は*阿弥陀聖の原型となった．晩年に天台で正式に受戒したが沙弥の頃の法名である空也という名を使い続け，終世その活動を続けた．

このように天台宗は学問的展開と大衆への浸透の両面で浄土思想と念仏修行の孵卵器の役割を果たした．したがって，本項の冒頭で言及した人々が天台宗から飛び出して独自の浄土仏教を打ちたてようとしたことは不思議ではない．しかしこの初期の段階においては，浄土仏教は独り立ちすることはできなかった．源信は浄土教以外の分野についても多くの著作や注釈を著しており，空也も上述のように阿弥陀仏の称名のほかに多くの実践活動に携わった．彼らにとっては念仏は独立した修行ではなく，単に重視されるべきものであった．鎌倉時代の初期に仏教を単一の行法へ簡素化し大衆に広めようとする多くの運動が起こった．禅宗，*日蓮宗，浄土系の諸宗である．浄土諸宗派の宗祖と鎌倉期に先行して浄土を説いた人々との大きな相異は，鎌倉期の宗祖たちは*悟りを開き*苦から逃れるための衆生の能力に深く悲観していたことである．腐敗がはびこり人心が退廃し証果の望みがもてない時代にあって，宗祖たちは人々が苦から逃れるための現実的契機として称名念仏の行を採用し，排他的な行としての念仏に帰依する集団を形成し浄土教諸宗派へと発展した．

浄土諸宗の教義や歴史についてはそれぞれの項目を参照のこと．

これらの宗派が始まって以来，浄土仏教は在家信者および僧侶の中で最有力になり，浄土真宗は仏教の宗派の中で最大の規模をもつ，財力においても最も有力な教団となった．

聖徳太子 しょうとくたいし Shōtoku Taishi (574-622)

用明天皇の第2男子である聖徳太子は，儒教の古典や仏教経典をはじめ歴史，天文学，地理などの世俗的学問を含む幅広い教育を受けた．父の死から5年後の593年に伯母である天皇の摂政に任命され，没するまでこの地位に留まり日本をおさめた．開明的な支配者であり十七条の憲法の起草者，あるいは都市計画や政治制度などさまざまな知識を中国からとり入れた人物とされている．日本の仏教史の面では仏教の根本教義を理解し，日本の土着的神信仰との違いを明確に認識した最初の日本貴族とみなされている．日本で著された三経の注釈書である「三経義疏」は彼の著作とされている．文体や当時の日本で既知の経にのみ言及しているという事実から，何人かの学者は太子の著作で間違いはないと見ている．また法隆寺や四天王寺など，日本初期の数多くの大寺院の建築についても彼の功績に帰せられている．太子自身がこれらの建築の責任者であったか否かにかかわらず，これらの建築計画を支援し建築のための環境をつくりあげたことは確実である．最後に中国文明の成果を日本に移入するため，彼は多くの使節団を隋に派遣した．この中には多くの仏教僧が含まれ，彼らは積極的に経典や論書を日本に持ち帰り，隋の学識ある僧を日本に連れ帰った．何人かの研究者は彼の功績とされる諸活動に異議を唱えているが，聖徳太子が日本仏教の初期の発展と流布に大きな起動力を与えたことは否定できない．

証得法 しょうとくほう adhigama-dharma (Skt.)

個人の悟り（菩提）としてのダルマ，または悟りの内容としての法．経典を通して得られる知識の体系としての法である*阿含法と対比して用いられる．

浄土宗 じょうどしゅう Jōdo Shū

*法然（1133-1212）によって開かれた浄土教の宗派で，日本において皇室の権威の認可なしにその外で開かれた最初の新宗派である．法然は*天台僧であったが，自身の解脱を保証する修行がうまくいかず，非常に落胆した．30年の修行の後，「最も価値のない者でさえも，その名を唱える者すべてを救うという*阿弥陀仏の誓願の力に頼ることによって，阿弥陀仏の浄土に転生することを得る」という*善導の『観無量寿経』に対する注釈の文章に出合い，決定的な転換点に至った．（瞑想や密教儀礼など，浄土への転生を得ることを目的とした，他のさまざまな行に対する，）阿弥陀の名を唱える行の優越性の善導による断言を確信して，法然は民衆にも僧院に対しても同じように，他の行を排してこの行を選ぶことの智慧を説き始めた．法然自身の行動は非難されるべき点をもたなかったが，この教えは法然の信者たちの間でさまざまな問題を引き起こした．伝統的な仏教の戒律を排除したことにより，一部の者が「阿弥陀は最も悪い罪人でさえも救うのであるから，阿弥陀の慈悲に頼ってさえいればどんな行動も問題がない」と主張して，反戒律主義的な立場を主張するようになったのである．このことは数々の不祥事を引き起こし，1206年には法然の弟子の2人が，上皇の宮殿の後宮で夜を過ごしてしまった．上皇は怒り，法然の4人の信者を処刑し，他の法然の弟子たちとともに法然自身をも追放した．*親鸞（1173-1262）を含め，数多くの者たちが，在俗の地位に強制的に戻された．

念仏（阿弥陀仏の名号）を唱える行や，その行とその他の行との関係，*自力と*他力の関係についての，法然自身の見解は，曖昧である．法然は転生して最終的に仏たることを得ることに導く唯一の行として念仏を唱えることを主張したが，法然自身の宗教的な人生の中で，法然は数多くの他の行にも勤しんで，伝統的な仏教徒の倫理を保持することをも提唱していた．また，正しい教えが廃れる時代である*末法にあっては，人々は自身を解脱に導く何らの力ももっていないと述べて，法然は「自力」を論難した．それにかわり，解脱を授かるために，阿弥陀の「他力」に頼ることを促した．しかし，心を清める強力な手段だとして，法然自身は毎日6万回から7万回も念仏を唱えていた．こうして，法然の没後，弟子たちの間で，正しい教えと行いの性質をめぐって論争が起きた．最大にして最も勢力が強かったのは，法然の弟子である聖光房弁長（1162-1238）に指導された*鎮西派であった．その著作の中では，「念仏を唱えるという単一の行が，天台宗に保たれてきたところの，浄土への転生を得る他の数々の手段を，すべて含んでいる」ということが強調されている．彼は首都の周辺にいくつかの寺院を開き，浄土宗の教えの枠組みの中で他の数々の行を併用することに積極的であって，このことが他の寺院や宗派との関係を良好に保った．鎮西派は，心をできる限り清らかにして死の瞬間に転生を得る機会を最大にするために，可能な限り多くの回数念仏を唱えることが必要であると強調して，念仏の行を継続的な実践であると主張し続けた．

西山派は，善恵房証空（1177-1247）の活動を通して成長した．彼は，聖光房弁長と同じように，念仏を何度も唱えることを主張し（彼自身，毎日6万回唱えていた），念仏とともに他の行も認めて，天台宗と密接に協調した．彼は貴族の家柄の出身であり，政治的なつながりと，他の行の積極的な併用とによって，彼の教団は公式の浄土宗として朝廷の認可を得た．以上の二つの流派は，何度も唱える「多念義」の立場を主張していた．「浄土における転生は，死の瞬間まで保証されない」ということが，彼らの理論であった．その決定的な瞬間に，心が阿弥陀に向けられていて，転生を願っていなければならないのである．より熱烈な行者の間では1日に84000回もの回数の念仏が唱えられることもあったが，念仏を何度も唱えるという行は，心を浄土から引き離すその他の思考を心から取り除くことを助けて，死の瞬間に心が正しく集中させられている可能性を増すのである．彼らは，このような行は阿弥陀の誓願に依存して初めて有効となっているという理由で，「他力」に反していることを否定した．しかし，他の弟子たちは，もし阿弥陀がその名を唱えるすべての者を救うと誓願したのであれば，ただ一度唱えることで十分に浄土への転生を得るはずである，と主張した．心を清める意図をもって何度も唱えることは，唱える者たちを「自力」の実践に落とすのであって，それは法然の基本的な見解に背いているとする．こうして，そのように主張する者たちは，一度だけ唱える*「一念義」の立場を取った．この立場は，成覚房幸西(1163-1247)や親鸞によって守られた．「一念義」の立場は，浄土への転生を授ける阿弥陀の力に完全に頼ることを強調することで，浄土への転生が確実かどうか知ることができないという不安を和らげたという点ですぐれていた．「多念義」の理論では死ぬときまで確信することができなかったが，念仏を一度でも唱えれば，死後に阿弥陀が浄土へ導くことを信じることができたのである．しかし一方でこの立場は，反戒律主義的な異端の助けになりやすいという点で不利であった．「解脱を助けるような善は決してなしえない」という信念は，「解脱を妨げるような悪は決してなしえない」という，正反対の立場にも導くのである．幸西と親鸞の多くの弟子たちが，まさにこの理論的基礎によって，反社会的な行いや罪深い行いをなしたとして裁かれている．幸西の教団は，結局衰退して絶えてしまった．親鸞の教団は，*浄土真宗という名の別個の宗派として自らの身を固めた．

法然の没後，法然の教えの全容が知られるようになり，また同時期に天台宗が首都周辺で勢力を確立して，1227年に朝廷を動かして迫害するよう画策した．そのとき，攻撃の事前通告があったので，弟子たちが法然の遺体を運び去る時間は得られたものの，法然の墓は徹底的に破壊され，法然の著書の木版は焼かれてしまった．法然の弟子の一人が守る中，遺体は火葬された．しかし，遺骨を所有するということが，後継候補者たちの中で法然の正統の継承者として認められるという，正統性を証明するための道具とみなされるようになり，多くの者が遺骨を自分で守りながら所有していることを示す物語をつくりあげたので，遺骨の最後の行方は特定することができない．迫害のもう一つの結果として，浄土宗はしばらくの間独立を失い，15世紀のはじめまで天台宗の一部となることを強いられた．最初，弁長が法然の念仏専修を積極的に他宗と折衷して僧院の建立を容易にしたので，また鎮西派が地方において活発であったのに対して西山派は首都に拠点を有していたので，西山派が鎮西派を凌駕した．しかし鎮西派は，前途を遮る数多くの困難を克服して，法然の墓所がもともとあった土地に建てられた寺院である知恩院の管理権を得て，首都における存在を確かなものとし，知恩院を法然信仰の中心地とした．鎌倉時代の浄土教のもう一方の主流である浄土真宗とは異なり，浄土宗は僧侶の叙階という中央の伝統を保持し，皇室や貴族階級，主要な武士の一族に支援を求めた．そのため，浄土宗の命運は，保護者たちの興廃とともに隆盛したり衰退したりした．この二つの支配的な流派は，ともに「多念義」の見解に賛成した開祖に由来していた．「多念義」の有効性を阿弥陀仏の「他力」に帰するとし，それゆえに人々は自らの努力を通して解脱を得ることができないと認めながら，死の瞬間まで浄土への転生は確実ではないと信じて，心を清めるために念仏を可能な限り多く行ずるのである．信仰の内面的な性質よりも外面的に念仏を唱えることを重視し，瞑想や読経，礼拝やお供えといった「副次的な」行をも認めた．このように，浄土宗は，仏教の実践の再定義において，浄土真宗よりも急進的とはならなかった．

浄土真宗　じょうどしんしゅう　Jōdo Shinshū

鎌倉時代初期に，*親鸞（1173-1262）によって創始された浄土教の宗派．親鸞は*法然(1133-

1212）の弟子であったが，法然の二人の弟子が宮廷の後宮で夜を過ごしたという事件の後に皇室の怒りを買い，法然と他の弟子たちともに1207年に追放の刑を受けて強制的に僧位を剝奪された．もはや僧侶ではなく，しかし在俗の地位を完全に受け入れることができないまま，親鸞は一般の人々の間で働き始め，結婚し，子供をもった．親鸞は，この世の者たちが自らの解脱のために努力できないことについて，師の法然よりもずっと極端な見解をとり，「信徒たちは自分では何もすることができず，死後に浄土に転生するように導くように*阿弥陀仏の名を唱えることに自分たちを向かわしめる信心の覚醒さえも，阿弥陀仏の慈悲のみに頼らなければならない」と教えた．その結果，法然の没後に法然の弟子たちの間で起きた，念仏を何度も唱える「多念義」に対する，一度だけ唱える*「一念義」についての論争の中で，親鸞は「一念義」の立場を取り，「宗教的な修行の手段として阿弥陀の名を繰り返し唱えることは意味がなく，それは傲慢の表れである」と主張した．阿弥陀仏は人を救うために必要なあらゆる力を具えているので，本当の信心が生まれるとき，ただ一度だけ名を呼ぶことで十分なのである．

親鸞の没後，東日本の関東地方において親鸞の指導のもとに成長した地方の信徒集団は，だんだんと分裂した．阿弥陀仏の*「他力」への絶対的な信頼という教義と，教団のエリートを排除したことにより，それらの集団は自立と完全な平等の自覚を得たが，同時に仏教の教義についての基本的な教育を欠いていたため，親鸞の教えについて多様な解釈が生じることとなった．ついに，親鸞の孫である*覚如（1270-1351）と曾孫にあたる存覚（1290-1373）が，後に*本願寺として知られるようになる親鸞の遺品が納められた廟堂を中心とする親鸞の教団に働きかけて，指導者としての地位をかろうじて固めた．非僧非俗の原則を保持しながら，真宗は時を経てある種の聖職者の制度を確立することができたが，地方の自立した道場においては，説法と教書を中心としながらも，伝統的な禁欲主義的な僧侶たちのような機能よりは，プロテスタントの牧師のような機能を果たしていた．これらの地方の道場の側も，貴族階級の支援者からの収入や寄付に依存するよりは，信者たちの直接の寄与によって支えられていたので，伝統的な世襲の支配者からの独立という新しい自覚を信者たちは得たのであった．本願寺における指導者の地位は，親鸞の血縁の子孫に委ねられたが，地方の地域的な水準では，在俗信者よりも解脱に向かって上であるとみなされた新たな地位が授与された結果としてよりは，知識や熱意の結果として，聖職者の地位にあがるようになっていた．阿弥陀仏の慈悲の前での（男性と女性の関係も含んだ）人間の平等，地方の信徒集団の自立，信者の貢献を通じた地方の道場の維持，社会的地位よりも力量にもとづいた指導力，というような考え方により，真宗はかなり近代的な姿になった．

親鸞の8代目の子孫にあたる*蓮如（1415-1499）の指導のもとで，本願寺の組織は急速に拡張した．それまで真宗の教えが広まっていなかった地域からの人材発掘，地方を巡回しての説法，「御文」と呼ばれる教書としての手紙など，蓮如は新しい形の指導を開始したのである．蓮如の努力は，古い貴族階級と皇室の権力の没落と，新しい中流階級の勃興および地方の農民の自立性の強化という，当時の変革の力を集積した社会の変化とよく即応した．強圧的な課税を受けてこれら地方の共同体の多くは自衛の姿勢を強めることとなり，（中央集権を正当化するために皇室に支援された古い仏教によって信奉された仏や菩薩の階層構造と対照的な）最高の仏の前での完全な平等という真宗の教えは彼らの自己主張にとって理想的な追い風となったのである．蓮如の代の間に，真宗の旗のもとで，*一向一揆として知られる数々の地方の反乱が発生した．加賀においては，一向一揆の連合が成功して，1475年に在地の貴族を追放し，この地方を92年にわたって自ら統治した．（同じような教えを信奉していたキリスト教も，他の地方における古い腐敗した貴族制に対する反乱のもととなったということは，重要であると思われる．）蓮如はまた5人の妻と27人の子供がおり，息子も娘も同様に全員を教団運営の最上部の地位につけたので，真宗の最高指導部において女性がさらに強い力をもつように促した．

蓮如以後，真宗は，日本社会の中で強大な経済力を誇るようになった．地方の信徒集団や一向一揆，大都市の寺内町という商業団などのさまざまな構成団体をまとめるものとなり，それらすべてが，古い貴族や戦国大名の支配区域の外側において富を交換する回路を提供したのである．このようにして真宗は，中流階級や下層階級の経済力が拡大するための回路を提供することにおいて，大変に重要な位置を占めた．宗教的な面でも，貴族階級を扶助する傾向のあった古い神道の信仰や，あらゆる形の密教，魔術や呪術，怨霊がかり，その他すべての「迷信的」と考えられる風習を活発に排斥することによって，近代的な信仰を促進した．1610年代，徳川幕府による日本の再統一により，真宗の民衆へのますますの勢力伸張は途絶えることとなる．真宗の活動には織田信長により暴力的な弾圧が加えられたが，その後，真宗の教団組織は幕府と共同歩調をとることになった．同時に，本願寺における系譜争いの結果，西と東の二つの本願寺が確立する分裂が起きた．しかし，この分裂の後，とくに幕府がすべての住民にどこかの仏教寺院に住民登録することを命令して以降，二つの真宗教団は急速に成長した．1850年までに，二つの本願寺は，全人口の約25%を擁した．真宗は，今日に至るまで，日本の仏教教団の中で最大であり続けている．

真宗の信仰は，親鸞の教えに従って，人間の完全な罪悪性を強調し，また，生きている間に信心をもって阿弥陀仏の名前を唱える者を死後に浄土へ転生させるという阿弥陀仏の誓願への完全な依存を強調する．一生のうちに浄土への転生の保証を失いえるとする*浄土宗とは対照的に，真宗の教えでは，信心をもって阿弥陀仏の名前を一度でも唱えたならば転生は確実であるとされる（この信心も阿弥陀仏に授けられたものなのではあるが）．浄土への転生は仏たることを得ることを保証するので，この確実さによって，信者が最初に信心をもって阿弥陀仏の名を唱えることがすなわち不退転の段階に入ることを意味する．この点で真宗は，阿弥陀仏の名を唱えれば信心があろうがなかろうがその瞬間に浄土に転生するという*時宗の教えと対照的である．真宗の宗教的な活動は，基本的に，説法や讃歌の詠唱を行ずる，地方の自助的な信徒集団の集会を中心としている．より上層については，本願寺の基本的な儀礼は報恩講であり，親鸞の見解と救いに信心を抱く者たちの歓喜を表すために，親鸞の命日に毎年催されている．

聖人 しょうにん ārya-pudgala（Skt.；Pāli, ariya-puggala）

「高貴な人物」の意．*聖道のどれかの段階にいる者．*預流（「流れに打ち勝った者」），*一来（「一度戻ってくる者」），*不還（「戻らぬ者」），*阿羅漢の4種がある．パーリ語文献には，類似した7種の分類があり，個人それぞれの性質に従って異なるしかたで聖道に入る．これによると，聖人は以下の7種に分類される．(1) 信心に従って行う者（サッダー・アヌサーリン，saddhā-anusārin）．(2) 信心によって解放された者（サッダー・ヴィムッタ，saddhā-vimutta）．(3) 身体によって見る者（カーヤ・サッキ，kāya-sakkhi）．(4) 両方のしかたで解放された者（*倶解脱）．(5) ダルマに従って行う者（ダンマ・アヌサーリン，dhamma-anusārin）．(6) 見ることに至った者（ディッティ・パッタ，diṭṭhippatta）．(7) 般若により解放された者（パッニャー・ヴィムッタ，paññā-vimutta）．以上のように，聖道は，(1) のように信心や，(5) のように教えの知的な把握によって，または (4) のように両方のしかたで，入ることができるのである．

小部 しょうぶ Khuddaka Nikāya（Pāli）

「小部の経典の集成」の意．クッダカニカーヤともいう．経蔵の5番目にして最後の部（ニカーヤ）であり，初期のものも後から付け加わったものも含む雑多な集成である．本文はおもに韻文で書かれており，パーリ正典の中でも最も有名で，精神を高揚させる素材を含んでいる．全部で以下の15の経典から成る．(1)『*クッダカパータ（小誦）』，(2)『ダンマパダ（*法句経）』，(3)『*ウダーナ（感興偈）』，(4)『*イティヴッタカ（如是語経）』，(5)『*スッタニパータ（経集）』，(6)『*ヴィマーナヴァットゥ（天宮事）』，(7)『*ペータヴァットゥ（餓鬼事）』，(8)『*テーラガーター（長老偈）』，(9)『*テーリーガーター（長老尼偈）』，(10)『*ジャータカ（本生経)』, (11)『*ニッデーサ（義釈)』, (12)『*パティサンビダーマッガ（無礙解道)』, (13)『*アパダーナ（譬喩)』, (14)『*ブッダヴァンサ（仏種姓)』, (15)『*チャリヤーピタカ（所行蔵)』.

成仏 じょうぶつ jōbutsu
「ブッダに成ること」や「菩提を獲得すること」を意味する日本の用語.

清弁 しょうべん ⇨バーヴィヴェーカ

正法 しょうぼう shōbō
1.「正統なダルマ」, すなわち仏教の真実の教えを意味し, 他の宗教の教説や仏教内での異端の説に対置される.
2. 仏教の歴史区分である三時思想における最初の時期. *シャーキャムニ入滅後500年間の正法の時期を指す. その後像法, 末法の時代が続く. →三時

『正法眼蔵』 しょうぼうげんぞう *Shōbō-genzō*
「正しい仏の教えの眼目の蔵」の意. 日本の*曹洞宗開祖*道元（1200-1253）が著した論集で, 多様な論題の長短さまざまな92の論文が含まれる. この著作はいくつかの理由で重要である. 第一に古典的な漢文ではなく和文で書かれた最初の文献であるということ. 第二に難解な思考を表現するための道元の高度な言語操作の技術が示されていること. 最後に時代や文化の違いを超えて思想家たちの関心を呼びおこす哲学的理念が含まれていることである. 著者は本書の目的はブッダがそうしたように, 禅林における単純でありふれた儀礼から最も抽象的な哲学的世界観に至るまでのすべてを読者に理解させることであると記述している. たとえば「有時」という論では一般的に「ある時に」あるいは「(このような) 時があった」という意味の2字の漢字の古典的かつ標準的な組み合わせについて考察し, これを「有」,「時」と一語ずつに分けて再解釈を施している. このような言葉の再構築を通じて道元は, 時は存在と不可分であり, 非永続性と変化は時間の作用であるという見方を明確に説きながら, 事物の存在を定義づけている. 非永続性は事物の究極のあり方であり, 事物は不滅であり続けることはなく, 不滅にあり続けるものは時間のみであると説いている. 当初道元は『正法眼蔵』全100巻をつくろうと考えていたが, 病により短命で生涯を閉じたためこの企図は達せられていない. 標準版の92巻のうち12巻だけが道元の最終的な推敲を経ているが, ほとんどの論説は草稿のままである. この書に含まれる道元の思想は20世紀の西洋哲学の潮流, とくにハイデガーの思想と相通ずるものがあり, 日本および西洋で道元研究のルネサンスが起きている.

『正法眼蔵随聞記』 しょうぼうげんぞうずいもんき *Shōbō-genzō Zuimonki*
「正しい仏の教えの眼目の蔵」の「聴取記録」の意. 日本の*曹洞禅の開祖*道元（1200-1253）の法話の記録で, 弟子孤雲懐弉（1198-1280）によってまとめられた. この記録は1651年に刊行されるまでは写本で流布された.

小品 しょうほん Cullavagga (Pāli)
*「大品」に付随する*律の「補足の部分」. チュッラヴァッガともいう.

浄飯王 じょうぼんおう ⇨シュッドーダナ

『勝鬘経』 しょうまんぎょう *Śrīmālā-devī-siṃhanāda Sūtra*
中期大乗経典の一つ. *如来蔵思想や*一乗思想と関連する教えを説いているという点で重要であり, また, この経典の主人公である王女シュリーマーラー（勝鬘夫人）を通して女性の価値を高めていることも特筆に値する. 経典の中で, シュリーマーラーはやがてブッダとなり, 自らの*仏国土を率いるであろうことが予言されている. 漢訳とチベット語訳が残るほか, 近年になってサンスクリット語の断片も発見された.

聖武天皇 しょうむてんのう Shōmu Tennō（在位724-749）
奈良の大仏を建立した日本の天皇. この大仏は高さが約16m, 重量452トン〔現在のものは15m（台座を入れて18m), 250トン〕の

*毘盧遮那仏の巨大な像であり，彼が改称した*東大寺に安置されている．この寺は国分寺と称される各地域に設置された官寺の総本山である．聖武はまた「*三宝の奴」と自称した最初の天皇である．→奈良時代

声聞乗　しょうもんじょう　Śrāvakayāna（Skt.）
「聞く者たちの乗り物」の意．大乗では，ブッダの教えを聞いてそれを実践し，*阿羅漢になろうと努力する初期の修行僧をいう．「小乗」という語と同様，この用語もまた，小乗ほど明確ではないにせよ，蔑視の意味合いを含んでいる．大乗では，声聞乗の僧たちは自己の救済にのみ関心をもつため，その道は，全世界の救済を求める菩薩乗の利他主義的な道と対照的なものと捉えられたからである．この語は，声聞，*独覚，菩薩という3種の求道者の一つを指す文脈で用いられることが多い．

『成唯識論』　じょうゆいしきろん　*Vijñapti-mātratā Siddhi*
「概念作用のみの記述に関する確立」の意．*玄奘による中国語の作品の題名は*ヴァスバンドゥの*『唯識三十頌』に関する解説をまとめたものである．この作品は10のインドの解説書をもとにしているが，*シーラバドラと*ダルマパーラの見解を強調している．

浄影慧遠　じょうようえおん　Chin-ying Hui-yüan（523-592）
北周の武帝（在位561-578）に始まった仏教の迫害の時代に生きた高名な中国の比丘．この困難な時代に慧遠は，北朝に存在するための仏教の権利に関して皇帝と公然と直接議論しようとした唯一の人物である．皇帝はさまざまな点で慧遠の主張の正当性のために黙っていたけれども，迫害は実際には皇帝の死まで続いた．慧遠はまた，少なくとも15の大乗経典と専門書に関する解説書を書いたことでも知られている．慧遠という言葉は同じ中国語で書かれ，両者とも浄土思想と実践の初期の発展に関係しているため，ときどき*廬山慧遠（334-416）と間違われる．

定力　じょうりき　jōriki（Jpn.；Chin., ting-li）
「禅定の力」を意味する漢語．深い集中状態に入って長時間にわたりそれを維持する，禅定者の能力をいう．「禅定を通して得る能力」を意味することもある．さらにその能力を，死後に永きにわたって身体を奇跡的に保つことのできる能力や，神通力や超能力のように表現する言葉でもある．

静慮波羅蜜　じょうりょはらみつ　⇨禅波羅蜜　ぜんはらみつ

少林寺　しょうりんじ　Shao-Lin monastery
496年に北魏の孝文帝の援助を受けて河南省に創建された仏教寺院．禅宗開祖の*ボーディダルマ（532年頃）が面壁九年の修行をし，弟子の第2祖*慧可（487-593）と会見した場所として名高い．また*武道の実践のためのセンターとしても注目されている．ボーディダルマが最初にここにきたとき，僧侶が運動不足のために疲れて元気のない様を見て，精神の努力を完成するための肉体の鍛錬のシステムを助言したという伝説がある．そのうちにこのシステムは少林寺拳法へと発展した．→中国の仏教

所依　しょえ　āśraya（Skt.）
よりどころ，支持体，基盤．サンスクリット語の仏教文献の中では，他の六つの*識（ヴィジュニャーナ），すなわち感覚の様相のよりどころや支持体としての*阿頼耶識の同義語として，さまざまな文脈で用いられる用語である．悟り（菩提）が得られるのは，これが再構築または変形すること（*転依）を通してである．またこの語は，感覚器官を手段とする知覚経験の土台や支持体としての，身体そのものについて用いられることもある．

所縁　しょえん　ālambana（Skt.）
「基礎」，「土台」の意．認識の対象．識が通常の働きをしている状態でも，瞑想の状態でも，対象として認識を補助するものや土台として機能するもののこと．これには6種あり，視覚対象，聴覚対象，嗅覚対象，味覚対象，触覚対象，思考対象という，感覚を6種に分ける伝統的な

インドの分類にしたがっている．このうち前の5種は，形をもった物質に分類される．一方，思考対象は物質的にも精神的にもありうるとされ，また過去・現在・未来どれにもありうるとされる．→処

ジョカン寺 Jokhang

7世紀からある*ラサの主要寺院．菩薩のなりをした*シャーキャムニの像を所蔵する．

食事制限 しょくじせいげん diet

食習慣に関するブッダの忠告は，在家社会よりもむしろ，おもに僧院生活を営む者たちに対して向けられている．仏教の僧院生活に通底する重要な原理は，僧が在家者の布施に依存し，食物を求めて日々地方の共同体へと赴くことである．南アジアの仏教国では，サフラン色の衣をまとった僧が謹直にも縦に一列になって家々を歩き回り，在家者が鉢に食物を施与している間は立ち止まって目をうつむけるという光景をよく目にする．一巡すると僧は僧院に帰り，正午前に食物を食べなければならない．その後は病気の場合を除き，翌日まで液体の摂取しか許されていない．ブッダは，精神および肉体上の全体的な健康に資するため，食事は1日に一度きりという習慣を推奨した．

食事の種類に関する一般的な原則としては，僧は与えられたものすべてを感謝の念をもって受け入れなければならず，特定の料理を好んだり拒んだりして選り好みをしてはいけない．上座部仏教では，とくに僧のために動物が屠殺されたということを僧自身が「見ていない，聞いていない，疑念を抱いていない」限り肉食は禁じられていない．そのようにして殺生を禁ずる第一戒（→五戒）の破戒に加担することを避けているのである．この点を理解するためには，まず動物の殺生に関する問題と肉食に関する問題を区別しなければならない．前者が明らかに悪であって悪業の所産であるのに対し，後者はそうではない．ブッダ自身は豚肉を食べた後に入滅したといわれているが，もっともこの料理の種類に関しては物議をかもしている（→スーカラ・マッダヴァ）．仏教では，道徳的行為が精神的な状態の向上や習慣に対して与える影響が主として考慮されているため，実際に動物を殺すことが怒りや無慈悲，無関心という性質の心的状態を要する一方で，単に肉を食べることだけではそのような強力な性質を有することにはならない．したがって，たとえ共同体における修行の強化手段として肉食がブッダに勧められたとしても，ブッダは弟子たちに断固として肉食を禁じたわけではない．しかし，たとえば象や虎，蛇の肉など10種の特定の肉は人間が食するのに不適であるとみなされていた．上座部の国々の僧や在家者は依然として肉を食しているが，彼らはある一定期間は肉食を控え，また肉屋という職業は生計手段として誤ったものであるとみなしている．このようにして，初期仏教は混合した態度とでも呼ぶべき姿勢を示している．すなわち，仏教では誰一人として猟師や肉屋として生計を立てないよう勧められ，菜食主義に専心する人たちが賞賛されるのは間違いない．そのような実践を行う者たちが見解や*戒律と緊密に結び付いていることを跡づけるために，自身の動機や思想を検証することは常に求められている．そのため，肉を食べる者が肉を生産する者と同罪であるということはない．このことは上座部の国々のみならず，気候が厳しく寒冷であるチベットやモンゴルにおいても，菜食主義の生活様式は実情にそぐわないため，とりわけ同じことが当てはまる．チベットでは野菜の生産が十分ではないためにチベット仏教界では肉食が受け入れられ，今日では*ダライ・ラマでさえ完全に菜食主義の食事制限を遵守しているわけではない．

菩薩にとっては肉食が慈悲の涵養と矛盾していると感じられたため，肉食を完全に断ち切ろうとする運動が起こり，それがインドにおける大乗の出現であった．加えて*『涅槃経』や*『楞伽経』などといった数多くの大乗の文献では，如来蔵や*仏性の教説によって生きとし生けるものが内在的なブッダであるとされるため，肉食に対してはきわめて明確に非難される．東アジアではこれらの文献が普及した結果，僧伽を構成する者の間にはほとんどすべてに菜食主義が行き渡った．東アジアの諸文化においては，独善的な僧職者や僧院を風刺的に描くためには，彼らを「肉食と飲酒」のかどで非難するこ

とが常套手段とされた．中国では菜食主義の実践がきわめて厳格に守られたため，野菜の調理法に関して非常に洗練された味わい深いレパートリーが発展してきた．それにもかかわらず，同じ文献で（律がそうであるように）五つの刺激的な香味野菜（玉ねぎ，にんにく，ねぎ，にら，浅葱）を避けるよう説かれているのはかえって驚くべきことである．「菜食主義者」という用語はただ単に肉を避けるということしか示さないため，この語が東アジアにおける仏教徒の理想的な食事制限を表現する上で完全に正確であるというわけではない．中国や日本，韓国，ヴェトナムの仏教徒における理想的な食事制限は肉を禁ずることに間違いはないが，「吃素」（精進料理を食べる），「素食」（菜食）という語を用いて，アルコールや五つの刺激的な香味野菜を避けることもまた指し示す．肉やアルコールを禁ずることは，殺生や飲酒に対する在家者の五戒や十大受など一連の規律に必要な条件を満たすことであると説明される．五つの刺激的な香味野菜に対する規律は『楞伽経』第８章に由来しているが，そこではこれらの香味野菜は催淫的で修行を困難にする「辛味のある」野菜であると説かれている．加えてこれらの香味野菜は息を臭くし，説法を求める聴衆を追い払い，守護神を駆逐し，悪魔を引き寄せるという．日本や韓国では，歴史上古くから菜食主義に対するこの懸念を共有していたが，ここ数世紀の間に僧職者は肉食に対してより寛容な姿勢を示している．その一方で菜食主義は，選択の許された追加規律としていまだに賞賛されてもいる．

所取・能取 しょしゅ・のうしゅ grāhya-grāhaka (Skt.)

「把捉されるものと把捉するもの」の意．*瑜伽行派の用語であり，認識する主体と認識される客体という認識の二元性を論ずるのに用いられる．この学派では，認識の二元性は妄想（*虚妄分別）であるとされる．この妄想により，意識を有する自分自身としての「認識するもの」と，外界対象としての「認識されるもの」という観念がつくりあげられ，ひとは輪廻におちいる．

女性 じょせい women

女性に対するブッダの態度は，ブッダと同時代の人の態度と根本的には異ならない．修行生活を追い求める男性の修行者にとって，女性は誘惑や罠とみなされていた．女性と応対する際には，性欲や欲望（*渇愛）に負けないように僧は自らを守ることがブッダにより頻繁に戒告されていた．この態度は，次に示す*『大般涅槃経』におけるブッダと*アーナンダの対話に示されている．

——世尊よ，女性に対してはいかにして振舞えばよいのでしょうか．

——女性を見るな，アーナンダよ．

——しかし，もし女性を見てしまった場合はどうしたらよいのでしょう．

——女性と話してはならない．

——しかし，もし女性が話しかけてきたらどうしたらよいのでしょう．

——よく注意していなさい，アーナンダよ．

（男性の危険に関しても，同様の警告が女性に対してなされたことに注意すべきである．）続くアーナンダの介入によって，女性が尼僧（比丘尼）として僧伽に入ることをブッダはしぶしぶ認めることとなった．当時の状況では，このことはきわめて画期的な一歩であった．というのも，インドでは他にジャイナ教徒（→ジャイナ教）のみ，女性は尼僧となることが認められていたと目されているからである．修行生活における女性の役割とは対照的に，在家社会の状況における妻や母親としての女性の役割は，社会秩序の安定にとって欠くことのできないものとみなされていた．在家社会における女性の役割に関して，ブッダは当時の伝統的な価値観を擁護し，次のような言葉をもって夫と妻の関係を表している．「夫は，尊敬，礼儀，信頼，権威を妻に与えること，装飾品を妻に与えることという五様によって妻に仕えなければならない．妻は，自らの義務を十分に果たすこと，両親族を厚遇すること，忠実であること，夫が持ってくるものに注意すること，自らの責務をすべて果たすことに対して手腕を発揮することという五様によって夫に仕え，愛さなければならない」（*『シガーローヴァーダ・スッタ』）．現代では*サキャディーターという組織が創設さ

れ，修行生活における女性参加が促進されている．→ダサシルマター，シッカマト，シラシン

初転法輪 しょてんぽうりん first sermon

*鹿野苑で行われたブッダの最初の説法.「法の輪を回転させる経説」という意味の『ダンマ・チャッカッパッヴァッタッナ・スッタ』(Pāli, *Dhamma-cakkappavattana Sutta*)，もしくは『ダルマ・チャクラ・プラヴァルタナ・スートラ』(Skt., *Dharma-cakra-pravartana Sūtra*) として注釈書の中で知られている．この説法の中で，ブッダは*中道の基本原則と，*四聖諦の教えを説いた．この説法はアーサールハ月の満月の夜に行われたといわれている．

ジョナン派 Jonangpa (Tib., jo nang pa)

チベット仏教の一学派で，*他空の理論を主張した．ユモ・ミキョ・ドルジェが11世紀に創始し，名称は本山がある場所に由来する．受け継がれた学派は，ドルポパ・シェーラプ・ギェルツェンや*ターラナータなどの人々によって発展した．ジョナン派はその議論を呼ぶ理論に関して他の学派に属する人々から疑いの目で見られる．たとえば如来蔵を実在する本質として解釈し，永続的な自我 (*アートマン) に似た自立した存在を享受しているといった理論である．*ダライ・ラマ5世の治世に厳しく弾圧されたが，ジョナン派の名残は今日でもチベットで見ることができる．

シラシン thilashin

見習い尼僧の*戒律に従って生活するビルマの女性の名前. 多くの点で彼女らの生活様式は，毎日の慈善行為の範囲においてさえも，尼僧の生活様式と似ているが，ビルマや東南アジアの至る所で何世紀も前に血筋が途絶えてしまって以来完全な*得度を得ることはできない．いくつかの点で彼女らはスリランカの*ダサシルマーターとタイの*シッカマトに似ているが，幾分社会的地位が高い．

シーラバドラ Śīlabhadra (529-645)

*瑜伽行派の有名な僧侶．戒賢ともいう．*マガダ国出身．*ナーランダーに拠点をおき，瑜伽行派教義の*ダルマパーラによる解釈を継承した．636年以降，ナーランダーに滞在していた*玄奘を教育した．

自力 じりき jiriki (Jpn.; Chin., tzu-li)

浄土思想にみられる考え方で，解脱・悟り・涅槃へと向かう宗教的修養における個人の努力を意味する．浄土思想において，死後に個人が浄土へと再生することをもたらす*他力や*阿弥陀仏の力などと対比された．中国の浄土教においては，浄土への往生や最終的な解脱というのは，自力と他力の相互作用によってもたらされるとされたが，*法然 (1133-1212) 以降の日本の伝承では，阿弥陀仏の「他力」が救済の最も有力な要因とされ，自力は完全に除かれた．

資糧道 しりょうどう saṃbhāra-mārga (Skt.)

「集積の道」の意．仏たることへと至る*五道のうちの最初のもので，行者はここにおいて，必須である功徳と知識の積み重ねを行う．

『時輪タントラ』 じりんタントラ *Kālacakra Tantra*

10世紀頃にインドで編纂されたもので最後の大タントラと考えられる．『時輪タントラ』は*シャンバラの伝説の王・スチャンドラによって書き記されたといわれている．解釈学的には3章構成で，外，内，別 (秘密) の段階の教説を扱い，それぞれ，外界の大宇宙の働きと内的な精神世界の小宇宙，上記2点の合わさったものについて叙述する．タイトルに示唆されているように，暦学と天文学の特別な教説が『時輪タントラ』では強調され，(毎年*ダライ・ラマによって執り行われている) 時輪の儀礼を受けたものは，伝説のシャンバラ国に再生することが信じられている．『時輪タントラ』もまた六ヨーガに言及するが，それは*ナーローパの六法との共通点をもつ．

支婁迦讖 しるかせん ⇨ローカクシェーマ

シルクロード Silk Road

ヨーロッパの東端からインド北部を抜け，ヒ

マラヤ山脈とタクラマカン砂漠の端に位置するオアシスの王国を通り，中国西部の*敦煌の砂漠地帯を終端とする交易路．このルートは，15世紀以後にイスラム帝国の建国によって分断されるまで，それにそった国々にとって交易の最も重要な道として提供された．仏教における意義は，インドから中国へ至る初期の仏教の伝播と後世の教えと経典を求めるために，中国からインドに旅した中国人巡礼者の主要な道であったことである．

『地論』 じろん *Ti-lun*

仏教文献の漢訳タイトルの慣習的な略称．正式名称は，『十地経論』（10の境地に関する経典の論書．*大正新脩大蔵経 no. 1522）であり，注釈者は*ヴァスバンドゥである．この論書は，中国人仏教者の注意を大きくひきつけ，418年頃に翻訳された*ブッダバドラ訳*『華厳経』へと関心を向けさせた．というのも，この翻訳の8分の1には，菩薩が円満なる菩提へと向かう道程である10の段階（*地）に関する標準的典拠を有するからである．このように，地論宗の人々は『華厳経』に精通していた．そして，唐において，『華厳経』にもとづいて*華厳宗が成立するに際し，地論宗はその中に取り込まれたのである．

シン sim（Lao）

パーリ語の*界（シーマー，sīmā）に相当するラオスの言葉．

心 しん citta（Skt., Pāli）

心（こころ）．初期仏教や今日の*上座部において，心は*識（ヴィジュニャーナ，意識）や*意（思考力）と実質的に同義であるとみなされているが，後代の仏教諸学派において心はその両者と区別される．心は心理機能（心所）の動的システムの基礎となる認識の場として定義されている．多くの学派によると，心は本来的に輝いているものであり（チッタ・プラクリティ・プラバースヴァラ，citta-prakṛti-prabhāsvara），あらゆる執着や概念化作用を離れているため，本性上空虚（シューニヤ，śūnya）である．一部の大乗文献や密教文献によると，後者の意味で心を菩提心と同等に解釈し，知覚の主体と客体とを誤って分断することで心の本性がおおわれると，その本性の一断面として日常の心が生起するという．

信 しん śraddhā（Skt.；Pāli, saddhā）

信仰や信頼の態度を意味し，とくにブッダとその教えに対するものをいう．信仰は*八支聖道の実践に着手するための必要条件であるが，批判的思考によってその熱気を鎮め，自らの経験に照らしてその正しさを検証しなければならない．一般的にいって，仏教には信仰による救済という考えは存在しない．盲目的な信仰は美徳とはみなされず，個々人は*四聖諦を対象とする理解と洞察（*智慧）を培う必要がある．しかし，浄土教の一部では，ただ信仰のみによって浄土への再生が叶うと説かれている．

瞋 しん dveṣa（Skt.；Pāli, dosa）

3種の*不善根の一つで，憎しみのこと．

尋 じん vitarka（Skt.；Pāli, vitakka）

「考えられた観念」の意．仏教の心理学における，対象に対する心の最初の適用．対象をとらえ，それに注意を向けている心と定義される．尋と密接に関連して，通常それに続くものが*伺すなわち「推論的な思考」である．両者の関係は片手に鉢を持ってもう一方の手でそれを磨くこと，あるいは鐘を打つこととその響き，コンパスの固定された点とその周りを回転する点のようなものだといわれる．尋も伺もトランス状態の瞑想（禅定）の初期段階にある心によって排除される．

シン・アラハン Shin Arahan

*モン族に属するビルマの僧．タトン地方の住民で，*アナウラター王が1044年に王位についた後すぐに上座部仏教に改宗した原因となった．ビルマの伝説によると，シン・アラハンがパガン近辺に着いて，居住していた森の中で猟師に発見された．猟師は，短く刈り込まれた頭と黄色い袈裟を着たそのような奇妙な生き物をそれまで見たことがなかったので，精霊の一種だと思い，彼を王のもとに連れていった．シン・

アラハンは王座が最も高い位置にあったので，自然に王座に座った．王は「この男は穏やかで，この男の中にはきわめて重要なものがある．彼は最良の席に座っていて，きっと最良のものにちがいない」と思った．王はその訪問者にどこからきたか教えてくれるよう頼み，「真理の生きている世界からきた，ブッダが自分の教師だ」といわれた．そのとき，シン・アラハンは王に心の統一（*不放逸）について教えた．そして，シン・アラハンは王にブッダは*般涅槃に至ったが，彼の教え，ダルマは*三蔵と僧伽に正式に説かれており，そのまま残っていると言った．*『サーサナヴァンサ』ではアナウラター王の改宗とは別のヴァージョンがみられる．それによると，シン・アラハンは本来はドゥヴァーラヴァティーとタトンで法を学ぶためにスリランカからきて，猟師によってアナウラターのもとへ連れていかれたとき，シュリー・クシェートラへ経典を探す途中であった．

心一境性　しんいっきょうしょう　citta-ekāgratā（Skt.；Pāli, citta-ekaggatā）

「心を一点に集中させること」の意．瞑想において，心が単一の対象に集中した平衡状態．その対象は視覚的イメージや音声，概念，心的表象などとされる．

清規　しんぎ　Pure Rules

禅文献の一ジャンル．（もはや現存していない）百丈清規や「百丈の純粋な規則」と呼ばれる，唐代の禅師である*百丈慧海（749-814）に帰せられる作品を参考にしている．この文献の部類は，個々の禅宗の寺院の内部規則を説明する．このような文献は，通常僧団を創設した僧院長によって書かれ，そこに居住する僧侶らの生活に関する見方を要約している．このように，この文献はまったく雑多な内容であり，さまざまな恒例行事のための典礼を与えるために，いくつかの実例の中から聖務日課書の形式に取りだしたものである．またその他の実例の中からは，僧侶の日々の雑務のための手順を定め，運営の役員の数と種類を決定し，彼らの職務を詳細に明記する．さらに（*道元の『永平清規』のような）ものには，僧侶を精力的な実践に促すエッセイを含むものもある．このジャンルが過去において禅文献の特徴的な形式とみなされてきた一方で，最近の研究者は，最初期の現存例が伝統的なインドの律だけではなく，中国の*天台僧団からも導き出されることを示し，禅独自の特徴という点に疑問を投げかけている．

新教　しんきょう　New School（Tib., gsar-ma）

チベット仏教の学派の一つで，「*後伝期」におけるタントラ仏教文献の翻訳と教法伝承をよりどころとする．*リンチェン・サンポを創始者とする．「*前伝期」に伝承されたものを拠り所とする学派とは対照的に，新訳派と称し，*ゲルク派，*サキャ派，*カギュ派からなる．

信行　しんぎょう　Hsin-hsing（540-594）

3段階の宗（*三階教）の宗派を確立した中国人僧侶．

身口意　しんくい　body, speech, mind

仏教の一般的教説では，業を生み出す3種の行為とされる．この三者は解釈上の体系内で用いられることが多く，3種の「ブッダの身体」（*三身）といったさまざまな三つ組みの一群と結びつけられる．ここでいう身体はブッダの流出する身体（*応化身）と，言葉は享受する身体（*報身）と，精神は絶対的または真実の身体（*法身）と結びついている．身口意は*金剛乗の実践において重視されるが，そこでの身口意は，呪術的しぐさ（*ムドラー）・聖音（マントラ）・瞑想（*三昧）を通じて，対応するブッダの身口意へと変容する．

信解　しんげ　adhimokṣa（Skt.）

心的傾向，専心的な関心．あるもの，とくにダルマと関係をもつために，心を開いて信じようとする意思にかかわる，心的な要因．

人権　じんけん　human rights

最近の仏教は，世界のさまざまな地域，とくにチベットやスリランカ，ビルマにおける人権という問題領域への直面を余儀なくされている．しかしながら，アジアのほとんどの伝統に共通しているが，仏教では人権に関する明確な教義が構築されてきていない．人権という概念は実質的に西洋のものであり，その源泉は啓蒙運動にあるが，その概念が伝統的な仏教の教義とどの程度両立するのかは明らかにされていない．仏教徒の中にも，個人の権利を強調することは*無我の教義に抵触しているため，西洋を模倣して個々人の不可侵の地位を信ずるのではなく，仏教はあわれみ（*悲）や相互依存関係（→縁起）に根差した特有の方策を発展させるべきであると考える者もいる．他にも現在の*ダライ・ラマといった人々によると，人権に関する言説は，伝統的な仏教の道徳的価値観と調和していると考えられ，現代の政治的社会的諸問題に関して仏教の見解を表明するのに有用な語彙を提供してくれるという．

真言　しんごん　chen-yen（Chin.）

サンスクリット語のマントラや，陀羅尼の中国仏教の翻訳語．中国仏教の文脈では，それは意味よりも音に力が存在しているさまざまな長さの口述の決まり文句を言い，通常サンスクリット語の原典の音声を再生したものである．これらの音を表現し記述のときに保存するために，中国の文字が適用されたり発明されたりした．これらの決まり文句は，呪や呪文としても用いられる．

真言宗（中国）　しんごんしゅう　Chen-yen tsung

中国仏教の一宗派．インドから中国へ輸入されたタントラ仏教を表す．中国ではかつて密教は中国の宗教文化の気質とより多くのものに合うように変化した．この導入の跡は，最初から終わりまでマントラでできている『マタンガ・スートラ』（*Matanga Sūtra*）の最初の翻訳とともに3世紀まで遡るものとみられている．しかし，マントラと*陀羅尼の存在は大乗経典では共通のものであり，それ自身で密教の要素を指し示すことはない．宗派の実際の中国への伝来は，インド人僧の*スバーカラシンハ（善無畏，637-735），*ヴァジュラボーディ（金剛智，671-741），*アモーガヴァジュラ（不空，705-774）が8世紀に首都にやってきたことに始まるといわれる．

中国の真言の教えと実践は，インドの内容と共通しており，以下のとおりである．(1) おもに学習や知識よりも修行や行動に基礎をおく．修行の目的は，（それぞれ）*ムドラー（特定の神，菩薩，仏と結びついた，手で印を結ぶ儀式），マントラや陀羅尼（語源の意味ではなく音に内在するはかりしれない力でもってサンスクリット語の儀式の発音を直接書き起こした，話される決まり文句），特定の神や菩薩，仏を心に思い浮かべることを通して，*身口意の「三業」を習得することである．(2) 中心から広まり周囲に放射する一連のエネルギーの中に儀式的に宇宙を編成する．それぞれのエネルギーは特定の神，菩薩，仏によって象徴されている．おもな仏は*毘盧遮那，大日如来であり，他のすべての仏と神はその生成物である．この配列は，目に見えるようにマンダラで表され，すべての神が他のものとの関係でそれぞれ適切な位置に描かれている．(3) その伝達は，師から弟子への直接のつながりによる．師の合法的な継承に位置する*グルや先生による実践の授与なしには，誰も正式にうまく（安全にさえ）実践することはできない．(4) その実践も，特定の仏，菩薩，守護神の庇護と助けによる．この守護神と庇護者は*灌頂や授与の儀式（結縁潅頂）のコースで選ばれる．結縁灌頂は初心者がマンダラの上に華を落として華の落ちた像を庇護者とする儀式である．(5) 真言は，実践を一生の間，もしくは一瞬に悟りと解放のゴールに直接実践者を導くその道に長けた者によって機能を与えられた強力な実践を選ぶことにより，通常の段階的な智の育成を不要にする近道と捉える．(6) 実践の力もまた，治癒や降雨や富の獲得，国家鎮護などの宗教的な進展以外の目的のために用いられる．

これらの類似性とともに，少なくとも二つの点で中国の真言宗とインドのそれに対応するものが異なることに気づく．最初に，図像と実践における性的な要素がインドやチベットにあったものと比べて強くない．この要素は中国の感性を害したように思える．二番目に，タントラの主要な作品に基礎をおくのではなく，（初期のタントラには中国では「経典」と呼ばれ，チベットでは「タントラ」と呼ばれるものもあるが）むしろ経典を取りあげてそれに密教的な解釈を与えている．上であげられたこの宗派の3人のおもな伝道者は，主要な経典と決まり文句のほとんどの翻訳に対して責任を負っている．

密教の実践は，最初の伝来以来，低いレベルではあるが中国仏教内でとぎれることなく存在した．現在ではいくつかの集団が存在し，密教儀式に専念している．加えて，密教の要素は中国仏教の世界のほぼ隅々まで広がっている．たとえば，すべての寺院の礼拝式には真言が含まれ，特別な場合にムドラーを用いる．多くの寺院では，密教にもとづいていようがいまいが，渇望する口の解放（→放焔口）や飢えた亡霊（*餓鬼）に食べ物を与える儀式といった密教の儀式を行う．

真言宗という用語は中国に存在する密教の宗派をいう．正確ではないが，乱暴にいって中国の内外にある密教やタントラの宗派をカバーするより広い言葉である「*密宗」や「秘密宗」といった言葉と同義であるが，「密宗」はしばしば「真言宗」と交換して使用される．

真言宗（日本） しんごんしゅう Shingon school

*空海（774-835）によって創始された日本仏教における密教宗派（→密教）．空海は生来固有の仏性を直接体験させる手法によって，弟子たちが不撓の宗教的修行の必要性を迂回できる密教が仏教の最高の形態であると確信した．この宗派の修行は密教的教程に専門的に集中して行われる．弟子たちは自分の*グルとして個別に師をもつ．この師は入門儀礼としての*灌頂を執り行う．弟子はさまざまな仏や菩薩たちが一定の方位に配された仏の世界を図示する*マンダラを注視する．花をマンダラの上に落とすことによって弟子は個別の仏や菩薩に帰依し，その保護と力を受けることになる．このあと弟子は仏や菩薩の様相を思い描く観想を行い，これこそが自己の心のうちにある固有の仏性の顕現であると悟りながら，できるだけ細部まで当該仏の姿を心に思い描く．この儀式は全身・全霊をもって行い身口意の動き（すなわち*ムドラー（すなわち手印と正しい姿勢，マントラ（真言），*観想）を集中して用いることにより補強される．

清浄と悟り（菩提）に向けて弟子たちを長期かつ緩慢に向上させるのではなく，最初から弟子たちに悟った存在の役割を演じさせることにより悟りへの到達や生きながら仏性を顕現することを可能にするので，顕教や伝統的な修行と比べてすぐれていると考えられた．このような弟子たちの悟りの速成を意図した修行に加え，インド由来の密教は武器への耐性，厄除け，治癒，雨乞いなどの現世利益を修行者に約束する．*真言宗は空海が生きていた時期から金銭的対価を得てこのような目的のために儀礼を行い，皇族や貴族の顧客の支持を獲得していた．この宗派にはこのような金儲け本位の儀礼に没頭していた時期が幾度かあり，このような時期は一般的にこの宗派の衰退期とみなされている．真言宗は日本で唯一の密教宗派ではない．当初は真言宗は*天台宗と拮抗していた．天台宗は台密として知られる密教の様式をもち，固有の儀式と経典にもとづきながら仏教の目標と価値に根ざした密教教義と修行に関する完全な教程をつくりあげた．真言宗の密教の様式は東密と呼ばれ，2種の異なったマンダラを拠り所とすることを特徴としている．異なってはいるがいずれも聖なる世界を顕している．しかし真言宗はいまだ大きな統一的教団や儀礼集団を形成することはなかった．空海の死に際して三つの寺が互いに主導権を主張し優越性をめぐる争いが過熱した．また時間の経過とともに真言の修行の流儀がさまざまに分立（日本語で「流」）することになり，その結果それぞれ特定の寺院や師弟関係にもとづく36以上の流派に分かれている．

心識部 しんしきぶ Mind Category（Tib., sems-sde）

*ニンマ派の*アティヨーガ乗の教説の三支分の一番目．すべての表象を心の働きとしてとらえる．

神秀 じんしゅう Shen-hsiu（605-706）

中国禅の伝統的な歴史によると，神秀は，短命に終わった（ある意味異端的な）禅の*北宗を開いた最初の祖師とされる．しかし，初期禅宗資料の近年の批判的研究により，まったく異なった彼の人物像と修行が明らかになった．神秀は若い頃，仏教のみならず道教や儒教の古典を広く読んで，とても聡明で利発な学生であったと考えられている．唐王朝の確立に至る不安定な時代情勢により神秀は僧院での生活を余儀なくされ，唐の最初の皇帝が即位した618年というまさにその年に出家僧となったようである．その後，656年に禅宗の5代目の祖師である*弘忍（601-674）に出会うまで，神秀の活動に関する記録は何も残っていない．弘忍は神秀よりも数歳年長であるにすぎなかったが，神秀は弘忍を師と仰ぎ，弘忍が好んだ*『楞伽経』を読みながら，6年間をともに学び，ついに悟りを認められて印可を得た．これを機に，神秀は東山の僧伽を去り，隠棲した．*慧能（638-713）との詩による対決に敗れて6代目の祖師と認められなかった人物として描く伝統的な説明とは異なり，神秀が東山を去ったのは661年と考えられ，慧能が東山にくるよりも10年ほど早いことになる．

その後15年間の神秀については，ほとんど記録がない．再び神秀が記録に見えるのは，すでに70歳を超えた，676年のことである．この間，神秀は還俗していた可能性もあるが，結局は出家の生活に戻っており，湖北地方の玉泉寺に入った．独居の修行を求めて，この寺から2.5 kmほど離れた地に庵を建てて住した．10年後，神秀は数人の弟子を受け入れるようになったが，この弟子たちを教え始めるや否や神秀の評判は広まり，多くの者たちが神秀の指導のもとで修行するために集まった．興味深いことに，神秀のもとで学んだ者たちの中には，後に神秀の道を漸進主義と非難し，いわゆる南宗の*「頓悟」の立場を取って神秀の*「漸悟」の道を捨てるべきであるとした*神会（684-758）がいた．神秀の名声はついに宮廷にまで届いた．宮廷では，帝位を簒奪して自らの名で統治を敷いていた則天武后が，自らの正統性を支えるために仏教と高名な僧侶を利用していた．神秀は90歳を優に超えていた700年に洛陽の宮廷に招かれた．神秀が到着すると，則天武后は，あらゆる慣例を破り，神秀に対して平伏した．則天武后とその後継者たちは，*国師の称号をもってこの師僧を敬い，神秀が自らの寺に帰ることを望んだにもかかわらず宮廷に留め置いた．神秀は，ついに706年に没したが，すでに100歳を超えていた．神秀は国葬により埋葬され，唐代の正史の中でその生涯について記録されたわずか3人の仏教僧のうちの一人となった．神秀に押し付けられた望まぬ名声にもかかわらず，またはおそらくその名声が原因で，その死後に一部の人々の間で彼に対する嫉妬や憎悪が増したのである．732年，かつての弟子であった神会は，宮廷生活に身を売って禅の真義を捨てたと非難し，漸悟の修行を頓悟の修行に替えることを主張した．*南北宗論の結果として頓悟の理論がついに標準となるに及び，そのような悪評が定着し，神会の非難もしだいに激しさを失った．

しかし，神秀の教えと行いの実際の内容は，批判者たちの論書から現れてくる風刺的な像とは異なるものである．神秀が文典の研究を否定しなかったのは事実であるし，このために，そのような追究を拒否して「教外別伝」を自称した後代の禅の伝統は，神秀の目には不完全なものであっただろう．神秀は，師の弘忍から『楞伽経』を重視する姿勢を受け継ぎ，また*『大方広仏華厳経』に対して長い注釈を著したことで知られる．しかし実際には，批判は的を射ていない．すなわち，神秀は自らを禅の一派の祖であるとは決して考えておらず，そのため後代の論争に関しては知りえなかったのである．神秀は円熟した仏教僧であり，禅定と学問を究め，公正なる精神をもって多くの文典から学ぼうとしていたのである．近代の研究者たちは，神秀と*天台思想および*華厳思想との関係や，彼がそれらから受けた影響に注目している．さらに，神秀の修行は，厳格に漸進的な方法であると簡単に結論することができない．実は，神秀とその弟子たちは，修行者の能力や以前の経験にもとづいて，頓悟の方法と漸悟の方法のどちらをも勧めているのである．これらの理由から，神秀の本当の業績や中国における仏教の歴史への貢献は，古い争いに起因する論争によって何世紀にもわたっておおい隠されていたのであり，20世紀になって初めて研究者たちがより公平な見方を復元し始めたということになる．

心所 しんじょ caitasika, caitta (Skt.；Pāli, cetasika)

仏教の心識論で用いられる語で，派生的な心的状態や，心の諸機能を指す．チャイッタはチャイタシカの後代の語とされ，サンスクリット語注釈文献にはいずれの語も見受けられる．心所は経に由来し項目ごとにさまざまであるが，*阿毘達磨の種々の体系内で見いだされる．*ヴァスバンドゥの*『阿毘達磨倶舎論』で見受けられる心所の各項目は，インドやその他の地域における多くの仏教徒によって標準的なものとみなされ，以下のものがあげられる．(1) 5種の一般的機能：触感 (*触)，注意力 (マナシカーラ, manasikāra)，感受 (*受)，観念化 (*想)，意志 (*思)．(2) 5種の偶発的機能：衝動 (*欲，チャンダ)，関心 (信解)，想起 (*念)，精神統一 (*三昧)，直観 (*智慧)．(3) 11種の健全な機能：信頼 (信)，品行方正 (フリー，hrī)，礼節 (アパトラパー，apatrapā)，無執着 (*アローバ)，無瞋恚 (*無瞋)，非迷乱 (*無痴)，努力 (*精進)，明晰 (プラシュラブディ，praśrabdhi)，注意深さ (*不放逸)，平静 (*捨)，非暴力 (アヴィヒンサー，avihiṃsā)．(4) 6種の根源的な否定的機能 (煩悩)：欲望 (*貪)，嫌悪 (プラティガ，pratigha)，愚昧 (*無明)，傲慢 (*慢)，疑惑 (*疑)，頑迷 (*見)．(5) 20種の副次的な否定的要因 (ウパクレーシャ，upakleśa)：怒り (クローダ，krodha)，敵愾心 (ウパナーハ, upanāha)，欺瞞 (ムラクシャ，mrakṣa)，敵意 (プラダーシャ，pradāśa)，嫉妬 (イールシュヤー，īrṣyā)，物惜しみ (マーツャリヤ，mātsarya)，偽善 (マーヤー，māyā)，不誠実 (シャーティヤ，śāṭhya)，悪意 (ヴィヒンサー，vihiṃsā)，高慢 (マダ，mada)，軽侮 (アーフリーキヤ，āhrīkya)，無作法 (アナパトラープヤ，anapatrāpya)，軽躁 (アウッダティヤ，auddhatya)，無頓着 (スティヤーナ, styāna)，不信 (アーシュッディヤ，āśraddhya)，不注意 (プラマーダ，pramāda)，怠惰 (カウシーディヤ，kauśīdya)，忘却 (ムシター・スムリティ，muṣitā smṛti)，散乱 (ヴィクシェーパ，vikṣepa)，妄想 (アサンプラジャニヤ，asaṃprajanya)．(6) 4種の不定的機能：後悔 (カウクリティヤ，kaukṛtya)，物憂さ (ミッダ，middha)，選別 (*尋)，推究的考察 (*伺)．

パーリ語チェータシカは初期阿毘達磨の用語で，心が種々の現象に出くわしてそれを処理する際に起こる心理現象を指す．上座部文献によれば，心所は52種とされる．学究的な仏教心識論における心所理論は，精神 (心) の様相機能に対する一般的な説明という文脈の中で，心のさまざまな状態とそれらの種々の機能を詳細に類別し説明しようと試みた結果である．この試みは，正典にもとづき人間の実体を五つのカテゴリー，すなわち「集合」(蘊) による分類の副産物であり，五つの各カテゴリーにおける精神の要素と機能をより精密に分類することを目的としている．各学派が，精神的性質の分類をさまざまなかたちで提示したが，どの学派も一般的に以下の三つのカテゴリーに分類する傾向にある．(1) 一般的な精神機能．例：認識，識別 (サンニャー，saññā)，感覚，感受 (受)，意志 (思)，推究的思考 (伺)，意識の集中 (エーカッガター，ekaggatā) など．(2) 健全ないし有徳なる性質．例：善意 (アドーサ，adosa)，無執着 (アローバ)，勤勉さ (アッパマーダ，appamāda)，信心 (サッダー，saddhā) など．(3) 不道徳なる性質ないし悪．例：嫌悪 (ドーサ，dosa，*瞋)，妬み (イッサー，issā)，傲慢 (慢) など．

心相続 しんそうぞく citta-santāna (Skt.)

字義どおりには「心の連続」．仏教では永遠の「自己」(*アートマン) が否定されているため，個人の人格の連続性を示す語として一般的に用いられる．

真諦 しんだい ⇨パラマールタ

神智学協会 しんちがくきょうかい Theosophical Society

1875年ロシアの神秘主義者*ヘレナ・ペトロヴナ・ブラヴァツキー (1831-1891) と，初代会長となった米国の超能力捜査官*ヘンリー・スティール・オルコット (1832-1907) がニューヨークに創設した組織．比較宗教学の研究を通じて，同協会はあらゆる宗教の核を成すと考えていた真理の解明に尽力した．同協会の主たる信条には，業や転生，アストラル体に対する信仰といったインドの教説が多く含まれ，そのことはブラヴァツキーの著書『ベールをとったイシス』(*Isis Unveiled*, 1877) や『秘密教義』(*The Secret Doctrine*, 1888) において表明されている．他にも多大な影響を与えた人物としては，アニー・ベサントやC. W. レッドベターがあげられる．同協会の主要メンバーはインドや他のアジア諸地域を訪れて神秘主義的な教義を研究し，オカルト現象を探究した．ある程度は仏教の見解が表れているが，神智学がインドから受けた影響は主としてヒンドゥー教に由来している．

神通[1] じんづう abhijñā (Skt.；Pāli, abhiññā)

超常的な知，または超自然的な知覚．ふつう，*三昧すなわち瞑想における忘我状態の力の強化を通じて得られるとされる．何でも見える，何でも聞こえる，他人の心がわかる，奇跡を起こす，前世を知っている，*漏が止まることを知っている，という六つのものが認められている．

神通[2] じんづう ṛddhi (Skt.；Pāli, iddhi)

第四禅の瞑想を通じて得られると信じられていた，超能力の一群．パーリ語の資料によると，これらは，6種の高次元の知識（アビッニャー，abhiññā, Skt., アビジュニャー，abhijñā）の一つから生まれるもので，8種あると述べられている．8種とは，(1) 自分自身の写像を映し出す，(2) 不可視になる，(3) 固形の物体を通り抜ける，(4) 固形の地面の中に沈む，(5) 水の上を歩む，(6) 飛ぶ，(7) 手で太陽と月に触れる，(8) *梵天の世界に昇るである．ブッダとその多くの弟子たちは，仏教徒でない多くの行者たちと同じように，このような力をもっていたといわれる．しかし，このような力を用いることはブッダに嫌われており，在家の民衆の前でこのような力をみせることをブッダは禁じた．これに対して大乗仏教は少し違った態度を示しており，菩薩により示される超能力は，人々を仏教徒とするための正当な手段である，とみなした．

神道 しんとう Shintō

日本の土着宗教．宗教的神話および部族や村落共同体で行われていた土着的儀礼が文化的に混合し，やがて神と呼ばれる守護神を中心に据えるようになった信仰であり，体系性や統一性は希薄である．神は名前と伝記や言い伝えを伴う神性をもつ存在と考えられる．たとえば太陽女神の天照の場合は自然の力の人格化，もしくは，滝や石，山，大きな古木のような畏怖の念を抱かせる自然物に生命を吹き込む精霊として人格化された．

その後日本で大和王朝が全土を統治するための正統性を主張する歴史書が編纂され，官寺や部族たちは部族的利害や地域的利害を超越した神を讃え，願いをかけるようになり，皇室の国家的な儀礼が神道の行事に付加された．6世紀に大和朝廷は権力の強化を推し進めたが，この時期に仏教が伝来した．その後外国の宗教と日本の宗教をいかに関連づけるか，仏・菩薩と神とをどのように関係づけるかという問題についてさまざまな考えが出され，また意思決定が行われた．7世紀の末に*神仏習合の動きが起こり，神は新しい宗教の守護者であるという見方や，神は十分に力があり，ある種の願いには応えられるもののやはり輪廻の*苦にさいなまれている存在であり，仏教を必要としているという意見が主張された．最終的に*本地垂迹説が唱えられ，神と仏・菩薩は同一であり，その本源的・普遍的な存在が特殊・地域的に神として顕現していると主張した．これらの理論は神道と仏教が結合した神宮寺の設立の道を開いた．神宮寺では神道は一般的に従属的立場ではあったが，神職と仏教の僧侶が互いに近くにいて協働していた．

仏教は神道家たちに哲学的な思考を促した．たとえば15世紀に卜部兼倶（1435–1511）により創始された吉田神道は，神道の神は宇宙と仏や菩薩を含む宇宙のなかのすべての事象を創造したという宇宙論を展開した．後に江戸時代（1603～1868）の神道思想家たちは仏教と拮抗する洗練された哲学体系を整えるため，中国の新しい儒学（→儒教）を援用した．

神道はまた皇室が政治に復権する運動の団結目標になった．天照は国家の神であり，大和部族の守護者であるのに対し，支配者である将軍は統治面で仏教寺院を駆使していた．このような状況の中では神道と天皇，仏教と将軍という構図を容易に描くことができた．1868年に明治天皇が権力の座に就く（→明治維新）と神道と仏教の結合を切り離す政策（この分離を日本語で*神仏分離という）を宣言した．これにより神道と仏教の習合は終焉を迎えた．しかし1800年代の初頭以降日本に数多くの新宗教が出現し，その多くは表面上仏教もしくは神道に基礎をおくものの，事実上それらはこの両者の要素を混淆させ新たに合成している．

陳那 じんな ⇨ディグナーガ

真如 しんにょ tathatā（Skt.）
「そのようであること」の意．ものごとの真実のあり方，正確なあり方を指す．とくに大乗では，概念的構想（*分別）の領域を超えた，現実の本質的なあり方と諸現象の正しい存在の仕方を意味して用いられる．真如は絶対原理を指す多くの名称の一つであり，*空性，*タットヴァ，*実際などはこれの同義語である．

真人 しんにん chen jen（Chin.）
文字どおり「真実の人」を意味する言葉で，元来は達成した賢人や魔術師に用いられる道教の言葉である．中国仏教はサンスクリット語の*阿羅漢の翻訳語としてその言葉を適用し，時折ブッダを言及する際にも使われた．

シンピュ shinpyu（Burm.）
「*一時的な出家」を意味するビルマの言葉．

神仏習合 しんぶつしゅうごう shinbutsu shūgō（Jpn.）
神道の神と仏が同体であることを意味する．仏教の日本化の動きの一つであり，7世紀末以降の文献に記述されている．日本土着の神と新たに輸入された仏教の仏や菩薩を関係づけるべくさまざまな仕組みが考えられた．基本的に次のような3種の関係づけが唱えられた．第一に，神々は苦しんでいる衆生であり，一般の衆生と同様に仏教の教えと修行を必要としているという考え．第二に，神々は新しい宗教の守護者としての役割を担うというもの．第三に，*本地垂迹（本来の仏・菩薩が仮りの姿で現れる）と呼ばれる説で，神々は仏や菩薩が日本に仮りの姿をとって現れているという考え方である．たとえば天皇家の保護者である太陽女神の天照大神は，太陽仏である*毘盧遮那仏と同一視されるようになる．実際にはこれらのすべての理論は仏教と神道が結合した神宮寺の発展を促した．

神仏分離 しんぶつぶんり shinbutsu bunri（Jpn.）
神と仏の分離という意味．1868年明治天皇の即位（→明治維新）後に正式に政策として実施された運動の名称である．明治政府は政治，宗教，文化の領域における仏教の影響を限定しようとして仏教と神道を思想的，制度的に分離するべきであると定めた．これにより*本地垂迹思想（仏と神は同一の存在であるが別の現れ方をしているという考え）や神宮寺（神社と寺の複合組織）は終焉を迎えた．→日本の仏教

神変 じんぺん pāṭihāriya（Pāli）
「奇跡」の意．神通，驚異．とくに，感銘を与えて新しい信徒を得るために起こされるものを指す．パーリ正典においては，ブッダには三つのそのような神通力が備わっているとされる．その三つとは，(1) 超能力を示す神通（イッディ，iddhi），(2) 心を読む神通（アーデーサナー，ādesanā），(3) 教える神通（アヌサーサニー，anusāsanī）である．このうち，前の二つは，衆生のだまされやすさを利用するものであり，また仏教徒ではない行者たちも示すことができるとして，ブッダが批判するものであった．反対に3番目のものは，自己顕示欲の表れではなく，ダルマを教える手段であるとして，ブッダに認められるものであった．→神通（リッディ）

ジンメ・パニャーサ Zimmè Paññāsa（Burm.）
「50のチェンマイ」という意味のビルマ語．→『パンニャーサ・ジャータカ』

親鸞　しんらん　Shinran（1173-1262）

日本仏教の宗派のなかで最大である*浄土真宗（真実の浄土宗）の開祖．親鸞は下級の廷臣の子として生まれた．親鸞の家族は祖父の落ち度によって朝廷の覚えが悪く，親鸞が廷臣として成功する可能性は乏しかった．その他の理由もあり親鸞は9歳で出家した．*得度してまもなく比叡山に登り堂僧として常行三昧，すなわち90日間参籠し間断なく念仏を唱えながら*阿弥陀仏の姿を思い浮かべるという修行に取り組んだ．親鸞はこの行を29歳まで続け，その後比叡山を下り1201年に*法然の運動に加わり，1207年に二人が都からそれぞれ別の地に遠流されるまで行動をともにした．その後この二人は互いに会うことはなかったが，親鸞は終世自分を単に師の教えの伝達者であり何ら新たな変革を加えていないと言い続けた．遠流は親鸞の教えの形成に決定的な影響を与えた．その頃親鸞は35歳であったが，9歳以後は僧侶よりほかの生活を知ることはなかった．還俗して僧侶に課せられた規制や義務から解き放たれたが，在家の生活を選択することはなく，僧でもなく俗人でもない非僧非俗と呼ぶ状態を好んだ．この時期に彼は妻帯したが，これは親鸞の運動に先々重大な帰結をもたらした．親鸞が興した宗派は創始者に遡る血統に権威を集中させている唯一の宗派である．

親鸞は1211年に赦免され1214年に東国に移り住み，そこで主要な宗教上の経験を積んだ．彼は衆生のために浄土三部経を千回唱えるという誓約をした．しかしその4，5日後この誓約を反故にした．*苦のさなかにある衆生に対し自分に何かなすことがあると考えることがいかに傲慢なことかと思い当り衝撃を受けた．念仏の一度の口称が信実になされるならばそれで十分であると考えたのである．東国に暮らしながら自らの思想をより体系化するべく，1224年に主要な著作である『教行信証』を書き終えた．この書の大部分は既往の仏教文献の記述を要約し論題別に整理したもので，時々親鸞自身の注釈や考え方が付加されている．親鸞はその後30年かけてこの書に書き足しや書き改めをするためにつねに筆を加えた．新たな確信を得た親鸞は大衆の中に入り込み*『観無量寿経』に説かれている浄土往生のための三心，すなわち至誠心，深心，廻向発願心を説き，念仏を称えながら人々に対し救われるために阿弥陀仏を信仰すべきだと教えた．親鸞はそれぞれの土地の人家で講会を開き教えを広めた．これは念仏道場，あるいは念仏講として知られている．親鸞は正式に弟子をもつことはなく，他の信者たちと共有できない特殊な知識や特権を主張したことはない．通常弟子から師に与えられる伝統的な栄誉を拒絶することにより，親鸞は東アジア仏教史上最も平等主義的運動の一つをつくりあげた．しかし結果的にこの組織のあり方は，とくに親鸞が東国を去り京都に戻ったときに逆風となった．それぞれの講会は自律的であり統御する中央の権威や基準が欠如していたので，運動の統一性を保つためには親鸞個人の人格を必要とした．親鸞はすでに講会のある東国を遠く離れているので地方の指導者の一部が権威主義的になったり，資金を浪費したり，独自の教義を広めたり，阿弥陀仏の慈悲があるので通俗的な道徳は不要であると信じ込む（他の宗教では「免罪される悪」という）という陥りやすい思い違いの罠にはまるなどの問題が生じた．親鸞は手紙や小論を書いてこのような弊害や誤解を嘆いた．これらはのちに*『歎異抄』としてまとめられている．親鸞の人生で最も苦痛に満ちた経験の一つに自分の息子の善鸞を勘当せざるをえなかったことがあげられる．善鸞は紛争解決のため東国に派遣されたが，そこで親鸞が自分に秘密の教義を与えたと公言し，親鸞がかつて拒絶したような自らを師匠とする師弟関係を信者との間につくりあげようとした．多くの手紙のやり取りののち，さまざまな誤解に決着をつけるために善鸞を勘当するという思い切った措置が必要であることが明白となった．その後親鸞は90歳で没した．

ス

随形好 ずいぎょうこう anuvyañjana (Skt.)

偉大な人物(*マハープルシャ)が有する,主要でない副次的な性質. 好ともいう. 全部で80あるといわれる. これには身体的な長所や美質が含まれており,たとえば,完全に均整の取れた四肢,優雅な歩み,音楽のような声音,手のひらと足裏のめでたい相などである. これらの完全な列挙が数種類,個々の特性やその順番の相違がありながらも,現存している. 偉大な人物の32の主要な性質については,*三十二相を参照.

随信行 ずいしんぎょう śraddhā-anusārin (Skt.; Pāli, saddhā-anusārin)

「信仰に随従する者」の意. 初期仏教の教えでは,*聖道に入ってその成果を享受するには,さまざまな方法があるとされている. 随信行は,人それぞれの資質に応じて聖道に入る7種の*聖人の最初に数えられている. これは信仰(信)の資質によって聖道に入るという点において他と区別され,ダルマの理性的な理解によって道に入る*随法行とは対照的である. 7種の聖人の列挙については*聖人の項を参照.

随念 ずいねん anussati (Pāli)

瞑想においてとくに重視すべき6または10項目. アヌッサティともいう. これらのことがらについて心を集中させることにより,三つの*不善根を消滅できる. 10項目とは,(1)ブッダ,(2) ダルマ,(3) 僧伽,(4) *戒,(5) *布施,(6) *天(デーヴァ),(7) 死,(8) 身体,(9) 呼吸,(10) 寂静.

随法行 ずいほうぎょう dharma-anusārin (Skt.; Pāli, dhamma-anusārin)

「ダルマに随従する者」の意. 初期仏教の教えでは,人は種々の仕方で*菩提への道に入り,その結果を得るとされていた. *聖人は,それぞれの資質に応じた仕方で*聖道へと入る. それらの聖人には7種が数えられるが,そのうちの第5番目が随法行である. 随法行は,その聖人が教義の理性的な把握によって聖道に入るという点で他の種の聖人と区別される. これは*随信行と対照的であり,後者は信仰にもとづいて聖人となる. 7種の聖人については,*聖人の項を参照.

随眠 ずいめん anuśaya (Skt.; Pāli, anusaya)

「流出」の意. 心の中で休眠している,潜在的な悪しき傾向. 初期の仏教の心理学においては,7種が認められている. パーリ正典においては,以下の7種が知られる. (1) 欲求(カーマ・ラーガ, kāma-rāga),(2) 憎悪(パティガ, paṭigha),(3) 憶測(ディッティ, diṭṭhi),(4) 疑惑(ヴィチキッチャー, vicikicchā),(5) 慢心(マーナ, māna),(6) 存在への渇望(バヴァ・ラーガ, bhava-rāga),(7) 無知(アヴィッジャー, avijjā)である. これらの要素は,休眠しながらも,それぞれ対応するところの,精神と感情の動揺の前兆となる可視的な行為(パリウッターナ, paryuṭṭhāna)へ向かう傾向を生む諸状態である. 潜在的なこれらが根絶されるまでは,有害な性向が個人的特性として内在し続ける. 仏教の心理学によれば,これらの性向は次の生涯にもち越され,新生児にさえも存在しているとされる. 悟り(菩提)への道の中で,これらは決まった順序で根絶され,最後の二つが消滅したときに阿羅漢たることを得るのである. →阿羅漢

随聞 ずいもん anuśrava (Skt.; Pāli, anussava)

「伝説」,「伝承」の意. 口頭の言語で伝承されてきた教え. 師事する師の系譜を通して伝えられるのが典型的である. この用語は,仏教徒の間でもバラモンの間でも用いられるが,婆羅門のものは,伝統の権威に対する隷従的固執と,自ら考えることの忌避という点で,ブッダにしばしば批判された.

スヴァスティカ svastika (Skt.)

太陽に由来し,幸運を意味するとされる古く

からある記号．卍ともいう．その起源は新石器時代に遡ると考えられ，世界各地で同じ記号が用いられている．インドでの名前「スヴァスティカ」は，幸運や成功を意味するサンスクリット語の sv-asti に由来する．各先端が直角に折れた十字として描かれる．図像や建造物に吉祥のしるしとして描かれ，ブッダや*ジナの図像の胸，掌，足裏にもしばしば見られる．また，ブッダを人の姿で表現しない最初期の仏教美術においても用いられている．

スヴァヤンブーナート Swayambhunath

ネパールのカトマンドゥ近くに位置する，大きな仏教寺院と*ストゥーパ．

スヴァンナブーミ Suvaṇṇabhūmi

国名．*パガン周辺の低地ビルマ地域，ベンガル地方の一地域，タイの一部，スマトラ島の一部など，さまざまな地域と同定される．最も可能性が高いのは，アラカン山脈地方から現在のマレー半島にかけての，*モン族が居住する海岸地域である．第三結集（パータリプトラ会議（第2回））の後の時代に，長老のソーナとウッタラがこの地方を訪れ，仏教を布教した．

崇遠 すうおん Ch'ung-yüan

中国の*北宗の禅僧で，生没年は不明．滑台の無遮会で神会の敵対者としてのみ記憶されている．*南北宗論で激突し，神会は*慧能の*南宗が大乗や法やその驚くべき力におけるボーディダルマの正式な後継者であると主張した．

スーカラ・マッダヴァ sūkara-maddava (Pāli)

*『大般涅槃経』に記されている，ブッダが死去する少し前にブッダに供された料理の名前．「柔らかい豚肉」．しかし，この料理が肉料理であるという見解は，ブッダが菜食であったと主張する多くの大乗仏教の信者たちに否定されてきた．また，かなり古い文献の書き手たちの一部も（彼ら自身は菜食ではなかった可能性が高い），とくにパーリ語で豚肉は sūkara-maddava（スーカラ・マッダヴァ）ではなく sūkara-maṃsa（スーカラ・マンサ）と表現するのが自然であるから，これが肉料理であることを否定しているように考えられる．ゆえに，この料理は，特定の豚肉の料理か，豚が食べていた食べ物の一種などの，豚に関係する何かであった可能性もあるかもしれない．また，ホットドッグが犬の肉を含まないのと同じように，料理の中身にはほとんどまったく関係のない名称であることも考えられる．→食事制限

鈴木俊隆 すずきしゅんりゅう Suzuki Shunryū (1905-1971)

日本の*曹洞宗の禅僧で 1958 年に渡米した．最初は短期滞在を予定していたがサンフランシスコ地域に永住を決意し，後に米国禅の成熟に大きな力を発揮する禅センターを設立した．鈴木は『禅マインド　ビギナーズ・マインド』という本にまとめられている教えのなかで，すべての人に固有の仏性を顕す手段としての日常生活の重要性を指摘しているが，目標としての*悟りについては強調することも言及することもしていない．

鈴木正三 すずきしょうさん Suzuki Shōsan (1579-1655)

日本の歴史のなかの*戦国時代の雰囲気の中で育まれた禅師であり，そのため戦闘的な色彩の濃い禅とみなされてきた．武家に生まれ，日本の軍事的支配者の一人徳川家康（1542-1616）の軍勢に郎党として仕えた．多くの戦闘に加わりながら禅寺を訪ね，禅師たちと語り合いをした．議論の中で正三は物事の真髄に直接的に迫るという才能を示した．軍隊活動のかたわら儒教に対する仏教の優位を主張する小冊子を書いた．1620 年に私度し仏教を学ぶべく大愚宗築を訪れた．宗築は，正三は仏教の師としてすでに有名であり新たに法名をもつ必要はないと伝えたので，俗名のままで通すことにした．奈良の律師のもとで正式に*得度し沙弥として仏教の教義を学んだ．その後仏教を広めることに力を注ぎ，国を悪業から救うために罪人の家族の女性を処刑する慣行をやめるようにと大胆にも幕府に請願した．正三は活発化するイエズス会の布教活動に対抗するため宗派のない（宗派を超えた）国に忠誠を誓う仏教を求めた．このた

め彼は『破吉利支丹』という書を著した．正三が考えた仏教は万人向けであり，出家・在家双方の人々の生き方に合致していた．彼は精力的に職分を果たすことの重要性を説き，弟子たちには精神集中のためにつねに死の覚悟をもち，仁王（二人の恐ろしい表情をもつ守護者で寺院の主要な門に安置される）を模範とするよう勧めた．

鈴木大拙 すずきだいせつ Suzuki, D. T. (1870-1966)

大拙（「だいぜつ」と発音されることもある）鈴木貞太郎は日本の禅仏教の研究者で，20世紀前半にヨーロッパ，米国に禅を紹介した．金沢に生まれ，6歳のときに父を失い，母は窮迫する生活の中で貞太郎を育てた．21歳のとき東京専門学校に入学したが，すぐにそこを去り*円覚寺の今北洪川の下に参禅した．今北が没したため後住の釈宗演（1859-1919）について引き続き学び，5年間の修行を経て1895年に悟りを体験したといわれている．22歳のとき，友人である京都学派の哲学者となった*西田幾多郎（1870-1945）の勧めで東京帝国大学選科に入学した．明治30年にシカゴのオープン・コート出版の編集者ポール・ケーラスと知り合い，ケーラスとともに渡米し同氏の家の地下室で11年間暮らし，英語力を磨いて多くの東アジアの宗教書の翻訳に取り組んだ．41歳のとき，ビアトリス・レーンと結婚した．その間大学で教鞭を取り，東京の学習院の英語の教授を経て1919年に京都の大谷大学で仏教学の教授に就任した．この時期から英語および日本語で禅や*浄土思想に関する多くの著作を発表し始めるとともに，英語誌『イースタン・ブディスト』(*Eastern Buddhist*) を刊行した．著作の中で大拙は一貫して禅思想（友人の西田幾多郎の著作の影響を受けている）や禅と日本文化の相互の影響に関心を抱き続けた．経典研究など他の分野にも手を伸ばし，*『楞伽経』やその他の古典文献の翻訳や研究書を著した．

日本において研究者として成功をおさめたが，第二次世界大戦後二つの点で批判を受けている．第一に日本文化における仏教という場合に視野が限定されてしまい，仏教と日本的霊性の相互作用という論点からはとくに*日蓮宗が抜け落ちているという指摘である．第二には大拙は少なくとも暗黙のうちに日本の軍国主義を擁護した戦前戦中の著作の一部を撤回しているが，多くの若者たちはこれらの書物を読んで戦争に駆り立てられたのである．この点について彼が以前の著作を否定したり，あるいは日本の敗北を予見していたが正直に書いた場合の発禁処分を恐れたのだという弁解は，若者たちを落胆させ反発を招いた．このような批判を知らない英語圏の国々では彼の影響力に変化はない．大拙の英語の流暢さや理論的な言葉で禅の悟りを語る熱意，また禅の伝統についての広範で深い知識によって，西洋人が禅を学ぶ上で彼はその主要な伝達手段となった．大拙は釈宗演が米国を訪れた際に通訳を務めたり，ライダーから出版された3巻からなる『エッセイズ・イン・ゼン・ブディズム』(*Essays in Zen Buddhism*)（禅論文集）は英国で彼の名声を不動のものにしている．英国や米国のメディアにも登場し『ニューヨーカー』，『ヴォーグ』で人物紹介され，トーマス・マートン，*トラバーズ・クリスマス・ハンフリーズ，*アラン・ワッツなど多くの人々が彼との接触を求めた．コロンビア大学で1957年の定年まで教鞭を取り続けた．大拙は長寿で（95歳で逝去）多くの書（100冊を超えその多くは一般読者向けで読みやすい）を著し，禅を西洋に広めるうえで主要な役割を果たした．

数息観 すそくかん ānāpāna-sati (Pāli)

「呼吸に対する留意」の意．アーナーパーナ・サティ，「しゅそくかん」ともいう．禅定，もしくはトランスを得るための最も古く，基本的な瞑想の方法．この方法は単に息の吸い込みと吐き出しの際に，呼吸の持続と動作に注意を払うことを意味する．これは，心の集中のための四つの基盤（*念住）を確立するための準備運動である．

頭陀支 ずだし dhutanga (Pāli)

もし比丘が（比丘尼を除く）望むならば実践してもよい13の厳格で自発的な行いのこと．ドゥタンガともいう．一度に一つを選んで実践するようだが，これらの行いは律の規定には含まれておらず，時にいきすぎた*苦行であると非難される．それら13項目は以下のとおり．(1) つぎはぎだらけの服を着る．(2) 3枚の同じ服だけを着る．(3) 施し物のみを食べる．(4) 托鉢の際にすべての家を回る．(5) 1日に1回の食事しかしない．(6)鉢からしか食べない．(7) それ以上のどんな食べ物も食べない．(8) 森に住む．(9)木の下に住む．(10)戸外に住む．(11) 墓地に住む．(12)どんな住居にも満足する．(13) 座った体勢で眠る．

スッダーヴァーサ　suddhāvāsa（Pāli）
「清浄な住処」の意．*色界の一番上に位置する五つの天の総称．*不還の者はここに生まれ，*阿羅漢たることを得る．

『スッタニパータ』　*Sutta-nipāta*
パーリ正典のうち，経蔵に属する*小部の中で，5番目の書．おもに韻文であり，数多くの資料から編集されたことが明らかである．ウラガ（Uraga），チューラ（Cūla），マハー（Mahā），アッタカ（Aṭṭhaka），パーラーヤナ（Pārāyaṇa）という5部に分けられている．この書に収められた詩文のいくつかは，正典の他の書の中にも見出だされるが，このことは，そのような詩文が，この文献に収められる以前にもともと広く知られながら別個に存在していたものであった可能性が高いことを示している．*『パラマッタジョーティカー』の一部は，『スッタニパータ』に対しての，*ブッダゴーシャによって編まれた注釈となっている．

スティラマティ　Sthiramati
6世紀のインドの学僧．安慧ともいう．今日のグジャラート州に位置する*ヴァラビーをおもな拠点として活動したが，*ナーランダーにもある程度の期間滞在していたと考えられている．*ヴァスバンドゥらによる*瑜伽行派や*阿毘達磨の著作に多数の詳しい注釈を著した功績でよく知られている．*『宝積経』*迦葉品の注釈も残している．

ストゥーパ　stūpa（Skt.；Pāli, thūpa）
宗教的建造物の一種．先史時代の墳丘墓が，*サーンチーの初期インド風ストゥーパに見られるようなドーム状の構造に変化したものとされる．その後，このドーム状構造に尖塔が加えられ，最終的には東アジア一帯で見られる*パゴダのような塔状の建造物になった．ストゥーパは当初，ブッダをはじめとする悟りを得た者たちを追悼するために建造された．これはブッダ自身が*『大般涅槃経』で認めている行為である．彼はそこで，自らの遺骨（*仏舎利）の上にストゥーパを建立するようにという指示を遺している．ストゥーパには遺骨のほか，書物などの他の遺物も収められた．ストゥーパの小型の模型は，しばしば遺物を収める容器として使用される．

スバーカラシンハ　Śubhākarasiṃha（637-735）
インドの学僧．善無畏ともいう．オリッサの王家に生まれ，13歳で王位を相続したが，兄弟が継承に関して反乱を起こして王位を放棄した．後に，*ナーランダーで僧侶となり師匠であるダルマグプタの要請で中国へ旅立ち，716年に到着した．彼は一行と協同で翻訳した*『大日経』や他の重要な経典である*『蘇悉地経』や*『蘇婆呼童子請問経』を通して中国における初期タントラ仏教の普及に貢献した．彼もまた日本の*真言宗の祖の一人に数えられている．

スブーティ　Subhūti
*阿羅漢の名．須菩提ともいう．初期の文献ではあまり重要視されておらず，アラナ・ヴィハーリン（araṇa-vihārin）とよばれる僻地に住む仏弟子たちの長と記されている．しかし，大乗仏教では彼は重要な役割を与えられる．多くの大乗経典，とくに初期の*智慧波羅蜜思想の典籍で，彼は宗教問答における主要な発言者として登場する．それらの典籍では，彼は*空性の教義の深い理解をもって初期の仏弟子たちを論駁する，智慧に長けた*菩薩として描かれている．

『スマンガラヴィラーシニー』
Sumaṅgalavilāsinī
「善き幸運の輝き」の意．パーリ正典の*長部に対する，*ブッダゴーシャの注釈の題名．

スメーダ Sumedha
*ディーパンカラの時代，過去世のブッダが*菩薩として修行していたときに呼ばれていた名．この過去世において初めてブッダは悟りを得ようと決意し，宗教的活動を開始した．*ジャータカの伝説によれば，ディーパンカラはスメーダの未来を見て，彼が後の世において*シッダールタ・ガウタマとして悟りを得ることを予言したという．

スメール ⇨メール

スラック・シワラック Sivaraksa, Sulak (1933-)
タイの活動家で，*ティク・ナット・ハンらとともに*社会参加仏教を牽引する人物．シクラックの君主制の政策に対する批判的な見解は，しばしばタイの権力者との闘争を引き起こし，1984年に逮捕されたが，後に大衆のキャンペーンによって釈放された．彼は，世界平和の実現や環境保護，とくに発展途上国における経済搾取の解決といった目標を支援している．彼は，これらの解決が，仏教僧団の社会的・政治的構造にモデルをおいたより簡素な生活様式に戻ることによってなされると信じている．これらの目的をさらに進めるために，1989年に*仏教者国際連帯会議（INEB）を設立した．

スリランカの仏教 Sri Lanka
インドの南端の沖にある，パーリ語の文献においては「赤銅色の葉の島」（*タンバパンニ・ディーパ）として知られる島に建国された近代国家．インドの外側で仏教を受け入れた，最初の地域である．仏教は，*アショーカ王の息子であった比丘の*マヒンダによって，前240年頃にこの島に伝えられた．*マハーヴィハーラとして知られる精舎が，首都*アヌラーダプラの近郊に建設され，そこから島全体に仏教が広まっていった．同時に，比丘尼の教団が，マヒンダの妹であった比丘尼の*サンガミッターによって創立された．サンガミッターは，菩提樹の一片を持ってきており，それはマハーヴィハーラに植えられた．古代のこの島の政情は不安定であり，インドからはタミル人の侵攻がしばしば繰り返されて，島の歴史を区切った．仏教の教えが失われることを危惧して，*ヴァッタガーマニ王（在位前29-17）の治世にはパーリ正典が文字化されて記録された．同じ頃，この王は*アバヤギリ精舎を建設したが，この精舎はマハーヴィハーラに比肩する存在となった．4世紀から5世紀頃，この島から，偉大な学者で注釈者である*ブッダゴーシャが登場した．*戒，定（*三昧），慧（*智慧）という八正道の3分類に従って*上座部の教えを体系化した，百科全書的な概説書の*『清浄道論』など，ブッダゴーシャは数多くの重要な文献の著者である．この当時には，大乗仏教の諸派も栄えたが，結局は上座部が優勢な伝統として再び権威を保持した．しかし，政治的な問題と教義上の論争という複合的な原因によって，僧伽は衰退していき，出家修行者の系譜は男女ともに絶えてしまった．現在のビルマにあたるモン族の領域から出家者が派遣され，比丘の系譜が回復されることとなった．近代初期にもさらなる政治的な動揺が起こり，島はポルトガル，オランダ，英国に立て続けに支配された．再び出家者の系譜は絶えてしまい，これを再開するためにタイから出家者が派遣された．1948年にスリランカは英国から独立したが，政治的な問題や，多数派のシンハラ人仏教徒（全住民の70％）と北部の少数派のタミル人住民との間の内戦に，悩み続けている．仏教の出家修行者が，論戦を聖戦になぞらえたり，差別的な憲法改正を喧伝したりして，対立を煽ることも時々あった．1959年にはこのような動きが極端に走り，当時首相であったS. W. R. D. バーンダーラナーヤカが，その政治的立場がタミル人にあまりに宥和的であると考える仏教の出家修行者に，暗殺されるに至った．現在，政治的な諸問題は，早期に解決する兆しをまったくみせていない．

スーレー・パヤー Sule Paya
ビルマのヤンゴンに位置する複合型*ストゥ

ーパ．90 m の高さがある黄金の*ゼディは，その八角形の壇が他の特徴的な要素で屋根がおおわれる前に円形へと変わらない点で独特である．伝説によると，2000 年以上前に建てられた．しかし，もとの建物はおそらく*モン族によって建てられ，現在の複合施設は何度にもわたる改築と修理の結果である．中央のストゥーパは，「聖なる髪の遺物が安置されたストゥーパ」という意味のモン語の名前「キャイク・アトク」からもわかるように，ブッダの髪が入っているといわれている．→仏舎利，ビルマの仏教

セ

誓願　せいがん　praṇidhāna（Skt.）

菩薩が，心的な歩みを始めるにあたり達成を誓う，大志や決意．自分が涅槃に入ってこの世を去る前に，すべての衆生を救済する，という誓いを含んでいる．

清虚大師　せいきょだいし　Sŏsan Taesa（1520-1604）

朝鮮の禅宗の比丘，休静を指す*李氏朝鮮時代の尊称．朝鮮史において歴史的に最も重要な人物の一人で，最初は朱子学（→儒教）のもとでこの時代の正当な教育を受けたが，結局は満足できずに各地の寺院を巡り歩いた．僧団に加わり悟りによって自身を認識し，禅宗の伝統内で学び，文定王后が彼を僧団の裁判官に任命するまでに至った．彼はすぐにその職を断り，巡歴の生活へと戻った．朝鮮の全僧侶らを指導し，仏教の教義における禅の実践のより高度な統一へ至るように努めた．彼は比丘と尼僧合わせて 70 以上の弟子と，1000 人以上の在家信者を残した．彼が禅の実践について書いた『三家亀鑑』は，今なお現在の修行者によって学ばれている．おもしろいことに，彼は創設し訓練した僧軍団でも知られ，その軍団は豊臣秀吉軍による朝鮮半島への侵略を追い返すのに役立った．

セイクリッド・ブックス・オブ・ザ・ブッディスツ　*Sacred Books of the Buddhists*

古い時代の重要な聖典を英訳した叢書．マックス・ミュラーにより始められ，リス・デヴィッツにより引き継がれた．

制多　せいた　caitya（Skt.；Pāli, cetiya）

「墳墓，墓碑」の意．支提ともいう．

1．*ストゥーパの別名．*仏舎利を欠くのが通例である．

2．集会場として用いられる仏教徒の聖域．

元来は*エローラーのような石窟を指していたが，信仰の中心地としてストゥーパに焦点が当てられた.

聖地巡礼　せいちじゅんれい　pilgrimage

宗教的な巡礼を行う慣習は，ブッダや聖者とかかわりのある場所および神聖なものに心を集中させるので，功徳を増す行いであるとされる.巡礼を行う者たちは，その結果として善い業を積むと信じられている.巡礼は，功徳を得るためや，祝福を願って，または誓願を達成するためなど，さまざまな理由によって行われる.パーリ正典の*『大般涅槃経』では，ブッダの誕生の地，悟り（菩提）の地，初転法輪の地，そして死去の地を訪れるにふさわしい場所とし，巡礼することをブッダ自身が勧めており，ブッダは巡礼することを是認している.さらにブッダは，自身の遺物を*ストゥーパに安置するように指示しており，ストゥーパに心からの敬意を捧げる者ならばだれでも，福利と幸福を永きにわたって得るであろうと述べている.それゆえに，仏舎利が安置されている場所やブッダの生涯と関係する場所は，最も重要な巡礼の中心地である.スリランカの*キャンディーにある仏歯，スリランカのシリパーダ山にある仏足石などが含まれる.また，*ボードガヤーのように，菩提樹の一片が大きく育ったと信じられている木のある場所も尊ばれている.中国では五山が広く知られた巡礼地であり，日本では，観音に捧げられた33の寺院がある西国三十三カ所や，空海（774-835）の生涯と関係する88の寺院がある四国のお遍路が，主要な巡礼の道となっている.

正典　せいてん　canon（Gk.）

「基準，規範」の意.宗教的な伝統のもとで特別な権威を有するテキストまたは書.正典の正統性という概念は主としてキリスト教に由来しているが，仏教では神意に発する文献ではなく，「ブッダの言葉」とみなされている著作群が正典として認められている．*上座部派は，史的ブッダが実際に話した言葉を意味するものとしてこの必須条件を解釈した.上座部における正典は*パーリ正典として知られているが，伝承によれば第一結集時に締めくくられたとされている（→ラージャグリハ会議）．しかし，実際にはこの正典群内の説法（経）の多くはブッダではなく，老弟子が発話したものであって，それ以外のものはブッダ以後のものであると認められている.それにもかかわらず，それらの説法はブッダの権威をもって語られたものであって，ブッダの教えを忠実に表しているとされるため正典に含められている.大乗仏教の諸学派ではこの信条が拡張され，これらの正典が依然として開かれたものとみなされている.さらに，仏意をくんだ教えの特徴を示すとされる後代の著作も正典に価するものと認められ，そういったテキストも経と称されている.これらの著作の多く（たとえば*『法華経』）では，天上の永遠の楽園で説法するブッダの姿が描かれている.正典とはみなされない注釈や論書は*論として知られている.チベット語の正典に関しては，*テンジュル，*カンジュルを参照.中国語の正典に関しては，*大正新脩大蔵経，*漢訳三蔵を参照.

西洋仏教教団の友　せいようぶっきょうきょうだんのとも
Friends of the Western Buddhist Order

西洋発祥の仏教集団.1967年に英国の仏教徒サンガラクシタによって設立された.彼はインドで20年近く過ごした後，1950年に僧となったが，その20年のうちのほとんどを*アンベードカル仏教徒の間で過ごした.この西洋仏教教団の友は原則として無宗派ではあるが，大乗の教説を強調する傾向にある．*得度の形態は，得度が認められた者に対して「ダルマの遵奉者」（ダルマチャリ，Dharmacari）の称号を授けることであると規定されている.この形態は従来の教団における得度とは合致せず，在家者と出家者という伝統的な区分の間にまたがっている.集団内では，瞑想や学習，道徳に関する伝統的な教説を遵守することに重きがおかれている.同集団は市街地で協同組織を経営し，そこではメンバーがさまざまな共同体を結成して居住・労働しているが，その支部は西洋の至るところ，そしてインドにもある.

セイロン Ceylon
現在のスリランカ国の所在地である島の名.

世友 せう ⇨ヴァスミトラ

世界仏教徒連盟 せかいぶっきょうとれんめい World Fellowship of Buddhists
仏教の教説を普及すること，および異なる伝統を和解させることを目的として，G. P. マララセーカラによって創設された組織．同連盟はバンコクに本拠地をおき，定期的に国際会議を開いているが，その最初の会議は1950年の創設にあわせて開催された．

隻手音声 せきしゅおんじょう one hand clapping
両手で叩けば音声が出るが，片手に何の音声があるかという禅の*公案の名．他の公案と異なり中国の禅家の語録に由来せず，日本の*白隠禅師（1685-1768）が考案した．彼が1752年に著した『藪柑子』に注釈とともに記載されている．

世間 せけん loka（Skt., Pāli）
「世界」の意．宇宙論的，心理学的の両方の意味における世界または宇宙．前者においては神々と人間の住む場所であり，後者においては感覚を通して知られ，あるいは経験されうるもののすべてである．一般に仏教は外界の存在論的なありようについての判断を留保する．初期仏教は，世界はおおよそわれわれが経験するようなものであるとみなしていたが，後代の学派には観念論に進むものもあった（→瑜伽行派）．しかし仏教では，世界の客観的なありようは，それに対して人がいかに反応するか，そしてその空虚性の中に人がとりこまれるかどうか，といったことほど重要視されない．ローカは三つの*界（ダートゥ）すなわち宇宙論的領域（*欲界などのような）を指すのにも用いられる．→宇宙論

施護 せご ⇨ダーナパーラ

施者 せしゃ dāyaka（Skt.）
寄進者，後援者．通常は在家の信者であり，定期的に施与を行ったり，地元の僧院共同体の出費を負担したりする．

世親 せしん ⇨ヴァスバンドゥ

世俗 せぞく laukika（Skt.）
悟りをひらいていない存在（*凡夫）の，世俗世界にかかわる活動あるいは実践．また解脱に資することがないとみなされるもの．

世俗諦 せぞくたい saṃvṛti-satya（Skt.）
相対的な真実．初期仏教および大乗仏教の一部においては認識論の用語として用いられており，心によって構想され，究極的な真実（*勝義諦）に投影された，世界の仮の姿を意味する．一方，*中観派をはじめとする他の大乗諸派においては，誤った，不完全なレベルの真実を意味する存在論の用語となった．この考えは，いま悟りを得ていない者には今後悟りに至る可能性がないということを含意するものと捉えられたので，解脱論上の問題を引き起こすこととなった．この問題に対しては，*瑜伽行派の*三性説や*如来蔵思想など，さまざまな解決策が示されている．→二諦

説一切有部 せついっさいうぶ Sarvāstivāda（Skt.；Pāli, Sabbatthivāda）
インド仏教の重要な部派の一つ．前3世紀中葉に*上座から分派して起こった．部派の名は「万物は存在すると説く部派」という意味であり，諸現象のあり方に関するその哲学的見解からつけられた．他の古い哲学思想と同様，説一切有部の存在論は多元論的かつ実在論的であったが，古代ギリシアのアトム論とは異なり，諸実在は「ダルマ」という個別的存在要素の集合として分析できると考えた．彼らの分類法によれば，ダルマには75種があり，そのうち72種は*有為，残り3種は*無為である．他の諸派と同じく，彼らも有為のダルマは瞬間的存在であるとしているが，その一方でそれらのダルマは過去および未来においても実在性を有すると主張する．この立場を説明するために4種の理論が提示されているが，そのうちの一つによれば，それら有為のダルマは無始の過去より存在し続

けており，単にそのあり方が潜在的な状態から顕在的な状態に移り変わるのみであるという．この説明に従えば，時間そのものも，諸々のダルマのあり方の移り変わりにすぎない（→ヴァスミトラ）．説一切有部は*パータリプトラの宗教会議で排除されたが（→パータリプトラ会議（第2回）），その後も伝統が絶えることはなく，*カシミールや*ガンダーラといったインド北西部ではとくに大きな影響力を有するようになり，インド亜大陸から仏教が消滅するまでそれらの地で存続した．この部派は独自の*正典を有しており，その大部分が今日に伝わっている．その中でもとくに『*大毘婆沙論』と*ヴァスバンドゥの『*阿毘達磨倶舎論』とがよく知られている．カシミールの支派は，前者の書名から「毘婆沙師」という名で知られるようになり，一方ガンダーラの支派は「*根本説一切有部」あるいは「*経量部」の名で知られるようになる．

説仮部 せつけぶ Prajñaptivāda

*大衆部から分派した，部派の一つ．実際の現実と，ふつうの衆生によって経験された現実のあり方とには，違いがある，と主張する．経験された現実は，言語や概念的な思考を通じて，誤った名称（プラジュニャプティ，prajñapti）を付与されていると信じられた．このような唯名論は後に大乗仏教，とくに*中観派に取り入れられ，二諦の理論を精緻に組み立てることとなる．

説出世部 せつしゅっせぶ lokottara-vāda (Skt.)

「出世間学派」の意．また「一つの発言の学派」（*一説部）としても知られ，*大衆部の一支流で，ブッダは真実には*出世間なる性質，全知，無限の力，永遠の生命をそなえていると説いた．また地上においてブッダがとった肉体的現れまたは行為は，いずれも単なるみせかけのもの，すなわち生き物を救うために演じられた幻影にすぎないという仮現論的教義をも説いた．この学派の文献は*『マハーヴァストゥ』と尼僧のための規則である『比丘尼律』を除いてほとんど現存しない．この学派のブッダ論の思想は，同様の大乗的概念の発展に影響したらしい．

摂心 せっしん sesshin (Jpn.)

日本の禅宗で修行にひたすら集中し専念する一定の期間をいう．

絶対の心 ぜったいのしん absolute mind

absolute mind は中国の*天台の用語である「一心」を英語に翻訳する場合の，一般的な訳語の一つ．より字義に近い形では，one mind と訳される．

雪竇重顕 せっちょうじゅうけん Hsüeh-tou Ch'ung-hsien (980-1052)

雲門宗（→五家）に属した，宋代の著名な禅僧．*『碧巌録』に100の短い詩をつけ，他にもいくつかの一群の詩を残した．

雪峯義存 せっぽうぎぞん Hsüeh-feng I-ts'un (822-908)

著名な唐代の禅師．傑出した禅師であった*徳山宣鑑（782-865）の弟子である．雪峯の法統には，禅の雲門宗の開祖とされる*雲門文偃（864-949）と，法眼宗の開祖とされる*法眼文益（885-958）がいる（→五家）．雪峯の「雪の峰」という名は，毎年早い時期に雪が降るため雪峯と呼ばれていた福州の象骨山に寺院を建立したことに由来している．その建立された寺院は，870年に建てられた当時は粗末な草葺きの庵であったが，雪峯の非凡な魅力と指導力により発展して大寺院となり，雪峯のもとには在家と出家の1500人を超える信者が集まったといわれている．

説話文学 せつわぶんがく setsuwa bungaku (Jpn.)

日本仏教で学問的というよりはむしろ物語風で経説的，教訓的な文学を指す言葉．最古にして最も有名な例としては，822年僧景戒による『日本国現報善悪霊異記』（日本の善悪応報の奇談）がある．この書は他の説話文学作品と同様に，人々に善行を促すため行為者が*業による応報を受ける良い行為・悪い行為について記述している．

ゼディ　zedi（Burm.）
　堅いベルの形をした*パヤー.

施波羅蜜　せはらみつ　dāna-pāramitā（Skt.）
　惜しみなさの完成．大乗の行法の核である*六波羅蜜の第一．その修養には，以下のような3種の無私の施与が求められる．(1)財貨を，それを必要としている者へ与えること．(2) 恐怖を除き安心を与えること．(3) ダルマを与えること．

世法　せほう　loka-dhamma（Pāli）
　「俗事」の意．すなわち世俗の生活に関係して起こる用事．パーリ語の文献には，利益と損失，名声と不名誉，賞賛と非難，幸福と不幸という対立する4組からなる八つの項目が見いだされる．

施無畏印　せむいいん　abhaya-mudrā（Skt.）
　「恐怖がないことを表す手振り」の意．図像学的な手の表現（*ムドラー）の一種で，恐怖を取り除き，守護・慈悲心・平穏を伝達する意味をもつ．ブッダや菩薩の描写にみられるのが一般的であり，この場合その図像はふつう立っていて右腕を曲げ，指の間は閉じたまま手のひらを前面にかざすように起こしている．低級の者の図像には，ほとんどみられない．両手が施無畏印となっている東南アジアの図像など，左手も同様の形となっている多くの種類が存在し，東アジアでよくみられるような，左手に他の印契を結んで右手の施無畏印と組み合わせた種類もある．

施無畏印

セラ寺　Sera
　チベット中部にある*ゲルク派3大寺院の一つ．1419年にジャムチェン・チュージェー・シャーキ・イェーシェーによって建立された．

善　ぜん　kuśala（Skt.；Pāli, kusala）
　「十のよい行為」(*十善業道) のような，よい，善良な，健全なものを指す，道徳上の賞賛の語．善なる行いはよい業または*福をつくりだす．したがって，それらは一般に幸福を促進し，悪い生存状態への再生を防ぎ，輪廻への結びつきを弱める．

禅（中国）　ぜん　Ch'an（Chin.）
　中国仏教の主要な潮流や宗派の名称で，文字どおりには「静慮の宗」を意味する．この流派では一般的に，ブッダの悟り（菩提）の直接的な理解を練成するために教義や文献や実践論を研究することは，避けなければならないとする．「禅」という言葉自体は，元来は「禅那」という2文字の言葉の片方であり，静慮を意味するサンスクリット語の単語であるディヤーナ (dhyāna) を音写しようとしたものである．時代を経て，2番目の文字が落ちて，単に「禅」という言葉で知られるようになった．その修練の方法には，*公案の参究と*「黙照禅」とがある．公案の参究は，悟りを得た過去の祖師たちについての短い物語や，理性の限界に実践者を追いつめて現実を直接に知るところに突き抜けさせようとする不可解な文言を，熟慮するという方法である．公案の参究に反対して実習されることが多い黙照禅は，各自の仏性は初めからそのまま完全無欠であると知るために，特定の心の形や内容を伴わずにただ坐るという方法である．→禅宗

禅（朝鮮）　ぜん　Sŏn（Kor.）
　中国の禅宗は，いまだごく初期の段階である780年頃から，新羅時代後期を通じて徐々に朝鮮へ浸透していった．禅の朝鮮への最も早い伝来は，*法朗（632-646に活動）によってなされた．法朗は，中国に渡り禅宗の第4祖，*道信（580-651）のもとで学習した．彼に引き続いて他の多くの朝鮮の留学僧が朝鮮半島へと戻

り，「九山」と呼ばれる，師と弟子たちの九の分派の基礎となった九つの重要な寺院を確立するのに役立った．禅宗の発展においてとくに重要な人物が*知訥（1158-1210）であり，彼は曹渓山に松丘寺を建立し，僧団を改革することを手伝い，*華厳思想の哲学的な基礎に禅の実習をおいた．彼から生じた曹渓宗は，現代でも生き残っており，朝鮮の禅宗で最も有力な宗派は*曹渓宗である．*太古普愚（1301-1382）や己和（1376-1433）といった他の師もまた，教義，実習と宗派の未来の発展を手伝った．

朝鮮の禅宗は，瞑想の実践，認められた師の法話，語録，*公案の学習と同様に，経典にもとづく教義的・儀式・哲学の問題にも注意を払う点に特徴がある．その後の歴史において，朝鮮仏教の残りの時期と同じく，*李氏朝鮮時代（1392～1910）の儒教の迫害の影響を受けた．20世紀初めの日本の植民統治は，日本が宗教を新しい国民の指示を得るために利用できる文化的なものとみなしたために，仏教に対する新しい，より寛容的な状況を生み出した．しかし，この新しい開放は代償を呼んだ．日本人は修行場の実践に，僧侶に*結婚する権利や，飲酒や肉食（→食事制限）を認め，ある程度の新しい怠慢をもたらした．こうして，1945年に太平洋戦争が終結した後，禅宗内部で日本の形式に従う僧侶らと日本の影響を認めず，日本式に従う僧侶らをその管理を手渡される寺院から追放しようとする曹渓宗の僧侶らの間で，派閥間の対決が起こった．国家の立法府にまで及んだ長引く法廷闘争と対立の後に，曹渓宗が勝ち，今日では最大の最も有力な禅の宗派となっている．→禅定

禅（日本） ぜん Zen（Jpn.）

特定の宗教的手法を意味するとともに，*臨済宗，*曹洞宗，*黄檗宗，*普化宗といった日本の多様な禅宗の宗派を包括的に指す言葉．以上のような日本の宗派（およびその欧米における分派）に留まらず日本の禅の源流である中国のすべての禅の伝統にも用いられ，また朝鮮の禅など他の国々における禅の系統をひくすべての分派について用いられる．

仙厓(崖)義梵 せんがいぎぼん Sengai Gibon（1750-1837）

日本の江戸時代の*臨済宗の僧侶．墨蹟や水墨画の再興に貢献した．

漸教 ぜんきょう zengyō（Jpn.）

漸進的な教法．頓教対漸教などさまざまな教相判釈で用いられ，また中国の*天台の教相判釈における化儀四法の一つである．

善巧 ぜんぎょう zengyō（Jpn.）

*善巧方便を短縮したもの．衆生教化のための巧みな方法・手段を指し，衆生の能力や気質に応じて仏教の教えを説いたり修行に発奮させる．

禅行 ぜんぎょう zengyō（Jpn.）

禅宗における坐禅の修行や*公案の研究をいう．

善巧方便 ぜんぎょうほうべん upāya-kauśalya（Skt.）

「巧みな手段」の概念は大乗仏教ではきわめて重要であり，早くに『ウパーヤ・カウシャルヤ・スートラ』（*Upāya-kauśalya Sūtra*），*『法華経』，『ヴィマラキールティの教えの経』（*『維摩経』）といった文献で詳説される．『法華経』の第2章でブッダは巧みな手段の教義を提示し，テキスト全体にわたって，なぜ計略と方策を用いることが必要であるのかを寓話を通じて説明する．テキストは彼を賢者あるいは優しい父親として描いている．愚かな子供たちが彼の言葉を聞こうとしないので，忠告に従うようにしむけるため，彼はこれが無知で惑わされた者を解放の道に引き入れるための唯一の方法であると理解して「巧みな手段」に訴える．これは嘘をつくといったある程度の不誠実にかかわるものの，その唯一の動機がすべての生き物への同情ある配慮であるので，ブッダはあらゆる咎めを免じられる．

この観念の根本には，ブッダの教えは本来衆生を悟り（菩提）に引き入れるための暫定的な手段であって，彼が説く教えの数々は異なっている．すなわち，あるときに適切なものが別の

ときにはそうでない，という考えがある．この概念は大乗によって，教義の革新を正当化し，ブッダの初期の教えが初期の弟子たちの劣った素質のために限定され制限されていたと説明するために用いられた．大乗では，巧みな手段は生き物たちの利益がそれを保証するときはいつでもブッダや菩薩によって用いられる正当な方法となった．いくつかの資料（『ウパーヤ・カウシャルヤ・スートラ』のような）では，菩薩たちが大いなるあわれみ（マハーカルナー，mahākaruṇā）に駆り立てられて戒律を破り，他の場合であれば道徳上の非難を招くであろう行いをする．この教義の基礎にある前提は，すべての教えは暫定的なもので，ひとたび解放が得られれば哲学的教義と道徳的戒律の集まりとしての仏教は最終目標に達するための手段として有用であったにすぎず，その教えは究極的な妥当性をもたないとみられる，というものである．パーリ語資料における同等の語（ウパーヤ・コーサッラ，upāya-kosalla）は比較的まれで，ブッダのダルマを説く技術を指すにすぎない．

漸悟　ぜんご　gradual enlightenment

悟り（菩提）は長い修行を経て徐々に得られるものであるという，中国禅の歴史の中で伝統的に*北宗に帰せられている見解を表す語．*『六祖壇経』にみられる*神秀（606-706）に帰せられた有名な詩は，心を埃の被った清浄な鏡に喩えている．その埃を拭い去ることで，鏡は徐々にその清浄さの中に顕れてくるのである．後代の禅は，これは*無明と悟り，修行と成就，時間の前と後といった誤った二元論にもとづいていると主張して，修行についてのこの考え方を拒むようになった．それにかわり，「心は本来的に常に清浄であり悟りを得ていて，この事実に気づきさえすればよく，悟りの偉業は即時に達成されるのである」という*「頓悟」の見解を，禅は保持するようになった．

善根　ぜんこん　kuśala-mūla（Skt.；Pāli, kusala-mūla）

無貪，無瞋，無痴の三善根の総称．積極的な形で表現すれば，無私，慈悲心，理解に相当する．すべての善い，あるいは道徳的な意識の状態は究極的にこの三者の一つかそれ以上にもとづくとみられる．三つの悪の根（*不善根）すなわち*貪，*瞋，*痴という不健全な心的状態の反対である．

禅宗　ぜんしゅう　Ch'an-tsung（Chin.）

「禅の宗派」，すなわち禅の修練法を師から弟子へと保ち伝えてきた流派の名称．中国におけるこの派の歴史は，長く複雑である．禅宗自身の説明によると，静慮の教師たちは，インドにおいて，ブッダその人の時代から存在していた．ある日，みなが集まる中，出家修行者たちの前でブッダは，何も語ることなく1本の花を持っていた．集まった者たちはこれを見て戸惑ったが，ただ一人*マハーカーシュヤパだけはブッダの意を解して微笑んだ．するとブッダは，マハーカーシュヤパが解したことを確かめて，公けにマハーカーシュヤパに自身の法を嗣がせた．後世の伝承によると，この直接の「以心伝心」の嗣法は，インドにおいて祖師たちに28代にわたって受け継がれた．その最後に連なるボーディダルマは，526年に中国に至り，中国における初代の祖師となり，弟子の*慧可（487-593）に法を伝えた．

その後続けて，法は中国の2代目の祖師である慧可から嗣がれ，6代目の*慧能（638-713）に至る．この時期は歴史的に見て，変化の時期のようである．すなわち，この時期の前半の祖師たちは*『楞伽経』の教師と弟子であるのに対し，後半では文典の研究を避けて，悟り（菩提）の源としての人の心を直接に示そうという「直指人心」に邁進するものとして自らを定義するようになったのである．このような変化に加えて，修練の方法と悟りの性質について，論争が起こった．禅の伝承の中で，この論争は，慧能の兄弟弟子である*神秀（606-706）に代表される*「漸悟」の立場に立つ者たちと，慧能によって唱えられた*「頓悟」の立場に立つ者たちとの間の争いとして要約される．

問題の核心は，「長い時間をかけて悟りを段階的に得ながら完全な悟りに向かって努力していかなければならないのか，あるいは，完全な形で一度に悟りは顕れるのか」というものであった．前者の立場は，注意深く*戒律を遵守することに支えられながら長期間にわたり研究し修練することを正当化し，さらに要求さえすることとなる．後者の立場は，たとえば*無明と悟り，修行と解脱，輪廻と涅槃といった，あらゆる二項対立は結局のところ真実ではないという，大乗の思想に則っていた．そのような批判のもとで頓悟の立場は，行くべきところもなく変わるべき何物もないから，悟りは即時に起こりえるのだ，と主張したのである．この頓悟の立場は，*『六祖壇経』という根本経典にまとめられ，最終的に論争に勝ち残った．その結果，後に続く禅の文典は，悟りの即時性を強調するようになり，実際の修練においては，求道者は戒律の遵守と静慮を続けたのである．

文字として書かれた教えと言葉で伝える教えを拒み，頓悟を標準的な立場として受け入れることで，教師たちは自らの経験の内容を弟子たちに直接に伝達するさまざまな方法を探究した．それとともに禅宗は，熱烈な試みと創造の時代に入った．晩唐から宋代にかけて禅宗は，「禅の黄金時代」ともいうべき時代に入り，祖師たちは弟子たちの直接の経験的理解を喚起するためにさまざまな衝撃的な手法を用いた．*馬祖道一（709-788）や*黄檗希運（-850），*臨済義玄（-866，*臨済宗の開祖）らによって開発されたそれらの手法は，棒で打つ，弟子の耳にじかに大声を出す，奇怪な態度をとる，弟子の質問に対し意味不明と思われる返答をする，といったものであった．そのような祖師たちの数多くの物語が，一人の祖師の言葉や行いを伝える「祖録」と呼ばれる新分野の文献や，*『碧巌録』や*『無門関』などの撰文集に記録されている．

このような自発的創造性を長期にわたって保つことは困難である．ついには，そのような衝撃的手法を適切化し制度化する道が見出された．宋代末期までに，祖師たちは弟子に対し，「祖録」や撰文集に収録されている祖師たちの物語を研究し熟慮し，その物語の中に自らをおいてそこに描かれている祖師や弟子の心を直接的に知るように指導するようになった．この手法で弟子が成功していく中，指導に最も効果的と判断された物語は繰り返し用いられ，*公案として標準化されるようになった．臨済宗においてはこの公案が，好まれる修練法となった．*曹洞宗などの他の宗派は公案による修練を拒み，「形式的で目標を指向する修練に重きをおくのは，すべての存在はそのまますでに完全な悟りを得ており解脱しているという頓悟の基本的原則を犯すものだ」と主張した．曹洞宗は，「弟子が心に目標をもたずにただ坐る*「黙照禅」の修練こそが，自らのすでに完全な仏性を知ることを助けるのだ」と強調した．これに対して臨済宗は，黙照禅の不活動性と静寂主義を批判した．

元代から明代までに，公案は過度に形式化し，禅宗に対して，知的な遊戯を真の悟りと勘違いしているという批判が起こった．黙照禅の修行者たちも，公案は怠惰と無気力に導くのみであるとして，この批判に加わった．明代の半ばに，紫柏真可（1543-1603）や*憨山徳清（1546-1623）といった何人かの改革者が現れたが，イエズス会のマテオ・リッチとその後継者たちによると，仏教徒，とくに禅僧たちは，概して退廃し堕落したものとみられていた．しかし，このイエズス会士たちの報告は完全に信頼できるものではなく，多くの一般庶民は仏教を敬虔に信仰していたようである．

近代には，*虚雲（1840-1959）や来果（1881-1953）などの改革的な師僧が，禅に対する敬意を再び世の中に浸透させた．また，近代化や都市化や教育水準の向上といった社会的傾向により，人々は仏教を自ら実践する時間と興味をもつようになった．欧米においては，日本の禅が大多数であるが，聖嚴（1930-）や星雲（1927-）といった中国の禅師も信者を得ている．

『撰集百縁経』 せんしゅうひゃくえんぎょう
Avadāna-śataka（Skt.）

「100の*アヴァダーナ」の意．アヴァダーナ百話の集成．紀元後初頭に編まれた小乗仏教徒の伝承に由来する道徳的説話や寓話から成る．『撰集百縁経』はパーリ語の*『アパダーナ』や近年発見されたガンダーリー文字資料を一部含み，発展段階にある初期の伝承から構成される．著者は不明であるが，結果的には漢訳がきわめて早くに行われるほど普及していたことになる．『撰集百縁経』は10章に分けられ，各章

10話を含み特定の主題を扱っている．善行と悪行の結果や，それが熟成して来世において行為者が受ける果報がおもなテーマである．パーリ語の*ジャータカ文献と同様，ブッダ自身は多くの説話内で英雄であり，ブッダに対する畏敬や帰依の念が明白に見てとれる．他にも*阿羅漢や神々，亡霊（*プレータ）が主人公として登場し，自らの道徳的あるいは非道徳的行為の果報を受ける．

禅定 ぜんじょう dhyāna（Skt.；Pāli, jhāna）

「熟考」の意．深い瞑想における忘我の状態で，明晰な認識を特徴とする．心を単一の対象に留めることによって到達できる（→心一境性）．禅定に至るには，5種の妨害要素を排除すること（*蓋）が必要である．禅定に八つの段階を説く理論が徐々に発展していき，*色界に属する四つの低次段階と，*無色界に属する四つの高次段階とに区分するようになる．禅定においてはすべての感覚的な活動が停止し，瞑想の実践者がより高い段階へと移行するにつれ，精神的活動もしだいに減退していく．たとえば，第1段階では概念化作用（*尋）と省察（*伺）とが生じるが，第2段階ではそれらは生じない．また，第5段階ではさまざまな超能力が得られる（→神通，リッディ）．禅宗の宗派名は，禅定の語に由来する．

先生 せんせい sensei（Jpn.）

日本語で教師の敬称．世間一般でもまた宗教界においてもしばしば用いられる．

占星術 せんせいじゅつ astrology

インドにおいて仏教はヒンドゥー教の天文体系を採用したが，ヒンドゥー教のように占星術にのめりこむことには拒絶の意を示した．天体の位置や動きは仏教徒にとっても関心の的であったが，それは一日の時間，太陰月やその祝祭日の長さ，雨季の間の安居の期間を計算するなどという実用的な目的のためだけにすぎなかった．そのような技術は，社会から切り離されて森に住む僧にとってはとりわけ重要であった．そのような僧は，「すべてにせよ一部にせよ，星宿の位置や基本方位を知る」ようになる必要があった．現在知られているような占星術はブッダの時代にはおそらく存在していなかった．その大部分は前3～4世紀頃につくられたもので，肥沃な三日月地帯の星にまつわる伝承をギリシア人が分析したものであった．それにもかかわらず，パーリ正典の*『梵網経』といった初期の文献には占術が数多く記され，中には日蝕や月蝕，星蝕の予言や，前兆と信じられていたできごとの予測も含まれている．ブッダのみがそのような「低級な技巧」（ティラッチャーナ・ヴィッジャー，tiracchāna-vijjā）に拘泥しない者としてとりたてて賞賛された．それにもかかわらず，実質的にはすべての仏教文化において，僧は在家信者に対する助言者としての役を務め，占術も用いていた．東南アジアでは，仏教徒の間で十二宮図の使用が広まり，ビルマでは*サダー，タイ北部ではチャタとして知られている．チベットや中央アジアの仏教では，土着のシャーマニズム的実践がただ表向きを変えただけで内部に組み込まれ，中国では『変易の書』（『易経』）にもとづいて完成された占星術や占いのシステムが仏教内にも適応していった．

善知識 ぜんちしき kalyāṇa-mitra（Skt.）

「善き友」の意．宗教的問題について信頼のおける，友人または助言者となる者をいう．修行者の善知識をその師のみに限定する学派も見られるが，それ以外，とくに*大乗では，ダルマの実践について十分な経験を有する者は誰でも善知識になれるとする．*『シガーローヴァーダ・スッタ』などの初期の文献では，正しい仲間との交流を保ち，酒浸りの者や博徒との交友を避けることの重要性が強く説かれている．

前伝期 ぜんでんき First Propagation（Tib., snga-dar）

チベットに仏教の教えが伝わった最初の時期であり，9世紀中葉に*ラン・ダルマによる破仏によって終焉を迎えた．

善導 ぜんどう Shan-tao（613-681）

浄土思想および唐における北部の首都周辺での実践を開拓した中国人の僧侶．少年の頃に僧侶の世界へと足を踏み入れ，*三論宗と関係のある僧に師事した. 教義や文献の学習を開始し，十分に精通したが，それは彼の気質に合うものではなく，どちらかというと芸術的・神秘的な傾向を有していた. 彼の浄土実践への転向は，*極楽（祝福の土地）の絵に触れたことや，*『観無量寿経』との出会いを通してである. その後，哲学的思想を拒絶し，*阿弥陀仏の名を念じることや，すばらしき浄土世界およびその住人の具現化などを中心とした*観想を優先するようになる. この時期, 彼は*道綽（562-645）と出会い，より感化され，浄土実践を学んだ. 当時，道綽は，浄土実践に対する熱心さやさまざまな経に関する巧みな指導で有名であり，善導の注意を引きつけた. 道綽の死後，善導は数年間終南山に留まり, その後長安へと向かった. ひとたび長安に居を落ちつけてから，精力的に教化を進め，人々の浄土実践への転向に多大な功績をおさめた. なお，後世の記述によると，おおよそ100人以上の弟子たちが浄土への到着を急いで*自殺を選択し，また，善導も慣習に従って同様にしたという. しかし，資料に対する批判的な調査によって，これらの主張には疑問が投げかけられた. そして，より確かなこととして，彼に付き従った人々のうちの一人が自殺したことが，しだいに善導自身の伝説へと接近したとみられている. また，浄土思想および浄土実践において，善導は芸術の分野での成果や巨大な仏像の作製（もしくは鋳造）などで知られている. 善導は浄土実践の大衆化に功績があり，実際の実践方法は，複雑というよりもむしろ*阿弥陀仏の名を称えるという単純なものであった. 彼は精力的に*苦行生活を送り，僧侶の教えを信心深く守っていた. 実践に対する誠実さと信心とを弟子に求め，名を称えて祈ることと，『観無量寿経』の複雑なイメージを具現化する実践の方法とを教授した. それゆえ，福祉活動の実際の記録が，大衆に単に手を差しのべるような，簡単に修得される実践を記していないことは，とくに驚くべきことではない. むしろ，彼は，僧侶社会および在家社会の上流階級・知識人に，真の素質と行いとを必要とする実践を加えることを訴えたのである. その他，上記のことがらと関連することとしては，彼の在家の弟子たちが僧侶コミュニティに参加していたこと，彼の主要な作品が『観無量寿経』に対する注釈であったことなどがあげられる.

禅堂　ぜんどう　zendō（Jpn.）
禅寺で*坐禅修行をする会堂.

善男子　ぜんなんし　kulaputra（Skt.）
「高貴な生まれの息子」または「氏族の一員」の意. 大乗経典で，在家男性信者を指して頻繁に使われる語で，しばしば彼らが菩薩であるという含みをもつ. パーリ語の対応語「クラプッタ」（kulaputta）は同様にパーリ経典で一般的である.

善女人　ぜんにょにん　kuladuhitṛ（Skt.）
「高貴な生まれの娘」の意で，大乗経典において大乗の在家女性信者を指して使われる.

善慧地　ぜんねじ　sādhumatī-bhūmi（Skt.）
*『十地経』によると，菩薩の十地のうちの9番目で，「善い分別とともにあるもの」の意. この境地において菩薩は，力波羅蜜（バラ・パーラミター，bala-pāramitā）を深化させる. →波羅蜜

禅の三本柱　ぜんのさんぼんばしら　Three Pillars of Zen
1. 教説，実践，悟りという三種の構成要素.
2. フィリップ・カプロー老師（1912-）の著書のタイトル. 禅の伝播や続く西洋での発展に多大な影響を及ぼした.

禅波羅蜜　ぜんはらみつ　dhyāna-pāramitā（Skt.）
瞑想の完成. 大乗の行法の核である*六波羅蜜の第5番目. 静慮波羅蜜ともいう.

善無畏　ぜんむい　⇨スバーカラシンハ

『禅林句集』　ぜんりんくしゅう　*Zenrin-kushū*
日本の禅の文献で，書名の意味は「禅の森からの名小文集」. 2分冊のこの書は最初中世期に*臨済宗の僧東陽英朝（1428-1504）が，編纂したが，1680年代まで出版されることはなかった. 仏教経典の抜粋や過去の禅家の語録，儒

家（→儒教），道家（→道教）などが記述した言説を引用し集成したもの．全体で約5000の小文が含まれ研究の一助として用いられる．

ソ

相 そう lakṣaṇa（Skt.）

「印」の意．おもに仏教のスコラ学（*阿毘達磨）において，実体を同定する特有の属性，すなわちそれを定義する特徴を指して用いられる語．たとえば，すべての現象（ダルマ）は無常，*苦，*無我の三つの「印」をおびているといわれる．阿毘達磨の図表化においては，火を定義する特徴としての熱，あるいは地のそれとしての堅さといった，さまざまな現象を定義する多様な特徴が同定された．いくつかの大乗文献では，事物の相は，特定の色彩であることなどの特定の知覚形態（*因相）をもつ対象を知り，定義し，理解するための知的概念（*分別）として定義されるようになった．

想 そう saṃjñā（Skt.；Pāli, saññā）

五*蘊のうちの3番目にあたり，心の知覚や認識の機能のことである．想は，事物のそれぞれの特徴を（たとえば異なる色を識別することによって）認識するものであるといわれる．五つの感覚による対象の認識および心に認識される観念という6種の分け方に合わせて，6種から成る．また，とくに瞑想の主題が列挙される中で（たとえば無常の観念としての無常観），単に「観念」や「認識」を意味する場合もある．

蔵 ぞう piṭaka（Skt., Pāli）

サンスクリット語とパーリ語の単語で，籠を意味し，経蔵，律蔵，*阿毘達磨蔵という，仏教正典を三つに大きく分ける分類の名称として用いられる．初期の仏教において，この語はパーリ正典を総体的に指して用いられるようになり，その最初の区分は経と律のみであった．経は暗記される小さな文の集積であり，律は僧伽の規則から成っていた．これとは別に，教理的な部分を指して用いられたダルマの名称があり，そこから発展して論蔵が成立した．これら三蔵に通じた知識は，僧伽に属する者たちに高く尊敬される成果であり，これを究めた者は，三蔵を知悉した者を文字どおりに意味するテーピータカ（tepīṭaka）の称号を有することになる．

増一阿含 ぞういちあごん Ekottara Āgama (Skt.)

「一つずつ増える説教」の意．*経蔵の主要な部門の一つで，パーリ正典における*増支部に対応する．ここでは，論じる話題を1から11までの数に結びつけ，それぞれに関連する経を並べている．小乗十八部のおもだった部派の多くは，それぞれ固有の増一阿含をもっていたが，それらのほとんどはすでに失われている．近年，*説一切有部の増一阿含のサンスクリット語断片が発見された．漢訳ではその全体が伝わっている．漢訳のもととなった原典は説一切有部のものと考えられているが，これついては議論の余地がある．また，パーリ語版（*増支部）と説一切有部の増一阿含の間には少なからず差異があり，3分の2以上の経はどちらか片方にしか存在しない．これは，増一阿含の多くの部分は，かなり後代に至るまで形が定まらなかったということを示唆している．→阿含

相応阿含 そうおうあごん Saṃyukta Āgama (Skt.)

「関連した説教」の意．経蔵の一部であり，約3000の経を含む．パーリ正典の*相応部に相当する．小乗十八部の多くはそれぞれ固有の相応阿含を保有していたが，それらの大部分は今日に伝わっていない．近年，*説一切有部の相応阿含のサンスクリット語断片と，いくつかの経のチベット語訳が発見された．それらとは別に，説一切有部版の完全な漢訳と，*飲光部の不完全な漢訳とが伝わっている．現存するさまざまなバージョンを比較すると，それぞれ他の版には見られない記述を含んではいるが，内容的にはそれらが全体として高度な一貫性を保っていることがわかる．→阿含

相応部 そうおうぶ Saṃyutta Nikāya (Pāli)

「連ねられた説法」の意．パーリ正典のうち，経蔵の五つの部分（*ニカーヤ）の中で，3番目にあたる．7762の経から成り，それらは「サンユッタ」と呼ばれる56の組に，主題別に配されている．サンスクリット語の*相応阿含に相当するものである．

創価学会インタナショナル そうかがっかいインタナショナル Sōka Gakkai International

最も成功している仏教系新宗教教団の一つである創価学会（価値創造の会）は*日蓮宗の支脈である．この組織は1937年に*牧口常三郎（1871-1944）と戸田城聖（1900-1958）によって創設された．二人は1920年代からの知己で，1928年にともに*日蓮正宗に入信した．二人は新しい集団をつくり，この組織を「創価教育学会」と名づけた．二人は教育者を組織することおよび当時の記憶学習中心の教育にかわって価値に基礎をおく教育体系を推進することを本来の目的とした．そしてこの目的にふさわしい宗教的枠組みを人間生活と平和に重きをおく日蓮仏教の中に見出した．やがてその活動と信念は第二次世界大戦に突入しようとする政府の軍国主義的な方針にそぐわないものになり，二人は1943年に投獄された．1944年11月18日，牧口は東京拘置所で73歳で死亡したが，戸田は生き延びて1945年に出獄した．戸田は指導者の投獄により衰退した組織の再建に着手した．組織を創価学会と改称し，その使命を教育の分野に限らず社会全体に拡大しようとし，教義面と活動面の方針を変更した．牧口はその価値論において正しい価値の評価や価値の創造を学習する際の個人の責任を重視したが，戸田は幸福の追求と*『法華経』の効能を強調し，とくに日蓮の教えに従い題目を唱えることをその達成のための鍵であるとするなど，より宗教的な方向を指向した．彼の労力と献身は報われ，その指導のもとに創価学会は彼の没年である1958年には75万世帯に急拡大した．その10数年前に19歳で入会した池田大作（1928-）が1960年に会長に就任した．池田は創価学会の会員のいっそうの増強を図るため数々の戦略を打ち出すとともに，教育，文化，政治にかかわる事業を展開した．1975年1月創価学会インタナショナル（SGI）を設立し，池田が初代会長に就任した．1979年4月世界中に会員を広げること

に集中するため，創価学会の会長を辞し名誉会長に就いた．1992年にSGIとその母体である日蓮正宗の関係を公式に切り離した．この時点で創価学会は800万人の会員を擁していたと推測されている（日蓮正宗は池田とSGIを傲慢であり，正しい教義を逸脱しているとして破門した）．SGIはいくつかの点で論議を巻き起こした．日蓮にならい1960，1970年代に推進した「折伏」と呼ばれる激しい改宗勧誘活動は学会に急速な拡大をもたらしたが，その反面，対決的方法を嫌う日本社会の多くの人々から疎んぜられた．また1955年に会員が東京都議会に当選し，政治の世界に進出した．SGIはこの動きに対応して1961年公明会（公明政治連盟）を結成し，1964年に政治倫理向上をめざして「公明党」と改称した．公明党は賄賂や腐敗を批判すると同時に軍国主義に抵抗することで日本で第3位の政党になっているが，政治と宗教の混同の観点から批判を受けることもある．上述の諸問題（およびそれに対する批判も）の多くは1990年代以降改善され，現在の日本でSGIは在家仏教組織の主流になり，国際的にも大きな存在となっている．

僧伽 そうぎゃ Saṃgha（Skt., Pāli）
「集団」，「集まり」の意．サンガともいう．仏教徒の共同体，とくに比丘や比丘尼として認められた人々を指すが，もともとは比丘（男性出家者），比丘尼（女性出家者），*優婆塞（男性在家信者），*優婆夷（女性在家信者）の四衆を指す言葉である．僧伽の一員として認められるための最低限の条件は，仏，法，僧の*三宝の信仰であり，これはふつう，*三帰依として実践される．在家信者は*五戒を守ることが求められるのに対し，出家者は200項目を上回る*波羅提木叉の規律に従うことになっている．

曹渓宗 そうけいしゅう Chogye Order
現代の朝鮮仏教の独身を誓った聖職者の最大の宗派（→朝鮮の仏教）．このグループはその起源を高名な師である*知訥（1158-1210）が曹渓山の吉祥寺を創設したときまで遡る．元来は，朝鮮の禅の九山の一つで，他のすべての宗派を吸収した瞑想の伝統の代表となった．日本の統治時代（1910～1945年）には，日本の風習にしたがって聖職者が結婚し，肉を食べ酒を飲む日本の支援のついた太古宗に反対した．第二次世界大戦後に，曹渓宗は独身を誓った聖職者が特権的に使用するよう僧団の財産を管理し，結婚している僧侶を排除するために立法上で何年間も戦った．最終的にそれは成功を収め，今日では朝鮮仏教の中で最も突出した宗派である．

僧粲 そうさん Seng-ts'an（606没）
中国の禅の僧侶で，*ボーディダルマ（532没）や*慧可（487-593）につぐ3番目の祖とされる．歴史的な記録においては，僧粲は慧可の弟子のなかでも有名ではない．574年の仏教に対する迫害によって慧可と離れるまで，彼のもとで6年学んだだけである．その他，彼に関する確かな事実はほとんどない．

曹山本寂 そうざんほんじゃく Ts'ao-shan Pen-chi（840-901）
中国禅の*曹洞宗の二人の創設者のうちの一人．学問に励む物静かな男である彼は，若いときに儒学（→儒教）のクラスで基礎的な教育を受け，16歳のときに仏教の得度を受けた後も儒教を学んだ．しばらくの間*曹山良价や曹洞の他の創設者のもとで学び，彼から*五位の特有の教えを受けた．彼は旅行に興味がなく曹山（彼の「曹山」の名はこれに由来する）に30年間住んだ．彼自身の系譜は4代後に途絶えたが，五位の体系化は曹洞の思想と実践の発展へ向けた遺産として長く受け継がれた．

総持寺 そうじじ Sōjiji
日本の禅宗の*曹洞宗の二つの本山の一つで，重要度において*永平寺に次ぐ．徹通義介（1219-1309）が永平寺において跡目争いに負けたのち，大乗寺まで徹通と行動をともにした*瑩山紹瑾（1268-1325）が開山である．瑩山は相模（現在の神奈川県）の律宗の寺院を禅刹に改め，総持寺と名づけた．その後のこの寺の発展は瑩山を継いだ峨山韶碩（1275-1365）に帰せられる．聡明で活力にあふれた峨山は優秀な弟子の集団に恵まれた．弟子たちは日本中のさまざまな地域に散らばり末寺を開き，地方貴族と強固な関係を構築した．総本山永平寺での跡目争いに負けた分派ではあるが，隠遁的な永平寺派に対し総持寺派は日本社会の生活に根差した形でその要求に応えたことにより，曹洞宗の中で優勢となった．

増支部 ぞうしぶ Aṅguttara Nikāya（Pāli）
パーリ正典である*経蔵の第4部．アングッタラ・ニカーヤともいう．11の集成（ニパータ，nipāta）に分けられ，9577の経から成る．おそらく記憶の助けとして，数を基準に編纂された短い経説で構成されている．最初に1に関するもの，次に2に関するもの，3に関するもの，と漸次11のグループまで順番に配列されている．この編纂方式はその主題にも影響を及ぼした．経説の大部分がステレオタイプ化したありふれた表現を用いており，その中に論考を尽くした議論はほとんど見いだされない．経説の多くは他の*正典にも見られるものである．ブッダの教えが消え去るとき，経蔵のうち最初に消滅するのは増支部であり，第11集から第1集にむけて順次消滅するといわれている．増支部の注釈書は，5世紀に*ブッダゴーシャにより著された*『マノーラタプーラニー』である．第1章から第7章までの複注釈書は『サーラッタマンジューサー』（*Sāratthamañjūsā*）という題名で，12世紀に著された．

僧肇 そうじょう Seng-chao（374-414）
中国の仏教の初期の人物で，三論宗の第二世代に属する．*クマーラジーヴァの恩恵を最も受けた弟子の一人である．空や般若など，*中観派の複雑なインド伝来の思想を，中国の文脈で再解釈した人物である．事物のあり方やできごとの順序（とくに因果），知識に関する共通認識に対して，従来のものは深遠な智慧に欠けていると批判した．

増上慧 ぞうじょうえ adhiprajñā（Skt.；Pāli, adhipaññā）
「より高い理解」の意．八正道に従う者たちによってなされる，教義由来の修練のこと．三学のうちの3番目である*智慧に，とくに関係がある．→アディチッタ，増上戒

増上戒 ぞうじょうかい adhiśīla（Skt.；Pāli, adhisīla）
「より高い道徳」の意．八正道に従う者たちによってなされる，教義由来の修練のこと．三学のうちの1番目である*戒に，とくに関係がある．→アディチッタ，増上慧

増上慢 ぞうじょうまん abhimāna（Skt.）
傲慢，不遜．主要な煩悩である慢心のうちの一つ．増上慢は，実際に達成していないものを達成したとする傲慢な態度を典型とする．

双神変 そうじんぺん yamaka-pāṭihāriya（Pāli）
「ふたごの神通」の意．ブッダが*シュラーヴァスティーで表したといわれる神通を指す．ブッダは，体の片側から火を，反対側から水を流し出したという．最初に，体の上側から火が，下側から水が出て，次にその上下が反対になり，さらに，体の左右からそれぞれ出た，とされる．この神通は，6色の光線が肌の毛穴一つ一つから放たれるなどの，他の超自然的な現象を伴っていた．この神通を現し終わって，ブッダは，三歩で三十三天に昇り，（そこに転生していた）ブッダの母を，*阿毘達磨の教えでもって導いた，ということが述べられている．→神変，奇跡

曹洞宗（中国） そうとうしゅう Ts'ao-tung school
中国の禅仏教の主要な流派の一つで，唐代（618～907）の末期に興った．「曹洞」という名称は，*曹山本寂（840-901）とその師である*洞山良价（807-869）という，開宗した二人の祖師の名前の，最初の一文字に由来する．この宗の名称はこの二人の人物に由来するが，実際には曹山を源とする系統の弟子たちは4代の後に絶えてしまった．残って栄えたのは，洞山のもう一人のすぐれた弟子である雲居道膺（902年没）の系統であった．おそらくこのために，「曹」は実は六祖の*慧能（638-713）が本拠とした曹渓寺に由来するのである，と述べる者たちが存在する．これは，「曹」の字が「洞」よりも先にくることの説明にもなりえるものである．
洞山と曹山の最大の功績は，*曹洞五位の教

えを体系化したことである．曹洞五位とは，絶対的原理（理）と現象（事）との相互関係の理解の深化を，5段階に分類したものである．洞山と曹山に続くすぐ後の世代はこの教えにほとんど関心を示さなかったが，宋代（960〜1279年）におけるこの派の復興の際にその基礎となった．このとき，二人の僧侶の間に論争が起こり，禅宗の支配的な流派であった*臨済宗の修行と悟りに関する見方に対し，曹洞宗独自の見方が定義されるのを促進した．二人のうちの一人で，臨済宗の僧侶である*大慧宗杲（1089-1163）は，禅定の修行は活動的であるべきであり，また目標に向かっていくべきであると主張する手紙や論を書いた．彼は，*公案こそが，無明を克服して悟りという目標を達成するのに速くて効果的な方法であると主張した．これに対し，曹洞宗の*宏智正覚（1091-1157）は，目標を設定する方法は，*無明と*悟り（菩提），衆生と仏，修行と成就という実体のない二元性を示唆するものであるから，修行は目標に向かうものである必要はないと論じた．かわりに彼は，そのような二元性を提示せず，結果として禅定は目標に向かう行為ではなく自己完結する行為となるという，*「黙照禅」として知られるようになる見解を明らかにした．ただ坐るために坐るのであり，その坐ること自体が，すべての存在にあらかじめ具わっている*仏性の顕れなのである．皮肉なことに，「黙照禅」という言葉は，臨済宗の側から誹謗の言葉として使われ始めたが，かえってそれが定着した．13世紀に，日本の僧侶である*道元（1200-1253）が禅を学ぶために中国に渡り，日本に曹洞宗の思想と修行を持ち帰った．

曹洞宗（日本） そうとうしゅう Sōtō, Sōtō-shū

日本仏教の禅宗における二大宗派の一つ．この宗派は中国禅の*曹洞宗の移入を企図した*道元（1200-1253）により創始された．道元は修行と悟りの区別がない禅の様式を創出した．道元において坐禅の目的は仏の境地の達成ではなく，坐禅を通じて生得の仏性を顕現することであった．このように公案を用いて修行者の悟りを刺激する*臨済宗とは異なり，道元は目標指向的な禅定のあり方を否定し，それにかわって仏性が人々にすでに与えられていることに気づき，それを知ることをねらいとした．道元が死んだとき，曹洞宗は越前の人里離れた永平寺を本山とする弟子たちの小集団によって構成されていた．規模は小さくまた道元自身が宗派という概念を完全に否定していたため，道元が残した集団を曹洞宗と呼ぶことはできない．小さな信者集団から日本仏教の最大の宗派の一つへの発展は，後世の弟子たちの活動に帰せられる．道元の死後，筆頭の弟子孤雲懐奘（1198-1280）が永平寺の住持を継いだ．懐奘は道元が指導者と認めていた徹通義介（1219-1309）を後継者として育成しようと取り立てた．懐奘はその任期中，平素から道元の教えと修行を堅く守ってはいたものの，道元の構想力や指導性を失い永平寺は衰退した．懐奘と義介の間には最初から明らかな食い違いがあったが，懐奘は道元の遺志を尊重し集団の責任者として若い義介を訓練することに最善を尽くした．義介が1259年から1262年まで入宋し洗練された建築設計図を携えて帰国すると，懐奘は義介を寺院建築の責任者に任命した．5年後懐奘は住持を退き，その地位を義介に譲り渡した．それと同時に僧侶たちは義介支持派と反義介派に分裂した．義介に反発する人々は義介が寺院の建築と外部装飾に時間と資力を浪費し，簡素さや道元の理想とした禅林生活を捨て去ると考えた．義介は道元の純粋な禅を濁し，永平寺に*真言の儀礼を持ち込むことも企図した．最終的に1272年に僧侶たちは懐奘に住持に復帰するよう願い出た．懐奘は要請を受け入れ，巧みに軋轢を最小限にとどめることに成功した．これにより曹洞宗は二つの競合する派に分裂する局面を迎えた．1280年に懐奘が没すると，義介は前回の経験と道元の法嗣であることにもとづき住持職への復帰を意図した．宗内の一部の人々は義介の急進性や俗世間へのかかわりを快く思わず，懐奘の優秀な弟子の義演（-1314）が住持に就任することを望んだが，義介支持派が優勢になり義介が永平寺で2度目の住持職に就いた．しかし1281年再度の元寇（→モンゴルの仏教）が起こると国防のための密教儀礼の要請が高まり，義介は永平寺がこの要求に応えられるよう受け入れ体制を整えようとした．この動きによって激しい紛糾が生じ，あからさまな抗争が始まった．義介は逃亡を余儀なくされ，住持職を義演に託し，曹洞宗は分裂した．伝統の純粋性を維持しようとする派による永平寺はしばらく衰微し，義介とともに行動し永平寺を飛び出した派は隆盛を示した．義介は周到に富裕な信者との関係を拡大し，他の仏教教団とも友好的な関係を築いた．宗教的活動を時代の要請に合致させるという考え方は人々の支持を得て成功し，いくつかの僧侶集団を形成することができた．このようにしてしばらくの間曹洞宗の主流は道元の一意専心の禅の修行とはまさに異なり，禅定，密教儀礼（→密教），大衆向けの奉仕活動が混在したものとなった．

義介の弟子*瑩山紹瑾（1268-1325）は分裂の修復に努力した．宗派の規範として道元の禅の理念を強調することと，義介派の多岐にわたる活動とを全体として調和させた．瑩山紹瑾の寺のうちの一つである*総持寺は，朝廷の認可と援助を得て曹洞宗の本山になった．そして瑩山とその後継者である峨山韶碩（1275-1365）はかつての本山である永平寺との関係を修復した．生得の仏性の知覚を強調する真摯な坐禅と，貴族層の顧客に密教儀礼を施しつつ庶民には道路修理や無償の病気治療を行うという組み合わせは成功をおさめた．曹洞宗の系統にはさらなる分派活動があったが統一は保たれ，日本の禅宗の宗派のなかで最大の教団に成長した．

僧尼令 そうにりょう Sōniryō（Jpn.）

日本で仏教の僧と尼僧の生活や活動を監督した法令．624年に推古天皇はその先駆的存在である僧綱制（僧尼監督局）を導入し，その後僧尼令へと発展した．この令には僧尼名籍への登録，死亡記録，僧侶に対する訴訟の裁決，非行僧の僧籍剥奪などいくつかの役割があった．

僧兵 そうへい sōhei（Jpn.）

10～17世紀の間優勢を誇った*天台宗は広大な土地を所有し，貴族層に大きな影響力を保持した．このような利益を保全するために，*比叡山の総本山は表面上出家した男たちから成る小規模ながら事実上の私兵集団を形成した．僧兵は首都である京都で最大の武装勢力になり，天台宗は潜在的な敵対教団や対抗する僧侶を威嚇するために僧兵を出動させた．僧兵の脅威は鎌倉時代に天台から分離した新仏教宗派の生活，活動，財力に影響を及ぼした．

蘇我氏 そがし Soga clan

大和王朝が天皇の地位強化を図ろうとしていた6世紀の日本における卓越した有力氏族．そのころ朝鮮の百済王朝の使者が仏教を日本に伝えたが，天皇はこの新しい宗教を受容すべきか否か迷った．二つの有力氏族，中臣，物部は天皇の地位を正統化するためには大和王朝の系統の神が受容されるべきであり，対抗する宗教の移入はそれを脅かすと主張し，仏教の受容に反対した．他方蘇我氏一族は皇室の邸を管理する職にあったため，朝鮮や中国などの多くの外国人と接触があった．日本は文化を輸入することによって多くの利益を得ると考えた蘇我氏は，仏教の受容を唱えた．天皇は妥協し蘇我氏が仏教を受け入れることは認めるが，天皇家や他の氏族はそれにとらわれないとした．このように蘇我氏は日本における最初の改宗者であるとともに仏教の加護者となり，仏教は蘇我氏の保護のもとで日本に根づいた．→朝鮮の仏教，中国の仏教

触 そく sparśa（Skt.；Pāli, phassa）

「接触」の意．仏教心理学で用いられる，感覚器官（眼など）とそれに対応する外界対象（視覚的形態など）の接触を意味する用語．感覚器官に障害のない生物は，これら二つの要素の接触により，視覚認識（チャクシュル・ヴィジュニャーナ，cakṣur-vijñāna）や聴覚認識（シュロートラ・ヴィジュニャーナ，śrotra-vijñāna）といった特定の種類の認識（*識，ヴィジュニャーナ）を得る．このように，触は心が外界と接する瞬間を示している．そして，この接触の経験が，有益および有害な精神状態の連鎖を引き起こす引き金となる．たとえば，好ましい形態の知覚は，それに対する*欲望や*渇愛を呼び起こす．仏教心理学は，感覚器官と対象の最初の接触に続く有害な精神状態の連鎖を監視し，必要に応じて断ち切るための手段として，注意深さ（*念）の必要性を強調する．触の役割は，

*縁起の連鎖を構成する12要素においてそれが占める位置によって説明される．すなわち，6番目の要素である触は感覚的認識の基体となる*六処に依存して生じ，また触に依存して感受（*受）が生じる．また，触は4種の*アーハーラの一つにも数えられている．

触地印 そくじいん bhūmi-sparśa-mudrā (Skt.)

「地に触れるしぐさ」の意．ブッダが*蓮華坐（パドマーサナ，padmāsana）を組み右手で地面に触れているさまを描いた*ムドラー，すなわち図像内での姿勢．指はすべて伸ばし，爪先は地面に触れているのに対して，左手は膝の上においたままでいるのが通常である．この姿勢は，ブッダが悟りを開いた夜に*ボードガヤーの菩提樹に坐していたさまを描いたものである．ブッダは多くの生でパーラミー（→波羅蜜）を実践してきた結果としてその座につけることを見届けるよう地面に求めた．*阿閦仏の図像もこの姿勢をとる．

触地印

即身成仏 そくしんじょうぶつ sokushin jōbutsu (Jpn.)

日本仏教の*真言宗開祖の*空海（774-835）が用いた用語で，修行者が生きているこの身のままで仏になることであり，密教の修行とその儀礼がこの目標への近道であるという空海の主張を指している．空海はこれを成仏を達成するまでに数多くの生涯を経る長い修行歴程が必要な顕教諸宗派の漸悟に対置させた．

祖師 そし patriarch

東アジア仏教における職，制度で，教えの系譜の正当性を認めるために，伝統的な血縁関係を再現するもの．世俗の用語では，祖は家長であり，広範囲の家族を支配する最年長の男子である．彼から長男へ，そして長男からまたその長男へと至る系譜は，血脈関係のおもな系譜を表し，その他の系譜は二次的な系譜を表す．仏教では，ある師から次のものへと至る系譜は，世俗の慣例と連携することによって主要な系譜の意味になる．これは，とりわけ禅と密教のような，師と弟子の間の系譜が教えの証明を決定するのにとくに重要である宗派に当てはまる．師と弟子の間の直接のつながりが教えや修行の伝達にそれほど必要ではない*浄土宗のようなその他の場合では，祖は単にさまざまな時代に宗派の発展と改革に貢献した多くの師の一人である．そのような場合，彼らが連続した血脈を象徴することは重要ではなく，単に伝統の中の一連の重要な段階の一つとなる．

『蘇悉地経』 そしつじきょう *Susiddhikara Tantra*

初期*クリヤー・タントラで非常に重要なものの一つで，およそ38章からなる．マントラ行者が用いるべき準備や手順を非常に詳細に叙述したもので，成就（*シッディ）を無事獲得することの保証するものである．この典籍にみられる知識に精通していたことは広くチベットのタントラ仏教の行法や，中国・日本の密教諸宗派（→密教）において認められる．サンスクリット語のテキストは失われてしまったが，漢訳とチベット語訳が現存する．

『蘇婆呼童子請問経』 そばこどうじしょうもんきょう *Subāhu-paripṛcchā*

初期の主要な*クリヤー・タントラ．11章にわたってタントラ行法の基本的な儀礼やその用具について述べたもの．テキストはチベット語訳，漢訳，モンゴル語訳の形で現存するのみである．

ソーマプリ僧院 Somapuri Mahāvihāra

ソーマプリの大僧院で，パーハールプル・ヴィハーラとしても知られ，バングラデシュの仏教建築の中で最も代表的なものである．8世紀末から9世紀初めにかけてダルマパーラ帝によって建築されたと一般的には信じられている．ソーマプリはいくつかの建物で構成されており，四方を塁壁で囲まれている．おもな建物には比丘のための部屋が177室あり，他のホールと部屋とともに4階建てである．そのため，ソーマプリ僧院は何百年にわたって僧侶を接待してきたと考えられている．ソーマプリ特有の特徴は，建物を装飾するために使われるすばらしい彫刻や焼き物の飾り板ではなく，構内の中心に建つ主要寺院の建築様式である．このレンガ造りの寺院は，異例の十字型をしており，さまざまな特別室のある3段からなる土台の上にある．

ソンツェン・ガンポ Songtsen Gampo（Tib., Srong-btsan sgam-po）（609-650頃）

チベットの三大護法王の一人．非常にすぐれた戦士であると同時に策士であった王はチベットのほとんどを一つの国に統一し，唐王朝や他の国と良好な外交関係を結んだ．チベットに仏教が限定的ながら初めて移入されたのは王の治世であり，*ジョカン寺も建設された．また，王の治世に北インドをモデルにした筆記法が導入されたことも注目に値する．

タ

諦 たい satya（Skt.；Pāli, sacca）
「真実」を広く意味する語．*中観派の*二諦（サティヤ・ドヴァヤ，satya-dvaya）説については*勝義諦および*世俗諦の項を参照，また*四聖諦の項も参照．

大威徳明王 だいいとくみょうおう Yamāntaka（Skt.）
「*ヤマを滅ぼす者」の意．*文殊師利菩薩の忿怒に燃える顕現．黒または赤で多くの手足，九つの頭をもち，中央の顔は雄牛で，炎に包まれた姿に描かれる．あるときは一人で，別の場合には配偶者ヴァジュラ・ヴェータリー（Vajra-vetạlī）とともに立つ．菩薩が死の具象化であるヤマを打倒するとみなされたのはこの姿においてであった．大威徳明王はまたチベットの*ゲルク派に最も密接に結びついた守護神でもある．

大印契 だいいんげい ⇨マハームドラー

大慧宗杲 だいえそうこう Ta-hui Tsung-kao（1089-1163）
*曹洞宗と*臨済宗の修行の違いを明確にした中国宋代の二人の禅僧のうちの一人．もう一人は*宏智正覚（1091-1157）であり，禅定は目標に向かうものではなく自己完結的なものであると主張し，ただ坐して，本来具わっている*仏性をその坐する中に顕すよう弟子たちを指導した．これに対し大慧は，これを*「黙照禅」（この語は後になって皮肉にも中傷の言葉でなくなり，正当な表現として用いられるようになる）と貶しめ，原則的に*公案の利用を通じて修行者が全力を尽くして悟りに向かって努力する，より活動的な禅の形を推進した．弟子の心の中に，悟りを通じてのみ克服できる内面的危機を引き起こすように大きな疑問を生ぜしめるために，大慧は公案を用いた．大慧の教えと宏智との論争は，臨済宗がより活動的で目標に向かうものとして，曹洞宗がより受動的で哲学的なものとして，それぞれを自己定義するよう促した．

大和尚 だいおしょう daiosho（Jpn.）
日本の仏教者の用語で，「偉大な先生」を意味する．具体的には，系譜における上位の師を呼ぶ際に弟子が用いる．

大疑団 だいぎだん dai-gidan（Jpn.）
禅の実践において，真実と想定されるあらゆることがらに対して生じる強烈な疑い．禅の実践それ自体の効用に関するものも含む．飲み込むこともはき出すこともできない灼熱の鉄球がのどにつまるような，一種の麻痺を生じさせるもの，および，悟り菩提の経験に必要不可欠な前兆のこと．

太虚 たいきょ ⇨太虚 たいこ

大解脱 だいげだつ dai-gedatsu（Jpn.）
涅槃．悟りの境地への到達．

太虚 たいこ T'ai-hsü（1890-1947）
国民党時代の中国の比丘．仏教徒の生活と実践を改革し現代化することに尽力したことで知られる．20 世紀初めの中国の他の僧侶とともに，太虚は仏教の状態―聖職者の教育と実践の軽視，彼をとくに悩ました聖職者へ金銭を支払う葬儀や他の儀式への過度の依存に落胆した．僧団の規則の不統一もまた，太虚をいらだたせた．彼の考えでは，包括的な理性的な組織が，彼が心に描いていた改革の尺度の実行のための方法を提供するのに必要であった．太虚はまた，聖職者が現在の状況を改善するために働くことよりも浄土への往生を探すよう人々に勧めて，現実世界と関係することに不承不承であることを非難した．太虚のこれらの欠点を矯正しようとする努力は，結果として不完全に終わった．ある人が計画段階で死んだ後に別の者が仏教協会の計画を立ちあげたため，太虚の僧伽を組織化する努力は報われなかった．一方で，彼の教育事業はもっと積極的な結果を生み出した．太虚は，とくに経典や瞑想，僧団規則に関して講義する伝統的な方法を避けて現代の科学と英語の学習や大衆文学を加えた，現代社会に合うような仏教教育を取り込む案を立ててさまざまな学校を設立した．太虚は，『海潮音』（大洋の潮の音）という雑誌を発刊し，それを通して「人間の生活のための仏教」（人間仏教）として述べる新しい仏教の考えを喧伝した．この言葉は，葬儀から離れて現実の人間への関心と社会問題に真剣に取り組む新しい生活に焦点をあてることを指している．太虚はまた，世界中の仏教徒との交流や仏教と他の宗教との交流をつくり出すことに向けて働いた．1920年代に，当初は紙上で存在していた組織である一連の世界仏教徒連盟の会議を始めた．その後10年間で1925年の東アジア仏教徒会議の創設を助けた．これは，（植民地に位置する台湾を含む）日本や中国からの関係者を引きつけた．1928年に，太虚は中国の国民政府を説得して中国文化の代表者として自身を海外に派遣させ，ヨーロッパと米国への9カ月の遠征に乗り出した．その間，中国の僧団内における活動の地位が誤解されて，太虚はしばしば「仏教の教皇」と報道された．この遠征は，準備不足と有能な通訳の確保の失敗のために多くの欧米人に感銘を与えることは失敗したが，国際的な人物像という国内での名声を確立させ，他の主導権も握ることとなった．1930年代には，スリランカの上座部と教育課程を交換することを確立し，その後の10年間に国民政府は再び太虚を海外に派遣した．このときは，日本に抵抗する戦争時で，中国のための支援を引っ張り出すためであった．これらの接触で最大の成果は，おそらく彼の死後にやってきた．スリランカの遠征のときに，G. P. マララセーケーラ博士に出会い，国際的な仏教徒の組織の必要性について議論したが，第二次世界大戦が終了するまで待つべきであると同意した．1950年に，マララセーケーラは*世界仏教徒連盟を設立し困難に耐えて成功した．

太虚の努力と提唱の多くは（主として多くの壮大な計画に対して深くかかわれなかったために）ほとんど結果をもたらさなかったけれども，影響力は弟子の努力を通じて長く続いた．聖厳（1930-）や星雲（1927-）といった現代の師だけでなく，印順（1902-2005）や李子寛（1882-1973）といった信奉者の多くが，太虚の見解に自分たちが負っていることを認めて，現代社会の要求に仏教が合うように努めている．

大黒 だいこく Daikoku

1. 五穀，および幸運のヒンドゥー教の神．日本の仏教に守護神として移入された．

2. 日本の仏教者の妻．

大黒天 だいこくてん Daikokuten

タントラにおける神格である*マハーカーラが，柔和かつ日本的な形状に変容されたもの．

太古普愚 たいこふぐ T'aego Pou (1301-1382)

*高麗時代の仏教徒で，禅の*臨済宗系を朝鮮に導入した功績がある．12歳で得度し，謎かけ（*公案）に関する瞑想に多くの歳月を費やし，32歳と37歳のときに二つの主要な悟りの体験を得た．1346年から1348年にかけて中国の元朝に行き，南北を旅した．その間に，彼の体験が臨済宗内で承認された．朝鮮に戻り，自分の時間を南部の農業に従する寺院と高麗の宮廷とに割いて活動した．高麗の宮廷では，*国師として認められ，仏教の確立の調停を行った．この地位についた彼は朝鮮の禅宗を統一することを試み，ある程度成功した．1368年に宮廷での陰謀に邪魔され，彼はもう一度中国南部に戻った．外国にいる間，誹謗者によって王と敵対し，彼は追放されたが，王は態度を和らげ，彼の名誉と称号を回復させた．1369年に戻った後，太古は首都に新しく建設された寺院の管理を任され，さらに後には他の寺院の運営権も与えられた．1381年に朝鮮南部の地元に戻り，翌年亡くなった．彼は多数の法話，詩，序や石碑銘刻を書き残した．銘刻には，彼が精力的な人物であり，生徒に公案の実践や経典の学習を強いる厳しい先生であったことを示している．

『大史』 だいし *Mahāvaṃsa* (Pāli)

「大いなる年代記」の意．『マハーヴァンサ』ともいう．マハーナーマに帰せられ，ブッダの時代からマハーセーナ王（334-361）の治世までのスリランカの歴史を報告するパーリ語の仏教年代記．その記述は*『小史』に引き継がれ，また*『島史』と並行する．

大師 だいし daishi (Jpn.)
日本の仏教において，一般的に用いられる敬称で，「偉大なる師」を意味する敬語．

大寺 だいじ ⇨マハーヴィハーラ

『大集経』 だいじっきょう *Mahāsaṃnipāta Sūtra*
17の大乗経典を編集したもの．この経典の完全版は，インドに同様の形式をもった経典が存在した明らかな証拠があり，多くの個々の経典がチベット語にも翻訳されているが，中国の翻訳のみ存在する．『陀羅尼自在王菩薩品』(*Dhāraṇīśvara-raja Sūtra*) や『無尽意菩薩品』(*Akṣayamati-nirdeśa Sūtra*) といった重要な経典が入っている．

帝釈天 たいしゃくてん Śakra (Pāli, Sakka)
神々または諸*天（デーヴァ）の，王すなわち主．数々の天界のうちで最も低く人の世界に最も近い三十三天（Skt., トラーヤストリンシャ，trāyastriṃśa；Pāli, ターヴァティンサ，tāvatiṃsa）を支配する．仏教の文献に頻繁に現れ，ブッダの信者とされ，信心を守護する．誇り高く，情け深く，公平で，生けるものの守護者であるが，数々の短所を免れていない．帝釈天は，ヴェーダの神*インドラと若干の関連を有する．

大種 だいしゅ mahā-bhūta (Skt., Pāli)
「大いなる要素」の意．物質性を構成する四つの力，すなわち堅さ，流動性，熱，運動であり，一般に地・水・火・風と呼ばれる．これらに第五の要素として空間（*虚空）がしばしば加えられ，時として意識（*識）が第六の項目としてあげられる．

大珠慧海 だいじゅえかい Ta-chu Hui-hai
中国の唐代の禅僧．生没年を含めてほとんど知られておらず，著名な僧侶である*馬祖道一(709-788) の弟子であって，現存する『頓悟入道要門』という重要な文典を書いたことのみが知られている．

大衆部 だいしゅぶ Mahāsaṃghika (Skt.)
第2の会議（→ヴァイシャーリー会議）の後，おそらく第3の会議(→パータリプトラ会議(第1回)）の直前に起こった*教団分裂で，*上座部と分かれて生じた「多数派の教団」あるいは「普遍的集団」を自称する仏教の一学派の信奉者．この分裂を招いた論争は主として律の解釈にかかわるもので，それに関して一方がより自由主義的なアプローチをとったということのようである．*阿羅漢の性質をめぐる意見の不一致（→マハーデーヴァ）に関するある程度の教義上の相違も含まれていたようである．この学派は後代に*一説部，*説出世部，*多聞部といった分派を生み出しつつ，インドにおける仏教の最も繁栄した，影響力ある一形態となった．ブッダと菩薩の性質に関するこの学派の教えの一部は大乗の概念と共通する特徴を有するが，この点に関して大衆部が大乗の興起より前に革新を行った証拠がないため，そのような要素は大乗の影響に帰せられるべきであるとする研究者もいる．この見方によれば，大乗が独自の存在として出現する以前に，その形成に大衆部が寄与した可能性はあまりない．他の研究者は*『涅槃経』のようないくつかの大乗経典の構造に交流の証拠を見ている．

大乗 だいじょう Mahāyāna (Skt.)
「偉大な乗り物」の意．根本的な宗教的理想，信仰，価値観の徹底的再解釈における，多くの学派を包摂する仏教史上の重大な運動．2世紀以前に大乗が存在した証拠はないが，運動はそれより早くに既存の諸学派の教えを組み込みながら結晶し始めたと想定できる．*悲と*智慧という一対の価値がきわめて強調される．他者への奉仕に一身を捧げる菩薩は宗教的実践の新しい範例となり，利己的な解脱の追求に専念して浮世を離れた生活を送ると批判される*阿羅漢と対立した．以前の理想を奉ずる諸学派はこれ以降小乗（小さな乗り物）あるいは*声聞乗（聴聞者の乗り物）として貶称された．

大乗の哲学的教義は，*『般若経』すなわち「智慧の完成」のテキストとして知られる新しい膨大な文献の中に予示されている．ここでは*空性の教義が際立つようになり，ブッダは新しい観点から，熱心な帰依に値する超自然的存在とみなされる．ブッダの性質に関するこの新しい概念は，のちに*三身の教義において正式化された．やがて大乗の傘下には*中観派，*瑜伽行派，浄土教，*金剛乗といった新しい教義と学派が興った．大乗型の仏教は北アジアで支配的である．それはインドからネパール，チベット，中央アジア，中国，朝鮮，日本へと広がり，これらの文化の影響下で多くの形態をとってきた．ネパールとチベットの仏教はタントラ修行と中央アジアのシャーマニズムに影響されており，一方中国では道教と儒教の影響がその痕跡を残した．仏教と道教の相互間の影響は瞑想の静寂主義を旨とする禅宗を生みだし，それは日本の禅へと発展した．

大乗和尚　だいじょうおしょう　⇨マハーヤーナ和尚　まはやなおしょう

『大乗起信論』　だいじょうきしんろん　*Mahāyāna-śraddhotpāda Śāstra*

英題は“*The Awakening of Faith in the Mahāyāna*”．大乗の思想を端的にまとめたもの．著者は古代インドにおける著名な思想家・詩人である*アシュヴァゴーシャに帰せられ，550年に*パラマールタによって漢訳された．もう一つの漢訳はシクシャーナンダ訳であり，唐朝のものである．これらの二つの漢訳があるにもかかわらず，サンスクリット原典も発見されていないこともあり，現在では中国で撰述されたテキストと想定されている．簡潔なテキストであるが，大乗の仏教の諸思想を総合する著者の明敏さが随所に現れており，この論書は東アジアの仏教思想に大きな影響を与えた．

『大乗起信論』の主要なテーマは，本質（絶対，悟り（菩提），普遍，恒常的）と，現象（相対，迷い，特殊，一時的）との関係であるが，それらを進めて，さらに以下の問いをわれわれに提示する．「無知なるものは至上の智慧にどのようにして至るのか．個別的事象から普遍的な理へはどのように至るのか」．これらの問いに対して，この論書は，内在へとはたらきかける超越的なものを措定する．*真如や*絶対の心と呼ばれるものがそれである．形而上・形而下の無垢なる領域に存在するのではなく，それ自身がまさしく現象なのである．真如と現象との結びつきは，如来蔵やブッダの胎児という概念を生じさせる．なお，この「蔵」という語は，胎児・母胎両方の意味であり，如来という果を求める胎児とそれを保証する環境である母胎とを同時に表現している．苦しみのなかにある衆生は，苦しんでいる限り，失望と重荷の中にとどまっている．しかし，個体的存在の範囲では彼ら自身は真如および一心のはたらきの一側面を宿しており，この意味において，彼らは超越と解脱という果をすでにうちに含んでいるのである．

これらの思想は，本覚と*始覚という概念の利用によって，考え出されたものである．本覚は，あらゆる存在のうちにある完全円満なる本性を象徴している．始覚は，相対的な次元においてのもので，*無明にもとづく苦しみがあり，それを克服して至る悟りである．しかし，本性と現象的事象とは別々にあるのではなく，相互に関連しているものであり，互いの間に埋めることのできない隙間があるわけではない．両者が相互に関連しているからこそ，衆生は悟り（菩提）へと至り，輪廻から解脱することができる．テキストの後半部分は，宗教的教化のための実践に関して説かれており，この実践を通じて，信仰（信）を起こし，誤った見方や偏向的な見方を正し，最終的に解脱を獲得する．

『大乗荘厳経論』　だいじょうしょうごんきょうろん　*Mahāyāna-sūtrālaṃkāra*（Skt.）

*瑜伽行派の視点から大乗の道を提示する，*マイトレーヤナータに帰せられる主要な韻文作品．題は「大乗経典の装飾」を意味し，22章，全800詩節からなる．大乗の正当性と真正性を証明して興味深い第1章はこの作品に特有のものだが，全体としては配列と内容において*「菩薩地」とかなりの共通性を示す．*ヴァスバンドゥによる散文の注釈（バーシュヤ，bhāṣya）と*スティラマティなどによるいくつかの復注がある．マイトレーヤナータとヴァスバンドゥによる部分はいずれもサンスクリット語および

チベット語訳，漢訳，モンゴル語訳で現存する．

『大正新脩大蔵経』 たいしょうしんしゅうだいぞうきょう *Taishō Canon*

東アジア仏教の経典を含む諸々の仏典の集成．この名称は「大正時代に新たに編纂された経典などの大きな蔵」を意味する．広く単に「大正」と呼ばれる．2920の文献を85巻におさめたこの書物は，1924年から1932年にかけて高楠順次郎の指揮の下に日本*三蔵編集委員会により編纂・校訂された．この中国・日本・韓国の漢語仏典の編集は既存のいくつかの大蔵経を批判的に読解することにもとづいており，利用可能な東アジアの仏典の集成としては最も完成度が高い．東アジアの仏教学者がこの書物に依拠して引用する場合は，文章の所在を正確に示すために一般的に接頭記号“T”の後に文献番号および（もしくは）巻番号，頁，段，行が記される．たとえばT2016，48：524c13という参照表記は，この文章は延寿の『宗鏡録』からの引用であり，大正蔵の文献番号は2016で第48巻の524頁の第3段13行目にあることが読者に示される．最近では本書以外の古い漢訳大蔵経も利用可能ではあるが『大正新脩大蔵経』はなお研究者たちの標準となっており，近年CD-ROM化されることによって使用の簡便性が高められた．さらに1970～1980年代に出版社によって索引目録が編纂された．→漢訳三蔵

大乗仏教保存財団 だいじょうぶっきょうほぞんざいだん Foundation for the Preservation of the Mahāyāna Tradition

大乗仏教の教えを広めるために1975年に設立された国際的な組織．創始者は2人のチベット人の高僧で，ツプテン・イェーシェーとツプテン・ゾーパ・リンポチェーである．大乗仏教保存財団は世界中に100以上の施設をもち，ネパール・カトマンズのコパン寺に本部を置く．

大勢至 だいせいし Mahāsthāmaprāpta (Skt.)

「大いなる力を獲得した者」の意．重要な想像上の菩薩の名．とくに東アジアの仏教で親しまれており，悟り（菩提）への努力の必要性に人々の眼を開かせると信じられている．大勢至は*『法華経』のような大乗の作品で早くに言及され，しばしば*観自在と対にされ，ともに*シャーキャムニまたは*阿弥陀の両脇に三者一体の形で描かれる．図像的には色は白で，開いていない*蓮華の蕾を手にした姿で描かれる．東アジア美術では髪の中に*パゴダをもった姿で示されることもある．

大徳寺 だいとくじ Daitoku-ji

京都にある*臨済宗の寺院．1324年に建築され，1327年に*宗峰妙超によって開山された．臨済宗の一派である大徳寺派の総本山である．

『大日経』 だいにちきょう *Mahā-vairocana-abhisaṃbodhi Tantra* (Skt.)

「マハー・ヴァイローチャナ（大日如来）の悟りのタントラ」の意．おそらく7世紀半ばにつくられた，きわめて影響力のある*チャリヤー・タントラ．性的な*ヨーガを除くタントラ修行の全般を体系的に提示する作品の中では最も早いものである可能性がある．マハー・ヴァイローチャナの悟り（*正覚）がこの世でさまざまなマンダラ，マントラ，*ムドラーを通して表現されるありさまを説き，それによって，修行者もそれらに関連した実践に儀礼の中で習熟することを通して，その境地を達成することを目的としている．この作品はインドでは後のタントラの発展によって影が薄くなったにもかかわらず，東アジアの密教の伝統においてはきわめて重要となり，日本の*真言宗では現在でも大いに尊崇されている．テキストはわずかなサンスクリット語の断片を除いてチベット語訳と漢訳で現存し，いずれにも初期の密教修行および教義について多くの情報を提供する重要な注釈がいくつかある．

大日能忍 だいにちのうにん Dainichi (or Dainichibō) Nōnin (-1194?)

日本において，鎌倉時代初期に短期間存在した禅の宗派である*達磨宗の創始者．大日房能忍ともいう．能忍は，自身の修行時代に禅文献を学び，悟りに関する重要な経験を得た．禅の悟りは，師の認可が必要であり，1189年に，能忍は2人の門弟に手紙と贈り物をもたせ，拙

庵徳光(1121-1203)に会いに中国へと行かせた．拙庵は，能忍の経験に認可を与え，認可証と衣を送り返した．それによって能忍の名声は広がり，彼のもとに多くの弟子が集まった．古い資料によると，1194年もしくは1195年に，能忍は甥によって殺されたとされるが，これに関する証拠はほとんど存在しない．彼の死後，弟子たちは*道元（1200-1253）のもとに加わった．

タイの仏教　Thailand

以前にはシャムとして知られたタイは1932年に憲法で規定された民主主義国家となった．仏教（ほぼ全体が上座部）は国民の生活の全域にわたって指導的な役割を果たしており，1902年の*サンガ法の施行以来，公式な宗教として憲法上の地位を享受してきた．この法案のもとで，宗教階級が生み出され，王の任命を受けた最高の祖（サンガ・ラージャ，Saṃgha-rāja）によって管理された．この仏教と国家主義の連がりのために，若者たちが短期間，通常3カ月間の雨安居に比丘として過ごすことが伝統となっている．両親のほとんどが，それを偉大な名誉と考え，息子が滞在を延長し宗教的な生活に終身を捧げることを望むが，ほとんどの若者にとって，それは「国家への奉仕」の一種であり，ほかにとりうる職業の経歴への一段階である．

パーリ語の歴史書では，タイは*サーミンダヴィサヤと言及され，中世にまで遡ってスリランカと密接な関係にあったと述べている．仏教がスリランカで衰えたとき，*出家の系統を回復するためにタイからスリランカに僧侶が送られた．その地域の先住民はモン族であり，早い時期にインドの*アショーカ王の派遣した宣教師によって上座部仏教が導入された．ハリプンジャヤやドゥヴァーラヴァティーとして知られるモン族の王国の地域にしっかりと根づいた．5世紀から15世紀にかけて，その地域の権力はクメール帝国がもっており，ヒンドゥー教と大乗仏教のさまざまな形式も普及していた．11世紀にビルマから宣教師が送られ，タイの人々がモンゴル人によって中国から立ち退かされたその地域に到達した．彼らは，仏教の上座部の形式が性分に合うことに気づき，大乗仏教にとってかわり始めた．1260年頃にスコータイ朝がクメール帝国から独立し，ラーム・カムヘーン王（1275-1317）が上座部を国教に定めた．1492年にスコータイ朝が滅び，アユタヤ朝におきかわって1767年まで支配した．この間にパーリ正典の版がソングダルム王（在位1610-1628）によって作成され，僧伽と王家との関係はより親密となった．アユタヤ朝は，ラーマ1世（1782-1809）によって倒され，彼はチャクリー王朝を立てて僧伽の浄化に専念した．彼の後継者の一人である*モンクト（ラーマ5世，在位1851-1878）は王になる前は27年間僧侶であった．（自身が設立した）厳格な*タンマユットの一員であった彼は，王になる際に，最大派閥のマハーニカイ（Pāli，マハーニカーヤ，Mahānikāya）を含むすべての僧侶が，今後はより厳格な規律に関する実施を守るべきであると命じた．僧侶が宗教権威のおもな源であるが，在家信者の集団がごく最近に確立され，多くのタイ人が聖職者に関する部分に対してより現代的な見解を表明し，現在の生き方の問題により関連のある昔の教えを改めている．

提婆達多　だいばだった　⇨デーヴァダッタ

『大般涅槃経』　だいはつねはんぎょう
Mahāparinibbāna Sutta（Pāli）

「偉大なる死に関する経典」の意．パーリ正典の*長部の中の16番目にして，最も長い経典．ブッダの死に至るまでのできごとや，彼の人生の最後の数カ月の旅を詳述している．この経典は，*マガダ国と*ヴァッジー国との間に今にも戦争が起こりそうな状況に言及していて，*アジャータシャトル（Pāli, Ajātasattu，アジャータサットゥ）王が，ブッダの助言を求めて大臣を派遣するところから始まる．残りの記述のほとんどは，ブッダと*アーナンダとの非常に長い対話から成っているが，これは他の正典においてもたびたび起こることである．話が進む中で，ブッダは自分の人生の終わりが今から3カ月後であることを予言する．そして死ぬ直前に病を引き起こすことになる肉を食べるのである（→スーカラ・マッダヴァ）．ブッダはまた，もし求められれば，未来永劫まで自らの寿命を延ばすことも可能であるとも述べている．物語は，ブッダの*火葬と*仏舎利の分配で終わる.

『大毘婆沙論』 だいびばしゃろん *Mahāvibhāṣā* (Skt.)

「代替の大いなる書」あるいは「二者択一の大いなる書」を意味する題の，おそらく3世紀に*ガンダーラでカニシュカ2世の庇護のもと編纂された浩瀚な論書．伝統的には*カニシュカ1世の治世に開かれた*カニシュカ王の会議でつくられたと信じられているが，テキストが「カニシュカ前王」への明確な言及を含むので，これはありそうにない．さらにアフガニスタンにおける碑文と最近の発掘物は，2世紀以前に仏教徒によってサンスクリット語が使われたはずがないことを示唆している．この論書は*説一切有部の哲学者*カーティヤーヤニープトラによる*阿毘達磨の基礎的な作品*『発智論』（知識の基盤）の注釈である．『ヴィバーシャー』（*Vibhāṣā*）としても知られるこのテキストは*毘婆沙師の見解の百科辞典であり，教義上の専門的な諸点に対する，諸学派の著名な教師の見解を記録している．『大毘婆沙論』は3本の漢訳でのみ残り，部分的にチベット語に訳されたものの現存していない．漢訳は，復元されているサンスクリット語写本にみられない付加的な素材を含む．『大毘婆沙論』は何世紀にもわたって小乗諸学派の間の*討論の基礎をなし，これを批判し補完するために*ヴァスバンドゥの*『阿毘達磨倶舎論』のような多くの短い論書が著された．

『大方広仏華厳経』 だいほうこうぶつけごんきょう *Avataṃsaka Sūtra*

伝えられるところによると，ブッダが悟ってすぐに説いたとされる大乗経典．ブッダ自身の見解の内容を直接伝える．この経典の完全なサンスクリット語版は現存せず，一部のみ存在し，*華厳宗の*智儼が，シクシャーナンダ（実叉難陀）による翻訳からサンスクリット語テキストの概略を残した．四つの翻訳が残っており，三つが漢訳，一つはチベット語訳である．(1) *ブッダバドラによる60巻本で，420年に翻訳された（*大正新脩大蔵経 no. 278）．(2) シクシャーナンダによる80巻本で，699年に翻訳された（*大正新脩大蔵経 no. 279）．(3)「入法界品」と呼ばれる最後の章を*プラジュニャーが翻訳した40巻本（*大正新脩大蔵経 no. 293）．(4) 8世紀にジナミトラが翻訳した45章からなるチベット訳（北京版25, 26巻）である．(1), (2), (4) の三つの完全な翻訳に加えて，この経典の多くの部分が翻訳され独立した作品として広められた．この事実は，サンスクリット語における独立した部分の存在を示すほかに，これが他の作品が付け加えられ何世紀もの間にわたって増大した百科事典的な作品であることと研究者は結論づけている．

華厳宗の解釈に従うと，この経典の真の目的は，読者にこの世界が完全に悟ったブッダや上級の菩薩にとってどのように見えるかを示すことである．本来備わっている存在の空性としてや心の活動に反応して生滅する動きとして理解される宇宙を提案する．すべての現実が心に依拠して起こることを理解し，瞑想を通して自身の心を完全にコントロールしているブッダは，いかなる距離においても影響を及ぼすことができる．それは，悟っていない者には魔法のように思えるが，ブッダにとっては心によってつくり出されたものとして現実を表すにすぎない．ブッダの変身は，生死を繰り返してたどる一般の生き物が行う変身と質において変わりはない．決定的な違いは，ブッダがその過程に気づきそれをコントロールしていることである．このために，ブッダは相互に堅固な境界線を伴うまったく異なるものから構成されていない宇宙に存在する．かわりにブッダは心の基本的な変化のなかに休みない変化を理解する．

この流動性と強固な境界の欠如の結果，現実すべてが完全に互いに浸透し合っているかのように見える．この浸透は，2段階のレベルで起こる．最初は，現実の究極の性質，物自体がすべての個々の現象において完全に表現される．より具体的にいうと，唯一仏の*毘盧遮那（歴史上の*シャーキャムニ仏がその流出物とされる）はあらゆる現実の基礎である．すべての個々の現象は彼から現れるので，彼は完全にすべての物事に遍満する．二番目に，物自体（毘盧遮那）があらゆる現象に完全に遍満するので，あらゆる現象は互いに完全に浸透し合う．個々の物事はこの変身の基本となる母体から生じ，個々の事物は，その他のすべての事物に含まれ影響する．あらゆるものが，あらゆるもの自身の内部に存在し，それにもかかわらず事物は互いに混乱しない．

最も重要な章は「十地品」であり，そこで菩薩が乗り越える階位（*地）が述べられる．最後の章である「入法界品」では，スダナ（善財）という名の若者の旅が描写されている．彼は次から次へと師を訪れ最終的には53人の師と出会う．それぞれの師によって，彼の認識は深まっていき，訪れる師は売春婦のヴァスミトラーから最も偉大な菩薩の*普賢菩薩に至るまであらゆる階層の人々を表している．旅の最後には，スダナは自分の身体と心を残りの現実から隔てている境界の誤りを体験し，ダルマの領域の*法界である大海の流れに気づく．彼の理解によってすべての前からある障害は彼にとって自明のものと変わり，自在に妨げなく宇宙を歩き回る．ここで経典が結論としているのは，読者に完璧な悟り（*正覚）の獲得によって自分たちもまたスダナが成し遂げたことを成就し，法界を自由に歩き回るという見解と約束が残されることである．この経典は，中国と日本の華厳宗における教義の基礎をつくった．

大品 たいほん Mahāvagga（Pāli）
*律の「主要な部分」．→小品

題目 だいもく daimoku（Jpn.）
日本の*日蓮宗において，仏の教えを最も顕現したとされる*『法華経』に付与された名称．日蓮宗の信者は，その経典名を唱えることにより，覚醒と智恵がもたらされると信じている．日本では，唱和される経典名は「南無妙法蓮華経」であり，すばらしい教えを説く蓮華の経典への帰依を意味している．

ダーガバ dāgaba
シンハラ語の術語．しばしばヨーロッパの言語内ではdagobaと綴られる．文字どおりには「遺骨の入れ物」の意．*仏舎利が収められる墓や廟を指す．→ストゥーパ

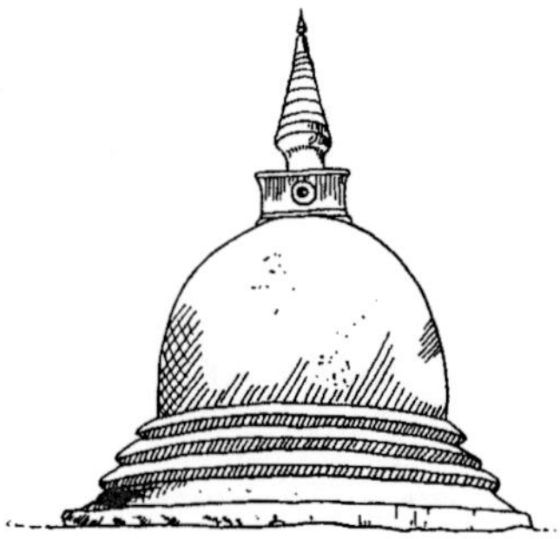
ダーガバ

ダーキニー dākinī（Skt.；Tib., mkha'-'gro-ma）
タントラ仏教において，ダーキニーは熟達した*ヨーガ行者の一類型もしくは女性神格の一つで，図像では裸体に半忿怒の相で描かれる．茶吉尼ともいう．*シッディの実現にあたって，行者と補助者を導く媒介としてふるまう．ダーキーニーがインドの資料で最初に言及されるのはおよそ4世頃で，おそらく部族の巫女を起源とすると推測される．その名称は「虚空へ向かうもの」を意味するチベット語訳が示唆する「飛ぶこと」よりも，むしろ「召還すること」や「太鼓を打つこと」を意味する同語源の言葉と関連しうるものである．

茶吉尼 だきに ⇨ダーキニー

沢庵宗彭 たくあんそうほう Takuan Sōhō（1573-1645）
足利時代から徳川時代への移行期における日本の有力な*臨済宗の禅師．9歳のとき政治的に逆境に陥った父によって寺に預けられた．僧としての履歴は*浄土宗の寺で始まり，やがて禅寺に移った．何人かの師のもとで修行を積んだが，その中には世俗的で過度に政治的な成功に関心をもつ人物がいた．1604年に*悟りを得て，まもなく皇室から京都の*比叡山に近い大徳寺の住持に任命されるという栄誉に浴した．これは僧侶ならば誰もが望む名誉の一つであるが，彼は世俗的なかかわりを避けるために任命

の3日後にこの職を辞した．しかし1611年には*大徳寺の塔頭大仙院の住職に就くことに同意した．当時徳川幕府は新しい寺院統制を導入しつつあった．沢庵は新しい規制は実施が困難であるとして，二人の僧とともに徳川幕府に対してその廃止を求める請願書に連署した．このため1629年に審問され流罪となった．3年の流刑の間は快適に暮らすことができた．釈放後に新将軍によって江戸に呼び返された．前将軍の冷遇にかわって，新将軍徳川家光から格別な信頼と知遇を得た．沢庵は家光が自分の寺として江戸に建立した東海寺に住した．名声を避け簡素にひたすら禅の修行に励むことを願いとしたにもかかわらず，皮肉にも俗悪な僧侶が望むであろう地位に昇った．死の床で弟子たちから辞世を求められると，筆を取り紙に「夢」という一字を書き，筆を置いて亡くなった．

他空 たくう extrinsic emptiness (Tib., gzhan-stong)

チベットで発展した理論であり，ドルローパ・シェーラプ・ギェルツァン（1292-1361）や他の人々によるものであり，*『宝性論』とその関連典籍において説かれた如来蔵思想にもとづいている．広く知られる*中観派にみられる．*自空とは対照的なものである．この理論にもとづくと絶対的な真理（*波羅蜜）は，それ自身の*自性を欠くことなく，悟り（菩提）や仏性のすべての性質を本質的に備えるが，妄想された通常の現象のあらゆる側面を欠くものとされる．

タクシラ Taxila

*ガンダーラの古都．サンスクリット語では「タクシャシラー」(Takṣaśilā)，パーリ語では「タッカシラー」(Takkasilā) と呼ばれる．仏教文献では商業と学問の一大拠点として描かれており，各地の商人や学者が訪れたという．この地の大学ではヴェーダのほか，弓術や剣術を含む18種の伝統的な技芸と学問が教えられていた．

托鉢 たくはつ takuhatsu (Jpn.)

比丘たちが食を乞うて歩きまわること．禅寺では比丘たちが鉢を携えて食事のために食堂へ行くことをいう．→鉢

タザウン tazaung (Burm.)

通常*ゼディの周りに建てられる種類の聖堂の建物を意味するビルマ語．

ダサ・シルマーター dasa-silmātā (Pāli)

スリランカにおいて俗人と尼僧の間の地位をもつ敬虔な女性たち．その名は「十の戒律の母」を意味し，彼女たちが身につける十の戒律は，律において新参の尼僧（シュラーマネーリー，śrāmaṇerī）に定められている十戒と同じである．尼僧と同じく，彼女らはオレンジ色の*衣をまとい，頭を剃ってはいるが，*上座部の伝統において尼僧への*得度の伝統ははるか昔に途絶えてしまったため，完全な得度を受けることができない．

タシルンポ寺 Tashilhumpo (Tib., bkra-shis lhun-po)

*ゲルク派の主要寺院で，南チベットのシガツェの町に位置する．1447年に*ダライ・ラマ1世によって建立され，代々*パンチェン・ラマの住まいとなっていた．1950年代の中国の侵略と文化大革命に伴う宗教的な施設の無差別的な破壊はかろうじて免れた．

堕胎 だたい abortion

道徳上の問題としての堕胎について，仏教文献では詳細に論じられることがなかった．しかし，パーリ正典や他の古資料では記述が十分にあり，堕胎を行うことは重大な過ちであると示されている．仏教徒が堕胎に賛意を示さないのは，再生に対する信仰や胎生学に関する教義と関連している．受胎が再生の瞬間を指し，その後に妊娠状態を意図的に終わらせることは，五種の戒律の第一戒違反に相当すると広く考えられている（→五戒）．このことは概してほとんどの仏教徒にとって公然と認められた見解であり続けているが，もちろんこの立場が仏教国における堕胎の数につねに反映しているわけではない．東南アジアの比較的保守的な国では，母体に危険が及ばない限り，一般的に堕胎は非合

法である．しかしながら，タイでは年間30万件ほどの非合法堕胎が一般的であるという．東アジアの国々では堕胎の数がさらに多く，年間100万件以上の堕胎を行う国として，日本や韓国が引き合いに出されることもある．日本では，最近数十年に行われてきた多数の堕胎に応える形で，*水子供養として知られる追悼の儀式が展開されてきた．

立川流 たちかわりゅう Tachikawa-ryū (Jpn.)

日本仏教の*真言密教の分派で，一般的に異端と考えられている．12世紀初めに道教の陰陽道思想が真言儀礼に結合して形成された．名称の由来は立川の町で真言僧仁寛が陰陽師に密教の教義を伝えたといわれ，この陰陽師が陰陽道と真言密教を結びつけて教義を整えた．男女交合の儀式や魔術の採用などが人々を惑わせたため，指導者は頻繁に流刑された．僧宥快（1345-1416）が真言から立川流を駆逐したといわれている．→道教

タットヴァ tattva (Skt.)

真理や真実，事実，基本原理など，幅広い意味を表す哲学用語．

タト that (Thai)

タイで*ストゥーパを意味する言葉．

『ダートゥカター』 ⇨『界論』 かいろん

ダーナ ⇨布施 ふせ

ダーナパーラ Dānapāla

インド人比丘で，インド北部のウドヤーナ出身．施護ともいう．980年に中国にきて北宋の首都，開封に居住した．そこで，数多くの経典，とくに*『一切如来真実摂経』の完全版を含むタントラ仏教に関係する経典を翻訳した．1017年の死に先だって，さまざまな言語で印刷された最初の仏教正典である画期的な*漢訳三蔵の宋版を編集する準備に関係した．

タプッサ Tapussa, Tapassu

仏教に改宗した最初の在家信者の一人．タプッサが友人のバッリカとともにブッダに出会ったのは，ブッダが悟りを得た8週間後のことである．彼らはブッダに食べ物を捧げ，そして最初の在家の弟子となった．

タベイ thabeik (Burm.)

(1) 比丘の*鉢と，(2) *ストゥーパの伝統的な要素を意味するビルマ語．

ダマル ḍamaru (Skt.)

鼓（つづみ）の一種．木材や人間の頭蓋骨でできた半球形の胴を二つつなげた形状をしており，中心の接続部はくびれている．胴には2本の紐が結びつけられ，その先端には硬い玉がある．本体を回転させることにより，玉が両側の鼓面に当たり，音が鳴る仕組みになっている．その鋭く激しい音色は，すべてに満ちわたる無常を前にしたときの焦燥感を喚起するといわれる．チベット仏教の*タントラ儀礼や瞑想においては，*チューの実践のために大型のダマルが使用される．

多聞部 たもんぶ Bahuśrutīya

*大衆部の分派．前2世紀に興り，インド東南部*ナーガールジュナコンダ近辺でおもに栄えた．唯一の碑文によると，多聞部はインド北西部でも活躍したとされているが，これはほぼ誤読によるものと考えられる．多聞部の教義についてはほとんど知られていないが，経の深遠にして暗黙の意味に力点をおく点は本派の大衆部と対照的である．多聞部は，大衆部が経の皮相的で明示的な意味の理解に止まる点に対して批判を加えた．多聞部の正典は五つの要素から成り，標準的な三蔵に加えて雑蔵(サンユクタ・ピタカ，Saṃyukta Piṭaka）と菩薩蔵（ボーディサットヴァ・ピタカ，Bodhisattva Piṭaka）が付加されたものであることが知られている．しかし，多聞部との関連が目されている*ハリヴァルマンの*『成実論』を除いて，多聞部の文献は一切現存していない．

ターラー Tārā

チベット仏教での主要な神格の一つ．ターラーはサンスクリット語での正確な意味ははっき

りしないが（おそらくは「星」），チベット人は「救済者」として理解した．チベットの人々に非常に愛好され，帰依を受けているが，その崇拝はキリスト教での聖母マリアへの崇拝と似たものである．大悲（*悲）の菩薩である*観自在（*チェンレシ）とかかわりが深く，観自在菩薩から生じたといわれている．ある説明によると，般涅槃に入らんとするチェンレシの涙から生じたものとされる．観自在菩薩は救済されず残され苦しむ衆生を振り返ってみて，涙を流し，すべての衆生が救済されるまでとどまることを決意した．ターラーはこの観自在菩薩の憐れみが具現したものであり，それを伝えるものである．多くの資料でターラーはブッダとされ，ターラーの言葉は「すべての仏の母」とみなされている．生涯ターラーを信仰した*アティシャが1042年にチベットにやってきてから，ターラー信仰はチベットに広まった．図像については，ターラーはさまざまな色をしており，最も一般的なものには白と緑のものがある．白のターラーは初期のもので，緑のターラーはタントラの典拠と関連したものである．チベット仏教ではすべてで21のターラー(像)が確認されており，それらはターラー信仰と関連した礼拝の主要典籍に帰せられる．すなわち，11世紀にダルマダラによってインドよりもたらされた『21のターラへの帰依』である．おのおののターラーは異なる役割（病気平癒，災難の回避など）を担っていて，図像上ではおのおのが異なる印相（*ムドラー）を表し，異なるマントラを唱える．主要なチベットの学派はさまざまな形のターラを崇拝対象とするが，ターラーへのマントラである「オーム ターレー ツッターレー ツレー スヴァーハー」（om tāre tuttāre ture svāhā，おおよその意味は「おお，ターラーを賛美すべし」である）は，すべてのチベットの人々に最も知られた祈願文の一つとなっている．

ターラー

ダライ・ラマ Dalai Lama

モンゴル語に由来する尊称であり，前半の「ダライ」は「海」を意味する．青海地方を治めていたモンゴル人王であったアルタン・カンは，1578年，この称号を初期*ゲルク派の師，ナム・ギャツォ（1543-1588）に授けた．同時に，彼の前世たる，ゲンドゥン・ドゥプ（1391-1474）とゲンドゥン・ギャツォ(1476-1542)に遡って，同じ称号が与えられ，彼ら2人はそれぞれ，ダライ・ラマ1世，ダライ・ラマ2世として知られるようになる．それ以降，当代の*ダライ・ラマ14世に至るまで継承されてきた化身には，すべてこの称号を授けられてきた．18世紀中葉の*ダライ・ラマ5世の治世以来，ダライ・ラマたちはチベットにおいて国家の名目上の長であり，同様にゲルク派の精神的指導者であった．→モンゴルの仏教

ダライ・ラマ5世 Dalai lama V（1617-1682）

ロサン・ギャツォ（Tib., blo-bzang rgya-mt-sho）は，最も偉大なダライ・ラマとしてしばしばみなされる．とくに中国の満州族との駆け引きの中で発揮した政治的な洞察力に関して偉大といわれたのであり，優秀な学者としては知られていない．激動期後のチベットが再団結できたのは，たぶんにダライ・ラマ5世によるところが大きく，概して，ダライ・ラマの地位と*ゲルク派による政治的な支配が始まったとされる．とくにその治世においてゲルク派は*カルマ・カギュ派と*ジョナン派を圧倒した．また，その治世はチベットの宗教，社会，芸術が力強い黄金時代を迎えることを知らせるものであった．ゲルク派の教理へのあからさまな肩入

れをしていた以外に，*ニンマ派の特定の教義，行法に傾倒していたことも知られる.

『ダライ・ラマ6世歌集』 *Songs of the Sixth Dalai Lama*

世俗の詩歌を集めた人気の高い短編の歌集．論議を呼び，悲劇的な*ダライ・ラマ6世，ツァンギャン・ギャツォ（1683-1706）によって編纂された．多くの歌は伝奇的なものをテーマとしているが，それらには深淵な趣旨が隠されていると信じるものもいる．

ダライ・ラマ14世 Dalai Lama XIV（1935-）

テンジン・ギャツォ（Tib., bstan-'dzin rgya-mtsho）．当代ダライ・ラマとして，現在，亡命生活を送る．1950年の中国によるチベット侵攻の後，チベット人の利益を守ろうとして中国人と協力したが，1959年の暴動の後，ついにインドに亡命し，現在はダラムサラを住まいとしている．その器量，人間性，努力を惜しまずにチベットの主義・主張を国際的に広めることはよく知られ，1989年にノーベル平和賞を受賞した．

ダラダー・マーリガーワ Dalada Maligawa (Pāli)

スリランカの最も重要な仏教遺物である*仏歯を納めている*キャンディーの「仏歯寺」．この寺院の建築は1592年に着手され，おもにキャンディーの王のもとで1687年から1707年，そして1747年から1782年にかけて建造された．現在は深い堀で囲まれピンクに塗られた壮大な建物である．堀の中にある八角形の塔はキャンディーの最後の王，スリー・ヴィクラマ・ラージャシンハにより増築され，重要な貝葉写本のコレクションを収蔵する．1990年代の初め，プレーマダーサ大統領は，遺骨の納められている部屋の屋根に金箔を施した．この寺院は*エサラ・ペラヘラ祭の中心となる．

ターラナータ Tārānātha（1575-1634）

クンガ・ニンポーの尊称．*ジョナン派を率いた教師（尊師）の一人．『印度教理史』（ギャゲル・チューチュン，*rgya gar chos 'byung*）を著した人物として最も知られており，同様にジョナン派の教義について解説した著作を数多く記したことでも知られている．チベットで教育と著作活動を行っていた時期を除くと，カルカ・モンゴルでの仏教の布教に20年を費やした．

陀羅尼 だらに dhāraṇī (Skt.)

字義どおりには「保持」の意．ダーラニーともいう．精神的な修行の末に至る高度な注意深さ（*念）と洞察（*智慧）とを表す．初期の大乗仏教では，陀羅尼は4種に区分された．(1) 忍耐の陀羅尼（クシャーンティ・ダーラニー，kṣānti-dhāraṇī），(2) マントラの陀羅尼（マントラ・ダーラニー，mantra-dhāraṇī），(3) 言葉の陀羅尼（パダ・ダーラニー，pada-dhāraṇī），(4) 意味の陀羅尼（アルタ・ダーラニー，artha-dhāraṇī）である．マントラの陀羅尼とは暗記を助けるためのマントラであり，教義の保持を容易にすべくつくられたとされる．それらはしばしば，長い経の要約であるといわれる．後代に至ってタントラ仏教が興起すると，陀羅尼は通常のマントラと区別がつかなくなる．しかし，陀羅尼は一般的に通常のマントラより長く，またマントラと異なり，日常言語としてもおおむね理解できる．

ダーラニー ⇨陀羅尼 だらに

他力 たりき tariki（Jpn.）

日本の浄土教の用語で「他者の力」の意味．*浄土に帰依する人々の行を支え力づける*阿弥陀仏の力を指す．日本の浄土思想では他力は念仏者を救いえる唯一の有効な力であり，*自力は傲慢かつ役に立たないものと考えられている．

ダルシャナ darśana（Skt.；Pāli, dassana）

1.「見ること」，「見方」の意．サンスクリット語の単語のなかでは西洋における「哲学」（philosophy）に最も近い意味を有するものであり，インドの六つの哲学学派を指して用いられる．

2. 仏教においては，真実や，*四聖諦をはじめとする仏教教義の諸相についての洞察を意味する.たとえば,ブッダへと至る五つの道(*五道)の第3,*見道(ダルシャナ・マールガ)での「見」(ダルシャナ)は,この意味で用いられている.

3. ヒンドゥー教では*グルや聖者への謁見を意味することもある.仏教においてはこの意味で用いられることはない.

タルチョ prayer flag

チベット仏教に関連した,方形の色布にマントラや仏教の尊格が染め付けられたもの.紐に結わえられて吊るされ,風にたなびくように飾られ,それによってマントラの力を「活性化」させ,守護と功徳(*福)を授けることができると信じられている.

ダルマ dharma (Skt.; Pāli, dhamma)

「支える」,「保つ」を意味するサンスクリット語の動詞ドゥリ(dhṛ)を語源とし,法と訳される.ダルマはきわめて重要な用語であり,おもに三つの意味を有する.(1)森羅万象のはたらきを物心両面で支える自然の秩序,または普遍的法則.(2)仏教の教えの総体.仏教の諸々の教義は,個々人が普遍的法則との調和のうちに生きるようにするため,その普遍的法則を正しく記述し,説明するものであると考えられている.*三宝や*三帰依においてブッダ,僧伽と並んであげられるダルマは,この意味のダルマである.(3)*阿毘達磨の分類法では,ダルマは経験的世界を構成する個々の諸要素を意味する.これらの要素には認識者の外部に存在するものと,認識者の心理プロセスや性格特性などの内的なものとがある.*中観派がその本質的実在性を否定するダルマはこの意味のダルマであり,彼らは,すべての現象は本質的実在性を欠いている(空である)と主張する.

達摩掬多 だるまきくた ⇨ダルマグプタ

ダルマキールティ Dharmakīrti (7世紀)

南インドに生まれ,*ナーランダーの仏教論理学派を代表する学僧となった.法称ともいう.*瑜伽行派と*経量部の教義に依拠して多くの重要な著作を残したが,代表作は*『量評釈』である.彼は同書において認識論と論理学を扱い,先師*ディグナーガの思想を敷衍し,発展させた.同書は4章で構成され,それぞれ推論,知識の妥当性,知覚,論証式を論じる.ダルマキールティの著作でサンスクリット語原典が現存するものは少ないが,チベット語訳ではすべての作品が伝わっている.

ダルマクシェーマ Dharmakṣema (385-433)

インド中部出身の比丘で,5世紀初めに中国で翻訳家として活動した.曇無讖ともいう.彼が訳した多くの作品の中に*『菩薩地持論』や*『涅槃経』がある.

ダルマグプタ Dharmagupta (619没)

南インドの比丘で,隋代に中国にきて,590年頃に長安に到着した.達摩掬多ともいう.606年に洛陽に移動し,多くの大乗経典と論書を翻訳した.

達磨宗 だるましゅう Daruma-shū

初期の日本の禅宗.*大日能忍(-1194?)によって創始された.達磨宗は信仰至上主義であり,厳格な修行を欠くことから,伝統的な*臨済禅や*曹洞(曹洞宗)の禅宗から激しい批判を受けた.しかし,この宗派に関する文献の最近の研究により,異なった実態が明らかとなった.この宗派は,自らを禅の祖である*ボーディダルマ(「だるま」(達磨)は彼の名の日本語訳である)の直接のダルマの系譜であるとみなしており,密教的儀礼によって,ボーディダルマを崇拝している.また,その教義は,大乗の文献*『首楞厳三昧経』と同様にボーディダルマに帰せられる三つの論書にもとづいており,この宗派の呼称である「一経三論の宗」はこれに由来するものである.この宗派は,万物とブッダとの同一性,普遍的な*空性,および幸運をもたらすという密教的軌範と儀礼の不可思議な功能を説いた.達磨宗は少しの間繁栄したが,それは能忍の個人的なカリスマに大きく依存したものであり,彼の死によって,弟子たちは曹洞宗などの他の禅の宗派へと参じた.

ダルマパーラ Dharmapāla

インドの*瑜伽行派を代表する論師の一人で，*バーヴァヴィヴェーカと同時代人．護法ともいう．6世紀の早い時代に活動し，32歳の若さで死去した．インド中を旅して小乗と大乗の両方を学んだ後，最終的に*ナーランダーに拠点をおく．*ディグナーガは彼の師の一人である．古典的な瑜伽行派と異なり，ダルマパーラの解釈には観念論の傾向がみられる．彼の弟子である*シーラバドラは*玄奘と師弟関係にあり，その関係を通して，ダルマパーラの瑜伽行派理解は中国に伝えられることとなった．

ダルマ・ムドラー Dharma-mudrā（Skt.）

「ダルマの*ムドラー」の意．*瑜伽タントラで説かれる，瞑想に用いる四つのムドラーの一つ．諸仏の言葉の側面に対応する*種子を用いた，変容瞑想の実践における諸仏をイメージするプロセスを指す．→身口意

ダルマラクシャ Dharmarakṣa

インド人比丘で，4世紀に中国の洛陽や長安で翻訳家として活動した．竺法護ともいう．*『法華経』や*『十地経』を含む150以上の重要な小乗や大乗の経典に関して働いた．

タンカ thang-ka（Tib.）

チベットの巻物に描かれる画で，通常は不透明水彩（グァッシュ）を使って木綿の画布に描かれる．ブッダやその生涯での逸話，タントラの尊格，マンダラ，仏教の論師や聖人などの宗教的な多様なことがらが描かれる．3本の立派な金襴の絹の帯を枠とし，持ち運びの際には巻きあげることができるものが標準的である．例外的に，高価なタンカには金の裏面（セルタン，gser thang）を用い，中央には尊格が色で染め付けられ，列をなした小さな複製の像が外周を囲むものもある．美術史家は多くの独特の様式を確認しており，チベットの絵画の主要な伝統を反映したものと考えている．

タングート Tangut

チベット人とかかわりのある中央アジアの民族．活発ながら短命であった多民族からなる王国（1032-1227）を建国した．チベットと近接していたため，チベットの仏教のあり方や図像の影響を強く受けた．一方で，漢訳にもとづきながら，独自の書体を用いて仏教正典を翻訳した．

タントラ仏教 tantric Buddhism

「タントラ」と呼ばれる一連の典籍にもとづく，大乗仏教内部に生まれた特殊な修道法．大乗と同じ修行目的を掲げているが，独特の技法を用いることにより，悟り（菩提）という到達目標をすみやかに達成する方法を示すと主張する．タントラ仏教を他のインド仏教から区別する要因としては，次のようなものがある．(1) 悟りに至るための，既存のものにかわる修道法を教える．(2) 比丘や比丘尼よりも，おもに在俗の実践者に向けて教えが説かれている．(3) *世俗的な目的や目標を認め，宗教的（spiritual）というよりも魔術的な実践を行うこともしばしばである．(4) 今生または短期間の内に神格を体現するものへと自己を変容させるという目的のため，悟りに至る道として*サーダナと呼ばれる特殊な瞑想法を教える．(5) その種の瞑想においては，真実のあり方の具体的な表現として，さまざまなマンダラ，*ムドラー，マントラ，*陀羅尼が多用される．(6) 悟りのプロセスにおいて，瞑想の最中にさまざまな神格の視覚像を観想することが主要な役割を果たす．(7) ブッダや他の神格の数と種類が従来の大乗仏教に比べて多い．(8) *グルの重要性と，サーダナの実践のためにグルから受ける指導および適切な参入儀礼の必要性が強調されている．(9) 宗教的生理学（spiritual physiology）が自己変容の過程の一つとして教えられる．(10) 女性の重要性を強調し，さまざまな性的*ヨーガが修行に組み入れられている．

タントラ仏教の起源は謎に包まれている．しかし，従来の大乗仏教とは異なる修道法としてのタントラ仏教は，7世紀頃に今日のオリッサ，ベンガル，グジャラート，*カシミール地方に相当する地域に存在した，宗教的実践に熟練した者たちのグループの中から生まれたという点では，現代の研究者たちの見解が一致している．タントラ仏教の教義，瞑想法，儀礼の一部とな

っている多くの要素は，仏教内外のかなり古い資料にも見つかる．たとえば，観想法は*『般舟三昧経』や*『無量寿経』にも見られる．マンダラは理想化された*ストゥーパであると考えられ，また*陀羅尼は紀元1世紀以前には用いられており，*護摩の儀礼はヴェーダ儀礼から派生したものである．これらの要素は幾世紀もの間に相互に結びつけられ，7世紀中葉には明確にタントラ仏教のものとわかる，*『大日経』のような典籍が出現した．それらの典籍は，性的ヨーガを除く上述のすべての特徴を満たしている．さらに7世紀末までには，*三部のかわりに五仏を用いる*『一切如来真実摂経』などの典籍がつくられた．ついで数十年のうちに*『秘密集会タントラ』が著されたが，これは露骨な性的描写を含むことが知られている最初のタントラ文献である．この後，インドではタントラ文献の数が爆発的に増えるが，『秘密集会タントラ』の系統も，また性的ヨーガと宗教的生理学を前者以上に利用し，女性の役割をより強く重視する*『ヘーヴァジュラ・タントラ』のようなタントラの系統も，ともに数を増していった．*マハー・シッダが出現し，*サハジャヤーナと関連する破戒的な実践が行われるようになったのもこの時代である．タントラ文献群の内容の分化が始まると，それらを区分するさまざまな方法が考え出されるようになる．まず，密教は大乗の内部に生じた代替的な修道法であり，「完成の方法」（パーラミター・ナヤ，pāramitā-naya）に対して「真言の方法」（マントラ・ナヤ，mantra-naya）と呼ばれる．この「真言の方法」はさらに，儀礼を重視する*クリヤー・タントラと瞑想を重視する*瑜伽タントラの二つに細分される．前者の文献には*『蘇婆呼童子請問経』や*『蘇悉地経』などがあり，また後者には*『一切如来真実摂経』や*『秘密集会タントラ』などがある．『大日経』は両者の特徴を兼ね備えていると考えられ，両者を合わせた特殊な位置に置かれる．後に，この区分法は改められ，今日の標準的な区分法であるクリヤー・タントラ，*チャリヤー・タントラ，瑜伽タントラ，*アヌッタラ・ヨーガ・タントラの4分法が用いられるようになる．これらのうち，アヌッタラ・ヨーガ・タントラはさらに*父タントラ，*母タントラ，*不二タントラの3種に分類されるが，*ニンマ派のチベット人たちがこれら3種を*マハーヨーガ，*アヌヨーガ，*アティヨーガと呼ぶように，他の命名法が用いられることもある．

タントラ仏教は僧院共同体の外部，非正統派の*行者たちの中から生まれたものであろうと考えられるが，それはすぐに*ナーランダーや*ヴィクラマシーラ，*ラトナギリといった仏教の権威ある拠点にも導入された．8世紀以降，多くの著名なインドの学僧たちは，多数の注釈文献や独立した論書を著す一方で，熟練した実践者としても名声を博した．そして彼らの影響を通して，タントラ仏教はインド全土および周辺諸国に広まっていった．スリランカやビルマ，タイやインドネシアにも伝わったことが知られているが，インド国外でタントラ仏教がとりわけ成功を収めたのは，チベットと中国である．それから派生して，日本でも*真言宗が興隆した．

タントン・ギェルポ Thangtong Gyelpo (Tib., Thang-song rgyal-po)

15世紀のチベットの行者であり，尊師．鉄の鎖でできた吊り橋を数多くつくったことや*テルマ典籍の発掘者としても有名である．

檀那 だんな ⇨布施 ふせ

『歎異抄』 たんにしょう *Tannishō*

日本仏教の*浄土真宗の古典的文献．この書名は「逸脱を嘆く覚書」の意味である．親鸞（1173-1262）が自ら著したものではないが，その内容は浄土真宗開祖の*親鸞への回帰を説いている．従来親鸞の曾孫である*覚如（1270-1351）が親鸞の法話を筆録し編纂したものとされていたが，内部資料から常陸の親鸞の直弟子の一人唯円坊（生没年不詳）によるものであることが判明した．唯円坊は親鸞の教えが誤って解釈されることを懸念してこの書を著したと考えられている．きわめて短篇であり，親鸞の10の法語とその注釈および簡潔な8章の親鸞の教と行に関する誤解についての記述という二つの部分から成る．この書は親鸞の考えの本来の意味を示したものとして名高い.「善人なをもて往生をとぐ，いはんや悪人をや」という言葉は，*阿弥陀の慈悲はより罪深い人の救済に向けられることを示している．他の箇所では親鸞は弟子をもつことを拒否したことや，念仏は阿弥陀仏の慈悲の下にひたすら称えられるのであって，念仏によって世俗のことがらや現世の利益をはからうことはできないことを強調したことが記されている.

湛然 たんねん Chan-jan (711-782)

中国の*天台宗の第9番目の祖．湛然は，天台の瞑想と教義を10代から学んだが，38歳になるまで出家はしなかった．瞑想の師として名声を得たほか，伝統的な天台教義も敷衍した．とくに，無情の物である木や石でさえも仏性を有するとする彼の見解は有名である．彼の行動力や知性，瞑想における業績，名声などは，唐朝中期の天台宗を再び活性化させた.

タンバパンニ・ディーパ Tambapaṇṇi-dīpa (Pāli)

「赤銅色の葉の島」の意．仏教文献の中にみられる，スリランカの島を指す古い名前.

ダンマカーヤ寺院 Wat Dhammakāya

最も早く発展したタイの仏教組織．王族や軍隊，政治指導者の保護を享受した．1978年に公認されたダンマカーヤの運動は，1970年代に2人の僧侶，プラ・ダンマジャヨとプラ・ダッティーヴォによって始められた．2人とも経済活動と市場経営で高い地位を得て，タイと世界中の仏教の改革のために働くことに努めた．バンコクの近くのパトゥムターニ州に4 km^2 の広さのセンターを創設し，週末や祭典のときに訪れる何千もの支持者をもてなすためにさらに敷地を拡大する計画がある．この運動は，タイのほとんどの大学の仏教団体で有力な勢力となっており，国中にあるダルマ実践センターのネットワークをもっている．ダンマカーヤ寺院を批評するものは，新規加入者の募集と促進活動があまりに押しつけがましく営利的であり，支配者層のエリートに過度に影響されていると主張している.

『ダンマサンガニー』 ⇨『法集論』ほうじゅうろん

ダンマジャリグ Dhammajarig (Thai)

「ダルマの伝道」を意味するタイの用語．タイの非仏教徒の山岳部族のためにタイ仏教僧団が1963年に開始した伝道を指す．この計画は，後に厚生省の山岳部族部の長となった元比丘とバンコクの大寺院の僧院長によって始められた．この計画の目的は，仏教を山岳部族に伝え，政治的，社会的，経済的に彼らをタイ国内社会に統合することにある．節目の年には，3月から6月にかけて5人の僧侶からなる20チームが部族の地域を訪れる．僧侶たちは各地域へと歩いていき，僧院コミュニティを創設するが，改宗させたり部族の信仰を貶すようなことはしない．1カ月ほど後に戸別訪問の計画が始まり，各家族の健康や社会福祉について調査する．関係のよりよい発展のために初歩的な指導と薬の配布が財団に提供される．計画に対して，僧侶らが市民の奴隷として使用されているという批判があるが，支援者らは，計画は純粋に僧伽によって進められており，僧団規律のいかなる規則も，参加している僧侶らによって破られてはいないことを指摘している.

『ダンマパダ』 ⇨『法句経』ほっくきょう

『ダンマパダ・アッタカター』 *Dhammapada-aṭṭhakathā* (Pāli)

*『法句経』の注釈書．*ジャータカの説話と似た内容を含み，『法句経』の詩節が語られた状況を説明する．その説話の多くがパーリ正典のさまざまな箇所に見いだされるものであり，いくつかは直接的に*ジャータカ注釈に由来，もしくは密接に対応する．この作品の著者は不明だが，通例*ブッダゴーシャに帰せられる．本文中で述べられるように，この作品はスリランカで編纂されたようだが，その成立年代はわかっていない.

ダンマパーラ Dhammapāla (Pāli)

パーリ典籍における14の重要な注釈書の著作者．南インドの出身であり，*ブッダゴーシャより少し後の時代の人物である．四つの*ニカーヤに対するブッダゴーシャの注釈について，複注釈書を著した．少しの間スリランカの*マハーヴィハーラに居住し，しばしば単に「師匠」（アーチャリヤ，ācariya）として言及される．

タンマユット　Thammayut（Thai；Pāli, Dhammayuttika）

1833年頃にタイの支配者の*モンクト（在位1851-1868）によって創設されたタイの僧伽における改革運動．「法を持する者たち」という意味のこの運動は，主流であるマハーニカイ（Pāli，マハーニカーヤ，Mahānikāya）の規則と比べて律により厳格に従うことを主張した．タンマユットの中心であるボウォンニウェート寺院の僧院長として，モンクトは，（片掛けではなく両肩に掛ける）僧衣の着方や*カティナや衣を授与する儀式の方針といった出家に関する厳格な規則を敷いた．彼はまた，科学と現代的な考え方に矛盾しないよう，仏教から迷信的な要素を取り除き，合理的な面を強調することに関係した．タンマユットの運動は，タイで学んだ僧侶によって1850年頃にラオス南部で，1864年にカンボジアでも始められた．現在では現代のタイ仏教において公式に認められた地位を享受している．

ダンマルチ・ニカーヤ　Dhammaruci Nikāya（Pāli）

*上座部から分派したスリランカの異端の宗派の一つ．この分派はブッダの死の450年後に生じた．ある資料は，ダンマルチカとはアバヤギリの比丘たちが*マハーヴィハーラから脱退するときに，彼らに与えられた名前であると断言するが，その派の起源に関する伝承の記録は信憑性が乏しい．彼らにもある程度の盛衰はあったが，ダンマルチカは長い間スリランカで支持され，多くの王が彼らに物資を与え，僧院を寄付した．

断滅論　だんめつろん　uccheda-vāda（Skt.）

「断滅の教え」の意．ウッチェーダ・ドリシュティ（uccheda-dṛṣṭi,「断滅主義の教義」）としても知られる，ブッダによって非難された「二つの極端」の一方．再生も業の結実もなく，個人は死に際して完全に消滅させられるという見解である．道徳上の無責任と快楽主義を奨励することから，とくに有害であると考えられる．ブッダはこの観念に対して二つの難点をあげる．前世の想起によって反証されること，死に際して滅ぼされる自我（*アートマン）の存在を含意していることである．もう一方の極端な見解は*常住論である．

タンレン　tong-len（Tib., btang-len）

チベット仏教の行法の一つ．瞑想の中で，幸運や幸福を他人に「送ること」（タン，btang）と，他人が経験しているかもしれない不幸や悲観的なことを「受け取ること」（レン，len）である．

チ

智 ち jñāna（Skt.；Pāli, ñāṇa）

「知識」を広く意味する語．とくに，教説の理解に関して用いられる．仏教認識論の見地からは，伝承（*随聞）はそれ自体では知識を得るための妥当な手段とはみなされない．また，知覚や推論も，3種の*不善根などの精神的な負の要因に由来する，それらの働きを歪める作用が取り除かれるまでは，信頼できる知識獲得手段ではない．しかし，一度これが取り除かれたならば，正しい注意力（ヨーニショー・マナシカーラ，yoniśo manasikāra）をもって思索する者は，適正な認識の仕方によって対象を捉え，それが現実にあるとおりに（ヤターブータ，yathābhūta）見る．後期大乗仏教の文献においては，智は概念化されない，あるいは非二元的な認識を意味するようになり，ときには*悟り（菩提）と同じ意味合いで用いられる．『仏地経』および*瑜伽行派の教義に従えば，悟りというブッダの根本的認識は，その働きに従って5種の認識（*五智）に区分される．

痴 ち moha（Skt., Pāli）

「迷妄」の意．三つの*不善根のうちの一つで，*貪・*瞋とともに，輪廻における再生と*苦へ導くものである．痴は，*無明の同義語であり，*縁起の連鎖において第一のものである．だから，もし*苦をなくそうとするのなら，痴を取り除かなければならない．痴と無明というのは，*四聖諦としてまとめられる物事の真実に対する無知と根本的に結びつく．これは，自身の本質に対する無知，世界全体に対する無知，あるいは現象は常住不変であるとか，自己すなわち*アートマン（我）は個々人の独自性の基盤であると信じてそれを表明することも含む．これらの誤った考えをもった心の浄化は，迷妄を滅して，それを智慧へとおきかえる*八支聖道の実践を通じてなされる．

智慧 ちえ prajñā（Skt.；Jpn., hannya；Chin., pan-jo）

「智慧」と訳されることが多いが，「洞察」，「識別的な知識」，「直観的理解」という意味に近い，仏教の認識論において重要な概念である．般若ともいう．仏教の教えの真実を理解する能力．*阿毘達磨では心所の一つに分類され，現象の分析的識別（ダルマ・プラヴィチャヤ，dharma-pravicaya）として定義される．すべての衆生はこの智慧を有するが，ふつうそれは不十分なものであり，*観の実習やそれに類似した心的鍛錬を通じて深化させられる必要がある．

チェーティヤパッバタ Cetiyapabbata

「寺の山」の意．スリランカの*アヌラーダプラ近くの山．ミッサカパッバタ，もしくはチェーティヤギリとしても知られる．この名は，ここに建てられることになった多くの宗教施設に由来する．またこの山は，*マヒンダがスリランカに仏教をもたらすためにインドから空を渡ってきた後，降り立った場所であるといわれている．またここに国内で2番目の*精舎が建造され，マヒンダとその従者たちがそこに住んだといわれている．

智慧波羅蜜 ちえはらみつ prajñā-pāramitā（Skt.）

「洞察の完成」の意．般若波羅蜜ともいう．大乗仏教の道の中心的な要素を構成する*六波羅蜜の，最後のものである．洞察の深化は，*空性の直接的な認識をもたらし，『般若経』などの多くの大乗仏教の文献において，菩薩の修行の最高点として認められている．ただし，菩薩の十地（ダシャ・ブーミ，daśa-bhūmi）のうちでは，*現前地として知られる6番目のものであるにすぎない．より古い文献においては，「智慧の完成」として解釈され，この語はそれほど厳密に用いられない．

チェルバツキー，フェドール・イッポリトーヴィッチ Stcherbatsky, Fedor Ipporitovich（1866-1942）

ロシアの研究者．仏教論理学（*プラマーナ）に関する先駆的な著作で有名になった．ポーランドの貴族の両親のもとで生まれたチェルバツキーは，文献学やサンスクリット語，インド哲学を研究し，その後モンゴルへと幾度も旅行を重ねてブリヤート族のラマのもとで研究を行った．チェルバツキーの著作の中で影響力が非常に大きかったものは，『仏教の中心概念』（*The Central Conception of Buddhism*, 1923），『仏教における涅槃の概念』（*The Conception of Buddhist Nirvana*, 1927），『仏教論理学』（*Buddhist Logic*, 全2巻，1932）である．

チェンレシ Chenrezi（Tib., spyan-ras-gzigs）

*観自在菩薩のチベットでの名称．

智顗 ちぎ Chih-i（538-597）

中国の*天台宗の第3番目の祖とされるが，実際に天台宗を創始し，その特徴ある教義を整備したのは智顗自身である．その教義はおもに以下の4点である．(1) 仏教の文献や教義を整理・分類し，*『法華経』を名誉ある究極の文献として位置づける天台の*判教（→判教）．(2) 伝統的な*中観の教えである*二諦説を超えた三諦．(3) 普遍的真理（理）と現象（事）が相互に妨げ合うことなく関係する思想．(4) あらゆる現象の背景にあり，染浄の両面における*一心，*絶対の心の思想．智顗は瞑想の師としても名高く，観法の方法や理論，および*止観の概略に関する浩瀚な著作を著した．智顗は貴族に連なる中国の南方の家系に生まれたが，若い頃に軍隊による大学の破壊を目撃して以降，世の無常を認識し，僧侶となり，中国北方からきた観法の著名な師であり，後の天台宗の第2番目の祖でもある*慧思（515-577）のもとで学んだ．金陵（現代の南京）滞在後，彼は浙江省の天台山に赴き，残りの人生の大半を過ごした．この天台山は，彼の居住地であり，また活動の場でもあったことから，それに由来して，宗の名は名づけられた．若い頃の非現実的な経験が，彼の『法華経』に対する究極的な信仰（信）を生じさせた．彼は生涯において『法華経』に対する注釈書を二つ著した．一つは，その意味内容に関する概説書であり，もう一つは，文句一つ一つに関する細かな注釈である．中国が581年に隋によって統一された際，家族の関係で彼は朝廷の信任を受け，説法に招かれるなど，正式に栄誉を授けられた．その結果もたらされた支援により，彼は天台山周辺の海岸線の漁業権を購入した．その海域における漁業禁止は，少なくとも2世紀の間，効果を発揮していたという．

智旭 ちぎょく Chih-hsü（1599-1655）

著名な僧侶で，中国明代の浄土教の復興者．若いときには聡明な儒学者（→儒教）であり，仏教に反対する論説を書いた．しかし，17歳のときに*雲棲袾宏（1532-1612）の作品を読んで仏教に転向し，以前に書いたものを焼き捨てた．24歳のときに僧侶となり，雲棲山に旅し，講義を受けて禅の瞑想を修行した．そこで仏教のさまざまな宗派間の教えに関する明確な矛盾についての疑問を解決し，大いなる悟り（菩提）に達した．翌年，菩薩の*戒律に則り，律の学問を始めた．20歳後半のときに重い病気にかかり，その経験が禅の悟りの有効性について彼の自信へショックを与え，浄土教の実践に方向を変え始めた．回復した後で，再び学問を深めるために放浪の旅に出かけた．天台山に行き天台の教学を学んだ．すぐにこの学問にも堪能となり，その後はそこで広く教えた．別の重い病気となった後の56歳のときに再び浄土教に専心することを始め，このときに浄土を詠んだ詩集を編纂した．彼はまた，九つの浄土教の古典的テキストを編集し，『浄土の十の主要点』（『浄土十要』）という題で自分の詩集とともにこれらを出版し，この本は浄土宗の基準となった．短期間で回復したが，翌年に再び病気となり，手を組んで西に顔を向け浄土に関する偈を暗唱して亡くなった．

浄土教に傾倒しその実践を喧伝しようとしたことで，智旭は死後に中国の浄土教の第9祖に認められた．しかし，彼の興味と活動は広範囲に及んだ．彼は律の学習と保持を主張する改革者であり，中国仏教の思想全体の視野に収めて研究し天台の教義の復興を主張した幅広い学者であり，仏教，儒教，道教の統一の提案者であった．多くの弟子を魅了した人気のある先生であり講師であった．これらすべての理由から，彼は明代中頃から後半にかけて仏教を復興させた偉人の一人として記憶されている.

竹林精舎　ちくりんしょうじゃ　⇨ヴェールヴァナ

智儼　ちごん　Chih-yen（602-668）

中国の*華厳宗の第2番目の祖で，この宗の事実上の創始者である*法蔵（643-712）の師.

知訥　ちとつ　Chinul（1158-1210）

高麗（918～1392）時代の*朝鮮の禅僧．戒律の改革と禅の実践の理論的根拠を提供するために働いた.（占いや依頼人に支払うサービスなどにおける）僧団の活動の営利化が多くの僧をいかがわしい目的の状態にしていることを見て，「集中と智の社会」と呼ばれる改革集団をつくろうとした．曹渓山に修禅寺を設立した．同時に彼は*漸悟と*頓悟の論争に関係したり，瞑想の体験と教義上・テキスト上の研究と関係する理論上の問題にも関心をもった．最初の問題では，中国の禅と*華厳の師である*宗密（780-841）の類型学を採用した．宗密は規範として段階的な深化と育成に従った頓悟を主張した．この目的を達するために，*公案にもとづく瞑想を実践の最良の方法として提案した．後の問題には，朝鮮の禅僧が中国の禅宗でみられる経典と教義の研究の拒絶へ向かう極端な傾向の例に従わず，両者を統一された全体として保ち続けるよう助言した．彼はとくに中国の在家の隠遁者である李通玄（635-730）の華厳哲学をその基本原理と理論的根拠として禅宗の実践に編入することに興味をもった．知訥は高名な教養のある弟子を多く生み出し，間違いなく朝鮮仏教の歴史上最も影響力のある僧の一人である.

『チベット死者の書』　→『ワルド・テーテル』

チベットの仏教　Tibet

地理的には東アジアよりもインドに近いチベットだが，仏教が伝わったのは東アジアより何世紀も遅れた．それは地理的な理由と経済的な事由による．チベットは世界で最も標高の高い国であり，高山に囲まれた256万 km^2 四方以上の高原に位置する．西ヨーロッパに匹敵する国土をもちながら，人口はわずかで，今世紀にはおよそ600万人ほどの人口が見込まれていた．経済的，文化的に発達したインドと中国の両国からは孤立しており，ただちに利用可能な天然資源はほとんどなく，自給自足型の経済であって，比丘が帯同するような貿易使節団や商隊もわずかしかなかった．そのため，チベットでは7世紀に至るまで仏教が伝わることはなかった．伝統的な年代記によると3回の「伝播」があったとされ，最初の伝播は3人の「法王」の一人，ソンツェン・ガンポ（618-650頃）王によって始められた．王にはネパール人の妻と中国人の妻がいたが，それぞれが仏教の文物をチベットにもたらした．第二の「法王」，ディソン・デツェンは学僧*シャーンタラクシタをインドから仏教を広めるため招聘した．この伝播ではわずかな進展しかみられず，タントラ仏教の*グルで，チベットの大衆的な英雄である*パドマサンバヴァのために終焉を迎えた．パドマサンバヴァは魔法の力でチベットにおいて仏教が興隆するのを妨げる魔物たちを退治したといわれている．「魔物」とはすなわち土着の*ブンを実践していた人々と考えられる．ブンは中央アジアのシャーマニズムの一形態であり，その特有の性格をもったものが仏教に痕跡を残しており，死にまつわる儀式や儀礼，呪術への関心などを含む．シャーンタラクシタがチベットに戻り，パドマサンバヴァとともに，最初の僧院を*サムイェーに建立したのは767年のことである．この時代に来訪したもう一人の主要な伝道師に*カマラシーラがいるが，チベットの仏教が中国の伝統ではなくインドの伝統にそって発展するのに決定的な役割を果たした．第三の「法王」のレルパ・チェン（在位815-836）は，僧院や寺院の建立し続け，王室による保護の結果，僧伽の数が増大し始めた．それは仏教への反発を招き，レルパ・チェン王は暗殺され，後継者の*ラン・ダルマ王は，仏教に対して厳しく対処した．そのため後に仏教の僧侶によって暗殺されてしまった．1042年に*アティシャ（982-1054）がインドより来訪して後伝期が始まった．アティシャは僧院における伝統的な教育課程を重視したが，その弟子たちにはマハーシッダ（Mahāsiddha），すなわち「偉大な熟練者」として知られる，より多彩な人々がいた．タントラのグルのなかでおもなものには，*マルパ（1012-1097），*ミラレーパ（1040-1123），*ガムポパ（1079-1153）がおり，ガムポパはこの系統を*カギュ派と知られる僧院の学派として創設した．さらに二つの学派，*サキャ派と*ゲルク派が中世末期に創設された．ゲルク派は*ツォンカパ（1357-1419）が始めた改革運動によって精神的な面，世俗的な面双方で最も影響力をもった学派となり，17世紀以降*ダライ・ラマ政権をとおして実質的にチベットを支配してきた．パドマサンバヴァにその起源を求める*ニンマ派も加えて，チベット仏教の四つの主要学派として続いている．

その後何世紀もの間，比較的孤立していたが，20世紀には激動の時代を迎えた．1959年には中国が侵略し，ダライ・ラマはインドのダラムサラへと亡命した．共産党の中国当局は仏教を弾圧し，僧侶や尼僧を虐げ，「迷信」の国と中世の封建的な社会組織を粛清することに努めた．チベット当局によると，中国の侵略とその余波によって120万人の人々が殺され，現在でも続く弾圧を逃れるためおよそ15万人がインドや西洋に亡命する機会をうかがっている．チベット領の広大な区域が併合され，政治的な自治は制限されたまま，中国では「チベット自治区」と呼ばれている．人口はわずかに200万人である．文化大革命の暴挙は現在は鎮まったが，仏教は厳しく取り締まられており，チベットにあった6000の僧院のほとんどが破壊されてしまった．わずかの僧院が再建されて，かつて暮らしていた数千人の僧侶のかわりに，今日ではわずかばかりの僧侶が暮らしている．

チャウン　kyaung（Burm.）

僧院や*精舎を意味するビルマの言葉で，タイやクメールの*ワットと同じである．

茶会　ちゃかい　tea ceremony

日本の風習で，茶を支度しそれを飲むための高度に儀礼化された会合である．禅宗と長いかかわりがあり，禅の慣行が世俗文化にまで広められたものである．禅と茶の関係は*臨済宗の開祖*栄西（1141-1215）にまでさかのぼる．栄西は茶の木を*中国から持ち帰り，坐禅中の眠気覚ましとして喫茶を奨励した．茶は貴族社会へと浸透し，上品な環境の中で嗜まれた．芸術家能阿弥（1397-1471）が持ち運びできる卓と簡素な茶道具を用い，会話を美的な内容に限定し小さな個室で茶を飲むという新しい工夫を考え出した．能阿弥の弟子村田珠光（1423-1502）は*一休宗純（1394-1481）に禅を学び，茶を準備し飲むことは一休が強調した日常の所作における気働きを実践する道であると考え，茶と禅との関連を見出した．村田は茶を僧院に留まらず日本の生活様式の中に定着させようと，茶の四原則として和，純，静，敬を立てた．最後に千利休（1522-1591）は茶会の場所を会所から隠者の小屋のような茶室へと移した．利休は茶の芸術である茶の湯の枯淡と洗練を最高度に表現した人物とされている．

択滅　ちゃくめつ　pratisaṃkhyā-nirodha（Skt.）

「熟考の結果として生じる断絶（*滅）」の意．これを達成することは，涅槃と同じであるとみなされる．*説一切有部と*瑜伽行派により，*無為法の一つに分類される．

チャクラ　cakra（Skt.；Pāli, cakka）

1. *アヌッタラ・ヨーガ・タントラの実践において，チャクラは身体におけるエネルギーの中枢点であり，微細な経路（*ナーディー）に沿って位置している．特定の瞑想体系によると，さまざまな数のチャクラに言及され，3から5ないし6と幅がある．これらエネルギーの中枢点の名称やそれに関する記述は，ヒンドゥー教のタントラに見受けられるものとは一致せず，ヒンドゥー教ないし仏教には一連の一定した名称や記述が存在しない（標準的な解釈はすべて現代の創出である）ということに留意すべきである．

2. 宗教的絵図，すなわちマンダラである．

チャクラヴァーラ　cakravāla（Skt.；Pāli, cakkavāḷa）

後期正典（*『ブッダヴァンサ』や*『アパダーナ』）期および後正典期のインド仏教の宇宙論において用いられる語で，「世界のシステム」または人の住む世界を意味している．宇宙には同一構造のシステムが厖大な数で含まれているとみなされていた．鉄囲山ともいう．

チャクラ・サンヴァラ Cakra-saṃvara (Skt.；Tib., bde-mchog 'khor-lo)

文字どおりには「最高の楽の輪」であり，半怒の*イダム（＝守護尊），すなわち，四面と十二臂をもてる守護尊格であり，*無上ヨーガと*母タントラの特定のグループに属する．彼はサンヴァラ（Saṃvara）あるいはシャンヴァラ（Śaṃvara）という略称でも知られる．通常，妃のヴァジラ・ヴァラーヒ（Vajra-Varāhi）とともに描かれる．→『チャクラ・サンヴァラ・タントラ』

『チャクラ・サンヴァラ・タントラ』 *Cakra-saṃvara Tantra*

*母タントラ系の根本タントラであり，*イダムたる*チャクラ・サンヴァラと関係する．『シュリー・チャクラサンヴァラ・グフヤ・チンティヤ・タントラ』（*Śrī-cakra-saṃvara-guhya-cintya Tantra*）として知られ，根本テキストには，尊格とそれに関連する行法が描かれる．ガヤダラとタクミ・シャーキヤ・イェーシェーによってチベット語に翻訳された．

『チャッカヴァッティシーハナーダ・スッタ』 *Cakkavattisīhanāda Sutta*（Pāli）

『転輪聖王獅子吼経』の意．*転輪王，すなわち仏教の世界的な支配者についての見解に関する重要な初期の経説．*長部の第26経．この経説は，社会の繁栄や堕落が，支配者に採択された政治にいかに大きく影響されるかを示す物語を語る．

チャッバッギヤー ⇨六群比丘 ろくぐんびく

チャトゥル・ニミッタ catur-nimitta（Skt.）

「4種の徴表」の意．王子シッダールタ（→シッダールタ・ガウタマ）が目撃したもので，彼が現世を捨て宗教生活に入るきっかけとなった．4種の徴表というのは，老人，病人，死人，托鉢僧であった．ブッダはこの4種の徴表を眼にすると現世を捨てるであろうと誕生時に予言されていたため，父の*シュッドーダナは宮殿内の贅沢品に目を奪わせて息子からこの不快な経験を遠ざけようと努めたものの，その努力は失敗に終わった．人生の現実や人間の苦しみ（*苦）の問題にいったん直面すると，シッダールタは宮殿を後にし，托鉢僧（*沙門）となった．

チャパタ僧 Chapata

ビルマの伝説によると，*マハーヴィハーラで実践されていた上座部仏教を学ぶために，1180年頃にビルマからスリランカへ5人の僧侶の一団を先導した*モン族の僧侶．そのグループには（おそらく*アンコール・ワットの創設者，ジャヤバルマン7世の息子とされる）カンボジアの王子が含まれている．もう一人は南インドのコンジェーヴァラム出身の者で，他の二人は東南アジアの違う場所の出身である．後に「シンハラ派」として知られるこのグループは，スリランカで出家し，そこで10年過ごした．そうして授戒を行うことのできる*長老になった．彼らは，上座部仏教のシンハラ形式を確立するために1190年にビルマに戻った．この伝説が真実であろうとなかろうと，13世紀の初めまでに上座部仏教のシンハラ形式が東南アジアで広まったことは確かである．律の厳守という特徴をもつこの仏教の形式は，純粋な継承の血筋と政治権力への強い関係を強調し，現代に至るまでその地方の仏教を特徴づけている．

チャリヤー・タントラ caryā-tantra（Skt.）

「行タントラ」の意．仏教では後期にタントラが4種のカテゴリーに分類されたが，その第2カテゴリーを示す語．このカテゴリーに属するテキストはごく少数であり，中でも最も重要なものは*『大日経』である．ブッダグフヤはこのカテゴリーを「ウバヤ（ubhaya，両方）」と称しているが，彼によるとこのようなタントラは*クリヤー・タントラの儀礼的な外的側面と，*瑜伽タントラの瞑想的な内的側面とが等しく共有されているという．

『チャリヤーピタカ』 *Cariyāpiṭaka*（Pāli）

パーリ正典の*小部の15経のうちの一つ．この作品はブッダの韻文からなる前生譚を含む．これは散文で書かれた*ジャータカに内容上一致し，この両作品はそれらの物語に関する共通の認識にもとづいて著述されたことがうかがわれる．『チャリヤーピタカ』の物語は，それぞれがチャリヤー（パーリ語で正しい行いを意味する）と呼ばれ，おもにそれによりブッダが悟り（菩提）を得たという10の波羅蜜（*パーラミー，完成）に光を当てる．最初の二つの波羅蜜は，それぞれ10の物語により説明され，一方，残りの八波羅蜜は全部で15の物語しかもたない．*ダンマパーラに帰せられる『チャリヤーピタカ』の注釈書は*『パラマッタディーパニー』の一部である．注釈によれば，『チャリヤーピタカ』は*『ブッダヴァンサ』の結末の後に，*シャーリプトラの懇願によりブッダにより説かれたとされる．またそれは*マヒンダのスリランカへの到着後すぐに，彼により*アヌラーダプラにおいて説かれた．

チャンダサーラ・ブッダ　Candasāra Buddha

東南アジアで最も尊崇を集める像の一つ．現在ではビルマのマンダレーにある*マハームニ・パヤに安置されている．この像にまつわる物語は，アラカン地方の宗教史および政治史と密接に関連している．古くは*パガン王，プローム王，ペグ王によるアラカン地方侵略に遡り，彼らはブッダのこの聖像に対する所有権獲得のみを意図して侵略を繰り返した．チャンダサーラ・ブッダこそがブッダの唯一の正しい像であるという信念からも，この像の重要性が示唆される．伝承によると，チャンダサーラ・ブッダは146年にアラカン王位に就任したチャンドラスリヤ王治世の51年目に建てられたという．この年はブッダの死からはるかに時間が経過しているにもかかわらず，ブッダがアラカンを訪れていた間にこのブロンズ像がつくられたと伝えられている．厚い金箔におおわれた高さ13フィートのこの座像は大いに尊崇を集め，これまで数え切れないほどの信者が毎日訪れている．この像は非常に人気が高いため，管理者によりマハームニ・パヤの複合寺院の周りにビデオモニターが設置され，ビデオ上のチャンダサーラ・ブッダ像を拝むことが可能になった．

チャンドラキールティ　Candrakīrti（7世紀頃）

*中観派の代表的哲学者．月称ともいう．帰謬法（プラサンガ）という論争方式を主唱した人物として重要である．この方式のねらいは弁証法的過程を通じて対論者の立場が不合理であることを示し，対論者の議論が自家撞着に陥る点を明らかにすることにある．中観派のもう一方の解釈法として，*バーヴァヴィヴェーカの唱導する*中観自立論証派があるが，その立場ではそれ自体での肯定的な立論に努め，弁証法的な純粋否定では不十分であるとされる．チャンドラキールティは，*ナーガールジュナの*『根本中頌』に対する注釈である『プラサンナパダー』（サンスクリット語とチベット語の訳が現存）や，中観派から見た菩薩道の概要を示した*『入中論』など数多くの重要な著作を残している．チャンドラキールティの著作はチベット，とりわけ*ゲルク派によって研究されたが，その一方で中国では知られていなかったと考えられている．

チャンドラグプタ・マウルヤ　Candragupta Maurya

*マウルヤ朝の樹立者で，*アショーカの祖父．チャンドラグプタは政治顧問であるチャーナカの助力によって政権をとった．*パータリプトラに首都を建設し，前王朝の*ナンダ王朝の領土を拡張した．前305年にはギリシアの将軍セレウコス・ニカトールを破り，両国の間に締結された条約の結果，303の北西部領地がインドに割譲された．同条約の一部として大使が交換され，ギリシアの大使*メガステネスはマウルヤ朝の首都に駐在した．チャンドラグプタは，南方のナルマダ川に至るまでさらに王国を拡張した．24年の治世を経た後，息子の*ビンドゥサーラに王位を譲り，ビンドゥサーラは南方への領土拡張を続けた．伝説によると，チャンドラグプタはジャイナ教徒（→ジャイナ教）となり，南インドへと向かって最後はジャイナ教の慣習に従って死ぬまで断食をしたとされている．

チャンナ　Channa

ブッダが家のない物乞いになるために家族を

捨てた「偉大なる放棄」の晩にブッダに随行した御者．車匿ともいう．ブッダは馬の*カンタカに乗ってアノーマー川に着き，剣で自分の髪を切り落とした．そして，チャンナに身につけていた装身具をすべて与え，馬とともに父親の宮殿に持って帰らせた．チャンナは後に僧伽に加わったが，僧団の規則を破り罪を認めることを拒否して追放された．死後まもなくブッダは適切な聖職者に関する罰則がチャンナに課せられることを保証するよう*アーナンダに命じた．

チャンパー Campā
*アンガ国の古都．チャンパー川とガンジス川の合流点に位置していた．首都チャンパーは，交易の中心地としての役割を担っていた．ブッダはチャンパーに幾度となく訪れ，初期の説法（経）のうちいくつかはチャンパーと関連しているとされている．

チュー chöd（Tib., gcod）
文字どおりには「切断する」を意味するチベットの用語で，中世のチベットに，インドの*苦行者，*パダンパ・サンギェー（1117 没）によってもたらされた独特の*瞑想体系を指す．理論的には*『般若経』の教説にもとづいているが，その行法はインドの呪術的要素を含んでいるようである．めざすところは，迅速かつ劇的な方法で，永続的な自我に対する妄信と執着を断ち，同時にその妄信を解消することに伴う畏れを断つことである．よって，チュー瞑想の主要な特徴は，祭祀において行者が自らの体を食事として鬼魔に捧げることであり，そのために実践者は特有の大腿骨のラッパと太鼓を身につけて夜中に墓場に坐る．最初，瞑想者は鬼魔を実在するものとして扱うが，しだいに鬼魔を実在を欠いた心の表象として認識する．パダンパ・サンギェーの最も特筆すべき弟子として，女性の聖者として*マチク・ラプギ・ドェンマがいる．チベット仏教のあらゆる学派においてわずかな人々がチューを行じているが，現在ではおもに*カギュ派と関係している．

中阿含 ちゅうあごん Madhyama Āgama（Skt.）
「中位の長さの経典の集成」の意．パーリ語の*中部，すなわちマッジマ・ニカーヤに対するサンスクリット語の同義語．経蔵（Pāli，スッタ・ピタカ，Sutta Piṭaka）を構成する主要な部分の一つ．初期仏教の小乗十八部の多くはそれぞれ独自の経蔵を伝持していたが，そのほとんどは残っていない．最近発見されたサンスクリット語で書かれた*説一切有部の中阿含の一部分と，チベット仏教において翻訳されたいくつかのものに加えて，漢訳には説一切有部の中阿含が完全な形で残っている．パーリ語の中阿含が 152 の経典から成るのに対して，漢訳のそれは 222 の経典を含んでいる．

中陰 ちゅういん ⇨中有 ちゅうう

中有 ちゅうう antarā-bhava（Skt.）
二つの生涯の中間的存在にある状態．中陰ともいう．死亡から次の再生までの間，49 日まで続く．この考え方は，仏教のすべての派によって認められているわけではなく，概して，大乗の諸派により認められ，*上座部には否定される．『チベット死者の書』（*『ワルド・テーテル』）は，この状態を，再生からの離脱を達するための機会であるとして，その教えの核心としている．

中観自立論証派 ちゅうがんじりつろんしょうは Svātantrika-Madhyamaka（Skt.；Tib., rang-rgyud-pa）
*中観派仏教の主要二派のうちの一つ．代表的な人物として*バーヴァヴィヴェーカと*シャーンタラクシタがあげられる．学派を定義するのは，演繹法（スヴァタントラ，svatantra）を基礎とした方法を用いて，正しい妥当な主張を確立することをめざすあり方である．*帰謬論証派（*ナーガールジュナや*ブッダパーリタ，*チャンドラキールティが帰せられる学派）に特有の帰謬論証法が対論者の前提の矛盾を明らかにすることをめざすのとは対照的である．*ツォンカパによれば，2 学派の相違についてスヴァータントリカは世俗的な意味(→世俗諦)での内的存在（*自性）を認めるのに対して，

帰謬論証派は世俗的あるいは絶対的な真理（→勝義諦）において内的存在を否定する．スヴァータントリカ・マディヤマカという言葉自体はインド仏教の典籍には確認されず，チベットの解釈学の伝承をもとに現代の研究者がつくったことは注意を要する．

中観派 ちゅうがんは Madhyamaka（Skt.）

「中間学派」の意．2世紀に*ナーガールジュナによって立てられた仏教哲学の体系で，大乗仏教の伝統の中ですぐれて影響力をもった（この学派の徒はマーディヤミカ（Mādhyamika）として知られる）．同派は極端な実践とあらゆる種類の理論の中間の道（→中道）を主張するブッダの本来の教えの精神に忠実であるとしている．同派はこの原則を現象の本質に関する哲学理論に適用する．よって，「事物は存在する」あるいは「事物は存在しない」という断定は極端な見解であり，退けられなければならない．真実は中間に存し，対立する二つの立場が自ら否定するものとして明らかになるような弁証法のプロセスを通して到達されるべきものであると考えられる．いずれか一つの立場を採用することはその反対を取りあげることによってただちに論駁されうると論じられた．そのため中観派は自身の主張を提示するよりはむしろ対論者の見解を攻撃する戦略をとった（このことは，彼らがそれでも独自の哲学的見解を保持した可能性を否定しない）．彼らが攻撃した諸見解の筆頭はダルマの理論であった．これは因果関係，無常性，個人の同一性に関する問題から生じる哲学的困難への解決として，*阿毘達磨の伝統の中で発展してきたものであった．そのスコラ的解決は，諸現象（ダルマ）が一瞬一瞬の変化の継続（ダルマ・クシャニカトヴァー，dharma-kṣaṇikatva）の中で次々に自己複製するという，瞬間の連続性の理論を立てることであった．したがって，現実はあるコマが次のコマへとたえまなく交代し続ける映画のフィルムのようなものとみなされる．いちいちの瞬間はそれ自身として実体をもって存在し，集合して安定性と連続性の幻影をつくりだす．中観派は，もし事物が本当にこのようにして存在し，実体的な本質すなわち「*自性」を有するならば，それはブッダの*無我についての教えに矛盾するうえ，変化を不可能にすると論じて，このダルマの実体的存在の観念を論駁した．すでに実体をもって存在するものはつくり出される必要がなく，実体をもって存在しないものはもはや非存在の状態からあらたに存在し始めることはできない，と彼らは論じた．そのため，実態的存在はダルマの属性とすることができず，また，それらダルマは明らかになんらかの存在の形態を受けているのだから，非存在もその属性とすることはできない．中観派の結論は，現象の真の本質は「空性」すなわち「空虚であること」（ダルマ・シューンヤター，dharma-śūnyatā）としてのみ記述され，この自性の空性はブッダが説いた*縁起の教理と同義であるということである．この論証は，この体系の根本テキストであるナーガールジュナの簡潔な『*根本中頌』に表された．

中観派の形而上学は仏教の救済論に深く結びついていた．空性が存在するものの本質であることから，涅槃と輪廻との区別には存在論的基盤はありえない．存在するいかなる差異も，無知（*無明）と誤解から結果する認識論的なものであるはずだと論じられた．したがって，中観派は「2段階の真実」をおく．「究極的真実」（*勝義諦）の段階，すなわち諸現象の本質が空であることの認識（いいかえれば悟りをひらいた者の見方）と，「相対的な，あるいは覆い隠された真実」の段階（*世俗諦），すなわちダルマが実体をもった独立的存在の性質をもつという誤解（いいかえれば悟りをひらいていない者の見方）である．

ナーガールジュナ以降，学派の営みは弟子の*アーリヤデーヴァによって進められた．アーリヤデーヴァの代以降，中期中観派（6～7世紀）で分裂が起こり，中観派の2支流を形成した．*バーヴァヴィヴェーカが率いる*中観自立論証派と，*チャンドラキールティを擁するところの，ナーガールジュナの否定的弁証法を固守した*帰謬論証派である．中観派の体系はインドからチベット，東アジアへと伝えられ，そこで大乗哲学のおそらく最も有力な学派として栄えた．中国では*三論宗として知られる．その教義に内在する虚無主義的な傾向のために，中観派は仏教内では*瑜伽行派から，また多くの非仏教徒から，激しく批判された．後期中観派は，*シャーンタラクシタのような学者たちの著作にみられるように，瑜伽行派と仏教*プラマーナ学派から引き出した概念を収束，統合したことで知られる．

中国の仏教 ちゅうごくのぶっきょう China

おそらく*シルクロード経由か東南アジアの沿岸航路で来た外国の貿易商人によって，1世紀頃に仏教は中国に伝わった．最初の2世紀は，おもに外国人移住者の間に広まり，現地の中国の大衆の間にゆっくりとその存在が知られるようになった．2世紀に仏教への興味がわき起こり，少数の僧侶が中国語に経典を翻訳し始めた．彼らの中では，*安世高や*ローカクシェーマが有名である．3世紀初めに漢が滅亡すると，中国人の間で仏教への興味が強まり，不安定な政治情勢に影響を受けた人々が仏教に新しい答を求めた．同時に，揚子江で中国は南北朝に分かれたため，この二つの地域で仏教は異なった性質となった．北部では，インドに近接していたことから，この地域の仏教では多くのインドや中央アジアの僧侶と瞑想の指導者がおり，経典の研究よりも宗教的な実践を重視する傾向となった．加えて，4世紀初めから6世紀後半にかけて，北部は非中華系の支配下にあった．これらの「未開人」の支配者は，仏教を好み多くの僧侶が宮廷の助言者として仕え，北部の仏教がより政治的な性格をもつことが明白となった．知識階級の多くが，北部の問題から避難し南部の王朝へ移住し，南朝へ文学の技術ももたらした．これに加えて，北朝は南部の人がインドや中央アジアの現存する伝統へ接触することを制限し，そのため南朝は仏教の研究への文学的なアプローチを発展させた．この時代には，*道安(312-385)が仏教経典の最初の目録を作成し，弟子とともに経典と論書を批評した版を作成し，中国に彼らの翻訳原則を発展させるために働いた．*クマーラジーヴァが402年にきて北部に翻訳所を開き，それらの多くは現在も基準と考えられている，最も洗練されたサンスクリット語からの翻訳が行われたのもこの時代である．彼の*中観派のテキストの翻訳は，中観思想に特化した*三論宗の基本となった．また，仏教経典と思想が教育を受けたエリート層に普及し，仏教と道教の間での交流にまで広がった．仏教は道教の多くの思想を取り入れ修正していった．

南北朝時代の重要な人物に，偉大な文献学者である*道生（360-434），浄土教の思想を確立するのを助けた*廬山慧遠（344-416）と*曇鸞(476-542)，三論宗の師である*僧肇（374-414），偉大な翻訳家であり，そのインドの「心のみ」（*唯心）文献の翻訳が後の*法相宗の確立への道を準備した*パラマールタ（499-569）などがいる．

581年に隋によって中国は統一されたが，すぐに618年に唐に倒された．唐はほぼ300年間力を保ち続け，この時代は中国の黄金時代の一つと表される．仏教も深刻な後退に苦しんだものの，この時代に繁栄した．増大する富と庇護によって，多くの独創的な思想家や実践者が，中国の文化と知的形態を保ったまま以前から存在していたインドの宗派の思想によることの少ない宗派を確立することができた．たとえば，*天台宗を創設した*智顗（538-597），*華厳宗を強化した*法蔵（643-712）や，「言葉や経典の外部に」直接仏心を伝達する独立した宗派として禅宗を確立したさまざまな瞑想の師と，*道綽（562-645）と*善導（613-681）といった，浄土教を宣伝し続け曇鸞の思想を発展させた人たちがいる．この時代に，*玄奘（596-664）が16年間インドに旅し多くの経典を持ち帰り中国語に翻訳した．クマーラジーヴァの後で，彼は中国仏教史上の大翻訳家の2番目と考えられている．インドの*瑜伽行派の思想を熱心に研究し，パラマールタによって立てられた基礎を補強し，法相宗を創設した．

繁栄は困難ももたらし，出家者の数が増えたために，政府は聖職者が税金と労働が免除された地位であるために失う歳入と労働人員に関心をもった．加えて，中国で仏教が始まって以来，伝統的な儒学者が基礎となる中国の価値観，とくに，すべての人が国家に抱く忠義と息子や娘が親に抱く子としてふさわしい孝行を破壊する外国の宗教として仏教を非難した．さらに，道教が仏教をしばしば仲間ではなくむしろ敵対者や競争者とみなした．過去において，政府は僧伽の規模を制限するために*得度の試験と国家が配布する証明書を設けた．南北朝時代に二度（446年と574年），国家は仏教を迫害した．845年に，唐の宮中は再び仏教の迫害を起こした．3年間，道場と寺院の取り壊しや聖職者を在家に強制的に戻すことや僧侶を殺したり，本や仏像や財産を燃やすことが続けられた．過去の二度の迫害とは異なり，この迫害は中国全土で行われ，全地域に影響した．このできごとによって僧伽が以前の栄光まで復活することはその後なかったため，仏教の知的文化的支配の終焉のポイントとなったと研究者は認めている．天台宗と華厳宗は，その後復興を幾度か経験したが，活力のほとんどを失ってしまった．浄土教と禅宗は，宮中の庇護と育英資金に頼ることが少なかったため，他宗よりも順調に発展し，以後の中国仏教の支配的な二大宗派となった．迫害の後に，禅宗の共同体は新しい教えの方法を試み，劇的な瞬間の悟り（菩提）の体験を説き聞かせた．この運動を牽引した人物に，*馬祖道一（709-788），*百丈清規（749-814），*臨済義玄（*臨済宗の創始者，866頃），*洞山良价（807-869），*曹山本寂（840-901）がおり，最後の2人は*曹洞宗の創始者である．

唐代以降は，仏教の知的活力は，宋代の新儒教の台頭によりおおい隠された．それにもかかわらず，この時代に重要な人物と動きがあった．多くの人物が，禅と浄土教の非常に異なる外見と方法を調和させようと働いた．有名な人物に，永明延寿（904-975）と*雲棲袾宏（1532-1612）がいる．後者は，紫柏真可（1543-1603），*寒山徳清（1546-1623），藕益智旭（1599-1655）らも含まれる明代後半の禅の復興者の一人である．彼らはみな浄土教と禅は方法は異なってはいるものの，同じ目的に向けて努力するものと認めた．寒山と紫柏はなお禅の言葉で目的を定義する傾向があるが，智旭はほぼ浄土教の教えで独占し，この宗派の祖の一人とみなされるようになった．

明代から清代にかけて，仏教は（中東部沿岸では強い勢力を保っていたが）停滞し，19世紀末に西洋文化の優位性の要求に対抗して引き出せる中国の文化的遺産の一部として仏教に興味をもつ復興者が現れた．20世紀初めに，欧陽竟無（1871-1943）や僧侶の*太虚（1889-1947）といった人物が，経典の新しい版を支援し，現代の思想の潮流と仏教を連携させる現代化された教育システムを主張した．

1949年に共産党が勝利し，新しい政権が民間の宗教へのすべての社会的支援を打ち切ろうとしたために，仏教の復興は中途で終わった．文化大革命が1960年代から1970年代に仏教へ壊滅的打撃を与えたことは明白であり，赤軍が多くの寺院と財産を破壊し，聖職者を在家に強制的に戻し再教育を受けさせた．しかし，1976年に共産党指導者の毛沢東が死に多くの賛同者が追いやられると，政府は寛大な態度をとり，多くの僧団が機能を回復した．現在のところ，*中国仏教協会が繁栄している組織であり，中国の大学が仏教の学問的な研究を支援している．仏教が毛沢東時代のつまずきからどれだけ復興したかは，目にするとおりである．

中国仏教協会 ちゅうごくぶっきょうきょうかい
Chinese Buddhist Association

自国の仏教を統制するために1953年に中華人民共和国によって設立された公式な政治団体．協会は在家信者と僧侶らの活動を監視し，マルクス・レーニン主義の思想の流れの中で仏教の教えの修正主義的な解釈を促進している．仏教徒が共産党に忠実であるよう命じ，彼らの宗教的な実践を階級闘争と資本主義の転覆に寄与するものとみなしている．

中道 ちゅうどう madhyamā-pratipad（Skt.；Pāli, majjhimā-paṭipadā）

仏教において多くの段階で重要となる術語．まず第一に，仏教の教義と実践との完全性の同義語である．第二に，それは中庸という仏教の実践の性質を強調する．すなわち，穏健性に重点をおく精神の行き方であり，対立する両極端に直面した場合，つねに中間の進路をとる努力である．穏健性の強調は，王子としての安逸で快適な生活，それに続く森の*苦行者としての辛苦と質素の6年間という，ブッダの個人的経験に根ざしている．その両極端のいずれもが無益であると知って，ブッダはそれらを捨て穏健な生活様式を選び，その瞬間からすみやかな精神的前進を遂げた結果，悟り（菩提）に至った．この意味はアリストテレスの「中庸」の概念と異ならない．第三にそれは，真実はつねに両極端の中間にあるという前提のもとで仏教の教義を証明するために用いられる．たとえば，*無我の教えは常住で永続する魂（*アートマン）を信ずること（*常住論の教義）と，個体は死に際して完全に消滅するという見解（*断滅論の教義）との中道であるといわれる．仏教が発展するに伴い，教義の正当性を証明するための試金石として中道の原則を用いることがさまざまに試みられた．たとえば「*中観派」の開祖*ナーガールジュナは，彼の根本的な空性の教義が弁証法的に対立する二つの立場の中道をとるがゆえに，ブッダの因果関係すなわち*縁起についての教えの真正な解釈であると主張した．

中部　ちゅうぶ　Majjhima Nikāya（Pāli）
　パーリ正典の経蔵の2番目の集成．マッジマニカーヤともいう．152の経から成り，この正典の中でも最もよく知られたいくつかの経を含んでいる．たとえば，『アラガッドゥーパマ経』（*Alagaddūpama Sutta*, →筏の喩え），『アングリマーラ経』（*Aṅgulimāla Sutta*, →アングリマーラ），『マハーシーハナーダ（大獅子吼）経』（*Mahāsīhanāda Sutta*）である．ブッダの死後すぐに開かれた最初の会議（→ラージャグリハ会議）において，マッジマ・ニカーヤを学んで伝持する責務は，*シャーリプトラの弟子たちに委ねられた．マッジマ・ニカーヤに対する注釈書は，*『パパンチャスーダニー』という題名で5世紀に*ブッダゴーシャによって編纂され，さらにそれに対する注釈書が後にスリランカのサーリプッタによって編纂された．

『中辺分別論』　ちゅうへんふんべつろん　*Madhyānta-vibhāga-kārikā*（Skt.）
　*マイトレーヤナータによる，112詩節からなる*瑜伽行派の重要な作品．中間の見解（マディヤ，madya）と両極端（アンタ，anta）との区別と関係（ヴィバーガ）を詳述したものである．特徴（*相），蔽い（*障），真実（*タットヴァ），対策の養成（対治修住，プラティパクシャ・バーヴァナー，pratipakṣa-bhāvanā），最高の道（無上乗，ヤーナーヌッタルヤ，yānānuttarya）の5章からなる．中国語，チベット語，モンゴル語訳とともに，*ヴァスバンドゥによる注釈（*バーシュヤ）を含む唯一のサンスクリット語写本で現存する．この写本はサーンクリトヤーヤナによってチベットで発見されたものである．*スティラマティによる重要な復注（*ティーカー）もまた，サンスクリット語とチベット語訳で現存する．

チュッラヴァッガ　⇨小品　しょうほん

チュティ・チッタ　cuti-citta（Pāli）
　「死，意識」の意．意識（*識，ヴィジュニャーナ）を14の機能に分ける*阿毘達磨の分類によれば，今生における意識の最後の瞬間のこと．→バヴァンガ

『チューラヴァンサ』　⇨『小史』　しょうし

チューラナーガ・テーラ　Cūlanāga Thera
　ティピタカ・チューラナーガともいわれる．*ブッダゴーシャの注釈書にその見解が引用されていることから，非常によく知られた注釈者であったと思われる．チューラナーガ・テーラはスリランカの僧院であるディーパヴィハーラのスンマ・テーラの弟子であったが，必ずしも師匠のさまざまなことがらに関する解釈に賛同していたわけではなかったようである．彼の見解は典拠としてしばしば引用されるが，チューラナーガ自身が著作を行ったかどうかはわかっていない．

チューラパンタカ・テーラ　Cūlapanthaka Thera
　初期の*阿羅漢の一人．その名は「小路の弟」を意味し，道端で生まれた二人兄弟の弟であったという事実に由来している．二人は比丘になり，聡明な兄，マハーパンタカはすぐに阿羅漢になったが，チューラパンタカは物覚えが悪く，ブッダが個人的に教えを施したときにようやく阿羅漢になった．チューラパンタカ・テーラは

瞑想の技術と，とくにトランス状態のときに，心でつくられた形をつくり出す能力において有名である．

チュルテン　chörten（Tib., mchod-rten）

チベットにおける聖遺物の入れ物，すなわち*ストゥーパである．これらの建造物はチベット仏教が影響を及ぼしてきたところでは増え続け，*供養の対象であると考えられ，ブッダの心，すなわち，絶対的な真理（*法身）を象徴しているとされる．

チュルテン

チュンダ　Cunda

ブッダの最後の食事の際，ブッダに食事を供した鍛冶職人で，*パーヴァーに住んでいた．純陀ともいう．ブッダの死の直接の原因となった食事の実態に関しては，議論の的となっている（→スーカラ・マッダヴァ）．ブッダは入滅する前に*アーナンダに命じて，チュンダが行ったことに対して非難すべきでない，それどころかブッダの最後の食事を供したことで大いなる功徳（*福）を獲得したのであるとチュンダに伝えさせた．

長安　ちょうあん　Ch'ang-an

現在の西安で，中国の王朝における初期の首都の一つ．中国北西部に位置し*シルクロードの東端の交易の中心地として繁栄した．長安は仏教の初期の重要な中心地であった．経典と宗教の物品を持ってインドや中央アジアから隊商とともに僧侶がそこへやってきた．彼らは地方の豪族の注意を引きつけ，仏教の教えへの好奇心を刺激した．

朝課　ちょうか　choka（Jpn.）

「朝の日課」の意．禅林における日常の活動の一部として読経すること．

澄観　ちょうかん　Ch'eng-kuan（737-820）

中国の*華厳宗の第4番目の祖．伝説によると，身長は2.7 mを超え，腕は膝まで達し，目は闇の中で光るという．11歳から出家し，中国を広く旅し，有名な師のもとで多くの大乗の文献を学び，その中でもとくに*『華厳経』を中心に学んだ．796年，唐の都である長安に皇帝によって招かれ，*プラジュニャーによる『華厳経』の新たな翻訳事業を補佐した．経典に対する彼の注釈は400巻を超え，後継として38名もの弟子を残し，彼らは国家的名声を得た．彼によって華厳宗の勢力は大きく拡大することとなった．

朝鮮（時代）　ちょうせん　Ch'osŏn（Kor.）

朝鮮全体もしくは1392年から1909年にかけての仏教が積極的に抑圧された朝鮮の一時代をいう言葉．これは，518年続いた仏教の影響を拒否した迫害の時代である．支配者が王位に昇ると，多数派の反仏教徒がますます力をつけて影響を与えた．この時代の迫害には，新しい寺院の建立の停止，*得度の制限，市街への僧団の活動を禁止し徐々に山へ隔離すること，比丘と尼僧の旅行の禁止も含まれる．

朝鮮三蔵　ちょうせんさんぞう　Tripiṭaka Koreana

1500点以上の経典を含む中国の仏教正典の朝鮮版．高麗大蔵経ともいう．経典は，81000枚以上の木板に彫られており，大邱市のそばの伽耶山にある*海印寺の収蔵庫に収められている．朝鮮三蔵（高麗大蔵経）は13世紀につくられ，前世紀につくられた初期の形式にもとづいている．

朝鮮の仏教　ちょうせんのぶっきょう　Korea

朝鮮の仏教の歴史は，6期に分けられる．

〔三国時代〕(1世紀～668年)

中国の宗教，書法，暦法なども朝鮮文化に入り，地元民が最初に三つの大きな王国（高句麗，百済，新羅）へと統合した時代に仏教が朝鮮半島に導入された．公式な歴史では，仏教の伝来は，中国の比丘が宮廷の使者として高句麗にきて経典と仏像をもたらしたときである372年とする．仏教は新羅に5世紀までには伝来したが，地元の知識階級がすでに仏教についていくらか知っていたという事実から，研究者は公式な受け入れに先だって非公式な経路ですでに半島に浸透していたと信じている．

〔統一新羅時代〕(668～918年)

新羅は，もともとは三国の中で最も小さく辺境に位置していたが，6世紀に台頭し始めた．このときに，仏教は法興王（在位514-539）のもとで宮中の公式な宗教となった．この王は，王権の新しく確立された制度を正当化するためにイデオロギー運動の一部として仏教を利用した．この要素によって，百済と高句麗のより完全に中国化された住民を併合したことが加わって，中国との関係が増していき，若者の代表が仏教を学びに中国に行った．統一新羅時代はまた，朝鮮仏教の美術においても高度だった．780年までのこの時代の初期には，平和と安定によって知識階級は旅行と修行を行い，仏教の教義を探求することができた．この時代には，*元暁（617-686）や義湘（625-702），*円測(631-696）といった学僧が中国に旅し，著名な師や翻訳僧のもとで働き，朝鮮に戻って身につけた技能や教えを共有した．彼らの努力によって，朝鮮仏教は*華厳や*唯識，*如来蔵思想といった仏教思想の学問的な形式を取り込み，また最も目立つ浄土教のようなより人気のある形式も取り入れた．とくに元暁は「通仏教」や「統一仏教」と呼ばれる包括的な構造へと学問的な仏教の体系化を図ることに貢献し，在家生活に戻った後には庶民の間に広く浄土教を普及させた．中国ではこの時代には，禅宗や瞑想の宗派が目立ち始め，その思想と実践が7世紀に朝鮮へ行き渡り始めた．しかし，780年頃に始まる新羅時代の末期には不安定な激動の時代となり，朝鮮では禅宗は独自のものになった．この時代には，華厳や他の知的宗派の多くの僧侶が中国へ禅の瞑想を学びに旅した．彼らは，「九つの山」（九山）と呼ばれる，政府によって承認された禅の九つの著名な中心となる僧団を設立した．これらの創立は，教義の学問に関する五つの公式に認可された宗派とともに，「五つの宗派と九つの山」（五宗九山）もしくは「五つの教義と二つの瞑想」（五教二宗）という名称を朝鮮仏教に与えた．

〔高麗時代〕(918～1392年)

仏教は高麗時代初期も国教であり続けた．王朝の創始者である太祖は，国家の成功は仏教の活力によるという遺言として教訓を残した．その後の政府とともに，僧団は広範囲にわたる農地を手に入れ，銀行業と関係し，自分らの利益を守るために私的な軍隊を雇うまでになった．そのような広範囲にわたる物資のおかげで，1210年から1231年にかけて仏教正典を丸ごと出版することができた．最初の木版は1232年にモンゴルの侵略によって破壊され，その後新しい版が注文されて1236年から1251年の間に完成した．この81000枚の木版は，朝鮮南部にある伽耶山の海印寺に保存されており，世界でも唯一の文化的宗教的遺産を代表している．仏教の政治的経済的力のために，非常に世俗的な理由から多くの人が聖職者の地位につき，堕落を増大させることとなった．教義の研究と瞑想の宗派は統一性を明確にするのが難しく，しばしば大声で公然と口論した．この状況のために，改革と定義の努力が前面に呼び起こされ，高麗時代初期には，義天（1055-1011）やその後の*知訥（1158-1210）によって牽引された．王族の王子であった義天は，多くの成功のために禅に反感をもっていたが，知訥は学問と瞑想両方の達成を通してその騒ぎにある程度の統一をもたらした．彼は中国の師である*宗密(780-841)の統合を図った先駆となる作品を引用し，規範として宗密の教義である「漸次の修行に従う*頓悟」を普及させた．彼はまた，禅宗の信奉者の間に*公案の方法を広めた．その後に，太古普愚(1301-1382)が知訥の作品をもとに進め，中国へ旅した後には朝鮮に禅の*臨済宗を伝えた．しかし，彼らの尽力にもかかわらず，高麗時代後半には仏教は腐敗と衰微がひどくなり衰退していき，李朝の仏教への公的な迫害の場を準備した.
〔朝鮮時代〕(1392～1910年)
1392年に高麗が滅んで,儒教を偏重する李朝にとってかわり,朝鮮仏教の黄金時代は終焉を迎え,518年続く迫害と衰退の影響の時代が始まった.支配者が王位に就くにつれて,ますます反仏教の方針が強くなるという結果を起こした.これには新しい寺院の建設の停止や*得度の制限,都市部での僧侶の活動の閉鎖と段階的な山間部の僻地への制約,僧侶や尼僧の旅行の禁止を含み,結果として僧侶と尼僧は都市へ入ることが許されなくなった.知的な社会事業に関する面を前に出して,高麗時代の終わりに存在していた教学と瞑想の宗派といった制度は,教義と禅のたった二つにまで減らされ,この時代の終わりまでには,禅だけが残った.
〔日本併合時代〕(1910～1945年)
1910年8月に日本政府が公に朝鮮を併合し,日本がその国民に提供する憲法で規定された保護の外にある植民地の影響下の広い領域の一部とした.皮肉なことに,この進展は朝鮮人の生活の主流から仏教が長い間追放されていたことに終止符を打つ手助けとなった.日本人が仏教を朝鮮文化と接触する一点とみなしたので,朝鮮時代に聖職者に課せられた制限の多くを向上させることを要求した.僧侶と尼僧は再び自由に旅行し市内に入ることが許され,新しい寺院が中心地の近くに建てられた.しかし,同時に日本人は朝鮮の僧侶と尼僧に,日本の仏教の実践を採用するために自分たちの厳格な生活や実践方法を放棄し,日本仏教の宗派と法系に服従するために自分たちの制度上の独立性を諦めるよう圧力がかけられた.最も議論を呼び起こした問題は,聖職者の*結婚と*食事制限に対する飲酒,肉食の許可といった日本仏教徒の生活を特徴づける傾向に関するものであった.(尼僧はいないけれども)新しい様式を受け入れる僧侶もいた一方で,反対する者もいた.こうして1945年に日本が撤退したときに続いて起こった論争の段階が設けられた.
〔1945年～現在〕
1945年に国は38度線で二つに分裂した.1948年に朝鮮民主主義人民共和国が北部に建国を宣言し,米国のかわりに大韓民国が南部に建国された.その時以来,仏教は北部では完全に抑圧された.南部では,1945年に国の法律が復活し,妻をめとり通常の僧侶の*戒律の多くを放棄した僧侶とそれ以外の僧侶との間で,激しい議論が起こった.後者は*禁欲の完全な復活と伝統的な朝鮮の規則の厳格な施行を強く主張し,前者のグループが僧団から追放され,自分たちの支配に譲られることを主張した.彼らは,現在支配的な*曹渓宗のもとで統合され,最終的に裁判で勝利し,法律上の勝利は敵意をあらわにした.こうして,悲惨な転換期を経て,結婚している僧侶は僧団を離れ,僧侶の生活は日本併合時代より前の実践に戻った.それ以来,曹渓宗は朝鮮仏教の再生と復興を監視してきた.1980年代後半から1990年代初めにかけて仏教徒と(20世紀に劇的に成長した)キリスト教徒との間に何度か激しい論争が起き,仏教の寺院が焼かれたこともあったが,全体としては仏教が再び朝鮮社会にとって不可欠な部分となった.

長部 ちょうぶ *Dīgha Nikāya*(Pāli)
パーリ正典である経蔵の第1部.ディーガ・ニカーヤともいう.34の長い(ディーガ,dīgha)経説を含む.3部構成であり,それぞれシーラッカンダ(Sīlakkhandha),マハーヴァッガ(Mahāvagga),パーテーヤ(Pātheya)もしくはパーティカヴァッガ(Pāṭikavagga)と呼ばれる.『マハーニダーナ・スッタ』(*Mahanidāna Sutta*)や*『マハーサティパッターナ・スッタ』などの多くの経は重要な教義を詳説する.同様に,『ソーナダンダ・スッタ』(*Soṇadaṇḍa Sutta*)や*『サーマンニャパラ・スッタ』のような多くの経において,ブッダは*バラモン教や同時代のさまざまな宗派や哲学についての見解や教義を論じている.長部の注釈書は5世紀に*ブッダゴーシャにより著された*『スマンガラヴィラーシニー』である.

長老 ちょうろう thera(Pāli)
「長老」,「老師」を意味する,パーリ語の敬称.仏教の僧伽において,年長の出家修行者に対して用いられる.出家修行者の長幼は,年齢ではなく,出家から経過した時間によって決められる．ふつう，出家修行者が長老と認められるには，10年の修行期間が必要である．

『著名史』 ちょめいし *Celebrated Chronicle*

サマンタパーサーディカ・シーラヴァンサ（15世紀）によって編纂された最も古い現存するビルマの年代記．初期の上座部の年代記の形式に従い，この書はインドの仏教の歴史，スリランカにおける仏教徒の勝利や，ブッダがビルマのタガウン王国にあるレーカイン村へ500人の*阿羅観の一行のもとに訪れたと称されるいくつもの物語を綴っている．同様の物語は*『玻璃王宮史』の中でも繰り返されている．この記述によると，ブッダは彼のために白檀僧院を建てた2人の兄弟，マハポンとスラポンの要請を受けてビルマを訪れた．その物語は，ビルマにおける仏教の確立を特徴づけるために，500人の男と500人の女がそのときにどのように阿羅漢になったかを詳しく述べている．

鎮護国家 ちんごこっか national protection Buddhism

宗教的な力を得て国の権益を護ることを主要な目的として，専門的な僧が宗教的な儀礼や儀式を行う，東アジアで広く抱かれた信仰．一例として，中国や日本においては，密教的な伝統儀礼には干ばつに雨をもたらす，災いを避ける，侵略を打ち払うのを助けるなどの力があると信じられていたために，しばしば贅沢すぎる儀礼にも多大な国家的援助が与えられた．→中国の仏教，日本の仏教

鎮西派 ちんぜいは Chinzei-ha

*浄土宗の一派で*法然の弟子聖光房弁長が創始した．この系統は白旗流として現在に受け継がれている．知恩院を本山とし，主要な拠点として東京の増上寺を擁している．→浄土宗

チンナマスター Chinnamasta

ヒンドゥー教および後期密教文献に記述される女神．描かれる姿は裸で，切断された自身の頭を掲げ，首から口にかけては血がほとばしっている．

ツ

ツァツァ tsha-tsha（Tib., tshva-tshva）

仏や他の聖なる生き物の小さな浅浮彫りの像．それらが刻まれる粘土には亡くなったものの*火葬後の灰を混ぜることがある．

ツォクシン refuge tree

*三宝と*グルを木の形で表した図像．チベット仏教で，帰依（→三帰依）の際に崇拝の対象として用いられる．それぞれの学派で独特の形をし，学派を継承してきたものたちや保護してきたものたち（*護法）を象徴している．

ゾォクチェン Dzogchen（Tib., rdzogs-chen）

チベット仏教の*ニンマ派の中心的な教義であり，ゾォクチェン，すなわち，偉大なる完成は最高で，最も権威ある悟り（菩提）へと近づく道と考えられている．ゾォクチェンの教えでは，心本来の清浄性はつねに顕現しており，ただ如実に認識するのみでよいのである．ニンマ派の，タントラの*アティヨーガ乗に含まれ，ゾォクチェンを説いた典籍は大きな一群を形成しているが，三つの部に分かれる．すなわち，*心識部，*法界部，*訣竅部である．ゾォクチェンの諸相は*パドマサンバヴァと*ヴィマラミトラによってチベットに伝えられ，後に*ロンチェンパによって組織化され，そして，*ジクメー・リンパによって集約された．

ツォンカパ Tsongkhapa（Tib., Tsong kha pa losang drakpa）（1357–1419）

チベット仏教の*ゲルク派の創始者．ツォンカパはアムドーの「タマネギ谷」として知られる土地に生まれ，その有名な名は故郷に由来する．若かりしときは*サキャ派，*カギュ派，*カダム派の諸師のもとで学習した．当時のチベットで仏教を学んだり，実践したりする方法に満足できなかったので，「徳の高い人々」（*ゲル

ク派の人々）として知られるようになる，志を同じくする弟子たちを従えて，その名のとおり改革された仏教学派を立ちあげた．仏教に関して非常に幅広い学識をそなえ，『菩提道次第広論』（ラムリムチェンモー，*Lam rim chen mo*）と『宗密道次第』（ガクリム，*sngags rim*）などの数多くの重要な著作を執筆することで，インド仏教の中でも真正の教義として自ら考えるものを組織化しようと試みた．

ツォンカパ

罪 つみ sin

仏教では全能の神の存在が認められていないため，啓示を通じて示されるものや，推論によって帰結するものとして神の意思に違背するという，全能者に対する背馳としての罪の概念は存在しない．しかしながら，業の教義では善い行為と悪い行為とが明確に区別されている．

テ

ティー htī (Burm.)

傘のように装飾された*ストゥーパの屋根を指すビルマの言葉．

『ディヴィヤ・アヴァダーナ』 *Divya-avadāna*

*アヴァダーナの様式で書かれた，最古層の仏教文献の一つ．善や悪を行う者が，いかにして時を経てそれに見合った報いを受けるかを説く，教訓的な説話を集める．38 章に区分されるが，章によって文学的な質に差が見られる．紀元 200 年から 350 年の間のある時期に現在の形態に整理された．この作品はサンスクリット語で書かれており，おそらく*説一切有部に属するものと考えられる．*『撰集百縁経』にも見られる説話の多くを収録している．

ティーカー ṭīkā (Skt., Pāli)

典籍に対する複注のこと．

ディーガ・ニカーヤ ⇨長部 ちょうぶ

ティカ・パッターナ Tika-paṭṭhāna (Pāli)

「三者の起源」の意．パーリ正典のうち，*阿毘達磨蔵の中の最後の書である*『パッターナ』の，最初の部分．*縁起の教義を非常に詳細に分析した，高度に専門的な文献である．*ブッダゴーシャにより，注釈が 5 世紀に著されている．

ディーガバーナカ Dīgha-bhāṇaka (Pāli)

パーリ正典の経蔵の第 1 部である*長部の朗誦を専門とする比丘たちに与えられた名前．伝統的に，最後からの 3 経典*『アパダーナ』，*『ブッダヴァンサ』，*『チャリヤーピタカ』を除いた*小部を*阿毘達磨蔵に帰するものとみなす．また，王子のシッダールタが出家する前に見た 4 種の兆候（老人，病人，死人，托鉢僧）

は同じ日に起こったという見解を保持する.

ティク・クアン・ドック Thich Quang Duc
ヴェトナムの仏教僧で，1963年6月11日にサイゴンの人通りの多い交差点で*ヴェトナム戦争と政府による仏教僧の投獄に反対するために，公衆の面前で自殺した.

ディグナーガ Dignāga (480–540頃)
南インド出身の学僧．陳那ともいう．*ヴァスバンドゥとは間接的な師弟関係にある．知覚に関する*瑜伽行派と*経量部の諸理論を，彼独自の革新的な論理的方法論と組み合わせた．オリッサに拠点をおき，*阿毘達磨と*プラマーナに関する重要な著作を多く著したが，それらのうち*『集量論』はとくに大きな影響力を有する．同書によって，彼は先師らの多くの洞察を認識論の完成された体系に統合した．同書は知覚，認識における知覚の役割，認識の信頼性，感覚・形象・概念・外界の関係といった問題を扱う．彼の学統は弟子のイーシュヴァラセーナを経て，7世紀の偉人*ダルマキールティへと継承される.

ティク・ナット・ハン Thich Nhat Hanh (1926–)
ヴェトナムの禅の僧侶で，*社会参加仏教の運動の創始者．ナット・ハンは*ヴェトナム戦争の開始による自国の平和運動で活動を行い，1964年に地方のインフラの再建を助けるため社会奉仕のための青年学校として知られるボランティア機関を設立した．しかし，反戦活動が当局の不興を買い，亡命を強いられ，現在はフランスに居住している．米国とヨーロッパで広く指導し，社会参加仏教に関する多くの著作がある.

『ディーパヴァンサ』 ⇨『島史』とうし

ディーパンカラ Dīpaṅkara (Skt., Pāli)
「灯火をつくるもの」の意．燃灯仏ともいう．*パーリ典籍において述べられている神話的な24人のブッダのうちの最初の一人．ガウタマ・ブッダ（そのときは*苦行者の*スメーダという名）が菩薩になる誓いをし，彼が最終的に到達した悟り（菩提）を探し求めていたのが，ディーパンカラの時代のことであるといわれている.

ディヤーニ・ブッダ dhyāni-Buddhas
「瞑想のブッダ」の意．瞑想において観ぜられるブッダ，または瞑想の主題とされるブッダのこと．もともとは西洋の研究者が5人の*ジナすなわち五大*如来を指すために考案した語であるが，現在はあまり使われていない.

『ディヤーノータラ・パタラ』 *Dhyānottara-paṭala*
主要な*クリヤー・タントラ作品で，チベット語訳のみが現存する．現存しない『ヴァジローシュニーシャ・タントラ』(*Vajroṣṇīṣa Tantra*) からの一章（パタラ，paṭala）と推測される．74の偈頌からなり，タントラのマントラを唱えることと瞑想を基盤としている．初期インドタントラの学者，ブッダグフヤによる詳細な注釈も現存する.

ティローパ Tilopa (989–1069)
有名なタントラ仏教の達人（*マハー・シッダ）．その名は，胡麻（Skt.，ティラ，tila）油の製造で生計を立てたことがあったという言い伝えに由来する．*マハームドラーの教義と実践を初めて説いたと考えられており，これを含めたタントラ仏教の諸教義を弟子の*ナーローパに伝え，ナーローパはさらにそれを*マルパに伝えた.

テイン thein (Burm.)
*界（シーマー）を意味するビルマ語.

デーヴァダッタ Devadatta
ブッダの母方の従兄弟．提婆達多ともいう．ブッダの教化により仏教に改宗した．やがて彼は*僧伽で敬われるようになるが，その後，僧伽の主導権をブッダから奪取するため，3件の殺人未遂を含む陰謀の数々を企てたとされる．彼は*頭陀支とよばれる多くの*苦行を必須の実践項目にしようとしたが，ブッダは任意でよいと定め，これをめぐって2人は対立した．2人の敵対関係は今生に尽きるものではなかったが，ブッダをその座から引き下ろそうとするデーヴァダッタの試みは，すべて失敗に終わった．

デーヴァーナンピヤ・ティッサ Devānaṃpiya Tissa（前247-207）

スリランカの王．もともとの名は単に，ティッサである．ティッサは自分が受けた戴冠儀礼が不十分であったと考え，インドの皇帝*アショーカに大使を送った．アショーカは2度目の戴冠式に必要なものすべてを彼に送り，仏教に帰依させるためにティッサを招いた．2度目の戴冠式の後，ティッサは「神々に愛された」という意味のデーヴァナンピヤという称号を付け加えた．これはアショーカさえも採用した一般的な王の称号である．王の2度目の戴冠式の年，アショーカの息子の*マヒンダは使節団長としてスリランカを来訪し，王とその従者を仏教に改宗させ，正式に仏教が島にもたらされた．ティッサは改宗後，*アヌラーダプラの彼の首都にあるティッサーラーマの園を，仏教教団に寄付し，その土地に*マハーヴィハーラを建立した．また同様に彼は，ブッダの頸骨を安置する*ストゥーパと，隣接する僧院を含む他の数多くの仏教建造物に対して寄付をしたことで知られる．彼の王宮の女性の数人が仏教教団に入ることを望んだとき，ティッサは再びアショーカに手助けを求めた．アショーカ王は尼僧である彼の娘の*サンガミッターを他の尼僧とともに島に派遣した．彼女たちにより，オリジナルの菩提樹の分け木が島にもたらされ，アヌラーダプラに植えられた．

デーヴァラ devala

*天（デーヴァ）が信仰される仏教やヒンドゥー教の寺院，聖堂に対するシンハラ語の術語．このような場所はふつう，僧院の構内には見られない．

テクチュー threk-chö（Tib., mkhregs-chod）

文字どおりには「断ち切ること」であり，*ヅォクチェンの高度な行法に用いられる主要な2技法のうちの一つ．その目的は行者が本初的な悟り（リクパ，rig pa）を直接経験することで妄念された表れと考えを断つことを助けることである．

デーサナー・マハージャーティ Desanā Mahājāti

ビルマ，タイ，ラオスなど，東南アジアの上座部の国々で人気のある祭典．『*ヴェッサンタラ・ジャータカ』の儀礼化した説教を含む．この祭典は，田植えの後の1カ月にわたって開催され，*福を積む重要な機会ととらえられている．これは，通例*ロイ・クラトンの祭と関係している．

鉄囲山 てっちせん ⇨チャクラヴァーラ

テプ thep（Thai）

タイで神や神格を意味する*天（デーヴァ）を音訳したことば．

デプン寺 Drepung（Tib., 'dras-spung）

中央チベットでの*ゲルク派三大寺院の一つ．*ラサの西に位置し，1416年にジャムヤン・チョルジェ・タシ・パルデンによって建立された．宗教的なものと世俗的なものが融合したゲルク派の政府は，*ダライ・ラマ5世の在世中に，当初この寺院の*ガンデン宮殿に設立され，後に，チベット全土に宗教的・政治的支配を広めた．全盛期には2万もの僧侶が滞在したが，文化大革命でその大部分が破壊され，以来，部分的に再建されている．

『テーラガーター』 *Theragāthā*

「長老の詩」の意．パーリ正典のうち，経蔵に属する*小部の中で，8番目の書．詩文を集めたもので成っており，そのほとんどは，ブッダが存命中に*長老たる男性の出家修行者たちによってつくられたと信じられている．ほとんどが宗教的経験の叙述であり，中には高度な詩的水準を有するものもある．それ以外は，長老の経歴の叙述で成っている．*ダンマパーラによって6世紀頃に編まれた*『パラマッタディーパニー』の一部は，『テーラガーター』に対しての注釈となっている．

テラコン telakhon

ビルマのカレン族の間で起こった宗教運動で，仏教千年祭に奮起され政治的な解放運動をねらいとした．最初は英国から，のちに軍事政権からの解放を目的とする．この運動は，コン・ユによって19世紀半ばに創立され，その千年祭の期待が知識と力を授ける黄金の本を中心に展開された．1960年代に，米国の伝道師らがカレンに多くの聖書を船で運び込んだが，伝説が述べる本物の黄金の本ではないとして拒絶された．

『テーリーガーター』 *Therīgāthā*

「長老尼の詩」の意．パーリ正典のうち，経蔵に属する*小部の中で，9番目の書．詩文を集めたもので成っており，そのほとんどは，ブッダが存命中に長老たる女性の出家修行者たちによってつくられたと信じられている．ほとんどが宗教的経験の叙述であり，中には高度な詩的水準を有するものもある．それ以外は，長老尼の経歴の叙述で成っている．男性の長老たちによってつくられた詩文を集めた*『テーラガーター』と対をなす．*ダンマパーラによって6世紀頃に編まれた*『パラマッタディーパニー』の一部は，『テーリーガーター』に対しての注釈となっている．

テルテン gter-ston (Tib.)

*テルマを発見，もしくは明らかにした人物．テルマとは，チベット仏教の*ニンマ派によると，8世紀に*パドマサンバヴァによって隠された転籍の「宝」である．宝の場所は，*アヌッタラ・ヨーガ・タントラを巧みに実践するものに，女性の精霊（*ダーキニー）が伝える．

テルマ terma (Tib., gter-ma)

文字どおりには「秘匿された宝」であり，テルマはチベットに秘匿されている典籍で，*前伝期に*パドマサンバヴァや他の人たちによって秘匿され，後に「秘法の発掘者」によって発見され，広められると信じられている．これらの典籍を*ニンマ派に属する人々はダルマの真正なる開示として尊崇しており，『チベット死者の書』（*『ワルド・テーテル』）も含まれる．この信仰にはインドにも先駆けとなるものがあって，同様に秘匿された文献の宝が多くの大乗の聖典としてインドで発見されたといわれている．

天[1] てん deva (Skt., Pāli)

「輝き」，「光明」の意．神ないし超自然的存在のこと．数ある*天界のいずれかに居しており，また善業の果報としてそこへ再生するという．仏教は，神々のパンテオンというヴェーダの発想を継承した．それは元来33神のパンテオンであったが，後に急速にその数を増していった．神々は宇宙の中心をなす*メール山の上，あるいはその上空に住んでいるが，ブッダの教えを聞くため，人間の世界にもしばしば来訪すると考えられている．神々のために奉献と供儀がなされると，神々はそれに応えて手助けと庇護とを行う．幾百幾千もの年月を生き，その善業が使い果たされると，やがて再生する．彼らはブッダとは異なり，輪廻の世界に留まっている．

天[2] てん devatā (Skt.)

タントラ仏教における神格．通常はブッダ，およびブッダの*法身の特質やその諸側面が変成した，またはそこから発出したものとされる菩薩を指す．音声（マントラ），*ムドラー，物質的表れなど，さまざまな形態をとって顕現する．

転依 てんえ āśraya-parāvṛtti (Skt.)

「よりどころの顕現」の意．*瑜伽行派の文献の中で，心が偶発的な不浄（*客塵煩悩）を除去して，生来具わっている仏性が顕現することを表す語である．

天界 てんかい heaven

仏教には永遠なる領域としての天界という概念は存在しないが，現世を超えて神（*天，デーヴァ）として再生するその先に精神的な諸段階の階層が認められている．後代の研究者はそのような天界として26種あげているが，その数は学派ごとに微妙に変化する．しかし，仏教における天界はすべて非永続的な状態であって，やがて天界へと生じさせる善業が尽きると，下位の領域へと再生することになる．それゆえ，仏教における究極的な目標は天界ではなく涅槃である．→宇宙論，趣，地獄

『伝光録』 でんこうろく *Denkō-roku*

*瑩山紹瑾によって，1299 年から 1301 年の間に編纂された，日本の*曹洞宗の歴史をまとめた著作．ブッダから*道元へと至る曹洞宗の相承の系譜をたどったもので，禅宗史において非常に有用な資料である．*大正新脩大蔵経 no. 2585.

転授 てんじゅ paramparā（Skt.）

「継続」の意．教理の知識を師から弟子に伝授してきた経路をひとつにまとめた，教師たちの系譜．

テンジュル Tenjur（Tib., bstan-gyur）

チベット大蔵経（→カンジュル）の第二の主要な区分で，おもにインドの言葉で書かれた宗教的著作からの翻訳から構成される．およそ 225 巻からなり，インド仏教の諸大師による注釈書や独立した著作からなる．いくつかの区分に分類され，文法や医療，工芸に関する世俗的なものも付随する．

転生 てんしょう reincarnation

転生という語からは，ヒンドゥー教固有の観念である，肉体の主として一時的に具現化した不変の魂（*アートマン）の存在が示唆されるため，仏教に関する著作では一般的に忌避される．ヒンドゥー教とは対照的に，仏教では不変の魂の存在が否定され，精神と物質との間に想定される二元論的対立が認められていない．したがって，ある生から次の生へと連続する中で個人が動態的でつねに変容し続けていることを意図して，仏教に関する著作では「再生」という語が好んで用いられる．「再生」という語も「転生」という語もサンスクリット語に直接対応する語がなく，インドの文献では「再誕（*後有）」や「再死」(Skt., プナルムリティユ，punarmṛtyu）のかわりに用いられる．

天上菩薩 てんじょうぼさつ celestial Bodhisattvas

大乗の文献で言及される，非歴史的な大菩薩を指す語．この諸菩薩は悟り（菩提）への歩みが高度な者たちである．そのような菩薩として最も注目すべきは*観自在と*文殊師利であり，この両者は本性上象徴的あるいは神話的なものとみなされ，段階の低い菩薩道を歩む普通の人間の菩薩とは対照的である．

天親 てんしん ⇨ヴァスバンドゥ

天台（中国） てんだい T'ien-t'ai

中国仏教の宗派で，6 世紀後半から 7 世紀初めに誕生した．中国の東海岸部の浙江省にある本山の天台山にちなんで名づけられた．事実上の創設者は*智顗（538-597）であるが，伝統的には天台宗第 3 祖とみなされている．開祖と第 2 祖は*慧文（550 頃活動）と智顗の師であり瞑想の師である*慧思（515-577）である．天台宗は三つの刷新的な特徴，すなわち教義の分類体系（判教），高度に関連づけられた瞑想体系，*三諦の教義で知られている．

〔教義の分類〕

智顗の扱った問題の一つは，6 世紀末までに中国に翻訳された仏教経典の無秩序な集まりを理解することであった．インドで古くからある小乗のさまざまなテキストが流通する一方で，大乗の教えが目立ち始め，その教義と経典が発展し続けていたときに，仏教は一度に中国に入ってきた．すべてブッダの言葉とされて，不統一な形式である，これらの雑多なしばしば矛盾する経典をどのように理解するかは困難であった．教義の体系化はそれ以前から試みられていたが，主として仏の教えを正確に伝えているものはどれかという度合を審査するものであった．智顗は三つの基準に従って，経典の前後関係を決める尺度をつくった．ブッダの一生で教典が説かれた時代，それを聞く聴衆，ブッダが教えを伝えるために用いた方法である．最初の尺度は「五時」という配列をもたらした．(1) ブッダが悟ってすぐ後の自分の見解全体の内容を伝えるために恍惚の状態にまだあった華厳時（3 週間），しかし人々は教説全体を理解できなかったため，ブッダはすぐ教えを変えた．(2)

ブッダが教えを簡単に紹介するために小乗の経典を説いた*阿含時(12年間), (3) ブッダが徐々に大乗の主題を紹介しより完全に理解するための方法を明らかにするために以前の教えを削除し始めた方等時(8年間), (4) ブッダが完全な大乗の教義である普遍的な*空性を教えた般若時(22年間), (5) ブッダが般若経典の否定的表現から，全衆生の*仏性，仏教の「三乗」と呼ばれる共通のゴールと同一性を述べる*『法華経』の肯定的表現へと転換した法華・涅槃時(8年間). この最後のときに，ブッダは悟りの完全な内容に戻ったため, 天台宗では『法華経』はすべての経典の中で最も高度で，最も直接仏の言いたい内容を表現していると考えられている. 聴衆の尺度では経典は四つに分けられる. (1) 声聞(*声聞乗)と*独覚の二乗のための三蔵教, (2) 以上の二乗に加えて大乗の道を歩み始めた低位の菩薩のための共通の教え(通教), (3) 大乗だけを学ぶ菩薩のための別個の教え(別教), (4) 最高位の菩薩のための現実全体について完全な説明が与えられた「円」(もしくは完全)な教え(円教). 最後に，教えの方法の尺度では別の4項目が立てられる. (1) 完全な真実を突然に理解させるために修行者を驚かす頓教, (2) 教えに段々と近づき修行者を体系的に真実の理解に導く漸教, (3) 仏が集団に向けて話すが，特定の人のみ内容を受け取ることができるよう意味内容が隠された—さまざまな大乗経典において，神や菩薩が精神的な発展が劣っているものには気づかれない仏の説法を聞いてきたことが明かされたときのように，聴衆全員がお互いに気づいていないという状況を示している—秘密教, (4) 仏が即座に集団に演説するために現れたとき，聴衆がお互いの存在に気づいているが，個人的に別個に話しかけた不定教.

〔瞑想〕

智顗とその師の慧思は2人とも瞑想の師であり,『摩訶止観』(偉大な落ち着かせることと熟慮)と『小止観』(小さな落ち着かせることと熟慮)の二つの智顗の著作は瞑想の多くの方法を取り扱い体系化している. これらの方法の完全な説明はこの作品の範囲を超えているが，技術の包括的な分類は天台と並んで，またはその後に生じた伝統に影響を与えたことは言及されるべきである. たとえば，毎日の活動において注意深さを働かせることや現象世界の現実を熟慮することで究極の現実を知覚することといった方法も含まれ，禅宗の発展に直接影響した. また*阿弥陀の名前を唱え，その姿を心に思い浮かべる方法も含まれている. これはすでに存在していた浄土の伝統に新しい刺激を与えた(宋代の大規模な浄土教を深く信心する社会を組織化した多くの人物が天台宗の僧侶である).

〔三諦〕

智顗は中観の思想が基本的に否定的な形而上学的分析であることに不満を感じていた(実際に，彼が教義を分類した「五時」の分類を見ると，智慧波羅蜜のときは最後のときではない). こうして, 智顗は三諦, すなわち空性の真実(空諦), 暫定的な真実(仮諦), その中間の真実(中諦)を提案した. 智顗はまた，存在論の説明にもとづくこの中諦を宇宙の中で働く作用を述べるものに変換した. *中観派の空の教えは，物事に本来備わっている要素や自己の本質が欠けていることをいって，物事が無味乾燥な固定的な方法でどのように存在するかを主張するが，智顗は物事の最終的な性質を意識(*識，ヴィジュニャーナ)として特徴づけ,「中道仏性」という言葉をつくり出した. 仏の全知の心は現象世界において作用し，そのため世界中のあらゆるものは仏の意識の一部である. この絶対の心はすべてのものを通して衆生の解放のための慈悲となって働く. この心が純粋な現象だけではなく汚れた現象においても作用する事実によって，天台は独自の思想，絶対の心が純粋な面だけではなく不純な面ももっているという思想を採用することができた. いいかえると，世界の道徳に反する不純な物事が，純粋なものと同様に，仏の心の救済の働きをする乗り物として提供されることである. 天台宗は，仏の心に不純な面があると考える中国仏教の唯一の宗派である. しかし，天台宗にとって，これは単に仏の心に全知があると考える理論的な結果である. 仏の心はあらゆるものを知覚し，不純であろうと純粋であろうとあらゆるものを自身に合併し，衆生に届くように用いる.

〔智顗以降の歴史〕

天台宗は，（華厳宗のような）中心となるテキストや（禅や浄土教のような）実践の方法ではなく，その地理上の中心（天台山）にちなんで名づけられた中国仏教唯一の宗派である．天台山に住んでいる人が宗派の見解や実践を存続させる必要を感じるために，この由来は安定と存続の基準を与えることとなった.このために，地方に根ざした禅と浄土以外の他のすべての宗派を破壊した845年の仏教への迫害でさえも生き延びることができた．智顗の後は，20歳の弟子の灌頂（561-632）が引き継ぎ，智顗の方法で『涅槃経』の注釈書を編纂した．第6祖の*湛然（711-782）は，新しく起こった華厳宗，禅宗，*密教に地位を奪われた後に天台宗を復興することに貢献した．彼は，経典や智顗の著作に関する注釈書を編纂し，興味深い教義を進展させた．絶対の心がすべての現象に浸透し，「中道仏性」といい表される智顗の教義を進めて，湛然は，生命のあるものもないものもすべて仏性をもっており，悟り（菩提）を得ることができると主張した．天台宗は，彼の指導力のもとで大いに栄えた．しかし，2世代後の845年に起こった*会昌の破仏で，天台山の寺院は蔵書と写本もろともに破壊され，聖職者たちは四散した．この後天台宗は衰退の段階に入ったが，滅びることはなかった．朝鮮の弟子が，招待に応じて天台山にテキストや宗派の教えを再び持ち込み，徐々に再建され始めた．宋代には著名な二人の僧侶，知礼（960-1028）と慈雲（964-1032）が天台宗の教えを喧伝するだけでなく，聖職者と教育を受けた在家者らの間に大規模な浄土教社会を確立するために活動した．

四明知礼はまた，次の数世紀の間天台宗を二つの派閥に分裂させる論争を開始した．これは1000年に始まり，山外（「山の外」，異端派）に対する山家（「山の家」，正統派）の論争として知られる．智顗の作品の一つに関して特別な見解として真正であるとみなすこと，別教や八教の中で他による起源（*縁起）に関する特定の教義の配置，絶対の原理における本来備わっている悪と個人における悪の関係，浄土の性質という四つの個別の問題に触れている．山家・山外の論争は，明代に専門書や手紙で一定の話題を提供する材料となった．この時代の後に，天台宗は落ち着いた状況におかれ，明代の末までには宗派の独自の立場は薄れ，（いまだ天台宗の一部であると主張する聖職者もいたけれども）学者がそのテキストや教義を専門に研究するために選ぶだけになった．9世紀の初めに，*最澄が天台山を訪れるために中国へきて，日本に伝わった．日本では，日本仏教のおもな伝統の一つとして知られている．

天台宗（日本） てんだいしゅう Tendai

日本仏教において平安時代（794-1185）初期に生まれた2大宗派の一つ．僧最澄（767-822）により創始された．開祖の人生を取り巻いた環境により,密教儀礼（→密教）から顕教の教義・経典の研究，さらに初期浄土教や禅にまたがる幅広い折衷的な宗派である．本山は平安京に隣接した*比叡山にある．発足時の不安定な時期を経て，やがて資力に富む有力な宗派に発展した．最澄が創めたこの宗派は彼の死後惨めな状態に陥っていた．最澄は*天台の教義を求めて入唐したので，中国天台の教義と実践，とくに*『法華経』をブッダの最高の教えと位置づける教判を表向きは忠実に信奉した．しかし，最澄は密教儀礼を採り入れ，やがてこれが天台宗の最も大衆受けする特徴になったことから問題が生じた．中国天台の教判は中国で密教が発生する前に定式化されており，密教は含まれていない．*安然（没年889-898）は密教教義を他のすべての教義を超えた新たな別の範疇であり，中国天台の化法の四教とは異なる次元に存在するものとして付け加えることにより問題を解決した．

まもなく比叡山と天台宗は皇室と貴族の一部による庇護の対象になり，不可避的に富と権力が集中した．こうして宗派内の高僧たちは政治化し，僧侶たちは宗教的目的を求めるよりも権力や影響力を得るために宗派内の出世を求めることに没頭した．*良源（912-985）により天台の本来の精神の再興が図られたが，彼の死後すぐに状況は再び悪化した．

天台の広範な教義（当時競合していた*真言宗の狭い関心対象と比べたとき）はその精神的頽廃と相まって鎌倉時代（1185-1392）に新たな改革運動が生ずる素地を生んだ．すなわち禅宗，浄土教の諸宗派，*日蓮宗は，すべて天台宗の出身でその教義を天台で学んだ僧侶たちを開祖としている．改革者たちの活動は天台がもつ実力と競争を許さない姿勢により妨害された．新たな運動を始めた人々はしばしば比叡山の悪名高い*僧兵の犠牲になった．僧兵は暴力集団と変わるところがなく，僧衣をまとい棍棒と松明を持って山を下り，新しい寺を破壊し競争相手を踏みつぶした．鎌倉期の改革者たちはたびたび僧兵の前を逃げまどった．権力者にとって比叡山の富と僧兵の軍事力は庇護の対象から軍事面と政治面での脅威に変わり，1571 年に織田信長により破壊された．この攻撃により寺院のすべての建造物は破壊され，3000 人以上の僧侶と信者が犠牲になった．この打撃によって荒廃したものの天台は存続した．織田による攻撃ののち比叡山は再建され，他の場所にある天台宗の末寺は繁栄を続けた．しかしながら，時の経過とともに天台は禅宗，浄土教の諸宗派，日蓮宗の圧倒的な大衆性により侵食され，今日では日本仏教における少数派に留まる．

顚倒 てんどう viparyāsa（Skt.）
　逆転すなわち四つのことがらに関する認識の歪み．この誤解のために衆生は無常なもの（アニトヤ）を常住なもの（ニトヤ，nitya），*苦（ドゥフカ）を幸福（スカ，sukha），*無我を自我（*アートマン），不浄なもの（アシュバ，aśubha）を清浄なもの（シュバ，śubha）とみなす．

伝灯録 でんとうろく Ch'uan-teng Lu（Chin.）
　中国の禅文学の分野の一つ．「（教えの）灯の伝達」，「（教えの）松明の受け渡し」．師と弟子の系譜を述べるもので，伝記と語録が一緒につけられていることがふつうである．→『景徳伝灯録』

天女 てんにょ apsaras（Skt.）
　*インドラ神を主とする天界に住んでいる，神聖な乙女の妖精．

転輪王 てんりんおう cakravartin（Skt.）
「車輪を回す者」の意．国中に戦車の車輪が自在に動き回って，その支配に際限のないことを象徴する君主または皇帝．転輪王には 4 種の階級があり，戦車の車輪がそれぞれ鉄，銅，銀，金として区別されている．転輪王という語は，その教えがあらゆる国に広まったという意味でブッダの尊称としても用いられる．転輪王は，国民に平和と繁栄をもたらす公正な支配者または世界の君主として，仏教における政治的理想を表しているが，*アショーカに代表されるように，歴史上さまざまな王がこの理想を体現したとされてきている．政治的な権威である転輪王は世俗の者としてブッダに対応し，両者とも体には超人（*マハープルシャ）が示す 32 の特徴（*三十二相）を有している．

『転輪聖王獅子吼経』 てんりんじょうおうしくきょう
⇨『チャッカヴァッティシーハナーダ・スッタ』

ト

唐 とう T'ang dynasty

618年から907年にわたる中国の歴史の時代で,支配している唐が皇帝の権力をもっていた.短期間に終わった隋代（581～618）の帝国の再統一に続くこの時代は，国家が長期の統一と繁栄を享受した中国史における黄金時代の一つとみられている．また，禅や*天台，*華厳に*法相といったほぼすべての主要な宗派で創立と統合が行われ，皇帝や貴族の惜しみない援助を享受した．このような空前絶後の創造性の時代であるために，中国仏教の黄金時代としてもしばしば言及される．

しかし，このとらえ方は唐代もまた皇帝と仏教両方にとって多くの困難と困窮がみられるという理解から幾分調整しないといけない．王朝自体も，いまわしい皇后，則天武后（彼女の仏教への強い関心によって，彼女の統治期間は宗教の観点からはとりわけ繁栄した時代となった）による王位の強奪と755年の安史の乱に苦しんだ．安史の乱では，反乱が大規模であったため，それを鎮圧するために，莫大な量の帝国の財産を要し，それ以後完全に回復することはなかった．仏教の側では，惜しみない援助と知的興奮もあったが，この時代にも845年に損害の大きい仏教への抑圧がみられた．多くの寺院と道場が蔵書と美術品とともに取り壊され，何千もの比丘と尼僧が，強制的に還俗させられたり殺され，以後の中国仏教の性格を変える事件となった．

道[1] どう mārga（Skt.；Pāli, magga）

道，とくに涅槃に導く宗教実践の体系という意味での道．さまざまな公式化がみられ，その最も一般的なものは*八支聖道である．初期の仏教では四つの*聖道（高貴な道）の体系が一般的であり，大乗仏教では以下の五つの道の定式が優先する．(1) 蓄積の道（*資糧道），(2) 準備の道（加行道），(3) 見ることの道（*見道），(4) 育成の道（*修道），(5) もはやそれ以上学ばないことの道（*無学道）．

道[2] どう Tao

「道路」を意味する中国の言葉で，中国のすべての宗教で用いられる．仏教内では，実践の方針と人が努力して至るゴールと同義である．「道を得ること」（得道）は涅槃の獲得を示す言葉である．→道教

道安 どうあん Tao-an（312-385）

初期の中国人比丘で，原文批評で高名な教養のある学者．偽選の経典から本物をより分けるのを助け，テキストの異本と翻訳を同定し，中国における仏教の書物の目録を最初につくった．彼はまた,現存している経典の解説を書き，仏教論書をインドの言語から中国語に翻訳するための新しい指針と基準を設置することを助けた．

ドゥカ・パッターナ Duka-paṭṭhāna（Pāli）

「二つの起源の集まり」の意．パーリ正典である*阿毘達磨蔵の最終巻である*『パッターナ』の第2部．高度に専門的な書であり，縁起の教義についての詳細な分析を含む．これに対する注釈書は5世紀に*ブッダゴーシャにより著された．

道教 どうきょう Taoism

中国固有の宗教の一つ．中国に伝来された仏教の中国化に役割を果たした．道教の伝説上の創始者は，*老子（前6世紀頃）で，古典的作品の『道徳経』（道と力についての本）の著者に帰せられているが，おそらく前4～3世紀の成立と考えられている．*道（タオ）とは，世界中で物事が起こっている型のすべてを包括する母体であり，この宗派の名前はこの概念にもとづいている．道士は，ふつう，物事の複雑な相互の連絡性を理解したり，長命を得たり，考えや行動における自発性に達したり，超自然的な力を得たりすることなどのいろいろな目的のためにこの母体の知識や洞察に達するという理想をもっている．そのような達成は，その相互

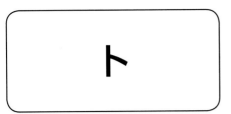

作用によってあらゆる現象や変化や生起の起こる陰と陽の対立する二つのエネルギーのバランスをみつけることを含む．これらは，無限の道の二つの相補的な面としてみられ，全体を二分し，そのなかに二つの点をもつ陰と陽の円の象徴で表現される．陰と陽の両方が対立する種子を含むことを指し示し，すべての対立と二元性は陰と陽の用語で説明可能である．たとえば，陰は女性的なものや柔らかいもの，受容力を象徴し，陽は男性的なもの，堅いもの，動的なものを象徴する．道士は，自然のリズムを観察しまねることで自身の中のこれらの宇宙のエネルギーを調和しようとする．それは彼らが求める理知的な理解に反対するものとして存在する．とくに，『荘子』（前4～2世紀頃）は真実を伝達する手段としての言語や知識の形態としての他方面にわたる思想に対して徹底的な批判を述べ，世界と自己の両方に及ぶ本質を直接観察することを助言している．これは，自分の生活の環境と死の必然性，日々の自発的な喜びを穏やかに受け入れさせる．多くの学者が，この書は中国の禅宗の始まりに関して影響を与えたと信じている．道教と仏教の交雑のほとんどは，3世紀に始まる漢の滅亡後の，多くの中国の紳士階級と知識階級が南へ避難したときに起きた．この動乱期の帝国の動揺と生存の困難のために，多くの人が信用の落ちた儒教の指導権に疑問を抱き，人生の問題について考える別の方法を探した．多くの人が，新しく再生した道教とそれに近い「奥深い学問」（玄学），時には「新道教」とも呼ばれる思想を取り入れた．このときに仏教は中国の上層階級に浸透し，多くの学者が交流し，この二つの宗教の思想を議論し比較した．

ドゥクパ・クンレー　Drugpa Kunle（Tib., 'drug-pa kun-legs）

14世紀に活躍したドゥクパ・カギュ派の因習打破主義の行者である．とくにブータンとのかかわりが深かったが，チベットを旅して回り，多くの主要な宗教施設を訪れた．その風変わりな智慧と一見下劣に見える行いを描いた物語は彼の伝記（ナムタル，rnam thar）として残され，すべてのチベット人に愛好されている．

道元　どうげん　Dōgen（1200-1253）

またの名を道元禅師，もしくは道元希玄．日本の禅の宗派である*曹洞（曹洞宗）の創始者．日本の最も有名かつ高尚な思想家の一人．当初は*比叡山の*天台宗に参じたが失望し，*栄西のもとに禅を学びに行き，栄西の死の直前のわずかな期間に教えを受けた．しかし，道元の問い（後述）の答えは見つからず，中国へと渡ることを決意し，そこにおいて，悟りの心の日常生活への応用に関して禅堂の作務などから見識を得た．最終的に，1225年に天童山景徳寺において，中国での道元の師であり，また，中国の*曹洞宗の正脈を継いだ如浄（1163-1268）のもとで，菩提に達した．そのような経緯もあり，日本で道元が彼独自の禅の教えを打ち立てた際には，中国の宗派に倣い，「そうとう」と命名した．1227年に日本に戻ってくると，道元は都の周辺で活動したが，比叡山の僧兵の武力の脅威や，他宗の禅の僧侶であり，密教的儀式を取り込んだ活動によって彼よりも貴族の厚い支援を受けていた*円爾弁円との争いにより，都を離れて遠く離れた越前（現在の福井県）への移動を余儀なくされ，越前の地で「恒久なる平和の寺」*永平寺を創設した．彼はそこに隠棲して余生を送り，弟子の教育や*『正法眼蔵』に代表される著作の執筆活動に生涯を捧げた．彼の死後，弟子たちは師の教えを記録し，*『正法眼蔵随聞記』と名づけて刊行した．

青年僧侶としての道元を悩ませたものは，以下の問いである．「もし仏性がすべての生きとし生けるものに完備されているのなら，何故，ブッダと菩薩は真剣に修行をするのか」．中国にいる間に道元がいきついたこの問いの答えは，坐禅は，悟りそのものに到達する手段というよりも，各人の悟りそのものを顕現させる一種の手段としての実践であるというものであった．これにもとづき，彼は只管打坐を教え伝えたのである．これは，*公案にもとづいての営為や他の修行よりも，むしろ只管打坐こそが悟りをもたらすものであることを示したものであり，自らに本来的に備わっている悟りを享受する以外にめざすものはないとして，道元は弟子たちをただひたすら坐禅させた．また，『正法眼蔵』においては，道元の関心は，時間と存在の関係性，変化と持続という世界の性質など，きわめて思弁的な性格をもった哲学的問題へと転じている．諸存在には本来的に悟りという到達点が備わっており，その悟りそのものが本質であるという考え方を道元は持ち続けることにより，内在的な超越性を自明の理とした．いわば，彼は現象の不安定さと流動性を，最高の真理，および不変なるものとして定義したのである．そして，道元は，現象そのものを超えた超越性のようなものはないということに到達する．なお，彼の著作は，20世紀に再発見され，現代西洋哲学の先駆としての評価を受け，新たな関心と研究の対象になっている．

洞山良价　とうざんりょうかい　Tung-shan Liang-chieh（807-869）

中国の禅仏教の*曹洞宗を開いた二人の祖師のうちの一人．中国南部に生まれて生涯そこに暮らし，10歳のときに出家して遠方まで長い道のりを歩み，数多くの祖師たちのもとで学んで，最後に雲厳曇晟（780-841）の弟子となった．そして52歳のときに洞山に永住の地を定め（このゆえに「洞山」という名を冠している），数多くの弟子を受け入れた．その弟子たちの中には，曹洞宗のもう一人の祖師である*曹山本寂（840-901）がいた．洞山良价は，生命のないものを含めたすべてのものが仏の心の顕れであると見る能力をもつと知られていて，それにより彼はすべてのものが教えを説くのを聞いていた．また，詩を好み，その詩作の中には，*曹洞五位の教えを説き明かす詩が見られる．

『島史』　とうし　*Dīpavaṃsa*（Pāli）

「島の年代記」の意．『ディーパヴァンサ』ともいう．パーリ語の歴史文献的作品．おそらく4世紀初頭に，粗雑に編集されたいくつかの資料をもとに編纂された．その始まりからマハーセーナ王の治世（334-361）までのスリランカの仏教の歴史を語る．これは島で最も古い年代記である．その歴史説話は*『小史』に引き継がれ，また*『大史』に対応する．

東寺　とうじ　Tōji

日本の都が奈良から平安京に遷都された794年に桓武天皇により開かれた寺．名称の意味は「東の寺」であり「西の寺」である「西寺」と対をなす．奈良の*東大寺の後継寺として都市を東西の地域に分け，それぞれに大寺院を配置する中国の都市設計に倣い建造された．建築は円滑に進まず30年たっても完成しなかったため，淳和天皇は*真言宗開祖の*空海（774-835）を呼び寄せ完成後は真言宗の寺にするという約束のもとに工事の監督を命じた．こうして東寺は皇室の官寺であると同時に真言宗の本山の一つとなった．

等至　とうじ　samāpatti（Skt., Pāli）

「達成」，「均衡」の意．体と心が，静寂な落ちつきにとどまる状態．四禅や四*無色界，または*滅尽定を指すことも多い．*三昧の同義語として用いられることもある．

『道次第解脱荘厳』　どうしだいげだつしょうごん　*Jewel Ornament of Liberation*（Tib., *Thar pa rin po ch'ei rgyan*）

大乗仏教の道程へと導く著名な手引き書（ラムリム，lam rim）．*ガムポパの著作．行者が初めて法に触れてから悟り（菩提）に至るまでの過程でのそれぞれ諸相を扱ったものである．

道綽　どうしゃく　Tao-ch'o（562-645）

初期の中国浄土教の思想家・理論家．574年の北朝の仏教の迫害の時代に生き，この体験から自分がダルマの第三番目の時代（*末法），人々が仏教の教えを聞き実践を行ううえで，状況と能力が自力で成功させるには退化しすぎている時代にまさに生きていると結論づけた．そのため，適切な対応は，あらゆる宗教的な実践を忘れ，*阿弥陀仏の力によって解放を得る助けとなる場所に生まれ変わるために，阿弥陀の名前に頼ることに専念することである．こうして，道綽は師である*曇鸞（476-542）が仏教を阿弥陀仏の名前を暗唱する一つの実践に縮小したさらに先の段階に進んだ．曇鸞にはその他の四つの補助的な実践があった．道綽がその他の実践を拒絶したことは確かではないが，この時代に対する悲観主義から補助的な実践を強調することをしなくなったように思われる．支持者と弟子に，実践の手順を保存するための方法として乾燥豆を用いて，阿弥陀仏の名前を可能な限り多く唱えることに集中させた．彼らは文字どおり実践に熱中して毎日籠を満たそうとした．道綽自身は，毎日7万回阿弥陀仏の名前を暗唱した．唯一残っている作品の，表面上は*『観無量寿経』の注釈であるが，実際には浄土教の思想を広範囲にわたって説明した『安楽集』で，道綽は，主として禅宗からの浄土教の思想と実践に対する批判におもに答えようとした．たとえば，阿弥陀仏の名前を単に暗唱することで，どのようにそのような強力な効果が得られるのかといった批判である．これに対する回答は簡単である．暗唱する人や暗唱される言葉には本来備わっている力は何もなく，阿弥陀仏にのみ力があり，仏の力は浄土を信仰する人を連れていくのに確かに十分な能力があるということである．

道生　どうしょう　Tao-sheng（355/360-434）

初期の中国人比丘で教養のある学者．廬山の*廬山慧遠（334-416）の弟子で，後に首都の長安に移った．その2カ所で，彼は仏教哲学を学び，インド人や中央アジアの師の翻訳活動に参加した．長安で，彼は*クマーラジーヴァ（343-413）とともに働いた．インド仏教から受け取った，本来は否定的である「智の完成」(*智慧波羅蜜）の経典から，現実とその中であるがままの性質（*真如）をもつ生き物をより肯定的に分析する方へ中国仏教を転換することに貢献した．有名な逸話に，新しく翻訳された*『涅槃経』に対して仏種を得る性質に欠ける衆生，*一闡提の教義を主張しているように思えるとして不同意であった．彼はこれは間違いであり，すべての生き物は「*仏性」を備えていて，そのためすべてのものが仏種を得る能力をもっていると主張した．このため，彼は建康にある寺院にあった自分の事務所から追放され，廬山に帰った．後に彼の立場を擁護する一節を含んだ同じ経典の新しい翻訳が現れると，彼の正当性が立証され事務所に戻り，至る所で彼の経典の背後にある真実を見抜く先見性と能力が賞賛された．残りの半生の間，彼はかつて智慧波羅蜜の思想の応用が，生き物と現象に関するあらゆる誤解を取り除くことに提供され，その結果は（インドの*中観派の思想が示しているような）不的確な否定ではなく，自然現象の純粋で奥深い無個性な真実がかわりに明白になることを強く主張した．これによって，中国仏教内で現象の現実がより肯定的に評価されることとなった．

道昌　どうしょう　Dōshō（798-875）

日本の*真言宗の僧侶で，熟練した説教師や導師，寺院の再建者などとして知られている．

道昭　どうしょう　Dōshō（629-700）

日本の僧侶で，*法相教学を日本へ初めて伝えた．唐に渡り，禅や浄土の教えのみならず，*玄奘と基の両者から唯識（*唯心）という考え方も学んだ．さらに，道路や橋の造営事業に携わったこと，日本において初めて火葬された僧侶としても知られている．

東勝身洲　とうしょうしんしゅう　⇨プッバヴィデーハ

ドゥジョム・リンポチェ　Dudjom Rinpoche（Tib., bdud-'joms rinpoche 'jigs-'bral ye-shes rdo-rje）(1904-1987)

有名な現代の*トェルクであり，*ニンマ派の先代の指導者である．ミンドゥリン派の出身だが，他の派についても熟知し，さらに，偉大な*ヅォクチェンの大家となり，埋蔵教法（*テルテン）を発見した．

道信　どうしん　Tao-hsin（580-651）

中国の禅僧で，伝統的に第4祖として認められている．小さい頃に家を離れて，禅宗の第3祖の僧璨（606頃）のもとで勉強し，悟りを得てダルマの伝達の象徴として師の衣鉢を受け継いだ．617年に街の住民に「*智慧波羅蜜」(大いなる智）を暗唱させて城壁にそって兵士の幻をつくり，包囲攻撃から街を救ったと評価されている．最終的に現在の湖北省の黄梅にある双峰山に落ち着き，そこで修行僧の集団を集めた．その中には，次の祖である*弘忍（601-674）がおり，道信の他の弟子である*牛頭宗の開祖の

*法融 (594-657) を忘れてはいけないけれども，彼は伝統的に禅宗の法脈の主流と考えられている系列を続けた．道信はまた，『道信の五門』(『入道安心要方便法門』) と呼ばれ，他の作品で引用がみられる作品を残したとされている．この作品から彼が多くの影響を受けた，とくに*天台の影響を受けたことは，「*三昧の一つの実践」(一行三昧) の用語の使用や，あらゆる活動における坐禅による瞑想と集中の二方面の実践からわかる．道信の時代は禅が孤立した僧侶や巡業している修行僧の小さな共同体から，大きな定住した共同体へと制度上の変換する時代であった．双峰山の彼自身の共同体は，500 人あまりの人数がいたとされる．こうして，彼の精神的な達成とエネルギーとカリスマ性と組織化の能力すべてが，その後の禅宗のさらなる発展への布石となったと考えられる．

同性愛 どうせいあい homosexuality

仏教文献には初期以来，同性愛や同性愛的行為に関する言及がある．しかし，道徳的な問題として論じられることもなく，性倫理一般の主題として注意が払われることもほとんどない．これは主として，仏教では僧院の生活が理想的なものとみなされ，それに従事する者に対して厳格な*禁欲が課せられているからである．異性愛であれ同性愛であれ，いかなる種類の性的行為も僧院の規律 (律) によって禁じられ，規律を破った者には厳罰が課せられる．僧院における最も重大な四種の違反行為 (*波羅夷法) のうち第一のものが性交であって，それに違反したことが発覚した場合には，いかなる僧も尼僧も罰として教団から一生涯追放されることになる．倫理的な問題としてではなく，同性愛は教団へ入ることに関連して生起する実際上の問題として扱われている．特定の階級の人は僧として得度を受けることが許されていなかった．その中には両性具有者やパーリ語の律文献でパンダカとして知られる階級の人がいたが，彼らは服装倒錯者でもあり性機能不全の受動的な同性愛者であったという．これらの者たちが禁欲的な教団に入ることは不適切であるという理由で彼らは排除された．同性愛的な行為がある意味で異性愛的な行為よりも悪であり，多分にして本質的に不道徳であるか否かという問題に関して文献で追求されることはない．しかしながら，仏教は一般に性の問題に関して保守的であって，古代の権威者の中には同性愛に賛意を示さない者もいたことを示唆するような記述を伝える文献もある．その一方で現代の仏教集団は，ゲイの権利に関するそのような評言は前近代的な社会の禁忌を反映したものであるため，現代のより寛容な姿勢を考慮して見直されるべき必要があると論じている．仏教におけるその議論は，大方の場合，同性愛の問題に関して他の宗教的諸伝統内部で起こる論争を正確に映し出している．

道宣 どうせん Tao-hsüan (596-667)

中国仏教の*律宗の開祖．律宗は，寺院や僧院の生活を管理する僧団の規則と手順に関する論評に特化した宗派である．道宣の最初の貢献は，彼の時代までに中国語に翻訳されたさまざまな律蔵の中から，僧団生活を管理する際に使用される僧団規則の型を選んだことである．彼は最も矛盾のない，適用しやすいものとして，インドの*法蔵部の律で「四分律」と呼ばれる律を選んだ．彼はその適用の際に他のものに指導するための概説書を書いた．彼はまた，初期仏教の比丘の伝記として主要な情報源である『続高僧伝』(*大正新脩大蔵経 no. 2060) の作者としても高名である．

東大寺 とうだいじ Tōdaiji

日本の古都奈良にある南都六宗の総本山であり，僧侶行政の中心的役割を担った．もともと金鐘寺として知られていたが，757 年に*聖武天皇によって*東大寺として献呈され，天皇の発願により建立され「奈良の大仏」として知られる巨大な仏像を安置する場所として奉献された．名称の意味は東の偉大な寺であり，西の偉大な寺である西大寺と対をなしている．都市を東西の地区に分け，それぞれに大寺院を設置する中国の都市設計にならい建てられた．

ドゥタンガ ⇨頭陀支 ずだし

トゥダンマ Thudhamma

ビルマにおける最も大きい僧団や*ガインの名前. 1980年には, 全僧侶の88.6%が構成員だった. この集団は1860年頃に*シュエギン派のガインが確立された後, トゥダンマ会（委員会）の支配下におかれたままの僧侶からなる. トゥダンマはシュエギン派よりも数で勝っており, その比率は12：1である.

ドゥッタガーマニ・アバヤ Duṭṭhagāmaṇi Abhaya（在位前101-77）

スリランカの王であり, *『マハーヴァンサ』の英雄. その中で非仏教徒であるダミラ人（タミル人）に対する戦いは, 賞賛され正当化されている. ドゥッタガーマニはカーカヴァンナティッサとヴィハーラデーヴィーの息子であり, 偉大な戦士になるよう望まれて生まれた. ドゥッタガーマニはガーマニ・アバヤと呼ばれ, 父は息子への教育のために国中の有名な戦士たちを王宮に集めた. 幼少期から大胆さと勇敢さの徴候を見せ, 父の王国の厳しい制限, とりわけ父がつねにドゥッタガーマニがダミラ人と戦う許可を与えなかったことに対し憤慨した. このため一度ドゥッタガーマニは丘の上に逃げ,「男ではない」という意味を込めて, 父に女性の服を送った. このできごとのせいで「いたずらな, わがままな」という意味の「ドゥッタ」という呼び名をつけられた. 父が他界すると, 兄弟のティッサと王座をめぐって戦い, それに勝利するとダミラの王, エラーラに対し進軍する準備を整えた. 次から次へとドゥッタガーマニはすべてのダミラ軍を打ち負かし, 一騎打ちでエラーラを殺した. この大勝利の後ドゥッタガーマニは大規模な慈善事業を開始した. まず*ローハパーサーダを建立し, 次にブッダの3度目のスリランカ来訪時に訪れたと伝統的にいわれている場所に, 偉業である, *マハートゥーパを建設し始めた. マハートゥーパの完成の前に, ドゥッタガーマニは病に臥せ, 68年の生涯を閉じた. 死後, ドゥッタガーマニは*兜率天に生まれ変わったといわれている. そこで彼は, のちに自身が一番弟子になる予定である*弥勒仏の出現を待っているという.

トゥッチ, ジュゼッペ Tucci, Giuseppe (1894-1984)

イタリアの先駆的な仏教学者. チベットの仏教や歴史, 文化を専門に研究した. トゥッチは西洋人で最初にチベットを広く旅した研究者の一人で, 多くのめずらしいテキストや人工遺物を収集した. しかし, 人生の後半では, 疑問の余地なきトゥッチの業績に影が差した. トゥッチは遠征に際して1930年代イタリアのファシスト政権から資金提供を受け, さらにチベット人の管理者からの資料の入手に関して幾分無作法であったことが明るみに出た. そのため, チベットにおけるトゥッチの活動は敵対的な監視を受けるようになった.

東南アジアの仏教 とうなんアジアのぶっきょう south-east Asia

東南アジアにおける仏教は, 歴史的, 地理的, 政治的, 文化的状況が絡み合った非常に複雑なシステムの所産である. 東南アジアにおいて優勢を占めている仏教の形態は*上座部であり, 歴史的には前3世紀のスリランカで誕生した*上座に由来している. ブッダの教説はスリランカからビルマ, タイ, ラオス, カンボジアへと僧によって伝えられたが, これらの国の人々が古くから行ってきた宗教的実践と複合されて, 上座部仏教は地域に応じてさまざまに変化して現在に至っている. これらの変化に加えて, 東南アジアにおける初期の宗教史が上で示したよりもいっそうまとまりに欠けるという事実があるにもかかわらず, そこには何点かの共通した特徴がある. たとえば, 東南アジアにおける仏教の普及を促した諸要因の中でも, その地域の統治者によって仏教が採用されたという事実がある. 彼らは仏教の王, すなわち理想的な統治者（*転輪王）の観念として, 仏教の普及を大いに促進したインドの皇帝アショーカを手本としていた. 東南アジアにおける僧伽と国家との密接な関係は, 東南アジアの王が各国の僧伽を監督する義務を負っていたことを意味し, 僧伽が律蔵に規定されている規範に確実に合致するようにしていた. 国の僧伽の正当性や正当規範性に対する王の関心は, 東南アジアで発展した僧伽と王権との特定の結びつきに由来している．僧伽は王の権威を正当なものとして認め，王の権力が拠って立つさまざまな象徴の正当性を示した．このことは幾通りにもなされたが，中でも歴史に関する文学作品の編纂を通じたものが最も注目に値する．一方，ブッダ在世時以来王は僧伽の主要な後援者であったため，大いなる善（*福）を獲得するのみならず，僧伽や他の僧院グループ（*ニカーヤ）に恩恵を施すことによって，確実にそのいずれもが力を強め王の支配を脅かすことのないようにした．

植民地主義の列強到来を受け，東南アジアにおける政治的な力と宗教的な力の関係のあり方は（ビルマでは非常に顕著に）変容した．その結果，現代の僧伽が誕生し，在家者は宗教的ことがらにより深く関係していくようになり，宗教的アイデンティティーと国家的アイデンティティーとが相互に強く連関しあうようになっていった．中央集権化された現代の僧伽は，主として現代国家の発展とそれに伴う政治的権力の中央集権化の結果である．在家者があらゆる宗教的ことがらへとより深く関係していくようになったのは，僧伽が王という主要な後援者を失ったからであり，印刷されたテキストの出現や読み書き能力の向上によって，仏教の教説へとより容易に接近可能になったからである．在家者が宗教的ことがらにより深く関係していくようになったのは，社会福祉事業が反映された結果であって，近年では東南アジアの僧もその事業に関係するようになった．20 世紀の最後の 10 年間には，農村部の貧困層の需要に優先的に応え，さまざまな寺院が先駆的な開発プログラムを率先して行った．これらの活動により，僧にはいかなる行動が適切かという問題が公開討論を中心として再び提起された．

在家者が仏教に対してしだいに関心を抱くようになってきたことにより，とりわけ植民地主義の列強支配下にあった国々においては，国家としてのアイデンティティー観念が生まれた．たとえば，ビルマの僧伽ではかつて王の支配が非常に強力であり，各王によって順に任命されたサンガラージャの率いる大規模な行政機関が僧伽を支配していた．このシステムはビルマが英国によって併合された際に崩壊したが，その結果，ビルマの僧伽や在家信者のコミュニティ内に新たな集団や運動が誕生し，それはしだいに独立運動と密接に結びつくようになっていった．タイでも 19 世紀には，社会改革や政治改革の導入と関連して仏教の復興が見受けられたが，タイが植民地化されることはなかった．そこで仏教の復興と社会改革を後押ししたのは，仏教の支配王朝であるチャクリ王朝の諸王である．タイの王は実質的に神としての地位を得ていたが，近代化運動に直面して自らの存在が時代遅れのものとされるおそれがあったため，伝統的な役割を用いるよう決心し，社会改革を通じて近代化運動を先導した．独立的な傾向の強い東南アジアの僧伽もまた，あらゆる種類の社会的政治的諸問題を公然と抱えるようになっていった．近年ラオスやカンボジアでは 1970 年代の政治的事件によって仏教僧の活動が激しく抑えられはしたものの，同じことが依然として東南アジア全体に当てはまる．ビルマの僧は，戦後の政府を支持するか否定するかのいずれかの立場をとった．

東南アジア仏教における他の重要な二つの特徴は，*一時的な出家という現象，*得度を受けた尼僧の欠如である．東南アジアにおいて正式に得度を受けた尼僧が実質的に存在しないのは，上座部の国々では得度の伝統が途絶えてしまったからであるが，この特徴は東南アジアに特有のものというわけではない．在家信者にとっての*五戒と見習い僧（*沙弥）が受ける 10 の戒律との中間のレベルで，女性が得度を受けるような規定も存在している．衣服をまとったこの女性は，タイでは*シッカマトまたはメーチー，スリランカでは*ダサシルマーター，ビルマでは*シラシンという名で知られている．一時的な出家は成人への通過儀礼の一つであり，東南アジアにおける上座部の国でのみ行われている．すべての男性には人生のある地点，すなわち*結婚前に得度を受け，僧院（*精舎）で時を過ごすことが必要とされている．この慣習はブッダ在世時には行われず，東南アジアに導入された時期も不明である．

『トゥーパヴァンサ』 *Thūpavaṃsa*

「ストゥーパの年代記」の意．16 章から成るパーリ語の詩で，ヴァーチッサラ（12 世紀）

に帰されることが多いが，著者がだれであるかは不明確である．終わりの8章には，*アヌラーダプラに*ドゥッタガーマニによって建てられた*マハートゥーパの建立の様子が描かれている．

トゥーパーラーマ　Thūpārāma

*デーヴァーナンピヤ・ティッサ王（前247-207）によって，その国の首都であった*アヌラーダプラに築かれた，*精舎の名称．伝承によると，ブッダが過去仏と同じようにそこで瞑想に坐したことにより，この地は神聖な場所とされた．ここに建てられたブッダの襟首の骨を祀る*ストゥーパ（Pāli，トゥーパ，thūpa）は，スリランカにおいて最初のストゥーパであり，それより後に築かれたこの精舎は，そのストゥーパから名前をとっている．

動物　どうぶつ　animals

再生に対する信仰ゆえに，動物に対する仏教徒の見解は，西洋の伝統的な見解よりも同情に満ちたものである．人間や動物という形式は交換可能なものとしてみなされているため，両者の間の類似がより強く感じられるようになる．このため，不殺生という倫理的な問題とともに，多くの仏教徒は菜食主義者である（→食事制限）．しかし同時に，人間と動物とは決して平等ではないともみなされている．動物として再生することは階級上低いとされるため（→六趣），そのことは大いなる不幸であり，悪業の蓄積によるものとみなされている．

ドゥ・ラ・ヴァレー・プサン，ルイ　de La Vallée Poussin, Louis（1869-1938）

ベルギーの高名な仏教学者．仏教研究におけるいわゆる「フランス・ベルギー」学派の創始者でもある．プサンはサンスクリット語やチベット語，中国語の仏教文献の校訂・翻訳を通じて斯界に著しく多大な寄与をなした．リエージュに生まれたプサンは当地の大学に入り，その後ルーヴァン大学に移ってサンスクリット語やパーリ語，アヴェスター語を学んだ．そこからパリに移って，偉大なインド学者シルヴァン・レヴィのもと，ソルボンヌや高等研究院（École des Hautes-Études）で研究し，その後はライデン大学に移ってヘンドリック・ケルンと共同で研究した．1898年プサンは，主著『仏教―研究と資料』（*Buddhisme: Études et materiaux*）を出版し，1907年には連載という形で*シャーンティデーヴァの*『入菩提行論』の翻訳を出版した．第一次世界大戦中はケンブリッジ大学で研究を続け，晩年には*ヴァスバンドゥの*『阿毘達磨俱舎論』と*玄奘の*『成唯識論』という両主著に従事し，69歳で亡くなるまでに両著作を完成させた．プサンの知識の範囲は広範にわたり，特定の主題や学派，歴史的区分への配慮にも制限されることなく，有機的全体として仏教に取り組んだ．しかし，プサンがなしたおもな寄与は，*中観派哲学や*阿毘達磨というスコラ哲学の分野におけるものであった．

忉利天　とうりてん　⇨三十三天　さんじゅうさんてん

ドゥルトゥ・ペラヘラ　Duruthu Perahera

スリランカ，コロンボのケラニヤ寺院で1月の満月の日に行われる祭．この国で2番目に重要な*ペラヘラであり，ブッダのスリランカへの来訪を祝う．

討論　とうろん　debate

仏教における討論の伝統は，古くは仏教徒と非仏教徒の学派間の交戦，後代には対抗する仏教諸派との交戦に端を発している．哲学的な洗練が進んだ結果，6世紀までには論理学一般のみならず，論争術に関する正当的および非正当的手段，受容にふさわしい文献，正しい認識手段を含むあらゆる事項に関して成文化された．討論に関する規則やインドの伝統的な技術・手法はチベットに保存されてきているが，とりわけ*ディグナーガや*ダルマキールティの著作を基盤とする*ゲルク派の僧院のカリキュラムにおいて重要な一部分を成している．ゲルク派の僧は，僧院の訓練課程の一部として互いに討論に従事することも多い．

トゥンパ・チョギャム　Trungpa, Chogyam（1940-1987）

*カギュ派と*ニンマ派の師であり，重要な人

物だが，いくらか議論の的ともなる人物．とくに西洋においてチベット仏教が普及するのに重要な役割を果たした．チベットで生まれたが，1959年にチベットから亡命し，当初は英国に暮らした．オックスフォード大学で研究し，スコットランドに*サムイェー・リンの施設を設立した．その後1970年に米国へ移り，1973年には*ヴァジュラダートゥ・ファウンデーションを設立した．1974年には*ナーローパ大学を設立して，瞑想的な学問と伝統的な西洋のスコラ哲学や芸術の方法を組み合わせるというその理想を実現した．1977年にシャンバラ・トレーニングを設立し，一般大衆向けに世俗的な瞑想のプログラムを提供する施設の国際的なネットワークを構築した．1987年に没した後はその教えと著作という遺産を残した．多くの出版物の中には『チベットに生まれて』(*Born in Tibet*),『精神的唯物主義を切り開く』(*Cutting through Spiritual Materialism*),『自由という神話』(*The Myth of Freedom*),『シャンバラ—勇者道』(*Shambhala : The Sacred Path of the Warrior*) などがある．

トゥンモ　tummo (Tib., gtum-mo ; Skt., caṇḍalī)
　精力の流れであり，タントラ行法のいくつかのあり方では心臓の中心から上方に伸びていると考えられている．この用語は，*究竟次第の面におけるヨーガ行法を意味するものとして派生的に用いられ，*ミラレーパが実践したように，結果として内なる熱を生み出す．

トェーギェル　thögal (Tib., thod-rgal)
　文字どおりには「直接交錯すること」であるが，*ヅォクチェンの高度な行法で用いられる主要な2技法のうちの一つ．本来的な悟りを自然に獲得することを目的とする．→テクチュー

トェルク　tülku (Tib., sprul-sku)
　文字どおりには「発散する身体」を意味し，チベットでは何世代にもわたって生まれ変わってきたとされる特定の尊師たちを説明する用語．原理的にインドでも知られるものであるが，チベットで最初に形式的にトェルクの枠組みを発展させて用いたのは，*カルマ・カギュ派の人々であり，それから他の仏教学派にも広まった．

独参　どくさん　dokusan (Jpn.)
　日本の禅において，修行者一人一人が個別に師と接見すること．その目的は，師に自分自身の成長を教導してもらうためである．

徳山宣鑑　とくさんせんかん　Te-shan Hsüan-chien (782-865)
　中国の唐代末期の，激烈な禅法を編み出した禅僧の一人．もともとは中国北部から，文献と教義の研究を批判する傾向がある禅と戦うためにやってきたが，翻って禅の方法に改め，自分の著作や注釈を焼き捨てた．教えに際して短い棒を用い，弟子たちを鼓舞するために打撃を浴びせた．「何かをいえるならば，三十打だ！何もいえないならば，三十打だ！」と教えを授けたと信じられている．

犢子部　とくしぶ　Vātsīputrīya (Skt.)
　ヴァーツィープトラによって創立された初期の仏教の一学派で，3世紀ごろに*上座部から分離し，「個人性の理論」(*我論) を採用したことで，後に異端として非難された．五つの集合 (*蘊) と「同じでも違うものでもなく」，再生と業の基盤としてはたらく，言葉で表現しえない何ものかの存在を仮定した．これは仏教外の異教の*アートマン概念にあまりにも類似しているとして，正統な諸学派から否定された．

得度　とくど　ordination
　仏教における得度は自発的な行為であり，一生涯義務を負う必要があるものでもない．僧や尼僧が望めば自由に僧衣を脱ぐことも可能であり，いつでも在家の生活に戻ることもできる．男性が短期間僧院で過ごすこと (→一時的な出家) が慣習となっている国もある．ブッダの教説の初期段階では，ブッダに従うことを望む僧職者は単に「僧よ，来たれ」(エーヒ・ビック，ehi bhikkhu) という言葉だけで入信が認められたが，より正式な儀式も近いうちに設けられた．今では地域に応じた変化が多くあるが，

*上座部の国々ではまず見習い僧（*沙弥）として，その後に正式に一人前の僧（比丘）や尼僧（比丘尼）として入信が認められるのが通例である．前者は低次の得度(*出家)として知られ，後者は高次の得度(*授戒)として知られている．前者において見習い僧は，三帰依文（*三帰依）を3度唱え，十の戒律（*十戒）を受ける．その後，見習い僧には師匠（*規範師）と師（ウパーディヤーヤ，upādhyāya）が割り当てられる．見習い僧は剃髪し，3種の衣服（*衣）と*鉢（ピンダ・パートラ，piṇḍa-pātra）が与えられる．高次の得度において見習い僧は，僧伽の正式な一員となり，僧院の規律(*波羅提木叉)に従う義務を負った．得度の両形態いずれも，最低10年間教団に所属している得度を受けた5人の僧または尼僧が定足数として必要とされる．大乗の国々では，付加的に菩薩の誓い（*誓願）がなされる過程で，「菩薩の得度」として知られる第三の得度が行われることもある．

杜順 とじゅん Tu-shun (557-640)

中国の*華厳宗の初期の人物で，とくに第一番目の祖として知られている．出身地は現在の陝西省で，短期間軍隊に所属した後，18歳で僧侶となった．瞑想を修め，哲学的な精神を貫いた人物であった．*『華厳経』の思想に夢中になり，この文献に関する有名な師となった．すでにこの文献の一章に集中して研究を行っていた*地論宗の学僧が彼のもとへやってきたほどである．しかし，注意しておかなければならないのは，彼は*阿弥陀仏とその浄土とを称賛する著作も記しており，その主要な実践として，仏をよく観ずることを弟子たちに勧めていた．彼は実践・学問・徳の面で有名であり，隋朝の文帝に支持された．

兜率天 とそつてん Tuṣita (Skt.; Pāli, Tusita)

「満足した」の意．「満足した神たち」の住む*天界．この世界の1日は人間の400年に等しいといわれる．この天はとくに，菩薩が人間として悟り（菩提）を得る生の前に再生することで名高い．菩薩がいるという名誉を与えられているので，兜率天は天界のすべての世界のなかで最も美しい．現在は，未来のブッダである*弥勒の住まいであるといわれる．大乗の文化では，より謙虚な志をもった人々は兜率ではなく阿弥陀の浄土に再生することを願っていた．

度牒 どちょう ordination certificates

中国と日本でしばしば個人の僧団（僧伽）加入の適格性を証明するために発行された政府の公式証明書．単に税金と労役の義務を避けて*得度を用いてこれらの免除を得るのを望むのを妨げるために，得度を制限することが時に目的となった．その他に，755年に起こった安史の乱のときの中国の場合のように，国家の危機の時代のようなときには，収入源となる手早い方法として政府が大量の度牒を売った．

独覚 どっかく Pratyekabuddha (Skt.; Pāli, Paccekabuddha)

「個人の仏」,「独りの仏」の意．縁覚ともいう．隠遁生活を続け，他の者に法を説かないので，この点で真に完全に悟った仏といわれる*正等覚者と異なる．正等覚者は慈悲の心をもって他の衆生に解脱への道を示すという美徳を有するので，正等覚者の方がすぐれているとされる．大乗仏教の文献では，*独覚乗を，解脱への三つの道の一つとして，他の二つ，すなわち，*阿羅漢が追究する*声聞乗と，最高の道とされる菩薩乗から区別している．

独覚乗 どっかくじょう Pratyekabuddhayāna (Skt.)

*独覚の「乗り物」，つまり独覚が進む道のこと．

ドーナ Doṇa

ブッダの入滅後，*仏舎利を分配するに際して調停役を担った*婆羅門の名．香姓ともいう．当時，土地の王たちが仏舎利を要求したが，彼らの間に争いが起きぬよう，口論を戒め，入滅まもない指導者に対する敬意をもって落ち着きを保つよう説得した．彼は最終的に仏舎利を八つに分け，王たちに一つずつ持ち帰らせた．彼自身は*仏舎利を集めるのに使った容れ物を取っておき，その上に*ストゥーパを築いた．

ドーハー　dohā（Skt.）
教理の説示を目的とする詩歌の様式の一つで，*サラハなど，タントラの達人（*シッダ）らと深い関係を有する．通常は*アパブランシャや古ベンガル語，古オリヤー語で著される．この様式の詩歌の特徴として，作者の到達した認識を表現するため，謎めいた言語やシンボルが用いられることがある．

トリダルマ　Tridharma
「三つの教え」の意．ブッダ，孔子（→儒教），*老子の教えを組み合わせた信仰に立脚する，インドネシアの折衷主義的な宗教団体．中国系の著述家クウェー・テク・ホアイが1938年にジャカルタで設立した．教団の所属者数は数千程度である．

ドルジェ・シュクデン　Dorje Shukden（Tib., rdo rje shugs ldan）
忿怒の尊格で，チベット仏教の*ゲルク派とかかわりをもち，その特別な守護者とみなされている．ドルジェ・シュクデンへの崇拝は17世紀に始まり，その尊格はダクパ・ギェルツェン（1618-1655）の鎮まることのない魂（ギャルポ，rgyal po）といわれる．ダクパ・ギェルツェンは，*ダライ・ラマ5世の仇敵で，ダライ・ラマ5世を支持する人々によって自殺に追い込まれた．当初はあまり重んじられることはなかったが，ドルジェ・シュクデンは20世紀初頭にはダルマの守護者の筆頭に格あげされた．その躍進によって，ゲルク派内部で宗派対立が起こり，20世紀末の数十年間，*ダライ・ラマ14世はチベット人たちがこの神格を尊崇するのを止めさせようとした．ほとんどのゲルク派の人々はそれに従ったが，ゲシェ・ケルサン・ギャツォと彼が創始した*ニュー・カダムパ・トラディションの支持者は従わなかった．とくに，ニュー・カダムパ・トラディション支持者たちはダライ・ラマの呼びかけを拒絶し，自らの宗教的自由の権利や激しい宗派対立を巻き起こす立場を主張する．ニュー・カダムパ・トラディション支持者はダライ・ラマのおもな支持者であったギェシェ・ロサン・ギャツォとダライ・ラマの2人の弟子を暗殺することにかかわったようである．

トルマ　torma（Tib., gtor-ma）
文字どおりには「ものを放擲すること」であるが，トルマは色づけされた大麦の粉とバターでつくられた形を整えた供物であり，タントラの儀礼においてさまざまな霊的な存在への供え物や鎮めるものとして用いられる．

貪　とん　lobha, rāga（Skt.）
渇望．強い欲望．三つの*不善根の最初のものである．→渇愛

頓　とん　subitism
禅で用いられる用語で，悟り（菩提）が瞬間的であり，長期間の実践で得られるものではなく短期間であるという立場として考えられている．→頓悟，南北宗論

頓悟　とんご　sudden enlightenment
中国における8世紀の禅の*南北宗論において，おそらく*南宗によってとられたと考えられる，悟り（菩提）についての立場．一般的にこれは，*「漸悟」に対する立場であるとされる．この立場は，修行と成就，*無明と智慧，輪廻と涅槃，原因と結果といった二項対立の間の本来的本質的な一切の差異を（同一性を仮定することはしないものの）否定する極端な哲学的不二論にもとづき，悟りはたちまちに現れる，より正確には，即時に現れる，と主張する．過程と目標の間の差異が存在しないということは，文字どおり，行くべきところもなく得るべきものもないということを意味するからである．すなわち，目標はあらかじめ手のうちにあり，ただ知られることを要するのみである．反対に「漸悟」の立場は，心を浄化し行いを調えるために，目標に向かって道をたどるように，どれだけ短ろうが長かろうが何らかの過程を通じて進まなければならないと主張する．頓悟の立場をとる者たちは，そのような仏教修行と成就の見解を，上述したような二項対立をわざわざつくりだしてしまうものであり，哲学的に支持できないものだとして批判した．南北宗論の後に，頓悟の立場の言説は穏健なものとなり，歴史的に中国

およびそこから派生した日本，朝鮮，ヴェトナムの禅宗は修行の道程を教授したが，頓悟の哲学の観点からその修行の有効性を説明するようにつねに慎重であった．

敦煌 とんこう Tun-huang

中国の北西部に位置する砂漠にある居留地で，*シルクロードの終着点である．中国の辺境に位置する初期の仏教の中心である敦煌は，6世紀から12世紀にかけて国際的な辺境の都市として繁栄し，富の多くを千仏洞として知られる有名な石窟寺院を掘り，美しい壁面と彫像で飾ることに費やした．中国人僧侶と同様に，チベット人僧侶もこの地域がチベットの支配下にあった8世紀の間ここに影響を及ぼした．フランス人学者のポール・ペリオが中国語，チベット語やウイグル語を含む多くの言語で書かれた写本の巨大な隠し場所を発見したのもこの洞窟の一つである．この写本は9世紀に社会情勢が不安定なときに安全のために隠され，その後何世紀もの間，もとのまま残されていたものである．この価値のつけようのない写本のコレクションは当時の中央アジアと中国の歴史と文化の多くの点に光を与え，ペリオとオーレル・スタイン卿によって敦煌から持ち去られ，ロンドンの英国図書館とパリの国立国会図書館に，少数が北京とコペンハーゲンに分けられた．多くの仏教経典の最初期の型であり，中国の持ち運べる文献の最初期の例は，この発見から明らかになった．これらは，中国，インド，チベットの仏教の歴史に関する貴重な情報源である．

曇無讖 どんむしん ⇨ダルマクシェーマ

曇鸞 どんらん T'an-luan (476-542)

初期の中国浄土教の思想家・普及者．学僧として僧団の経歴を歩み始め，重病で倒れたとき*『大集経』に関する大規模な注釈書を書く中心にいた．僧団を離れ，不死の教えに受けるために有名な道教の学者を探した．道教の経典10巻を学者から受け取った後，家に戻るために出発した．しかし，伝えられるところによると，途中でインド人比丘の*ボーディルチに偶然出会った．曇鸞は彼に不死に関して道教よりもよい仏教の経がないかを尋ねた．このとき，ボーディルチが大変怒り，地面に唾を吐きかけ，中国の書籍で不死の秘密をみつけることは誰もできない．道教はあなたの寿命をしばらくの間は延ばすかもしれないが，その教えによって死を逃れることはだれもできないと言った．それから，ここでさらに重要なことには，ボーディルチは曇鸞に，「無限の寿命」という意味の*無量寿という別名で呼ばれる*阿弥陀の名前を暗唱する実践を教えた．曇鸞はそれを信じ，秘密の教えを捨て去り，阿弥陀仏の名前を暗唱する実践に専念した．それから自分の本を捨てて，真心込めてボーディルチの教えを受け入れた．しかし，彼の名前にもとづく道教の項目に関する古代の文献リストがあり，後の仏教の作品に道教の内容を認める研究者もいるため，この話には疑問がある．

歴史的に浄土教の発展で重要なことは，(1) 曇鸞が浄土教の実践について一意専心の方法を設けたこと，(2) 自分を浄土に連れて行く阿弥陀仏の「他力」への信頼，(3) 大衆運動へ献身した事実である．最初の点について，最初の病気の前は，学問に励み異なった瞑想をみがく公平で模範的な十分に成熟した僧侶であったが，改宗の後は，実践の場としてこの世界がふさわしいかに関して悲観的な見方が大きくなったことを反映して，浄土の実践だけを信頼するようになった．これは重要な発展である．二番目に，病気の後に運命に作用する自分の力について落胆の念を大きくし，阿弥陀仏の誓願の力が自分をよりよい世界に連れていくのに重要であるという教えに影響された．現在では，とくに日本におけるような浄土教の主要な主題，修行者の「自分の力」(*自力) と阿弥陀仏の力 (*他力) の対立であるとみなし始めている．これは，二つの歴史的な要素と関係している．当時北朝であったほぼ休みなく続く戦乱の状態と，それぞれ伝統的な仏教の修行の効果が減少していくとされる，3期に分けてとらえる仏教の歴史的見解を受け入れることが増えたことである．3番目の最も悪い時代 (*末法) が切迫している，もしくはすでに現在のときであると感じて，多くの人が個人の自発性や力を役に立たないか，急激に効果が弱まっていると信じるようになり，自分の外にある他の力を助けを探した．

曇鸞は，ボーディルチが以前に翻訳していた『無量寿経』の（ヴァスバンドゥの）優婆提舎に関する注釈書（『浄土論註』，*大正新脩大蔵経 no.1819）で五つの関連のある実践を主張した．(1) 阿弥陀仏を信仰すること，(2) 阿弥陀仏の名前を称えること，(3) つねに浄土に生まれ変われるように誓うこと，(4) 浄土を心に思い浮かべることを通して，浄土について瞑想すること，(5) この実践を通して得られる*福をすべての感覚をもつ生き物を助けることに転換させることである．しかし，最初の実践である阿弥陀仏の名前を信仰したり暗唱したりすることを最も強調した．これを通して，（教えを誹謗することを除いた）五つの重罪を犯した人でさえ，西方の浄土へ往生することができる．彼の説くところでは，浄土へ往生する目的は他の者を救うためにこの地に戻ってくることである．曇鸞は仏教の宗教的な実践の母体から浄土教の実践を取り出し，この問題の多い時代に瞑想や僧団生活の厳しさに従事できない人々のために自分の境遇にあった方法としてそれを普及させた人物に位置する．

ナ

ナイランジャナー Nairañjanā（Skt.；Pāli, Nerañjarā）

ガンジス川の小さい支流．そのほとりの，今日*ボードガヤーとして知られる場所でブッダが悟りを開いた．尼連禅ともいう．

ナーガ nāga（Skt.）

ヒンドゥー教と仏教の神話における一種の蛇に似た生き物で，龍と訳される．地下の世界に暮らし，水中に住むといわれる．しばしば善意あるものとみなされ，隠れた大乗文献の保護者としてふるまうとも信じられている．哲学者*ナーガールジュナは*『般若経』のような多くの聖典を彼らから与えられたといわれる．

中川宋淵 なかがわそうえん Nakagawa Soen（1907-1984）

日本の*臨済宗の禅僧．第二次世界大戦の前後に，禅を米国に広めることに熱心であった．米国には数回渡り，また日本にいる間も米国西海岸で布教していた千崎如幻と連絡を密にしていた．芸術家，詩人，書家としても有名であった．

ナーガセーナ Nāgasena（Pāli）

ミリンダ王との*討論で有名な*阿羅漢．龍軍ともいう．→『ミリンダ王の問い』

ナーガディーパ Nāgadīpa

スリランカにあるジャフナ半島の古代名．以前は多くの巡礼地をもつ仏教の重要な中心地であり，*『大史』における伝説によれば，ブッダが2度目にこの島を訪れたときの場所とされる．

ナーガールジュナ Nāgārjuna（Skt.）

*中観派の開祖と考えられている，草創期の大乗哲学における重要人物．龍樹，龍猛ともいう．2世紀後半に生存し，おもに南インドで活動したと一般に認められているものの，その生涯についてはほとんど知られていない．彼の生涯に関する報告は，南インドで*婆羅門として生まれ，青年時代に仏教教団（僧伽）に入ったことを一致して伝えている．彼は*『般若経』のテキストを，魔力をもつ神話上の蛇の一種である*ナーガの王から贈られたと伝えられる．ナーガールジュナはシャータヴァーハナ朝の支配者と親しく，その人物は彼のためにシュリーパルヴァタに僧院(*精舎)を建てたとされている．これはおそらく，ナーガールジュナが『友好書簡』（*『勧誡王頌』）を著した相手のガウタミープトラ王であろう．死の詳細は曖昧である．自ら命を絶ったとも他人の手にかかったとも伝えられる．彼は多くの大乗仏教徒から「第二のブッダ」とみなされ，その*空性の哲学は後の仏教思想において長きにわたり重要なものであった．100以上の作品が帰せられているものの，多くは題辞を偽ったものであるが，真作の中には*『根本中頌』，*『空七十論』，*『廻諍論』，*『六十頌如理論』，*『四讃』，*『宝行王正論』，*『勧誡王頌』が含まれる．

ナーガールジュナコンダ Nāgārjunakoṇḍa（Skt.）

*ナーガールジュナに関係する，*アマラーヴァティーに近い一大仏教中心地の古跡．3世紀より前に南インドのシャータヴァーハナ朝の王たちによって造営された大きな*ストゥーパが最も有名であった．中世にはすでに放棄されており，1927年の発見と部分的発掘まで人に知られていなかった．1950年代，周囲の谷全体がナーガールジュナサガル・ダムに沈む前に完全に発掘された．ナーガールジュナコンダ・ストゥーパは貯水池中央の島に残るが，遺跡の大部分は遺物を移転することで保存された．

ナースティカ nāstika（Skt.）

「虚無主義者」の意．

1. ヒンドゥー教では，異端の信仰をもちヴェーダの究極的な権威を受け入れない者．

2. 仏教では，いかなる現象の実在をも否定する，または業の教義を否定する者をいう．

ナッ nats (Burm.)
ビルマにおける崇拝され日常の（*世俗）の利益を祈願される，超自然的な力をもった精霊の部類．彼らは，神々の*天界（*天，デーヴァ）の真下で国土を支配している．初期の時代には，37の有名なナッの像が*シュエダゴン・パゴダの壇に飾られているが，今は近くの聖堂におかれている．守護神（マハーギリ・ナッ，mahāgiri nats）とみなされている最も有力なナッのいくつかは，パガンから48kmほど離れたポパ山に住居をもっている．

ナーディー nāḍī (Skt.)
タントラ仏教の神秘主義的生理学において，*アヌッタラ・ヨーガ・タントラの*究竟次第の瞑想の一部としてみなされる，精神的な力（*風）の経路，道．三つのおもな経路―*アヴァドゥーティ，*ラサナー，*ララナー―が述べられる．体のすべての部分は，精神的な力によって充満しているので，アヴァドゥーティにそって位置するチャクラから枝葉にわたって枝分かれする多くの付随する経路がある．ナーディーと同様のシステムはチベットの医学でも考察されるが，タントラ仏教の瞑想において用いられるものとは多くの点で違いがある．

南無阿弥陀仏 なむあみだぶつ Namu Amida Butsu (Jpn.)
念仏の「六字名号」，すなわち*阿弥陀仏に対する祈願の言葉．「阿弥陀仏に帰依する」という意味であり，日本の浄土教において死後に浄土に生まれるために唱えられる．→念仏

ナムタル nam-thar (Tib., rnam-thar)
チベットの聖人伝，聖人の伝記を意味する用語．文字どおりには「解脱」を意味し，物語では主人公が悟り（菩提）を得た方法が詳しく描かれる．

ナムチ Namuci (Pāli)
「非解放者」の意．悪魔*マーラの名．死を擬人化したものであり，だれもその手中から逃れることができないため，このように呼ばれる．

南無妙法蓮華経 なむみょうほうれんげきょう Namo myōhō renge kyō (Jpn.)
「すばらしき法の蓮という経に帰依する」という意味の一句．*『法華経』に対する帰依の表現としてこれを唱えることが，日本仏教の*日蓮宗の基本的な行である．→題目，日本の仏教

奈良時代 ならじだい Nara period (710-794)
日本仏教の初期の一時代で，その名前は当時首都が奈良におかれていたことに由来する．奈良仏教の特徴は*南都六宗による学者的・学問的な取り組みである．当時中国から海を越えてもたらされた多量の仏教文献を学び，受容することに集中した．国の保護と繁栄をねらった朝廷の宗教儀礼においてのみならず，その力のほとんどを貴族の要求のために捧げていたことが，この時代の仏教の特徴である．

ナーラーギリ Nālāgiri (Skt.)
*デーヴァダッタが*ラージャグリハの街路で乞食中のブッダを襲わせた，*アジャータシャトル王の兇暴な象．ある女が恐怖のために逃げようとしてブッダの足元に子供を落とし，ナーラーギリがその子どもを踏みつぶそうとしたときに，ブッダが話しかけてこの獣を愛情ある思いやりで満たし，その額を打った．すると象はなだめられ，膝をついて坐りこんだ．

ナーランダー Nālandā (Skt.)
インドにおける最大の仏教僧院大学の一つで，今日のビハール州にあった*パータリプトラと*ラージャグリハの中間に位置した．2世紀に*マガダのシャクラーディティヤ王によって設立され，ついで*グプタ朝と*パーラ朝から継続して庇護を受けたと考えられている．その巨大な規模と，在住する教師たちの質の高さは，仏教世界全体から生徒や他の訪問者をひきよせた．その中には旅行記の中でここについて記述した7世紀の著名な中国人巡礼者，*玄奘と*義浄も含まれる．チベットにおける草創期の仏教運動とも関係がつくられ，その結果チベットの多くの指導的な比丘たちがナーランダーを訪

れ，逆にインド人の仏教学者たちもチベットを訪れた．12 世紀にナーランダーはムスリムの侵略者による最大の文化的破壊行為の一つを受けて滅ぼされ，その後 6 カ月のあいだ大図書館では火がくすぶりつづけたという．遺跡は 20 世紀に完全に発掘され，現在では多くの訪問者を魅了している．

ナーローパ Nāropa (1016-1100)

カシュミール生まれ．インドで最高の*マハー・シッダすなわち「大いなる成就者」の一人．*ナーランダーで僧院長を務めていたときは，非タントラの大乗仏教のすぐれた学者として名高かった．*ティローパの弟子となりタントラ教師としての地位を確立したあと，チベットの*カギュ派の中心教義となる*マハームドラーと*『チャクラ・サンヴァラ・タントラ』の系譜を*マルパに伝えた．また自身が体系化した「*ナーローパの六法」として知られる実践の一式を弟子に授けた．

ナーローパ大学 Naropa University

米国コロラド州のボールダーにある仏教大学．1974 年に*トゥンパ・チュギャムによって設立された．同大学の名称は，11 世紀インドの*ナーランダー大学僧院長*ナーローパに由来している．ナーローパは瞑想的な直観を学識と結びつけたことでよく知られ，このことは今でもナーローパ大学発展の原動力となっている．ナーローパ大学の目的は次のとおりである．(1) 知的，芸術的，瞑想的な訓練を通じて現在時の自覚を涵養する教育プログラムを施す．(2) 知識と心を発掘する学習コミュニティ（学生，教員，職員，理事，卒業生から成る）を育成する．(3) 開放性とコミュニケーションを涵養して，批判的知性を鋭敏にし，機知を高め，あらゆる分野に実効性のある行為を進展させる．(4) 大学の仏教的な教育遺産に根差した諸原理の模範となる．(5) 世界の知識伝統と現代文化との統合を促進する．(6) 無党派ですべてに開かれている．

ナーローパの六法 Six Yogas of Nāropa (Tib., nāro chos drug)

タントラ行者の*ナーローパが*カギュ派の創始者の*マルパに伝承した 6 種の*ダルマ，すなわち教理を意味する一般的な用語．「六法」はカギュ派の教義においてその創始以来重要な部分として残っている．カギュ派の見習い僧が 3 年 3 カ月 3 日の瞑想期間に行う標準的な行法である．(1) ツンモ (gtum mo)．「火（熱）の行法」のこと．瞑想者は体内に火と太陽を観相して体を温める行法である．(2) ギュルー (sgyu lus)．幻の，あるいは微妙な身体で，*六波羅蜜も含む，ブッダの功徳を備える．(3) ミラン (rmi lam)．「夢の行法」のこと．瞑想者は夢を見た状態で意識的に覚醒した状態を維持することを習得する．(4) ウーセル ('od gsal)．「清浄な光」のこと．*空性がそなえる本来の輝きが理解されることである．(5) *ワルド．「中有の行法」のこと．瞑想者は死と再生の中間の状態で惑わされる体験にもちこたえられるように鍛えられる．(6) *ポワ ('pho wa)．意識を移し替えることであり，意識を身体から分離することができるようになる．場合によっては，「移し替えること」（トォンジュク，grog 'jug）として知られる行法が第 7 にあげられる．それは瞑想者が若くして死ぬ場合，自分の意識を最近亡くなったものの体へ移し替えることができるというものである．この行法を使うと瞑想者は赤ん坊に生まれ変わらないので，中断することなく瞑想行を継続できる．

南嶽懐譲 なんがくえじょう Nan-yueh Huai-jang (677-744)

中国の禅師で，六祖である*慧能 (638-713) の直弟子であり，唐代における禅の主たる系統の一つの祖である．陝西省の杜氏の家系の出であり，大慧禅師と呼ばれることもある．南嶽は，禅の文献の中では主として，著名な弟子である*馬祖道一 (709-788) と六祖慧能とをつなぐ人物の役割を果たしている．

南宗 なんしゅう Southern School

唐代中国の禅仏教の流派の一つで，6 代目の禅の祖師である*慧能 (638-713) をその源とす

る．*「頓悟」を主張する立場をとる．→南北宗論

南条文雄 なんじょうぶんゆう Nanjio Bunyū (1849-1927)

西洋に仏教学を求めて渡ったアジア最初の仏教者の一人．東本願寺の辞令の記録によると(→本願寺)，1876年に英国に至り，オックスフォード大学でフリードリッヒ・マックス・ミュラーに師事して諸言語を学んだ．サンスクリット語を数年間学んだ後で日本に戻り，近代仏教学の先駆者の一人となった．

南泉普願 なんせんふがん Nan-ch'uan P'u-yüan (748-834)

中国の唐代の禅僧で，*馬祖道一（709-788）のもとで学び，もう一人のよく知られた人物である*趙州従諗（778-897）の師である．彼はほとんどの面で，平凡な僧侶であった．*得度した後，律宗の教師のもとで僧伽の律の規則を究め，さまざまな経や*三論宗の文典を研究し，馬祖のもとに留まっているときに悟り（菩提）を得た．しかし，彼は*『景徳伝灯録』と*公案集*『無門関』第14則に記録されているある不思議なできごとによって最もよく知られている．ある日彼は，東堂と西堂の僧侶たちが猫について議論しているのを聞いたが，そこで彼は猫と小刀をとりあげて，僧侶たちにそれについて真の一語を述べよと迫った，と記録されている．もし僧侶たちがいえないのであれば，猫を真っ二つに斬るという．僧侶たちは言葉がなかったので，南泉は猫を殺してしまった．後に，彼がそのできごとを弟子の趙州に語ったところ，趙州は何もいわなかったが，自分の履物を頭に載せて部屋を去っていった．これを受けて南泉は，「もしお前があの場にいさえすれば，あの猫を助けられたであろうに」といったという．

ナンダ Nanda (Skt.)

*シュッドーダナ王と*マハープラジャーパティーの息子で，ブッダの異母兄弟．容姿端麗で聞こえたナンダは美しいジャナパダカルヤーニーと結婚したが，婚礼の日にブッダが彼に比丘になるよう求めた．ナンダは不承不承同意したものの，後になって妻への恋慕に苦しめられ，意気消沈して体調を崩した．そこでブッダは彼を三十三神の*天界へ連れて行き，そこでは神々の王*帝釈天に仕える天女たちが彼らに奉仕した．ブッダは彼にもし修行に専心するならば天女の一人が得られると約束し，ナンダは同意した．彼は努力してすみやかに*阿羅漢になり，あらゆる肉欲と*欲望の思いを捨てた．

南都六宗 なんとろくしゅう Six Schools of Nara Buddhism

日本の奈良時代に発展した六つの仏教宗派．(1)*三論の教義を集中して研究した三論宗，(2)中国の*華厳宗を研究した*華厳宗，(3) 戒律や授戒を重点的に説く*律宗，(4) *『成実論』の教義を研究した*成実宗（→『成実論』），(5) *法相の教義を取り扱った*法相宗，(6) インドの哲学者*ヴァスバンドゥ（世親）が著したとされる小乗仏典*『阿毘達磨倶舎論』の解読に努めた*倶舎宗．

南北宗論 なんぼくしゅうろん Northern-Southern School controversy

中国で8世紀の前半に古層の禅の2派の間で，*「頓悟」の立場と*「漸悟」の立場をめぐって起きた論争．*『六祖壇経』に，この論争についての伝統的な説明がみえる．この中国語の文献によると，*神秀と*慧能は，ともに五祖である*弘忍（601-674）の弟子であった．弘忍は，六祖の称号を後継者に継がせようと準備し始めたとき，弟子たちに自分の悟り（菩提）の境地を表現する詩を競わせた．弟子たちは，兄弟子である神秀に委ねた．神秀は一節の詩をつくり，弘忍はそれを公けに賞賛したが，後でひそかに神秀に対し，水準に未だ達していないと告げた．慧能は，詩の創作の話を聞くや否や，すぐに何を書くべきかを理解し，文字を知らないので寺男に頼んで壁に彼の詩を書いてもらった．弘忍はこれを聞いて，公けにはこの詩は未熟であると言ったが，その夜遅くに慧能を部屋に呼んで，慧能を後継者として六祖と認め，その証として*ボーディダルマの衣と鉢を慧能に与え，彼に「自らの法を嗣がせた」．禅の伝統的な文典の中では，神秀の詩が漸悟の立場を出しているのに

対し慧能は頓悟を表現しており，この慧能の詩にみられる頓悟の是認は，祖師たちの真の教えが頓悟の立場にあることを示そうとするものである．

このように，禅の文献において，*北宗（神秀から続く系列の弟子たち）は「漸悟」の立場を教えるものとして描かれている．哲学的な観点からすると，ここでの「漸」は悟りを成就するために長い時間を要するということを必ずしも意味せず，*無明から悟りを区別する，または成就から修行の過程を区別する，という二元論的な見方を指す．修行の始まりから悟りの成就までどれだけ長い時間がかかったかにかかわらず，その始まりと終わりが別であるという理由だけで，「漸」なのである．4 世紀以降中国において行われてきた*仏性の教えによると，すべての意識をもつ存在は仏となる可能性を有する．この論争の後で禅の標準的な教説となった頓悟の教えは，仏性を，すべての存在にあらかじめ完全に具有された生来的なものであると断定する．この教えによれば，修行と成就の区別が崩れるので，悟りには文字どおりまったく時間がかからない．以上のような読解にもとづけば，北宗は受け入れがたい二元論の立場に固執し，主流から外れていったということになる．

この論争についての史的な調査により，起こったことそれ自体についても，両者それぞれに帰せられる見解についても，伝統的な説明に多くの問題があることが明らかになっている．詩を競った神秀と慧能の二人は，東山の弘忍の僧伽に同時に住することは決してありえないと考える十分な理由がある．さらに，修行と悟りに関する北宗の見解は頓悟の立場であることが明らかであるし，一方で論争が白熱していない間における*南宗の文献は，頓悟の瞬間に備える準備の時間が必要であることを率直に認めている．皮肉にも，頓悟の立場と漸悟の立場を議論するためにチベットで 792 年に催された*ラサにおける*サムイェーの宗論では，インドの僧侶たちが漸悟の立場を論じ，北宗の僧侶は頓悟の立場を代表していた．

中国において，この論争は，政治的な動機をもつものであったと考えられる．神秀も慧能も，自分たちの領分において大きな成功を収めながら，平和裏に日々を暮らし終えた．とくに神秀は，唐王朝の悪名高い女帝である則天武后の宮廷において大変に傑出しており，公式の正史の中で伝記を記載されたわずか 3 人の仏教僧のうちの一人であった．しかし，神秀が死去して約 24 年後になる 732 年に，*荷沢神会（670-762）という慧能の弟子が，漸悟の立場を支持しているとして神秀の系統を非難し，神会自身の師こそが真の頓悟の立場を受けて保っていると主張した．神会は何人かの宮廷役人たちから同調されたが，北宗は宮廷において，神会を追放するよう王権を説得した数名の強力な同盟者を有していた．神会とその一派は無に帰するところであったが，755 年に安禄山の乱が勃発した．この乱は多年の間継続し，帝室の財政に厳しい緊縮をもたらしたので，神会は都に呼び戻されて，僧階叙任証を売ることに従事させられた．神会は，その仕事を優秀にこなした．これに喜んだ宮廷は，神会に都の中に寺院を与え，依然として活動の活発であった北宗に対抗する神会自身の弟子を集める拠点を提供した．当時，神会の系統は，神会が住した僧伽にちなんで「荷沢宗」として知られたが，神会の師である慧能が南方にいたという由来から，南宗とも呼ばれた．北宗と南宗はともに，845 年の*会昌の破仏を生き抜くことができなかったが，どの師僧も誤った二元論を護持していると責められることを恐れて漸悟の立場を支持できなかったように，神会の頓悟論は後に続くすべての禅宗とその文献の標準となった．さらに，神会の系統の者たちは「六祖」の看板を神秀から彼ら自身の祖師である慧能に移すことに成功し，それ以後現在までのすべての禅僧は，自らの悟りの系譜を慧能にたどっているのである．

南陽慧忠 なんようえちゅう Nan-yang Hui-chung (675-775)

中国の唐代初期の禅僧で，禅宗の六祖である*慧能（638-713）の直弟子である．師のもとで悟り（菩提）を得た後，40 年を独居の修行に過ごしたが，ついに皇帝と大臣の招請により呼びだされ，宮廷において教えを授けた．*公案集である*『碧巌録』第 18 則は，南陽と皇帝粛宗との最後の会話を物語っている．皇帝は，師の100年を記念するために何ができるかを問うた．これに対し南陽は，「無縫塔」を建ててほしいという答えを返したという．南陽の死後，皇帝は彼に*国師号を贈った．

ニ

ニカイ　nikai（Thai）

*ニカーヤを意味するタイの言葉．

ニカーヤ　Nikāya（Skt., Pāli）

「集めたもの」の意．

1. パーリ正典のうちの経蔵を構成する，五つの文献集．五つとは，(1) *長部（長い説法の集成），(2) *中部（中程度の説法の集成），(3) *相応部（連関した説法の集成），(4) *増支部（増加する数の説法の集成），(5) *小部（より小さな説法の集成）である（→阿含）．

2. 出家修行者の集団．または，精舎の共同体．

ニガンタ　nigaṇṭha（Pāli）

「束縛なき者」の意．初期の仏教の資料の中で，ジャイナ教徒と，その指導者ニガンタ・ナータプッタ（→マハーヴィーラ）を指して用いられた呼称．ジャイナ教徒は，ジャイナ教の実践が自らをあらゆる束縛から解き放つものであると主張していたため，ニガンタと呼ばれた．→ジャイナ教

ニガンタ・ナータプッタ　Nigaṇṭha Nātaputta

ジャイナ教の指導者であった*マハーヴィーラを指す名前で，パーリ語の文献の中で用いられる．

ニグローダーラーマ　Nigrodhārāma（Skt.）

ブッダの育った町*カピラヴァストゥの近くにある森．*シャーキャ族の一員ニグローダによって寄進された．ブッダは悟り（菩提）を開いた翌年に初めてこの町を訪れたほか，何度も滞在した．ブッダが身体から炎と水を発する「一対の奇蹟」（*双神変）を示したのと，*マハープラジャーパティーが女性を教団（僧伽）に受け入れることを初めてブッダに嘆願したのとはここにおいてであった．

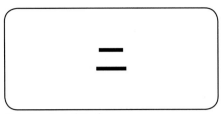

西田幾多郎 にしだきたろう Nishida Kitarō (1870-1945)

20世紀の日本の禅の哲学者で，*京都学派の祖．若い頃はゲルマン諸語の研究に没頭し，それを通してヨーロッパの哲学を研究した．とくにブレンターノとフッサールの現象学を研究したが，カントからハイデガーに至るドイツ哲学の伝統全体に広く親しんだ．さらに，偽ディオニュシオスからエックハルトやニコラウス・クザーヌスに至るヨーロッパの神秘的な著作を学ぶためにも時間を費やした．西田は，帝国大学で教える間，革新的な『善の研究』(1911年)を出版して初めて有名になった．この著作の中で西田は，禅とドイツ現象学の両方から思想を引用して結びつけた．「純粋経験」から始まって，独立自存でない有限なる人間は，神でありかつ*空性であり，語りでありかつ沈黙であるという，絶対的であり無限であるものに結びつく底なしの現実を，自らのうちに見出す．人間と神との，すなわち有限なるものと無限なるものとのこの結びつきは，一方の他方への包含や，この二つのものの不可分の混交や，一方の他方への相対化にすぎないものではない．人間の生の両面が，区別された矛盾と区別されない一体性として表れているのである．この「絶対矛盾的自己同一」は，認識されえるものではなく，かつ，すべての人間の生の基礎である．すべての矛盾は，(仏教の空に関連する概念たる) 絶対的な「無」において出合う．そのことは，それ自体は何もないのであるが，すべてのものがその多面性と矛盾性の中に生まれてくることの源である．西田はこれらの思考を展開し，『自覚における直観と反省』(1917年)，『芸術と道徳』(1923年)，『哲学の根本問題』(1933年) などの後の著作において，より詳細に宗教的な諸主題と結びつけていった．

西谷啓治 にしたにけいじ Nishitani Keiji (1900-1990)

*西田幾多郎 (1870-1945) の弟子の一人．西田は，*京都学派の祖で，ドイツ哲学およびキリスト教神秘主義思想を禅の実体験と結びつけ，日本における近代思想の新しい総合を提示した．西田と同じように，西谷もそれら三つの思想の流れの諸要素を総合して，より完全に基礎的な人間の哲学の諸問題に取り組もうとした．西田とは異なり，西谷はニーチェとニヒリズムに取り組むことから出発して，自我の問題の解決を追求したことが，すべての著作に一貫している．自我の問題に対する西洋の論述は，自我の探求を経験主義，論理中心主義，埋性主義に厳しく限定しているので欠点を有している，と西谷は論じている．禅定を通して探求される*解脱は，全人格を包含し，経験を超越して自我の全体的な経験的知覚を生み出すような自我の本性についての真実をもたらすものであるから，禅は自我の探求を豊かにしうると論じる．

このように知覚された自我は，仏教の概念である*空性を通した自我である．ニーチェのニヒリズムに答えようとする西洋の試みの問題は，ニヒリズムを限定する，すなわち自我を現実に確立する場所を見つけようとする点にある．実はそのような試みはすべて，せいぜい人間の思考を自らつくりだした概念の鎖に束縛するように働くにすぎないのである．空は，ニヒリズムを自由に働かせ，ニヒリズムそれ自体が具体的世界に押しつけられた具体であることに気づくという終焉までついていく．東アジア仏教の伝統では，仏教の言葉でいうところの「空が空じられる」この時点において，あるがままという明快な真実のみを残して，すべての誤った概念化は消し去られる，と断言する．自我はこのように，つくりあげられた諸概念のどれにも束縛されず，また安易な矛盾の調和にも縛られずに，虚空のような開かれた現実の中で，それ自身をそれ自身であると気づくのである．禅師たちとキリスト教神秘主義者たちの両方において，西谷は，すべての肯定という終極点に達する否定に続く「否定の道」(via negativa) と，「それそのもの」という明快な知見，仏教の言葉でいう*「真如」を見出すのである．

二十四流 にじゅうしりゅう nijushi-ryū (Jpn.)

日本の禅の24の流派のこと．

『二十論』 にじゅうろん ⇨『唯識二十論』 ゆいしきにじゅうろん

尼僧 にそう nun

サンスクリット語の比丘尼（Pāli，ビックニー，bhikkhunī）の訳語として通常用いられる語．この意味における尼僧という語は，正式に得度を受けた僧伽の一員のみを指す．仏教界の諸地域では，修行生活に身を捧げても正式には得度を受けていない女性の教団もある．これらの教団では，スリランカの*ダサシルマーターのように，守るべき*戒律が少ないのが通常である．

二諦 にたい Two Truths（Skt., satya-dvaya）

*中観派哲学における2段階の諦すなわち真実で，相対的な真実（*世俗諦）と絶対的な真実（*勝義諦）として知られる．仏教の多くの形態において2段階の真実という概念は認識論的経験の正当性に関するものであったが，大乗のある形態ではそれは存在論の問題にも適用された．とくに後期中観派ではそうであり，そこでは世俗諦は日常的な輪廻の真実，勝義諦は超越的な悟りと涅槃の真実にあてはまる．この真実すなわち諦の2段階の間のみかけ上の分断は，この諦すなわち真実の2形態の関係に関して，後の大乗における多くの*討論をひき起こす深刻な救済論的難問を招いた．両者の関係はジュニャーナガルバの『サティヤドヴァヤ・ヴィバーガ』（*Satyadvaya-vibhāga*）のような論書において議論されたが，この論書はそれらを同じ現象の同一でもなく異なってもいない2側面に同定する傾向がある．

『ニダーナカター』 *Nidānakathā*（Pāli）

「導きの物語」の意．*ジャータカの注釈への手引き．ブッダの伝記を，三部に分けて語る．第一部は，ブッダが菩薩の*スメーダであったときから，*兜率天に生まれるまでの，前世の話である．第二部は，シッダールタとしての誕生から，悟り（菩提）を得るまでを詳しく語る．第三部は，仏としての生涯と，*アナータピンディカから*ジェータヴァナ精舎の寄進を受けるまでを描いている．

日蓮 にちれん Nichiren（1222-1282）

鎌倉時代の*日蓮宗の開祖．1222年に阿波の海岸の町である小湊で漁師の家庭に生まれ，鎌倉仏教の新しい諸宗派の開祖のうちで，首都周辺の中央出身でなく貴族の出でもない，ただ一人の人物となった．このことを，日蓮が宗教的に妥協せず辛辣な姿勢をとる原因であると信じている研究者もいる．12歳のときに実家の近くにある*天台宗の清澄寺に入り，そこで師のもとで天台の念仏の行を学んだ．16歳のときに正式に出家し，1239年に鎌倉や京都の大寺院で学ぶために首都に赴いた．そこで日蓮がその粗野な言葉遣いや作法によって差別と愚弄を受けたことは疑いない．日蓮は劣等感に苛まれ，諸宗派の教義が一貫性を欠いていることに迷っていた．しかし，中国の*天台の開祖である*智顗（538-597）と日本の天台の開祖である*最澄（767-822）の「*『法華経』が仏の最高の教えであり，その他のすべての教えは仮のものにすぎない」という教えに，天台宗は回帰する必要があると決意した．東アジア仏教の歴史上の先師たちが，『法華経』以外の仮の教えに対して完全な真実の教えを受け入れる準備の整っていない者たちに適したものとして，いくらかの価値を認めたこととは異なり，日蓮はこれら『法華経』以外の教えに何の価値も認めず，異端として捨て去るべきであると断じたのである．1253年に生まれ故郷の地方に戻り，「日蓮」という新しい僧名を名乗って，自らの見解を広めつつ他の宗派を公に批判し始めた．1257年から1260年にかけて東国に頻発した地震や疫病や台風などの災難が，禅や浄土教をはじめとする他宗派が広まっていることによるものだと責めるにまで至り，そのような災害は『法華経』の正しい信仰に帰することにより避けることができると幕府に約束した．日蓮は1260年に，自身の勧告を『立正安国論』と題した文章にまとめて，執権の北条時頼に提出した．これにより日蓮は追放されて迫害を受けたが，「真の教えを広める者たちは*末法の時代において迫害されるであろう」という『法華経』にある一節の実現であるとして，それらを受け止めた．

実践面では，「妙なる法の蓮華という経に私は帰依します」という意味の*「南無妙法蓮華経」という「題目」を唱えて信心を表し，『法華経』の力に信仰を定めるように人々に求めた．原典を読む時間や能力が不足している者たちは,『法華経』の力と真実を信じると表明するこの簡単な題目により解脱を得るのであり,また,解脱に至るこの簡単な方法は末法の時代に生きる者たちのために*シャーキャムニ・ブッダ（釈迦牟尼仏）が自ら授けたものであるとした．直接に他宗と対決する折伏の容赦ない実践により,日蓮に対する迫害と攻撃は絶えることがなかった．1268年，モンゴルの指導者であるクビライ・カンからの使節が日本に到着し，貢納を要求して，拒否するならば日本を攻撃すると告げてきた．日蓮は,『法華経』の信仰に国をあげてあらためるよう，声を高めた．しかし，モンゴルの攻撃はすぐには実現せず，日蓮は1271年に佐渡島に追放され，そこで3年間を過ごすことになった．この3年間は実りある時期となり，いくつかの点で日蓮の思想の転換点となった．第一に，日蓮はそこにおいてさらにいくつかの著作を著し，天台宗と決別して,「日本僧」としての独自の姿勢をもち始めた．第二に，日蓮はそこにおいて大曼荼羅をつくった．題目の文字が大地から湧きでて，釈迦牟尼仏と多宝如来（ともに『法華経』において主要である）および4人の菩薩によって囲まれた諸天と大地とをつないでいるという，宇宙の図をつくったのである．第三に,『法華経』の守護者として登場する上行菩薩の生まれ変わりとして，日蓮は自らを位置づけるようになった．この菩薩が他のすべての衆生を日蓮の曼荼羅に導き入れていることは，深い意味をもっている．第四に，幕府に対して直接訴えることにより国家全体を改めることよりも，一人一人をあらためさせることに力を入れ始めた．

1274年に追放が解かれると，日蓮はすぐに鎌倉に戻った.幕府の多くの者たちはそのとき,モンゴルの侵攻の脅威が迫っていると感じており，日蓮に国家守護の儀式を催すように要求した．しかし彼らは,「日蓮のみがそれらの儀式を催さなければならず，他のすべての仏教の宗派を締めださなければならない」とする日蓮の要求に躊躇した．また，他の宗派の雨乞いの儀式が成功したことによって，日蓮のみに力があるという主張が破られた．日蓮は落胆し，ついに世間から離れて，甲斐の身延山の，ほとんど近づくことのできないような高い峰に小さな庵を建てて，弟子たちとともに来るべきモンゴルの来襲に備えた．日蓮たちは，日本国が『法華経』のみに信心をおくことができなかったため,日本が完全に破壊されると考えていたのである．モンゴルの侵攻は実際に1274年の終わり頃にあったが，この第一波も，そしてこれよりずっと大規模であった1281年の第二波も，台風によって博多湾に粉砕され，*真言宗の祈禱師たちがこれらの嵐を儀礼により呼び出したのだと主張したのである．日蓮は晩年を身延山に過ごし，それを慕って集まった住人たちの数は膨れあがり，日蓮の住んだ粗末な庵は徐々に寺院に姿を変えていった．また，日蓮は『法華取要抄』をはじめとする著作を撰し，自身の思想を精密にしていった．人生への落胆と山住まいの苦労は深刻であり，日蓮は1282年に60歳で没した．

日蓮が提唱した簡易な実践と，身分の低い始まりと若くて粗野な修行僧として受けた差別とに由来する自己主張の熱意とが，貴族階級の子弟の社会と強くぶつかったのだ，と指摘する研究者たちもいた．しかし，日蓮はまた緻密な思想家であり，天台の思想を再構成した独自性は注目に値する.中国の隋代における始まりから,中国天台宗も日本天台宗も,『法華経』が最高の経典であり，仏が最も直接的に教えを述べている経典であり，この経の核心はその題名に集約されていると，いつの時代も力説してきたのである．さらに，悟り（菩提）は目標でありかつ人間本性に内在するものである，と天台宗ではつねに解してきた．*始覚を得るために修行することを実際に望みえるのは，まさにこの本来から内在する悟り（*本覚）があるからなのであった．仏教の歴史において，他の思想家たちは，真実へ完全に直接向き合うことができない者たちに対する方便として，直接的ではない教えにも意義を認めようとしたが，日蓮は彼らとは異なり，方便としての漸進的な手段すべてを排することを模索し，ふつうの信者たちにも絶対的なものへ直接に通じることができるようにしたのである．仏教の真実の全体を直接的に明らかにする経典として,『法華経』はその扉となっているのであり,またその核心が「題目」

に集約されているので，その経名を唱えること自体が，人間存在がつくられるときにすでにその部分となっているところの悟りを，明らかにするのである．この実践を道に据えれば，他のすべての方便としての手段も理論的な考察も道を外れたものにすぎない．それゆえに日蓮は，解脱への最も直接的な手段を信者と国家に与えるために，すべての無意味な哲学化や他の道との妥協を，天台から継承した自身の教えから切り離した．

日蓮宗 にちれんしゅう Nichiren-shū

*日蓮の流派の一般的な呼称，すなわち日蓮(1222-1282）の元来の教義と見解を源とするすべての学派と宗派．ただし，全体が一つの流派であったことは一度もない．日蓮の教えの，大まかな概要については，すべての流派で一致している．(1) *『法華経』が，すべての仏教の経典の頂点に立つ．『法華経』が，*シャーキャムニ・ブッダ（釈迦牟尼仏）のすべての説教の最高点を示しており，*善巧方便に頼ることなく直接の形で完全な全体像を提示している．*末法の時代にあっては，この経の題，すなわち*題目を単に唱えるだけで解脱を得る．(2)『法華経』は，解脱を得る条件を満たすことに導く，五つの要素を有している．すなわち，(a) 教義．『法華経』そのものの内容．(b) 対象．教えが向けられる正しい対象とされるものが，真の教えを損なう者たちであること．(c) 時機．『法華経』によって救われるべき衆生にとって，末法の時代が適時であること．(d) 祖師．日蓮の説法が結果として迫害を招いたことによって証せられているように，日蓮こそが，この教えを解説するのに，つねに最もふさわしい教師であること．そして，(e) 国家．日本が，以上の四つの要素すべてが存在するのにふさわしい国家であること，である．(3) 仏教の他のあらゆる形態，そして他のすべての修行は，何であれ，正しい道から外れたもので障害となるものであり，すべて捨て去って題目を唱えるべきである．

以上のような三つの一致点があるにもかかわらず，当時の世情を他よりも反映しようとする集団があって，論争や分派が起こった．そうして，日蓮の弟子たちは，日蓮の後の最初の世代から，不一致を見ることとなった．日蓮は，弟子たちの布教や行動を統制する中心となるようなものを何も残さなかったので，統一された宗派は形成されなかった．日蓮の主要な弟子のそれぞれが自分の領域の教義を立てて，それぞれの教団を立ちあげた．一致をみなかった点は，おもに三つあった．(1) *不受不施について．不受不施の語は，「受け取らず，また与えない」を意味し，仏教の他のすべての宗派から完全に断絶していることを表している．この見解を奉ずる者たちは，『法華経』の衆生を救う力のみへの排他的な信仰こそが安心と加護をもたらすのであると主張し，他の宗派とのあらゆる接触を避けることでこの理論を実践する．他の指導者たちは，日蓮の教えの優越性を認めながらも，仏教の他宗とのある程度の協力や接触は真の教えを損なったり堕落させたりはしないと考えたため，他宗に呼びかけてそれらとの協力による事業や儀礼に携わることに，より積極的であった．不受不施の立場を取る者たちは初め，他派と協働することに消極的であったため，刑罰や追放の処置を受け，その迫害のゆえにこの理論にもとづいた一つの宗派として結束するようになっていった．ついに1876年に，政府は不受不施派の設立を許可したのであった．また，第二の団体である不受不施講門派は，1882年に政府の認可を得た．(2) 折伏について．折伏とは，極端に対決的な姿勢を取って改宗を迫ることを指す．日蓮宗の一部の団体はこれを採用し，街路で人々に熱弁を振るって他教の集団を崩壊させようとする．そうでない団体は，より穏便に功徳を説く形を取った．(3)『法華経』を内容で主要な二つに分けた，それぞれの部の位置づけについて．『法華経』は一般的に，「迹門」(表れているものの門）と「本門」（もともとのものの門）という二つの部に分けられる．迹門は，仏と菩薩が，衆生が悟るのを助けるために，真実の表れとしての方便の教えを展開することを描く．これに対して本門は，より直接的な形での真実を明らかにする．日蓮教団の一部は，『法華経』がどの部分についても等しく尊いと主張するが，他の団体は，直接的に真実を述べている本門が，迹門よりも優越すると主張するのである．

明治時代（1868～1912年）の間に，日蓮の教えのさまざまな流派がまとまって，いくつかの具体的な宗派となった．先にあげた不受不施派の2派以外に，次のような諸宗派となった．まず,「日蓮宗」である．1874年に設立され,『法華経』の両部の平等性を主張した．次に，同じ年に,「本門」の部の優越性を主張する五つの流派，すなわち妙満寺，八品，本成寺，本隆寺，富士派が，独自の宗派として認められ，1891年には宗派の名称をそれぞれ，顕本法華宗，本門法華宗，法華宗，本妙法華宗，本門宗と改めた．1900年，静岡の大石寺が，本門宗から分裂して日蓮宗富士派を形成し，1913年には名称を*日蓮正宗と改めた．この宗派は幅広い支持者を獲得し，1937年に*牧口常三郎（1871-1944）によって創立された*創価学会と呼ばれる非出家者たちの団体の母体となった．創価学会は，1992年に日蓮正宗から分裂して，独立した団体となった．

日蓮正宗 にちれんしょうしゅう Nichiren Shōshū

日蓮仏教の分派の一つ．1900年に本門宗から分かれ，日蓮宗富士派と称した．1913年に名称を日蓮正宗と改め，急速に発展した．ほとんどの日蓮宗各派の見解では日蓮宗に含まれておらず,日本の新宗教の一つとするものもある．在家の団体として発足した*創価学会の親団体であったが，1992年に関係消滅となった．

肉髻 にっけい uṣṇīṣa（Skt.）

図像ではブッダの頭にある肉の突起，あるいは頭頂で結った髪．「超人」（*マハープルシャ）の32のしるし（*三十二相）の一つである．時として*仏頂尊勝という女神として人格化される．

『ニッデーサ』 *Niddesa*

パーリ正典のうち，*小部の一部のことで，注釈のような内容を有する．「小さな解示」（チュッラ・ニッデーサ，Culla-Niddesa）と「大きな解示」（マハー・ニッデーサ，Mahā-Niddesa）の二つに分けられる．*シャーリプトラが著者であるとされている．

ニッブタ nibbuta（Pāli）

「消滅した状態」の意．涅槃を得た者の状態．涅槃を得た者は，「貪り，怒り，迷いという三つの炎（→不善根）が冷まされている」または「消されている」といわれる．

日本山妙法寺 にっぽんざんみょうほうじ Nipponzan Myōhoji

藤井日達（1885-1985）により創立された，*日蓮宗に基盤をもつ仏教団体．藤井は，この運動の内部で「グルジー」（Guruji，「尊師」のこと）と呼ばれる．1945年の広島と長崎への原爆の投下に深く反意を表明し，世界のさまざまな場所で，*『法華経』の*題目を唱えながら同調者たちとともに歩む平和行進を催し始めた．また，巨大な白い平和の*パゴダを建設することに熱意を燃やし，現在では世界中に70を超えるこの塔が建設されている．

平和のパゴダ

日本の仏教 にほんのぶっきょう Japan

日本の仏教に関する最も古い正史によると，朝鮮半島の百済の国からの使節団が，天皇への贈り物としてブッダの像と文献を携えてやってきた552年（他の典拠では538年）に，仏教が日本へ伝来したとされる．しかし，おそらく，正式ではない経路で仏教はすでに伝達しており，日本では以前から知られていた．朝廷は，新たな中央集権国家を統治する規則の確立のため，日本古来の神々の保護が必要であり，最初の仏教との接触の後，神々が怒るかどうかを判断しなければならなかった．伝来当初は，文学作品や政治思想，都市計画，およびその他の斬新な理念などを含む中国の文化的輸入品とともに，仏教文献や僧が日本へとやってきた．朝廷や貴族が仏教を日本古来の宗教と異なるものと理解し，病気を治癒したり，政治的・軍事的試みへの超自然的な助けを得るための手段として，仏教をおもに用いたことは明白である．父の用明天皇の死後，摂政として日本を統治した*聖徳太子（572-621）は，最初から，古来の信仰と区別可能なものとして仏教をとらえていた．彼はさまざまな仏教文献に対する注釈書を著したと考えられており，さらに寺院の建築計画を奨励した．

専門家は，一般的に，その後の日本仏教の歴史を都の位置によって定義された時代にもとづいて区分する．奈良時代，平安時代，鎌倉時代は最も重要である．なぜなら，これらの時代は，仏教の中心的な宗派が創立され，形となっていった時代だからである．

〔奈良時代〕(710-794)

奈良時代の仏教者の活動は，おもに二つの傾向を有していた．僧侶は新しく輸入された文献の中にみられる教義を理解することに忙しく，政府は仏教の儀式や組織を国家の繁栄のために活用しようとしていた．その結果，まず最初に，いわゆる*南都六宗として，六つの異なった中国の宗派の文献や思想に関心のある僧侶の集団が成立した．これらの研究に従事したほぼすべての学僧は，政府の援助のもと，都にとどまり，主要な寺院である*東大寺に居住していた．この政府に援助された組織以外では，私度僧が社会から離れて山に隠棲し，苦行と民衆に対しての不思議な儀式を行っていた．また，その他の都における学僧の活動としては，お金を払った顧客（ほぼすべてが皇室や貴族である）のための儀式を行っていた．

〔平安時代〕(794-1185)

この時代では，政府の中心から離れ，民衆の間における仏教運動がみられたものの，宗教の全面的な普及にははるかに及ばなかった．この時代の*最澄（767-822）と*空海（774-835）は，両者ともに，自らの仏教に関する理解を深めるために，中国へと渡った．最澄は*天台山へ行って*天台宗の教義を学んだが，帰国の船を待つ間，密教儀礼を行じる僧と出会った．訓練に励み，適切な手ほどきを受けた短い期間の後，日本へ帰国して*比叡山に住し，中国の天台宗を受け継いだ天台宗を創始した．しかし，現実には，密教儀礼（→密教）の実践を通じて援助がもたらされたため，彼はこの新しい宗の焦点を，天台の通俗的な教義と密教儀礼とに大別した．さらに，最澄は，奈良の政府支配下の僧侶組織から独立して，天台宗を組織するという重大な試みをなした．これは，*『梵網経』にもとづく大乗の戒律のみを用いて*比叡山の僧を受戒させる許可を求めたときのことである．それは彼の死後に許可され，天台宗は*得度のために都の*律宗に従う必要性から解放されたのである．一方，空海はもっぱら密教文献と儀礼の訓練を受けるために中国へ行き，*高野山で彼が創始した*真言宗は，彼が帰国すると密教にのみ集中した．当面は，支援者や大衆の間では天台宗に劣るものとされていた．

仏教，および諸仏や菩薩の集合と神道の神々との関係性は，日本では密であり，平安時代の間，その理論は*本地垂迹説が有力であった．つまり，本来的な性質と仮の顕現である．この理論によると，神道の地域的な神は，人々を教化し国家を保護するために日本に現れた，さまざまな仏や菩薩の顕現とされる．たとえば，天照大御神は*毘盧遮那の顕現ということになる．このようにして，仏教徒と神道の人々の両方を含む一つの公共施設（「神宮寺」などとして知られる）の中で，両方の宗教が収容されることができた．

〔鎌倉時代〕(1185-1392)

鎌倉時代が始まるまで，当時存在していた八つの宗派の中では，天台宗が最も大きく力があった．そして，天台宗の教学や密教とその実践などへの幅広い視点，および堕落・腐敗・好戦性（悪名高き僧兵にみられるもの）は，後の改革の気運や諸宗派を生む土壌となった．その結果，天台という基盤の外に，以下の幅広い分野の新宗派が創立された．(1) *浄土：*法然(1133-1212) が*浄土宗を，*親鸞（1173-1262）が*浄土真宗を，*一遍（1239-1289）が時宗を創始した．(2) 禅：*栄西（1141-1215）が中国の*臨済宗のダルマの系譜を継ぐ*臨済宗を，道元（1200-1253）が中国の*曹洞宗の法系を継ぐ曹洞宗を創始した．(3) *日蓮（1222-1282）は，*『法華経』こそが他の経典よりもすばらしい最高の経典であり，その題目をつねに唱えることが解脱への唯一の手段であると主張する*日蓮宗を創始した．さらに，これらの宗派の成立のほか，この時代には，*修験道の名のもとに山中での*苦行生活の伝統なども続いていた．その実践者は，もとは天台や真言の密教僧であり，山々に住み，断食や懺悔，密教儀礼を実践し，1日に約8kmも山の中を移動する困難な巡礼も行っていた．

〔足利・江戸時代〕(1392-1868)

鎌倉時代の終わりまでに，仏教は社会のあらゆる階層において重要な存在となり，同時に，封建統治における悩みの種ともなっていた．15世紀において，浄土真宗の信仰者は*一向一揆と呼ばれる民主的な同盟を形成し，加賀の支配階級に対して反乱を起こし，地方自治権を奪い取った．1571年には，織田信長が大規模な土地支配と仏教僧団の世俗権力を認めず，比叡山の*延暦寺を攻撃して破壊し，僧兵を解散させ，他の多くの仏教教団を弾圧した．しかし，その一方で，仏教施設が広く普及したことは幕府によるところが大である．たとえば，1612年のキリスト教の布教禁止・キリシタン追放以降，幕府は地元の仏教寺院への市民の登録を1640年から始め，それらの寺院施設を事実上の国勢調査局として吸収した．この時期には，禅の*沢庵宗彭（1573-1645），*盤珪永琢（1622-1693），*白隠禅師（1685-1768），浄土系の*蓮如（1415-1499），島地黙雷（1838-1911）などの著名な人物が出たものの，上述のような，政治権力への仏教の密接な協力や幕府の支援は，仏教の不可避的な衰退をもたらすこととなった．そして，19世紀の初めになり，江戸時代が終わりに近づくにつれ，宗教的に活気のある場は，儒教や神道における知的・精神的な新しい動きの中へと移行する．さらに，「天理教」などのいわゆる新宗教の出現によって，小作人や中流階級を対象とした現実的な信者獲得競争が始まるのである．

〔明治時代・現代〕(1868-)

1868年に，明治天皇が朝廷のもとに政治・行政の力を回復したとき，最初に行ったことは*神仏分離と呼ばれるもので，仏教と神道との関係を本地垂迹として理解することを廃止し，両者を分離させることであった．神仏分離の政策がそれを意図するものでなかったにせよ，その政策により，明治時代のはじめに仏教は迫害を受けることになった（廃仏毀釈）．しかし，仏教に対する攻撃は仏教徒の活性化につながり，彼らは新政府に対してはたらきかけ，首尾よく仏教の承認を取り付けた．同時に，日本軍の中国・韓国・台湾，東南アジアの国々への出兵に同伴した従軍僧侶や，1893年の世界会議への参加のために米国やヨーロッパへ渡った布教者らによって，日本の仏教は世界的なものとなった．その頃，日本の仏教のあらゆる宗派が，大規模な移民とともにハワイや米国本土へ流入し，その中でもとくに禅が欧米の文化へ最も影響を与えることとなった．第二次世界大戦以降は，日本仏教の西方への拡大が加速するとともに，現代日本における社会の変化によって，仏教に由来した多くの「新宗教」が大きく発展することとなった．その最たる例は，*日蓮正宗の在俗集団であった*創価学会（1992年に母胎組織である日蓮正宗から離脱）や，*立正佼成会などである．今日，日本の仏教は，古いものと新しいものとが組み合わさったかたちである．最も古い南都六宗の一派でさえ，最も新しい「新宗教」と平行して，共存し続けている．曹洞宗や浄土真宗は，伝統的な日本仏教の最も大きな宗派であり，日本の生活や文化の中での必要不可欠な要素として，仏教は依然として存続している．

『日本霊異記』 にほんりょういき *Nihon ryōiki*

正式には『日本国現報善悪霊異記』という名の説話集．僧景戒（けいかい・きょうかい）によって書かれ，822年に最初に発表された．この作品の目的は，生き物の一生における業と因果の一連のはたらきの実例を示すことであった．

ニャーナティローカ Nyanatiloka (1878-1957)

ドイツ人アントン・ヴァルター・フロルス・ギュットの*得度名．元来はカトリック教徒でヴァイオリンを学んでいたが，フランクフルトで学ぶ間に仏教に魅力を感じるようになった．アントンはインドやスリランカに旅行し，1903年ビルマで得度を受けた．彼はスリランカに戻って，1911年に僧院を設立したが，そこからは後にヨーロッパ人の僧を多く輩出することとなった．彼の著作は多数あるが，その中には『仏教辞典』（*Buddhist Dictionary*）や『阿毘達磨蔵入門』（*Guide through the Abhidhamma Piṭaka*）がある．

ニヤマ　niyama（Skt., Pāli）
　法則，条件．展開や現象を支配する制約．パーリ語の諸注釈では，法則のような原理に従っている五つの領域が認められている．五つの領域とは，(1) 自然と生態の現象（ウトゥ・ニヤマ，utu-niyama），(2) 植物の現象（ビージャ・ニヤマ，bīja-niyama），(3) 道徳的な現象（カルマ・ニヤマ，karma-niyama），(4) 心理的な現象（チッタ・ニヤマ，citta-niyama），(5) ある種の宗教的な現象（ダンマ・ニヤマ，dhamma-niyama）である．

入　にゅう　⇨処　しょ

『入中論』　にゅうちゅうろん　*Madhyamakāvatāra*
　「中道への入口」の意．*中観派の*空性の教義を菩薩の宗教的実践に関連づける，*チャンドラキールティの作品．10章からなり，それぞれ菩薩がブッダとなるまでの10の段階(*地)を進みつつ実践する10の完成（*波羅蜜）にあてられている．第6の完成すなわち智慧の完成(*智慧波羅蜜）は最大の扱いを受けており，テキストの半分以上を占める．作品中では空性，*二諦，人格とあらゆる事象の無我といった中観思想の主要教義が詳説される．チャンドラキールティ自身による注釈（*バーシュヤ）とともに，チベット語でのみ現存する．これらの作品は中観思想を理解するために不可欠のものと考えられ，チベットの僧院において，とくに*ゲルクパの間で集中的に学ばれている．

『入菩提行論』　にゅうぼだいぎょうろん
Bodhicaryāvatāra
　*シャーンティデーヴァ（685-763）が著した，世界の宗教文献中で第一級の作品．サンスクリット語のタイトルは「悟りの道へ入ること」を意味しているが，もっとも原題は『ボーディサットヴァチャリヤーアヴァターラ』(*Bodhisattvacaryāvatāra*）であった可能性があり，それは「菩薩の道を歩み始めること」を意味している．後者のタイトルはチベットや中国の写本に見出され，1906～1908年にオーレル・シュタイン卿が敦煌で発見したものもその一つである．これらのテキストにもとづけば，現存する『入菩提行論』のサンスクリット語版は，編纂されたもの，すなわち初期の作品が編集されたものである可能性もある．初期の写本では第2章と第3章が単一の章を形成しているため，現行の章編成も後代に配列されたものと考えられる．韻文で著された大乗のこの重要著作では，菩薩の道を歩む上でのさまざまな段階，すなわち完成（*波羅蜜）を通じた悟りへの思念（菩提心）の生成から完全な悟りに至るまでが示されている．このテキストでは，自我のないこと（*無我）やあわれみ（*悲）を促進するために自身を他者の立場におくこと（パラートマ・パリヴァルタナ，parātma-parivartana）がとくに強調され，「誰であれすみやかに自身や他者を救おうと願うものは，至高の神秘―自身と他者とを入れ替えること―を実践すべきである」(8. 120)．この作品は，超越的直観（*智慧）や空であること（*空性）の体得，「*二諦」すなわち究極的様相および相対的様相に見受けられる現実という教義を解説する，最後から2番目の章（第9章）において極致に達している．

入法界品　にゅうほっかいほん　*Gaṇḍavyūha Sūtra*
　サンスクリット語の経典名は「花の連なりの経典」の意．*『華厳経』に含まれる．善財童子が教えを求めて旅に出て，最終的に悟り（菩提）に至るという寓話によって，菩薩の道を説き示す．善財童子が最後に*普賢菩薩と出会って悟りに至るまでに，道中，53人の指導者を訪ね歩くが，彼らの多くは男女を問わず俗人であった．この経典は，それ自体で一つの文学作品として，読み手に強い印象を与えるものである．サンスクリット語の原典が現存するほか，チベット語訳１本と，いくつかの漢訳が残っている．

ニュー・カダムパ・トラディション　New Kadampa Tradition

現代のチベット仏教の組織はゲシェ・ケルサン・ギャツォによって形づくられ，その本部は英国にある．名前が示唆するように，自らを*カダム派の後継者とみなし，その教義に対して敬虔である．一方，*ダライ・ラマ 14 世の指導する*ゲルク派がこの運動の創始者たちの教えから逸脱していると彼らは主張する．近年では守護神格の*ドルジェ・シュクデンの怒りを鎮めることを中心に両学派の間で対立が激化している．

如意宝珠　にょいほうじゅ　cintāmaṇi（Skt.）

伝説上の不思議な宝石で，その所有者が望むものはおのずと何でも与えられる．如意宝珠は富の生成，悪の駆逐，病の平癒，水の浄化など，他にも驚嘆すべきさまざまなことを成し遂げる．大乗ではブッダや菩薩の行為，またはダルマやその不思議な能力を象徴的に示すものとしてしばしば用いられる．

如実　にょじつ　yathā-bhūta（Skt.）

事物が実際にあるようなありかた．現象の本性，すなわち固有かつ永久の本質または自我（*アートマン）の観念のような誤った概念を押しつけられていない直接の経験を指して用いられる語．そのようなものとして，この語は大乗で*空性，真実性（*タットヴァ），本質（*真如）などと同義に用いられる．

如是我聞　にょぜがもん　evaṃ mayā śrutam（Skt.；Pāli, evaṃ me sutam）

「このように私は聞いた」という意味．正典において，ブッダの説教の始まりを示す常套句である．伝統的に，「私は」という一人称の人物はブッダの従者，*アーナンダであるとされる．彼は説教が行われるときその場にいてそれを聞き，後に*ラージャグリハ会議においてそれを暗誦したという．通常，この常套句の次には，説教を行った場所とそこにいた聴衆の名前と数を示す言葉が続く．*「因縁」として知られるこの前置きの後，説教の本文が始まる．

『如是語経』　にょぜごきょう　⇨『イティヴッタカ』

如来　にょらい　tathāgata（Skt.；Pāli）

ブッダの称号または別称．「そのようにやって来た者」または「そのように行ってしまった者」という意味．ブッダは悟り（*菩提）を得た後，自らを指す語としてこの別称を用い，やがて諸々のブッダを指す一般的な呼称の一つとなった．この他に，*バガヴァーン，*ジナ，*阿羅漢，*正等覚者などの尊称がある．実在したブッダ，*シッダールタ・ガウタマは*シャーキャムニ，つまり*シャーキャ族の聖者とも呼ばれ，大乗ではこの呼称が一般的に用いられた．

如来蔵　にょらいぞう　tathāgata-garbha（Skt.）

「胎児としてのブッダ」の意．大乗仏教で用いられる概念で，生けるものの一切はブッダになる潜在能力を生得的にもっているとするものである．この考え方によれば，個々の存在を*輪廻に縛りつける負の要因は後得的なもの（*客塵煩悩）であり，純粋な*仏性を覆い隠しているにすぎない．如来蔵の教理が依拠するのは，*『如来蔵経』，*『勝鬘経』，*『涅槃経』などの 10 本の経や，*スティラマティあるいは*マイトレーヤナータに帰せられる*『宝性論』であるとされるが，その原形は初期仏教における*自性清浄心の概念にすでにみられる．上記の経典群の立場では，如来蔵はブッダのあらゆる特質で原初から満たされている，恒久的に実在するエッセンスであるとされる．この概念はチベットや中国では少し異なって理解され，それぞれ「如来の胎児」（デシンシェクペー・ニンポー，de bzhin gshegs pa'i snying po），「如来の胎」（如来蔵）という訳語が当てられた．以上の文献では，この語が*アートマンや*種姓と同義的に用いられることもある．また，チベットの*ジョナン派と関係の深い*他空の概念の形成にも影響を与えた．

『如来蔵経』 にょらいぞうきょう *Tathāgata-garbha Sūtra*

「胎児としてのブッダの経」の意．*如来蔵理論の基盤となる文献．生けるものの一切に悟り（菩提）を得る潜在能力，つまり*仏性が生得的に存在していることを示す，小部の経典である．そこでは，この潜在能力がどのように個々の存在のうちに隠れているかが一連の比喩で表現される．チベット語訳および漢訳でのみ伝わっており，サンスクリット語原典は断片のみが知られている．

ニルヴァーナ ⇨涅槃 ねはん

尼連禅 にれんぜん ⇨ナイランジャナー

庭野日敬 にわのにっきょう Niwano Nikkyō (1906-1999)

*日蓮の系統に属する日本の新宗教の一つである*立正佼成会の設立者の一人．1906年に，日本の北部にある新潟県に生まれた．学校を去って数年の後，働くために東京に出て，さまざまな宗教的な教えを学び実践し始めた．1938年，ついに新宗教である霊友会（→霊友会教団）の一員として，新井助信の*『法華経』の一連の講座を聴講した．その年，長沼妙佼とともに，立正佼成会という在家仏教者の団体を設立した．1957年に長沼が死去すると，庭野は立正佼成会の単独指導者となった．すべての宗教は同じ源から生まれたと信じ，宗教どうしの協力を通して世界平和の礎を強固にするために世界中の宗教者たちと会った．そして，世界宗教者平和会議（the World Conference on Religion and Peace：WCRP）とアジア宗教者平和会議（the Asian Conference on Religion and Peace：ACRP）の設立に尽力した．1994年には，イタリアにおける第6回世界宗教者平和会議に出席して，その開会式において法皇ヨハネ・パウロ2世とともにヴァチカンのシノッド・ホールで司会を務めた．また，核兵器の廃絶を掲げて国際連合の前で繰り返し示威行動を行った．

日蓮の伝統に忠実に，『法華経』を仏の教えの最後にして最も直接の表れとして研究することに身を捧げ，*「題目」と呼ばれるすべての人のための簡単な解脱の手段としての『法華経』の題名の詠唱を，熱心に続けた．献身を表すために個人的に，自分の血を用いてこの経の写経をした．庭野の宗教間の協力への努力は，広く認められている．1979年には，テンプルトン賞（Templeton Prize for Progress in Religion）を授与された．1992年にはヴァチカンにより，聖グレゴリウス騎士団（Order of St. Gregory the Great）の銀星騎士団長（Knight Commander with the Silver Star）に任じられる名誉を受けた．また1993年には，キリスト教徒とユダヤ教徒の国際協議会（International Council of Christians and Jews）から宗教間対話メダル（Interfaith Medallion）を贈られた．

忍 にん kṣānti（Skt.；Pāli, khanti）

辛抱強く受け入れること，忍耐，寛容．怒りの克服を目標とする，仏教の重要な徳目．

忍波羅蜜 にんはらみつ kṣānti-pāramitā（Skt.）

忍耐の完成．大乗の道の中心的要素をなす六つの完成（*六波羅蜜）の第三．この徳目の育成は二つの側面を伴う．すなわち他者による危害に直面しても怒ることなく耐え，さまざまな苦痛や*苦を忍ぶことと，*空性のような大乗の教えの含意するところを怖れないことである．

ニンマ派 Nyingma（Tib., rnying-ma）

チベット仏教の四大学派で最古の学派．その教理と実践は8世紀の「*前伝期」にチベットにもたらされたものに由来する．すなわち，学僧*シャーンタラクシタと*カマラシーラ，タントラ仏教行者の*パドマサンバヴァ，*ヴィマラミトラやヴァイローチャナといったものたちにもたらされたものをもとにしている．彼らはチベットで初めて建立された僧院である*サムイェーを拠点としていた．ニンマ派を特徴づける教理は*ヅォクチェンと，後に*プトン・リンチェンドゥプによって*カンジュルに編纂されるのが一般的となったタントラを別立てしていることに集約される．ニンマ派はその名称を11世紀になって遡及的に獲得したのは，「*後伝期」に伝承された学派と区別することによる．*九乗に分類する，独特の仏教分類法同様，ニンマ派には*テルマとして知られる埋蔵教法を継続的に明らかにする伝統がある．埋蔵教法には『チベット死者の書』（*『ワルド・テーテル』）などが含まれる．ニンマ派の教義の多くは*ロンチェンパ（1308-1364）と*ジクメー・リンパ（1730-1798）によって組織化された．多くの信仰者が在家者か行者であるが，僧院の伝統もまた継承されている．ニンマ派の比丘は儀式用の紅い帽子を被り，広く知られた「紅帽派」の名称はそれに由来する．

ニンマパ Nyingmapa（Tib., rnying-ma-pa）
チベット仏教の*ニンマ派に属する人とことがらを指す．→チベットの仏教

ネ

ネーチュン・チュージェ Nechung Chöje（Tib., gnas chung chos rje）
チベットの政府や政治的指導者を導く神格．託宣者を媒体にして助言を与える．国家の重大な案件に関して相談を受け，人間の託宣者を得てそれに返答する．託宣者はかん高い声でそれを伝える．回答は慎重に書き留められ，出席者たちが判読する．現在の*ダライ・ラマ（*ダライ・ラマ14世）は定期的にネーチュンの信託者に相談し，宗教的，対外的に微妙な案件に関して決定を下している．

ネパールの仏教 Nepal
ネパール古代の歴史はいまだ十分に研究されていないが，カトマンドゥ盆地はインドに近接するため，早くに仏教との接触があったようである．300年前後にリッチャヴィ王朝が建てられ，9世紀まで統治した．仏教は*アショーカ王の治世にネパールへ組織的に導入されたと考えられ，ヒンドゥー教とならんで今日まで栄え続けている．インドの仏教中心地とチベットの間にネパールが位置することは，旅行するチベットとインドの比丘たちがそこを頻繁に訪れ，ネパール人が時として通訳を務めたことを意味する．今日のネパールでは，土着住民のあいだの伝統的な仏教擁護者たちとならんで，チベット仏教が強い影響力を有している．インドで初期のムスリムの侵略者により加えられたような仏教施設への苛烈な破壊をネパールはまったく蒙らなかったため，大量の仏教写本が保存されており，研究者たちの注目を集めてきた．

涅槃 ねはん nirvāṇa（Skt.；Pāli, nibbāna）
仏教の最高善であり，*八支聖道の終着点である．ニルヴァーナともいう．涅槃の獲得とはそれがアンチテーゼをなすところの状態である輪廻における循環的生存の終わりであり，この

文脈で涅槃は理解されなければならない．したがって，輪廻とは涅槃がその解決となる問題なのである．涅槃（nirvāṇa）の語は否定的前置詞 nir と，吹くという意味の vā または覆うという意味の vṛ のいずれかのサンスクリット語根からなる．前者では炎を吹き消すことによって，後者では炎を覆うか薪を断つことによって，炎を消すイメージを含意する．この二つの語源解釈のうち，初期の資料は一般に後者を好み，そのことはそれらが涅槃を突然の劇的なできごとというよりは，炎への薪を断って余燼を衰えさせるような段階的な過程とみなしていたことを示唆する．このように，涅槃は「炎を吹き消すこと」であるという一般的な観念は，正典において広く支持されるものではない．涅槃は積極的な意味をもつ異称もあるものの，概して*苦のような望ましくないことがらの終わりあるいは不在として，とくに*『ウダーナ』8.3 の「生まれず，発生せず，つくられず，形成されない」ことという有名な涅槃の描写にみるように，消極的な語で描写される．

2 種の涅槃を区別することは重要である．第一は生存中に起こる道徳的・精神的転換であり，第二は死後の状態である．前者は「残余のある涅槃」（*有余依涅槃），後者は「残余のない涅槃」（*無余依涅槃）あるいは「最終的な涅槃」（*般涅槃）として知られる．ただし最初期の資料では涅槃と般涅槃は互換的に用いられる．前者は漏出（*漏）として知られるもろもろの汚れを破壊することで得られ，後者は人間個体を構成する精神的肉体的要素（*行）の活動の永久的停止をもたらすことが特徴である．後者の状態にある者は業の結果から自由であるが，前者の状態にある者はそうではなく，ただし新しい業はつくり出されない．

大乗仏教においては，菩薩の理想は宗教的目標としての涅槃の重要性を減じている．これは菩薩が他のあらゆる生き物を涅槃に入らせるまでは自分は涅槃に入らないという誓いを立てるからである．したがって，涅槃は個人的努力というよりむしろ集団的なそれとなる．さらに新しい教義上の諸見解が現れるにつれて，涅槃の概念は発展し，主要諸学派の哲学的観点からさまざまに理解される．たとえば*中観派は，周知のように，*空性を現象の真の本質として知覚する者は涅槃と輪廻を同一延長のものとして見ると結論する．*瑜伽行派も，二元論的な心的区別を停止することで涅槃と輪廻の対立が概念的なものにすぎないと理解されると説く．禅のような学派も，目覚めて*智慧をもって知覚する者たちにとっては涅槃は輪廻のあらゆる側面を満たしているということを強調する．またいくつかの文献は，初期の資料でつくられたこの生での涅槃と最終的な涅槃との区別を反映して，2 種類の涅槃の区別を詳述する．大乗ではこれらは場所に限定された（*プラティシュティタ）涅槃と，限定されていない（アプラティシュティタ，*無住処）涅槃として知られる．後者は般涅槃の状態に一致するが，前者ではブッダは輪廻へのとらわれはないものの，苦しんでいる衆生を救うために手の届く存在となっている「世間の中にあるが世間的ではない」ものである．

『涅槃経』 ねはんぎょう *Nirvāṇa Sūtra*

*『大般涅槃経』の標準的な省略した題名．『涅槃経』は初期の中国仏教において激しい関心がもたれ研究された時代があり，一端は涅槃宗の中心に位置した．この経典は，パーリ語の『大般涅槃経』に明白な起源をもつが，大乗の版は後に*如来蔵（胎児のブッダ）思想や*空性に関する教え，*仏性，仏の永遠に留まる性質といった多くの新しい考えを合体させている．この大乗の版は，チベットでは 2 回翻訳され，中国では少なくとも 3 回翻訳された．チベット版と中国版の食い違いや最初の二つの中国版における食い違いから，サンスクリット原典の内容もまったく異なっていることがわかり，5 世紀までは経典がなお活発な編集や増補を受けていることを示している．中国の大蔵経に収められている三つの現存する翻訳は，(1) 418 年に*法顕と*ブッダバドラによって作成された六巻本（*大正新脩大蔵経 no. 376），(2) *ダルマクシェーマによって 422 年に作成された 40 巻本（大正新脩大蔵経 no. 374），(3) 424 年から 453 年に南朝で作成された 36 巻からなる（新しい翻訳というよりも）新版（大正新脩大蔵経 no. 375）である．この最後の版は，それ以前の二つの翻訳の内容

を対照させ，言語表現を練って，新しい章の見出しをつけ加えて作成された．

この経は，さまざまな方法で中国仏教の発展に非常に影響を与えた．すべての衆生は，*一闡提さえも仏性をもっていて，以前には悟り（*菩提）や解脱の潜在能力をもたないと考えられていたものも，最終的には涅槃を獲得することを断言する経典の根拠を提供した．経典はさらにこの仏性を実体の最終的な本質と同一化させ，真理の見方を提出して中国仏教の方向性を大きく変えた．実体の最終的な本質の前に空の真理として表現され，本質に関する思い違いを一掃し，物事の本質の固定的な状態を示すことから成り立っている一方で，空や*中道と仏の性質の同一化によって，生き物自身の中で自己を表現することにより，物事の真理が世界中で作用する活動の力となる．また，肉食（→食事制限）に対する非難でも注目すべきものである．最終的に，（より重要な役割をもつ*『法華経』と協同して）ブッダは単に涅槃の獲得において消滅に入ったのではなく，かわりに苦しむ衆生を助けるために世界中で永遠に留まり活動を続けていることを教えている．これらの考えは，涅槃宗の作品や中国各地で経典の教えを講義し奨励する数多くの講義と解説書を通して流布した．結果として，これらの教えは中国仏教の基本的な流れの一部となり，（涅槃宗を最終的に取り込んだ）*天台宗と禅宗の形成に積極的な役割を果たした．

涅槃宗 ねはんしゅう　Nirvāṇa school

（より初期の版は現在ではすべて残っていない）5 世紀初めに中国語に翻訳された*『涅槃経』に対して関心を向け研究する中国仏教の初期の宗派．この経の三つの翻訳は中国の大蔵経に入っている．最初のものと二番目のものに関する議論がこの宗派の確立に必須の役割を果たした．*法顕（4～5 世紀）と*ブッダバドラ（359-429）によって 418 年に翻訳された最初のものは 6 巻からなり，*仏性や仏陀の種姓に達する能力が欠けている*一闡提と呼ばれる人々の部類は永遠に輪廻に没するよう運命づけられているという見解を指し示すかのような材料を含んでいる．首都の長安で偉大な翻訳家である*クマーラジーヴァ（343-413）と一緒に作業した*道生（360-434）という名前の高名な比丘は，このような教えは大乗仏教の基本的な精神に反すると強く感じ，公然と法顕とブッダバドラの翻訳は不完全であると宣言した．あえて経典を否定しようとしたために，彼は公然と非難され首都を離れたが，自分の正当性が立証されるだろうと確信していた．422 年に*ダルマクシェーマ（385-433）によって翻訳されたもう一つの訳は 40 巻からなり，以前の訳が不完全であることを示し，仏性の普遍性の明確な説明を提供した．道生は名声ももとどおりとなり，教える立場に戻った．

涅槃宗はこの経典を中心に置いて経典の中心となる教えを強調した．(1)（最終的な）涅槃は消滅ではなく永遠の喜びに満ちた境地である．(2) 衆生は仏性をもっていて救済を得る能力がある．(3) この仏性はブッダの種姓に対する潜在能力であるだけではなく，現実の最終的な性質や*空性と同一であり，空の言外にある否定的な意味を取り除き，物事の真実に対するより肯定的な見方をつくる．(4) 物事の究極的な性質は分断されず人がとらえることができる特徴をもたない段階から，物事の究極的な性質を認識する智慧が起こり，ただちにそれを理解する．(5) 有情は輪廻を行き来する自己（*アートマン）をもたず，苦しみに従属しているが，これは智慧と涅槃を理解する自己がないことを意味しない．むしろ，智慧が現実世界の一時性や思い違いを超えた本当の自己として仏性を明らかにする．これらの思想は，超越的な実体を発見することが誤りを否定する過程の最後に位置するように，幻想を取り払うことで物事の実体の状態を明らかにすることによって，以前には悲観的で虚無主義のようにみえる教義に肯定的な見解を与えた．この事実とは別に，この経典は，道生を取り巻く議論とその問題点のためやダルマクシェーマが自分の翻訳を広めようとしたために，研究と講義の対象としてとても人気のある主題となった．弟子の道朗が，仏性と空を理解する*中道の同一性をさらに説明する解説書を著し，実体の性質を固定的にみなす以前の空の概念に対して，生き物の性質内で述べられるために，世界中で作用する行動的な力としての真実の概念を広めることを助けた．これに興味を抱いて，道普という名の僧侶が，経典の別のサンスクリット語写本を取り戻すためにインドへ旅したが，試みは失敗した．劉宋の文帝（在位 424-453）の命令を受けて別の僧侶と在家信者の集団が以前の二つの翻訳を手に入れ，内容を対照し，テキストに磨きをかけ，章の冒頭を整理し 36 巻からなる南本と呼ばれるテキストをつくった．

「涅槃宗」を『涅槃経』を中心において興味を抱き研究する領域を言い表すが，制度上の組織や同一性は決してなかった．むしろ，このテキストとその普及に専心する師と弟子の系譜として存在した．これらの系譜ですら，581 年の隋による中国の再統一と『涅槃経』を仏教の真理を表現する最も高位のものとして*『法華経』の延長上におくことで，この経典研究を組み込んだ*天台宗の創設で有効性に終わりを迎えるようになった．

念 ねん smṛti（Skt.；Pāli, sati）

注意深さ．怠りなく注意している心の状態のことであり，ものごとの理解や洞察（*智慧）の基礎をなすものとして，たえずこれを修養するべきであるとされる．念を向上させるために，四*念住をはじめとする多くの瞑想法が考案されている．念は，徳のさまざまな列挙において言及されており，たとえば五*力の第 3 番目，*覚支の第 1 番目，*八支聖道の第 7 番目とされている．

念珠 ねんじゅ nenju（Jpn.；Chin., nien-chü）

数珠，珠を紐で連ねたもの．*阿弥陀仏の名を何度唱えたか数えるために用いられる．

念住 ねんじゅう smṛti-upasthāna（Skt.；Pāli, satipaṭṭhāna）

「一心の確立」の意．最も古く基礎的な，瞑想の実践体系の一つ．パーリ正典の中で教えられているように，この体系は，身体，感受（*受），心，観念という四つのものに，順に心のすべてをもって集中することから成る．瞑想する者は，それら四つのものに，次々と起こる体と心のさまざまな動きに注意を払う「明らかな理解力」（サンパジャッニャ，sampajañña）を伴いながら集中する．体や心や感情の種々の現象が現れては消えるのを観察することを通じて，瞑想する者は，永遠の自己や自我（*アートマン）は存在せず，自らの同一性は非永遠的な要素の一時的な相対的配置によって保たれているにすぎない，ということを悟るに至るのである．

燃灯仏 ねんとうぶつ ⇨ディーパンカラ

念仏 ねんぶつ nembutsu

念仏という語は，西方浄土の仏である*阿弥陀仏に向けられた数種の修行を指す．一文字目の漢字の「念」が多義的であるため，数種の修行の形を生み出したのである．第一に，「念」の字は瞑想することを意味し，元来は仏の像（思い浮かべる像か，または可視化された図像）を瞑想し，その善き性質のすべてを思慮することを意味した．たとえば，*天台宗の「常行三昧」は，心に阿弥陀仏の鮮明な像を常に思い浮かべながら，阿弥陀仏が目の前に現れるまで，阿弥陀仏の像のまわりを 90 日間歩くこと（→右旋）である．また，際醒徹悟（1741-1810）などの後世の中国浄土教の祖師たちは，像を用いず，阿弥陀仏の名前を，阿弥陀仏のすべての性質を内包したものとして瞑想することを弟子たちに教えた．第二に，「念」の字は声に出して唱えることを意味し，仏の名前を心の内でまたは声に出して呼び唱える修行がこの解釈から生まれた．修行をそのようなものであると理解したのは，中国（ただし例外がある）・日本・朝鮮の浄土教の伝統であった．

心のうちでまたは声に出して唱えるという意味での念仏は，修行する者の目的に関連して，さらに二つに分類される．一つ目は，心を浄化して集中するために，そして死後に阿弥陀仏の浄土に再生することが確実になるよう阿弥陀仏およびその浄土とつながるために，阿弥陀仏の名を唱えるものである．このような目的の場合，修行者は継続して熱心に唱えることになる．中国の浄土教において最も広まっている念仏行の考え方は，これである．この修行は，*「自力」という考え方にもとづいている．すなわち，阿弥陀仏が自らの善性と力によって修行を助けることなしには何の結果も期待されないが，修行者は何らかの結果を成し遂げるために努めるのである，という考え方である．二つ目は，*「他力」の立場から，声に出してまたは心のうちで唱えることを見た場合である．これは，阿弥陀仏が仏となる前になした一連の誓願にもとづいている．長い*『無量寿経』の一節に，「私が仏となるとき，十方の世界の衆生が，私の浄土に生まれたいと願って私の名をたった10回でも呼んだのにそこに生まれないならば，完全な悟りを私は得まい」とある．阿弥陀仏は実際に仏になったから，この誓いは守られているはずであり，自分の性根にほとんど自信のない修行者であっても阿弥陀仏の名を呼べば浄土に生まれ変わることを得るということを意味する．中国の伝統においては，念仏についてそのような理解が広く認められていたが，浄土に生まれ変わるために修行者は持てる力の限りを尽くすべきであるといわれる．これに対し，日本の伝統においては，信者たちが自身の解脱に向かう力をもたないことが強調され，完全に「他力」に依存して阿弥陀仏の名を唱えるという観点から修行をみる．このことが，中国の伝統と日本の伝統のおもな相違点である．→南無阿弥陀仏

ノ

能 のう Nō (Jpn.)

日本の伝統演劇の一つ．14世紀後半から15世紀前半に現れ，劇中の会話や物語の筋，世捨て人の描写が，仏教の影響を受けている．観阿弥という演者によって世に知られ始めたが，その息子の世阿弥（1363-1443）の作品や著作によって理論も実演も成熟するに至った．世阿弥は，当時の仏教のさまざまな側面を取り込んだ．禅からは，「継続する実践としての演劇」という意味を取り込んだ．演者たちは，日々，一演一演，自分の役柄と，その役柄を通して彼ら自身とを演じている，ということである．遊行僧という登場人物（*修験道の*山伏として描かれることが多い），禅にもとづいた雰囲気と世捨ての情緒，無常と喪失の感覚，有限の存在や絶対的なものの表出としての人間やその他の現象の描写，密教の儀礼など，多くの要素と主題が，観客たちも日常から知っているような仏教僧の暮らしと実践の側面から入っている．このように能は，仏教の思想と情緒が，一般に普及した芸術に浸透していたことを示している．

ハ

パー pha (Lao)

「神聖な像」を意味するラオスの言葉で，ふつうブッダの像をいう．

俳句 はいく haiku (Jpn.)

日本の詩の形式の一種で，五・七・五という音節の列から構成される．仏教と直接関係するわけではないが，その簡素さや写実性，自然さは禅の精神と通じるものがあり，禅と結びついている地域もある．ありのままの感動を表現する伝達媒体としての俳句の最も有名な表現者は，松尾*芭蕉 (1644-1694) である．

パーヴァー Pāvā

鍛冶工の*チュンダが食事を供し，ブッダが最後に食事をとった場所．ブッダはここから*クシナガラに向かったが，クシナガラはブッダ最期の滞在地となった．

バヴァンガ bhavaṅga (Pāli)

永遠なる自己が存在しないとき，意識と自己同一性（後者は*無我の教義では否定される）の連続性を説明するために，おもにパーリ語の*阿毘達磨の注釈文献において発展した概念．川の流れ（ソータ，sota）のようにある存在から次の存在へと流れ込む個人の「生命の連続」である．ときに，バヴァンガ・チッタ (bhavaṅga-citta)，すなわち「意識の連続」として知られ，あらゆる経験，意識と無意識との基礎である．バヴァンガはあらゆる印象と感覚の痕跡を保持し，記憶という形でそれらを想起させることを可能にする．各個人の生存の最初と最後において，それはそれぞれ「再生に連結する意識」(パティサンディ，paṭisandhi) と「死の意識」(*チュティ・チッタ) として知られる．バヴァンガの概念は，後世の唯心論への傾倒と*阿頼耶識の概念の発展の基礎となった．

バーヴァヴィヴェーカ Bhāvaviveka (490-570頃)

インドの有名な*中観派の哲学者．清弁，バーヴィヴェーカともいう．バヴィヤ (Bhavya) としても知られる．『タルカ・ジュヴァーラー』(*Tarka-jvālā*) など多くの重要な作品を著し，同時代の他の仏教徒や非仏教徒の教義を排斥した．バーヴァヴィヴェーカの論争術は，後代の哲学者*チャンドラキールティが好んだ帰謬法（プラサンガ，prasaṅga）という論争術と比べて，仏教論理学派に由来する標準的な三段論法（スヴァタントラ，svatantra）を用いることに特徴がある．

バウッダ・パーラー・キールタナ Bauddha Pālā Kīrtana

キールタナ（宗教歌謡の一形式）から成るベンガル地方の仏教文献の一ジャンル．パーラー（字義的にはバラッド）の形式をとり，通例はブッダの伝記である*ジャータカを題材としている．キールタナというのは，特定の神の名や特性，行為を謳いあげて神を讃える歌謡のことである．またキールタナは，神の信者が信仰の対象から隔絶されていることから受ける苦痛を表現して歌う恋歌でもある．南インドにおいてキールタナは，紀元後500年から1000年の間に，崇拝（*供養）に欠かせない一部として体系化され，バクティ (bhakti)，すなわち献身的宗教の興起と密接に関連している．ベンガルでは16世紀に，チャイタニヤが唱導したヴィシュヌ派運動の興起と結びつく．チャイタニヤはバクタ（bhakta，クリシュナに対する奉仕に心も人生も捧げる者）となった後，キールタナを媒介として，音楽による崇拝に全身全霊従事した．チャイタニヤのキールタナは，太鼓やシンバルを伴った集団歌謡であった．夕方のまだ早い頃から時の経つにつれ，音量も感情の度合も増していく．体の動きや手拍子は激しさを増していき，時には病的興奮に終わることもある．仏教は注意深さ（*念）の原理や*中道の教義にもとづいているため，崇拝する上でキールタナのような過度に感情的な形式をとることはないと考える人もいるかもしれない．しかしながら，献身的な歌謡形式としてのキールタナは，やがては全宗教と関連するようになるほどベンガルでは人気を博すようになった．愛や献身の歌謡としての特徴や，その他にも歌謡が捧げられる神格の名前を唱えるという特性を保持する一方で，仏教ではキールタナの過剰さが失われてしまった．仏教徒のパーラー・キールタナの歴史に関してはほとんど知られていない．バウッダ・パーラー・キールタナはごく最近になってから創出されたものであり，1856 年の復興に伴う仏教隆盛の結果，20 世紀に最初のバウッダ・パーラー・キールタナがつくられたとされている．おそらく比較的多くのバウッダ・パーラー・キールタナが一時チッタゴンにあったものの，1971 年のバングラデシュ独立戦争で失われたものと考えられる．近年のバウッダ・パーラー・キールタナは，一般的には富裕な仏教国の舞台芸術，とくに仏教劇に付加された．そこでは語りと歌謡が交互になされ，とくに後者は集団歌謡と独唱とに分けられる．

『バウッダランジカー』 *Bauddharañjikā*

ブッダの伝記．チャクマのカーリンディー女王の保護のもと，19 世紀後半にベンガルで編纂された．女王は宮廷詩人ニール・カマル・ダスに命じて順に仏教学者を任命し，遺漏なきブッダの伝記を用意させた．当時のベンガルの仏教詩人プル・チャンドラ・バルアーがその仏伝の主要な著者であったことが，『バウッダランジカー』自体から知ることができる．バルアーは，アラカノ・ビルマ語で書かれた『ダートゥヴァン』（*Dhātuvaṅ*）をベンガル語に翻訳したが，そこには誕生から涅槃へと至る当のブッダの事蹟や宗教的教義のみならず，ブッダ・*ディーパンカラといった過去仏の生も含まれている．ニール・カマル・ダスはそれを文学的な形式で仕立てあげた．1873 年カーリンディー女王の死によって，印刷が完了する前の 1890 年にその半分のみが出版された．

ハオ・タイ haw tai（Lao）

ラオスの言葉で，*三蔵を収納する専用の僧院（*精舎）の建物．

バガヴァーン Bhagavān（Skt.；Pāli，Bhagavant）

経中で用いられるブッダの敬称．薄伽梵ともいう．「主」，「主人」，「幸いなる方」のように訳語はさまざまである．

薄伽梵 ばがぼん ⇨バガヴァーン

パガン Pagān

ビルマの古代の首都で，イラワディ川ぞいの国の中心に位置する．13000 あまりの寺院とかつてその地方を支配していた他の宗教的な建築物によって有名である．そのうちの 2000 だけが現在もなお残っている．紀元以来住民が住んでいたが，*アナウラター王が上座部仏教に改宗した 11 世紀に黄金時代を迎えた．この王は記念碑の建設の計画を積極的に進めた．この計画は，彼の後継者によって，クビライ・ハンのこの地方への侵略によって急速に都市が衰退し始めた 13 世紀まで続けられた．→モンゴルの仏教

縛 ばく bandha（Skt.）

束縛，桎梏．人を輪廻に結びつけるもの．

白隠禅師 はくいんぜんじ Hakuin Zenji（1685-1768）

日本の禅の一派である*臨済の中興の祖とされる江戸時代の人物．白隠慧鶴ともいう．庶民への禅の普及に尽力したことや，*公案の使用のプロセスを整備したことなどで知られる．さらに，在家の倫理にもとづいた著作，巧みな書画，「隻手の音声」という有名な公案などでも有名である．

白紙 はくし hakushi（Jpn.）

禅において，瞑想や坐禅といった実践を通じてもたらされる精神の状態を意味する用語．この状態へ達するとあらゆる思慮分別は空となる．菩提や悟りの必須条件とされることが多い．

パクダ・カッチャーヤナ Pakudha Kaccāyana

ブッダと同世代の者としてパーリ正典に述べ

られている，六師外道のうちの一人．四大元素と，快楽，苦痛，自我（*アートマン）の，永遠で不変の七つの要素の教義を広めていた．これらの要素は，意図や意識的な方向性をもたずに活動する．たとえば誰かの頭を鋭い剣で割ったとしても，そこで起きた事実は特定の原子が並べ替えられたことにすぎないから，罪はまったく生じないとする．それゆえに，パクダ・カッチャーヤナの教えは，行為の道徳的な選択が現実に反映することを否定するものであり（*アキリヤ・ヴァーダ），その理由でブッダにより批判された．

白馬寺 はくばじ Pai-ma Ssu

白い馬の寺院．昔の首都，洛陽の近くにある江南省に位置する中国の仏教寺院．歴史的な記録（伝承）では，設立は後漢の明帝の治世間，75年頃とされ，最も古い中国の仏教寺院である．→中国の仏教

パクパ・ロドェー Phags pa blo drö（1235-1289）（Tib., 'Phags pa blo gros）

チベット仏教の*サキャ派の代表的な人物で，学派の創始者*サキャ・パンディタの甥にあたる．1224年に叔父とともにモンゴルの宮廷に同行し，宮廷に滞在し続けた．叔父はモンゴルの属国として統治するためにチベットに送り返されたが，パクパは自らの学識とタントラ仏教の技量を宮廷に印象づけて，皇帝の家庭教師に任じられた．クビライ・カン（在位1260-1294）とその妃チャムイを仏教に改宗させたとされる．そうして「保護者と聖職者」（*イェンチュー）の関係として知られる中国とチベットの関係が始まり，そうすることで皇帝はチベットを守り，その見返りにサキャ派の僧は宗教的な教授者や聖なる儀礼の執行者として振る舞った．

パゴダ pagoda

東アジアにおける病死した比丘を*火葬した後，その灰を埋葬するための葬儀の建造物．パゴダの形は，インドの*ストゥーパから発達した．

波斯匿 はしのく ⇨パセーナディ

バーシュヤ bhāṣya（Skt.）

資料となるテキストに対して，そのおのおのの語句を引用して解説する注釈の一形式．

芭蕉 ばしょう Bashō（1644-1694）

松尾芭蕉はおもに17音から成る短詩である*俳句を完成させた詩人として知られるとともに，連歌や有名な『奥の細道』など散文と韻文が混じった紀行文を著した．高名な*臨済宗の禅師仏頂（1643-1715）に師事し，禅を学び40歳で*悟りを体験したといわれる．最も有名な句「古池や　蛙飛び込む　水の音」によって，芭蕉は人々の記憶に留められている．

パセーナディ Pasenadi

コーサラ国王で，ブッダの献身的な友人であり信者．波斯匿ともいう．ブッダと同世代であり，パセーナディはブッダをしばしば訪れて，さまざまな話題について語り合った．即位してからその治世の初期に，パセーナディはブッダの一族から妻を迎えて良家の絆を深めようとしていた．しかし，*シャーキャ族は欺いて，奴隷の少女を送り込み，二人の間には息子ヴィドゥーダバが生まれた．ヴィドゥーダバは，後に自身の母の本当の素性を知って，シャーキャ族の地に攻め込み，多くのシャーキャ族の人々を殺害することになった．パセーナディの妹は*マガダ国の最初の王である*ビンビサーラに嫁いでおり，*アジャータシャトルはパセーナディの甥にあたる．この叔父と甥は，ある村の領有をめぐって，何度か戦を交えることになる．

馬祖道一 ばそどういつ Ma-tsu Tao-i（709-788）

中国の禅僧で，六祖の*慧能（638-713）から3代後にあたり，型破りの言葉遣いと力強い指導により知られた．彼の指導は粗暴で，弟子たちに直接的に悟りを伝える激烈な禅法の初期の開発者の一人に数えられる．彼の方法は，弟子に自らの力量にのみ依らせるために，弟子の耳に直に大声を出す，弟子を打つ，質問に対して意味不明と思われる答えを返す，というものであった．*南嶽懐譲（677-744）の弟子としての，

また他に頼らぬ教師としての馬祖の物語の数々は，中国禅と日本禅の伝統に属する多大な*公案集の中に保存された．おそらく，最も知られているのは，次の話であろう．馬祖は，伝法院に住し，つねに禅定して坐していた．馬祖が法を受ける器であることに気づいていた師(南嶽)は，馬祖に近づいて，尋ねた．「徳ある者よ，なぜ禅定に坐しているのか」道一は答えた．「仏になりたいのです」すると師は，馬祖の庵の前で，瓦を取りあげて，それを石で磨きだした．道一は尋ねた．「師は何をなさっているのですか」師は答えた．「磨いて鏡にするのだ」道一は声をあげた．「瓦を磨いて鏡にすることを，だれができるでしょうか」師は，「禅定に坐すことで仏になることが，どうしてできようか」とやり返した．

パータリプトラ Pāṭaliputra（Pāli, Pāṭaliputta）

現在のパトナ．*アジャータシャトルによって建設されたのを起源とし，後にインド古代の*マガダ国の首都となった．北インド中央の要地であり，*マウルヤ朝や*グプタ朝から*パーラ朝に至る歴代の王朝の支配者たちがここに統治府をおくこととなった．ブッダの時代には，パータリガーマという名の村にすぎなかった．ブッダは亡くなる少し前にここを訪れ，この村が将来広大になるが火難，水難，戦乱によって壊滅の危機に直面するであろうと予言した．重要な二つの結集がここで行われた．最初のものはブッダの死後まもなくであり，二度目は*アショーカ王の治世である（→パータリプトラ会議（第1回)，パータリプトラ会議（第2回))．パータリプトラはマウルヤ朝のもとで栄え，ギリシアの使節*メガステネスはここに滞在して繁栄の様子についての詳細な記録を残している．また，パータリプトラは仏教の中心地ともなり，いくつもの重要な僧院を誇った．ギリシア人にはパーリボートラ（Pālibothra）として知られ，グプタ朝時代（4～6世紀）のほとんどを通じてその首都であった．しかし，玄奘が訪れたときには大部分が廃墟となっており，12世紀にイスラム教徒の侵略者たちの手によりさらに被害を受けた．パータリプトラの一部は発掘されたが，いまだにその大部分がパトナの土の下に眠っている．

パータリプトラ会議（第1回） Council of Pāṭaliputra I

前350年に*パータリプトラで開かれた「第三結集」．これは史実というよりもむしろ，後代の伝承にも多大な影響を与えることとなった，「長老」（*上座）と「大会衆」（*大衆部）の間の「大*部派分裂」を説明するために展開された研究者の仮説という方がふさわしい．この会議はどの正典にも言及されず，*上座部でも認められていない．上座部では*アショーカ治世下に同地で開かれた会議が第三結集とみなされている（→パータリプトラ会議（第2回))．「第三結集」を取り巻く状況にはやや不分明な点もあり，そのように呼ばれる理由としては二説ある．第一の説は，僧*マハーデーヴァがブッダは知慧と慈悲の点で*阿羅漢よりすぐれている，という趣旨の五つの主張をなしたことに関係している．大衆部はこの五事を受け入れてブッダの慈悲や超自然的な特性を強調したのに対し，上座はこの五事を拒絶し，ブッダの本性は本質的に人間的なものであるとみなしていた．両部派は合意に達せず，おのおの独立の道を歩んだ．しかし，この説はその事件から400年以上経過した文献に由来したものであり，不正確であるのはほぼ確実である．近年の研究によると，「五事」は初期大衆部とは一切関係がないため，*テーリヤ伝承の先人にまつわる最初の部派分裂とも一切関係がないであろうとされている．

第二の説では，上座が律への追加規定導入を試みたものの，大衆部がそれを拒んだことに分裂は起因しているという．おそらくほとんどの部派分裂が，教義と僧院での実践とに関する，数多くの不一致によって引き起こされたものであったといえよう．

パータリプトラ会議（第2回） Council of Pāṭaliputra II

パーリ語文献でのみ言及される最初期の結集で，*上座部では「第三結集」とみなされる．この会議は*アショーカ治世前250年頃に開かれ，*『大史』や*『島史』の伝統的な記述によれば，王が指導的役割を担っていたという．このできごとは*パータリプトラの僧院（*精舎）を中心にして起こったものであるが，そこの一部の住人は，放漫で非正統な者たちとともに*布薩の儀を執り行うことを拒んでいた．アショーカは使者を派遣してその問題の解決を図ったが，その集団を誤解した彼は数多くの僧を刑に処した．アショーカはその後も介入し，*モッガリプッタ・ティッサという名の年長の学僧の管轄下で1000人の僧から成る会議を招集した．ブッダの正統な教えは*分別説部とみなされ，アショーカは僧一人一人に質問をして，彼らの見解が非仏教的である場合（たとえば*常住論の教義を奉じている場合など）には破門を命じた．その後王が亡くなると，僧は会議（サンギーティ，saṅgīti）を開いたり共同でテキストを読誦したりした．このように王は真正の仏教僧の中での異論に関心を抱くことはなかった．それら非正統的見解の多くは*『カターヴァットゥ』に記録されている．アショーカの*法勅は僧伽内での論争を暗示しているが，それは伝統的な記述の歴史性を支持しているといえる．

パダンパ・サンギェー　Phadampa Sangyé (Tib., Pha-dam-pa sangs-rgyas)（1117没）

南インドの行者．*チューの教法をチベットに伝え，それらを高弟の*マチク・ラプギ・ドェンマに授けた．遊行中に中国も訪れ，チベット人の中には禅の祖である*ボーディダルマと同一人物と考えるものもいる．

鉢　はち　begging-bowl（Skt., pātra；Pāli, patta）

仏教僧が日々の乞食で食物を受け取る際に用いる鉢．律によると，僧は鉄または陶製の鉢を用い，鉢には大中小の大きさがあるとされる．

八解脱　はちげだつ　aṣṭa-vimokṣa（Skt.；Pāli, aṭṭha vimokkha）

8種の解脱．瞑想する者が，無執着を目的として八つの段階を通り抜ける瞑想の実践のこと．八つの段階とは，次のようなものである．(1) 内的および外的な諸形態（すなわち身体の中と外）を不浄であると観察する段階．(2) 外的な諸形態を不浄であると観察する段階（第一段階を強化して進歩させたもの）．(3) 清浄（シュバ，śubha）を観察する段階．これは第一段階と第二段階で観察された不浄と反対のものであるが，この清浄に対する執着はまったく起こすことを許されない．以下，より高度な無形態の*禅定が後に続く．すなわち，(4) 無限の空間の段階．(5) 無限の知覚の段階．(6) 無の段階．(7) 知覚でも無知覚でもない段階．最後の段階は，(8) 認識と感覚とが止んだ状態（*滅尽定）である．第一・第二の解脱は八つの統制（*勝処）の最初の段階にあたり，第三・第四の解脱は八つの統制の第二の段階にあたる．

バッガ　Bhaggā

*ヴァイシャーリーと*シュラーヴァスティーの間の地域で，ブッダが何度か訪れた地．バッガの名は，その地域に住む部族からとられたか，もしくは地域名がその部族の名に与えられたかである．

八斎戒　はっさいかい　aṣṭāṅga-śīla（Skt.；Pāli, aṭṭha-sīla）

八つの戒め．*五戒に，(6) 間違ったときに食事をすることの自制，(7) 歌舞音曲・観劇・花輪の着用・香水・化粧・服飾の自制，(8) 背の高い椅子と寝台を用いることの自制，という三つを加えたもの．

八支聖道　はっししょうどう　Eightfold Path（Skt., ārya-aṣṭāṅga-mārga；Pāli, ariya-aṭṭhaṅgika-magga）

*四聖諦の最後に置かれるものであり，輪廻から涅槃へ通じる道．八正道ともいう．この聖諦は次のように説かれている．「*比丘よ，*苦の消滅へと通じる真実の道とはこれである．すなわち，これら聖なる八つの道である．(1) 正しい見解（サンヤグ・ドリシュティ，samyag-dṛṣṭi），(2) 正しい思惟（サンヤク・サンカルパ，samyak-saṃkalpa），(3) 正しい言葉（サンヤグ・ヴァーチュ，samyag-vāc），(4) 正しい行為（サンヤク・カルマーンタ，samyak-karmānta），(5) 正しい生活（サンヤグ・アー

ジーヴァ，samyag-ājīva)，(6) 正しい努力（サンヤグ・ヴィヤーヤーマ，samyag-vyāyāma)，(7) 正しい憶念（サンヤク・スムリティ，samyak-smṛti)，(8) 正しい禅定（サンヤク・サマーディ，samyak-samādhi).」正しい見解（正見）とは，*四聖諦などの仏教の基本的な教義を認めることである．正しい思惟（正思）とは，前向きな考えをもち，煩悩や悪意，残忍さから離れた心をもつことである．正しい言葉(正語）とは，虚言や粗暴に話すことなどの実りのない発言を避け，前向きで生産的な発言をすることである．正しい行為（正業）とは，*五戒などの*戒律を遵守することである．正しい生活（正命）とは，奴隷商や武器商など，他人に害悪をもたらす職業を避けることである．正しい努力（正精進）とは，宗教的な到達点と，心の健全性を生みだし育むこととに心を向けることである．正しい臆念（正念）とは，つねに思慮を保ち，自分が何を行い，考え，感じているかを意識することである．正しい禅定（正定）とは，瞑想で禅定に入るのに必要な，集中力が高まった状態に至るための心の修養である．八支聖道のそれぞれの要素は，三つのグループに割り当てられることが多い．すなわち，3番目から5番目は道徳性（*戒）に，6番目から8番目は瞑想（*三昧）に，1番目と2番目は洞察（*智慧）に割り当てられる．八支聖道は，実践する者が一つの段階から次の段階へと進むような直線的なものではなく，八つの要素を同時に実践し，それぞれを徐々に先へ進めるべきプログラムである．

八正道 はっしょうどう ⇨八支聖道 はっししょうどう

法嗣 はっす hassu (Jpn.)

禅において，師の継承者を定義する用語．師によって選ばれた弟子は，師から*印可を受け，以降は正統な宗教的後継者として，師の教えを引き継いでいく権利を付与される．

抜隊禅師 ばっすいぜんじ Bassui Zenji (1327-1387)

抜隊得勝ともいう．抜隊は諸国を遍歴した*臨済宗の修行者であり，また変革者，普及者でもあった．独立心が旺盛でいかなる宗派にも属さず，また誰にも師事することはなかったが，晩年に至り多くの弟子（一説では1000人を超えた）が彼のもとに集まったため定住を余儀なくされた．悟り（菩提）を在家出家，男女を問わず誰でも到達可能なものであるとし，その神秘性を否定した．多くの人々が理解できるように簡明直截な言葉で話し，漢字ではなく仮名文字で書き表した．人々には道徳的な戒律を守り，それを誠実に実践することのみを求めた．

『八千頌般若経』 はっせんじゅはんにゃきょう *Aṣṭa-sāhasrikā-prajñā-pāramitā Sūtra*

「般若の完成についての八千詩節の経」の意．大乗経典の*『般若経』経典類の中で，現存する最初期の形のものの一つ．成立年代は，前100年かそれ以前に遡ると考えられる．32章から成り，菩薩の行状や*空性，般若の完成の進み方と精進など，大乗の主要な論点の数多くを含む．サンスクリット語の原典が現存し，チベット語と中国語の翻訳もある．

八相 はっそう hassō (Jpn.; Chin., pa hsiang)

東アジアの仏教において，ブッダの生涯の八つのできごとを意味したもので，そのできごとを通じて，ブッダは教えを明らかにし，生きとし生けるものを救った．その数え方には諸説あるが，代表的なものは以下のとおりである．(1) *兜率天からこの世界に降りてくる．(2) 胎内に宿る．(3) 妊娠期間．(4) *出生する．(5) 出家する．(6) 悟る（菩提を得る）．(7) ダルマの輪を転じる．(8) 涅槃に入る．(3) の妊娠を除外し，出家の後に，ブッダが*マーラーを打破することを取りあげる場合もある．

バッダヴァッギヤー bhaddavaggiyā (Pāli)

妻とともに森に遊びに行ったが，そこでブッダに出会ったことで改宗した30人の若者の集団．ある遊女が彼らの持ち物を盗み，彼らがその遊女を捜しているときにブッダに出会った．ブッダの説法を聞いた後，彼らは比丘としての得度を求めた．

『パッターナ』 *Paṭṭhāna*（Pāli）
「起源」の意．パーリ正典のうち，*阿毘達磨蔵の最後の書．「3個一組のもの」を扱う*ティカ・パッターナと，「2個一組のもの」を扱う*ドゥカ・パッターナとの，二部に分けられる．心的なものおよび物的なものの間の*縁の，24の形式を扱っていることから，「因縁の書」とも呼ばれる．高度に専門的な文献で，*縁起すなわち条件依存関係の教義についての非常に詳細な分析が述べられている．*ブッダゴーシャによって5世紀に編まれた注釈がある．

パッチャンタジャナパダ paccantajanapada（Pāli）
「外側の領域」の意．仏教が創始された場所であるインド北東部の「中央地方」（*マッジマデーサ）の外側に広がる地理的な領域を指す一般用語．

般涅槃 はつねはん parinirvāṇa（Skt.）
「最終的な涅槃」，「最高の涅槃」の意．生前に得る涅槃に対し，死において入る涅槃の状態を指すのが一般的である．*無余依涅槃としても知られる．最初期の文献においては，涅槃と般涅槃は同意語として用いられている．

『パティサンビダーマッガ』
Paṭisambhidāmagga
「分析の道」の意．パーリ正典のうち，*小部の12番目の書．経蔵の一部をなしているが，内容は*阿毘達磨のように実に学究的で，教義の特定の諸論点について体系的な解説を与えている．律蔵と経蔵からの，幅広い引用を含んでいる．

パト patho（Burm.）
ブッダの像を含む四角い四方を囲んだ聖堂のホールを指すビルマの言葉．

パドマサンバヴァ Padmasambhava
8世紀に活躍した大行者．*グル・リンポチェの名で知られ，リソン・デツェン王の治世においてチベットに仏教を伝えるのに貢献した．*ニンマ派はとくに彼を「第二のブッダ」として崇敬する．彼は*オッディヤーナに生まれ，チベットを訪れる前に広くインドを旅したといわれている．「蓮で生まれたもの」を意味するその名は，インダスの*蓮華の上に生まれたという伝説に由来する．チベットでは短期間しか活躍しなかったが，その間仏教の伝来に敵対していた土着の神々や精霊を抑え，*サムイェー僧院を建立する（767頃）のに尽力した．その中でパドマサンバヴァはとくに*ヴァジュラキーラの教法と行法とにかかわるようになった．彼の生涯のできごとをめぐる伝説が数多くあるが，とりわけ，インドの姫，*マンダーラヴァーとチベットの聖女で後にチベットにおける第一の弟子となった*イェーシェー・ツォギェルと関係があったことが伝承されてきた．ニンマ派の信者は彼の生涯のうち，最も重要な12のできごとを毎月10日に記念し，祝う．時折周期的に再発見される秘宝（*テルマ）を地中に埋めた人物とされる．

バーナカ bhāṇaka（Skt., Pāli）
聖典（通常は経蔵の聖典）を記憶に託して唱えて説法を行う人．インドでは，バーナカが在家信者に説法することも多く，*ストゥーパや*聖地巡礼の土地との関連があるとされる．

『パパンチャスーダニー』 *Papañcasūdanī*
パーリ正典のうち，経蔵に属する2番目の集成である*中部に対する注釈．5世紀に*ブッダゴーシャによって編まれた．添え書きの中では，マユーラパッタナの出家修行者であったブッダミッタの求めに応じて著された，とされている．

『バーヒラ・ニダーナ』 *Bāhira-nidāna*（Pāli）
5世紀の*ブッダゴーシャの著作とされる律蔵の注釈である*『サマンタパーサーディカー』の序論．仏教の歴史からスリランカでの律蔵の成立までを物語る．

バフリカ Bahulika
初期の部派で，*ゴークリカの分派．バフリカー（Bahulikā），バーフリカー（Bāhulikā）ともいう．バフリカは*マハーデーヴァの五事を認め，*上座部のような保守派からは異端とみなされた.

バーミヤーン　Bāmiyān

初期の重要な仏教遺跡. 現在のアフガニスタンに位置し, カブールの約110kmほど北西の位置にある. バーミヤーンの僧院は*説出世部と関連づけられているが, 同部派は多くの人工的に掘られた洞窟や, 近郊の山の岸壁に彫られた有名なブッダの巨像の担い手でもあった. 最も高いものは約50mあり, 世界最大の石像である. その遺跡群は1222年チンギス・カンによって損なわれ, 2001年には偶像崇拝であるとしてイスラム教原理主義組織タリバーン政権によって像は破壊された. 8世紀のアラブ人侵入以後, バーミヤーンの仏教徒は衰退した.

パヤー　paya (Burm.)

「聖なるもの」を意味するビルマの言葉. この単語は, 人々, 神, 宗教と関連する場所に適用される. 宗教建造物に適用されるとき, この言葉は*ストゥーパに翻訳される.

ハヤグリーヴァ　Hayagrīva

タントラ仏教の*イダム, すなわち守護神格で, *観自在菩薩の忿怒の相とされる. その名は「馬の頭」を意味し, 一般的には馬の頭をもったものとして描かれる. ハヤグリーヴァへの信仰は, ハヤグリーヴァを半人半馬のヴィシュヌの副次的な*権化とみなす, ヒンドゥー教の神話を起源とするのかもしれない.

腹　はら　hara (Jpn.)

日本の*密教や*武道の実践において, 人の腹部のまん中のへそより約8cm下の場所を意味する語. この場所は, 武術における重心の役割であり, 身体の微妙な力 (気) が集まり, 変化する場所である. 練丹術では, ある種の比喩を含んでいるが, この場所において辰砂が温められ, 不老不死の薬として生成される. それゆえ, 腹は丹田などとも呼ばれる.

波羅夷法　はらいほう　pārājika-dharma (Skt.)

仏教教団の倫理的規律である*波羅提木叉の中で, 最初にして最も重い, 四つの犯罪の総称. この四つの罪のどれに対する罰則も, 僧伽からの終身の追放である. 四つの犯罪とは, (1) 性交渉, (2) 重大な窃盗, (3) 殺人, (4) 神通力を得たと錯覚し主張することである. これを犯した出家修行者は,「首が切り落とされた者, 木から落ちた枯葉, 二つに割れた石盤, 頭から斬られた椰子の木」と比喩される. そのような者は, (伝統的な解釈によるパーラージカ (pārājika) の語源の意味どおり)「打ち負かされた」のであって, 二度と僧伽に戻ることを認められない.

腹切り　はらきり　hara-kiri (Jpn.)

腹部を切断することを意味する俗語. 切腹. 日本の*侍が, 江戸幕府の頃から実行した*自殺の儀式を表す. より厳密な表現として「切腹」という表現があり, その場合は, まず中腰の状態で腹部を小さく十字に割き, 次に刀で侍の首をはねることを含んだものである.

波羅提木叉　はらだいもくしゃ　Prātimokṣa (Skt.; Pāli, Pāṭimokkha)

仏教の僧伽の構成員によって守られる一連の規則.『プラーティモークシャ・スートラ』(*Prātimokṣa Sūtra*; Pāli, パーティモッカ・スッタ, *Pāṭimokkha Sutta*) とも呼ばれる. 語源は不明であるが,「縛るようにしておくべきもの」または「(苦から) 解脱させるもの」が原意である可能性が高い. この諸規則は, 律蔵の最初の部分である『スートラ・ヴィバンガ』(*Sūtra Vibhaṅga*) に収められている. 規則の数は, *上座部, *大衆部, *マヒーシャーサカ, *法蔵部, *説一切有部, *根本説一切有部という, それぞれの律の種類によって, わずかに違いがある. 上座部律においては, 男性の出家修行者に対する規則の数は227である. 諸派全域にわたる男性の出家修行者に対する規則の数は218～263であり, 女性の出家修行者に対しては279～380である. この諸規則は, どれも倫理に関するものというわけではなく, おもに衣食住に対する僧伽の構成員の態度について扱うものである. 全体は, 罰の重いものから順に8節から成っており, 必然的に, 遵守すべき重要性の度合におおよそ対応したものとなっている. この

8節は，以下のようなものである．(1) *波羅夷法，すなわち性交渉，窃盗，殺人，神通力に関して偽りをいうこと．これらを犯すと，僧伽から終身追放となる．(2) サンガアヴァシェーシャ・ダルマ（saṃghāvaśeṣa dharma），一時的な放逐と謹慎を科せられる．(3) アニヤタ・ダルマ（aniyata dharma），性的な事件に関して結論を出せない場合について．(4) ナイヒサルギカ・パーヤンティカ・ダルマ（naiḥsargika-pāyantika dharma），贖罪と没収を科せられる．(5) パーヤンティカ・ダルマ（pāyantika dharma），贖罪のみを科せられる．(6) プラティデーシャニーヤ・ダルマ（pratideśanīya dharma），*懺悔のみを科せられる雑多なことがら．(7) シャイクシャ・ダルマ（śaikṣa dharma），行儀や態度に関することがら．(8) アディカラナ・シャマタ・ダルマ（adhikaraṇa-śamatha dharma），公式に論争を解決するしかたについて．以上のような波羅提木叉のほかに，『スートラ・ヴィバンガ』には，規則を解説する古い注釈と，規則に関連するさらなる補足的な情報が集められている新しい注釈とが含まれている．波羅提木叉の規則全体は，男性の出家修行者に対するものと，女性の出家修行者に対するものの二つに分けられる．波羅提木叉は，*布薩の日（月齢によるひと月の第15日で半月の日）に，各地において僧伽の構成員が集まるところで詠唱される．波羅提木叉の各節を詠唱した後，そこにいる僧伽の構成員たちは，波羅提木叉のどれかを犯したかどうかを詠唱者に尋ねられ，犯していなければ黙ったままでいる．このようにして，この布薩の儀礼は，その集会の集団的な清浄を保証するのである．

原田大雲祖岳 はらだだいうんそがく Harada, Daiun Sōgaku（1871-1961）

現代における日本の*曹洞宗の著名な僧侶．1871年8月13日小浜市（福井県）生まれ．1883年，曹洞宗の僧侶となる．自らの勉学を極めた後，1911年から1923年まで，曹洞宗大学林（駒澤大学の前身）で教授の任に就く．1924年に発心寺の住職となったほか，数多くの寺の住職を務めた．原田は，折衷主義・近代主義の人間であり，曹洞と*臨済の特質を活用するため，両者の宗派的競争を超越することに献身した．多くの曹洞宗の僧侶とは異なり，彼は*公案を利用し，悟り（菩提）の獲得へ積極的に進むことを奨励した．なお，彼の弟子の*安谷白雲は，1962年に米国に渡って以降，禅の伝統を伝えることに尽力した．

パーラ朝 Pāla dynasty

古代インドの主要な王朝の中で最後のもの(8～12世紀)．現在のビハール州と西ベンガル州にあたる地域を中心とし，学問と芸術のすばらしい発展が著名である．この時代に，大乗仏教は洗練の極致に達し，一方インドおよび周辺地域でタントラ仏教が栄えた．仏教論理学派(*プラマーナ）の統合についても画期的な時代である．この時代には，インドの外の地域，とくに中国とチベットからインドに来た巡礼者が多いのに対し，チベットへと赴いてダルマを体系的に伝達し始めた重要な流れも，少ないながら存在した．

パラッカマバーフ１世 Parakkamabāhu I（在位 1153-1186）

スリランカの王．シンハラ語の年代記*『小史』に，その暴虐な生涯と治世が記録されている．政治的激変の中の不安定な時期を経て，ローハナにおける反乱を鎮圧して，ただ一人の支配者となった．インドに軍隊を派遣し，チョーラ朝と争ったが，後には仏教の寛大な支援者になるなど，より平和をめざすようになった．出家修行者のために数多くの寺院や居留地を建立し，また，対立していた*マハーヴィハーラ，*アバヤギリ，*ジェータヴァナの3派を統合した．

バーラドゥヴァージャ Bhāradvāja（Pāli）

古代のある*婆羅門の氏族（*種姓）の名．パーリ正典において，その氏族のメンバーの多くが*ラージャグリハや*シュラーヴァスティーやその周辺に居住していると述べられている．彼らの多くがブッダのもとを訪れ，改宗し，在家信者や比丘になった．幾人かは*阿羅漢となった．

『パラマッタジョーティカー』
Paramatthajotikā
「至高の意味を照らし出すもの」の意．*『クッダカパータ』，*『法句経』，*『スッタニパータ』，*『ジャータカ』に対するパーリ語の注釈で，伝統的には*ブッダゴーシャが著者であるとされる．

『パラマッタディーパニー』
Paramatthadīpanī
「至高の意味を明かすもの」の意．*『ウダーナ』，*『イティヴッタカ』，*『ヴィマーナヴァットゥ』，*『ペータヴァットゥ』，*『テーラガーター』，そして*『テーリーガーター』に対する，*ダンマパーラが著した*パーリ語の注釈．

『パラマッタマンジューサー』
Paramatthamañjūsā
「至高の意味の宝庫」の意．*ブッダゴーシャの*『清浄道論』に対する，*ダンマパーラが著したパーリ語の注釈．ふつう，『大注釈』（マハーティーカー，*Mahāṭīkā*）として最もよく知られている．

パラマールタ Paramārtha（499-569）
中国名，真諦（しんだい）として知られる．西インドのアヴァンティ地方出身のインド人学僧．彼は，546年に海路を経て中国に到着し，南中国の梁の皇帝，武帝の招待を受けて，建康に居住した．多くの翻訳書のために，中国仏教における「四大訳経僧」の一人に数えられている．翻訳された64部の書籍の中で，多くの重要な仏教経典，とくに*瑜伽行派のものと，*『阿毘達磨倶舎論』，*『金光明経』，*『摂大乗論』，*『中辺分別論』を含む論書がある．*『大乗起信論』の翻訳も彼に帰せられるが，この論書の真撰を疑問視する研究者もいる．摂論宗は，『摂大乗論』の翻訳に由来する．彼の唯識書籍の翻訳はしばしば原典に織り込まれた，自身の唯識教理の理解を示す編者注記によって特徴づけられる．しかし，この理解が，西部の瑜伽行派の*ヴァラビー学派に由来するのか独自の説かは不明である．これらの刷新は，ある程度は後に拒絶することとなるが，*玄奘に唯識に関する真諦の翻訳の妥当性を確かめに，インドへ旅立つことを思い立たせた．

波羅蜜 はらみつ pāramitā（Skt.）
「反対側に渡ったこと」の意．波羅蜜多ともいう．大乗仏教において，完成，または，菩薩が修行の深化の過程で実践する有徳の性質．元来六つであった大乗仏教の波羅蜜は，初期仏教の10の*パーラミーと明白に関連しながら，菩薩の階梯である十地に合わせて，最終的に10まで増やされた．10の波羅蜜とは，(1) *布施，(2) 持*戒，(3) *忍辱，(4) *精進，(5) *三昧（禅定），(6) 智慧（般若），(7) *善巧方便，(8) *誓願，(9) *力，(10) *智である．6番目の智慧波羅蜜は，広範な般若経典の主題となっている．

パーラミー pāramī（Pāli）
パーリ語の文献に言及される，10の美徳を列挙するものの一種．仏となるに導く，といわれる．この10の美徳は，*ジャータカの中で頻繁にみられ，*『ブッダヴァンサ』や*『チャリヤーピタカ』にも見出される．10のパーラミーとは，(1) 施与（*布施），(2) 持戒（シーラ，śīla），(3) 放棄（ネーカンマ，nekhamma），(4) 洞察（パンナー，paññā），(5) 精進（ヴィリヤ，viriya），(6) 忍耐（カンティ，khanti），(7) 真実（サッチャ，sacca），(8) 決意（アディッターナ，adhiṭṭhāna），(9) 親愛（*慈），(10) 平静（ウペッカー，upekkhā）である．

婆羅門 ばらもん Brāhmaṇa（Skt., Pāli）
ヒンドゥー教の神職カーストの構成員．婆羅門が権力を濫用し，迷乱した尊大な考えを有していたことに反発して，ブッダは数多くの説教を彼らに向けた．

バラモン教 Brahmanism
サンスクリット語でインドの神職カーストを意味する*婆羅門からの造語．バラモン教という言葉は，インドの宗教における初期の局面（概して前800年から紀元500年）を最もよく表しているが，そこでは神職カーストによる犠牲祭執行が正統の宗教実践において支配的であった．このようにしてバラモン教という語は，後に「ヒンドゥー教」として西洋に知られる宗教の初期形態を表している．

パーリ Pāli

*上座部仏教の文献が書かれている言語．ブッダの教えが口承されるにあたって使われた言語を，統一的に標準化したものである．「パーリ」という単語は元来，言語よりは，正典自体やその文章を指すものであった．パーリ語を表記するための文字は開発されることなく，筆記者は自分の母語の文字を用いて文献を記し伝えた．伝統では，この正典の言語は，ブッダ自身が話していた言語であるマガダ語であるとされる．→マガダ国

ハリヴァルマン Harivarman（4 世紀頃）

中央インド出身の仏教僧．訶梨跋摩ともいう．しばしば*大衆部の*多聞部に属するといわれるが，彼の著作には明確な*経量部的傾向が見られる．伝承によれば，彼は*カシミールの生まれであり，経量部の論師，クマーララータ（鳩摩羅多）の下で学んだ．しかし，諸学派の見解が互いに矛盾することに不満を抱き，それらの諸説を*ブッダ本人の教説と合致するように調和させたいと願うようになる．この願いから，彼は論書*『成実論』を著した．これは現存する彼の唯一の作品であり，漢訳のみが伝わっている．この論書は*空性などの大乗仏教の正統的な教義を伝えるものと考えられ，それなりに普及したが，それはこの書を誤って理解したためである．『成実論』は*四聖諦の図式に合わせた構成をとる．その中で，著者は仏教教義に関する数々の専門的な問題を論じ，聖典によって許容されない見解を退ける．そこでは著者がどれか特定の学派に追従するということはなく，むしろ独自の見解を確立しようという意志が示されている．そして，概念と思惟を通して真実を構想する際に心が果たす役割を認めさせるため，多くの論述を行った．現代の研究者たちにとっては，この論書の価値は大乗以前の思想を概説しているという点にある．

『玻璃王宮史』 はりおうきゅうし *Glass Palace Chronicle of the Kings of Burma*

バジードー王の指名を受けた学者の委員会によって 1829 年に編集されたビルマの年代記．年代記の名前は玻璃宮殿にちなんで名づけられ，この会館で編集がなされた．この作品はビルマの国王の歴史を述べたものであり，ビルマの国王は，ブッダ自身の民族である*シャーキャ族の直系子孫であることが述べられている．また他の話題で国における仏教の確立と聖なる*仏舎利を得たことに関する記述が続いている．

パーリ聖典協会 パーリせいてんきょうかい Pāli Text Society

パーリ語文献の研究を促進するために，*トーマス・ウィリアム・リス・デヴィッツによって 1881 年に英国に設立された組織．初期の活動は，19 世紀後半に西洋全体を通じて仏教に対する関心が大きくなっていた状況に応えて，研究者の需要に応じることのできる*三蔵の版本を刊行することを中心とした．ローマ字に転写した形のパーリ語の原文，英語訳，そして辞書やパーリ研究の学生のための書籍を出版し，『パーリ聖典協会会報』(*Journal of the Pāli Text Society*）を発行した．

ハリバドラ Haribhadra（8 世紀）

大乗仏教の傑出した学僧の一人．師子賢ともいう．紀元 8 世紀後半に北インドで活動した．『般若経』と，*アサンガまたは*マイトレーヤナータに帰せられる*『現観荘厳論』とに対する注釈者として知られている．彼はダルマパーラ王の援助を受け，東インドに*ヴィクラマシーラ僧院大学を設立した．大乗の標準的な説ではブッダの*三身を数えるが，彼は第 4 番目，*自性身という概念を主張した．この解釈をめぐっては，後に多くの議論が行われることになる．

パリヤッティ pariyatti（Pāli）

1. 手腕，技量．とくに文献の研究における技量を指す．

2. すべての文献そのもの．さらに広義には，ダルマすなわちブッダの教えそのものを指す．

ハリヤンカ　Haryaṅkas

前546年から前414年にかけて*マガダ国を支配した王朝．6代に渡って続いた．初代の*ビンビサーラ王と2代目の*アジャータシャトル王はブッダと同じ時代に生きた．

バールフト　Bhārhut

インドのマディヤプラデーシュ州にある土地．*マウルヤ朝時代にまで時代を遡る丘に築かれた最初期の*ストゥーパの一つ．ブッダの最初の像が発見されるより以前の前100年頃に築かれ，樹木や*ヤクシャの図像の彫刻が施されている．その彫刻の多くはカルカッタ博物館に保存されている．

バルラームとヨサファート　Barlaam and Josaphat

キリスト教の聖人．2人とも中世の大衆的な宗教物語の主人公としてギリシアとローマ両教会で尊敬を集めている．その物語はブッダの生涯に関する伝説にもとづいていることが約1世紀半前に判明した．ヨサファートという名前は，サンスクリット語の菩薩，すなわち悟りを開く以前のブッダを指す語が転訛した形である．西洋版の物語ではヨサファートは王子であって，誕生時の予言によると，将来偉大な王になるか，あるいは世を捨てて宗教職に就くかのいずれかであるという．ヨサファートの父は，息子が宗教職に就くことを引き止めるために万策を尽くしたが，ある日ヨサファートは，宮殿の外での外遊中に*苦行者バルラームと出会い，バルラームはヨサファートに宗教的な教育を施した．ヨサファートは精神上の師に導かれた結果，世を捨てて偉大な聖者となった．このように物語は*シッダールタ・ガウタマの人生とさまざまな点で一致するが，キリスト教的文脈にあわせて神学がもちだされ，そのテーマは信仰を通じた救済の観念と関連している．その伝説はギリシア語やグルジア語，アラビア語に翻訳されたが，ヨーロッパでは11～12世紀のラテン語版を通じて非常に広く知られることとなった．13世紀から15世紀にかけて各国語版が数多く登場し，物語は散文や韻文，戯曲形式で新たに生み出されることとなった．

判教　はんぎょう　p'an-chiao（Chin.）

中国仏教，おもに天台と華厳で発達した学説を指す用語．しばしば混同され矛盾する仏教の教えと経典全体に編成の原則を用いて階層構造に分類する．これらの原則は，ブッダの生涯における時期を包括したもので，ブッダが特定の教えを示した時期や，真理を直接説いたり能力の劣った聴衆のためにつくりかえたりした，宗派や教義の範囲に関する判断を含んでいる．日本では，教判，教相判釈などという．

バングラデシュの仏教　Bangladesh

南アジアと東南アジアの境界にある現代の国家．バングラデシュの人口の大多数はイスラム教徒であるが，かつてはパーハールプル・ヴィハーラ（*ソーマプリ僧院）を含む多数の仏教の設立されたもので知られていた．この国に仏教が伝来した確かな時期はわからないが，2世紀以前には仏教徒の活動の痕跡がみられる．この地で仏教が全盛期を迎えたのは，パーラ朝（765～1175）の時代であった．王家の保護を失いイスラム教徒の侵略が起こるにつれて，仏教はバングラデシュからほとんど消滅してしまい，「堕落した」形式はビルマの正教にとって好ましくはないけれども，ビルマのアラカン地方（→ビルマの仏教）の端に住む人々によって保たれてきた．バングラデシュにおけるこれらの実践の改革と正教である上座部仏教の復活は，1856年にのみ起こった．現在では仏教徒は100万人以下で，全員チッタゴンの地域に住んでいる．

盤珪永琢　ばんけいえいたく（ばんけいようたく）　Bankei Eitaku（1622-1693）

江戸時代の日本の*臨済宗の僧侶．この時期に幕府は戸籍を把握するため，すべての所帯を仏教寺院に登録することを義務づけた．盤珪はこのような措置による檀家の増加は信仰心の高まりを意味しないことを認識していた．そのため当時支配的であった武士の文化に合致するように禅の教化方法を変え，厳密な宗教的実践の必要性を薄めた．一般民衆に対する教化においては，すべての人が具有している本来的な仏心を強調するとともに，あらゆる現象や考え方の基底にある不生を頻繁に説いた.

『般舟三昧経』 はんじゅざんまいきょう
Pratyutpanna Sūtra
初期大乗経典の簡略名で，正式名は『十方現在仏悉在前立定経』（*Pratyutpanna-buddha-saṃmukha-avasthita-sāmadhi Sūtra*）．この経典は，*三昧について述べたもので，三昧が完璧になると，現在のブッダたちとの直接の出会いを導くとする．それは，他の初期大乗経典とともに，浄土と*阿弥陀を信奉するものたちの間で興味をもたれたが，*『無量寿経』のような信仰に関心を向ける経典よりも*空性を強調する点で，*『般若経』により類似している．瞑想の実践の特徴も，後期*瑜伽行派を想起させる．テキストは四つの漢訳のみ現存している．最初のものは，179年に*ローカクシェーマによって翻訳され，チベット語やモンゴル語の訳もある．中国におけるこの経典の登場は，浄土教の実践の起源となった．→浄土宗

パンスクーリカー paṃsukūlikā（Pāli）
「ぼろ布を身にまとう者たち」の意．起源のはっきりしない，苦行者の宗派の一つ．中世のスリランカにおいて盛んであったが，12世紀には消滅した．その名称は，布くずとして捨てられた*衣だけしか身につけないという実践に由来しており，それがこの集団に特徴的な実践行為であったようである．

パンチェン・ラマ Panchen Lama（Tib., Paṇ-chen bla-ma）
*ダライ・ラマ5世の師であるロサン・チューキ・ギェルツェン（1570-1662）が最初に贈られた尊称．*ダライ・ラマは*観自在の化身とされるのに対して，パンチェン・ラマは観音の精神上の父である，*阿弥陀の化身とされる．*ゲルク派の*タシルンポ寺の僧院長をつとめるパンチェン・ラマは，選ばれたダライ・ラマの生まれ変わりを立証するのに重要な役割を果たす．これまでにパンチェン・ラマの化身は11を数えるが，最も新しいものは論争の対象となっており，ダライ・ラマと中国当局それぞれに承認された2人の異なる候補者がいる．ダライ・ラマが支援する当代の化身は中国で所在不明となっている．

パンチャーラ Pañcāla
古代インドの主要な国の一つ．クル川の東に広がり，現在のデリーの北側と西側の地域にあたる．北部の支配権をめぐって*クル国と紛争状態にあり，しばしば北パンチャーラと南パンチャーラに分断された．仏教は*アショーカ王の治世にはここに広まっていたが，ブッダが生涯のうちにこの地を訪れたことがあるかどうかは知られていない．

般若 はんにゃ ⇨智慧 ちえ

般若【人名】 はんにゃ ⇨プラジュニャー

『般若経』 はんにゃきょう Prajñā-pāramitā Sūtras
『般若経』,『般若波羅蜜多経』は，長年にわたって編まれたものであり，中核となる部分は前100年から紀元後100年頃に現れ，それ以降2世紀にわたって内容が追加された．それに続き要約の時代となり，『金剛経』や『般若心経』などの短い経が，300～500年に現れる．さらに続いて，600～1200年には，タントリズムの影響を受けたものが現れた．最も古い般若経典は*『八千頌般若経』である．般若経典の発祥の地については論争がある．伝統的には南インドであると認められているが，インド北西部にも存在していた証拠がある．
般若経典は，おもに二つの点で革新的であった．第一に，菩薩の理想を最高の道として提唱する．第二に，般若経典の教える般若は*空性であり，諸現象（ダルマ）より生まれたものではないのであって，それまで認められていたように（永続的ではないが）実体的なものとしては理解しない．この般若経典の分野を研究した先駆的研究者であるエドワード・コンゼは，以下のようにまとめている．「何千行にも及ぶ般若経典は，二つの文に要約できる．(1) 衆生は，菩薩（すなわち仏と成りつつある者）となるべし，つまり，あらゆる衆生を救うために般若の完成をとおして得た全知のみに満足する者にな

るべきである．(2) 菩薩，全知，存在，般若の完成，成就，といったものは存在しない．これら二つの，相互に矛盾した事実を受け入れることが，完全たることである．」(“*The Prajñāpāramitā Literature*,” 7-8, the Reiyukai, Tokyo, 1978.) 般若経典のこの他の興味深い展開としては，*善巧方便の概念，衆生の悟りのためになされる功徳（*福）の回向などがある．

『パンニャーサ・ジャータカ』 *Paññāsa Jātaka* (Pāli)

ブッダの前世について語る 50 の説話の集成．ビルマ語の*ジンメ・パニャーサという名でも知られている．パーリ正典の*ジャータカに含まれる説話にもとづいているものもあるが，『パンニャーサ・ジャータカ』は正典としては認められていない．編集者は明らかでないが，おそらくタイの北部で，15 世紀頃に編集されたと信じられている．ジンメ・パニャーサという名称が，ビルマ語で実際には「50 のチェンマイ」を意味しており，これらの説話がタイ北部のその名の街に由来するのかもしれないと考えられている．この説話集は，どれも東南アジアでつくられた 3 種の校訂本が，現在にも残っている．

『般若心経』 はんにゃしんぎょう *Heart Sūtra*

影響力も人気も非常に高い大乗文献で，チベット仏教や東アジア仏教で用いられる．正式なタイトルは「智慧の完成の心髄という経」．この文献は一段落の長さほどしかないが，智慧の完成（*智慧波羅蜜）という教義の簡潔な要約であって，*観自在菩薩が瞑想で体得した真理を描いている．この真理というのは，形態（五*蘊の一つで，ここでは差異化された個々の現象すべてを表す）は空虚（*空性，すなわち超越的で差異化されない絶対なるもの）であって，その逆もまた同様である，ということである．このように，超越的なるものはほかならぬ内在性の中の顕在性以外においては見受けられないと『般若心経』は断言する．末尾のマントラを唱えると，その効果として唱える者に究極的真理を理解させるという．『般若心経』はきわめて簡潔であるため，大乗の真理を要約して述べたものとして，また，礼拝や儀礼用のテキストとしても用いられてきた．『般若心経』はサンスクリット語へと還梵されたものであって，中国撰述であることはほぼ間違いないとする近年の研究もある．

般若波羅蜜 はんにゃはらみ ⇨智慧波羅蜜 ちえはらみ

般若流支 はんにゃるし ⇨プラジュニャールチ

ハンフリーズ，トラヴァーズ・クリスマス
Humphreys, Travers Christmas (1901-1983)

イングランドにおける仏教の先駆者．10 代後半で仏教に改宗し，後に法廷弁護士や高等法院判事となった．1924 年に*神智学協会の仏教ロッジ（Buddhist Lodge）を設立し，1943 年に名称を*仏教協会に変更した．→英国の仏教

ヒ

悲 ひ karuṇā (Skt., Pāli)

憐れみ．すべての仏教学派で重視される徳目であり，大乗においてとくに強調されている．初期仏教では4種の*梵住，すなわち聖なる住処の第2番目とされていた．これら4種の徳目はとくに*瞑想の実践を通して培われ，他の諸存在に対して際限なく差し向けられる．一方，大乗では悲は洞察（*智慧）を補完するのに欠かせないものとして，また十全に悟った者が完成の状態に至るのに必須の要因として重視されている．大乗の文献において，智慧と悲は*悟りという島へと飛んでいくための一対の翼に喩えられている．そして*小乗の信奉者たちは，悲を欠き，他者からの求めを顧みずにただ個人の悟りを追求する者として批判されている．片や大乗の菩薩は，すべての存在に益するために涅槃に達しようと努め，すべての存在が解脱に至るまで努力を止めないという誓願を立てる．一部の文献は，悲は他のすべての考慮すべきことがらに優先されるものであり，もし*善巧方便を使うことで諸存在の*苦を減らせるならば，不道徳な行いを為すことを菩薩に課すとまでいっている．大乗の図像と美術では，*観自在菩薩が悲を象徴的に体現するものとされている．この菩薩は，求める者たちに手を差し延べられるよう，全方向に広げられた千の腕を有する姿で描かれる．そして，苦しい境遇にある者たちから常に手助けや救いを懇願されている．時代が下ると，特定のブッダの名を唱えるだけで*浄土（*天界）に再生することが保証されるとする，*信仰による救済の理論が登場した．ブッダの悲はそれほどまで深いと考えられた．

比叡山 ひえいざん Hiei, Mt.

京都の北東にある標高780mの山．日本の*天台宗の総本山である*延暦寺がある．

比丘 びく monk (Skt., bhikṣu；Pāli, bhikkhu)

仏教僧．*得度を受けた僧伽の構成員．英語では一般的にモンクと訳され，チベットでは*ラマ，ビルマでは*ポンギ，朝鮮ではピグと呼ばれる．女性の比丘に相当する尼僧や比丘尼と同じく，その語源は明らかではない．ブッダの在世時は，最低年齢に達していれば自発的に参加する者はすべて簡潔な教義のみで得度させ，犯罪者や伝染病患者といった不適格条件がなかった．しかしながら，教団が拡大するにつれ，付加的な処置が必要となった．ブッダの死後まもなく，*出家（字義どおりには「前進すること」）と*授戒（厳密な意味での得度）という二つの得度式が採用された．8歳までの志願者には出家して見習い僧（*沙弥）になることが認められていない．沙弥には師（ウパーディヤーヤ，upādhyāya）と師匠（*規範師）という2人の保護者が必要とされ，それぞれの供（サールダヴィハーリン，sārdhavihārin），弟子（アンテーヴァーシン，antevāsin）となる．見習い僧は20歳（もしくはそれ以上）になると，正式に得度を受けることが可能となり，その詳細に関してはカルマヴァーチャナー（karma-vācanā）という儀礼書に定められているが，得度は少なくとも10人の一連の僧によって授けられた．この時点で新しい僧の位を決めるため，得度の日時が記される．その得度のいずれもが生涯続く義務とされるわけではなく，見習い僧も僧もいつでも衣を脱ぎ教団を後にしてもよいということに留意すべきである．

支えとなる在家社会から最高度の敬意が払われ続けるようにするため，そして宗教的達成を個々人で追及するために，比丘は律蔵として知られる仏教正典の一部に述べられる道徳律を固く守る必要がある．正式に得度を受けた僧の行為に関する規定は，*波羅提木叉（Pāli，パーティモッカ，Pāṭimokkha）から始まり，記載されている罰則からして200以上の規定がさまざまなカテゴリーに整理されている．月に二度，比丘は所定の場所に集まって*布薩（Pāli，ウポーサタ，uposatha）の儀を執り行い，波羅提木叉を唱える．僧院の儀式に関しては*上座部と大乗の間に教義上の差異はない．元来，比丘の共同体は雨季以外は頻繁に旅をする乞食僧団であり，わずかの必需品しか必要としていなかった．僧は自らの衣，*鉢，剃刀，針，杖，楊枝のみ所有が許されていた．食物は乞食によって手に入れ，定住は認められていなかった．やがて隠者的な理想が潰え去り，遊行は安定した僧院の生活に道を譲った．上座部の伝統では，比丘には仕事や結婚が認められていないのに対し，大乗の伝統では僧の日常に仕事が含められ，とくにチベットや日本の宗派では僧の結婚も認められている．比丘の生活の特性を考慮すると，僧はつねに在家社会の物質的支援に依存してきたため，その結果，在家と僧の間の交流のバランスが確立し（→布施），それを通じて相互に支援しあうことで両者は発展を遂げたといえる．この関係は上座部社会の強力な基盤を成し，また東南アジアのある上座部共同体では，雨季の間に在家信者が比丘として過ごす（→一時的な出家）よう求められ（少なくとも望ましいものとされ）ている．

比丘尼 びくに bhikṣuṇī (Skt.；Pāli, bhikkhunī)

仏教僧伽を構成する女性の一員．「尼僧」と訳されるのが通例である．世俗の生活を捨てて仏教徒の理想である涅槃を追求する宗教職．ブッダは最初，注意の散漫や道徳的無秩序の原因となることを怖れて，比丘尼の僧団を形成することを拒んでいた．しかしながら，ブッダの主要な弟子の一人であり，女性の福利を擁護したことで有名な*アーナンダの支持も相俟って，ブッダの継母である*マハープラジャーパティー・ガウタミーの主張により比丘尼僧団が導入された．*上座部の比丘尼の伝承系譜は456年に途絶えたが，大乗の比丘尼の伝承系譜は*ダルマグプタ（法蔵部）比丘尼律を通じて保存され，中国や台湾では今でも系譜が続いている．

尼僧の生活規定はほぼ僧の規定を模範としていた．しかし，*得度が認められる前は，20歳以下の未婚女性および12歳以下の既婚女性は2年間の予備期間を過ごす必要があった．その期間中，見習い尼僧（シクシャマーナー，śikṣamāṇā）は最初の六種の*戒律に対応する6種の規定を遵守しなければならない．得度の際，将来の尼僧は必需品（鉢と5種の衣）が与えられると，女性の師（ウパーダーイカー，upādhāyikā）と女性の師匠（アーチャーリニー，ācāriṇī）とともに，最初に尼僧の会集の前，次に僧の会集の前へと現れ，この2種の会集から得度を受ける．尼僧は正典に記載される8種の厳しい規律によって僧に対する全幅の信頼を寄せている．これらのことは，尼僧が僧のいない場所へと隠棲することはできないということを意味している．尼僧は2週間ごとに僧の共同体へと赴き，説法を受けなければならないが，しかし，尼僧自身は僧に対して説法や教誨をすることはできない．また，雨安居の最後に執り行われる得度式や，告白（*懺悔）は，僧の共同体の前で繰り返されねばならない．正式に得度を受けた尼僧や僧の行為に対する詳細な規定の集成は，*波羅提木叉と呼ばれる．尼僧が受ける規律は，僧が受ける規律よりも厳しいものとされることもしばしばである．尼僧に対する規定は500項目の根本方針から成り，僧に対する規定の2倍あるが，実際の数は学派に応じて290から355の間で変動する．さらに，付加された規定の多くは，女性の着衣などの道具に関するものである．おそらくは，女性に対する規定が独立してまとまるのは後代になってからであるため，僧に対する規定を解釈する際に与えられた題材を組み込んだものと考えられる．

ピシャーチャ piśāca

*羅刹や*ヤクシャに類似した，肉を食する悪魔の類．

聖 ひじり hijiri (Jpn.)

諸国を渡り歩く聖者や聖人のこと．仏教の僧侶を意味する用語で，私度僧や，山に隠棲する隠遁僧，巡回説法師，心霊治癒家，呪術家，預言者，公共事業に寄与するものなどを含む．

ピタ piṭha (Skt.)

「座」の意．*アヌッタラ・ヨーガ・タントラに属する母タントラの類に関連した巡礼地のことで，ヒンドゥー教のうちシヴァ教のタントラにみられる同様の概念に由来する可能性が高い．基本的には四つのものの組であり，具体的にはジャーランダラ（Jālandhara），*オッディヤーナ，プールナギリ（Pūrṇagiri），カーマルーパ（Kāmarūpa）であるといわれ，これに他のものが加えられることもある．インドにおける地理上の地点を実際に有する場所であると同時に，内的な心に関する配置に連関してもいる．

非択滅 ひちゃくめつ apratisaṃkhyā-nirodha (Skt.)

「無意識的な終息」という，瞑想の最中に起こるが*智慧によっては知りえない，忘我の状態．*説一切有部と*瑜伽行派の*阿毘達磨の体系においては，無条件的な（*無為）法に分類される．

毘婆沙師 びばしゃし Vaibhāṣika（Skt.)

小乗仏教の有力な学派．北インドとくにガンダーラとカシュミールで栄えた*説一切有部と密接に関係する．その名称は彼らの見解を要約したとして知られる大論書に由来する．

批判仏教 ひはんぶっきょう Critical Buddhism (Jpn.)

東アジア仏教と初期インド仏教の教義上の矛盾を指摘する日本仏教学における新たな動き．この立場を主導する研究者は駒澤大学の袴谷憲昭，松本史朗である．ことに後世の禅仏教における教説や如来蔵などの教義上の概念は，初期インド仏教の思想のなかには根拠を見出すことができないと主張し論議を巻き起こした．このような概念は永遠の*アートマンの不在を説いた初期仏教の教義と両立しないと主張している．

ヒマラヤ山脈 Himalayas（Skt., Hima-ālaya)

「雪の住処」の意．仏教文献では，ヒマヴァー（Himavā），ヒマーチャラ（Himācala），ヒマヴァンタ（Himavanta）など，さまざまな名前で呼ばれる．インドの古典文献では七つの山岳地帯が言及されているが，ヒマラヤ山脈はそのうちの一つであり，多分に神話的な描写がなされている．山脈は30万ヨージャナ〔長さの単位．1ヨージャナは6～15km〕の長さで，84000の峰が並び，そのうち最も高いものは高度500ヨージャナに達するという．また，山脈の内側には七つの大きな湖があり，その湖からは500の川が流れ出ているとされる．仙人たちの隠棲地になっており，ヒマラヤ山脈へ隠居した仙人たちは，ひとり瞑想のうちに自らの最期を待ったという．

『秘密集会タントラ』 ひみつしゅうえタントラ *Guhyasamāja Tantra*

初期*アヌッタラ・ヨーガ・タントラの重要な文献．18章より成る．先行文献の内容を部分的に受け継いでおり，それらの出典が*『一切如来真実摂経』などに見つかる．その一方で，あからさまな性的象徴や性的実践の導入など，重要な革新的要素も含んでいる．この書物に対しては注釈や複注が多く著され，タントラ文献のさらなる発展への道を開いた．サンスクリット語原典が残っているほか，チベット語訳と漢訳もある．

白衣観音 びゃくえかんのん Pai-i Kuan-yin (Chin.)

「白い衣を着た観音」の意．白い衣服を着ている*観音菩薩の聖像の描写．中国密教では，これは菩薩の変化した33の姿のうちの6番目である．この姿は，中国と日本の図画でとても人気があり，菩薩はふつう海が見渡せる石の上に座って描かれる．

白毫 びゃくごう ūrṇā（Skt.)

図像法ではブッダの両眉の間にある毛の輪で，「超人」（*マハープルシャ）の32のしるし（*三十二相）の一つである．後期の大乗とタントラ仏教では，この独特の特徴がそれ自体しばしば女神として人格化される．

百丈懐海 ひゃくじょうえかい Pai-chang Huai-hai (749-814)

唐代中期の中国の禅僧で，有名な師匠*馬祖道一（709-788）の弟子として悟り（菩提）に達した人物．彼は，主として*『百丈清規』と呼ばれる規則を正式に定めたことで知られる．彼は，以前の禅教団の「内部規則」を集めて組織化し，特定の規則であったものから正式な伝統をつくり出した．しかし，百丈の元の規則はもはや存在せず，他の「清規」がこれに則って生じ，1338年に元の皇帝が百丈の規則の新しい版を出版するよう指示した．

『百丈清規』 ひゃくじょうしんぎ *Pai-chang-ch'ing-kuei*

「百丈の清浄な規則」という名前の中国の作品．題名は，禅宗の僧院のための僧団規則を示し，同名の作品が二つある．最初のものは，唐代の禅僧の百丈懐海（749-814）によって考案された最初の規則で，正式な組織，規則，手続きを必要とする大きさになっていた禅教団に影響を与えていた以前からある特定の規則を公式化したものである．百丈の本来の「*清規」はもはや存在しない．二つ目は1338年に皇帝の命を受けて発行された作品である．百丈の時代から5世紀ほど経ており，*大正新脩大蔵経に2025番の文書として見られるこの規則の内容が，本来のものを反映しているかは疑わしい．

白蓮華 びゃくれんげ puṇḍarīka（Skt.）

白蓮（学名 *Nelumbo nucifera*）．仏教で用いられる主要な象徴の一つ．蓮の花は，根は池の泥の中にあっても花は水の上に汚れなく咲くので，文学作品の中でも図像学的にも，清浄であることの象徴として幅広く用いられる．この種の蓮は，食べることのできる大きな根を有しており，インドでは薬としても用いられた．

白蓮宗 びゃくれんしゅう Pai-lien tsung

中国の土俗的な仏教である「白い蓮華の宗」．この宗派は，12世紀の在家の茅子元によって組織化された．彼は，*天台の教理を学ぶ時期を経て，禅の瞑想と浄土教の念仏の実践の一致に主眼をおいた独自の教えをつくり出した．彼によると，*阿弥陀仏が単に自身の心の現れにすぎず，浄土は心の内部に位置するだけであるから，家と家族を離れ僧団に加わることは必要ではない．彼は，4～5世紀に浄土教の人物である*廬山慧遠（334-416）によって最初に組織化された「白蓮社」への尊敬から自分の組織を「白蓮宗」と呼んだ．彼の支持者は，厳格な菜食主義と在家の五つの規範（→五戒）を守り，僧侶の制度の管理を離れて活動と遵守を実行した．

子元の死後，小茅（小さい茅）と呼ばれる彼の系統の弟子が他の要素を教えに混ぜ始めた．他の在家の宗教団体からの接触と影響に加えて，集権化された指導力と管理の不足によって，グループはバラバラになり，あらゆる教理をもつ分派が出現した．これらの中で最も注目すべき事は，長寿と身につけているものが武器によって傷つけられないようにする魔除けをつくることを目的とする道教の実践とともに，未来仏の*弥勒が今にも出現するという信仰である．宋代後半と元代・清代（→中国の仏教）を通して，「白蓮」教団はたえまない政府の疑念と監視のもとにあった．彼らは，政府と従来の仏教の僧団の目には騒動と騒乱を思い起こさせるような，男女が一緒に会う秘密の集会を夜に開いたという理由で常に訴えられた．それに加えて，一般民衆の不満に満ちた時代には，白蓮教団は正しく反乱場所の成立のための豊かな基盤であった．一つのグループから別のグループへという個々の指導者の動きはもちろん，「白蓮宗」，「白蓮社」，「白蓮教」の名前をもつ集団の激増のために，この土着仏教の圧力を記録することは困難になった．

譬喩 ひゆ ⇨アヴァダーナ

ピリット pirit

シンハラ語で，*「護呪」にあたる単語．

比量 ひりょう anumāna（Skt.）

推量．仏教の論理学（*プラマーナ）においては，推量の過程・推量による証明・演繹的論理による証明を指す．以下の二つの側面が区別される．(1)自分のための推量（スヴァールタ・アヌマーナ，svārtha-anumāṇa）．個人の内的な，有効な合理化の過程を指す．(2) 他人のための推量（パラールタ・アヌマーナ，parārtha-anumāṇa）．標準の演繹的論理を用いて，公けに命題を証明する，形式的な過程を指す．

毘盧遮那 びるしゃな Vairocana（Skt.）

「照らす者」の意．5人の*ジナの1人．図像法的には通常中央か時として東の方角に，白い

*報身のブッダとして描かれる．また五つの知覚の一つ「真実の連続の知覚」の具象化，また如来の一族の主とみられる．中国の*華厳宗および東アジアのタントラ仏教では，毘盧遮那はほとんどすべてのマンダラすなわち聖なる宇宙の図表の中心的位置を占めるブッダである．*『華厳経』や『大日経』といった仏教聖典は，彼を悟りを開いた多くの者の一人としてだけでなく，そこから他のすべてのブッダが巧みな手段（→善巧方便）として発生する中心的な存在として描いている．後代の仏教の形態において，チベットと中国の両方で毘盧遮那は*法身の人格化として，また始原のブッダとしてみられるようになった．後者の場合にはしばしばマハーヴァイローチャナ（Mahāvairocana）と呼ばれる．神秘主義的な思想が発展するにつれ，自身の存在から他のすべてのブッダと菩薩を生み出すことだけでなく，あらゆる現実を発生させることで知られるようになり，このようにして存在の根本原因または基盤となった．そしてこのことは，自然それ自体に毘盧遮那の教えの表現としての一種の知性と伝達能力を賦与した．日本の*真言宗の祖*空海（774-835）は，いかにして世界それ自体がダルマを説くかを説明するために毘盧遮那に言及した．毘盧遮那のおもな象徴は太陽であったが，それは太陽が世界の万物の上にありながら，同時にその光線がいたるところに届いて成長を刺激することにより，世界の万物に親密に関係しているからである．

ビルマの仏教　Burma

東南アジアの国で，現在は公式にはミャンマーとして知られている国．仏教は，おそらく*アショーカ王の使節の一人によってもたらされ，紀元頃から先住民の*モン族の間で信仰されていた．ビルマ史では*ブッダゴーシャが国を訪れて，パーリ正典の伝承を確立したとされる．モン族の国の南にあたるパーリ語の名前はラーマニャであり，シンハラ史はシンハラの*得度の血筋が消えたときに，スリランカの*ヴィジャヤバーフ1世が*僧伽を再び確立するためにラーマニャ（ビルマ）に僧侶を送ったと述べている．5世紀から15世紀にかけて，その地域の主要な勢力はクメール帝国だった．そこでは，大乗仏教のさまざまな形態が普及した．*アナウラター王（1044-1077）は南部を支配して国を統一し，そのとき以前でさえ上座部が主要であったと考えられるが，上座部に帰依した．アナウラターの首都である*パガンは1287年にモンゴルによって略奪された．何千もの*パゴダと寺院とともに都市は放棄された．国は1752年に再び統一されたが，その後すぐに英国によって征服された．そして，1948年に*ウ・ヌが最初の首相になり，独立が許されるまで大英帝国の一部になった．国教としての仏教とともに「仏教社会主義」の形を発展させるという試みは，ネ・ウィン将軍が1962年にクーデターを起こしたときに完全に失敗し，そのとき以来軍事政権（SLORC）によって支配されている．政権は仏教に敵意をもっていないが，仏教は依然強い力をもち，人口の85％が上座部である．しかし，アウン・スー・チーのような仏教徒の民主主義支持者は家に軟禁され，人権の侵害が日常的である．現在では，この国は国際社会から隔絶されたままである．

ビンドゥ　bindu（Skt.）

「点」，「滴」の意．*アヌッタラ・ヨーガ・タントラの一部形式において用いられる語．微細なエネルギーを意味し，身体的な発現としては男性の精液と同一視される．この微細なエネルギーの滴は，心臓など身体のさまざまな部分に位置しているが，悟り（菩提）に伴う至福を生み出す瞑想を通じて微細な経路の周辺を動きまわる．

ヒンドゥー教　Hinduism

インドの諸宗教の本流をなす宗教的伝統．ヴェーダを究極の宗教的権威とみなす．近年，学術的には，ヒンドゥー教という語を前400年頃以降の，古典期より後の段階を指すのに限定して用いる傾向がある．それ以前の段階は*バラモン教期またはヴェーダ期と呼ばれる．ヒンドゥーという語は，インダス川およびその周辺一帯を指すペルシア語の単語に由来する．インドの全人口およそ10億のうち約8割がヒンドゥー教徒であり，それに加えてインド国外にも約3000万人の信者がいる．ヒンドゥー教は一つの統一された信仰や実践のシステムではなく，複雑な社会的および文化的な諸現象を便宜的にそう呼んでいるものと理解すべきである．ヒンドゥーと呼ばれる人々が自分自身や自らの信仰を指すのにヒンドゥーという語を用いることはなく，自らの信仰のことを「永遠の法」（Skt., サナータナ・ダルマ，sanātana-dharma）といっている．仏教はヒンドゥー教から派生した宗教であるため，両者には業や再生，*宇宙論に関する信仰について共通する部分が多い．また，輪廻からの脱却の必要性を救済論上の根本的な問題とみなす点でも，両者は一致している．仏教がヒンドゥー教と異なるのは，ヒンドゥー教が究極的存在としての*ブラフマンや個々の霊魂としての*アートマン，供儀，*カースト制を認めるのに対し，仏教はそれを拒否するというところにある．

ビンドゥサーラ　Bindusāra

*マウルヤ王位の第2代で，前297年頃から28年間王座を占めた．ギリシアではアミトロカテスとして知られ，*チャンドラグプタの息子，*アショーカの父親である．

ピンドーラ・バーラドヴァージャ　Piṇḍola-Bhāradvāja

*阿羅漢の一人．欲望をもったまま僧伽に加わり，大きな托鉢の鉢を持ち歩き，夜にはそれを自分の寝台の下に保管していた．そのようにしながらも，ついには自身の食欲を克服し，阿羅漢となった．高い柱の頂点におかれていた栴檀の鉢をとろうとして，空中に浮かびあがるという神通力を*ラージャグリハにおいて示したことを，ブッダに一度叱責されたことがある．

頻婆娑羅　びんばしゃら　⇨ビンビサーラ

ビンビサーラ　Bimbisāra

*ハリヤンカ王朝の樹立者．頻婆娑羅ともいう．初代*マガダ国王で，*ラージャグリハの宮殿から52年間（前465-413頃）統治を続けた．ビンビサーラは5歳年長のブッダの大いなる支援者かつ賞賛者であり，ブッダのために*ヴェールヴァナ園を寄進した．ビンビサーラは30歳で在家信者になった後，修行に励んだ．その後，息子の*アジャータシャトル（Pāli, アジャータサットゥ，Ajātasattu）に賛同して王位を退いたが，アジャータシャトルは*デーヴァダッタの教唆により父親を投獄し，拷問して死に至らしめた．ビンビサーラはブッダの入滅する8年前に死を迎えた．

フ

風 ふう vāyu（Skt.）
タントラ生理学で心理的エネルギーを説明するのに用いられる一般的な語. ヴァーユともいう. 身体に充満し身体がさまざまな生理的, 動力的機能をはたすのを可能とするという機能によって特筆される. このエネルギーの重要性は, これが*アヌッタラ・ヨーガ・タントラの究竟次第の瞑想のなかで, 変換の目的で操作されることにある. ある形の風が中央の経路（*アヴァドゥーティ）から左（*ララナー）と右（*ラサナー）の経路に「漏れ」, 二分法的な悟っていない経験の世界を生み出すと考えられる. 究竟次第の瞑想の目的は部分的にはこの過程を逆転することである.

ブヴァネーカバーフ Bhuvanekabāhu
信心とあらゆるパーリ正典の複写を命じたことで名高い*13世紀後半のスリランカの王. 後にそれらの写本を島の主要な僧院に分配している. パラッカマバーフ2世の5人の息子の次男であり, 島の北部の防衛を任されていた. *ヴィジャヤバーフ3世の死去にともない, 簒奪者により王位が奪われたが, すぐにブヴァネーカバーフが王位を回復した. 同名の彼の息子がパラッカマバーフ3世の後を継ぎ, 戴冠を祝い, 僧伽への新参者を認めるために例年の大祭を行った.

不可説 ふかせつ fukasetsu（Jpn.）
禅のならわしで, 究極なる真理の表現不可能な本質を, あえて言葉で表現するために用いられた用語. 個人の直感的な経験を通じてのみ知覚される悟り（菩提）の本質というのは, 言葉だけでは伝達することはできない.

不行而行 ふぎょうにぎょう fugyō-nigyō（Jpn.）
日本の言い回しで,「故意に行おうとしないのに, おのずから行にかなうこと」を意味する. これは, 自然かつ自発的に, いかなる計算や強制, 人為的な努力なしに, おのおのが宗教的に涵養されることを意味している.

福 ふく puṇya（Skt.；Pāli, puñña）
「功徳」,「善い行い」,「美徳」の意. また, 天界への転生や未来の幸福な生涯など, 前世において蓄積した善の量に従って種類や長さが決められた, 善い業の成果や期待される成果を指すこともある. パーリ語の文献では,「功徳ある行いのもととなるもの」（プンナー・キリヤ・ヴァットゥーニ, puñña-kiriya-vatthūni）と呼ばれる, 善を生み出す三つの要素が述べられている. それは, *布施, 持*戒, *修習である.
→福徳智慧資糧, 福田

不空 ふくう ⇨アモーガヴァジュラ

不空成就 ふくうじょうじゅ Amoghasiddhi（Skt.）
「誤りのない完成を達した者」の意. 不空成就如来. 五大如来（*ジナ）の一人で, 図像学的にはふつう, 緑色の*報身仏として描かれ, 北方に関連づけられる. また, *五智のうちの成所作智の具現とされ, 五部のうちの羯磨部の主とされる. 不空成就如来の浄土は, インドにおいてもその他の地域においても, 信仰の対象としては注目されなかった.

不共仏法 ふぐうぶっぽう āveṇika-buddha-dharma（Skt.）
「他と共通しないブッダの特質」という意味で18種ある. 内容を異にするものもあるが, 以下のものが典型的である. ブッダは過ちを犯さない. ブッダは粗暴な言を吐かない. ブッダは失念しない. ブッダの心は常に平静である. ブッダは万物を平等に扱う. ブッダは万物に無関心ではない. ブッダは欲・精進・記憶・*三昧・知慧・解脱を減退させない. ブッダの身体的行為・発話行為・精神的行為は覚知にもとづいて覚知に従う. ブッダの知見は過去・現在・未来における万物に関して執着することなく妨げられない.

福田 ふくでん puṇya-kṣetra (Skt.; Pāli, puñña-khetta)

「功徳の畑」の意．とくに捧げ物を受けるにふさわしい個人や団体のこと．ブッダの次に偉大な福田は僧伽であるといわれ，出家修行者に対する食事や衣服（→カティナ）などの捧げ物や寄付は，その他の者に対する贈り物よりも功徳（*福）を大きくすると信じられている．

福徳智慧資糧 ふくとくちえしりょう puṇya-jñāna-saṃbhāra (Skt.)

功徳と知識の蓄積．大乗仏教の教えによると，衆生は道を進むために，十分な量の功徳と知識を蓄積しなければならない．功徳（*福）は煩悩を克服するために必要であり，知識や認識（*智）は*無明を克服するために必要とされる．ブッダの*三身に関する大乗仏教の教義解釈には，功徳は仏の*応化身と*報身として結実し，知識は*法身として結実する，とするものがある．

普化 ふけ P'u Hua (860 没)

*馬祖道一（709-788）の系統に属する比丘．彼は，*臨済義玄（866 没）の伝記の中で触れられており，臨済寺に到着したとき後の創設を助けた人物の一人として知られる．彼は非常に風変わりなふるまいと定住地をもたないことでも知られている．日本の心地*覚心(1207-1298)によって設立された*普化宗は，普化に由来すると主張され，その信奉は中国人僧侶らの巡業生活をまねていたが，実際の普化との関係は疑わしい．

普化宗 ふけしゅう Fuke school

中国唐朝の僧侶である普化の法系を継いだ，日本の禅の宗派の一つ．しかし，中国の法系との関係は明確ではない．日本における普化宗の創始者は心地*覚心（1207-1298）であり，彼は*真言宗だけでなく*臨済と*曹洞でも修行し，その後，中国へと渡り，*無門慧開（1183-1260）のもとで開悟に至った．彼は有名な*公案集である『無門関』を携えて日本へと帰国し，日本の禅に非常に重要な書が紹介された．その後，普化宗は，*苦行を行う私度僧，尺八を吹奏しながら諸国を遍歴する虚無僧らが，おもな担い手となった．彼らには公式な身分や住居はなく，このことは，社会的地位のない浪人や江戸時代末期の主人のいない*侍などには，非常に魅力的なものであった．しかし，その特異性からか，当時の政府である江戸幕府から嫌疑の目を向けられ，彼らを取り締まる法令などが制定された．その後，幕府主導のもと，1677 年に三つの寺院が普化宗の本山として割り当てられ，1847 年には普化宗は臨済宗の管轄下に入ることとなった．そして，最終的には，1877 年に明治政府の仏教統制の一環として禁止された．→明治維新

不還 ふげん anāgāmin (Skt., Pāli)

「戻ることのない者」，「決して戻らない者」の意．聖人の 3 番目である．この称号は，*阿羅漢になることを妨げる束縛を砕く最終段階の，直前の段階に至った者を指して用いられる．不還は死後に人間としては再生せず，最高の天に生まれ変わって，そこで阿羅漢たることを得る．

普賢 ふげん Samantabhadra (Skt.)

「すべてにおいて良き者」の意．

1. ダルマを守護するといわれる，大乗仏教の神話的な天上の菩薩．如意珠と，蓮または法の書を手に持ち，6 本の牙を有する白象に乗っている姿で描かれることが多い．

2. *『一切如来真実摂経』などのインドのタントラ仏教の文献における古い先例から引いて，タントラ仏教の*ニンマ派では，普賢は悟り（菩提）または*法身の顕現である*アーディ・ブッダであるとされる．図像学的には，白色のサマンタバドリー（Samantabhadrī）と交合する暗い青色の裸の姿で描かれる．

普賢の誓願 ふげんのせいがん Samantabhadra's Resolution (Skt., Samantabhadra-praṇidhāna)

*普賢菩薩の，10 の誓いとその実践．「*入法界品」の第 56 章で詳細に述べられている．それは，(1) すべての諸仏に対する帰依，(2) すべての諸仏に対する讃嘆，(3) すべての諸仏に対する供養，(4) すべての衆生の誤った行いの

*懺悔，(5) 他の衆生の成就を喜ぶこと，(6) ダルマを説くよう仏に求めること，(7) 世に留まるよう仏に求めること，(8) 仏の教えにつねに専念すること，(9) すべての衆生をそれぞれにふさわしく利すること，(10)自身の功徳(*福)をすべての衆生にめぐらすことである．

布薩 ふさつ uposatha (Pāli；Skt., poṣadha)
月の満ち欠けによるひと月の，1，8，15，23の四つの月齢の日の前日のこと．仏教が現れるずっと以前から，インドではこれらの日が神聖な日であると考えられていた．とくに，仏教以前の改革団体は，自らの見解を広めるためにこれらの日を利用しており，初期の仏教徒たちも同様に行った．また，仏教徒たちは，布薩の日のうちどれかを，律蔵の『スートラ・ヴィバンガ』(*Sūtra Vibhaṅga*) の中にある精舎の規則をまとめた*波羅提木叉を詠唱する日として使っていた．布薩の日には，在家信者たちは*八斎戒を厳守したが，これは布薩儀礼として知られていた．

無事禅 ぶじぜん buji-zen (Jpn.)
禅修行において虚勢を張ったり自信過剰になること．この傾向はとくに*曹洞宗などの一部の修行者にみられる．すべての衆生には本来仏性が備わり，すでに悟っているのでさらに努力する必要はないと思い込むことから生じている．

武士道 ぶしどう bushidō (Jpn.)
「武士の道」の意．形式的な倫理というよりも武士としての生き方に関する全般的な考え方であり，江戸時代 (1603-1868) (→日本の仏教) の初期に発生した．平和な時期が続き，*侍階級の人々は以前の戦国時代に郷愁を覚えるとともに市民社会における彼らの役割を再考する必要に迫られた．武士道は倹約，名誉，忠誠，*武道の熟達，有事の際の戦闘の準備，そしてなによりもいつでも進んで命を投げ出す心構えを説いた．多くの武士は禅による鍛錬が耐乏や世俗に対する超越また戦時および日常生活における沈着な態度の涵養に役立つと考えていた．→武道

不受不施 ふじゅふせ fuju-fuse (Jpn.)
「布施供養を受けず，また布施供養を行わない」ということを意味する．この語句は，*日蓮宗の僧侶たちの信条である．この一派の人々は，彼らの師である日蓮の純正なる教義の遵守，および他の教えの排除を固く誓った人々であり，他の日本の仏教の宗派との関係を拒絶した．→日蓮宗

不浄 ふじょう aśubha (Skt.；Pāli, asubha)
不浄なもの，気持ち悪いもの．瞑想の実践という文脈では，死体が腐敗する経過を10段階に分けて観察することにより肉体に対する情欲や執着心を取り除くために設けられた，10の瞑想対象を指す．

附随 ふずい Parivāra (Pāli)
律蔵の三つの部分のうち，最後のもの．19章から成り，律蔵のこれより前の部分の要約となっている．

布施 ふせ dāna (Skt., Pāli)
「惜しみなさ」の意．ダーナ，檀那ともいう．仏教の主要な徳目の一つ．大いなる*福が生じる源であり，また，利己心と執着とに打ち克つ手段ともなる．*上座部では，僧侶に対する在家の信者からの寄進を意味する．一方，大乗では通常，布施は「惜しみなさの完成(*施波羅蜜)」を意味する．寄進を受けるのにとりわけふさわしい人物は*福田と呼ばれる．

不殺生 ふせっしょう ahiṃsā (Skt.)
「危害を与えない」，「非暴力」の意．非暴力および生命の尊重という道徳的信条．広くインドの諸宗教において見出すことができるが，とくにジャイナ教や仏教などの*沙門の教えにおいて強調される．バラモン教に中心的に見られる動物を生贄にする慣習に，インドの非正統的宗教は反対したが，それはこの不殺生の教えを根拠としていた．この信条は仏教以前から存在し，おそらくウパニシャッドの時代まで遡ることができる．仏教の倫理の中でさまざまな道徳的規律として表れているが，とくに*五戒の一番目として，生類に危害を加えることを禁じて

いる．単に禁止的であるのみならず，生類に対する博愛・愛情，*悲の心をもつように促すものである．大乗仏教においては，菜食主義をとることを命ずるものとして，拡大して解釈されている．

不善　ふぜん　akuśala（Skt.；Pāli, akusala）
*善の反対語．誤った，もしくは悪しき行いや考えについて，道徳的に非難する語である．とくに，煩悩や*五戒などのさまざまな仏教の道徳規律に違反する行為を指す．

不善根　ふぜんこん　akuśala-mūla（Skt.；Pāli, akusala-mūla）
*貪・*瞋・*痴の三毒という諸悪の根源を，まとめて指す語である．意識のあらゆる悪い状態は，究極的にはこれら三つのどれか，またはすべてに根差しているとされる．

武宗　ぶそう　Wu-tsung
中国の唐代の皇帝で，841年から846年に在位した．845年の仏教の迫害実行者であり，その迫害はその後長い間深刻なダメージを与えた．

ブータ　bhūta（Skt.）
1. 元素．とくに地・水・火・風という4種の物質的元素の一つ．*大種ともいう．
2. 魔的な霊魂または邪悪な死霊の一種．

普陀山　ふださん　P'u-t'o-shan
中国の仏教の聖地として長い間人気のあるおよそ123 km^{2}の山の多い島で，浙江省の海岸の東100 kmに位置する．伝統的に，中国仏教界で三大山，もしくは四大山の一つに数えられている．*観音菩薩の崇拝（*供養）の中心としての成功は，その地理に起因する．*『華厳経』の中で，若い善財童子が教えを学ぶために偉大な師を探し求めて各地を旅していたとき，「海の端」に唯一そびえ立つ山の多い島，普陀洛に居住する菩薩を訪ねた．普陀山は状況が類似しており，世俗の間で類推の対象となり，多くの人が菩薩の姿をみつけ到達するために訪問する場所となった．唐代（618～907）から宋代（960～1279）へと至る過程で，元来は道教信者に信仰されていた島は，徐々に新しく仏教徒に信仰される島となった．最も近くにある港町の寧波の経済の発展は，普陀山を見るために5日の航海を望む巡礼者の拡大を支えた．ついには，中国における観音信仰でも特別な場所となった．島にはいくつかの仏教徒の僧院があり，自然の造形は仏教の伝説と結びついている．それらすべてが，流行と破壊，そして再建の時代を経てきた．

父タントラ　ふタントラ　Father Tantra
アヌッタラ・ヨーガ・タントラの主要な三つの区分の一つであり，『秘密集会タントラ』がその代表である．父タントラにもとづく瞑想の実践（*サーダナ）は，人格変容の手段としての*観想を行う，*生起次第の段階に重点をおく．

ブータンの仏教　Bhutan
ヒマラヤ山脈の東にある小さな王国．中国とインドの間に位置し，首都はティンプーである．ネパール人のヒンドゥー教徒が過去に南部に住んでいたが，国民の多数はチベット系で敬虔な仏教徒である．ブータンの仏教はチベットと密接に関係し，現在のおもな宗派は，ニンマ派とカギュ派の系統に属している．初期の歴史は伝説でおおわれているが，7世紀に仏教が伝えられた．ブータンの国は17世紀にチベット僧のガワン・ナムギャルによって建てられた．彼は，現代のチベットにあるシステムと同じような神権政治の方向にそって建国した．各支配者である「法王」（ダルマ・ラージャ，Dharma-rāja）は，転生者が見つけられず政権のシステムが終焉を迎えた20世紀初めまで前任者の*転生と信じられていた．ブータンと東インド会社の間で批准された条約による植民地時代の英国の影響のために，決して植民地ではなかったけれども，英国はブータンの外国との問題に対する責任を負った．この役割は独立に伴って1949年にインドに引き継がれた．その特有の自然と文化遺産を保存するために国への往来は厳しく制限されているため，ブータンは大部分が隣国にみられる現代の発展の望ましくない面に触れることが少ないまま残っている．

仏 ぶつ fo
ブッダに対する中国語で，フルネームは仏陀（fo-t'o）である．

『プッガラパンニャッティ』 *Puggalapaññatti*
「個人の称号」の意．パーリ正典のうち，*阿毘達磨蔵に属する七つの書のうちの4番目．表題が示すとおり，人間個人の階層的分類に関する内容を有する．10種の性質のうちいくつを有しているかによって，その個人をいずれかの階層に分類する．

仏教 ぶっきょう Buddhism（Eng.）
ブッダの教えを指して1830年代に西洋で一般的に用いられるようになった語．サンスクリット語やパーリ語では，「仏教」に直接対応する語はない．そのかわりに現地の文献では，ダルマ（「法」），仏法（「仏教の教義」），仏聖教（ブッダの教え），仏語（ブッダヴァチャナ，Buddhavacana，「ブッダのことば」）といった語が用いられる．朝鮮ではプルギョと呼ばれる．

仏教協会 ぶっきょうきょうかい Buddhist Society
大英帝国およびアイルランドの仏教協会はロンドンを本拠地とし，ヨーロッパ最古の仏教組織である．1908年にイングランドへ派遣された*アーナンダ・メッテーヤの使節を受け入れるため，協会は1907年に*トーマス・ウィリアム・リス・デヴィッツ会長のもとで設立された．協会は1925年に終幕を迎え，1926年にはロンドンの仏教ロッジ（Buddhist Lodge），1943年にはロンドン仏教協会（Buddhist Society），1952年には仏教協会にとってかわられた．1926年には会紙『イングランドの仏教』（*Buddhism in England*）が創刊され，1945年に『中道』（*The Middle Way*）と名称を変更した．副会長には*イザリン・ブルー・ホーナー，*エドワード・コンゼが名を連ね，*ダライ・ラマが協会の支援者である．→英国の仏教

仏教混淆梵語 ぶっきょうこんこうぼんご Buddhist Hybrid Sanskrit
多くの大乗経典でみられる初期の*プラークリット語の形式の痕跡を残す古典サンスクリット語の異なった形に対して研究者が名づけた名称．

仏教者国際連帯会議 ぶっきょうしゃこくさいれんたいかいぎ International Network of Engaged Buddhists
タイの活動家，*スラック・シワラックによって1989年に設立された国際機関で，世界平和の実現と環境保護，とくに発展途上国における経済搾取の終焉を目的とする．この機関は非公式な組織をもち，関心を抱く仲間の間における交流の助長と協力の促進を目的とする．「基本に立ち返る」方法に主眼をおき，現代社会の問題を解決する最良の方法として，初期仏教の説く正しい暮らし方を強調する．

仏教友の会 ぶっきょうとものかい Amis du bouddhisme
1929年米国の仏教徒コンスタン・ラウンズベリーがパリで設立した協会で，仏教促進を目的とする．

『仏教倫理学紀要』 ぶっきょうりんりがくきよう *Journal of Buddhist Ethics*
1994年ダミアン・キーオンとチャールズ・プレビッシュが創刊したネットワーク上の紀要．同紀要は*人権や*環境論，医療倫理といった仏教*倫理学に関連する主題を扱う学術論文を収載している．また，定期的にネットワーク上の「仮想」会議を主催し，1995年には人権に関して，2000年には*社会参加仏教に関する会議が開かれた．

仏護 ぶつご ⇨ブッダパーリタ

仏国土 ぶっこくど Buddha-kṣetra（Skt.）
「ブッダの土地」の意．ブッダの影響や行為が及ぶ領域．仏教の宇宙観では，各世界体系（*チャクラヴァーラ）は特定のブッダの領土であり，その中でブッダは誕生して教えを通じて衆生を

解脱へと導くのである．この観念は大乗で顕著に見られるようになったが，これはブッダの認識や知覚能力の範囲に関する古来の思索にもとづいている．多数のブッダという観念に伴って，多くの方向・次元の領域に限なく広がる無数の「ブッダの土地」という観念が生じてきた．これらの土地は完成の度合に応じて変化し，基本的に清浄と不浄という2種のカテゴリーに分類される．われわれが現在居住している世界は，不浄な仏国土の一例である．というのも，この世界の衆生は貪欲・嫌悪・迷乱という根源的な不徳に依然として支配されているからである．清浄なる仏国土，すなわち「*浄土」として最も有名であるのは，*『無量寿経』で描写される西方の*阿弥陀仏の楽土であり，阿弥陀仏の名を称えることによってすべての者がその楽土に再生できると考えられている．この清浄なる仏国土の存在は，とりわけ中国や日本で広まった祈禱仏教の発展にとって非常に重要なものとなった．

仏子　ぶっし　busshi (Jpn.)
　仏の弟子．字義は「ブッダの子」．すべての衆生を指す場合もある．

仏歯　ぶっし　tooth relic
　スリランカの*キャンディーに保管されている，*ガウタマブッダの神聖な仏舎利．伝承によると，4世紀に，ある王女が髪の中に隠してこの島にもたらした，とされる．最初は*アヌラーダプラに保管され，それから数多くの場所において順に保管されることとなった．1283年には，インドからの侵略軍によって短期間インドに持ち去られたが，パラッカマバーフ3世によってスリランカに再び戻された．16世紀には，ポルトガル人が，仏歯の本物であると称するものをゴアで焼却したが，本物はスリランカで無事であった．仏歯が現在保管されている寺院は，1592年に建立された（→ダラダー・マーリガーワ，仏歯寺）．仏歯は，信と権力の象徴とみなされ，これを保持することにより，王はスリランカ島の王権を担う正統な権利を授かるとされた．このような信仰は，12世紀の初めに確立したと考えられ，1815年に英国によってキャンディー朝が滅ぼされ，仏歯が強奪された後にも，信じられ続けていたと考えられる．

仏歯寺　ぶっしじ　Temple of the Tooth
　仏歯が順に保管される，スリランカの各所にある一連の寺院の総称．現在，仏歯が保管されているのは，*ダラダー・マーリガーワである．

仏舎利　ぶっしゃり　relics (Skt., Pāli, dhātu)
　単に*舎利ともいう．遺骨は，聖なる人物の物質的な残存，または神聖なものとして理解され，仏教において古い時代から崇められ続けた．諸仏の遺骨が最も神聖であり，ブッダがこの世を去るにあたっては，その遺体を八つに分けて各地に分配した．この身体的な遺物（シャリーラ・ダートゥ，śarīra-dhātu）は，埋葬する塚である*ストゥーパに祀られ，巡礼地となる．現存する身体的遺物のうち最も重要である，ブッダのものであると信じられているものは，スリランカのキャンディーにある仏歯寺に納められている，歯である．その他の崇拝されている教師たちの身体的遺物は，仏教徒の世界の各地で保存されている．神聖なものとしては，ブッダや影響の大きかった教師にかかわるものであれば，どんなものでも遺物として崇められえる．たとえば，菩提樹の切れ端，*衣，*鉢，像，仏教聖典などである．

仏性　ぶっしょう　Buddha-nature (Skt., buddhatā, buddha-dhātu)
　初期仏教の思想においては，学習や修行という伝統的な方法を通じてブッダになりうる可能性のことを指す．いかなる種類の衆生がこの可能性を有し，それはいかにして展開しうるのかを明らかにすることに議論が集中した．大乗仏教興起後は，実践と悟り（菩提），または可能性と成仏の間の差異がいかにして妥当するのかという問いを発する思想家も現れ始め，仏性は可能性としてではなく，すべての有情に内在するブッダ性として徐々にみなされるようになった．この状況下でなすべきことは，ブッダとしての境涯を獲得することではなく，それをおおうものを除去することである．たとえば*『六祖壇経』では，ブッダとしての境涯は雲におおわれた満月に喩えられ，雲が吹き飛ばされると月が顕わになるとされる．仏性というのは徐々に現れ出るものでもなく，生成されるものでもない．同様に，おのおのの衆生はすでにブッダであるにもかかわらず，この事実は諸々の煩悩や不純物によって曖昧にされている．いったんこれらが取り除かれると，衆生の有するブッダとしての境涯が明らかとなるのである．

さらに後代になると，中国や日本の仏教では有情と非有情との差異が問われるようになった．この文脈の中ではただの有情だけでなく，いかなる現象にもすべて仏性があると主張する学派も現れた．その場合，修行の目標の一つは，仏性という共通性にもとづいて，世界のあらゆる事物が単一であると見出すことにある．

年代としてはインドの大乗文献にまで遡るが，思想的に別の文脈では，究極的実在，あるいはあらゆる存在の最終的なあり方を説明する語として仏性が用いられた．インドやチベットにおける大乗のほとんどの形式では，仏性は一般的に空虚（*空性）や，衆生に内在する核（*アートマン）の欠如の同義語として理解されている．たとえば，*ヴァスバンドゥも『仏性論』において仏性を空虚や涅槃と同一視している．しかしながら，*他空というチベットの観念や，それに対応する中国仏教の教義の中で展開した如来蔵の教説の影響下では，仏性は肯定的属性を具えた，より実体的な存在としてみなされるようになり，大乗*『涅槃経』のような経ではしばしば「アートマン」と称される．

『仏所行讃』 ぶっしょぎょうさん *Buddhacarita* (Skt.)

「ブッダの行跡」の意．2世紀頃*アシュヴァゴーシャが著したブッダの伝記で，サンスクリット語の叙事詩形式（マハーカーヴィヤ，mahākāvya）で書かれている．原典として現存する17章のうち，アシュヴァゴーシャの手になるものは最初の13章のみであり，残りの4章は19世紀に加筆され，ブッダが悟り（菩提）を開いた後に*ルンビニーへと帰るまでの物語が増補されたものである．『仏所行讃』の完全版は，チベット語訳や漢訳に保存され，全28章にまで拡張された．『仏所行讃』は文学的にも宗教的にも第一級の作品であり，信仰に従事しながらも才能に恵まれ筆の立つ詩人の作品である．そのスタイルは敬虔であるが落ち着きを保ち，他の文献に見受けられるような架空の聖人伝とは一線を画している．

仏心 ぶっしん busshin (Jpn.)

「ブッダの心」の意．ブッダの慈悲心や悟りの心を指す場合と，すべての衆生が生来具有し，その存在に気づくべき根源的な清浄心を指す場合がある．

仏祖 ぶっそ busso (Jpn.)

多義的な言葉でブッダおよび各宗派の開祖もしくは仏教の創始者としてのガウタマ・ブッダを指す．

ブッダ Buddha (Skt., Pāli)

個人名ではなく，悟り（菩提），すなわち仏教徒の宗教生活の目標を達成した者に対する通名である．日本や中国では仏や仏陀と訳される．ブッダという語は，「目覚める」ことを意味するサンスクリット語の語根budhに由来し，*四聖諦で説かれるような物事の真実に目覚めた者のことを指す．それとは対照的に，人類の多くは眠っているため，人間のありように関する真実に気づいていないとみなされている．教義的にブッダは，*漏として知られる諸煩悩を断つことで涅槃を獲得した者とされるため，ブッダは官能的な欲求（*欲，カーマ）や生存（*有），無知（*無明）を離れている．ブッダはすべての欲望を根絶した者である以上，輪廻的生存の輪から逃れ，けっして再生することはない．*上座部仏教ではブッダが単に深遠なる精神的変容を経験した人間とされるが，それとは対照的に大乗の思想では，ブッダの概念がさまざまな形で展開する．それはブッダの「三種の身体」（*三身）の教義において顕著に認められる．この教えによれば，ブッダは時に人間の形をとって現れる宇宙的存在としてみなされている．

ブッダの重要な役割は師の務めを果たすことであって，ダルマを説くことで他者を救済へと導く．その例外としては「個的なブッダ」（*独覚）があげられ，彼らは悟りを獲得しても他者に教示することはない．大乗の教義によれば，そのようなブッダは，教示を行う一切知者（サルヴァジュニャ，sarvajña）にして，10種の特殊な力（*十力）を具えた「完全に悟ったブッダ」（*正等覚者）よりは劣ったものとみなされている．ブッダは真理（ダルマ）を他から聞いたのではなく自ら発見したことにより，*阿羅漢などの他の悟った存在とは区別される．過去に多くのブッダが存在していたことや，未来にも*弥勒のような多くのブッダが存在しうると仏教の全学派で信じられている．パーリ正典の『大本経』（マハーパダーナ・スッタ，*Mahāpadāna Sutta*）では6人の過去仏に言及され，*『ブッダヴァンサ』では24人の過去仏があげられている．これらすべてのケースにおいて，同様の典型的な伝記が付加されている．いかなる時代にもブッダは1人以上存在することはなく，現代の「史的ブッダ」は*シッダールタ・ガウタマであったと一般に信じられている．大乗の文献では，とりわけ密教で一般的な5人の*ジナなど，数多くの非歴史的ブッダが姿を現している．

『ブッダヴァンサ』 *Buddhavaṃsa*（Pāli）

パーリ正典の*小部の第14経．この韻文の作品の作者は不明である．この中で*ガウタマ（Pāli，ゴータマ，Gotama）・ブッダは，先立つ24人の過去仏の人生と，それらの過去仏らに関連する自身の前世での行いを語る．そこでは，それぞれの過去仏らのもとで菩薩（Pāli，ボーディサッタ，Bodhisatta）であったときの名もまた語られている．この『ブッダヴァンサ』は，ブッダがラタナチャンカマ（宝石でちりばめられた歩道）という奇跡を起こした後で，*シャーリプトラの懇願により説かれたといわれており，この作品の序章はラタナチャンカマ・カンダ（宝珠経行処部，Ratanacaṅkamana-khandha）と呼ばれる．この最終章はガウタマの*仏舎利の分配について取り扱う．『ブッダヴァンサ』の注釈書は*『マドゥラッタヴィラーシニー』として知られる．

ブッダガヤー ⇨ボードガヤー

ブッダ・クラ Buddha-kula（Skt.）

「ブッダの一族」の意．とりわけ密教と関連した語で，さまざまなブッダを分類し割り当てるために用いられる．菩薩や他の神格もその中に含められる．初期の密教経典では，3種のブッダ群のシステムが用いられ，*シャーキャムニまたは*毘盧遮那と関連した如来群，*金剛手または*阿閦仏と関連した金剛群，*観自在や*阿弥陀と関連した蓮華群という3群である．後代の密教の伝承では，5種の認識（*五智）や悟り（菩提）の諸相と関連した*五仏や5人の*ジナという5種のシステムが用いられている．それは如来群（毘盧遮那），金剛群（阿閦仏），宝石群（*宝生），蓮華群（阿弥陀），行為群（*不空成就）という5種から成る．

ブッダゴーシャ Buddhaghoṣa（Skt.；Pāli, Buddhaghosa）

5世紀初頭に生まれた僧．パーリ正典に対する偉大な注釈家とみなされている．ブッダゴーシャの伝記によると，その言葉はブッダの言葉のように深遠で，世界中に広がっていることから，字義どおり「ブッダの言葉」を意味してブッダゴーシャと呼ばれるようになった．後代の伝承では厖大な数のテキストがブッダゴーシャに帰されている．インドで暮らしている間，『ニャーノーダヤ』（*Ñāṇodaya*）と*『アッタサーリニー』を著し，また*三蔵（Pāli，ティピタカ，Tipiṭaka）に対する簡潔な注釈（パリッタアッタカター，Parittaṭṭhakathā）を書き始めたといわれている．ブッダゴーシャは自らの職務を全うするためにスリランカに渡り，*マハーヴィハーラでシンハラ語の注釈を研究した．研究が終わるとブッダゴーシャは*『清浄道論』を著し，マハーヴィハーラの僧の同意を得て，シンハラ語の注釈群をパーリ語に翻訳した．*上座部の伝承によると，その注釈群は仏教の最初の伝道師を伴って前3世紀にスリランカに到来したという．この仕事が終わると，ブッダゴーシャはインドに戻った．上述の作品に加えてブッダゴーシャは，*『サマンタパーサーディカー』，律蔵に対する注釈である*『カンカーヴィタラニー』，経蔵に対する注釈である*『マノーラタプーラニー』を著したとされている．またブッダゴーシャは，*『クッダカパータ』や*『スッタニパータ』，*『法句経』に対する注釈も編集したといわれ，中には*ジャータカに対する注釈（『ジャータカアッタカター』）をブッダゴーシャに帰する者もいる．実際のところ，律に対する注釈はおそらくブッダゴーシャの作品ではなく，ブッダゴーシャの要請に応じてアビダンマの注釈家が書いたものであると注釈家自らが述べている．ブッダゴーシャに帰しても問題のない作品は，おそらく『清浄道論』と4種の*ニカーヤや*阿含に対する注釈群のみであろう．残りのものは，せいぜい「ブッダゴーシャ学派」の作品であると考えられている程度である．これらの作品の厳密な出所が何であろうと，それらはスリランカにおける上座部の正統説や，今日われわれが知る上座部仏教の教えに対して重要な影響を及ぼしたのは確実である．

ブッダ・ジャヤンティー　Buddha Jayantī

「仏教の祝典」の意．仏教暦の2500周年を記念して，1956〜1957年に開かれた祝典の名称．歴史的に見てこの年代の算定が正確でないのは，西洋におけるここ1000年間に関する計算が正確でないのと同様である．→ブッダの年代

ブッダシャーンタ　Buddhaśānta

インド北部の比丘で，仏陀扇多ともいう．511年に中国へ行き，そこでボーディルチと協力して*『十地経』を翻訳した．後に*『摂大乗論』や他の経典を翻訳した．

仏陀扇多　ぶっだせんた　⇨ブッダシャーンタ

ブッダダーサ　Buddhadāsa（1906-1993）

タイの比丘の指導者で，スリランカの王（在位362-409）の名にちなんで名づけられた改革者．ブッダダーサは20歳のときに出家し，引き続き1932年にタイ南部に瞑想のためのセンターを設立した．彼の一般的なアプローチは，基本的なビルマの洞察的な瞑想（*観）の実践とは対照的に，トランス状態（禅定）に達することを通して洞察を教えるものである．彼は，その広範にわたる著作の中で，科学的な発見と一致し現代社会の問題により接近できるように，伝統的な指導方法に対して修正した解釈を行っている．彼は，形而上的な信仰を超えた道徳的ふるまいを強調し，再生に関する信仰に対して疑問を投げかけさえした．彼の見解は，自身の葬式に関して論議を引き起こした．数回の脳卒中に苦しんだ後，昏睡状態に陥った．生前表明していた望みに反して，彼は治療のため1993年5月にシリラート病院に収容された．このできごとは，生前発効の遺書，安楽死，死期に対する医学の介入に関する全国的な議論を引き起こした．

ブッダダッタ　Buddhadatta

学者．注釈家．*アヌラーダプラの*マハーヴィハーラで学んだ後，*カーンチーのウルガプラで暮らした．ブッダダッタの作品には，『ヴィナヤ・ヴィニッチャヤ』（*Vinaya-Vinicchaya*），『ウッタラ・ヴィニッチャヤ』（*Uttara-Vinicchaya*），*『アビダンマアヴァターラ』，『ルーパールーパヴィバーガ』（*Rūpārūpavibhāga*）がある．伝承によると，ブッダダッタは*ブッダゴーシャに会ったといわれているが，その確証はない．

仏陀多羅　ぶっだたら　⇨ブッダトラータ

ブッダトラータ　Buddhatrāta

『円覚経』（完全な悟りの経典）の翻訳者とされている人物．仏陀多羅ともいう．この経典が中国で編纂され，彼の名前が他の作品との関係でもみられないため，その実在性は疑わしい．

ブッダの年代　date of the Buddha

パーリ正典ではブッダは80歳で死去したと記録されている．しかし，彼の生存年代は詳しくわかっていない．インドの諸資料における体系的な年代記録の欠如と，インドと西洋の暦の換算に関する問題は，この地域における年代学的な研究の重大な妨げとなっている．仏教を信仰するさまざまな地域において，ブッダの生存年代に関する多様な見解が出されている．スリランカと東南アジアではブッダの年代を前624-544年とする見方が主流であるが，東アジアではさらに遅く，前448-368年とすることが

多い．西洋の研究にもとづく多くの二次的文学の中で見られるブッダの伝統的な年代は，前566-466年，または前563-463年である．しかし近年の研究ではブッダの生涯は50年ほどであり，さらにわれわれの時代と近いことを提示する．また，ブッダが死んだのは前410年から前400年の間であるという近年の研究結果に関しては，西洋の研究者たちの間で一致をみている．

仏駄跋陀羅 ぶっだばっだら ⇨ブッダバドラ

ブッダバドラ Buddhabhadra（359-429）

インド北部の比丘で学者．仏駄跋陀羅ともいう．17歳に出家し，その後，瞑想と僧団規則（律）の研究に努めた．408年に聖職者の招待を受け中国に移住し，翻訳家として働いた．最初，首都の長安にいたが，*クマーラジーヴァや他の高名な外国人僧侶との不仲から40人あまりの弟子とともに去り，廬山へ向かった．そこで，学僧の*廬山慧遠（344-416）とともに親しく活動し，その後南部の首都である建康（現在の南京）に行った．最初は中国人僧侶らとともに作業し，後には一人で作業して，およそ13部約125巻を翻訳した．それらのうち最も重要なものは，*『涅槃経』と『摩訶僧祇律』（どちらも*法顕とともに）と*『大方広仏華厳経』（『華厳経』）である．

ブッダパーリタ Buddhapālita（470-540）

*中観派の一派である*帰謬論証派の師であり注釈家．仏護ともいう．2世紀の中観派樹立者，*ナーガールジュナの*『根本中頌』に対する注釈として，『ムーラ・マディヤマカ・ヴリッティ』（*Mūla-madhyamaka-vṛtti*）を著した．ブッダパーリタの注釈はチベット語で現存し，全27章10節に分かれている．ブッダパーリタの中観解釈は*中観自立論証派の*バーヴァヴィヴェーカによって批判されたが，バーヴァヴィヴェーカは逆に，帰謬論証派解釈の最も有名な主唱者である*チャンドラキールティによって論難された．

ブッダ・ルーパ Buddha-rūpa（Skt., Pāli）

ブッダの像．

仏壇 ぶつだん butsudan（Jpn.）

日本の仏教において壁に設けられたくぼみや厨子で家庭の居間や寺院の住職の居室に置かれ，物故者に供え物が捧げられる．物故者の身代りとして戒名が記された位牌が置かれる．

仏頂尊勝 ぶっちょうそんしょう Uṣṇīṣa-vijaya（Skt.）

「勝ち誇ったウシュニーシャ」の意．*毘盧遮那の顕現とみなされる人気のあるタントラの女性神格．色は白で，三つの顔と八つの手をもった姿に描かれる．

仏図澄 ぶっとちょう Fo T'u-teng（4世紀頃）

中央アジアの比丘で魔術師．揚子江北部がトルコやチベット出身の非中華系部族に支配されていた4世紀初めの中国にきた．降雨や予言の能力で宮中に取り入って，国家の問題を解決するために哀れみ（*悲）と正義について相談に乗り，支配者たちにその教化の影響を及ぼした．彼は，中国史上政府と関係をもった最初の僧侶と考えられており，南朝では仏教の理論的な原典に基づく志向とは対照的に，北朝では仏教の理論よりも実践が好まれたことを象徴している．

プッバヴィデーハ Pubbavideha（Pāli）

古い仏教の宇宙論における，神話的な四つの大陸の一つ．約16万km^2の広さを有し，東側に位置しているとされる．東勝身洲ともいう．

プッバーラーマ Pubbārāma（Pāli）

ブッダがたびたび滞在し，午後の休息を過ごした場所として，パーリ正典の中にしばしば言及される庭園．*シュラーヴァスティーの街の，東門の外側にあった．

仏法 ぶっぽう Buddha-dharma（Skt.）

「ブッダの教え」の意．ブッダの教義または教え．西洋では「ブディズム（仏教）」（Buddhism）として知られている．

武道 ぶどう martial arts

武道という語はさまざまな流派や形式に及び広範にわたるが，全体としては戦争や一騎打ちの技術に端を発しているにすぎない．このようにして武道は，剣や弓矢から鎌や脱穀機といった農具まで，さまざまな武器の使用に意を注ぐだけではなく，空手という戦闘形式にも及んでいる．仏教史上，武道は古くから禅の教説や実践と密接に関連づけられてきた．その背景には禅の実践が敗北や死に対する恐れを取り除き，そして戦士の心やエネルギーを現在の瞬間に集中させて気が散るのを防ぎ，集中力や反射能力を増強することによって戦闘技術も増強するということを軍事階級者が発見して以来，その関連づけは密接なものとなった．

中国におけるこの関連づけの起源は，禅の開祖とされる*ボーディダルマ（3〜4 世紀）自身に遡る．ボーディダルマが河南県の*少林寺（*精舎）に到着した際，そこに住む僧の体調がすぐれず地元の盗賊の強奪を受けていたことを知ると，ボーディダルマは彼らに戦闘技術を教授して，彼らの健康と安全を向上させたといわれている．今日に至るまで，少林寺の僧はその戦闘術で有名である．こうした仏教武道（「宮中武道」に対して）の流派は韓国でも興起した．日本では禅と戦闘との関連により，*鎌倉時代中期以降*侍階級はおもに*臨済宗と結びつくこととなった．侍は自己鍛錬や功績，そして共生関係の進展へと自らを駆り立てるとともに，自己陶冶という目的志向型のプログラムを臨済宗の中に見出した．臨済宗は他の芸術（絵画や戯画，詩歌など）がもたらすものとほぼ同種の*仏性の自覚と表出を武道の実践の中に見出した．侍はより腕の立つ戦士となるために，自身のさらなる目標へと至る道を禅の実践の中に見出した．両世界にわたって活躍した人物として*鈴木正三（1579-1655）は，若い頃は戦闘に禅を役立てる戦士であったが，後に禅僧となり，その教説は武道の面影に満ちていた．

不動地 ふどうじ acalā-bhūmi（Skt.）

*『十地経』によれば，8 番目の菩薩の境地（*地）で，「動揺することのない境地の者」という意味である．この境地の菩薩は，*誓願の完成を行じ，誓願を通じて完成すべきものを達しようと努める．この段階（またはこの一つ前の段階）は，不退転（Skt., アヴァイヴァルティカ，avaivartika，後ろに戻らないこと）となることが特徴的で，菩薩がひとたび到達するともう後戻りすることはなく，完全な悟り（*正覚）を得ることが確実となる．→波羅蜜

不動明王 ふどうみょうおう Fudō Myō-ō（Jpn.）

4 人の「智慧の王」の一人であり，インドの伝承から日本の仏教に取り入れられた．サンスクリット名はアチャラナータ（Acalanātha）である．これらの王は，寺院や密教儀礼（→密教）の場の守護者として現れ，荒々しさと怒りに満ちた容貌と姿勢を示している．その恐ろしい姿にもかかわらず，彼らを突き動かすものは慈悲の心（*悲）であり，無明や執著をはらい，生きとし生けるものを解脱へと導くために，彼らは仏の教えを護持している．

プトガラ pudgala（Skt.；Pāli, puggala）

「人」の意．

1．人．ふつうの意味でいう，個人．

2．人であること，という概念．とくに，永続的な自己という哲学的な意味で用いられ，仏教では否定される永遠の自我（*アートマン）と似ている面もあるが，まったく同じというわけではない．→我論

プトン・リンチェンドゥプ Butön rin-chen-grup（1290-1364）（Tib., Bu-ston rin-chen grub）

チベットの師で，翻訳者，仏教史学者．南チベットのツァンで生まれ，*カギュ派の比丘として修行し，人生の大半をシャル僧院での研究と指導に費やした．17 歳で沙弥となり，23 歳で具足戒を受けて僧侶となった．30 歳までに当時のあらゆる大師匠から教えを受け，自らの名で著作を著し始め，正典の翻訳と校訂を始めた．

プトンは翻訳の校正とチベットの仏教正典の二部である*カンジュルと*テンジュルの分類に携わった．プトンがなしたこれらの典籍の分類は，後世にこの典籍集成を版本とする際に，

その構成の主要な基礎の一つとなった．また多くの著作と注釈を著し，その中の『仏教史』（チューチュン，*chos-'byung*）は特筆に値する．インド，ネパール，チベットの仏教史に関する編年史であると同時に，カンギュルとテンギュルの全翻訳の目録となっている．プトンの著作は200以上にも及び，チベットの仏教学に重大な影響を与え，インドにおいて仏教が滅びんとしていたことを考えると実に時宜にかなっていた．

不二タントラ ふにタントラ Non-dual Tantras

チベットにおける新訳派の系統を固守する者たちによれば，*アヌッタラ・ヨーガ・タントラの主要な3階層のうちで，数の上では最小の一群．*『時輪タントラ』と『マンジュシュリー・ナーマ・サンギーティ』（*Mañjuśrī-nāma-saṅgīti*）を含む．不二タントラにもとづく瞑想実践（サーダナ）は，個人の変革の手段として*観想の*生起次第と*究竟次第とを統合することを強調する．

部派分裂 ぶはぶんれつ schism

部派分裂は仏教の歴史の初期から起きていたが，その原因の一端は，ブッダが僧団（僧伽）を率いる後継者の任命を拒んだこと，および僧団内での行動について厳格な規律を設けることに対して否定的であったことにある．ブッダは信者たちに「自らを照らす灯火」であれと告げており，仏教は，教義や実践に関して絶対的な権威を認めることがなかった．部派分裂（サンガベーダ，saṃghabheda）の定義によれば，9人以上の比丘が見解の相違のために連れだって僧団を離れ，独自の宗教的活動を営むようになったとき，それを部派分裂とよぶ．離脱した比丘の数が9人に満たないとき，それは部派分裂ではなく，「見解の相違」とされる．悪意や利己心によって部派分裂を起こすことは重罪であり，即座にその報いを受けるとされる（*無間業）．部派分裂のもたらした結果については小乗十八部の項を参照．

不放逸 ふほういつ apramāda（Skt.；Pāli, appamāda）

注意散漫でないこと．すべての行動の中での，用心深さまたは勤勉さの美徳．あらゆるよい性質の基礎であるといわれる．

プラークリット Prakrit（Skt., prākṛta）

サンスクリット語に対して，中世インドの「自然な」すなわち土着の諸言語を指す語．この諸言語は，ベンガル語やオリヤー語など，多くの近代北インド諸語の祖となった．

プラサット prasat（Khmer）

複合寺院や中央の聖堂を表すクメールの言葉．

プラジュニャー Prajñā

重要なインド人比丘．般若ともいう．インド北西部の出身で，9世紀中頃に中国の長安に居住し，*「入法界品」を翻訳した．また，日本の*真言宗の開祖である*空海と会い，友人として助けたことでも知られている．

プラジュニャールチ Prajñāruci

中国の魏（220～265）の時代に活動したインド人比丘．般若流支ともいう．*飲光部の『解脱戒経』などの翻訳がある．

プラセーナジット Prasenajit（Skt.）

*パセーナディ王の，サンスクリット語での名前．

プラッティナガラ Pulatthinagara

中世のスリランカの首都．プラッティプラとしても知られる．7世紀から14世紀にかけて栄え，インドから来襲するタミル人やチョーラ朝の軍勢にしばしば占領された．1070年頃に*ヴィジャヤバーフ1世が奪回して，街をヴィジャヤラージャプラと改名し，ブッダのものであると信じられた歯を保管するために仏歯寺を建立した．街は，1215年頃に南インドからの軍勢によって略奪され，それ以後は，時折復興の時期もあったものの，大いに衰退した．

プラティシュティタ・ニルヴァーナ
pratiṣṭhita-nirvāṇa（Skt.）
「限定的な涅槃」の意．大乗仏教において，ブッダや他の解脱した衆生が，世界から完全に分離または独立しているような，涅槃の形態のことである．そのような者は，*無余依涅槃として知られる死後の涅槃をなした者と，同等であるとみなされる．大乗仏教によると，これは小乗仏教によって支持される劣った到達点であり，大乗仏教の理想として「限定されない涅槃」(*無住処涅槃)，すなわち輪廻と涅槃のどちらにも偏さない状態を，めざすべきであるとされる．

プーラナ・カッサパ Pūraṇa Kassapa
六師外道のうちの一人で，ブッダと同時代に生きた人物．善い行いも悪い行いも，行った者に何の結果ももたらさない，という教え（アキリヤ・ヴァーダ，akiriya-vāda）を広めていた．この見解は，業を信じることに反するとして，ブッダに強く非難された．

ブラーフマナ Brāhmaṇa（Skt., Pāli）
ヴェーダに付されたヒンドゥー教の宗教文献の一ジャンル．ブラーフマナ文献の年代は，前約8世紀頃に措定され，宇宙論的な思索のみならず，祭祀の実行に関連した儀軌の解説マニュアルを含む．

ブラーフマナティッサ・チョーラ
Brāhmaṇatissa-cora（Pāli）
ティッサという名でも知られる婆羅門．*ヴァッタガーマニ・アバヤ王（前1世紀）の時代に生きた人物．スリランカ史によれば，彼は島の王座を得るために略奪者と化し，その国に大きな災難の時代をもたらした．同時期にタミル人がインドからスリランカを攻めてきたので，ヴァッタガーマニ・アバヤ王はティッサに，もしその侵略者たちを打ち破ることができれば，王国を与えようという約束をした．ティッサはそれに同意したが，戦いで捕らえられてしまった．パーリ語の記録によれば，ブラーフマナティッサは12年の間，国を略奪し続け，王が姿を隠した時代に彼の権力は絶頂を極めた．ブラーフマナティッサが死去したとき，王は再び王位を回復した．

ブラフマン Brahman（Skt.）
ヒンドゥー教における，非人格的な神格原理または究極的な実在．

プラマーナ pramāṇa（Skt.）
インドの認識論，論理学，討論術に関係する学問．量ともいう．仏教徒の学者が他のインドの諸宗教に出合い，議論や論争に入っていくにつれて，討論の規則と方法の標準化を行う必要が生じた．このことから，そのような討論の結果を決めるために，すべての参加者が同意できる，三段論法にもとづいた公式の論理体系が発達していった．仏教の内部においてそのような規則について述べている最初の資料は，*アサンガの*『瑜伽師地論』の一部と，中国語でのみ存在する*ヴァスバンドゥに帰せられた文献である．これらの古い文献に続いて，*ディグナーガの*『集量論』や，*ダルマキールティの*『量評釈』が現れた．仏教の論理学の見解によると，有効で信頼できる正しい認識の手段は，感覚にもとづいた直接知覚（*現量）と，理性と論理にもとづいた推理（*比量）との，二つだけである．仏教の論理学の文献においては，これら二つの主題が最大の関心事である．仏教の論理学は，インドの他の宗教的な哲学の学派すべてに大きな衝撃を与え，その影響は，中世初期にインドから仏教が消滅した後でさえも続けて感じられるほどである．中国にも伝えられたが，熱心に学ばれることはなかった．これに対してチベット仏教の各派においてはかなり熱心に研究され続け，とくに*ゲルク派の人々は熱心であった．

プルワ phurba（Tib.；Skt., kīla）
儀礼用の用具で，タントラ仏教で魔の力を縛り付け，押さえつけるためのもの．元来は単なる掛け釘，杭もしくは大きなアカシアのとげであり，チベット仏教ではプルワは3面の短剣の形をしており，通常は*ヴァジュラキーラとみなされている忿怒の生き物を貫いている．

プロテスタント・ブッディズム Protestant Buddhism

研究者のガナナーツ・オベーセーカラによってつくられた用語で，プロテスタントの布教者の活動と，西洋近代の知および技術との密接な接触という，二つの歴史的背景によって引き起こされた，19世紀後半に起源を有するシンハラ仏教における現象を指す．1815年，英国は，スリランカ全体を支配下におく最初の植民地権力者となり，地域住民によって行われている仏教は侵害されないことを宣言するキャンディー協定が調印された．この文書は，英国のプロテスタントの福音主義者たちに攻撃され，英国政府は仏教についての政策から手を引く必要性を認識した．政府の政策がプロテスタントの宣教師たちの活動に有利にはたらき，支配的なエリートの一員となるためにはキリスト教への改宗がほとんど必須となっていく間に，シンハラ人における仏教と政府との伝統的な連帯は事実上，解体された．このような状況の結果として始まった運動の指導者が，*アナガーリカ・ダルマパーラである．この運動は，異国の宣教師たちによる仏教への攻撃に対する抗議とみることもできるし，プロテスタントに独特な特徴の数々を地域の仏教に取り入れたものとみることもできる．プロテスタント・ブッディズムは，本質的に，僧伽のみを通じて解脱を求め見出すことができるということを否定する，仏教復興運動の一形態である．結果的にいえば，宗教が内面化されたのである．在家信者は，自分の宗教で人生を満たし，仏教が自分の属する社会全体を満たすように奮闘するものとされる．出版を通じて，在家信者たちは，初めて仏教の文献に触れることができるようになり，瞑想を自ら学ぶことができた．しだいに，在家信者たちは，自分たちが涅槃に至るよう努力できるし，努力すべきである，と感じるようになった．その結果，伝統の定める標準にも，精舎の役割についても，批判的となっていった．

ボン Bön（Tib.）

仏教伝来以前からチベットやその周辺地域にみられる古代宗教．伝説的な教祖，*シェンラブ・ミウォによって創始され，陽たる「白ボン」，陰たる「黒ボン」という二つの主要な側面をもつ．「白ボン」には三つの歴史的な側面が認められる．すなわち，第1は，改革がなされず，文字が使用される以前の，仏教の伝来前のボン（ドゥルボン，brdol-bon）は，悪霊を沈めたり先祖代々の神格を供養する祭祀が主であった．第2は，移入されたボン教（キャルボン，'kh-yar-bon）であり，最初はブルシャやチャンチュンなどの東部チベットに広まり，ディグム・ツェンポー王の統治にあるチベットに伝播した．第3は，翻訳されたボン教（ギュルボン，bsgyur-bon）であり，「白き水の伝統（流れ）」（チャプケル，chab-dkar）として知られる．8世紀に仏教に呼応し，仏教の文献を修正し，つくり直して，ボン教の文献とすることによって発達した．黒ボン教はおもに黒魔術や不吉な祭祀と行法を扱った．ボン教の信者は，仏教は自らの国教としての役割を脅かすものと考え，その伝来にしばしば対抗し，幾人かのチベットの王たちたちはそれに続く権力抗争にかかわったことが知られる．仏教の影響をうけて僧団の組織が発達し，東チベットの一部やインドに亡命したものの間で，今日まで伝わっている．

ブン Bun（Lao）

ボウン（boun）ともいう．

1. 宗教的祭典．

2. 仏教の宗教活動を通して得られる利益（*福）．

忿怒尊 ふんぬそん wrathful deities

タントラ仏教ではある種の神々は兇暴で恐しい姿に描かれる．これらの姿はさまざまな層の象徴的意味をもつ．最も単純には，彼らは三*不善根の一つである憎悪（*瞋）の悪徳と，怒りなどそれに関係する他のすべての悪い感情を表現する．別の段階では，悪い感情の間違った心理的エネルギーはタントラの実践をもちいて正しく導くならば，より精神的に有益な形に変えて憎しみを用いて憎しみ自体を破壊するように向けることができるということを想起させる．五人のジナはそれぞれ忿怒（クローダ，krodha）の姿をもち，これらは彼らのさまざまな衝動や欲望に対する勝利を象徴する．「五大明王」（ヴィドヤーラージャ，vidyārāja）として一括りに知られる彼らはアチャラナータ（Acalanātha），トライローカヴィジャヤ（Trailokavijaya），クンダリー（Kuṇḍalī），ヤマーンタカ（*大威徳明王），ヴァジュラヤクシャ（Vajrayakṣa）である．マンダラのような図像法的描写では，アチャラナータが中央に，他は上の順に東，南，西，北に現れる．

分別　ふんべつ　vikalpa（Skt.）

1.「想像」の意．概念，判断，見解，意見の形成につながる知的過程．仏教思想においては通常，感情や欲望に染まって事物の本性をありのままにとらえそこなった，欺かれた間違った考えを示す．この意味では「心的増大」すなわち欺かれた，悟りをひらいていない心の活動を意味する*戯論の語と同義である．

2. *瑜伽行派によれば，現実に重ねあわせられる誤った二分法的な分裂をつくりあげ，知覚主体と知覚対象の実在を信じ込む過程である．いくつかの資料は「主体性」（グラーハカ，grāhaka）と「客体性」（グラーフヤ，grāhya）の両方が分別の結果であるとみなしている．→所取・能取

分別説部　ふんべつせつぶ　Vibhajjavāda（Pāli）

「識別論者」の意．*上座の系譜に属する，初期仏教の部派の一つ．250年頃のパータリプトラ会議（第2回）において，ブッダの正統的な教えを保持する部派として認定されている．しかし，分別説部が一つの部派であったか，いくつかの部派の集合であったかは，明らかでない．また，その動向や教義の正確な性質，存続した期間についても，よくわかっていない．パーリ語の文献において，ブッダは時々「分別説者」と呼ばれているので，この名称は*上座部の別称であった可能性もある．ここで問題となっている「識別」は，両極端を「識別」してその*中道を強調する，ブッダの方法論的な実践を指しているかもしれないが，この語の起源に関するそのような解釈は憶測であるにすぎない．

へ

平安時代　へいあんじだい　Heian Period

日本の歴史の時代区分であり，平安京（現代の京都）が都とされた794年から1185年までの時期を指し，名称もそれに由来する．この時代において，日本の仏教の*天台宗と*真言宗が誕生した．

閉関　へいかん　heikan（Jpn.；Chin., pi-kuan）

禅の実践で，閉じこめられた状態の期間．一人部屋で，修行者はふつうは3年に及ぶ長期の研究と実践を行う．

米国仏教団　べいこくぶっきょうだん　Buddhist Churches of America

北米最古の仏教集団の一つで，1899年にサンフランシスコで設立された．元来は北米仏教伝道区（Buddhist Mission of North America）と呼ばれていたが，第一次世界大戦後に現在の名称を採用し，それ以来会員数は今日10万人以上に至るまで急速に成長した．元来は日本に属するものであったが，合衆国中の数多くのセンターで浄土真宗の教義を広めている．

『ヘーヴァジュラ・タントラ』　*Hevajra Tantra*（Skt.）

アヌッタラ・ヨーガの*母タントラの主要なものの一つであり，*イダムのヘーヴァジュラとその配偶者ナイラートミヤー（Nairātmya）に関するものである．ヘーヴァジュラに関連する，神格と主要な瞑想行を描いた典籍であり，サンスクリット語の形で現存し，チベット語訳と漢訳も現存する．チベットでは『ヘーヴァジュラ・タントラ』はとくに*サキャ派で普及している．

『碧巌録』　へきがんろく　*Blue Cliff Records*

*雪竇重顕（980-1052）によって初めて前代

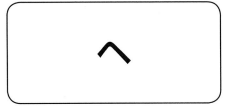

の禅の記録から収集された，100の*公案の集成．雪竇は，それぞれの公案に偈を付した．後に，*圜悟克勤（1063-1135）によって，それぞれの公案に序と批評および主要な人物に対する経歴の注記が付せられ，現在の最終的な形になったと考えられる．圜悟は1125年に編集を完成させたが，彼の弟子であった*大慧宗杲（1089-1163）が，禅門の「不立文字」を主張して，これを焼き捨てた．そして，元朝の大徳年間（1297-1307）に至るまで，再び世に出ることがなかった．

『ペータヴァットゥ』 *Petavatthu*

パーリ正典のうち，*小部の7番目の書．一生涯の悪しき行いの後，餓鬼（Skt., プレータ, preta；Pāli, ペータ，peta）として再生した者たちの，悪しき運命を語る．*ダンマパーラによる注釈が存在する．

ペラヘラ perahera

シンハラ語の単語で，「行列」，「行進」の意．7月から8月にあたるひと月の満月のときに*キャンディーで催される*エサラ・ペラヘラが，最もよく知られている．→ドゥルトゥ・ペラヘラ

ベルヴァ Beluva

ブッダが最後の雨安居を過ごした*ヴァイシャーリーからほど近い村．ブッダはここで痛ましい病に見舞われたが，意志の力で病を克服して旅を続けた．

ヘールカ Heruka

「血を飲むもの」の意．忿怒の神格を指す用語で，ヘーヴァジュラ，すなわち．*チャクラ・サンヴァラなどのように，*アヌッタラ・ヨーガ・タントラと関係しており，しばしば守護神格（*イダム）として受容されることもある．

ペルトェル・リンポチェ Peltrül Rinpoche (Tib., dpal-sprul rin-po-che)（1808-1888）

*無宗派運動を広めた*ニンマ派の代表的な人物の一人である．謙虚でありながら，深遠なる教えを簡潔に伝えることができる人物として有名であった．著作『あらゆることにすぐれた師の教え』（クンシャン・ダマ・シェールン，*Kun-bzang bla ma zhal lung*）はその才能を示すよい例であり，ニンマ派の*ゴェンドへの概略を記した手引きとなっている．

遍計所執 へんげしょしゅう parikalpita（Skt.）

「仮定されたもの」の意．*瑜伽行派によると，*三性の一つ．*依他起性によって現実に投影されている，認識する主体と認識される客体との，真実でない二元性を指す．輪廻の中の個人の存在が，結果として生じることになる．→所取・能取，円成実

変容経典 へんようきょうてん transformation texts（Chin., pien-wen）

中世の中国仏教で福音の目的で使用された自国語のテキスト．かなり高度な文学様式にあり，多くの学術用語の語彙を用いた経典とは違い，これらのテキストは大衆的な形式に変更され，仏教正典から採用された不思議なできごとの叙述からほとんど構成されている．これらは，祭典の際に寺院を訪れたものに大声で読みあげられることを目的としている．中国の小説において後に突出したものになったという特徴を含むために，文学のレベルに関して重要であり，中国の歴史において自国語の文学の最初の例の一つである．

ホ

法　ほう　⇨ダルマ

法雲地　ほううんじ　dharmameghā bhūmi (Skt.)
*『十地経』の説く菩薩の段階（*地）の第10番目．この段階では，菩薩は*智の完成（智慧波羅蜜）に従事する．それにより菩薩は，10の方位（周囲8方位と上下）にすべての*如来が顕れるなか，ダルマに触れることができるという．

放焔口　ほうえんく　fang yen-k'ou
中国仏教で行われる密教儀式．この儀式は，地獄の門を開け地獄の住人や飢えた亡霊（*餓鬼）を召還するために，密教の慣例（マントラ，*ムドラー，*観想）の要素を用いる．彼らは食物を与えられ，説法を聞く機会が与えられる．この儀式は，唐代の*アモーガヴァジュラ（705-774）によって訳された『餓鬼の燃えさかる口を救うための陀羅尼の経典』（『仏説救抜焔口餓鬼陀羅尼経』，*大正新脩大蔵経 no.1313）に由来する．高度に複雑なこの儀式は何時間もかかるが，さまざまな部分から生み出される演劇の感覚と，色と音の変化，両手一杯の菓子や小さなコインを聴衆へ投げるといった特別な華やかさのために，在家信者の間では人気のある儀式となった．→密教

龐蘊　ほうおん　P'ang Yün (808没)
唐代（618～907）に活動した有名な禅の在家の修行者で，「龐居士」として知られている．当時の著名な禅師のもとで学び，さまざまな深い悟りの経験に到達した．「私の超自然的な力とは何か．私は水を運び薪を切る」という言葉で有名である．

法界　ほうかい　⇨法界　ほっかい

棒喝　ぼうかつ　bōkatsu (Jpn.)
禅の指導者によって用いられる訓練法の一つ．師匠は突然叫び声をあげると同時に弟子を棒（警策）で打つ．目的は弟子を驚かすとともに悟りへの転機を与えることである．

宝篋印陀羅尼　ほうきょういんだらに　hōkyōin-darani (Jpn.)
日本において，*天台宗や*真言宗での儀礼の際に，毎日詠唱する三つの呪文や*陀羅尼のうちの一つ．40の文から成り，746年に*アモーガヴァジュラによって訳出された『一切如来心秘密全身舎利宝篋印陀羅尼』（*大正新脩大蔵経 no. 1022）から選び出されたものである．この呪文は，地獄に囚われたものを解放する力，病を治癒する力，困窮したものに幸運をもたらす力などを獲得するためのものとされる．

『宝行王正論』　ほうぎょうおうしょうろん　*Ratnāvalī*
「宝玉の花冠」の意．サンスクリット語で書かれ，*ナーガールジュナによって編まれた，教訓を説く文献．5章から成る500詩節である．*空性について，ナーガールジュナによる他の文献の間で典型的な教えを含んでいるが，内容の大部分は実用的な性格であり，在家の者たち，とくに為政者の，日々の行いを扱っている．第4章は，仏教を信仰する為政者の責務であるとナーガールジュナが示す，人道的な行いの数々という内容になっており，とくに注目されている．チベット語訳，漢訳が現存し，サンスクリット語の原典も部分的に残っている．

法眼　ほうげん　hōgen (Jpn.)
「悟ったまなざし」の意．日本の用語で，禅におけるすぐれた熟練者の能力で，あらゆる現象がどのような状態にあるのかを観察する能力である．

法眼文益　ほうげんもんえき　Fa-yen wen-i (885-958)
中国禅のいわゆる*五家の一つの祖とされる人物．実は，当時の禅の主要な諸派を五家と呼んだ最初の人物でもある．現在の南京近郊の清涼寺を中心としていた「法眼家」は，法眼が教

義研究を好んだため，皮肉にも，最も優秀な弟子たちが*天台に吸収されることを許してしまい，続く世代には受け継がれなかった．

方広経　ほうこうきょう　vaipulya sūtra（Skt.）
「広大な説教」の意．方等経ともいう．より広くより包括的な哲学的基礎をもつ大乗仏教の長い*経を指す語．単一の，あるいはもっと限られた教えを提示する短い作品と対照をなす．多くの方広経は実際には短い独立した作品の集成である．方広経の区分に入るスートラには*『般若経』，*『華厳経』，*『宝積経』類，漢訳*『涅槃経』が含まれる．これらは主題が教えの広範囲にわたる作品である．大乗の資料は方広経を仏教文献の12区分の第11に数えている．

『宝積経』　ほうしゃくきょう　*Ratnakūṭa*（Skt.）
「宝玉の集積」の意．初期の大乗仏教の，経を編集したもの．49の経から成り，『カーシュヤパ・パリヴァルタ』（*Kāśyapa-parivarta*），『アクショーバヤ・ヴューハ』（*Akṣobhya-vyūha*），*『無量寿経』，『シュリー・マーラー・デーヴィー・シンハナーダ』（*Śrī-mālā-devī-siṃhanāda*），『ラーシュトラパーラ・パリプリッチャー』（*Rāṣṭrapāla-paripṛcchā*）など，特殊な重要性をもつものもある．全体が揃っているのは漢訳とチベット語訳だけでしか手に入らないが，サンスクリット語の原典の写本が部分的には現存している．

『法集論』　ほうじゅうろん　*Dhammasaṅgaṇī*（Pāli）
パーリ正典である*阿毘達磨蔵の第1巻．『ダンマサンガニー』,『ダンマサンガハ』ともいう．多くの典籍からの編纂であるため，論じ方に違いがあるものの，多かれ少なかれ*ニカーヤと同様の内容を取り扱う．本書はあらゆる精神的，物質的状態を包含する現象（ダルマ，dharma）を分析，分類しており，その主題は*倫理学である．本書はニカーヤに見いだされる多くの術語のカテゴリーを列挙し，定義する．『法集論』の注釈書は*『アッタサーリニー』という題名で知られ，5世紀の*ブッダゴーシャに帰せられる．スリランカの王，*ヴィジャヤバーフ1世は『ダルマサンガニー』をシンハラ語に翻訳したが，現在この翻訳書は消失している．

宝生　ほうしょう　Ratnasaṃbhava（Skt.）
「宝玉から生まれた者」の意．五大如来（*ジナ）のうちの一人．図像学的には一般的に，黄色の*報身仏として描かれ，南方に関連づけられる．また，*五智のうちの平等性智の具現とされ，五部のうちの宝部の主とされる（→五仏）．浄土の一つを司るといわれるが，インドにおいてもその他の地域においても，信仰の対象として注目されることはほとんどなかった．

法称　ほうしょう　⇨ダルマキールティ

法照　ほうしょう　Fa-chao（8世紀～9世紀初め頃）
唐代の浄土教の中国人僧侶．彼の初期の経歴は，ブッダへの熟慮（念仏*三昧）を磨くことだった．廬山での瞑想の間，*阿弥陀の幻を得た．阿弥陀仏は彼に直接浄土の教義と実践を詳しく述べた．この後，首都に移動して知識階級に阿弥陀仏が彼に教えた五つの異なった旋律の節で暗唱することを教え始めた．仏の名前を浄土への往生を得る手段として祈願するという実践への熱心な献身とは別に，念仏の間，仏教徒の知性の働きが最前線にあると主張して，その実践を説明するために*天台の思想を用いたりもした．禅や密教といったその他の宗派の実践との競争の中で浄土教の教えを広めた成功によって，彼は「後世の*善導」として一般的に知られ，皇帝から「*国師」の称号をもって崇敬された．

北条　ほうじょう　Hōjō
執権として，1199年から1333年まで日本を統治した*侍の一族．この時期に，禅・浄土諸宗・*日蓮宗といった鎌倉新仏教が形成された．

放生　ほうじょう　hōjō（Jpn.；Chin., fang-sheng）
市場で生きた*動物を買った後，慈悲（*悲）行為の一環として放すこと．時には，儀式において，それを目的として大量の鳥や魚を買い求めることを指す場合もある．この行為は仏教界に広く拡大した．

『宝性論』 ほうしょうろん *Ratna-gotra-vibhāga*
如来蔵思想に関する，その要となる文献．5章から成り，『ウッタラ・タントラ』(*Uttara-tantra*) としても知られる．韻文の本文と散文の注釈から成り，如来蔵思想にもとづく諸経からのかなり多くの引用を含んでいる．現存するサンスクリット語の原典とともに，漢訳とチベット語訳がある．中国の古い伝統では*スティラマティまたはサーラマティに帰されるが，より新しいチベットの伝統では，韻文の部分は*マイトレーヤナータ，散文の部分は*アサンガによって，それぞれ著されたと考えられている．いわゆる数少ない如来蔵経文献を別にすると，大乗仏教における如来蔵思想的傾向の礎石たる存在である．

報身 ほうじん saṃbhoga-kāya (Skt.)
「仏の享受の身体」の意．大乗仏教の*三身説によれば，仏の三つの身体のうちの2番目．*応化身よりも微細な顕現の様態であって，ゆえに菩薩のみが見ることができると考えられている．*法身から生じる．大乗仏教経典の中に述べられている，*阿弥陀仏，*阿閦仏，*毘盧遮那仏などの，それぞれ特定の浄土に住している仏の形を取る．報身は，主要な32の解脱の吉相と，副次的な80の解脱の吉相によって，荘厳されている（→三十二相，随好）．さまざまな浄土において，菩薩と諸天の聴衆を選んで，ダルマを伝える．後代のタントラ仏教においては，報身は，仏の身口意の行いの中で，口の方向性にあたるものである，と考えられた．

法蔵 ほうぞう Fa-tsang (643-712)
伝統的な系譜では，中国の*華厳宗の第3番目の祖（第1祖*杜順 (557-640)，第2祖*智儼 (602-668) の後）とされるが，この宗の事実上の創始者は法蔵である．彼の家系はソグド系であったが，彼が長安に生まれる頃までには，完全に中国に帰化していた．彼は仏門に新参者として参じ，智儼のもとで学んだ．彼の民族的背景は，明らかにサンスクリット語や中央アジアの諸言語に関する彼の才能に影響を及ぼしており，智儼の死後，*義浄の訳経院で任に預かることもあった．その後，首都において，それまでの彼の*『華厳経』の教義に関する教養を買われ，シクシャーナンダによって将来された『華厳経』の新訳事業を補佐する役目を与えられた．また，偉大な訳経僧であり，*法相宗の著名な師でもある*玄奘 (596-664) とも訳場をともにしていたが，菩提を得る可能性がない存在である*一闡提に関する法相教義（→法相）をめぐって，玄奘と対立した．法蔵は，訳経事業における目立った功績よりも，華厳の教義を解釈した著作や華厳宗を組織して不朽たらしめた事績などで有名である．彼の著作のうちのいくつか，たとえば『華厳金獅子章』などは，創意に富んだ比喩を用いて難解な華厳の教義を身近な言葉で説明した簡明な解説書として，今なおお語り継がれている．さらに，法蔵は，中国に雑然と流入したさまざまな仏教の教えを，*天台宗の*智顗 (538-597) が各経典が説く完全なる真理の水準にもとづいて階層的に構築化した先例を踏襲し，華厳宗独自の大系を打ち立てた．→判教

法蔵部 ほうぞうぶ Dharmaguptaka
インド・スキタイ族の支配者に保護された初期仏教の十八宗の一つで，インド北西部に拠点をおいた．そのため，中央アジアや中国では初期の重要な宗派であった．しかし，いくつかの資料によると，南インドに拠点があったとされる．この宗派の律は，中国で生き残り，尼僧（比丘尼）の*得度の系統が現在まで生き残っているため重要である．それゆえ，得度の系統が絶えたチベットや南インドの仏教界へ比丘尼の規則を再導入しようとする人々に採用された．

方等経 ほうとうきょう ⇨方広経 ほうこうきょう

法然 ほうねん Hōnen (1133-1212)
*浄土宗の開祖．日本中世の人．押領使（地方における軍事統括役）の家に生まれたが，幼い頃に源内武者貞明の夜討ちに遭って父を亡くし，保護のために母方の叔父が僧としていた*天台宗の*比叡山へと送られた．比叡山で修行者としての日々を送り，さまざまな場所で実践と勉学を積み，最終的に1147年に*得度した．後に彼は，その学識や誠実さ，厳格な道徳で知られるようになるが，比叡山での堕落した日々

に嫌気がさし，念仏の実践の中心の場として長らく知られていた黒谷に，その後約20年間，隠棲した．この間，彼は自力によって到達したものは解脱を保証するに足るのかという疑念を抱き続け，より自分の能力にあったその他の手段に関する文献を考究した．そして，1175年，浄土への再生を保証するために，*阿弥陀仏の名をつねに念じることを勧める『観無量寿経』の*善導の注釈書に触れる中で心眼を得た．

以降，法然は，*阿弥陀仏の名を長期間にわたって大きな声で称え，心の中にとどめておくことを提唱した．そして，混沌とした*末法の時代，仏教の廃れた時代において，これこそが唯一の効果的な実践方法であると主張した．彼自身は自らの教えに関して慎重であったが，数人の弟子が問題を引き起こした．念仏以外の他のあらゆる実践は効き目がないと声高に批判し，阿弥陀仏の慈悲（*悲）と*他力こそが救済に効果があると主張し，既存の宗派の怒りを買った．問題を起こしたことを咎められながらも法然へ追随するものが相ついだため，彼は非難にさらされた.彼自身の行為には落ち度はなく，また，戒律や密教儀礼（→密教）などの他の実践にも携わりたいという意志を有していたせいか，しばらくの間は擁護された．しかし，1206年，彼の弟子2人が後宮で夜を明かすなどの天皇への不敬行為を行ったことが知れ渡ってしまう．その結果，かかわった4人の弟子は死刑に処せられ，法然自身も四国への流罪となり，在俗者としての生活を余儀なくされた．彼はその後すぐに罪を許されたが，1212年に示寂する直前まで京に戻ることは許されなかった．彼の死後，彼の直接の門弟集団以外の僧侶らが，称名念仏の専修が時代に適した唯一の実践であると立証している選集を彼が編纂していたことに気づき,写しを押収して木版を燃やすなどした．初期の浄土宗が力を得るにつれて，法然の名声は回復され，彼は今日では独立した一つの浄土系の宗派を最初に創始した人物とたたえられている．

『法法性分別論』 ほうほっしょうふんべつろん *Dharma-dharmatā-vibhāga*

*マイトレーヤナータに帰せられる*瑜伽行派の小部の論書．現象（法）と真実（*法性）の区別・相関（分別）を論じている．この典籍には韻文のものと散文のものが存在しているが，いずれも現存するのはチベット語訳のみである．ただしラーフラ・サーンクリトヤーヤナの報告によれば，1930年代のチベットにはサンスクリット語の原典が存在していたという．

法融 ほうゆう Fa-jung (594-657)

中国の禅の*牛頭宗の創設者．牛頭山にある本部にちなんで名づけられた．北宗と南宗の論争（→南北宗論）の間，全盛であった．彼は両宗を和解させる新しい方法を計画しようとした．最初に瞑想を通して，続いて教義と経典の研究を通してという瞑想の集中と智を連携して発展させることの必要性を強調した．彼はまた,（感覚の鋭い者だけが仏の性質を享受できるという南宗の主張に反対するために）すべての現象はまったく仏性をもっているという*天台の教義も受容した．

法輪 ほうりん dharma-cakra (Skt.；Pāli, dhamma-cakka)

「ダルマの輪」の意.仏教の教えの象徴であり，*八支聖道を示す八つの輻を有する車輪のかたちで表現される．車輪と同様，仏教の教えも始まりと終わりをもたない永遠のものであると考えられている．車輪による教えの象徴化は,『転法輪経』（ダルマチャクラ・プラヴァルタナ・スッタ，*Dharmacakra-pravartana Sutta*）というブッダの最初の説法の呼称に由来し，その説法においてブッダは*四聖諦と*「三転法輪」を説示した．後代の仏教では，第二と第三の「転法輪」をそれぞれ大乗と*金剛乗としている．→輪

法輪功 ほうりんこう Falun Gong

1992年に李洪志によって創設された中国の新しい融合的な宗教運動．李洪志は，仏教徒の菩提の体験に共通する精神の覚醒を引き起こすために，仏教と道教の要素を混ぜ合わせた．信者は，累積して変化する社会と再生から自分を解き放つと信じている，正直，誠実，忍耐，善意といった倫理的な徳を積もうとする．1500

法　輪

万人の信者をもつこの運動は，中国政府から弾圧され，法輪功に従う信者の多くが捕えられた．李洪志は中国から亡命し，現在ではニューヨークに住んでいる．

法朗[1]　ほうろう　Fa-lang（507-581）

528年に出家した中国の*三論宗の師．その偉大な成果と作品でみられる三論の教えに関する解釈は，弟子の*吉蔵に受け継がれた．

法朗[2]　ほうろう　Pŏmnang（632-646に活動）

中国で禅を学んだ朝鮮の比丘．第4祖，*道信（580-651）のもとで学んだ．朝鮮に禅の形式を導入し，新羅に禅の系統を確立した功績がある．

北宗　ほくしゅう　Northern School

著名な僧侶である*神秀（606-706）やその弟子である普寂（651-739）や義福（658-736）らを含む，唐代（618-907）の初期に栄えた禅仏教の一派につけられた慣習的な名称．禅の伝承においては，*慧能（638-713）により擁護されたいわゆる*南宗の立場である*「頓悟」に対し，*「漸悟」の立場をとった一派である．両派の争いが禅の文献に記録されているとおりに起こったかどうかは研究者にとっての難問であるが，神秀の一派は実際に存在していたのであり，禅の方法と悟りに一つの立場を提示したのであって，この点に関しては歴史的研究に道が開かれている（この論争については，「南北宗論」の項を参照）．

神秀は，生来的に清浄性を帯びている心をみつめる（看心）またはよく観察する（観心）方法を教えたということが，現存する彼の文献から明らかになっている．いいかえると，自分の心を観察することはそれ自体，清浄な仏心を観察することなのである．後に続く北宗の文献では，このような心を場所の決められないものであるとし，「心は，その本来の清浄性からして，この部分，その場所，というように肯定的に決めることができず，遍満してすべてのものに潜在しているのである」と強調した．つまり，北宗の用いる「観心」は，その対象である心がどこにも存在しつつどこにも存在しないのであるから，対象のない観察である，ということになる．このような観察を深めるためにはいくらかの熟練を要するかもしれず，それゆえに後の南宗の漸悟批判は当を得たものであるかもしれないが，実は南宗の論客の長である*荷沢神会（670-762）も，頓悟を成就するためには同様の熟練が必要であると認めていた．北宗は「漸悟」，南宗は「頓悟」とする伝統的な解釈は，史的な文献精査のもとで消え去るものと思われる．神秀は，当時のさまざまな流派に属する他の禅師たちと同じように，仏教の禅定を易化することにも関心を払っていた．これはおそらく，*天台の祖師である*智顗（538-597）の*『摩訶止観』に多くの方法が列挙されていることに対する反応であり，神秀は古い文献にみられる「一行三昧」という語を用いて，これを「心を観察することを専らとして坐する禅定，このただ一つの修行こそ必要である」という意味であると解釈した．

北宗は，南北宗論を経て，徐々に衰退していった．755年に勃発した安禄山の乱により中央政府は大いに弱体化し，地方の軍閥政府が勢力を増していた．これにより，北宗が享受していた帝室の寵愛は減退していった．さらに，試験を通って政権に入ってきた宮廷の役人たちは，概して北宗よりも神会の「荷沢宗」を支持した．それにもかかわらず，神秀の弟子たちとそのうちの主要な後継者たる二人は，自らそれに与することをせずにとどまり続け，都から離れた地に僧伽を創設することに成功して，そのうちの多くがすぐれた信者たちを得た．最後には北宗は，他の古層の禅とともに，845年の*会昌の破仏によって滅び去った．北宗の影響は，中国の国境を越えて広がっていた．北宗の僧侶である*マハーヤーナ和尚は，チベットにおいて792年に催された*ラサでの*サムイェーの宗論に禅の伝統を代表して参加したが，公式の記録によると議論に敗れ去ったとされる．

墨蹟 ぼくせき bokuseki (Jpn.)
禅の師匠や高僧たちの洞察を表現する日本の書の様式．

『法華経』 ほけきょう *Lotus Sūtra*
正式名称を『すぐれたダルマの蓮華のスートラ』(Skt., サッダルマプンダリーカ・スートラ, *Saddharmapuṇḍarīka Sūtra*,『妙法蓮華経』)という，きわめて影響力のあるテキスト．おそらく前1世紀にさかのぼる，現存最古の大乗経典の一つであり，今日ではサンスクリット語，中国語，チベット語で存在する．『法華経』は読者に対しおもに2点を主張する．第一に，仏教の道を実践する者の目的はただ一つ，ブッダとなることである．これは仏教の道を，(1) ブッダの弟子（*声聞すなわち「聞き手」，小乗仏教徒と同義語），(2) *独覚，すなわちブッダになる道を自ら見いだし，完全に悟りをひらいているが，あわれみ（*悲）に欠けているため説法をすることがない者たち，(3) 菩薩，自分自身の苦からの解放のためだけでなく，他者のために完全な智慧と憐れみとを達成する誓いをたてた者たち，の道という異なる三つの流れに分けた，それ以前の類型論にとってかわるものである．

『法華経』においてブッダは，自らはかつて三つの道を説いたが，この教えはブッダをめざすことに怖気づき，失望し，疲弊するであろう者たちを適応させるための方便にすぎなかったと述べる．第二に経典は，ブッダは涅槃に入っても消滅することなく，いまだ教えを必要とする者たちへの憐れみから世界に未来永劫とどまり続ける，と教える．ブッダは聴衆に，彼自身がブッダとなって以来何千年間も活動してきたこと，彼の現在の*シャーキャムニとしての一見限定された人生は，不滅そのものの存在から教えを受けることに耐えられない者たちのために現出された幻にすぎなかったことを明かす．この教えの確証として，経典の説法のさなかに宝石をちりばめた巨大な*ストゥーパが出現する．それは空中に浮かび，その扉が開くや聴衆はプラブータラトナ（多宝如来）という過去のブッダが中にいるのを見る．まったく消滅することなく，なおも生きて活動しており，彼は『法華経』が説かれるときに臨在するという誓いのとおりにいま現れるのである．加えて，苦難の折に*観自在菩薩の名を呼ぶことの利益を述べた第25章「アヴァローキテーシュヴァラ菩薩のあまねき門（観世音菩薩普門品）」は，東アジアにおける観音菩薩への信仰が大衆化することに寄与すること大であった．

この経典は東アジアにおいて長い歴史をもっている．古い仏教文献の目録は255，286，290，335，406，601年にさかのぼる少なくとも6本の漢訳を数えており，そのうち第3，第5，第6のみが現存する．*ダルマラクシャによる第3のものは*クマーラジーヴァの406年の訳にとってかわられた．第6の「訳」は第5のものの再校訂であり，よってクマーラジーヴァの訳が標準テキストとして現在に至っている．構成についていえば，テキストは散文と詩とを交互にくりかえし，散文部分で述べられたことを詩節が反復する．詩節はテキストの古層とみられ，それが口頭の説法に起源をもつ可能性を示している．説法においては韻律と押韻とが説法者の記憶を助けたのであろう．

この経典の東アジアにおける流行がその教義の単純性によることは疑いない．それは上にあげた主要な2点のみを主張し，難解な哲学的問題の議論を避ける．加えて，主張を補強するために鮮明な視覚的描写と魅力的な寓話をふんだんに用いている．最後に，『法華経』がそれ自身の聖性への長大かつ猛烈な弁護を行うことに多くの注釈者や学者が言及している．それは自身の真実性を力説し，経典を敬い普及させることを読者に推奨するために物語がしばしば中断されること，そしてこれを誹謗する者たちが地獄に悲惨な再生をすると宣告することに表れている.

この経典の尊重は，*智顗（538-597）によって公的地位を獲得することになった．彼の「教義の等級分け」（*判教）の体系はそれをブッダの教えの完全な表現としてすべての仏教聖典の頂点におき，『法華経』は彼がひらいた（中国の）*天台宗の公式の教理としての位置を保った．この宗派とその教えとは日本にもたらされたのち（日本の）*天台宗として定着し，それが平安時代後期の支配的な学派になると，この経典が至上のものであるとの主張は日本中に広まった．鎌倉時代，*日蓮宗の開祖*日蓮（1222-1282）は「わたしはすぐれたダルマの蓮華を敬います（*南無妙法蓮華経）」という定型文でこの経典を讃歎するだけで人は救われると説いた．19世紀から20世紀の間に日本の「新興宗教」の多くが日蓮宗から興り，それらも『法華経』への帰依を第一の実践としている．*創価学会や*立正佼成会がその例である．

菩薩 ぼさつ Bodhisattva（Skt.；Pāli, Bodhisatta）

大乗仏教の精神的理想が具現化した存在で，小乗仏教が唱導した*阿羅漢という初期の理想像とは対照的である．菩薩は字義どおりには「悟り・衆生」を意味しているが，サンスクリット語の正しい語形派生によるとボーディ・サクタ（bodhi-sakta），すなわち「悟りを志向する衆生」という意味である．その理想は*ジャータカに記されているように，悟りを開く以前のブッダが辿った長大な遍歴に啓発されたものである．菩薩はすべての衆生のために悟りを得たいという大望（*誓願）を起こすことから遍歴が始まるが，それはしばしば祈誓のかたちをとり，大乗の多くのテキストによれば，ブッダによる成就の予言（*授記）を伴うものもある．菩薩はその後，六種の完成（*六波羅蜜）と，三劫という計りしれないほどの期間を経て衆生を引き寄せるための4種の手段（*摂事）を涵養することによって，悟り（菩提）へと至る道に乗り出す．菩薩の精神的向上は，通例10種の段階または階層（*地）に細分される．多くの大乗経典の記述によると，輪廻の渦中にある他の衆生がすべて解脱するまで，菩薩は最終的な自らの悟りを差し控える．また，涅槃の特殊な形式，すなわち菩薩は「世界の中にあっても世界に属してはいない」ため，場が限定されない涅槃（*無住処涅槃）を説くものもある．初期大乗経典では，男性だけが菩薩になることができるという信仰が明確に現れるが，後代のテキストでは女性が菩薩になる可能性も認められている．

菩薩戒 ぼさつかい Bodhisattva-śīla（Skt.）

菩薩に対して規定された道徳的行為の規則や規律．菩薩には単一で普遍的に受け入れられる行動規範はないが，大乗経典を通じて規定されたさまざまな*戒律がまとめられ，重要なテキスト（たとえば*「菩薩地」の徳行章（シーラ・パタラ，śīla-paṭala））において解説されている．そこで示された規則や手順は，仏教徒が菩薩としての願（*誓願）を立てる際，正式な儀式の一部としてしばしば採用される．

「菩薩地」 ぼさつじ *Bodhisattvabhūmi Śāstra*

*『瑜伽師地論』の第16番目の部門．この作品は*アサンガまたは*マイトレーヤナータに帰され，菩薩の修行すべてに関して詳細に扱われている．「菩薩地」は次の4部から成る．(1) アダーラ・ヨーガ・スターナ（Adhāra-yoga-sthāna）：全29章．菩薩の修行の主要な特徴とその実践を扱う．(2) アダーラ・アヌヨーガ・スターナ（Adhāra-anuyoga-sthāna）：全4章．補助的な実践を扱う．(3) アダーラ・ニシュター・ヨーガ・スターナ（Adhāra-niṣṭhā-yoga-sthāna）：全6章．修行の成果を扱う．(4) アヌクラマ（Anukrama）：菩薩道の段階を順に要約する．「菩薩地」はサンスクリット語のほかに，チベット語訳，漢訳，モンゴル語訳も現存している．

菩薩乗 ぼさつじょう Bodhisattvayāna（Skt.）

「菩薩の乗り物」の意．大乗，すなわち「大きな乗り物」の別表現であり，菩薩が自らの修行を追い求める道や手段，方法のことである．小乗，すなわち「小さな乗り物」が用いる2種の方法，つまり「聴者の乗り物」（*声聞乗）と，

*独覚として隠棲し個人的な悟り（菩提）を求めること（*独覚乗）とは区別される．これら初期の「乗り物」はともに，他者に対する関心が低いために劣ったものとみなされている．

ポソン Poson

スリランカで6月の満月の日に催される祝祭．*アショーカ王の息子にあたる出家修行者*マヒンダにより，*デーヴァーナンピヤ・ティッサ王が仏教徒となったことによって，スリランカの島へ仏教が伝来したことを記念するものである．マヒンダがこのシンハラ王に出会って仏教徒にした場所にあたる*アヌラーダプラと*ミヒンタレーを含む地域が，この祝祭の中心地である．この祝祭の間，白い衣を身につけた何千もの巡礼者が，ミヒンタレーの頂上に至る階段を登る．

菩提 ほだい bodhi（Skt., Pāli）

字義どおりには「覚醒」を意味する語であるが，一般的に「悟り」と翻訳される．覚ともいう．菩提はブッダが35歳のときに菩提樹のもとに坐して経験した，至高の知識に目覚めることを指す．専門的には菩提の体験は「悟りの肢分」（*覚支）として知られる7要素から成るとされ，*四聖諦の正しい認識によって達成される．最初期の文献によれば，*阿羅漢や*独覚，ブッダが体験する覚醒はみな同じであるが，時が経つにつれてブッダの覚醒はとりわけ深遠なもの（→正覚）とみなされるようになった．→見性

菩提座 ほだいざ bodhimaṇḍa（Skt.）

「覚醒の座」の意．ブッダが菩提樹のもとで悟り（菩提）を開いた場所などの，ブッダが悟った場所を指す．ブッダが実際に座っていた場所のみを指す場合もあるが，その中心にある木の周辺地域を指す場合もある．神話学的にこの場所は，過去・現在・未来すべてのブッダが悟りを開いた場所であり，菩提座は世界の中心，菩提樹は「世界軸」（アクシス・ムンディ，axis mundi）とみなされている．図像においてブッダは，右手で地面に触れつつ菩提座に座し，自らの悟りを見届けるよう地面に求めているさまが描かれている．→触地印

菩提樹 ほだいじゅ Bodhi Tree

「悟りの木」の意．インドボダイジュ（Bo Tree）としても知られている．菩提樹というのは，*シッダールタ・ガウタマがそのもとで49日間瞑想した末に悟り（菩提）を獲得したところの木を指す．パーリ語ではボーディルッカ（bodhirukkha），サンスクリット語ではボーディヴリクシャ（bodhivṛkṣa），植物学者にはフィークス・レリギオーサ（*Ficus religiosa*）として知られている．ブッダとしての境涯を獲得したというできごととの密接な関連を考慮すれば，菩提樹の有する象徴性は非常に重要である．伝承によると，菩提樹は世界の中心であって，過去や未来のブッダすべてが悟りを獲得した場所であるという．前3世紀の*アショーカ王の治世12年目に，王の娘*サンガミッターは菩提樹の枝をスリランカへともっていったが，7世紀にもとの菩提樹が損壊された際，スリランカへと移植された新芽から育ったものと取り替えられた．それは大菩提寺に植えられ，今日もその場所で菩提樹は生い茂っている．おのおののブッダは特定の菩提樹と関連しているものの，ブッダの悟りに関する最初期の記述には木に関する言及がないため，菩提樹に対する礼拝は比較的近代になって付加された可能性がある．菩提樹(可能であれば切り枝)は各僧院(*精舎）に植えられるのが通例となっており，それはダルマの存在を示すものとされている．初期の仏教美術では，ブッダの姿が描かれることがなく，そのかわりとしてブッダを象徴させる形で菩提樹の姿が他のシンボルとともに用いられた．

菩提心 ほだいしん bodhicitta（Skt.）

「覚醒への思念」の意．菩薩の心的状態を指す大乗仏教のキーターム．菩提心には2種の様相が認められているが，それは相対的な様相(→世俗諦)，すなわち悟り（菩提）へと向けられた菩薩の心と，絶対的な様相（→勝義諦），すなわちその固有の本性が悟りであるところの心という2種である．また前者の相対的な様相も2種であるとされ，菩薩道を追及しようとする

意図を伝える際の大望(*誓願)という菩提心と，その菩薩道に従事する手段として適用される菩提心とである.

菩提僊那 ぼだいせんな ⇨ボーディセーナ

菩提達磨 ぼだいだるま ⇨ボーディダルマ

菩提分 ぼだいぶん ⇨覚支 かくし

菩提分法 ぼだいぶんほう bodhi-pākṣika-dharma (Skt.)

「覚醒に付随するもの」の意. 37の「*悟りの要因」,すなわち覚醒（菩提）をもたらすもの. これらは，注意深さに関する4種の基盤（*念住），4種の努力または抑止（プラハーナ, prahāṇa），超自然的力に関する4種の基礎（リッディパーダ，ṛddhipāda, →神通，リッディ），5種の心的機能（*根），5種の*力，悟りに関する7種の肢分（*覚支），*八支聖道（アシュターンガ・マールガ, aṣṭāṅga-mārga）から成る.

菩提流支 ぼだいるし ⇨ボーディルチ

ボータタウン・パヤー Botataung Paya

「1000人の指導者の*ストゥーパ」の意. このビルマのストゥーパは，2000年以上前にインドからもたらされたブッダの*仏舎利を護送した1000人の軍隊の指導者にちなんで名づけられた. この記念物は，第二次世界大戦で完全に破壊され，現在ある高さ40 mのストゥーパは以前あったものにとてもよく似せて建てられた最近の建物である. しかし，たいていの頑丈な*ゼディと違い，ボータタウン・パヤーのものは空洞である. 人はその中を歩くことができ，初期のストゥーパの中に納められていた小さな銀と金でできたブッダの像を含む古代の遺品と工芸品に感嘆する.

ボダーハーラクラ Bodhāhārakula (Pāli)

オリジナルの菩提樹の分け木をスリランカにもたらした八つの家系の子孫に与えられた名. 彼らはそれぞれに*アヌラーダプラの菩提樹に関連する儀礼において公の職務を任された.

ポタラ宮 Potala

*ラサにある，かつて*ダライ・ラマが居住していた宮殿. 初期のチベットの法王，*ソンツェン・ガンポが建てた故宮の場所に*ダライ・ラマ5世が1645年から建立した.

法界 ほっかい dharma-dhātu (Skt.)

1. 18種の*界の一つで，意識の対象を意味する.

2. 世界の発生源を意味し，あらゆる現象（ダルマ）はそこから生じる. 宇宙空間に類するものであり，その本質は*空であるといわれる.

3. 世界の全システムおよび全生命の社会体系を包含する，世界そのもののこと.

宗派で読みが異なり，「ほうかい」ともいう.

法界部 ほっかいぶ spatial category (Tib., klong-sde)

*ニンマ派の*アティヨーガ乗の3支分のうちの第2. その教義のめざすところは，二元性を超越した莫大な広がりをもつ本来的な悟りを装飾するものとしてあらゆる現象が生起することを立証することである. →ヅォクチェン

『法句経』 ほっくきょう *Dhammapada* (Pāli)

パーリ正典における*小部の第2経であり，最も人々から愛され人気のある仏典のうちの一つ. 『ダンマパダ』ともいう. 423頌から成り，主題に従って26部に分けられている. 実際にはさまざまな正典からの韻文の撰集の一種である. しかし*ジャータカや*『スッタニパータ』からはほとんど採用されていない. またそれは他の仏教学派や仏教以外の文献からの題材も含む. *『ダンマパダ・アッタカター』という名で知られる『法句経』の注釈書の著者はわかっていないが，*ブッダゴーシャに帰せられている.

法顕 ほっけん Fa-hsien (4～5世紀頃)

インドへ旅行した最初の中国人比丘. インドで長期間滞在し，首尾よく故国に戻った. 律や僧団規則の完全な写本を手に入れることを強く望んで399年に出発し，中央アジアのオアシス国を通りタクラマカン砂漠を横断した. インドで数年間滞在して言語を学び，経典を集めて有

名な遺跡を訪れた. 南海航海ルート経由で戻り, スリランカに2年間滞在した. 414年に中国に戻り, 多くの経典と工芸品を持ち帰り, 残りの人生を中国語への翻訳に費やした. また,『仏国の記録（仏国記）』やインドの歴史の貴重な資料である『高名な僧法顕の伝記(法顕伝)』(*大正新脩大蔵経 no. 2085) といった旅行記を書いた.

発光地　ほっこうじ　prabhākarī-bhūmi (Skt.)
*『十地経』によると, 菩薩の十地のうちの3番目で,「輝くもの」の意. この境地において菩薩は, 現象が不生であることを受け入れ, *忍波羅蜜を深化させる.

法性　ほっしょう　dharmatā (Skt.)
諸現象が有する本来の姿, あるいは真実のあり方. 大乗仏教では, 諸現象が認識する主体と認識される客体から解放されたときに現れるとされる. 内容としては, *真如および*空性に等しい.

法性宗　ほっしょうしゅう　Pŏpsŏng jong
朝鮮固有と思われる仏教の宗派. 個人的な特徴的な特色よりも, 現象（法）の究極の性質に関する研究に集中している. この傾向において, 何よりもまず*如来蔵と*阿頼耶識に焦点をあてた. その初期の構成は, 朝鮮の仏教の学僧である*元暁（617-686）に影響を与えた.

法身　ほっしん　dharma-kāya (Skt.)
ブッダの三様の身体（*三身）の一つで, 真理の身体. 他の二つの身体, すなわち*報身と*応化身の基盤としてはたらく. 初期仏教では, 死後にブッダがその教え（ダルマ）の形をとって顕れる, その顕れのこととされていた. しかし大乗仏教においては, 法身は完全なる悟り（*正覚）にほかならないと考えられた. それは根源的存在であり, 認識可能なあり方を超越している（*無相である）ため, それを認識することはできないとされる. さらに, 概念化作用から離れており（*無分別), 煩悩から解放されており, あらゆる活動を起こすことができる本来的な能力を有するといった特性（グナ, guṇa）を有する. 後期のインド仏教およびチベット仏教では, タントラ的思想の影響を受け, 法身はブッダの意識と等しいものとされた.

法戦　ほっせん　hossen (Jpn.)
日本の禅において, 2人の実践者が, 現実の本質に対するそれぞれの理解を表現し深化する手段として, お互いの対決ややりとりを表すために用いられた用語. そのやりとりは, 口頭であったり, 身振りなどの動作を伴うものであったり, それらを複合したものでもあった. そして, それは哲学的な*討論というよりも, むしろ宗教的真理の直観的理解の発現や開示である. その営みは, *問答の実践とある種の類似性を有している.

法相（中国）　ほっそう　Fa-hsiang
中国仏教の一宗派. 現実のすべてが意識の基本的なレベルで発展したものと説く. このため, しばしば「*唯識」や「認識のみ」宗とも呼ばれる. この宗派は, インドの大乗の思想より前に存在する流れでインドの*瑜伽行派（*唯識派としても知られる）を具体化した*アサンガと*ヴァスバンドゥの著作にもとづく. 個人の心の中に8段階の認識：五つの感覚, これらの感覚データを集めて処理する心, 末那識と呼ばれる分析的な思考の中心となる7番目の心, 最後の*阿頼耶識,「意識の貯蔵場」と呼ばれる8番目の心がある. この最後の識には, 業の行為によって植え付けられるすべての「種子」があり, この業は状況が整ったときに未来に認識と行為の生起を与えるものである. 悟りを得ていないものでは, これらの種子は誤った現実の認識として成長し,「自己」と「他者」に関して見せかけの見方を生起させ, あらゆるものは等しく阿頼耶識の投影であるという理解をおおい隠す. あらゆるものは単に阿頼耶識の発展したものであると理解したとき, 悟り（菩提）が生じる. これが,「認識のみ」であり, こうして自他を区別する残っている概念を根絶し, 現象はあらゆる存在の独立性を享受する.
法相宗のもう一つの特徴は, 3段階の認識と存在で世界を分析することで,「三つの性質」(三性)と呼ばれる. 最初の認識対象を現すものは,

「他の力による性質」(*依他起*自性, 依他起性)と呼ばれ, これらは外部にある原因と状況によってのみ生じる. 2番目の「仮想の性質」(*遍計所執*自性, 偏計所執性) は, 無明によって物事が誤って知覚されることを表す. 3番目は, 「完全な性質」(*円成実*自性, 円成実性) と呼ばれ, 客体と主体の間の区別のない認識の発展したものである悟りの認識によって完全に物事が知覚されることを表す. 中国における繁栄に明白な結果をもたらした, この宗派の思想の一面に, *一闡提と呼ばれる性質上ブッダの種子に欠けていて悟りを得ることのできない, 確かな存在があるという考えがある.

中国におけるこの宗派の起源は, インド人僧の*パラマールタ (499-569) まで遡る. 彼は, 546年に中国にきて, 多くの経論を持ち込み翻訳した. その中ではアサンガの*『摂大乗論』(大乗の概説書) の教えで最もよく知られている. 中国ではその省略名の「摂論」で知られ, それを集中的に研究する摂論宗の基本となった. 後に, 偉大な中国の巡礼者であり翻訳家である*玄奘 (596-664) が多くのインドの瑜伽行派のテキストを持ち帰り翻訳し, 彼の周囲には新しい宗派がまとめられ, 以前からある摂論宗にとってかわった. しかし, 一闡提の思想は, 信仰の対象として全世界の救済を取る中国の環境に適さず, この宗派は, その中でも基 (632-682) が最も有名であるが, 玄奘の弟子の次の世代以後は生き残らなかった. 教義の分類体系は, *華厳宗によって簡略にまとめられ, 以後は, 法相は「初歩的な大乗」という小乗の一段階上におかれた.

興味深いことに, 19世紀後半から20世紀初めにかけて知識階級の間で仏教に関する興味が再燃したとき, 法相の学問が再び前面に取りあげられた. 復興者は, 法相の思想を現代の科学的見解と伝統的な仏教哲学を調和させるのに最もよい可能性があるとみなした. →唯識

法相 (日本) ほっそう Hossō

日本の*南都六宗の一つ. 中国の*法相宗の文献や教義に関心のある学僧によっておもに形成された. 客観世界とそれを認識する主観的な心の両方を含むあらゆる現象は, 業にもとづく意識によって生み出されたものにすぎないという彼らの根本的信念から, その哲学は「唯識」として知られる. この宗は, 中国で*玄奘や基などの中国法相宗の諸師の下で学んだ日本の僧によって日本へと伝えられ, 奈良時代の六宗の中でも最も力をもった宗の一つになった. (→唯心, 瑜伽行派)

『発智論』 ほっちろん *Jñāna-prasthāna*

*説一切有部の基礎をなす*阿毘達磨文献. 八つの章からなり, 個別存在の本質, 認識の種類, 修道実践, *三昧といった仏教教義の基本的な論題の説明や, 対立見解の論駁を扱う. 2本の漢訳が伝えられているが, サンスクリット語原典は少数の断片が現存するのみである. 大著*『大毘婆沙論』はこの作品への注釈書である.

発菩提心 ほつぼだいしん bodhicittotpāda (Skt.)

「覚醒への思念の発現」の意. 衆生を救うために菩薩になりたいという願いが心に沸き起こる際の菩薩道の最初の地点. このように菩提心が発現することで, 一種の転換が経験されて世界観は一変することとなる.

布袋 ほてい Pu-tai (10世紀頃)

五代時代 (907～960) の禅の比丘. その実像はほとんど知られていないが, とても有名である. 彼の名前は, 「布の鞄」を意味し, 杖の先端に結んで運んでいる布の包みに由来している. 伝統的な出典では, 彼をとても太った, 野暮ったい, 自由にものをいう人物として描いている. ある物語では, 彼は袋の中に子どもたちに与えるためのお菓子を持っていて, 補給がつきるとお菓子をさらに買うためにお金を乞うたと語られている. 後の中国の伝統では, 彼を, 未来仏である*弥勒菩薩の化身とみなした. 太っていて陽気で非常に大きなおなかを広くさらけ出すように袈裟を着ている彼のイメージは, 広く「笑うブッダ」として認識され, 多くの家庭や商店でみられる. 彼のおなかをさすると幸運が舞い込むと信じられ人気が高い.

ボーディセーナ Bodhisena (704-760)

インド人比丘で, 最初に中国へ行き, それか

ら736年に日本に来た．そこで，752年の奈良の大仏の開眼供養の導師をつとめた．菩提僊那ともいう．

ボーディダルマ Bodhidharma (3～4世紀頃)

禅の伝承によると，インドの僧で，中国に禅をもたらした伝道師である．菩提達磨ともいう．伝承では，南インドの王子であったが出家し，悟り（菩提）を得て，ブッダの根源的悟りを文字を介さずに直接に相承した一連の祖師の，28代目になったと描かれている．禅を中国に伝えて，中国の初代の祖師ともなり，後に続く中国および日本の禅師たちは，すべて自らの師弟の系譜をボーディダルマにたどっている．

伝承では，ボーディダルマは海路を経て526年に広東に至り，南朝の梁朝を立てた皇帝である武帝の宮廷に招かれた．武帝は，寺院の建立や僧伽に対する惜しみない支援をボーディダルマが賞賛することを期待していたが，かえって不可解な回答をされ，自分の行為を無愛想に無視されてしまった．そしてボーディダルマは北方に去り，揚子江を葦の葉一本で渡り，*少林寺に至ったとされている．そこに起居する僧侶が軟弱で地元の賊にたびたび略奪されていることを知り，鍛錬と自己防衛の術を彼らに教え，そこから有名な少林寺拳法が発達した．それからボーディダルマは，洞窟の中に9年間隠棲し，坐って壁を見続けた．あるとき，自分の眠気に憤った彼は，自らの瞼を引き裂き地面に投げ捨てたところ，そこからお茶の木として芽吹いたという．さらに，継続的に坐り続けたことにより，彼の両脚は衰退してしまっていたといわれる（底面に錘を入れてあって倒されてもまっすぐに起きあがる日本の卵形の達磨人形は，このことを起源としている．その広く開かれた両目と欠如した両脚は，ボーディダルマのこれらの逸話をもとにしている）．後にボーディダルマの弟子となって2代目の祖師となる*慧可は，この頃に参学のためにボーディダルマのもとへやってきたが，ボーディダルマの注意をひくことができなかった．慧可が自らの腕を切り落とし，それを捧げて初めてボーディダルマは慧可を見あげ，受け入れた．ボーディダルマが160の齢で亡くなると，その身体は少林寺に埋葬されたが，同じ日に旅から戻った少林寺の僧侶の一人が，履き物を片方だけ履いて西に向かっていくボーディダルマに道中で出会った．僧侶が少林寺に戻り，そのことを語ったので，他の僧侶が墓を開いて見たところ，中にはもう片方の履き物だけが入っていたという．

以上のような伝承のほとんどは，明らかに後世の物語にもとづいている．それらの物語は，禅宗が世の受容を勝ち取り自らの定義を得ようと努力するにあたり，禅宗を守るための議論上の根拠となっていたのである．しかし，ボーディダルマ自身の歴史的実在を疑問視する明確な理由は存在しない．数多くの古い記録はボーディダルマ（または同名の誰か）を賢く慈悲深い人物として肯定的に述べ伝えており，『二入四行論』という名のボーディダルマ作とされる文献も存在する．このような記録から，ボーディダルマが西方からきて，禅定によく精通しており，慧可という名の弟子がいたということが確認される．『二入四行論』は，後世の禅の実践に影響を与え続ける禅定と智慧についての教えを明確に伝えている．しかし，これらの古い記録は，*『楞伽経』という特定の聖典の教師としてボーディダルマを描いており，その教義について彼の理解を豊富かつ率直に語ろうとする姿勢を伝えていて，「不立文字」を主張する革新的で神秘的な存在とはほど遠いものである．すべての古い記録に，ボーディダルマは自身が150歳を超えていると語ったと伝えており，またある記録は，ボーディダルマの死の時期と状況については知られていないとしている．

ボーディルチ Bodhiruci (6世紀頃)

インド北部の比丘で密教の師．菩提流支ともいう．508年に中国にきて先生や指導者として大いに活動した．39部127巻の論書を翻訳した．これらの中で最も重要なものが，*『十地経』とその解説書（『十地経論』）と*『無量寿経』とその解説書である．最初の論書は，*地論宗の研究の対象となり，ボーディルチはその祖とみなされている．この宗派は*華厳宗の先駆である．後の論書は*浄土三部経の一つを論じている．

ボーディルチは，浄土教の祖である*曇鸞が

530年頃に仏教の浄土教に改宗した物語で顕著に描かれている．その物語によると，死を予感させるほどの病気によって不安になった曇鸞は，不死の実践に関する道教の書を得るために中国南部に赴いた．北部に戻るときに，ボーディルチに出会った．ボーディルチは道教の教えは軽蔑するものであると述べ，かわりに曇鸞が浄土に往生するために努力を集中するよう勧めた．そして，彼に浄土経典の写しを手渡した．曇鸞は彼の助言を受け入れ，持っていた道教の書を投げ捨て，残りの人生を浄土教の実践だけに費やした．

ボト　bot（Thai）
寺院のおもな神聖な場所．

ボードガヤー　Bodhgayā
インドのブッダガヤーの現名称．ブッダガヤーは古代の*ラージャグリハの近く，ガンジス川の南側の支流*ナイランジャナー川の堤でブッダが悟り（菩提）を開いた場所である．この場所こそ悟りの座（菩提座）が位置するところであり，*シャーキャムニ仏が座した菩提樹があるところである．菩提樹は数々の事件で損壊し，現在の菩提樹は親木から切り出した木が生長したものであるといわれている．ボードガヤーの*大菩提寺は*アショーカ王時代に創建されたが，幾度となく再建され，何世紀にもわたって拡張されてきた．遅くとも13世紀以来，大菩提寺維持のためにビルマの統治者から支援を受け続けている．16世紀までに，寂れ果てて荒廃したその建物は，シヴァ教徒の手によりしばらくの間奪われた．後にヒンドゥー教徒によっても奪い取られたが，結局は19世紀初頭にビルマ人の手により仏教徒の土地として復活した．1949年のボードガヤー運動により，この重要な土地は仏教徒の聖地として再認識された．

ホー・トライ　ho trai（Thai）
経典蔵書を意味するタイの言葉．

ホーナー，イザリン・ブルー　Horner, Isaline Blew（1896-1981）
英国のパーリ仏教学者．1949年から亡くなるまでパーリ聖典協会の会長を務めた．彼女はまた*仏教協会の副会長でもあった．ケンブリッジのニューナム・カレッジの研究員兼司書であった彼女は，律蔵やパーリの*中部，*『ミリンダ王の問い』を含め，多くの仏教文献の校訂・翻訳を行った．

ホーマ　⇨護摩　ごま

ポーヤ　poya
シンハラ語で，*布薩にあたる単語．スリランカにおいては，布薩の日は毎回，とくにそれが金曜日か月曜日にあたる場合，休日とされる．

瀑流　ぼる　ogha（Skt., Pāli）
無知や欲望など，衆生を悟り（菩提）の道から外す，倫理的・心理的に悪しき性質を指す語．そのようなさまざまな性質がまとめて列挙されており，もともとは5種，後には4種にまとめられた．後代の4種の瀑流の項目は，4種の*漏の項目，すなわち感覚的欲求（カーマーシュラヴァ，kāmāśrava），存在的欲求（バヴァーシュラヴァ，bhavāśrava），謬見（ドリシュターシュラヴァ，dṛṣṭāśrava），無明（アヴィディヤーシュラヴァ，avidyāśrava）と同じである．

ボロブドゥール　Borobudur
ジャワの有名な*ストゥーパで仏教最大の建造物群．8～9世紀の間にシャイレーンドラ朝とサンジャヤ朝の統治者によって建造され，そのストゥーパは巨大マンダラ，すなわち「*入法界品」に語られるスダナ（善財童子）の冒険と関連した神聖な図形として建てられた．自然の丘の周辺に建設されたボロブドゥールは5層の方形壇から成る．壁は浅浮彫彫刻で飾られて三つの円壇におおわれ，中央の巨大ストゥーパの周りに72基の小型ストゥーパが集められている．最初の4層の方形壇にはさまざまな方向に伝統的なブッダが描かれ，5層めの方形壇では*毘盧遮那が四方を飾り立てている．ストゥーパを歩き回ると，*シャーキャムニ仏の生涯や*ジャータカの物語，大乗経典に由来するさまざまな場面が現れる．ストゥーパの頂上まで垂直に登ることは，輪廻から涅槃へと至る旅を象徴していると考えられている．この建造物は10世紀まで用いられ，中には14世紀まで続けられた活動もあった．現在のボロブドゥールは，世界中に広まった仏教徒にとっての重要な*聖地巡礼の土地であり，19世紀の発見以来，仏教の学術的調査にとって重要な土地となった．ボロブドゥールという名称の意味は不明である．

ポワ　phowa（Tib., 'pho-ba）

チベット仏教で人気のある秘法．あるものの意識（*識，ヴィジュニャーナ）を死に際してすぐさま*極楽などの*浄土に移すというものである．現在ではチベット仏教のあらゆる学派に属するものたちに実践されているが，その教えは元来*マルパによって*ナーローパの六法の一部としてチベットに伝えられた．

盆　ぼん　Obon

旧暦の7番目の月（7～8月）の15日に行われる日本の祭礼で，死者の霊に供物が供えられる．この儀礼は6世紀頃の中国が起源とされ，その後数世紀の間に仏教以外の信仰や慣習が取り入れられた．

本覚　ほんがく　hongaku（Jpn.）

「本来的に具有された悟り」，「生来的な悟り」などを意味する用語．『大乗起信論』にもとづく概念であるが（→『大乗起信論』），そこでは，本覚は，生来的な悟り，あらゆる生きとし生けるものが具えている*自性清浄心であり，段階的に悟りへと導く*始覚と比較して説かれている．日本の*天台宗，および鎌倉時代に天台宗から枝分かれしたその他の諸宗（禅・浄土・*日蓮宗）において，この基本的な概念は，絶対と相対の関係性を考察するさまざまな手法の中で洗練されていった．

本願寺　ほんがんじ　Honganji

日本の京都にある*浄土真宗の総本山．当初は寺院として創設されたわけではなく，浄土真宗の創始者である*親鸞（1173-1262）の遺灰を供えた霊廟として，親鸞の娘の*覚信尼によって，1272年に京都郊外の大谷に建設された．親鸞の死後2世紀は，浄土真宗の多くの分派が興り，しばしば互いに争うようになった．親鸞の子孫らは，宗派を超えて彼らの影響力を統合することを模索し，霊廟の位置づけを*聖地巡礼および祖師崇拝の中心として利用した．この間，彼らは建物を寺院として再命名し，*阿弥陀仏の仏像を導入し，その後，別の建物を建築してそこに住した．同時に，彼らは親鸞の著作の出版と流布の事業を行い，その寺院を浄土真宗研究の中心とした．親鸞から数えて8代目にあたる*蓮如（1415-1499）の時代には，本願寺の布教活動が非常に活発であったため，*比叡山の僧兵からの攻撃を招くこととなり，1465年に本願寺の破却に追い込まれることとなった．そして10年後，以前とは別の京都の山科という場所に再建され，その活動が一時的に再開するものの，1532年に対立勢力であった法華門徒に焼かれたため，第10代の証如は，大坂に本願寺の別院を移し，そこで正式な本願寺として再建した．1559年，顕如は朝廷に「門跡」に列せられるが，大寺院の政治勢力を一掃することを目論んだ織田信長と対立し，1580年に講和を結ぶまで激しい戦いを繰り広げた．織田の後の統治者である豊臣秀吉は，京都近郊の堀川へ顕如が戻ることを許可し，本願寺が建立され，今日まで現存している．顕如の息子の教如は，大坂の本願寺が降伏した際に，織田への服従を拒絶し，別の一派としての活動を続け，豊臣の後の統治者である徳川の時代に，京都市内にもう一方の本願寺を建立する許可を得，自身も門跡となった．「お東さん」や「東本願寺」として，今日知られているのがこちらであり，それに対して，堀川の寺は，「お西さん」や「西本願寺」として知られている．両者は，1619年に，徳川幕府が両者を独立した宗派として認めたことで，正式に確立するに至った．

ポンギ　phongyi（Burm.）

比丘を指すビルマ語．

梵行 ぼんぎょう brahmacārya (Skt.; Pāli, brahmacariya)

純潔または高徳な生活を意味する一般的な語であり，とくに*禁欲の実践を指す．

本師 ほんし honshi (Jpn.)

日本の仏教徒の「本来的な師」を意味する敬称．*シャーキャムニブッダ，もしくは特定の宗派や法系の創始者を指すことが多い．

本地垂迹 ほんじすいじゃく honji-suijaku (Jpn.)

「本質とその暫定的顕現」を意味する用語であり，とくに，仏教における仏や菩薩と，日本古来の神道における神との関係を説明したものである．この説は，日本の仏教の初期の頃から1868年の明治維新に至るまで影響を及ぼしており，仏や菩薩は真のイメージであり，また，人々が祈り求める対象となる霊的存在の本質，そして，それらの暫定的顕現が神であるとの考え方が保持されていた．これは，仏教の枠組みの中に神を格づける意図から生まれたものであるが，この説は，最終的には神を単に方便的なものとして貶めることとなり，神道の家系や知識人からの反発を招くこととなった．

梵住 ぼんじゅう Brahma-vihāra (Skt., Pāli)

「梵の住処」の意．4種の瞑想実践の総称．しばしば4種の「無限」，4種の「清浄な住処」，「梵の居留地」と翻訳される．その4種というのは，愛情（*慈）・あわれみ（*悲）・思いやりある喜び（*喜）・平静（*捨）である．4種の梵住の実践は，そのような心の諸状態に伴う確然たる性質を外界に放出することを含み，最初に自らにその性質を向け，その後に自身の家族，地域の共同体に向け，最後に世界中の全衆生に向けることとなる．

本生経 ほんしょうきょう ⇨ジャータカ

ボンズ bonze

bonzoというのは，「仏教の僧職」を意味する日本語の「坊主（busso）」の古ポルトガル語発音であったが，のちに英語に持ち込まれてbonzeとなった．20世紀半ばまでは，東アジア仏教に関する英語の著作に広く用いられていた．

梵世天 ぼんせてん Brahma-loka (Skt., Pāli)

「梵天の世界」の意．*天界，すなわち仏教の宇宙観における精神的領域を指し，二つの意味で用いられる．(1) 精神的領域の上位2層，すなわち*色界および*無色界の総称．(2) より限定的な意味では，無色界の最初の3種の天界を指す．→宇宙論，三界

本尊 ほんぞん gohonzon (Jpn.)

一般には本堂に祀る仏像．とくに日本の僧侶である*日蓮（1222-1282）が，*『法華経』への絶対なる帰依を意味する*題目および「*南無妙法蓮華経」という詠唱を彫ったものを意味する．御本尊ともいう．日蓮はすべての仏の教えと実践のエッセンスがこれらの語句に含まれていると信じていた．これを詠唱することが，日蓮から連なる諸宗派，とくに*日蓮正宗や*創価学会において，日常的な実践と儀式の中心となる．

梵天 ぼんてん Brahmā

ヒンドゥー教の中心的な神格三柱の一つ．仏教でも尊崇の対象として知られているが，重要性の低い地位へと格下げされた．

煩悩 ぼんのう kleśa (Skt.; Pāli, kilesa)

汚れ，悪，悪い心理的傾向を指す一般的な用語．心の動揺の意味で「苦痛」のようなものを意味する．最も基本的な三つが貪欲（*貪），憎悪（*瞋），錯覚（*痴）であり，ただし多くの異なる数え方や異なる用語がみられる．たとえば*ヴァスバンドゥの*『阿毘達磨倶舎論』では，六つの基本的な汚れは貪欲（貪），憎悪（瞋，プラティガ，pratigha），無知（*無明），傲慢（*慢），疑惑（*疑），誤った見解もしくは頑固（*見）である．時として錯覚（痴），怠慢（沈），興奮しやすいこと（悼挙），無恥（無慚），無謀（無愧）を含む10にまでリストが拡大される．個体はこれらの汚れの影響を受けて，劣った再生に導く悪業をつくりだす*不善の行為をする．これらは対応するもろもろの徳性を育てることによって，また瞑想を通じて除去すること

ができる．

凡夫 ぼんぷ pṛthagjana (Skt.；Pāli, puthujjana)

仏教の信者もそうでない者も含む，「ふつうの人」，「街路にいる人」，「世俗の人」の意．教義の上では，出世間道の一つを得ている聖人の反対に，十*結にいまだに束縛された，世俗的な願望を有する者と定義される．ブッダとなるに至る*五道の体系からみると，その3番目にあたる見道をまだ得ていない者ということになる．禅においては，ふつうの人々や世間の人々を意味し，悟りを達成した人や宗教的に高い境地にある人と対比して用いられる．

凡夫の常識 ぼんぷのじょうしき bonpu no jōshiki (Jpn.)

「通常の人の意識」の意．人間の真のあり方について惑わされている凡夫の心の状態で，仏教の教えにおいて用いられる．このような人は永遠の*アートマンの存在を信じ，*渇愛と*無明に悩まされている．このような意識は悟りの意識と本質的に異なるものではないが，自分に本来的に具わった固有の清浄を理解していない．

梵網 ぼんもう Indra's net

1. パーリ*大蔵経*長部の最初の経典名．→『梵網経』

2. 宇宙においてあらゆる現象は相互に関係し合っているという，*華厳の教えの円満性を説明するために，*法蔵が用いたイメージ．彼は，全世界を宝石がめぐらされた無限の網に喩え，その宝石が互いに映じ合っている様子で表現した．この概念を説明するために，彼は，主（像）と従（鏡）という観点にもとづいて，ブッダの像を中心に，そのまわりに八つの鏡を，さらに上下に二つの鏡を設置した．像が蠟燭によって照らし出された際，鏡は互いに際限なく反射し合う．これは，宇宙全体が一つ一つの微細なものそれぞれに含まれているという華厳の教えを明かしているのである．

『梵網経』 ぼんもうきょう *Brahmajāla Sūtra*

1. *長部の最初の経．2巻から成る．第1巻は，戒律の三つの項目（短・中・長）を並記している．この三つは，後の経典にも頻繁に繰り返される．第2巻は第1巻よりも長く，人の本質に関する62種の誤った見解の論駁が中心である．

2. *大正新脩大蔵経 no. 1484の経典．5世紀初頭，*クマーラジーヴァによって翻訳された．この典籍は，菩薩（この場合は，通常の大乗の道の実践者を意味する）が従事すべき実践を描いている．この文献は，今日一般に中国の僧侶や尼僧によって第3の戒律とされる，「十重」および「四八軽」の菩薩の戒律の一覧を説いている．中国の在家仏教徒もいわゆる菩薩戒を採るが，これらは『優婆塞戒経』(大正蔵 no. 1488)に由来するものである．日本においては，*天台宗の僧侶である最澄（767-822）が小乗の戒律を採らず，『梵網経』における戒律を要請した結果，梵網戒が特定の日本の仏教の僧侶の間での唯一の戒となった．

『翻訳名義大集』 ほんやくみょうぎたいしゅう *Mahāvyutpatti*

9世紀初め頃につくられた，サンスクリット語の仏教用語に関するチベット語の辞書．9,565の語彙を含み，テーマ別に277の章に分けられている．サンスクリット語からチベット語へと翻訳する基準を定める手段として考案された側面をもつ書物である．のちに，中国語，モンゴル語，満州語の相当する語が加えられたものが17世紀につくられた．

本来の面目 ほんらいのめんもく original face

仏教の禅で用いられ，真のアイデンティティーを感覚する際に個人の真の本質を言及する用語．真のアイデンティティーを指す「面目」は，人が生まれ変わって受け取るアイデンティティーのすでに変化している，はかない進行の背後に横たわっているものである．

マ

マイトレーヤナータ Maitreyanātha (270-350)

*アサンガと*ヴァスバンドゥと並ぶ*瑜伽行派の3人の創設者の一人．弥勒ともいう．その生没年は不確かであり，その名前が歴史上の人間の師を示しているのか，碑文上で仮託された*弥勒菩薩を示しているのか，研究者の間でも意見が分かれている．チベットや中国の伝統ではいろいろと多くの作品が彼に帰せられているが，*『瑜伽師地論』，*『大乗荘厳経論』，*『法法性分別論』，*『中辺分別論』，*『現観荘厳論』，*『宝性論』などさまざまである．

マイナーマティ・ラルマイ遺跡群 Mainamati-Lalmai range

バングラデシュにある仏教の考古学上の遺跡．マイナーマティとラルマイの間の広大な丘に位置する．50以上の建物からなり，そのほとんどがいまだ発掘されていない．最初期の遺跡は6世紀まで遡り，新しい僧院（*精舎）の建物は，13世紀にここで支援されていた．マイナーマティ・ラルマイの遺跡群にあるサルバン・ヴィハーラが最も知られている．この複合施設の名前は近くの沙羅双樹の森に由来する．この寺院は，四角い形をしており，大きさは非常に大きく，115部屋で構成される．中央の中庭の中心には大きな*ストゥーパが立っており，かつて巨大な仏像があった．マイナーマティの別の有名な遺跡では，クティラ・ムラが有名である．ここでは，巨大な壁が敷地をおおっており，その上に三つのおもなストゥーパの残骸が九つの補助のストゥーパとともに立っている．マイナーマティ・ラルマイ遺跡群にはほかに*アーナンダ・ヴィハーラと呼ばれる遺跡がある．

マウルヤ朝時代 Mauryan dynasty

*マガダ国を中心として前324年から184年まで統治した古いインドの王朝．しかし，これらの年とこの時代一般の年代推定は不確かである．184年という年は数多くの推測の一つにすぎず，幾人かの権威は王朝の始まりを313年においている．この王朝を建てた*チャンドラグプタ・マウルヤは先行するナンダ王朝を転覆し，*パータリプトラに首都を築いた．彼は305年にギリシャ人の王セレウコス・ニカトルを破り，結婚による盟約の条件としてギリシャ人使節*メガステネスが彼の宮廷に駐在した．メガステネスはインドにおける当時の生活を詳細な報告書に著したが，現存していない．仏教徒の記録によればチャンドラグプタは晩年ジャイナ教に改宗し，南インドに行ってジャイナ教のしきたりに従い断食して死んだ（→ジャイナ教）．チャンドラグプタの後は297年に息子*ビンドゥサーラが継いだ．彼は帝国をマイソールを含む範囲にまで拡張し，このときまでに亜大陸の大半は*カリンガ（今日のオリッサ）を除いてマウリヤ朝の支配下に入った．ビンドゥサーラは272年に没し，息子*アショーカが後を継いだ．アショーカは268年に即位し（幾人かの近代の権威は277年という），カリンガを征服して，インドではムガル帝国および英国統治時代に至るまでの最大の帝国を統合した．マウルヤ（Pāli，モーリヤ，Moriya）という名は孔雀をさす言葉からきている．→インドの仏教

摩訶迦葉 まかかしょう ⇨マハーカーシュヤパ

摩訶迦旃延 まかかせんねん ⇨マハーカーティヤーヤナ

摩訶薩埵 まかさった mahāsattva (Skt.)

「偉大な生き物」の意．高位の*菩薩に対して用いられる尊称．

マガダ Magadha (Skt., Pāli)

*シャーキャムニ・ブッダの時代における，古代インドの主要な王国の一つ．ガンジス川の南に位置し，今日のビハール州の大部分をその中核的領域に含み，首都をはじめ*ラージャグ

リハに，のち*パータリプトラにおいた．ブッダの生涯の大部分にわたってマガダは*ビンビサーラ王が治めていたが，王はその息子で後継者の*アジャータシャトルの手によって虐待されて死んだ．ビンビサーラ自身はブッダの熱心な信奉者であり，マガダはおそらく初期の仏教活動の中心地であったとみなしうる．のちとくにアジャータシャトルのもとで，近隣のより小さい諸国を征服，融合してマガダ帝国となった．その地域は，帝国自体が崩壊した後もインドにおける政治的宗教的生活の中心であり続けた．

摩訶波闍波提 まかはじゃはだい ⇨マハープラジャーパティー

摩訶目犍連 まかもくけんれん ⇨マハーマウドゥガリヤーヤナ

牧口常三郎 まきぐちつねさぶろう Makiguchi Tsunesaburō（1871-1944）

日本の宗教団体である*「創価学会」の創始者．教職にあり，善き社会を建設するためには教育を通じて価値が創造されなければならないと信じて，*日蓮仏教における真実に深く傾倒した．創価学会は当初，*日蓮正宗の在家団体として発足したが，1992 年に訣別した．牧口の存命中は，創価学会の会員は数千人を超えることがなく，しかも第二次世界大戦中に牧口は，すべての宗教団体は戦争に協力しなければならないとする政府の指令に従うことを拒否したかどで投獄された．この事件は，世間に一定の同情を呼び，他の宗教団体から協力が呼びかけられたが，牧口はその排他主義的な宗教観から，それらを受け入れることができなかった．牧口は獄中で死亡した．→日本の仏教

魔郷 まきょう makyō（Jpn.）

*阿弥陀仏の浄土に対する，「*マーラの国」のこと．

魔境 まきょう makyō（Jpn.）

日本仏教において，「悪魔の領域」のこと．禅においては，禅定の最中に起こるさまざまな妄想を意味して用いられることがある．

マチク・ラプギ・ドェンマ Machig Lapgi Drönma（Tib., Ma gcig lab kyi sgron ma）（1055-1145）

チベットの偉大な女性の聖人で，チベットの*チュー行法で有名なタントラ仏教の実践者．その行法は自らの体が徐々に鬼魔に切断されるのを思い描くことを内容とし，肉体への執着を減退させることを目的とする．伝承によると，マチクはインドで男として生まれ，インドの師*パダンパ・サンギェーからチェーの教えを受けたとされる．敵対する*婆羅門に脅かされたので，その後チベットに逃れた．チベットでは女性の体，すなわちマチク・ラプキ・ドゥンマに自らの意識（*識，ヴィジュニャーナ）を投影し，その後，女性として 95 歳まで生きた．

マッカリ・ゴーサーラ Makkhali Gosāla

ブッダより年長の同時代人で*アージーヴァカ教の開祖．その生涯について確かなことはほとんど知られていないが，よこしまな信念をもっているとして何度かブッダに難じられている．*六師外道の一人としてその教義が仏教資料の中に保存されており，以下はそれからの抜粋である．「生き物の悪行には直接間接のいかなる原因も存在せず，彼らは理由も原因もなく邪悪なものとなる．生き物の公正さには直接間接のいかなる原因も存在せず，彼らは理由も原因もなく清浄なものとなる．……能力，活力，人間の強さ，人間の精力といったいかなるものも存在しない．あらゆる動物……は自身の力や能力をもたない．彼らは運命によってあちらこちらへと向けられる」（*Dialogues of the Buddha*, i.7, tr. T. W. and C. A. F. Rhys Davids, 1899, Pali Text Society, Oxford）．このようにマッカリは，運命あるいは宿命（ニヤティ，niyati）がすべてを支配し，道徳上の選択は幻影であると考える宿命論者であったとみられる．彼によればあらゆる生き物は六つの階層の一つに属しており，長期にわたる転生ののちに究極的に浄化が得られ，その進路は変えることができない．ブッダが彼をきびしく批判したのは，業の教義と宗教的努力の有効性を否定したからであった．

マッジマデーサ　majjhimadesa（Pāli；Skt., madhyamadeśa）

「中部地域」の意. 北東インドにある仏教の生誕地であり，古い時代の資料によれば，長さ約1450 km，幅約1200 km，外周約4350 kmという広大な地域からなる. インド古典期の資料で述べられる16の国家（*マハージャナパダ）のうちの14カ国がこの地域に存在した.

マッジマニカーヤ　⇨中部　ちゅうぶ

末法　まっぽう　mappō

「法の終わり」を意味する語. 中世の中国仏教において，仏教界では，仏教の歴史は正法・像法・末法の三つの時期に分かれると考えられるようになった. 正法とは，仏の教えがわずかな違いのみで伝わり，衆生は法を理解し，実践し，悟りを得ることができる可能性が大きい期間で，500年続く. 像法は，本質が失われ，修行の外形のみが残っている期間であり，これも500年続く. この時期には，悟りを得る者はほとんどいなくなる. 末法においては，真の修行の形さえも失われ，衆生は思い思いの方法を行う. 釈迦の入滅の時期をもとに算出すると，ほとんどの計算では，世界はすでに末法に入っていることになる. 絶望してもおかしくないこの分析に対し，東アジアの多くの人々は，諦めではなく新たな教義を生み出し，主張することをもって応えた. 末法に対する反応として，*浄土宗や*日蓮宗などの新しい宗派が起こった. 彼らは，釈迦が末法の当来を予見し，その備えとして，この時代に生まれた人々に合った教えと経典を残してくれたのだと主張した. これらの教えは，末法という不利な状況に対抗し，人々に解放される希望を与えるものとして理解され，広まった. また，正法と末法の違いが，必然的に教えの重大な違いをもたらすのだと論じて，初期の仏教について知られているものとは明らかに相反する経典や教えや修行を認めた. そのときの悪化した状況がこれを求めたものと考えられる. →正像末，三時

マッラ　Malla（Skt., Pāli）

ブッダの時代に*リッチャヴィと*ヴィデーハを含むヴリジ同盟（→ヴァッジー）の一部をなした共和制小国家の一つ. 当時国は二つの部分に分かれており，それぞれの首都は*パーヴァーと*クシナガラにおかれていた. ブッダはパーヴァーで鍛冶工*チュンダの家において最後の食事をとり，それから終焉の地クシナガラへと旅した. ブッダ滅後まもなく，全ヴリジ同盟は拡大しつつあった*マガダ帝国に吸収された.

マッリカー　Mallikā（Pāli）

*コーサラ国の*パセーナディ王の年上の妻. ブッダの信奉者で*アーナンダからダルマを教えられ，賢明なことで知られた.

マトゥラー　Mathurā, Madhurā

*クルの南，ヤムナー川のほとりに位置したシューラセーナ国の古い首都で，今日のウッタルプラデーシュ州マトゥラーから数kmのところにあった. ブッダは少なくとも一度は訪れており，そこに多少の信奉者とくに弟子*マハーカーティヤーヤナをもったらしいが，長く滞在することも，特別この場所を好むこともなかったようである. 後に中国人巡礼者の*法顕と*玄奘が，そこに栄えている僧伽があると報告した. マトゥラーはまた，最初期のブッダの影像のいくつかを生み出した仏教美術の中心地として重要である. 南インドのマドラスに近い同名の都市と混同してはならない.

『マドゥラッタヴィラーシニー』

Madhuratthavilāsinī（Pāli）

「蜜のごとき意味を明らかにするもの」の意. *『ブッダヴァンサ』に対するパーリ語の注釈書である

マートリカー　mātṛkā（Skt.；Pāli, mātikā）

*阿毘達磨蔵の書物の哲学的諸章で使われる，内容の見出しまたは要約を表にしたもの. 本来は単数形で用いられる律用語でキーワードを意味した. 複数形で用いられる場合はある話題のキーワード群，つまりリストを意味する.

マニ車 まにぐるま prayer wheel
チベット仏教に関連した，金属製の筒でマントラが印刷された紙切れが詰められたもの．軸もしくは取っ手を中心に回転し，回されたときにマントラの力を「活性化」させ，守護と功徳(*福)を与えることができると信じられている．マニ車は通常は小型で，手でつかめるほどの大きさだが，大きなものでは壁に設けられたものがある．チベットには水力で動くマニ車もある．

マニ車

『マノーラタプーラニー』 *Manorathapūraṇī* (Pāli)
「意欲を満たすもの」の意．パーリ正典の*増支部に対する*ブッダゴーシャの注釈書．

『マハーヴァストゥ』 *Mahāvastu* (Skt.)
長大で複合的な作品で，最古の部分は前2世紀にさかのぼる．*説出世部の律に属する作品といわれるブッダの伝記を核として，多くの初期の短い経や*ジャータカを包含する．テキストには後代の素材も入っているとみられ，大乗からの挿入がかなり含まれる．仏教混淆梵語として知られる一種のサンスクリット語で書かれた写本のみ現存し，チベット語訳も漢訳も存在しない．

『マハーヴァンサ』 ⇨『大史』 だいし

マハ・ウィザヤ・パヤー Maha Wizaya paya
ビルマ国内の上座部仏教の統一を記念して，1980年にヤンゴンに建てられた*ゼディ．マハ・ヴィジャヤ (Vijaya)・パヤーともいう．ネパールの王が*仏舎利を収納する建物に聖なる仏舎利を寄進し，一方のビルマの人々は寄附を通してその建設に貢献した．ビルマの指導者ネ・ウィンは，それを11層の尖塔（*ティー）の頂上に取り付けた．この尖塔は，近くの*シュエダゴン・パゴダよりも2層分高い．

マハーヴィハーラ Mahāvihāra (Pāli)
「大きな*精舎」の意．大寺ともいう．何世紀もの間，精舎は現代のスリランカにおける*上座部の祖となる部派の活動拠点であった．このマハーヴァハーラは*アショーカ王の宮廷からやってきた使節団に与えるために，*デーヴァーナンピヤ・ティッサ王（前247-207）が，首都*アヌラーダプラのティッサ園に建てたもので，多くの建物や堂を含んでいた．ここに住むものたちは，*ダンマルチ・ニカーヤ派とも呼ばれる*アバヤギリ派や，*ジェータヴァナ派といった競争相手の僧院の比丘たちに対し，自分たちがスリランカ仏教の正統派であると主張して，自らテーリヤ・ニカーヤ（Theriya Nikāya，すなわち*上座部）と名乗った．（実際のところ，それら三つのすべての派が*上座部を名乗る権利を主張したが，対抗者にはその名を使わせないように努めた．）長期間にわたって，彼らは大きな諍いもなく共存していたが，マハーヴィハーラ派とアバヤギリ派の比丘たちがこの島の仏教の伝統の支配をめぐって最初に衝突した．アバヤギリ派の比丘たちが異端のヴァイトゥルヤ・ピタカ（Vaitulya Piṭaka）を公然と採用したとき，この両派の比丘たちの反目は激しいものとなり，異端の書を焼き捨てる一方でマハーヴィハーラを破壊するという事態に至ったのである．この二つの派は，1165年，アヌラーダプラの会議で和解が成立するまで分離したままであった．アヌラーダプラが13世紀頃に打ち捨てられたとき，マハーヴィハーラの歴史もまた終焉を迎えた．

マハーヴィーラ Mahāvīra (Skt.)
「偉大な英雄」の意．仏教資料では*ニガンタ・ナータプッタとして知られるジャイナ教の教師ヴァルダマーナの尊称．パトナの近くで73歳で没した．仏教徒には*六師外道の一人と位置づけられているが，ジャイナ教徒には彼らのすべての教師のうちで最も偉大な者とみなされている．→ジャイナ教

マハーカーシュヤパ Mahākāśyapa（Skt.；Pāli, Mahākassapa）

カーシュヤパとしても知られ，崇高で質素な生活様式と並はずれた修行の成果で名高い*阿羅漢で，ブッダの古参弟子である．摩訶迦葉ともいう．ブッダは彼を，比丘たちを訓戒することと禅定に入り留まることにかけては自分に並ぶものとみなしていた．マハーカーシュヤパは身体に超人の32の特徴（*三十二相）のうちの七つをそなえて生まれたといわれ，超自然的な力（神通，リッディ）で有名であった．ブッダの死には立ち会っておらず，その1週間後に彼が到着するまでは荼毘の薪にどうしても火がつかなかったといわれる．そこに居合わせたうちの最古参の比丘として，彼はブッダ入滅後まもなく行われた*ラージャグリハ会議の議長をつとめるよう指名された．会議においては何が正統な*経と律の教説であるかを制定するため，自ら*アーナンダと*ウパーリに諮問した．また女性の*得度を許すようブッダにとりなしたこと，またブッダにその寿命を延ばすよう懇願しなかったことでアーナンダを告発した．マハーカーシュヤパは，ブッダがただ花を持ちあげて微笑しただけの無言の説法の意味を理解した唯一の者であることから，禅宗によってその始祖とみなされている．この身振りの意味は，真実はあらゆる言葉による説明を超えており，そのようなものとして，教説を通してではなく教師から弟子への直接的な伝達によって教えられなければならないということである．

マハーカーティヤーヤナ Mahākātyāyana（Skt.；Pāli, Mahākaccana, Mahākaccāyana）

ブッダの高弟で，師が簡潔に説いたことを詳細に説明することに巧みであった．摩訶迦旃延ともいう．ウッジャインに生まれ，*ヴェーダを学習しつつ正統的な*バラモン教教育を受けた．7人の友人とともにブッダを招待し，説法を聞く間に悟り（菩提）を得た．得度し，*アヴァンティで多くの人を改宗させた．『ネッティパカラナ』（*Nettipakaraṇa*, 手引書）と『ペータコーパデーサ』（*Peṭakopadesa*, 釈義的方法論についての論書）は彼の系統を引く学派によって著されたことはほぼ間違いないが，伝統的にはマハーカーティヤーヤナ自身に帰せられている．

マハーカーラ Mahākāla（Skt.）

「大いなる黒き者」の意．本来は仏教外の神格で，時に*ヒンドゥー教の神シヴァの一形態とみなされるマハーカーラは，忿怒に燃える守護神（*イダム）で教えの保護者（ダルマパーラ，dharmapāla）である．タントラ仏教では*観自在菩薩の顕現とみなされ，その*供養および関連する修行は『マハーカーラ・タントラ』（*Mahākāla Tantra*）に詳しく記述されている．インドとチベットの密教におけるマハーカーラには，4本から16本の腕をもったさまざまな図像上の形態が存在する．日本には忿怒でない形態が存在し，繁栄と結びつけられ*大黒天として知られている．

マハー・シッダ mahā-siddha（Skt.）

「偉大な達人」の意．大いなる成就者，とくに*金剛乗の修行に関して，自らの達成を外面的に表すものとしての魔術的な能力（*シッディ）を示す者．女性の達人を含む84人のインドのマハー・シッダが，8～12世紀の間に栄えたタントラ仏教の反道徳律的形態の代表としてよく知られている．彼らの経歴と活動は，チベット語訳で現存する『84人のマハーシッダの伝記』に簡潔に記されている．

マハージャナパダ mahājanapadas（Pāli）

ブッダの時代に存在した伝承上の16の国．すなわち，*カーシー，*コーサラ，*アンガ，*マガダ，*ヴァッジー，*マッラ，チェーティヤ，ヴァンサ，*クル，*パンチャーラ，マッチャ，スーラセーナ，アッサカ，*アヴァンティ，*ガンダーラ，*カンボージャである．このうち，最初の14の国は「中部地方」（*マッジマデーサ），最後の二つは「北部地方」（*ウッタラー

パタ）に含まれる．

マハーデーヴァ　Mahādeva（Skt.）
推測上の「第3の会議」（→パータリプトラ会議（第1回））で議論された五つの主題を提起した比丘．後の注釈者たちによって公式化されたその5点は次のとおりである．(1) 阿羅漢であってもなお他者によって堕落させられることがありうる，(2) 阿羅漢であってもなお無知―「汚れた無知」（*無明）ではなく「汚れていない無知」（アクリシュタ・アジュニャーナ，akliṣṭa ajñāna）として知られるもっと弱い種類のものであるが―に支配される，(3) 阿羅漢であってもなお疑惑（カーンクシャー，kāṅkṣā）に支配されており，(4) 他者に指導され教えられることがありうる，(5) 阿羅漢が「高貴な道」（*聖道）に入ることには，道を出現させる技術である発声（ヴァチーベーダ，vacībheda）が付随しうる．

マハートゥーパ　Mahā-thūpa（Pāli）
スリランカの*アヌラーダプラにある大*ストゥーパであり，時代がくだると巡礼の中心地となった．*ドゥッタガーマニ・アバヤ王が，タミール人に勝利した後に建設したが，王自身はその完成をみることなく亡くなった．伝承によれば，*仏舎利が奇跡的に獲得され，遺骨を納める箱に安置されている．この建物自体は，定期的な再建と修復を受けながら，ここ2000年間にわたってずっと巡礼と信仰の対象であり続けた．

マハ・パサン・グハ　Maha Pasan Guha
「大洞窟」を意味するビルマ語で，ビルマのヤンゴンの北に建てられた人口の洞窟を示している．ここは，ブッダの悟り（菩提）の2500年記念に合わせて，1956年に第六結集が開かれた場所である．

マハープラジャーパティー　Mahāprajāpatī（Skt.；Pāli, Mahāpajāpatī）
ブッダの継母．摩訶波闍波提ともいう．*マーヤーの妹でともに*シュッドーダナ王の妃であり，ブッダの母が出産後1週間して亡くなったのち幼い彼を養育した．シュッドーダナの死に際して，マハープラジャーパティーは他の500人の女性とともに尼僧として*得度する許可をブッダに求めた．彼が拒絶すると，女性たちは髪を切り黄色の*衣をまとって，徒歩で彼につきしたがった．ブッダは再び要求を拒絶したが，*アーナンダのとりなしに応じて3度目の要求を受け入れた．マハープラジャーパティーは得度後まもなく*阿羅漢となり，120歳まで生きたといわれる．

マハープルシャ　mahāpuruṣa（Skt.；Pāli, mahāpurisa）
「偉大な人」の意．インドおよび仏教の伝承における，偉大な人，英雄，あるいは超人．生まれつき偉大であり，全世界の支配者（*転輪王）あるいはブッダのいずれかになる運命にある者．運命によりそのように定められた者は32の主要なしるし（*三十二相）と80の副次的なしるし（*随好）を身におび，それによって人々が彼の偉大性を認めたり予言したりすることがある．

『マハーボーディヴァンサ』　*Mahābodhivaṃsa*（Pāli）
もともとはシンハラ語で書かれた書物をパーリ語に翻訳したもの．スリランカに菩提樹が到来したことについて記述されている．ウパティッサが，ダーターナーガの求めに応じて，10世紀に編纂したといわれている．

マハーボーディ・ソサイエティ　Mahabodhi Society
1891年に*アナガーリカ・ダルマパーラ（1864-1933）によって，*ボードガヤーをヒンドゥー教徒から仏教徒の支配へ復帰させることを当面の目的として設立された組織．1925年に英国に支部がおかれ，今日では世界中にセンターのネットワークが存在する．

マハーマウドガリヤーヤナ　Mahāmaudgalyāna（Skt.；Pāli, Mahāmoggallāna）
*シャーリプトラにつぐブッダの古参弟子の

第2番目．摩訶目犍連ともいう．2人は同じ日に生まれ，生涯にわたる友人であった．マハーマウドガリヤーヤナは智慧にかけてはシャーリプトラにつぎ，神通にかけては第一であった．無数の生きた幻をつくりだし，自分自身を思いのままの形に変えることができた．彼はジャイナ教徒（→ジャイナ教）に雇われたという山賊に殴り殺された．ブッダは彼の死を説明して，彼が前世で行った悪行すなわち自分の盲目の両親を殴り殺したことによるものであるとした．

マハームドラー　mahāmudrā（Skt.）

1. 大いなる印章．大印契ともいう．*瑜伽タントラによれば四つの瞑想の印章（*ムドラー）の一つ．ブッダへの変容の瞑想修行において，ブッダたちの身体という側面（→身口意）に関する身体のイメージ（ビンバ，bimba）として彼らを観想する過程にあてはまる．

2. 修行とその目標の一区分で，その修行には二つの側面すなわち経に基礎をおく「通常の」形態とタントラに基礎をおく「特別の」形態とがあるが，とくに*アヌッタラ・ヨーガ・タントラにつながるもの．いずれの場合も修行の目的は，あらゆる現象の*空性，それら本来の光輝，これら二つの側面が分かちがたく結びついていることを理解することである．タントラ仏教の教えと修行の主要な形態であるマハームドラーは，*マハー・シッダ（偉大なる成就者）*ナーローパからそれを受け継いだ*マルパによってチベットにもたらされた．教えはマルパから*ミラレーパへ，彼から*ガムポパへ伝えられた．後者の努力でマハームドラーは*カギュ派の中核的要素の一つとなった．マハームドラーの教えの中心要素は*悲と*智慧との不可分な性質，または空性と輪廻の同一性を認識することに結びついている．

マハームニ寺院　Mahāmuni Temple

ビルマのアラカン地方にある「偉大な賢人の寺院」．この地方では*チャンダサーラ・ブッダの像が1784年まで保存されていた．そのときまで，寺院は東南アジアで最も神聖な寺院の一つだった．アラカンの宗教史はこの寺院とチャンダサーラ・ブッダの像の周辺に集中している．

マハームニ・パヤー　Mahāmuni Paya

文字どおり「偉大な賢人の*ストゥーパ」であり，このビルマのマンダレーのストゥーパはヤカイン（アラカン）・*パヤーとしても知られている．ボダウパヤ王によって1784年に建てられたが，1884年の火災によってこの聖堂は破壊された．現在のものは比較的最近のものである．この聖堂の中央には，深く崇拝されている*チャンダサーラ・ブッダの像がある．これは，アラカンからここに移されたものである．この建物にはアラカンから略奪されたものや1431年にもたらされた*アンコール・ワットのものといった他の美術品もあり，寺院の中庭にはさまざまな碑銘がある．マハームニ・パヤーの祭は，何千もの人々を魅了し，毎年2月の初めにここで開かれている．

マハーヤーナ和尚　Hvashang Mahāyāna

禅の一形態の中国人の指導的師匠であった，摩訶衍和尚の名をチベット語で表記したもの．大乗和尚ともいう．マハーヤーナ和尚はティソン・デツェン王の治世にチベットで活躍し，「*頓悟」の立場を主張したが，インドで主流となっていた「*漸悟」の立場との間で論争が起こった．*ラサの宗論で*カマラシーラに彼の主張が論破された後は，チベットにおいて禅の影響力は影をひそめた．

マハーヨーガ　mahāyoga（Skt.）

*ニンマ派によればタントラの教えの第4段階であり，いくつかの点では*新教の*父タントラ区分に等しい．このカテゴリーを形成するタントラ文献の多くは代替的な翻訳であるにもかかわらず正典とみなされ，したがって*カンジュルに含まれる．

マヒーシャーサカ　Mahīśāsaka（Skt.）

初期仏教の主要な小乗十八部の一つ．前2世紀に*分別説部から分かれた部派であると考えられている．*阿毘達磨の教理に関する現在の知見にもとづけば，スリランカの*上座部のインド本土における起源となる学派であると考えられている．

マヒンダ　Mahinda（前 282–222）
*マガダ国の*アショーカ王の息子で，比丘尼*サンガミッターの兄にあたる比丘．20 歳のときに出家し，その日のうちに*阿羅漢になったといわれている．ダルマの学習に数年間費やした後，彼は 1000 人の弟子を残して引退する師の責務を引き継いだ．前 250 年，アショーカ王の下で行われた第三結集（→パータリプトラ会議（第 2 回））において，マヒンダにはブッダの教えをスリランカに伝える使命が託された．彼は島に到着すると，まず*デーヴァーナンピヤ・ティッサ王に『象跡喩小経』（チューラハッティパドーパマ・スッタ，*Cūlahatthipadopama Sutta*）を説き，王を仏教に帰依させることに成功した．その後，仏舎利を求める使者を父に送った．またマヒンダの提案で，デーヴァーナンピヤ・ティッサ王はアショーカ王に別の使者を送って，女性の改宗者が僧伽内で得度できるように，*サンガミッターをはじめとする比丘尼たちを送ること，それと菩提樹の枝を要求した．この要求は受け入れられて，サンガミッターたちは，枝を持ってスリランカに到来した．デーヴァーナンピヤ・ティッサ王の治世の終わり頃，マヒンダはいくつかの*精舎の建立を提案したといわれている．また*三蔵をパーリ語からシンハラ語に翻訳した後，それらに対する注釈をシンハラ語で記したともいわれている．マヒンダはデーヴァーナンピヤ・ティッサ王の死後もスリランカに住み続け，そこで 60 年の生涯を閉じた．彼の体は火葬され，その場所に遺骸の半分をおおう*制多が建てられた．残りの半分は，他の場所の*ストゥーパへと分配された．

マヒンダ祭　Mahinda festival
スリランカの祭．ポソン祭という名でより知られている．*マヒンダがセイロン島に来着し，仏教が成立したことを祝う．

マフムード王（ガズニ朝）　Mahmud of Ghazni
アフガニスタンと近隣地域の支配権を握り，短命のガズナ帝国（997～1030 年）を築いたイスラム教徒のトルコ人傭兵．インドへはガンジス流域の平野にある仏教の中心地域まで，数回にわたるきわめて破壊的な襲撃を指揮した．進軍は撃退されたが，つづいて他のイスラム教徒軍が組織的に略奪を行い，*ナーランダーなど，その地域の大仏教施設のほとんどを破壊した．

摩耶　まや　⇨マーヤー

マーヤー　Māyā（Skt.）
マハーマーヤーとしても知られるブッダの母．摩耶ともいう．ブッダを身ごもったとき，白い象が胎内に入るという吉兆の夢を見た．出産 7 日後に死んで*兜率天に再生した．そののち夫の*シュッドーダナは彼女の妹*マハープラジャーパティーと結婚した．

魔羅　まら　⇨マーラ

マーラ　Māra（Skt.）
仏教の「悪魔」．魔羅ともいう．厳密には神（*天，デーヴァ）であるマーラはブッダの敵で，衆生が涅槃に到達して自分の支配を離れてしまうのを妨げるため，つねにブッダの教えを破壊しようとする．ブッダの生涯でおもに 2 度出現するが，1 度目は彼が悟り（菩提）を獲得する直前，2 度目は彼の死の少し前である．1 度目は娘たち（→マーラの娘たち）を伴い，かわるがわるブッダを誘惑し脅かそうとするが失敗に終わる．2 度目は死んで*般涅槃に入るようブッダを説得しようとするが，ブッダはその死をしばらく遅らせる．さらに抽象的には，その名が文字どおりには「死」を意味するマーラは，再生の領域（輪廻）に結びつき涅槃に対立するすべてのものを象徴する．四つの形態のマーラが存在するといわれる．(1) *蘊としてのマーラ（スカンダ・マーラ，skandha-māra），すなわち人間の死ぬ運命の象徴としてのマーラ，(2)「死の王」としてのマーラ（ムリトユ・マーラ，mṛtyu-māra），(3) 悪と道徳上の汚染としてのマーラ（クレーシャ・マーラ，kleśa-māra），(4) マーラに随行する神たち（デーヴァプトラ・マーラ，devaputra-māra）である．

マーラー mālā（Skt.）
おもに大乗仏教徒がマントラやその他の祈りを唱えるときに用いる数珠．数珠玉は通常108個で，木，堅い木の実の核，骨，水晶，その他の材料でつくることができる．より短い，半分または4分の1のマーラーも日本の在家仏教徒に用いられている．

マーラの娘たち Māra's daughters
マーラにはラティー（Ratī，喜び），アラティー（Aratī，不満），トゥリシュナー（Tṛṣṇā，*渇愛）として知られる3人の娘がいる．伝説によれば父親がブッダが悟り（菩提）を得ることを妨げるのに失敗したとき，5週間後に3人の娘がブッダに近づき，策略を用いて誘惑しようと試みたがやはり成功しなかったという．

マルパ Marpa（1012-1097）
有名なチベットの行者の一人．当初は翻訳者として修行をしていたが，インドを3回，ネパールを4回訪問し，*ナーローパやマイトリパなどの崇高な師に伺候し，彼らからタントラ仏教の教法を手ほどきされた．とくにヘーヴァジュラや秘密集会，*マハームドラーに関連するものについてであった．ナーローパとの出会ったときの重要な記述が現存する．チベットに戻ったあとで，ラダック地方に暮らし，多くの弟子を教育し，その中には*ミラレーパもいた．*ナーローパの六法として知られる六つのタントラ教法を伝え，*カギュ派の教理の伝統を確立した．

マールンキャープッタ Māluṅkyāputta（Pāli）
*コーサラ国王の家臣の息子．ブッダの説法を聞いて教団（僧伽）に加わり，のちに*阿羅漢となった．

慢 まん māna（Skt., Pāli）
「うぬぼれ」の意．人を再生の環（輪廻）に結びつける10の束縛（*結）の第8．慢は他者に対する自らの地位への自己中心的関心からなり，自らが彼らに比べて等しい，すぐれている，劣っているという関係のいずれかによって3種あるといわれる．それは永続する自我（*アートマン）を信じることから起こり，悟りの獲得に際してこの思い込みが滅ぼされるときに完全に消滅する．慢はまた，汚れ（煩悩）の一つであるとともに，*随眠として知られる七つの悪い心的傾向の第5でもある．

卍 まんじ ⇨スヴァスティカ

マンジュゴーシャ Mañjughoṣa（Skt.）
「甘美な声」の意，*文殊師利菩薩の別名．

マンジュシュリー ⇨文殊師利 もんじゅしり

『マンジュシュリー・ムーラ・カルパ』
Mañjuśrī-mūla-kalpa（Skt.）
*文殊師利菩薩の信仰に関連する*クリヤー・タントラ．現存最古の仏教タントラの例としてしばしば引用されるが，むしろ早くとも6世紀後半に書かれた中核的要素にはじまり，編纂と付加の長い過程を経たものといったほうがよい．サンスクリット語で現存し，これは対応するチベット語訳，漢訳よりも比較的長い．

マンダラ maṇḍala（Skt.）
神秘的な意味をもつ円あるいは円形の図表（日本でのように時として長方形のこともある）．曼荼羅とも書く．マンダラはタントラ仏教でごく一般的にみられ，ブッダの*身口意を表現すると信じられて入門，瞑想その他の目的に使われている．マンダラは現実のいくつもの次元において存在するといわれる．すなわち悟り（菩提）の諸性質の実際の形状であってふつうの生き物には近づきがたい，本来的に存在するマンダラ（スヴァバーヴァ・マンダラ，svabhāva-maṇḍala），タントラの修行者によって観想される瞑想のマンダラ（サマーディ・マンダラ，samādhi-maṇḍala），色とりどりに描かれるものとしてのマンダラである表象のマンダラなどである．マンダラはまた，神格の身体の姿あるいは悟りの諸側面を具象化する「身のマンダラ」，言葉の側面を種字（ビージャ・マントラ，bīja-mantra）によって表現する「語のマンダラ」，精神の側面を蓮華，*ヴァジュラ，車輪といった象徴で表現する「意のマンダラ」，のいずれかに細分される.

マンダラ

マンダーラヴァー Mandāravā (Skt.)

*パドマサンバヴァの配偶者となって，後に彼とネパールおよびベンガルへ旅したサホル王の娘．伝説によれば彼女とパドマサンバヴァを焼き殺す企てがなされたが，彼らの霊的完成のため失敗したという.

マントラ mantra (Skt.)

聖なる音で，超自然的な力に満ちていると考えられている．これらは一つの音節(ビージャ・マントラ，bīja-mantra) から長大な組み合わせに及ぶ．タントラ仏教では，悟り (菩提) はさまざまな神格の姿で，また彼らによって具象化される諸性質を示す音と文字で表されるが，そのうちの言語的側面の現れが上記の長い組み合わせとしてのマントラである．研究者はこの言葉を「考えること (マン) のための装置」と分析するが，伝統的には「心」(マン) を「守る」(トラ) ものとして理解される．創造的な観想と瞑想の中でマントラを使用することで，人は自己変化のため，あるいはさまざまな目的を達成するために，それらが表現するさまざまな性質の能力に接近し，それを発達させることができる.

マントラヤーナ Mantrayāna (Skt.)

「マントラの乗り物」の意．修行におけるマントラの重要性を強調した，タントラ仏教の道を示す一般的な語．それ以前，タントラの道が大乗全体の中の代替的アプローチとみられていたころに「完成の方式」(パーラミター・ナヤ，pāramitā-naya) に対して用いられた「マントラの方式」(マントラ・ナヤ) から発展したとみられる．「マントラヤーナ」は伝統的文献では同義の*金剛乗よりも広く使われる.

ミ

ミガーラマートゥパーサーダ
Migāramātupāsāda (Pāli)
*精舎の名前．インドの*シュラーヴァスティーの東にある*プッバーラーマの中に，ヴィサーカーが建てた．2層から成り，それぞれの階に設備の整った500の部屋があったといわれる．この僧院の建設を提案したのは，伝承によるとブッダであった．ブッダは人生の最後の20年間，シュラーヴァスティーにいるときは，*アナータピンディカから寄贈された園とこの僧院で時を過ごした．それゆえ，多くの経がこの二つの場所で説かれているのは，当然といえる．また，ブッダが自分のいない間に*波羅提木叉を暗唱することを許したのもここであった．

水子供養 みずこくよう mizuko kuyō (Jpn.)
*堕胎された胎児の霊魂に捧げものをする，近代日本仏教の儀礼．仏教寺院において催される葬儀の形で行われ，仏教僧の姿をした幼い子供に似せた像が立てられ，祈りが捧げられる．現代日本の高い堕胎率により（近年では年100万件を超える），このような像が列を重ねているのを見るのはまれではない．堕胎の日付に毎年，親族によって，捧げ物がなされ，祈りが捧げられる．堕胎を経験した女性たちはこの儀礼によって心の傷を癒している．この儀礼はまた，堕胎された子供の怒った霊魂によりもたらされる家族の不幸を，回避させるとも信じられている．

未曾有法 みぞうほう adbhuta-dharma (Skt.；Pāli, abbhuta-dhamma)
驚異的な，または不可思議な現象のこと．9種類の仏教聖典（ナヴァ・アンガ・ブッダ・シャーサナ, nava-aṅga-buddha-śāsana）のうち，語義のとおりブッダの生涯の間に起こった数々の不可思議な奇跡を述べた経から成る聖典の名称として用いられる．

密教 みっきょう esoteric Buddhism
一連の仏教学派とその実践法を指す用語．当初はヒンドゥー教のタントラと並行して発展し，後に相互に影響し合うようになった．密教はその秘密性によって，万人に対して開かれた仏教（顕教）と区別される．密教の教義は公然と伝えられるのではなく，師資相承の流れを受け継ぐ*グルから適正な参入儀礼（*灌頂）を受けた学習者だけがそれを知ることができる．実践においては，ブッダ，菩薩，あるいは参入儀礼の際に特別な関係を結んだ神格を守護者として観想し，実践者自身がその観想された存在と不二であることを理解する，数々の手法が用いられる．このように守護者となる霊的存在の役割を自身に割り当てるためには，実践のための特別な場を確立してそれを精神的に防御すること，およびマントラや*ムドラー，*観想の実践手法を使用することが必要とされる．また時に，性的なイメージを用いたり，儀式化された性行為を行ったりすることもある．それらは身体的エネルギーを制御し，オーガズムの際の，人格の境界を超えて他者と融合する感覚を利用するための手段とされる．チベット密教の諸派，中国の*真言宗，日本の*真言宗および*天台宗といった密教諸派では，これらの実践手法は悟りに至る近道であり，実践者が今生のうちにブッダとなることを可能にするものであるとされる．また，多くの実践手法は，天候を操ったり，怪我や病気を治癒したりといった，世俗的な目的にも利用される．

密宗 みっしゅう Mi-tsung
金剛乗の伝統に見いだされるような実践に専念する，密教を意味する中国の言葉．日本語の同等の言葉は密教である．

ミティラー Mithilā (Skt., Pāli)
古代インドにおけるヴリジ同盟の一員であった*ヴィデーハ国の首都（→ヴァッジー）．ブッダは何度かこの町を訪れて多くの説法を行った．

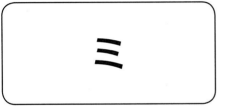

ミヒンタレー Mihintale

スリランカの*アヌラーダプラから北東約11 kmにある町．*アショーカ王の息子*マヒンダが，*デーヴァーナムピヤ・ティッサ王と出会ったのはまさにここであった．それを機に王は仏教に帰依し，以後公式に仏教がこの国に広まってゆく．それゆえこの町は，この島の仏教徒にとって精神的に非常に大きな重要性をもつ．

ミュラー，フリードリヒ・マックス Müller, Friedrich Max（1823-1900）

ドイツの宗教史家で，比較宗教学の先駆者．1843年にライプツィヒ大学で博士号取得後，ベルリン大学でサンスクリット語と哲学を学んだ．その後パリに移り，最終的にはオックスフォード大学に移った．東方聖書（*Sacred Books of the East*）シリーズを校訂し，1895年には*セイクリッド・ブックス・オブ・ザ・ブッディスツ・シリーズを創始した．パーリ語から*『法句経』を翻訳したが，仏教を否定的で悲観的なものとみなしていた．また，神や英雄を自然現象の人格化として理解する「太陽神話」の熱烈な支持者でもあった．この理論のほかにも，インドは人間性の本家本元であるといった彼の理論はその後信用に値しないとされた．しかし，インド宗教学の推進者として彼が残した遺産は偉大なものであった．

明 みょう vidyā（Skt.）

1. 日常的な意味での「知識」を指す一般的な語．

2. 応用技術または手工芸と，とりわけ魔術的な技術という専門的な意味での技能あるいは技術．

3. 密教では呪文（*マントラ）と手ぶり（*ムドラー）の形で表現される悟り（菩提）の表れと，通例女性の形で表現される悟りのさまざまな特質を含意する．

明恵高弁 みょうえこうべん Myōe Kōben（1173-1232）

日本の奈良仏教の六宗のうちの一つである*華厳宗に属した僧侶．日本に新しい宗派（浄土や禅，*日蓮など）が興起する中，古い宗派を守って新しい宗派に対抗して論争した．*法然（1133-1212）とその*浄土宗に向けられた『摧邪輪』などの著作がある．潔白さと*戒律の遵守で知られており，多くの弟子と支援者が彼のもとに集まり，華厳研究の復活にも貢献した．

妙喜 みょうき Abhirati

東方の仏の地すなわち浄土．阿閦仏と結びつけられ，『阿閦如来仏国経』（アクショービヤ・タターガタスヤ・ヴューハ・スートラ，*Akṣobhya-tathāgatasya-vyūha Sūtra*）に描写されている．初期大乗においてある程度だけ信仰の対象となったが，西方*極楽のような信仰の広がりを見せることはなかった．

妙好人 みょうこうにん myōkōnin

日本の浄土教の宗派である*浄土真宗において，*阿弥陀仏の慈悲に歓喜して念仏の行にとくに専念している行者．『妙好人伝』という浄土真宗の文献は，そのような人物たちの数多くの生涯を記録している．

名色 みょうしき nāma-rūpa（Skt., Pāli）

「名前と形」の意．精神と肉体，あるいは個体を構成する物質的，精神的作用の総体．*縁起の鎖の第4の環として起こり，そこでは意識（*識）に続き六つの感覚領域（*六処）に先行する．この文脈では名色は，新しい個体の精神と身体が存在しはじめる瞬間である受胎を表す．五つの集合（*蘊）の教義では，前の四つの集合は「肉体」（色）の区分に，第五（意識すなわち識）は「精神」（名）にわりあてられる．仏教では精神と肉体との関係は二元論的なものではなく，むしろ二つの機能は同じ全体の異なる側面として，ともに相互依存の関係にある．したがって，両者は互いによりかかって支えあう二つの葦の束，あるいは視力が鋭敏で手足が不自由な人を肩に担いだ力の強い盲目の人にたとえられる．

明処 みょうしょ vidyā-sthāna（Skt.）

古代インドにおける知識あるいは技能の基礎．文法，論理学（*プラマーナ），宗教，医術，技術からなる．これらにしばしばさらに五つのマイナーな技能が加えられた．詩，同義語研究，作曲，演劇，*占星術である．

妙智見 みょうちけん jñāna-darśana（Skt.；Pāli, ñāṇa-dassana）

知識より生じる洞察．とくに涅槃を含む仏教の中心的な真理に関するものをいい，それは直感的洞察（*智慧）により「見る」ことができるとされている．*禅定の第4段階に対応する，5種の妨害要因（*蓋）の除去と*三昧の達成がなされると，この洞察が生じる．この境地では，*行者は自らの心を妙智見に向け，「諸事象の本質についての洞察」（ヤター・ブフータ・ジニャーナ・ダルシャナ，yathā-bhūta-jñāna-darśana）を獲得する（→如実）．人はこのような仕方で，仏教教義の真理を，それぞれが直接的に確証すると考えられている．

ミラム mi-lam（Tib., rmi-lam）

夢あるいは幻．世俗的なできごとの性質を表すメタファーとして用いられることが多い言葉．外界が非現実であるという見方は，*ナーローパの六法にみられるようなタントラヨーガのある形態の基礎となっている．

ミラレーパ Milarepa（Tib., Milaraspa）（1040-1123）

最も有名で敬愛されているチベットの行者の一人．その名は文字どおりには「綿をまとったミラ」という意味である．ミラレーパは当初魔術を学び，多くの一族の敵を滅ぼそうとしたが，のちに，自責の念とともに克服し，*マルパとともに修行に出た．マルパによって自身の悪行を償うために数々の苦行を行わされた．ミラレーパは6年後にマルパから終に宿願であった儀礼と教法を授けられた．45歳から9年間一人で瞑想し，厳しい禁欲行を行った．たとえば，一着の綿の衣類を身につけ，調理されたイラクサのみを口にするなどの行を行った．悟った後は広く遊行し，しばしば自作の有名な詩によって*マハームドラーに関する教法やタントラ仏教の他のことなどを教授した．著作を残さなかったが，その行状と『十万頌』という有名な詩集が今日まで伝わっている．高弟にはレチュンパと*ガンポパがいる．

『ミリンダ王の問い』 *Milindapañha*（Pāli）

前1世紀のバクトリア人の王ミリンダ（メナンドロス）と比丘*ナーガセーナとの対話を記録した重要なパーリ語作品．『ミリンダパンハ』ともいう．ミリンダはおそらく前2世紀から前1世紀にかけて統治した，東パンジャーブはシャーカラのバクトリア人の王である（→インドの仏教）．作品の大半は後代にスリランカで書かれたが，（漢訳にもある）テキストの最初の部分はおそらく紀元1世紀に成立した．作品はしばしば*ブッダゴーシャによって引用された．生き生きとした会話体の中で，ナーガセーナは例証，直喩，隠喩を用いて，王に指摘された仏教教義の問題やディレンマを解決する．議論は，自己（*アートマン）が存在しないのにどうやって再生がありうるのか，永久の*自我なしにどうやって道徳的責任がありうるのか，なぜ悪が栄えて無辜の者が苦しむのか，なぜ経典はしばしば相互に矛盾するように見えるのか，といった問題にかかわるものである．最も有名な直喩は，*無我を説明するのに用いられた戦車のそれである．戦車がその構成要素すなわち車輪，くびき，車軸などの総体にすぎないのと同じように，人間は五つの集合（*蘊）の総体にすぎない．個人は名前（たとえばナーガセーナ）を保持するけれども，究極的な意味では自己すなわちその名に一致する本質はない．*討論の最後にミリンダは仏教の在家信者となる．

『ミリンダパンハ』 ⇨『ミリンダ王の問い』 ミリンダおうのとい

弥勒 みろく Maitreya（Skt.；Pāli, Metteyya）

仏教のかなり早い時期に信仰され始め，大乗と非大乗の両形態で崇められている偉大な伝説上の菩薩の一人．名前は「慈愛」を意味するが，ある学者たちは彼がもともとイランの救世主ミトラとつながっていたといい，彼が*シャーキャムニ・ブッダに続くべく現在*兜率天に居住している未来のブッダとしてのち仏教徒に重視されたことは，この起源に由来すると示唆している．

弥勒【人名】 みろく　⇨マイトレーヤナータ

ム

無 む　wu (Chin.)

「何もないこと」や「欠けていること」を意味する中国語の言葉で日本語でも同じ意味をもつ．インドの仏教の思想と翻訳経典を理解するために中国人仏教徒によって最初期に試みられ，*空性を意味するものとして用いられたが，後に*空にとってかわられた．無という単語は，すべての二重性の否定といった，究極のあり方において互いに現象を分けるすべての判別する特色の欠如を意味するよう用いられてきた．この点で，相互依存の始まり（*縁起）の母体の中で分断された物事の現実の存在を肯定することによって，それを完全にする「妙有」や「不可思議な存在」に対置される「本無」や「本来ないこと」という複合語にも見いだされる．中国や日本の禅においては，*『無門関』の最初の*公案である「趙州の犬」という有名な謎かけ（*公案）で有名である．ある比丘が*趙州従諗に犬に*仏性があるかないかを尋ねた．師は彼に持っていないという意味の「無」と返答した．この「無」という単語はそれから「決定的な句」（話頭）となり，公案を課題とするときに瞑想の対象となった．

無為 むい　asaṃskṛta (Skt.)

輪廻の状態の中で，条件づけられた（*有為）存在を超越したもの．仏教諸派の*阿毘達磨体系の間では，無為の存在としてあげられるものの数が異なっている．最もふつうには，*択滅（「般若を通して生じる終息」），*非択滅（「般若を通さずに生じる終息」），*虚空の三つがあげられる．

中国における「無為」は，一般的に「生来の性質」を意味する道教の用語であり，サンスクリットの無為（アサムスクリタ）を翻訳する際に借用された．

無畏 むい vaiśāradya (Skt.)
「四無畏」の中の「恐れのないこと」を意味する仏教の用語．自信，恐れがないこと，熟達．ブッダたち（大乗によれば菩薩たちも）は「四無畏」として知られる4種のゆるぎない自信をもっている．(1) 自身の完全な悟りはくつがえしえない，(2) あらゆる汚れ（*漏）が滅ぼされている，(3) あらゆる障碍が克服されている，(4) 再生（輪廻）に打ち勝つ手段が宣言されている．

無畏山 むいせん ⇨アバヤギリ

無我 むが anātman (Skt.; Pāli, anattā)
無我．自我（*アートマン）がないこと．人格と物体はともに永遠不変の自律的実体を何も有していないという，仏教の教義の要である．すべての複合的な現象についての三つの法印（*相）すなわち特性の一つである（諸法無我．他の二つは，諸行無常と一切行苦である）．仏教の諸派の中には，*犢子部や*『涅槃経』にかかわる派など，仏性などのある種の自我の存在を認めたものもあった．

無学道 むがくどう aśaikṣa-mārga (Skt.)
「より多く学ぶもののない」道の意．ブッダたることに至る五つの道（*五道）のうち最後のもので，すべての煩悩と，永遠の本来の自己（*アートマン）への信念など，倒錯した知見が克服される．まさにこのときに，人は悟って，*阿羅漢または仏となるのである．

無関普門 むかんふもん Mukan Fumon (1212-1291)
日本の*臨済宗の禅僧で，南禅寺の開山．南禅寺はもともと，亀山天皇が京都郊外の離宮を坐禅堂にしたことで開かれた．しかし，亀山天皇がそこで坐禅しようとすると，妖怪たちに阻まれて脅かされた．妖怪たちを祓う数々の試みが失敗し，亀山天皇は*円爾弁円（1202-1280）の弟子である無関を呼んで，この問題を解決しようとした．無関は数名の弟子とともにここに至り，集って一夜の坐禅をしたところ，妖怪たちは消え去ったようで，その後その境内は静かであった．亀山天皇は喜んで，無関をその開山に任じたが，その年のうちに無関は亡くなった．

無記 むき avyākṛta-vastu (Skt.)
無記，すなわち「(ブッダが) 確答を避けた質問」は，(1) 世界は恒常であるのか否か，その両方であるのか否か，(2) 世界は空間的に無限であるのか否か，その両方であるのか否か，(3) 如来は死後に存続するのか否か，その両方であるのか否か，(4) 霊魂（*アートマン）は身体と同一であるのか，異なるのか，という四つである．これら四つの質問は幾度かブッダに対して投げかけられ，*中部の『アッギ・ヴァッチャゴッタ・スッタ』(*Aggi-Vacchagatta Sutta*) 中に描かれている．*ヴァッチャゴッタによる質問はその一つである．ブッダはその質問に返答しなかったが，その理由はいかなる解答を与えようとも，質問の前提に関する枠組みが与えられると，誤解されるおそれが生じるからであった．さらに，この種の思索的な質問を論ずることは，感情の克服や真実を見通す力の獲得から気を逸らすものとなるとブッダは考えていた．それに関連して，ブッダの用いた毒矢の比喩によれば，毒矢で傷ついている者は射手に関する多くの無関係な質問に答えられずとも，その毒矢を引き抜くことを拒みはしない．そのような無益な思索に時間を浪費するよりむしろ，毒矢を引き抜いて*苦を取り除くことが先決であるということである．

無垢識 むくしき amala-vijñāna (Skt.)
「汚されていない識」の意．阿摩羅識ともいう．*瑜伽行派の真諦の体系で用いられる語で，仏性や如来蔵と多くの点で等しいものを表している．

無間業 むけんごう ānantarya-karma (Skt.; Pāli, ānantariya-kamma)
「すぐに報いが来る行い」の意．次の一生が地獄に生まれ変わることになるといわれる，五つの大変悪しき行いに与えられた名称．五つとは，父殺し，母殺し，*阿羅漢殺し，ブッダを傷つけること，教団を分裂させることである．

無間地獄　むけんじごく　Avīci（Skt.）

八熱地獄の最下層に位置し，苛烈な苦痛を受けるべき極悪なるものが赴くところである．彼らは永遠に無間地獄に住するわけではないが，何百万年もの間苦しみ続けるため無限であるかのように感じられる．

無色　むしき　ārūpya（Skt.；Pāli, arūpa）

色と形のないもの．五つの感覚器官によって知覚されるような物質や形態をまったく有していないような，さまざまな状態や*天（デーヴァ）を表現して用いられる語．

無色界　むしきかい　ārūpya-dhātu（Skt.；Pāli, arūpa-dhātu）

色と形のない世界．仏教の宇宙論で，存在の三つの段階（*三界）のうち，最も微妙なもの．この世界には，物質的なものも苦しみも，まったく存在しない．無限の空間（アーカーシャ・アナントヤ，*ākāśa-anantya*），無限の意識（ヴィジュニャーナ・アナントヤ，*vijñāna-anantya*），何もないこと（アキンチャニヤ，*akiñcanya*），観念作用も非観念作用もないこと（ナイヴァサンジュニャー・ナーサンジュニャー，*naivasaṃjñā-nāsaṃjñā*）の四つの状態を有する．四つの対応する獲得（*等至）のうちの一つに熟達することによって，これらの状態に誕生することを得る．しかし，この世界は，非常に微妙な存在のしかたをしているにもかかわらず，輪廻の過程の一部であり，ここに生きていても，善い（*福）業の力がつきたときに，結局これより低級の存在状態に戻ってしまうことになる．

無着，無著　むじゃく，むじゃく　⇨アサンガ

無住処涅槃　むじゅうしょねはん　apratiṣṭha-nirvāṇa（Skt.）

「場所を定めない涅槃」の意．大乗における，理想的な状態の涅槃．「場所を定めない」といわれるのは，この状態にあるブッダが，輪廻にも涅槃にもとどまることがないからである．仏は，自身の偉大な*智慧と*智の力により輪廻にはとどまらないし，自身の偉大な*悲により最終的な涅槃に消え去ってしまうこともない．

無宗派運動　むしゅうはうんどう　Eclectic Movement（Tib., ris-med）

18世紀後半に東チベットで始まった革新的な運動で，チベット語の名称が示唆するように「偏りなく」，すべての宗教諸派と対話し，それぞれをそれ自体で価値あるものとみなした．当時の支配的な宗派主義とは対照的なものであった．*カギュ派と*ニンマ派からの参加者がほとんどで，他の学派からの参加者はわずかであった．この運動で最も重要な人物は*ジクメー・リンパ（1729-1798），ジャンヤン・キャンツェ・ワンポー（1820-1892），*ジャムグェン・コントェル（1811-1899），ミパン・ギャンツォ（1846-1912）であり，だれもが博識家として有名であった．この運動の理想はチベットの宗教界に今日まで生き続けており，現在の*ダライ・ラマも態度において自らをそのようにみなす．

無常　むじょう　anitya（Skt.；Pāli, anicca）

非永久性．*三相のうちの第一番目（すなわち諸行無常）で，あらゆる現象の特徴とされる．仏教の基本的教義は，原因と状況に依存して発生するすべての形成物（*行）は非永久的である，というものである．無常は，発生したものの発生・経過・変化・消滅のことを指しており，*阿毘達磨の教学においては，瞬間ごとに起きている過程であるとされる．永遠の自己や霊魂（*アートマン）がまったく存在しえないのは，五*蘊が非永久的だからであると，仏教は教える．同じ理由で，状況はつねに変化し，あらゆるものがいつかは滅びるので，輪廻の中では永遠の幸福は存在しえない，と考えられている．→苦

無諍　むじょう　mujō

「論争のないこと」や「戦うことのないこと」を意味する．この「諍」という語は，「悩み」や「汚れ」を意味する煩悩の同義語であるから，無諍は煩悩の終息の達成を指すこともある．そのため，無諍は*阿羅漢の同義語として用いられることもある．

無上瑜伽タントラ むじょうゆがタントラ ⇨アヌッタラ・ヨーガ・タントラ

無瞋 むしん adveṣa (Skt.)
「憎んでいないこと」の意．しかし実際には，愛情や慈悲の意味に近い．三つの*善根のうちの一つ．

無相 むそう animitta (Skt., Pāli)
知覚される特質がないこと．→因相

夢窓疎石 むそうそせき Musō Soseki (1275-1351)
日本の鎌倉時代の*臨済宗の禅僧で，大きな影響を残した．伊勢の傍流の貴族の家柄で，幼い頃に出家し，はじめ密教の*真言宗に属したが，真言の師の不幸な死に遭い，それが長く尾を引いて孤独に修行する間に，夢に二人の有名な中国禅の師が現れ，それからは臨済宗に改めた．このときから夢窓は，自らを導く師を求めていくつかの場所で禅を行じ，ついに1305年に独力で悟りに至り，それを高峰顕日（1241-1316）に認められて，夢窓はその弟子となる形となった．その後，本人が世俗を捨てて静かに隠棲したいと望んでいたにもかかわらず，7代にわたる歴代の天皇が夢窓を事業に従事させ，また大きな寺院を任せた．悟りから20年の間は，自らが開いた小さな庵に転々と住したが，ある頃からは，夢窓の教えにひかれた僧侶や在家信者たちが数多く集まって，その庵が夢窓自身の魅力により大きな寺院に発展してしまうようになり，そのためつねに移動し続けることを余儀なくされた．ついに1325年に，後醍醐天皇が*京都の大寺院である南禅寺を受け継ぐように夢窓を招き，さらに続けて鎌倉の浄智寺を受け継がせた．1329年には夢窓は円覚寺に招かれたが，円覚寺はかつて栄えていたものの当時は破壊され衰退してしまっていた．一年間この寺院を改革した後，夢窓はさらに移動した．夢窓の残りの人生は，この繰り返しであった．すなわち，政府が大寺院を任せた後，権力の中枢から離れた寺院に隠退させられる，ということを繰り返したのである．政治的に不安定なこの時代に夢窓に熱い視線を送り，「いつ宮廷や将軍に近づき，いつそこから退くべきかをよく知る能力がある」と信じる権力者たちもいた．
夢窓の教えは，（真言宗に属した初期に養われた）学問的な知識と臨済宗の*公案の方法を混ぜた形であった．禅は，公式には「不立文字」であって「言葉や文字には頼らない」ものとして自らを定義していたが，夢窓は禅と学知とに何の矛盾も見出さなかった．あるとき，このことについて問われると，「経を解説することはすなわち，禅を語ることである」と答えた．夢窓にとって，あらゆる修行と知識の要点は，弟子をありのままの現実を知ることに導くことなのであった．公案の修行がこれを達成できるなら公案を用い，教義の研究が効果的であるならば教義をもって弟子を指導する．どちらかの方法に偏り執着して他方を拒否するのは，師僧の悟りの欠如を暴露しているにすぎない．夢窓は，破壊されて改革が必要な寺院を中心として数多くの寺院にかかわったが，そのために，厳しい修行を管理するための書とともに，数々の僧伽の規律の書（とくに禅寺の家訓である「清規」の類）を著すこととなった．また夢窓は，完成度の高い芸術性によってもよく知られている．夢窓は，今日も存続している臨済宗の「夢窓流」を創始したと信じられている．

無痴 むち amoha (Pāli)
三つの*善根のうちの一つ．アモーハともいう．

ムチャリンダ Mucalinda
同名の龍王の住まいであった木の名．*ウルヴェーラーの*アジャパーラ・ニグローダにあった．注釈書の記述によれば悟り（菩提）の6週間後に，暴風雨のあいだ龍王（*ナーガ）がブッダの身体の周囲に7回とぐろを巻き，頭部でブッダの頭をおおってブッダを守った．仏教美術では一般的なモティーフである．

ムドラー mudrā (Skt.)
「印章」の意．印契（いんげい）ともいう．
1. 特定の意味を伝える象徴的な手ぶりや身体の姿勢．最初期の美術表現以降，ブッダはつねに手を規範的なムドラーにした状態で描かれ，最も重要なものは両手の人差し指と親指で円をつくる「ダルマの車輪のムドラー」(ダルマ・チャクラ (*法輪)・ムドラー, dharma-cakra-mudrā), ブッダの悟りを証言するために大地の神を呼び出して右手で大地に触れる「大地に触れるムドラー」(*触地印), 右の手のひらを前に向ける, 保護または無畏の身振り (*施無畏印), である. 仏教の図像法における手のムドラーのレパートリーは広く, 描かれた像を同定する鍵となる. ムドラーは大乗, とくに*金剛乗ではますます重要となり, 金剛乗では記号と神秘的な音 (マントラ) の難解な象徴体系に結びついた.

2. 金剛乗ではまた, ムドラーは瞑想あるいは観想の実践において, 印章が粘土や紙に同一の痕跡を残すように何らかの性質を修行者に刻印するため, あるいは修行者を変化させるために使われるイメージを意味する. この意味では, 四つのムドラーが*瑜伽タントラに関して言及される. すなわち*マハームドラー, ダルマ・ムドラー (dharma-mudrā), サマヤ・ムドラー (*三昧耶印), *カルマ・ムドラーである.

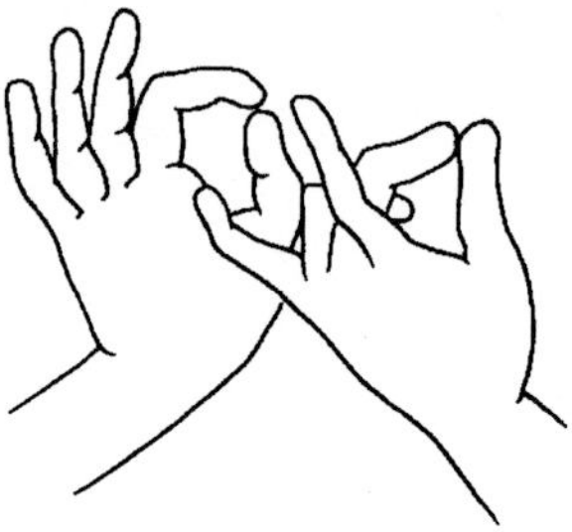

ダルマの車輪のムドラー

無貪 むとん ⇨アローバ

ムニ muni (Skt., Pāli)

「賢者」の意. 牟尼とも書く. インドの宗教において神聖な人物あるいは賢者を指す一般的な語. おもにパーリ語正典(*『スッタニパータ』のような) の古い詩節部分にブッダと*独覚の別名として現れるが, 阿羅漢の別名としてはほとんどない. ブッダは*シャーキャムニ (Pāli, サキャムニ, Sākyamuni) すなわち「シャーキャ族の賢者」と呼ばれる. 大乗では数多くのブッダたちが現れるようになり, シャーキャムニの名は歴史上のブッダである*シッダールタ・ガウタマ (Pāli, シッダッタ・ゴータマ, Siddhatta Gotama) のおもな呼称となる.

牟尼 むに ⇨ムニ

無分別 むふんべつ nirvikalpa (Skt.)

*瑜伽行派で, 知覚する主体と知覚される対象が存在するという思い込みを必然的に伴う, 事実に対しての誤った二元論的な区別がないこと. →能取・所取

無分別智 むふんべつち nirvikalpa-jñāna (Skt.)

悟りをひらいていないふつうの生物にみられる二元論的な概念 (*分別) の覆いがない, 悟り (菩提) と連動した認識. この語は*瑜伽行派を連想させるが, この学派に特有のものではない.

無明 むみょう avidyā (Skt.; Pāli, avijjā)

無知. 仏教ではとくに業の作用や*四聖諦, *三宝に対する無知を指す. 無明は真実に関して混迷している者が輪廻に巻き込まれ, *苦を受ける根本的な原因である.

無門慧開 むもんえかい Wu-men Hui-k'ai (1183-1260)

中国宋代の禅僧で, 彼の名を冠した*公案集である*『無門関』を編纂したことで最も知られている. 「無門関」とは, 「門のない門」という意味である.

『無門関』 むもんかん *Gateless Gate* (Chin., *Wu-men kuan*; Jap., *Mumonkan*)

中国の禅僧である*無門慧開 (1183-1260) が編纂し, 1229年に出版された, *公案の集成. さまざまな有名な中国の禅僧どうしの出会いを題材とする, それぞれの教えの決定的瞬間を描く48の公案を収録している. これらの公案は, かなり圧縮された形になっており, 無門自身による注釈と短い詩がつけられている. 中国, 日本, 朝鮮において広く普及し, 近年にはヨーロッパや米国においても広まってきている.

無余依涅槃 むよえねはん anupādiśeṣa-nirvāṇa, nirupadhiśeṣa-nirvāṇa（Skt.；Pāli, anupādisesa-nibbāna）

「残るものなき涅槃」の意．最終的な涅槃．涅槃に入ることのうち，死亡するときに起こるもの．仏教の教義では，この時点で再生が終息し，個人としての存在は終わりとなる．「*般涅槃」，または，五蘊が終止することを意味するスカンダ・パリニルヴァーナ（skandha-parinirvāṇa）としても知られる．無余依涅槃は，涅槃の後も変わらずふつうの人間として個人が生き続ける，生存の中での涅槃を意味する*有余依涅槃の，対概念である．

無量寿 むりょうじゅ Amitāyus（Skt.）

「無限の生命」の意．*阿弥陀の別名であるが，元来は阿弥陀仏を形容する語の一つであったと考えられる．不死の妙薬を入れた托鉢の器をもった姿で描かれることが多い．

ムンダ Muṇḍa（Skt.）

1. *アジャータシャトルの孫にあたる*マガダの王で，一族の伝統にならい王位をわがものとするために父を殺したが，のちに自分の息子に殺された．

2. インドにある大きな部族集団で，アウストロ・アジア系の民族集団に属し，その言語と文化はインドの支配的なバラモン教文化の影響を受けていない．ごく早い時期にはインド中により広く分布していた可能性があるが，今ではオリッサの丘陵地帯，ビハール南部，ベンガル西部に集中している．タントラ仏教の発展にはこの人々の寄与がいくぶんあったとみられるが，この関係はいまだ研究者によって十分に調査されていない．

メ

迷 めい bhrānta（Skt.）

「迷乱」の意．真実に関して混乱していることを示す語．しばしば無知（*無明）の同義語として一般的に用いられる．

明治維新 めいじいしん Meiji Restoration

1868年に日本の天皇が権力を取り戻した王政復古のこと．実際の政治権力が軍事司令官たる将軍の手にあって，皇室が国家において儀礼的な役割のみを果たしていた数世紀間を経た後のことであった．明治天皇の権力への復帰は，仏教に深刻な影響をもたらした．徳川将軍家は，*武士道に仏教の思想を大いに取り入れ，また仏教寺院を事実上政府の機関として取り込んでいたが，明治天皇は神道の知識層の協力のもとで権力に復帰していた．明治天皇は，神道に親しんでいたため，即位の後に仏教寺院と神道の神社の分離を命じ，両者の混合した施設の存在を禁じて，神道に対する仏教の優位を消し去った．明治天皇はこの政策を長く続けることが不可能であると後に悟ったが，短期間に仏教は，公的に排斥や迫害さえされるようになってしまった．

瞑想 めいそう meditation

心を集中させるための技術や実践を意味する語で，その土地特有の語を翻訳する際にしばしば用いられる．→修習，三昧，サーダナ，観，止

明帝 めいてい Ming-ti（在位58-76）

後漢の皇帝．中国における仏教の始まりの伝統的な記述によれば，この皇帝は67年のある夜に空を飛ぶ金色の人間を夢に見た．翌日にそれについて大臣に尋ねると，そのうちの一人がそれはブッダの幻に違いないといい，さらに調べるために西域に使者を派遣するよう皇帝にお

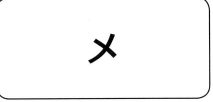

願いした．皇帝はこれを実行し，使者は仏教の僧侶を幾人か連れて戻り，僧侶は経典を少し中国語に翻訳した．歴史的には，（大臣が明帝の夢に現れた人物を特定できていることから立証されるように）仏教がこのできごとに先だつこと50年も前にすでに中国に入ってきていた明らかな証拠があるため，この伝説は受け入れがたい．

メガステネス Megasthenes
セレウコス・ニカトルの使節として前303年に*チャンドラグプタ・マウルヤの宮廷に来て駐在したギリシャ人．メガステネスはインドにおける当時の生活を詳細な報告書に著したが，それは西洋の古典資料に断片的に引用されるものの，現存しない．→マウルヤ朝時代

滅 めつ nirodha (Pāli)
苦しみ（*苦）の消滅に関する貴い真実（四聖諦）のうち3番目のものにつけられた名称．貪り，憎しみ，迷いを終わらせることにより，苦しみの終わりが見出される，というものである．涅槃の同義語であるが，涅槃の語自体は四聖諦の枠組みの中には現れない．

滅尽定 めつじんじょう nirodha-samāpatti (Pāli)
「消滅の獲得」の意．八つの*禅定の体系に付加された，第9番目の段階の禅定．ここにおいて，すべての心理的な活動が停止し，身体的な機能は劇的に減じられる．主体性は，生きている兆候を検知することさえ困難な，活力の停止した状態の中にとどまる．相応の時間が経過した後に，瞑想者は自発的にこの状態から出てくる．周囲に大きな騒ぎが起こっている中でこの状態にとどまった出家修行者についての数々の物語が伝えられており，火に包まれた村のまん中で禅定に入ったままであったという者までいる．滅尽定は，「観念と感覚の消滅」(Pāli, サンナー・ヴェーダイタ・ニローダ，saññā-vedayita-nirodha）としても知られる．→択滅，非択滅

メッティヤブンマジャカー
Mettiyabhummajakā (Pāli)
ある比丘たちの集団につけられた名前．メッティヤとブンマジャカーに付き従うものたちといわれており，*六群比丘の一部を形成している．

馬鳴 めみょう ⇨アシュヴァゴーシャ

メール Meru (Skt., Pāli)
スメールあるいはシネールとしても知られ，須弥山ともいう．古代インドの宇宙論的思考によれば海と大陸に囲まれた世界軸，すなわち世界の中央にそびえる世界山である．通例四つの大陸に囲まれていると考えられたが，そのうち*ジャンブドヴィーパとして知られる大陸（当時知られていた世界を包含する）は南に位置していた．さまざまな*天界がメールの頂上および上空に位置し，地獄の領域はその下にあるといわれていた．その概念の起源は，古代インドとユーフラテス地域の間に古い交易路が存在したとすれば，古代シュメールのメソポタミアのジッグラトにあると考える研究者もいる．

モ

もぐさ　moxa（Jpn.）
「燃やす薬草」という意味で，頭部においた円錐形の香を頭皮まで燃やし，そこに跡を残す慣習．これは，*得度の儀礼の過程として中国と日本においてみられるが，インドや東南アジアにおいては知られていない．この苦痛に耐えることで勇気と熱意を示すものとされ，出家の後の段階でも繰り返すことができる．胸や腕など体の他の部分に燃えた跡を残すことや，手足に直接に火を当てることなども，東アジアの仏教においては熱烈な信仰の印や誓願の結果として時々なされる．

黙照禅　もくしょうぜん　mo-chao Ch'an
「黙したまま照らす禅」の意．禅それ自体を超えた目標を一切もたないような，禅の修行の形と志向を指す語である．坐禅においては，完全に悟った仏そのものであって，達成すべき目標は存在せず，自分を変えて成らなければならないものも存在しない，と単に気づくのみなのである．これは禅宗の*曹洞宗において主流の形であり，*臨済宗の*「看話禅」（「言葉を静慮する禅」）の反対のものである．臨済宗における「看話禅」は，悟り（菩提）という目標を成就することをめざす修行において，*公案を利用することを指している．この区別は，これら二つの伝統の日本における後継者たちによって保持された．すなわち，日本の*曹洞宗においては「黙照禅」の修行が続けられ，*臨済宗においては*「看話禅」の修行が続けられたのである．

母タントラ　もタントラ　Mother Tantra
チベットの新訳派における，*アヌッタラ・ヨーガ・タントラの主要三部の一つで，*『ヘーヴァジュラ・タントラ』と*『チャクラ・サンヴァラ・タントラ』を特徴とする．母タントラにもとづく瞑想行（*サーダナ）は，個人が変化する手段として，*観想における，いわゆる「*究竟次第」を重視する．

モッガリプッタ・ティッサ　Moggaliputta Tissa（Pāli）
*アショーカ王の治世に開かれた会議（→パータリプトラ会議（第2回））の議長を務めた長老比丘．アショーカの庇護の結果，教団（僧伽）が繁栄したために多くの堕落した比丘が入団した．これに抗議してモッガリプッタ・ティッサは7年の間隠棲所に引きこもって暮らし，彼の帰還をまってアショーカはすべての比丘を集め，モッガリプッタのいる前で自ら尋問した．異端の比丘たちは追放され，モッガリプッタはその後千人の*阿羅漢たちと第3回の会議（パータリプトラ会議（第2回））を挙行した．モッガリプッタはアショーカの治世第26年目に80歳で没した．

没商量　もっしょうりょう　mosshōryō
会話や対話における二人の話者の間に，意味の乖離がまったく存在しないこと．

モンクト　Mongkut
もと比丘で，タイの支配者であるラーマ4世（在位1851-1868）として知られる人物．彼は僧侶として1824～1851年の27年間，パーリ聖典を熱心に勉強し，その研究の結果として1833年頃に*タンマユット（Pāli，ダンマユッティカ，Dhammayuttika）教団を設立した．「法を保持するものたち」を意味するこの教団は，主流であったマハーニカイ（Pāli，マハーニカーヤ，Mahānikāya）に比べてより厳格に律に従うことを主張する改革運動である．タンマユット教団の中心であるワット・ボウォニウェートの僧院長として，彼は受戒，（片方だけではなく両肩に掛けるという）袈裟の着方，*カティナの指導，袈裟を与える儀式のための厳格な規則を定めた．モンクトは西洋から学ぶことに熱中し，自分と考えを議論するためにキリスト教の宣教師，科学者，知識人らを招待した．彼の自国を近代化するという願いは，人気のある小説や劇や映画「王様と私」における彼の性格描写から理解できる．モンクトの改革は経典，主知主義，合理主義を強調し，彼の息子のチュラーロンコーン（ラーマ5世，1868-1910）のもとで確立した現代のタイ仏教の基盤を築いた．

モンゴルの仏教　Mongolia

仏教の師が早い時期に接触した伝統があるにもかかわらず，モンゴルへの仏教の伝播はおもにチベット人の尽力と，それより小さいけれどもウイグル人によって遅い時期に起こった．12世紀のチンギス・カンによるモンゴル人の国家の建設に先立って，モンゴルの仏教との最も早い接触は，おそらく中国仏教徒の伝道師と*シルクロードを旅行する人々の流れとの接触に始まる．13世紀には，チンギス・カンのもとでウイグル語の経典がモンゴルに採用され，仏教経典も同時にいくつか翻訳されたと考えられる．しかし，チベットの指導者である*サキャ・パンディタが1244年にゴダン・ハンの宮廷を訪れ対話するまで，仏教は大衆の間に浸透することはなかった．この過程は，*パクパ・ロドェー（1235-1289）とクビライ・カンの間で真心のこもった交流によって加速した．モンゴルの貴族階級が仏教に興味を抱くのとは対照的に，*ダライ・ラマ3世（1543-1588）がアルタン・ハンの宮中にきて援助を得るまで，一般の大衆への大規模な伝道と最初の寺院の建設は実施されなかった．これは，西部と北部のモンゴルで活動していたジャヤ・パンディタによって17世紀に促進された．チベットの*カンジュルと*テンジュルの仏教正典全体のモンゴル語への翻訳と印刷は，18世紀に清の康熙帝（1661-1722）と乾隆帝（1736-1795）の支援を受けて行われた．これはモンゴルにおけるチベット仏教の成長に関して巨大な力を引き起こし，モンゴルの全域にあるほぼ2000の寺院と僧団の設立を導いた．1920年のモンゴル人民党の革命は仏教の大規模な拒否と迫害の時代を布告し，僧伽の還俗を強制的に実行するだけでなく，19世紀には1200以上と推定される，それ以前に存在していた僧団と寺院を事実上すべて破壊する結果となった．1990年代に政府は民主主義の形態に戻り，仏教への興味が大規模に復活することとなった．

文殊師利　もんじゅしり　Mañjuśrī（Skt.）

大乗仏教における偉大な伝説上の，あるいは天上の菩薩の一人で，マンジュシュリー・クマーラ・ブータ（Mañjuśrī-kumāra-bhūta）の正式名でも知られる．*『般若経』のようないくつかの初期大乗文献で初めて言及され，この関係でまもなく*智慧の具象化を象徴するようになった．のちには重要な『マンジュシュリー・ムーラ・カルパ』（*Mañjuśrī-mūla-kalpa*）のようなタントラ仏教関連の多くの文献に広く現れた．図像的には右手に智慧の力を象徴する剣を振りかざし，左に『般若経』の経巻をもつ穏やかな姿で描かれる．タントラによれば，*大威徳明王として知られる忿怒に満ちた側面をもつ．

文殊師利

モン族　Mon

東南アジアの先住民で，かつてはタラインと呼ばれていた．彼らは，ビルマ南部のチャオ・プラヤ川のデルタと北東のシャム高原（今のタイ）の最初期の都心に定着した．モン族は，この地方の最初期の文字をもつ民族の一つであり，モン族の言語はビュー語（現在は消滅している），チャム語，クメール語ともに最初期の記録された固有の言語の一つである．この言語は，インドのパッラヴァ朝の写本に書かれていて，サンスクリット語とパーリ語も使用されている．仏教の上座部の形式は，5世紀，おそらくはもっと早くからモン族とビュー族の間で広まっていた．モン族の文明における最初に年代を特定できる考古学的発見は，タイの南部にあるドヴァーラヴァティーのモン族の王国に由来するもので，1，2 世紀を上回ることはないと信じられているローマのオイルランプとブッダの青銅の像である．630 年頃にインドに旅行した中国の仏教巡礼者の*玄奘は，東部のプロンからチェンラに広がる，イラワディ川とシッタウン川のデルタを含むモン族の国について記述している．モン族はチャン・マイや他のタイの国々に圧迫される 13 世紀までシャムに影響を与え，18 世紀までビルマに政治的な力を保ち続けた．今日では独立した政治的地位をもっておらず，モン族の言語は消滅しつつある．

問答 もんどう mondo (Jpn.)
「問いと答え」を意味する，日本の禅において用いられる語．討論や講義の形ではなしに，宗教的な主題が遠回しに表現されながら師と弟子の間で行われる，議論や質疑のこと．ふつう，弟子が教義や修行に関する問題を提起し，それに対して師が，理論的な説明や分析的な説明に頼ることなく答えを与えることを試みる．このような対話の記録は，後代の弟子たちのために*公案として保存されることが多い．

モンドプ mondop (Thai)
パヴィリオンを意味するサンスクリット語のマンダパ (maṇḍapa) に由来するタイの言葉で，小さな仏像や宗教書籍を所蔵するための小さな四角い寺院建築物を指す．

ヤ

ヤヴァナ　Yavana（Pāli）
パーリ語で，インド北西部からアフガニスタンにかけて広がる地域の名前で，その地域に居住する人々を指すこともある．ヨーナ（Yona），ヨーナカ（Yonaka）ともいう．この単語自体は，バクトリア地方に居住したギリシア人を指す「イオニア人」という単語のくずれた形である可能性が高い．仏教は，この地方には，*パータリプトラ会議（第2回，前250年頃）の後の時代に伝わった．

薬師　やくし　Bhaiṣajya-guru（Skt.）
薬師仏．チベットや中国，日本でとくに崇拝される．薬師は身体的・精神的に癒す力を具現化した大乗のブッダである．『薬師経』では，深い青色で，薬瓶を携えた姿で描かれている．薬師がブッダとなるに先立って立てた12の誓いのために，衆生は薬師に敬虔深い行いを捧げることで治癒が保証される．

ヤクシャ　yakṣa（Skt.）
夜叉ともいう．後代の仏教では一般に悪意ある肉食性の悪魔と考えられているが，ヤクシャとその女性形態であるヤクシニー（yakṣinī）とは本来多少とも好意的な地域的自然神で，うまく機嫌を取れば共同体を保護してくれるものであった．彼らはしかるべき敬意を払って扱われなければ，病気や自然災害という形で住民に復讐した．また多くの神通力，とくに変身の能力をもつと信じられていた．ヤクシニーはとりわけ木に関係し，インド美術の中では恐ろしげなところもあるが性的魅力に富む，しなやかな若い女性としてしばしば描かれている．

ヤサ　Yasa（Pāli）
*ヴァイシャーリー会議で重要な役割を果たした*アーナンダの弟子．金銀に手を触れる（金銭の布施を受けるという意味）ことなど，*ヴァッジ族の比丘たちの十の不正な実践（Pāli，ダサヴァットゥ，dasavatthu）を発見して明るみに出したのはヤサであった．おもに彼の努力で，8人の徳の高い比丘たちの委員会が問題の実践を調査するためにつくられた．しかるべき考慮ののち10のすべてが違法であると宣言され，700人の比丘たちによって律が唱えられた．この誦唱は彼が果たした役割をたたえて「ヤサ長老の誦唱」（ヤサテーラ・サンギーティ，yasathera-saṅgīti）とよばれる．

夜叉　やしゃ　⇨ヤクシャ

ヤショーダラー　Yaśodharā（Skt.）
ブッダの妻の名．→ラーフラマーター

安谷白雲　やすたにはくうん　Hakuun Yasutani（1885-1973）
日本の*曹洞宗の禅僧で，*原田祖岳（1871-1961）のもとで若い頃から修行していた．師である祖岳と同様に，*公案の使用や悟り（菩提）に対する積極的探求の重視という*臨済の要素を持ち込むことで，彼が本来あるべき禅の姿と考える黙照へと，曹洞禅を是正していくことを求めた．禅は日々の生活の中でこそ最も実践されるものと実感していた白雲は，1954年に，東京周辺の在家の人々を教育する団体として三宝教団を設立し，曹洞宗との関係を正式に断ち切った．1962年，すでに白雲は71歳であったが，米国に渡って積極的に布教活動を行ったほか，さまざまな国で*摂心を行った．彼の弟子には，フィリップ・カプローなど，米国で禅が広く認知される際に，多大な貢献を果たした人物が多くいる．

ヤブユム　yab-yum
文字どおりには「父と母」を意味するが，*アヌッタラ・ヨーガ・タントラと関連した，男性と女性の仏の性的な結合を意味するチベットの用語．その象徴についてはさまざまな解釈がなされるが，最も一般的なものとして男性像は悲心（*悲）と方便に巧みなこと（*善巧方便）と関連づけられ，相手の女性像は*智慧と関連づけられる．

ヤマ　Yama（Skt.）

「束縛」の意．閻魔ともいう．死の神で地下世界（地獄）の王．ヤマは『リグ・ヴェーダ』(→ヴェーダ)に初めて現れるヒンドゥー教の神で，後代の神話では死者の審判者，懲罰者として地下世界を統治する．仏教の教えでは業だけが死後の運命を決定し，そのため超自然的審判の介入は必要とされないので，この二つの機能は失われる．ヤマはまた*マーラによってもある程度失墜させられ，仏教文献に道徳的悪の人格化として頻繁かつ明瞭に現れるのは後者の方である．とはいえ古い概念は完全には失われず，パーリ正典では，ヤマは地獄で死後に受ける罰という業の過程の監督者として描かれる．彼は8人の将軍と8万人の従者とともにこの王国を統治する．死者の魂はその面前に導かれ，彼は彼ら自身が自分の運命の作者であって唯一，これから贖罪の罰を受ける責任を負っていることを思い出させる．彼の使者たちは老齢，病気，死であり，命の短さについての前兆および警告として人間世界に遣わされる．パーリ語資料では時として2人あるいは4人のヤマが言及される．タントラ仏教では，ヤマは人間の頭蓋骨で飾られ炎に囲まれた恐ろしい姿で描かれる．左手には個人が行った善悪の行為を映す業の鏡を，右手には*智慧の剣をもつ．

山伏　やまぶし　yamabushi（Jpn.）

「山に伏す人々」の意．日本仏教の*修験道の行者を指す．自己の変革と超自然的な力を求める山岳*苦行者で厳しい禁欲生活を行う．

山本玄峰　やまもとげんぽう　Yamamoto Gempo（1866-1961）

日本の*臨済宗の禅僧で20世紀前半に米国（→アメリカの仏教）に禅を伝えた主要な伝道者の一人である中川宋淵の師．

ヤントラ　yantra（Skt.）

1. 幾何学的な形，多くは三角形の組み合わせからなる図形で，神のさまざまな側面の象徴として用いられる．初期の仏教修行では用いられないが，東南アジアの密教の伝統では一般的である．仏教世界全体で魔術的な目的に用いられる．

2. 機械あるいは機械的装置を指す一般的な語．

ユ

唯識　ゆいしき　vijñapti-mātra（Skt.）
「単なる表象」の意．日常的な，悟りをひらいていない経験の内容は，心がつくり出した，現実をありのまま（ヤター・ブータ，yathā-bhūta）に直接に経験することを妨げる二分法的概念を誤って現実に重ねあわせたものにすぎないという*瑜伽行派の理論．瑜伽行派の後代の形態のあるものはこの理論の観念的解釈に従事したが，そのような見方は*アサンガや*ヴァスバンドゥといった初期の瑜伽行派学者の作品には存在しない．中国では*法相宗の別名としても用いられる．

『唯識三十頌』　ゆいしきさんじゅうじゅ　*Triṃśikā*
*ヴァスバンドゥの著した，*瑜伽行派の重要な論書の一つ．『三十頌』ともいう．同著者の*『唯識二十論』と組になったものとみられている．あらゆる経験は認識による錯覚的な構想にすぎない（*唯識である）ことの理解により経験の誤った二元性（*分別）が除去されるプロセス，経験の二元性が生じる仕方，心の本質とそのはたらき，*三性説が簡潔に論じられている．これを存在論的な意味にとれば，外界の実在を否定する，つまり観念論的立場を含意するものと理解でき，また認識論的な意味に取れば，認識経験が心によりつくりあげられる仕方を説明するものと理解できる．そのため，この論書の解釈については多くの議論がある．サンスクリット語原典が残るほか，チベット語訳と 2 本の漢訳も伝わっている．*玄奘による漢訳は，彼が編集した同書の注釈集*『成唯識論』の下地になっている．

『唯識二十論』　ゆいしきにじゅうろん　*Viṃśatikā* (Skt.)
原題は「二十の詩節」の意．*ヴァスバンドゥ（世親）による重要な*瑜伽行派の作品．*『唯識三十頌』への手引書とみることができる．この論書は感覚対象の性質を論ずるが，テキストの解釈には議論の余地がある．というのは，それはすべての外的対象の実在への存在論的否定としても理解されうるし，あるいはまた認識論的な意味で，心に現れるとおりの対象は不確定な外界の現実に重ねあわせられた構成物にすぎないと示唆するものとしても理解されうるからである．作品はサンスクリット語テキストとチベット語訳および二つの漢訳で現存する．

唯識派　ゆいしきは　Vijñānavāda（Skt.）
「意識の道」の意．*瑜伽行派の別名．唯識派（ヴィジュニャーナヴァーダ）という称号は，この学派が意識（*識，ヴィジュニャーナ）の働きと，輪廻の経験がつくり出される中での識の役割に関心をもっていたことを強調する．

唯心　ゆいしん　citta-mātra（Skt.）
「心のみ」の意．*『楞伽経』に由来する語であるが，チベット仏教の宗義書では大乗仏教の*瑜伽行派を指すとされ，その用法は厳密さに欠け，いささかまぎらわしくもある．

『維摩経』　ゆいまぎょう　*Vimalakīrti-nirdeśa Sūtra*（Skt.）
東アジアできわめて影響力をもっている仏教経典．サンスクリット語の題名は「ヴィマラキールティの教え」を意味し，実際に，作品全体の最重要人物であり語り手であるのは，ブッダや高位の菩薩ではなく在家者ヴィマラキールティ（維摩）である．サンスクリット語原典は他の作品に引用として断片的に残るものの，かなり前に失われていたが，最近*ラサのポタラ宮殿でサンスクリット語写本が発見されたことが日本で公表された．修辞，整然とした説明，ユーモアといったこの作品の多くの特質は，これを大乗仏教世界全体で大変人気の高いものにした．翻訳者*エチエンヌ・ラモットによれば，この経はおそらく大乗仏教文献の至宝である．彼はそれが「生き生きとしてユーモアに満ちた」ものであり，教えの深遠さでは他の大乗作品に匹敵しながらも，それらにある冗長さを排していると述べている．

この経は早くとも185年に漢訳され（この訳は失われているが），さらにその後6回訳された．406年頃に*クマーラジーヴァによってなされた翻訳（*大正新脩大蔵経 no. 475）は現存する三つの中で標準的なものとみなされている．チベット語訳も存在し，中央アジアの他の諸言語への訳（あるいは漢訳かチベット語訳からの重訳）もある．この経の眼目は，大乗仏教の智慧の完成（*智慧波羅蜜）の教えである．これはまた，ブッダの十大弟子がヴィマラキールティによってその誤った理解をたしなめられることで表されるように，小乗の教義を論破することにもかかわっている．この経の強みは，言葉によってと同様に行動で教えることである．たとえば，経は時間と空間の概念は慣習にすぎないと教えるが，これを奇蹟的なできごとによっても示す．ヴィマラキールティを狭い部屋に訪ねた大群衆はなぜか全員その中に快適におさまってしまう．ブッダの国土（*仏国土）全体はその住民も含めて縮小し，手のひらにおさまってしまう．在家者であり世俗世界のふつうの人物でありながら，理解において*文殊師利菩薩その人に匹敵するヴィマラキールティの人格によって，出家信徒と在家信徒の，またブッダとふつうの生き物の区別は異を立てられる．経典はまた，大乗の*空性の教えを提示するなかでは神秘主義的な傾向をも見せる．「ヴィマラキールティの雷鳴のような沈黙」とよばれる最も有名な場面で，この教義を教える正しい方法をめぐって討論が続く．多くの参加者が自分の理解を述べ，それが文殊師利で頂点に達したのち，全員がヴィマラキールティの最後の言葉を聞こうとすると，その瞬間に彼は沈黙を守る．言語が究極的には現実の正しい理解をつくりだしえないことを雄弁に証明してみせたのである．これらの特徴すべては挿話の多くにある皮肉たっぷりのユーモア（とりわけブッダの弟子たちの失敗をひきおこすもの）とともに，この経を東アジアとくに中国と日本の禅宗の中で人気あるものとした．

融通念仏宗 ゆうづうねんぶつしゅう Yūzū-nembutsu school

日本で最も早い時期に興った浄土教の宗派の一つ．開祖は*天台宗の僧侶*良忍(1072-1132)．良忍は*阿弥陀仏を思念する念仏を含むさまざまな修行を試みたが，1117年に阿弥陀仏が眼前に現れ完全に相互浸透する念仏，すなわち融通念仏の理念を説き*観想の対象である曼荼羅を開示したという体験をした．その後数年はこの阿弥陀仏の教えに従い独自の修行を続けたが，1124年に毘沙門天が現れ，この修行法を世界に教示するよう懇願した．かくして良忍は閑静な隠れ家を離れて信者を集め，この行法を教えながら各地を遍歴した．

融通念仏の行は宇宙における個別現象はすべて相互に連携し合い，つねに互いに影響を及ぼしているという*華厳の哲学にもとづいている．この上に立って良忍は一人の口称念仏は修行者本人だけを救うのではなく他のすべての衆生に影響を及ぼし，二人の人が念仏を称えればその努力は互いに連絡し合い他者に対する影響は増加すると説いた．

この考え方は修行に二つの結果をもたらした．第一に通常義務として課せられるたえまない不撓の修行の必要性を軽減する．もし多くの人々が称名するならばその行の力は結合され，その行の総和が人々に利益する．これは個人が自分自身のために英雄的努力を払うことに対置される．従来中国や日本の師は7万回以上の口称念仏が必要であると指示してきたが，良忍の信者にはわずか1日当たり100回の称名が日課になった．第二にそれまで個人の再生をもたらす阿弥陀仏の力として理解されてきた*他力の考え方に新たな進展をもたらした．融通念仏においては他力には仏陀の誓願力に加えすべての修行者の累積的な力も含まれることになった．

良忍は信者の名簿づくりに長じており，彼の死後の指導者においては信者名簿の所持がその特権になった．しかし後継者は6代続いたあと途絶え，この宗派は衰退に向かった．1182年，最後の管長である良鎮は後継者不在のまま次期後継者を決めてくれる八幡の神に名簿を寄託するよう言い残して没した．140年後の1321年，すぐれた信者法明（1279-1349）の夢の中に八幡神が現前し，法明を新しい指導者に任命した．翌朝法明が見た夢を八幡神社の神職たちに報告したところ，信者名簿が引き渡され彼は7代目の管長となった．法明はかつて*真言宗の僧であったので*高野山の真言宗総本山と自分の宗派の間に特別な関係を築き，融通念仏を真言の行に組み入れた．法明のあととくに浄土宗や浄土真宗のようなより新しい浄土教の宗派が伸長したことによって，この宗派は再び衰退期を迎えた．そして大通（1649-1716）の指導のもとで宗勢は新たな盛り返しを示した．日本の他の浄土宗派と比べ常に小規模ではあるが，今日においても存立を維持している．

瑜伽 ゆが ⇨ヨーガ

瑜伽行派 ゆがぎょうは Yogācāra（Skt.）

「*ヨーガの実践」の意．4 世紀に現れた大乗の一大学派で，創始者たちには後の*中観派に内在する認識論的・救済論的難問を修正するものとみなされた．この学派はまた，その認識論的関心から*唯識派としても知られる．*唯心の語も時としてチベットの読誦の伝統の影響で不正確に適用される．

瑜伽行派の起源は謎に包まれているが，最近の研究が示唆するところによれば，この学派は*説一切有部のカシミール分派によってつくられた*『大毘婆沙論』の権威と理論を受け入れない*説一切有部の*経量部または*根本説一切有部としても知られるガンダーラ学派と明白なつながりをもっていた．瑜伽行派の創始者たちは*マイトレーヤナータ，*アサンガ，*ヴァスバンドゥで，それぞれが革新的な差異をもたらし，*スティラマティや*ダルマパーラといった後代の注釈者たちが重要な付加をなした．瑜伽行派はインドで繁栄したのち，8 世紀に*中観自立論証派の修正された一形態と徐々に合流して両学派の最もすぐれた要素を結合した．*ディグナーガや*ダルマキールティといった他の後代の瑜伽行派学者たちも仏教論理学（*プラマーナ）の発展に重要な貢献をした．瑜伽行派は*パラマールタと*玄奘の努力で中国に伝えられ，後者は師の*シーラバドラを通してダルマパーラの観念論的・存在論的解釈を輸入した．瑜伽行派はまたチベットに輸入されて広く学ばれたが，その正確な理解はチベットの伝統的なドクソロジーに反映していた支配的な中観派的偏見によってひどく歪曲された．

瑜伽行派理論のおもな聖典的基盤は*『解深密経』であり，これに先立って*『十地経』，*『華厳経』にその兆しがある．時に*『楞伽経』が誤って瑜伽行派作品として引用されるが，これは後代に如来蔵の概念を瑜伽行派理論に結びつけた折衷的なテキストで，瑜伽行派の創始者たちには知られていなかった．したがって，この学派の正統的な作品に数えるべきではない．マイトレーヤナータ，アサンガ，ヴァスバンドゥに帰せられる作品は*『阿毘達磨集論』，*『法法性分別論』，*『中辺分別論』，*『摂大乗論』，*『大乗荘厳経論』，*『三性論』，*『唯識三十頌』，*『唯識二十論』，百科全書的な*『瑜伽師地論』である．

瑜伽行派思想はおそらくインド仏教が発展させた最も複雑で洗練された哲学を表しているが，この豊かさはその教義を正確に評価することをきわめて難しくしてきた．真正な瑜伽行派のテキストにもとづく研究の軽視と，それ自体は概して後代の瑜伽行派の流行にもとづく東アジアとチベットの二次的文献にみられる曲解とが合体していたため，瑜伽行派を観念論の仏教的形態とみなすことが一般的であったが，この理解は誤解を招く不適切なものであるということが新世代の研究者たちによってしだいに明らかにされてきている．彼らは初期の瑜伽行派が実際には存在論的というよりも認識論的な体系であったことを示唆している．

その名称が示唆するように，瑜伽行派の中心的な教義と理論はとくに瞑想体験から出ており，二つの相互に連絡する主題にかかわっている．すなわち心の性質と経験の性質である．心のあらゆる側面と機能を説明するために，意識の八つの側面あるいは存在形態が区別された．*阿頼耶識，苦しめられた心（クリシュタ・マナス，kliṣṭa-manas）と，見ること，聞くこと，匂い，味，触感，考えの六つの知覚的意識である．悟りを開いていない生き物が輪廻における再生を経験するかぎり，経験と行為からくる途切れない刻印（*種子あるいは*習気）が彼らの心に植えつけられ，それらは経験する主体と経験される客体という妄想上の二分法の形でその内容を表しだすのに適当な状況になるまで休眠状態にとどまる．

この過程にかかわる心の側面が基礎，すなわち蔵の意識（阿頼耶識）であり，この刻印の影響を通してさらに進んだ存在様式の主観的意識とその知覚内容を発生させる．これらが苦しめられた心（クリシュタ・マナス）で，阿頼耶識の曖昧な認識を通して自我（*アートマン）の観念を生みだし，生き物がさらなる刻印をつくりだすような知的，情的歪曲でもって残りの六つの意識を汚染する．こうしてそれが誤った自我を生みだし，現実に架空の対象を投影するとき，さまざまな心の側面によって，悟りをひらいていない者にとってのあらゆる経験が捏造される．現実を構成するありのままの対象（ヴァストゥ・マートラ，vastu-mātra）が個体と無関係に存在している（ただし悟りをひらいていない者の二分法的な心によっては決して直接経験されない）と考えられていたことは初期の瑜伽行派文献から明らかであるにもかかわらず，現実の存在論的性質は議論されない．生き物が世界を経験するしかたは革新的な瑜伽行派の「*三性」すなわち想像されたもの（*遍計所執），依存的なもの（*依他起），完全な性質（*円成実），の教義によってさらに詳しく記述される．

悟りすなわち涅槃の瞬間に，植えつけられた有害な傾向がすべて個体の阿頼耶識から除去され，知覚する自我と知覚される対象の誤った二分法が完全に放棄されると，心のさまざまな側面が「ブッダの認識」（仏智，ブッダ・ジュニャーナ，buddha-jñāna）に変わる根本的な変容が起こる．阿頼耶識は「鏡のような認識」（大円鏡智）となり，苦しめられた心は「平等性の認識」（平等性智）となり，思考の意識（マノー・ヴィジュニャーナ，mano-vijñāna）は「探求する認識」（妙観察智）となり，残りの知覚的意識は「成就する活動の認識」（成所作智）となる．これらの「認識」はそれぞれ悟りの一面であって，通常の認識とは異なり，概念化せず二分的でなく，現実を直接かつ真に経験することができる．

瑜伽行派はまた，*「三身」と「五智」にかかわる理論を洗練させることで仏身論に，5段階の道（→道，マールガ）を通して救済論に，*三転法輪の教義を通して聖典解釈学に重要な寄与をなした．

『瑜伽師地論』 ゆがしじろん *Yogācārabhūmi Śāstra*（Skt.）

*瑜伽行派の巨大な百科全書的作品であり，さまざまな形で*マイトレーヤナータあるいはアサンガに帰せられるが，おそらくは5世紀ごろに数人の書き手によって編纂された作品である．作品全体は17の段階（バーフ・ブーミ，bāhu-bhūmi）を包摂する五つの主要な部分からなり，大乗仏教における心的精神的な段階の全範囲に及んでいる．五つの区分は，(1) 定義づけの概説（ヴィニシュチャヤ・サングラハニー，viniścaya-saṃgrahaṇī），(2) 解釈の概説（ヴィヴァラナ・サングラハニー，vivaraṇa-saṃgrahaṇī），(3) 同義語の概説（パリヤーヤ・サングラハニー，paryāya-saṃgrahaṇī），(4) 基礎の概説（ヴァストゥ・サングラハニー，vastu-saṃgrahaṇī），(5) 律の概説（ヴィナヤ・サングラハニー，vinaya-saṃgrahaṇī）である．漢訳，チベット語訳の両方では作品全体が残されているが，サンスクリット語としてはバーフ・ブーミ部分の大半（「菩薩地」や「声聞地」のような重要な作品を含む）は現存するものの，他の部分はほとんど現存しない．

瑜伽タントラ ゆがタントラ yoga-tantra（Skt.）

後代の標準化された分類法によればタントラの第3の部類であり，のちにアヌッタラ・ヨーガ・タントラとして区分されるタントラも8世紀にはこの部類に含まれた．*クリヤー・タントラ型の修行とは対照的に，ヨーガ・タントラは伝統的に内面的，瞑想的，ヨーガ的な修行である．この部類に属するタントラはほとんど現存しないが，ヨーガ・タントラ部類の根本のタントラとみなされる*『一切如来真実摂経』はきわめて注目に値する．

遊行上人 ゆぎょうしょうにん ⇨一遍 いっぺん

ヨ

永嘉玄覚 ようかげんかく Yung-chia Hsüan-chüeh（665-713）

中国の唐代初期の禅僧で，6代目の祖師である*慧能（638-713）の直弟子である．その生涯についてはほとんど記録が残っておらず，*『六祖壇経』の内容を再構成した文献が一つ帰されているが，彼の作かどうかは定かでない．

栄西 ようさい Eisai（1141-1215）

禅の宗派の一つである*臨済宗の日本の創始者．「えいさい」とも呼ぶ．神社の社司の家系に生まれ，はじめは*天台宗に参じ，三井寺に住した．しかし，当時の天台宗の横暴な派閥主義に嫌悪を感じ，教えを求めてさまざまな場所を転々とした．1168年に，栄西は中国の天台宗の名所（中国天台の濫觴）を訪れるために中国へ渡る．彼が渡った時代は禅が主流であり，その活気と斬新さに感銘を受けた．しかし，わずか6カ月で日本へ帰国しなければならず，正統的な禅の修行を行う時間はなく，帰国後，再び天台宗での修行を続けることとなった．その18年後，再び中国へと渡ったが，今度は4年に渡って滞在し，さまざまな寺院において，臨済宗の師から禅を集中的に学ぶことができた．そして，悟りの経験を得，禅の法系を示す衣と印可を携え，1191年に日本へと帰国した．以後，彼は禅の勉学と実践に一人で専念できる場をつくることに尽力した．栄西が新しい宗派の創設を望んでいたかは定かではなく，事実，そのような新宗派の創設を目論んでいた同時代の*大日房能忍に対して批判を展開している．栄西は，その後の人生では天台宗の僧のままであり，さらには他の事業にも多く携わっていたが，日本仏教の総合的な枠組みの中に禅の実践の場を創設することを志していた．

天台宗の本山であった比叡山からの弾圧などの困難にもかかわらず，栄西は，彼の志向する南宋風の禅にひかれた貴族，および当時地位の向上しつつあった武士らの後援を得，京都という政府直轄の地において，建仁寺の創設を1202年に幕府から許可された．建仁寺において，幕府の命令による寺院の勧進や修復事業，天台式の密教的儀礼などへの従事によって忙しい間でさえ，禅の布教に努めた．1215年に示寂した．独立した宗派を創設するなど，何らかの目に見える成功があったわけではなく，その精神を継いだ門弟によって，臨済という一つの宗派が打ち立てられた．とはいえ，臨済禅を最初に日本へと伝え，その中国臨済禅の法嗣を正式に継いだ人物として，栄西は崇敬されている．

ヨーガ yoga（Skt.）

「結合」の意．瑜伽ともいう．再生からの解放を得ることを究極的目標として，心を統御するために行われる精神的修行一般．身体の姿勢と呼吸の制御といったヨーガの実践はブッダの時代の少し前には「ヨーガ」とのみ呼ばれており，多くのインドの宗教に共通する．他の教師たちはハタ・ヨーガ（Haṭha yoga）として知られるようになる肉体的な訓練と身体の姿勢を強調したが，一方ブッダはそのような技術をおもに瞑想の補助として用いた．これらの技術を体系化する過程はインド哲学の6体系（*ダルシャナ）の一つであるヨーガ学派によってもたらされ，その教えはパタンジャリの『ヨーガ・スートラ』（*Yoga Sūtra*，2～3世紀）に集成される．このテキストによれば，ヨーガの目標は「心的動揺の停止」（チッタヴリッティ・ニローダ，cittavṛtti-nirodha）であり，これを得るための実践的方法論は呼吸の制御にもとづく初期仏教の瞑想技術にきわめて類似する．

ヨーギニー yoginī（Skt.）

女性の*ヨーガ修行者．→行者

欲[1] よく chanda（Skt., Pāli）

「欲望，意志，動機」の意．行為を引き起こす心理機能．欲は対象に応じて善・悪・中立（Pāli，ダンマチャンダ，damma-chanda；カーマチャンダ，kāma-chanda；カットゥカミヤター，kattu-kamyatā）となることができ，つねに悪である渇望（*渇愛）と対立する．

欲[2] よく desire

英語のdesireは幅広い意味をもつ用語で，サンスクリット語やパーリ語には対応語が一つも見出されない．そのかわりに仏教の心識論では，さまざまな対象に応じて感情的衝動が分類される．有害な事物に対する欲望は一般的に*渇愛として知られ，意味上は英語のcraving（渇望）に近い．欲望の他の形態はそれが善であれ悪であれ中立であれ，チャンダの三形態に分析される．したがって，「すべての欲望は誤っている」と仏教では説かれているという観念にしばしば出くわすが，それはあまりにも単純化しすぎた結果であると考えられる．

欲[3] よく kāma（Skt., Pāli）

愛や欲望のことで，とくに性的なものを指す．世界を三つの領域（*三界）より構成されるものと考える階層的宇宙観において，欲は最下層にある*欲界を特徴づける性質である．悟り（菩提）へ至る道の大いなる妨げであり，5種の*蓋と3種の*漏のそれぞれにおいて第一番目にあげられている．

欲界 よくかい kāma-dhātu（Skt., Pāli）

欲の領域．*三界のうちの最下層．輪廻世界の大部分を構成し，*六趣のうちの始めの五趣（地獄，*餓鬼，*動物，*アスラ，人間）と第六趣の神々（*天，デーヴァ）の低級なものはここに存在する．→宇宙論，有輪

ヨーナ ⇨ヤヴァナ

ヨーナカ ⇨ヤヴァナ

預流 よる śrotāpanna（Skt.；Pāli, sotāpanna）

「流れに入った者」の意．4段階よりなる*出世間的な道（*聖道）の最初の段階に入り，4種の*聖人のいずれかになった者をいう．預流は涅槃へ至る流れにしっかりと入っており，10種の*結のうち最初の三つをすでに滅しているが，いまだ煩悩が残っている状態にあるとされる．6種の存在領域のうちの上位3領域で最大7回の再生を経験して，預流は涅槃に至る．→趣，六趣

ヨーロッパの仏教 Europe

ヨーロッパにおいてはまず，植民地時代に仏教への関心が抱かれ始めるようになった．ヨーロッパで研究された最初の仏教文献は，英国総督代理B. H.ホジソンがネパールで蒐集した大乗のサンスクリット語写本であった．また，*上座部仏教研究に著しい寄与をなしたのは，英国公務員*トーマス・ウィリアム・リス・デヴィッツ（1843–1922）であった．リス・デヴィッツはスリランカに駐在していた間に仏教に関心を抱くようになり，続いて1881年に*パーリ聖典協会を設立した．イングランドのオックスフォードを本拠地とする同協会は，パーリ語仏教文献のテキストや翻訳の出版に関して，今日に至るまで依然として最重要の位置を占めている．仏教が西洋へと伝えられる際には，ヨーロッパ出身の多くの専門的な学者が重要な役割を担った．1845年にはフランスのウージェーヌ・ビュルヌフが『インド仏教史入門』（*Introduction to the History of Indian Buddhism*）を出版し，続いて7年後に*『法華経』の翻訳を出版した．ドイツでは1881年*ヘルマン・オルデンベルクの『ブッダ—その生涯，教理，教団』（*The Buddha, His Life, His Doctrine, His Community*）の出版によって仏教に対する関心が高まった．ベルギーの大学者*ルイ・ドゥ・ラ・ヴァレー・プサンと（その後の）*エティエンヌ・ラモットもまた，サンスクリット語やチベット語，中国語文献を通じて多大な寄与をなした．ドイツの哲学者アルトゥル・ショーペンハウアー（1788–1860）は，最初に仏教に関心を抱いた思想家として西洋では代表的であった．信頼できる文献がなかったため，仏教に関するショーペンハウアーの知識は不完全なものにすぎず，仏教を自身のいくぶん悲観的な哲学を裏づけるものとみなしていた．彼は世界のあらゆる宗教の中で仏教が最も合理的かつ倫理的に発展しているとみなし，著作の中で頻繁に仏教が言及されるため，19世紀後半の西洋の知識人の関心を集めた．イングランドで

は1879年に*エドウィン・アーノルド卿(1832-1904)が『アジアの光』(*The Light of Asia*)という有名な詩を出版し，ブッダの生涯と教説をメロドラマ形式で描いている．ドイツの小説家ヘルマン・ヘッセは自らの著作内でしばしば仏教的主題を暗にほのめかしていたが，とりわけ1922年の小説『シッダールタ』(*Siddhartha*)はその代表であり，同書は多くの言語に翻訳されている(小説の題名となった主人公は*シッダールタ・ガウタマ，すなわちブッダのことではない)．

ここ最近では，米国ほどではないものの，ヨーロッパにおける仏教の状況に影響を及ぼしたのは移民であった．大英帝国はアジアからの移民を大多数抱えているが，この移民はおもにインド亜大陸からのもので，そのほとんどがヒンドゥー教徒やムスリムである．インドシナからはおよそ19,000人が英国へ，22,000人がドイツへ，97,000人がフランスへ亡命した．ヨーロッパにおける仏教徒の大多数は仏教に改宗した白色人種であって，自らの信仰をもちこんだ移民ではない．正確な数を算出することは困難であるが，大英帝国にはチベットの中心拠点が約100，*上座部の中心拠点が約90，禅の中心拠点が約40，さらに*西洋仏教教団の友を含むそれら以外の集団が100ほど存在している．北米におけるように，仏教への改宗は主として中産階級から起こっている．仏教のさらなる普及は，北米におけるほど目を見張るものではないが，注目に値するものとなってきている．推計によると，大英帝国には20万人ほど，フランスではそれとほぼ同数の仏教徒がいるとされ，ヨーロッパ全体では100万人以上にのぼるという．

ラ

羅漢 らかん lo-han (Chin.)
サンスクリット語の*アルハト (Arhat) を音で転写したものとして用いられる中国語の*阿羅漢を短略化したもの.

洛陽 らくよう Lo-yang
河南省の黄河の南岸に位置する都市で, 古代の帝国の首都の一つであった. 後漢時代に明帝の宮廷にインド人外交官によって仏教が最初に中国へ伝えられた場所と伝統的にみなされている. 厳密な歴史的見解においてはこれは疑わしいが, この都市が仏教経典の最初期の翻訳場所であり, 現在のところ有名な白馬寺や*龍門石窟などの中国仏教史にとって多くの重要な遺跡があることははっきりしている.

羅睺羅 らごら ⇨ラーフラ

羅睺羅多 らごらた ⇨ラーフラバドラ

ラサ Lhasa
チベットの中心都市で, ブラフマプトラ川のほとりに位置する. *ソンツェン・ガンポの治世であった7世紀につくられたとされ, ソンツェン・ガンポは有名な*ジョカン寺同様その場所に砦をつくったと考えられている. 9世紀にチベットの王が途絶えてからその重要性は幾分下がったものの, *ダライ・ラマ5世がその統治にあたって世俗的, 宗教的な本部をおいたことで, 再びその重要性が増した. その治世に*ポタラ宮の建設は完了し, 1959年まで*ダライ・ラマの居所となっていた, *セラ寺や*カンデン寺など*ゲルク派の主要な寺院はラサ周辺に位置する.

ラサナー rasanā (Skt.)
タントラ仏教の神秘哲学において, *アヴァドゥーティの左側にある*ナーディーまたは中央のナーディーのこと. 左の鼻孔に始まり, 生殖器に終わる. 細かく白い管として描かれ, その中を通る力 (*風) は認識の客体的側面を生み出すと考えられた. 右側のナーディーである*ララナーと同じように, アヴァドゥーティに巻きついており, 臍, 心臓, 喉, 頭頂の*チャクラのところで結び目を形成していると信じられている.

ラサの宗論 Council of Lhasa
欧米の研究者たちが用いる若干誤解を招くおそれのある名称であるが, 742年に*サムイェー (チベットの中心地・ラサではない) で行われた, 悟り (菩提) はしだいに得られるか, 一気に得られるかをめぐる論争を指す. インドの比丘, *カマラーシーラと中国の禅僧, *マハーヤーナ和尚 (摩訶衍和尚) の2人が主要な参加者である. マハーヤーナ和尚は悟りとは自然に起きる経験であり, すべての煩悩が一瞬にして滅せられると主張した. カマラシーラはインドの伝統的な漸悟の立場を主張し, 悟りは個人が変化する長い過程の道理にかなった結果であり, それはあらかじめ決められた宗教的道程に従って達成されるとした. チベット側が論争に勝利し, それ以来, チベットではインドの漸悟主義が仏教の正統説とされた. その論争のあとまもなくカマラシーラは暗殺されたが, それは敗れた中国人の対論者によって差し向けられた暗殺者の手によるものとされる. 研究者の中にはこの論争が史実であったことを疑うものもいるが, チベットの人々が仏教の中国的枠組みを排斥したことの典型的なものである. けれども, 禅はこの論争のあとも*ニンマ派や*カギュ派に影響を与え続けたと考える研究者もいる.

ラージャグリハ Rājagṛha (Skt.; Pāli, Rājagaha)
*ハリヤンカ朝の終わりまでの, *マガダ国の首都. 王舎城ともいう. *ビンビサーラ王によって建設され, 有名な*霊鷲山をはじめとする七つの山に囲まれた谷に位置する. ブッダは何度もここを訪れ, ビンビサーラ王と生涯を通じて親しく交わった. ビンビサーラ王は, ラージ

ャグリハに隣接する*ヴェールヴァナを僧伽に寄付した．ブッダは，ラージャグリハに滞在している間に，*シャーリプトラや*マハーカーシュヤパらの，多くの最も重要な弟子たちを得た．マガダ国の首都が*パータリプトラに遷るのに伴い，ラージャグリハの重要性は薄くなり，中国の巡礼僧である玄奘が7世紀に訪れたときには実質的に廃墟と化していた．

ラージャグリハ会議 Council of Rājagṛha

*ラージャグリハの会議はしばしば「第一結集」と呼ばれるが，正典，すなわち「籠」(*蔵)という正典の3区分のうち少なくとも二つの確立を目的として，ブッダ入滅の年にラージャグリハで開かれたという報告がある．これらの中にはブッダの説法や説教（経），戒律（律）の体系や歴史に関する資料が含まれている．500人の*阿羅漢から成る集会の管轄はカシュヤパという年長の僧に委ねられた．カシュヤパは*アーナンダ（この会議中に悟りを得たと伝えられている）を召集してブッダの説法を唱えさせ，*ウパーリに律の規則を唱えさせた．彼らの発話は正確なものとして受け入れられ，当時から正統な正典を成すものと定められた．注意すべきは，この文脈で「会議」と訳される語はパーリ語のサンギーティ（saṅgīti）であるが，それは実際のところ当地で開かれた「共同の読誦」を意味している．それゆえ初期仏教の「会議」は，通常は教義を定めるために招集される初期キリスト教の会議とは等置されえない．現代の研究では，第一結集に関する伝統的な記述の史実性に対して重大な疑義が差し挟まれている．とりわけ正典は数年経過するまで受持されることがないという内部証拠から，記録の主張する古層に年代を定めることができないのは明白である．この主張は，ある後代の文献が正典に値するとして正統性を示すために時代を遡る方策であると考えられている．

羅刹 らせつ rākṣasa (Skt.)

仏教の説話において，肉を食する邪悪な悪魔のこと．病気と不幸をもたらすともいわれた．

ラッタパーラ Raṭṭhapāla

阿羅漢の一人．信心を通して世を捨てた者たち（Pāli，サッダーパッバジタ，saddhāpabbajita）の長であったといわれる．富裕な家の出身であり，両親は彼が「死ぬまで断食する」と脅すまで出家修行者となることを許さなかった．両親はしぶしぶ出家を認めたが，得度するまで帰ってきてはならないという条件をつけた．ラッタパーラは，まもなく阿羅漢たることを得て，両親のもとへ帰ったが，本人であると認識されず，罵倒までされた．本人であることが明らかとなったとき，父親は豪奢な富をみせつけて再び在家の生活に戻るように誘惑し，美しい妻たちをずらりと並べた．しかしラッタパーラは，堅固な心を保ち，富の虚しさと美しさの罠についての説法をして，そこを後にした．

ラトナーカラ・シャーンティ Ratnākaraśānti (11〜12世紀)

シャーンティという名でも知られる．論理学と認識論の伝統をもつ*論理学派に属する哲学者で，*中観派とインド中世仏教の思想の多種多様な理論の体系化を試みた．ラトナキールティの弟子．*『八千頌般若経』と『二万五千頌般若経』，*『ヘーヴァジュラ・タントラ』，そして*シャーンタラクシタの諸著作に，注釈を著した．

ラトナギリ Ratnagiri

現在のオリッサ州に位置するカタクの近くのアシア山地にあった，仏教教団の主要な中心地の一つ．創立は5世紀にさかのぼり，ウダヤギリおよびラリタギリとともに，教団の複合的な居留地の一部を構成した．*ディグナーガや*ナーローパなど，大乗仏教とタントラ仏教の多くの師が，ここに関係している．またラトナギリは，*ナーランダーなどの大きな他の仏教の中心地よりも長く続いたと考えられ，12世紀以降は多くの仏教の学僧たちが最後の避難所とした．広大な遺跡の発掘により，豊富な彫刻の遺物が発見され，ラトナギリおよびその周辺地域がタントラ仏教の発展と実践にとって重要な中心地であったことが明らかになった．

ラーフラ Rāhula

ブッダのただ一人の子で，ブッダが世を捨てることを決める少し前に生まれた．羅睺羅ともいう．この男の子はラーフラと名づけられたが，ラーフラとは「束縛」を意味する．これは，ブッダが息子の誕生を，家庭生活に自身を結びつける束縛であると認識し，いくつかの資料によるとそれゆえにその子の生まれた同じ日に家庭を去った，ということに由来するとされる．ブッダは悟った後で故郷である*カピラヴァスツに帰り，再び出発するやいなや，母親によってブッダに相続を頼むために送られたラーフラが追いついてきた．ブッダの求めにより，ラーフラは*シャーリプトラによって，僧伽に加わることを許された．これに対する，ラーフラの祖父である*シュッドーダナの異議を受けて，ブッダはそれ以降，*沙弥となることを認める場合にはその者の両親の同意が必要である，という規則を導入することを認めた．ブッダはラーフラに数回説法し，ラーフラはその中の『チューラ・ラーフローヴァーダ・スッタ』(*Cūla-Rāhulovāda-Sutta*) を聴いたときに阿羅漢となることを得た．

ラーフラバドラ Rāhulabhadra

伝説で禅の第16祖と伝えられる人物．羅睺羅多ともいう．

ラーフラマーター Rāhulamātā (Pāli)

「ラーフラの母」の意．パーリ正典の中で一般的に用いられている，*ラーフラの母すなわちブッダの妻の名前．さまざまな資料の中では，この女性の名前について混乱が見られるが，より新しい資料では，バッダカッチャー (Bhaddakaccā)，*ヤショーダラー，ビンバーデーヴィー (Bimbādevī)，またはビンバースンダリー (Bimbāsundarī) と呼ばれている．*ジャータカによると，二人とも16歳のときに結婚した．息子のラーフラは，ブッダが29歳のときに生まれ，そしてその日のうちにブッダは家を去った．ブッダは，悟りを得た後で*カピラヴァスツに戻ったとき，自分の妻がブッダと同じ黄色い*衣を身につけて行者の生活を送っていることを，自分の父から聞いて知った．

ラマ lama (Tib., bla-ma)

チベット語における尊称で，「*グル」からの翻訳語．元来は師匠を意味したが，現在はより広い意味で比丘一般を指す．

ラマ教 lamaism

現在は死語となっているが，かつて欧米の研究者がチベットの仏教を指すものとして用いていた言葉．宗教文化において*ラマが重要な役割を果たしていたことに由来する．誤解を招くおそれもあり，チベットの人々の反発もあったので，この言葉の使用は避けるべきである．

ラマ・チャム lama dancing (Tib., 'chams)

チベット仏教徒の儀礼としての踊り．祭祀音楽にあわせて覆面をした踊り子がさまざまな宗教劇を演じる．悪霊退治などを主題する．

ラーマンニャ Rāmañña (Pāli)

パーリ語の，*モン族の領土の名称．現在のビルマの，南部の海岸地域にあたる．

ラムデ lam-dre (Tib., lam-'bras)

「(悟りへの) 道程と (仏) 果」に関する一連の教説で，インドの大成就者ヴィルーパ (11世紀) によってチベットに伝えられ，とくに*サキャ派とかかわりがある．教義は短編の根本聖典『金剛句』にもとづいており，経とタントラ教法・行法の組み合わせを通して，輪廻と涅槃が不可分であることを実体験することをめざす．これらは心の真の性質，すなわち，心の輝きと*空性とその両者が合わさったものとして同一視されるものを直観することに導くと信じられている．

ラムリム lam-rim (Tib.)

チベットの宗教文献での分類の一つで，「道程の階梯」という名称が示唆するように，おもに行法に関することを扱い，仏教行者が初めて仏教に触れるときから悟り (菩提) に至るまでの手引きとなるものである．教説には熟達した者が進む一連の階層的な段階が含まれ，それを通して菩薩としての徳目や美質をしだいに養成することを内容とする．この種の文献には*アティシャの『菩提道灯明論』(ボーディ・パタ・プラディーパ，*Bodhi-patha-pradīpa*) などインドに先行するものがあるが，チベット仏教の祖師たちは自学派にふさわしい著作を著した．例としては*ガムポパの『*道次第解脱荘厳』や*ツォンカパの『ラムリム・チェンモー』(*Lam-rim chenmo*,『大菩提道論』) などがある．

ラモット，エティエンヌ Lamotte, Étienne (1903-1983)

ベルギーの高名な仏教学者．モンシニョール・エティエンヌ・ラモットは聖職に叙任され，ローマ教皇家の高位聖職者であった．若かりし頃は，ローマやパリ，ルーヴァンで古典文献学や神学を修め，後に東洋の諸言語を研究した．ラモットは偉大な同胞である*ルイ・ドゥ・ラ・ヴァレー・プサンのもとで研究し，サンスクリット語原典が現存しない仏教文献に対しチベット語や中国語からの翻訳を専門に研究した．斯界におけるラモットの寄与としては，*『摂大乗論』や*『維摩経』，*『首楞厳三昧経』の翻訳があげられる．ラモットの大作は，『インド仏教史』(*Histoire du Bouddhisme Indien*) と全五巻に及ぶ『大智度論』の翻訳である．ラモットは生涯で多数の顕彰を受け，*王立アジア協会や英国学士院 (British Academy) の名誉研究員の称号が授与された．

ラランナー lalanā (Skt.)

タントラの神秘的生理学で，右側の鼻孔に始まり肛門に終わる，*アヴァドゥーティの右の経路 (*ナーディー)．細く赤い管として観想され，その中を流れるエネルギーすなわち「*風」は，認識の主観的側面を生みだすと考えられている．*ラサナー経路と同様，アヴァドゥーティに巻きつき，臍，心臓，喉，頭頂の*チャクラでは結び目を形成すると考えられている．

『ラリタヴィスタラ』 *Lalitavistara* (Skt.)

「優美なる記述」の意．おそらく紀元1世紀の経典で，サンスクリット語およびチベット語で現存し，主として*シャーキャムニ・ブッダが教化活動を開始するまでの伝記をしるす．テキストは*説一切有部の素材を基礎とし，後に散文と韻文とが混淆した27章からなる現在の形に発展したと考えられている．本来はおそらく非大乗の作品であったが，後に大乗的要素が加えられた．超自然的な表現によるブッダの描写は*瑜伽行派のブッダ論に影響された結果であるかもしれないが，これが*「三身」の概念のような大乗のブッダ論の発展に影響したとも考えられる．

ラングーン結集 ラングーンけつじゅう Council of Rangoon

ブッダの死後2500年を記念するためにビルマのラングーン (ヤンゴン) で開かれた結集．しばしば「第六結集」と呼ばれ，1954年から1956年まで2年以上かけて開催された．上座部の国々から2400人以上の僧侶が参加した．パーリ聖典の編集と暗唱が行われた．

ラン・ダルマ Lang Darma (Tib., glang dar-ma) (803-842)

ラルパチェンの弟で後継者．836年にチベットの統治者となり，仏教を迫害し，弾圧することを始めた．これは仏教に敵対していた有力な*ブン諸派にそそのかされたことによるものである．「黒帽踊り」と呼ばれる式典に参列していたペルギー・ドゥジェーという仏教僧に暗殺された．暗殺後はヤル・ルン王朝は終焉し，国家と文化が混迷する時代となった．

リ

力 りき bala (Skt., Pāli)

原典には種々の力が見受けられるが，中でも「五力」として知られているものが最も一般的である．五力はおのおの対立する否定的傾向を次のようなかたちで根絶する．(1) 信仰（信）は誤った信念を克服する．(2) 努力（*精進）は怠惰を克服する．(3) 注意深さ（*念）は忘却を克服する．(4) 精神統一（*三昧）は注意散漫を克服する．(5) 知慧（*智慧）は無知を克服する．この五力は五つの心理的機能（*根）の力を増大させることによって向上する．また五力は37の「悟りの要因」（菩提分法）の一部を成すものでもある．

離垢地 りくじ vimalā-bhūmi (Skt.)

菩薩の10の段階（*地）の第2．『十地経』によれば，この段階では菩薩は道品行の完成（*戒波羅蜜）に従事するので，「汚れることのないもの」として知られる．

リシ rishi (Thai)

*苦行の隠遁者を意味するタイの言葉．

リス・デヴィッツ，キャロライン・オーガスタ・フォーリー Rhys Davids, Caroline Augusta Foley (1858-1942)

英国の*パーリ研究者．トーマス・ウィリアム・リス・デヴィッツの妻．ロンドンのスクール・オブ・オリエンタル・アンド・アフリカン・スタディーズ (School of Oriental and African Studies) において教鞭をとり，また数多くのパーリ語文献を編集し翻訳して，パーリ聖典協会 (Pali Text Society) に貢献した．仏教についての数多くの二次資料の著者でもある．

リス・デヴィッツ，トーマス・ウィリアム Rhy Davids, Thomas William (1843-1922)

英国の先駆的なパーリ研究者で，キャロライン・オーガスタ・フォーリー・リス・デヴィッツの夫．二人は，1894年に結婚した．事務弁護士としての教育訓練を受けた後，サンスクリット語を学び，セイロン・シビル・サービス (Ceylon Civil Service) に加わったが，これによって*上座部仏教に初めて触れることとなった．1872年にシビル・サービスを辞職し，弁護士としての開業を企図して英国に戻るが，開業することなくパーリ正典の文献の翻訳を始めた．1881年にパーリ聖典協会 (Pāli Text Society) を創立し，1882年にはロンドン大学のパーリ語講座の教授に就任した．初期仏教について多数の二次資料を著し，パーリ研究への貢献は比類ないものとなっている．

律 りつ Vinaya (Skt., Pāli)

修行者の規律，法，習慣，実践を指す一般的な語．それに関する規定は律蔵に説明されている．

律宗（中国） りっしゅう Vinaya school

律や聖職者と信徒の規則と方針のあらゆる点に関する研究に特化した中国仏教の宗派．*道宣 (596-667) によって創設され，中国に翻訳された僧団規則のさまざまな改訂のうちどれを標準にするかを確定することによって始まった．道宣は，中国では四分律と呼ばれるインドの*法蔵部の律を標準に選んだ．この制定の後，律宗は，律の解釈書をつくり，異なるケースを扱う際の規範を定め規則の違反行為を構成するものを定義し，裁可を設置し境遇を軽減することなど，中国仏教の正典の法律部門の一種として機能し始めた．彼らはまた，聖職者の地位を扱い，正当な*得度と除籍の基準を設定した．この宗派は，決して大きくなることはなかったが，中国の僧伽に大きな影響を与えた．この宗派のテキストは日本に伝えられ，南都六宗の一つ，*律宗の基礎となった．

律宗（日本） りっしゅう Ritsu school

*南都六宗の一つで，仏教が日本に伝来した

のち最も早い時期に隆盛を示した．律は比丘と比丘尼の生活および所属する組織に関する一連の規則や手続きである．日本の律宗は律の研究に特化した中国律宗を引き継いでいると自認していた．*最澄（767-822）の没年に初期天台宗が律宗に拠らない授戒を朝廷から認められるまで，律宗はこの専門性により日本のすべての寺院で授戒を独占していた．この宗派の初期の歴史は不明確である．6世紀に仏教が日本に伝来したとき正式な授戒の条件や手続きは未知であり，戒を授かりたい人は私的にあるいは海外に出かけて受戒した．初めの数十年間は学僧たちは外来の律書や注釈を研究し，いくつかの寺で授戒を始めた．この間私的な受戒や海外での受戒は引き続き行われていた．しかし日本での授戒の手続きには多くの疑わしい点があったため，200年後の8世紀に至り，732年天皇は，日本に来て律を教え授戒を統括する意思をもつ律師を求めて中国に使節団を派遣した．日本での受戒が中国仏教の基準では無効であることを知った日本の僧たちはそのまま中国に留まり正式な儀式により受戒し，何人かの中国僧，とくに高名な律師である道璿（702-760）と*鑑真（688-763）に来日を説得した．広く名を知られている律師鑑真は幾度かの渡航を試みたのち，753年に日本に到着した．律宗はすでに日本で100年以上存続し独自のやり方が定着していたため，中国律師の到着当初は摩擦が生じた．律の導入に一定の成功を収めたのち，鑑真は公職を退き自分の寺に定住し学僧の訓練や自己の流儀による授戒を実施した．新しい学識と正式な方法がもたらされたことは，日本の僧侶たちにこの授戒の仕方が正統かつ仏教の世界で受容可能なものであるという確信を与えた．

立正佼成会 りっしょうこうせいかい Risshō Kōseikai

日本の仏教系新宗教の一つでその名称は「正法の確立を成就する会」を意味する．1938年に新宗教である*霊友会の会員であった長沼妙佼と庭野日敬（1906-1999）の二人が同会を離脱し，『法華経』への帰依にもとづく独自の教団をつくった．1957年長沼が死去し庭野は唯一の会長に就任し，*庭野日鑛（1938-）が後継となる1991年までその地位にあった．立正佼成会は在家信者の集団であり，僧や尼僧などの僧職をもたない．順調な拡大を示し大教団に成長したが，その活動の中心は話し合いや助言をするために集まる少人数のグループ（法座）である．法座は会員に親密感に満ちた場を提供する．新しく転居してきた人々は孤立感を抱きがちであるが，法座で友人と援助を見出すことができる．この教団は『*法華経』を卓越した経典であるとする*日蓮宗の教えにもとづいており，その行法は単に救済を求めてその表題（*題目）を称えることである．日本および海外でさまざまな事業や社会福祉活動を展開し，世界平和運動や宗教間対話などに深いかかわりをもつ．2000年の時点で615万人の会員を擁している．

律蔵 りつぞう Vinaya Piṭaka

パーリ正典の3分類のうちの一つ．精舎の規則の集成（*蔵，「籠」）．男性および女性の出家修行者のそれぞれの共同体内部における生活のあらゆる詳細と，在家信者との関係を規定するために用いられる．その起源はブッダ本人に帰せられ，個人的な行いの規定から，共同体全体として執行する法的な過程や条規まで扱っている．その内容は3部に分けられ，その第一は，*波羅提木叉として知られる，出家修行者の一連の規律を含んでいる．仏教の諸部派の中には，この波羅提木叉を独立の文献とするものもある．律蔵はまた，ブッダに関連する非常に多くの物語と伝記や，僧伽についてのまとまった量の歴史的な記述をも含んでいる．パーリ語版の律蔵に含まれている古い注釈は，それぞれの規則が制定される発端となった機会について解説する．パーリ語版の律蔵は，もともとの言語で現在に伝わっている唯一の律蔵である．*上座部の律蔵のほかに，他の諸部派もそれぞれの律を作成しており，*大衆部，*マヒーシャーサカ，*法蔵部，*説一切有部，*根本説一切有部のものが，漢訳で現存している．根本説一切有部の律については，チベット語訳，および一部ではあるがサンスクリット語の原典も現存している．律蔵は，「スートラヴィバンガ」（Sūtravibhaṅga），「スカンダカ」（Skandhaka），*「附随」（「補遺」）から成っている．「スートラヴィバンガ」は「パーラージカー」(Pārājikā)と「パーチッティヤ」(Pācittiya)とに分けられ，「スカンダカ」は*「大品」と*「小品」に分けられる．5世紀に*ブッダゴーシャによって編まれた律蔵に対する注釈は，*『サマンタパーサーディカー』という題名で知られている．

リッチャヴィ Licchavi（Skt., Pāli）

*シャーキャムニ・ブッダ時代の北インドにおける有力な部族の一つで，*マッラ，*ヴィデーハとともにヴリジ（Pāli，*ヴァッジー）同盟を構成した（→ヴリジプトラカ）．首都は*ヴァイシャーリーにおかれた．リッチャヴィ族は，古代インドにおける当時の多くの国家とは異なって共和制を採用していたが，それはブッダに賞賛されたものであり，また僧伽の構成と組織にある程度影響した可能性がある．

龍 りゅう ⇨ナーガ

龍軍 りゅうぐん ⇨ナーガセーナ

龍樹 りゅうじゅ ⇨ナーガールジュナ

龍猛 りゅうみょう ⇨ナーガールジュナ

龍門 りゅうもん Lung-men

古代の首都，洛陽から13kmほど離れたところにある伊河の谷間の地．この地に洛陽の仏教の保護者が，北魏の宣武帝（在位500-516）の統治期に石窟を彫り始めた．これらの石窟は，仏教僧の住居の目的でつくられ，美術的な価値だけではなく特定の仏や菩薩の礼拝の興亡に関する知識を与える点で価値のある，壁に刻まれた多くの仏像やその他の彫刻で有名である．

量 りょう ⇨プラマーナ

『楞伽経』 りょうがきょう *Laṅkāvatāra Sūtra*

東アジアの仏教の発展に多大な影響を及ぼした経典．漢訳の*大蔵経には3種類の翻訳が収録されている．（1）4巻のもの．443年，*グナバドラ訳（*大正新脩大蔵経 no. 670）．（2）10巻のもの．513年，*ボーディルチ訳（大正新脩大蔵経 no. 671）．（3）7巻のもの．700～704年，シクシャーナンダ（実叉難陀）訳（大正新脩大蔵経 no. 672）．これらの翻訳の長さがさまざまであるように，もととなったサンスクリット語の経も一つではなく，時とともに変化しており，時代や地域ごとに異なった数種類のサンスクリット語の校訂テキストを翻訳者は参照していたとされる．また，テキスト自体も体系的なものではなく，大乗の教義を寄せ集めたものである．日本の仏教学者の*鈴木大拙は，大乗仏教の法師がさまざまな教義や仏教説話を記録したメモが集積してできたものにすぎないと推測している．（D. T. Suzuki, *The Laṅkāvatāra Sūtra : A Mahāyāna Text*（London, 1932），p. xi）

テキストが整ったものでなかったにもかかわらず，この経典は東アジアの仏教思想の発展に多大な影響を及ぼした．如来蔵思想と*阿頼耶識とを結びつけ，意識と外的世界の両方の根底に横たわるものとして，単一の実在を措定した点に思想的特徴がある．世界とその中に含まれるものは心が写し出したものにすぎず，主体と客体に分けて世界を認識する態度を根源的な無知であるとするいわゆる*唯心の思想を詳述している．この思想によって，『楞伽経』は中国や日本の*法相宗において重要な典籍とされた．また，中国の禅の歴史においてもきわめて重要な典籍である．禅宗の初祖とされる*ボーディダルマ（3～4世紀）は，『楞伽経』の師としてあがめられていたと，初期禅宗のテキストである『楞伽師資記』には記されている．このような『楞伽経』を重視する風潮は7世紀以前の禅宗の特徴であり，『楞伽経』に重きをおくか否かが後の*北宗禅と*南宗禅の論争の要因となった．*『六祖壇経』には，象徴的なエピソードとして，悟りの心境を表現した第6祖*慧能（638-713）の壁刻の偈が収録されており，これは『楞伽経』の思想を表現したものともいわれている．第5祖*弘忍はこの偈を見た後，当時弘忍門下筆頭であった神秀への袈裟の継承をとりやめた．偈における慧能の意思表明はその後の禅宗の性格と合致し，言葉や経典に依拠しない禅宗のありかたを特徴づけた．その他，中国の仏教において『楞伽経』が大きく影響を及ぼしたのは，肉を食べることが記されている

章であり，中国の仏教者たちにとって，菜食主義を堅守する際のよりどころとなった．→食事制限

良寛 りょうかん Ryōkan（1758-1831）
日本の江戸時代の*曹洞宗の禅僧．若年期に儒学（→儒教）の教育を受けた．父が用意した役人の道を捨て，18歳のときに曹洞宗にて出家した．この時期の曹洞宗は中国僧の影響のもとに改革の波が押し寄せ，坐禅の厳密な規格化と開祖*道元の著作の研究の必要を唱える僧侶が多数いた．良寛はこの改革の動きに共鳴し，厳格で非妥協的な何人かの師について学んだ．1792年に父が京都に上り政治的陰謀と腐敗を幕府に直訴しその後自殺したという知らせを受け，憤慨を禁じえなかった．良寛は葬儀と追善を済ませたのち数年間巡礼の旅に出た．その後1804年に国上山に12年間定住した．良寛が役人から娼婦に至るすべての人に示した寛容と平等の精神は彼の深い悟りの現れであり，多くの人々の知るところとなっている．子供たちと遊び自然を讃えた歌を詠み，書道家としても有名である．生活は極端に簡素で着物（→衣）の下の虱に暖をとらせ，泥棒に自由に持ち物を持って行かせ，蚊に餌を与えるため蚊帳から片足を突き出したり，すべての生き物に愛情を示した．

良源 りょうげん Ryōgen（912-985）
*天台宗中興の祖といわれる日本の僧．終生天台宗の僧侶であり966年には座主となり，20年近くかけて火災で焼けた堂舎の改築や*比叡山周辺の寺院の新築を推し進め，修学を奨励するとともにいくつかの著作を残した．

霊鷲山 りょうじゅせん Vulture's peak（Skt., Gṛdhrakūṭa；Pāli, Gijjhakūṭa）
ビハール州にある丘で，頂上が禿鷲の嘴のような形をしているため，あるいはこの鳥が多く住んでいたためにこの名がある．古代の*ラージャグリハ市を囲む五つの丘の一つで，*苦行者たちに親しまれた人里離れた場所にあった．初期および後代の資料（たとえば*『法華経』）にブッダが教えを説いた場所としてしばしば言及される．

良忍 りょうにん Ryōnin（1072-1132）
日本の*天台宗の僧侶で*華厳の思想にもとづく浄土教の一形態である*融通念仏宗の開祖．天台声明中興の祖としてまた密教儀礼（→密教）の熟達者としても知られる．尾張の人で出家後は念仏遊行者が集まる京都北部の大原で僧侶生活の大半を過ごした．1117年に阿弥陀仏をまのあたりに見仏し，そのときすべての衆生とすべての修行の相互融通を教えられた．1124年に天皇に拝謁したほか，余生を寺院の創建と人々の教化に努めた．

『量評釈』 りょうひょうしゃく *Pramāṇa-vārttika*
仏教の論理学と認識論（*プラマーナ）についての重要な文献で，*ダルマキールティにより韻文でつくられた．(1)自己のための推理(スヴァールタ・アヌマーナ，svārtha-anumāna)，(2) 正しい認識の成立（プラマーナ・シッディ，pramāṇa-siddhi)，(3) 直接知覚（*現量)，(4) 他者のための推理（パラールタ・アヌマーナ，parārtha-anumāna）という四つの章から成る．*ディグナーガによる*『集量論』への注釈と称して著されているが，実際には，ディグナーガの認識論の中で露わとなった欠点に対応するために，ディグナーガの概念をいくつか再定義し，新しい理論に合わせて改めている．チベット語訳とともに，サンスクリット語の原典の写本が現存する．インドと，*サキャ派と*ゲルク派が多大な熱意をもって認識論を研究したチベットで，この文献に数多くの注釈とさらなる復注がつくられた．→インドの仏教，チベットの仏教

両部神道 りょうぶしんとう Ryōbu-Shintō（Jpn.）
両部習合神道とも呼ばれる．*真言宗の密教（→密教）の要素を取り入れた神道の一形態である．真言宗の両部の*マンダラを伊勢神宮の内宮と外宮にあてはめて同一視したり，内宮，外宮に祀られた神はマンダラにおける仏と同一であると説明する．このような展開は，神は永遠普遍の仏が仮の姿で日本に現れたとする*本地垂迹思想という大きな流れの中で生じた．

輪 りん cakra（Skt.；Pāli, cakka）
車輪．仏教ではしばしばダルマの諸相を意味

して象徴的に用いられる．輪の幅が8本の場合は*八支聖道を暗示し，12本の場合は十二支*縁起の教義，もしくは車輪の3回転（*初転法輪時に説かれた3度の*四聖諦）を暗示している．

臨済義玄 りんざいぎげん Lin-chi I-hsüan (866没)

唐代の中国の禅僧で，臨済宗の祖師．もともとは曹州の邢氏の出であるが，まだかなり若いころに出家して，多くの場所で多くの師に就いて仏教の教えと修行を学んだ．彼は悟りを成就して*黄檗希運（-850）から印可を受け，それ以後は弟子を打ったり耳にじかに大声を出したりする黄檗の方法を自在に駆使した．このような激烈な手法のほかに，臨済は*『華厳経』に含まれている仏教の最も複雑な教義を究め，それを平易で直接的な言葉により教え説くことでも知られた．851年に湖北の臨済寺に移り，この名から彼は自身のおもに知られている名前を得，また彼に続く系統の名称もこれに由来した．それ以降，臨済宗は中国禅の*「五家」のうちで最も栄えて最も広まった宗派となり，日本禅の*臨済宗の源流ともなった．臨済はおそらく，「道で仏に出会ったならば，その仏を殺せ」という言葉で最も知られており，これを通して臨済は弟子たちの注意を外部の像や師から逸らして弟子たち自らについての真実を発見させようとした．

臨済宗（中国） りんざいしゅう Lin-chi school

唐代の僧侶である*臨済義玄（866没）を祖師とする，禅仏教の一派．唐代の後期にはこの宗派は比較的に小規模であり，当時の禅の*「五家」の一つに数えられるにすぎなかった．しかし，宋代（960～1279）の初期までの間に大いに繁栄するに至り，*曹洞宗とともに中国における禅の二つの主流のうちの一つとなった．この成長の時代の間に，最も著名な*栄西（1141-1215）をはじめとして日本から数名の僧侶が中国に渡り，臨済宗の師僧の指導のもとで悟りを得て，日本にその系統を伝えたが，これは臨済宗として知られるようになった．臨済義玄の法系は，中心とされる系譜については，6代にわたって師僧から弟子の長に受け継がれたが，*楊岐方会(992-1049)と*黄龍慧南(1002-1069)という7代目の二人の祖師の時代に繁栄するに至り，並行する二つの系統を確立した．この二人は強く人をひきつける力強い教師であり，それぞれ禅の「虎と龍」と称せられた．この二つの系統の力は，当時の禅の「五家七宗」に数えられることで認められていた．しかし，宋代の終わりまでには黄龍派は衰退し，楊岐派が強くなった．

臨済宗のおもな教授の方法を臨済自身とその師であった*黄檗希運（-850）の例からとると，その初期には臨済宗は激烈な禅法を強調していた．その方法には，弟子の耳にじかに大声を出す，弟子を打つ，質問に対し意味不明と思われる答えをする，というものが含まれていた．しかし，臨済宗が人々の支持を受け，中国全土に新しい寺院が建立されるにつれて，これらの方法を理解して巧みに用いることのできる教師の数は減っていき，楊岐と黄龍の時代までには臨済宗は，これらの方法を実際に用いることにかえて，教師がそのような方法を用いて弟子を悟りに導くことに成功する物語を教えることに重きをおくよう変わっていた．これらの物語や，それらから批判的に抜き出された一部分は，*公案の文集に集成されるようになり，実際に打ったり叫んだりすることにかえることができた．弟子は師僧の指導のもとでその物語を静慮し，過去の師僧の言葉や行いを超越しようと努め，自ら悟りの経験を理解することがこのとき可能となったのである．

激烈な禅法や公案の使用は，人々の支持を受けた禅のもう一つの流派である曹洞宗の，*「黙照禅」をおもに強調する方法と対照を成していた．この「黙照禅」は，「得られるものは何もないのであるから，弟子は公案の究明などの特定の方法をまったく用いない」ということを意味した．弟子たちはそのままですでに完全に悟った仏なのであり，禅定の要点はただ単にその事実を知ることなのだ，ということである．両者の論争は，臨済宗の*大慧宗杲（1089-1163）と曹洞宗の*宏智正覚（1091-1157）の間で双方が自ら選んだ修行の優越性を主張したやりとりにおいて頂点に達した．彼らの議論から生まれた文典により，それぞれの宗派の立場が定義され固定された．皮肉にも,「黙照禅」と*「看話禅」という用語は最初，この論争において双方が相手の立場を風刺した中傷の言葉として用いられたのであったが，後には二つの等しく有効な修行の形を指す標準的な名称に認められたのであった．しかし，これら二人の大いなる知性の持ち主により残された文典を超えて，実際の世の中において芸術家や軍人たちは，臨済宗の方法が目に見える結果をもたらすものであるのに対し，曹洞宗の「黙照禅」は達成すべきものが存在しないという平凡さにただ安住するものであるとみて，公案を熟慮する目標に向けての修行を魅力的に感じた．それゆえに，一般社会からの支持を引きだすことができたという点で，臨済宗は曹洞宗を凌駕した．宋代の終わりまでに臨済宗は，曹洞宗以外の他の禅の「五家」のすべてを吸収したが，同時に新しい儒学の台頭が中国の知識階層の関心を仏教から儒教研究に奪い去り，宋代以後は臨済宗は他の仏教諸派とともに社会の隅に追いやられるに至った．

臨済宗（日本） りんざいしゅう Rinzai shū (Jpn.)
日本の禅の宗派の一つで，鎌倉時代初期に僧*栄西（1141-1215）が創始した．栄西は天台宗の僧であり生涯で2度入宋したが，2度目の入宋で中国臨済宗の黄竜派で修業し印可を得た．栄西は日本の臨済宗の開祖として敬われている．しかし最近研究者たちは，栄西が禅のみを修業し禅の教義のみの普及を図る新たな宗派を立てると表明したことはなく，むしろ円密禅戒（*『法華経』の完全な教え）と呼ばれる天台の多面的な宗教的訓練総体の枠組み，すなわち密教儀礼（→密教），禅定，戒律など多くの要素の中において禅を再興することを望んだと指摘している．しかしながら，栄西は仏教の独立宗派としての臨済宗創設という結果をもたらす一連の動きを示していた．栄西の直弟子たちのある者はほとんど密教儀礼に没頭したが，多くは師匠の混合した修行を実行した．より純粋な臨済宗の伝統は，栄西の3代目の弟子*円爾弁円（1202-1280）の指導により形成された．円爾弁円は栄西の二人の弟子に就いて学び，その後印可を取得しないまま1235年に入宋し中国臨済の師匠から悟りの印可を得た．しかしこの師匠は黄竜派のライバルである楊岐派に属していた．円爾弁円は栄西の法系である自分の師からではなく異なる法系の中国の師から*印可を取得したので，円爾が臨済宗の教えの第2の伝来者であるということができる．帰国後しばらくして円爾は京都に東福寺を建立し，自ら主導して栄西の行法から離れ禅を前面に押し出した．その当初は信者を奪われることに憤る既存の仏教宗派の反発や発足してまもない*曹洞禅の支持者の拡大を図る*道元（1200-1253）が近くの寺に住しており，その抵抗にも遭遇した．このような敵対にもかかわらず円爾は外交的手腕を発揮して競合している教団と巧みに和を結んだ．円爾は臨済宗の先達たちと比べより純粋な禅を教える宗派を維持することができたが，円爾の訓練法は単に禅を強調しただけで基本的に他の行法を排除してはいない．仏教が働きかけの対象を主として貴族層に置いていた時代には，仏教僧侶は支援者からの要求に応じて儀式を行わざるをえない．貴族や支配者たちはさまざまな現世利益のために密教儀礼を要求したので，僧侶たちはすべての時間と労力を純粋に禅のために割くことが不可能であった．曹洞宗は純粋な禅修行に固執したことでしばらくの間限界的な存在に留まらざるをえなかった．しかし，13世紀の中頃から後半にかけて二つの要素の複合的な展開が臨済宗の変化の追い風になった．第一に，武士層が軍事的義務を遂行する上で臨済宗の結果指向的な修行法に実際的な効用を見出し始めた．臨済宗は悟りを追求する上で*公案を用いた．これを体験した武士たちは公案の訓練が戦闘の場における瞬間的な集中力を養うとともに生と勝利への執着や死と敗北への恐怖を解放し，反射神経をとぎすまし精神統一を図る上で有益であると考えた．こうして武士たちは自分自身の利益のために貴族たちよりも強く禅を支持し，混ぜものとしての密教儀礼を要求することはなかった．第二には，臨済宗は弟子の教育のために中国の禅師を積極的に日本に招聘した．その中でも蘭渓道隆(1213-1278)，兀庵普寧（1197-1276）は密教の技法を中国で学んだことはなく，また日本の貴族の要求に対応しようとして密教に関心を示すことはなかった．中国の師匠たちは禅のみを教え，その諸活動は異質の要素が付着した日本の臨済宗を純化することに寄与した．しかしながら，密教と禅定の混合した行法が*夢窓疎石（1275-1351）などの禅匠の時代まで続いたことは留意しなければならない．

臨済宗の次の世代の禅師たちは幕府の強い監視下に置かれた．それは臨済宗が培った武士階級に対する大きな影響力の反映であり，また権力掌握の前から禅に関心を示していた支配者である足利将軍家の意向によるものであった．権力を握り京都に幕府を開くと，足利将軍は臨済宗の禅刹を格づけするとともに直接的監督を行うことを表明した．最もすぐれた五つの寺を中国の初期臨済宗の組織にならって*五山と呼んだ（→五山十刹）．五山に選ばれる寺は政治支配者の好みによって入れかわり，また時には五つ以上の寺が五山に含まれた．室町時代（1392～1573年）において足利将軍は臨済宗を優遇し，僧侶たちを政治向きのことがらに深くかかわらせた．社会的階層の上昇に伴い，それに付随して起きる腐敗に臨済宗は巻き込まれた．しかしすべての僧侶が政治へのかかわりを快く思っていたわけではない．*一休宗純(1394-1481)は月並みな臨済寺院での生活を拒否し住まいを転々とする生活を送り，和歌をつくり風狂な振舞いでこの風潮に異議を唱えた．他に抜隊禅師（1327-1387）のように五山体制下の寺院を抜け出し地方に住み，土地の有力者の支援を得た者もいた．これらの僧侶は室町時代末期に有力になる大名一族に近づいていたため，足利幕府が滅び徳川将軍が権力を握ることになっても臨済宗の武士階級への影響は衰えず，江戸時代においても広く支持を得た．江戸時代（1603～1868年）には臨済禅の修行は侍の訓練のための方法として用いられ，武士たちの倫理である武士道の形成に寄与した．徳川支配者は仏教との密接な関係を活用し，すべての世帯がその土地ごとに仏教寺院に登録するよう要求したので，臨済宗も他の宗派と同じく事実上の人口調査局となった．武士階級とのかかわりや幕府の戸籍業務との関連が深まると多くの人々は宗派の世俗化を憂えたが，*盤珪永琢（1622-1693）や*白隠禅師（1685-1768）の経歴が示すようにいまだ活力を示していた．これらの人々はその学識や宗教的な修行の到達度において崇敬の念を湧き起こさせた．とくに白隠は臨済宗の偉大な改革者であり，また再活性化を図った人物である．白隠は膨大な公案を会得活用し公案の喚起する体験に従い，段階的な教程の中に体系的に組み込んだ．日本の禅仏教において曹洞宗と臨済宗は双璧をなしており，その主要な相違は一般的に以下のように特徴づけられる．曹洞宗では衆生はすでに顕すべき悟りを具有しているという確信のもとに只管打坐を主張する．これに対し臨済宗は公案のような手段や不撓の修行を通じて意欲的に悟りの目標を追究する．臨済宗が武士の支持を獲得し今日においても修行者を引きつける理由は，この積極的で目標指向的な性格にある．

『臨済録』 りんざいろく *Rinzairoku*

中国の禅師*臨済義玄（866没）の言行録．

リンチェン・サンポ Rinchen Sangpo（Tib., Rin-chen bzang-po）（958-1055）

チベットで最も偉大な翻訳者の一人．その活躍はチベットの*後伝期，すなわち*新教時代の始まりを告げるものであった．チベット西部を活動の拠点として，インドを3回訪れ，そこで17年以上にわたって滞在し学問を修めた．重大な文化的な活動，たとえば典籍の普及，チベット西部における多くの寺院，僧院の建立などにも携わったとされる．晩年*アティシャに会い，その学才を称えたが，2人の学者は互いに遠慮しあっていたようである．

輪廻 りんね saṃsāra（Skt., Pāli）

「続く流れ」の意．涅槃を得るまで衆生が経験し続ける，繰り返す生と死の循環．輪廻には，世界と同じように，始めと終わりがなく，衆生は一つの存在から他の存在へと，自らの業すなわち善悪の行いにしたがって転生する，と信じられている．貪，瞋，痴の三つの*不善根により迷わされて，幸運にも仏法を聴きそれを実践するときまで，衆生は輪廻の中でさまようといわれる．この継続的な再生の過程の起き方は，*縁起の教義によって段階的に説明される．輪廻は，直接述べられているわけではないが，四聖諦（アーリヤサトヤ，āryasatya）の最初である苦諦として特徴づけられるような状態である．サンサーラの語はヴェーダに現れていないが，生と死の循環という考え方は古いもので，前800年頃まで遡ることができ，インドの主要な諸宗教すべてに共通のものである．

輪宝 りんぽう cakraratna（Skt.；Pāli, cakkaratana）

*転輪王，すなわち世界の統治者の「宝の車輪」．この宝は架空のもので，1000本の輻をもち，宝石で飾られている．輪宝は転輪王が誕生すると現れ，死を迎えると消え去るという神秘的な道具である．輪宝は転輪王が正統な統治者として与えられた四大陸のおのおのへと向かい，転輪王とその従者を運ぶものであるが，その期間は輪宝が装飾品として残されている宮殿へ戻るまでである．輪宝がその場所から滑り落ちることは，王の統治が終幕を迎えたことを告げている．

リンポチェ rinpoche

チベット（語）の尊称で，通常*トェルクのために用意されている．「高貴なグル」を意味する言葉．

倫理学 りんりがく ethics

倫理学は，西洋では哲学の一分野に分類され，行為の分析と評価を扱うものとされる．仏教用語には，このような意味での倫理学に正確に対応づけられるものはない．そのかわり，道徳的行動に関するさまざまな規則は*戒の分野で扱われる．戒は内面的な徳と，不道徳な行為を慎むことによるその徳の実践的表現とを示す．僧侶の行為に関しては，僧院での共同生活のための，外的な強制を行う行為規範が律によって与えられている．

ル

ルンゴム lung-gom（Tib., rlung-gom）

チベットで伝承される瞑想の手法．呼吸法と体内の微妙な活力の流れ（ルン，lung）に関して熟達すること（ゴム，gom）を目的とするこの手法を体得したものは，長距離を疲れることなくすばやく踏破することができるとされる．

ルンビニー Lumbinī（Skt., Pāli）

ブッダの誕生の地．現在のネパール，ヒマラヤ山脈の麓に近い*カピラヴァスツの近くにある園林．はじめ重要な*聖地巡礼の地であったが，7世紀までにはその重要性を失ったらしく，1896年に発見されるまでその位置はまったく不明となっていた．その後の発掘で*ストゥーパ，僧院その他大規模な建設のあったことが明らかになった．さらに，仏教が世界の平和と調和を首唱した関係で，ここは巡礼地としての重要性を取り戻した．

レ

霊友会教団 れいゆうかいきょうだん Reiyūkai Kyōdan

日本の新宗教の一つで，根本教義と実践は仏教を母体にしている．小谷喜美（1901-1971）と久保角太郎（1892-1944）が1919年から1925年の間のある時期に組織を立ちあげた．この名称は「霊の友の会」を意味している．他の仏教系新宗教と同様に完全に俗人の団体であり，*『法華経』に帰依し信仰療法を実践している．会の名前は熱誠を込めた正しい先祖崇拝（*供養）を説くところに由来している．第二次大戦後，小谷が久保を継ぐと霊友会は草の根レベルで女性層に浸透した．業は生まれつきに祖先から受け継がれているので，現世における宗教的修養は実践者を益するにとどまらず遡って祖先の成仏を手助けすると説いている．修養の目的は心直しを達成すること，すなわち心をまっすぐにすることである．

レーヴァタ Revata

第二結集をまとめた，出家修行者の長老（→ヴァイシャーリー会議）．ソーレイヤの生まれで，*ヴリジプトラカによって取り入れられた精舎の実践の10項目についてその正統性を諮問されたときに，非正統的であるとして退けた．この論争については，賛成と反対の両方に4人ずつが配されて組織された（レーヴァタ自身を含む）8人の出家修行者の審査委員によって，レーヴァタの判断が承認された．律の朗唱が，議論の締めくくりに行われた．→ヤサ

蓮華 れんげ lotus (Skt., padma；Pāli, paduma)

蓮の花（*Nelumbium speciosum*），スイレン科の一種．この植物は，根は泥の中にありながら花を水面上に咲かせるため，仏教文献の至るところに清浄の象徴として用いられる．泥は悪の根（*不善根）すなわち*貪，*瞋，*痴を象徴し，花は悟り（菩提）を表す．図像においては，神聖な人物はしばしば蓮の花に坐った姿で描かれる．青い蓮（*優鉢羅）も知られるが，最も一般的に蓮から連想される色は赤と白である．

蓮華戒 れんげかい ⇨カマラシーラ

蓮華坐 れんげざ lotus posture

「パドマーサナ」(padmāsana）すなわち「蓮華の座」として知られる典型的なヨーガの姿勢．この姿勢で坐る場合，膝から下を引きつけ，両足を腿の上に置く．片足だけを腿の上に置く姿勢は「半分の蓮華」として知られる．いずれの場合も両手は膝に置き，頭はわずかに傾ける．この姿勢は長時間にわたって身体を安定させ，脊椎をまっすぐに保つので，瞑想のために推奨される．

蓮如 れんにょ Rennyo（1415-1499）

*浄土真宗の開祖*親鸞（1173-1262）の8代目の孫で浄土真宗中興の祖．父存如の長男であったが嫡子ではないために，当初は存如の妻の長男が本願寺法主を継ぐものと見られていた．しかし真宗内部の有力者たちは蓮如の才覚を認め，蓮如を法主とするよう宗派内を説得した．蓮如は教化の旅に出て，各地で改宗を促し門徒の増強を図った．しかし比叡山の*天台宗本山は本願寺の勢力伸長に対して暴力的に対抗する姿勢を示したため，蓮如の活動は困難に直面した．この反対運動が明白に武力紛争になったとき，蓮如は本願寺を比叡山から離れた安全な土地に移転することを選んだ．蓮如は語り手としても書簡の書き手としてもすぐれ，また外交手腕と相まって浄土真宗の門徒の増強に成功をおさめた．説得力溢れる語り口で，このような混乱の時代には人々は信仰を*阿弥陀仏による救済へと振り向ける必要があると訴えた．地方の講会に多数の書簡を書き送り疑念の解消や内輪もめの解決を図り，門徒の信仰が高まるよう鼓吹した．御文（おふみ）と呼ばれるこれらの書簡は読みやすい日常語で書かれ，その要点は理解しやすい筋立てで表現されている．御文は現在でも真宗の古典として保存されている．さらに*一向一揆と呼ばれる農民の反乱がおきたと

き，彼は信頼ある調停者となった．貴族たちは彼が積極的に非暴力（→不殺生）を説き，武力闘争を唱える門徒を真宗から破門しようとする姿勢を評価した．他方，農民たちは蓮如が不満の原因を地主階級に十分伝えていると感じていた．彼が生まれたとき浄土真宗は分裂抗争の中にあって，本願寺は荒廃し影響力も権威も失われていたが，彼が没したときには真宗は統一され，本願寺はその頂点に位置していた．このような展開は蓮如の功績に帰せられ，真宗において蓮如は「第二の宗祖」と讃えられている．

ロ

漏 ろ āśrava（Skt.；Pāli, āsava）

「流出」の意．繰り返しの輪廻の原因となる，一連の根本的な不浄または汚すもの．パーリ語の文献には，感覚への欲望（カーマーサヴァ，kāmāsava），継続的な存在への欲望（バヴァーサヴァ，bhavāsava），誤った見解（ディッターサヴァ，diṭṭhāsava）という三つのものが列挙されており，これが元来のものであると考えられる．4番目として真実を知らぬこと（アヴィッジャーサヴァ，avijjāsava）が加えられることもある．完全な完成の状態に対する認知的・情緒的な障害をまとめたものであり，これを打ち破ること（アーサヴァッカヤ，āsavakkhaya）は阿羅漢になることと同一視される（→阿羅漢）．パーリ語の文献の中では，四つの漏は，別称である*瀑流の語によっても述べられる．

ロイクラトン祭 Loi Krathong

灯籠祭や流し灯籠祭を意味するタイの言葉で，11月の満月の夜にビルマやタイ，ラオスで開催される人気のある式典である．この行事は僧団の雨期の避難（*安居）が終わった1カ月後でもある，田植えの約1カ月後に行われる．祭典は伝統的に*『ヴェッサンタラ・ジャータカ』（→デーサナー・マハージャーティ）に由来するヴェッサンタラ王子の物語の説諭と一致するが，一方で仏教と特殊な関係をもたない面もあり，農業に起源があるようにも思える．この祭典では灯りのついたろうそくと線香と小さな硬貨をおいた小さな流し灯籠を浮かべる．子どもたちは最も魅力ある灯籠とコインの積み荷を回収するために泳ぎ出す．この祭典は行楽と花火で締めくくられ，10月から11月に開かれるヒンドゥー（→ヒンドゥー教）のディーヴァーリーの祭と何らかの関係性がある．

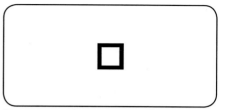

老死 ろうし jarā-maraṇa（Skt., Pāli）
「老と死」の意．*縁起の連鎖を構成する12要素の最後の一つである．

老師 ろうし rōshi（Jpn.）
禅宗における敬称で尊師の意．他の宗派でも目上の人に話しかけるときの敬称として用いられる．老大宗師が短縮されたもの．

ローカクシェーマ Lokakṣema（147頃生）
漢代の仏教の比丘で，仏教文献を中国語に翻訳した最初期の人物の一人．支婁迦讖ともいう．スキタイの出身で，首都の洛陽に着いて178年から189年にかけてそこで仕事をした．完全な智の文献（*『般若経』）の最初の翻訳のほかに（*阿弥陀と浄土の瞑想に関する最初の記述のある）重要な*『般舟三昧経』を含む20あまりの作品を翻訳した．こうして，彼の翻訳は浄土の瞑想に関する最初期の実践と仏教と道教の対話である「深い修練」（玄学）を可能にさせる仏教哲学の議論への道を用意した．

六群比丘 ろくぐんびく chabbaggiyā（Pāli）
*上座部の律蔵に述べられている6人の比丘の集団．チャッバッギヤーともいう．彼らは比丘としての不適切な行いの実例とみなされている．6人の名は，アッサジ，プナッバス，パンドゥカ，ローヒタカ，メーッティヤ，ブンマジャカである．おそらく実在の人物ではないが，後世の正統な歴史的文献は，この集団を歴史上の人物として詳しく述べている．

六師外道 ろくしげどう Six Sectarian Teachers
ブッダと同時代に生きた6人の思想家の総称．ブッダは彼らを，誤った教えを説く者として批判したが，それはおもに彼らが業の教理を認めないということにもとづいている．6人はしばしばひとくくりに言及されるが，それぞれの思想については*『サーマンニャパラ・スッタ』（パーリ正典の*長部に含まれる2番目の経）の説明が最も詳しい．この経典には，*マガダ国のアジャータシャトル王が彼ら6人の思想家を訪ね，宗教的生活の果報について質問するという逸話が記されている．王はいずれの返答にも満足しなかったが，最後にブッダのもとを訪ねる．そして，宗教的生活とその到達点としての涅槃に関するブッダの説明に満足し，とても喜んだという．
6人それぞれの思想を簡潔に述べると，以下のとおりである．*プーラナ・カッサパは，宗教的生活は何ら意味のないものであり，善行も悪行も宗教的価値をもたないとする．*マッカリ・ゴーサーラは決定論者であり，人間の未来は運命によって事前に決定されているとする．*アジタ・ケーサカンバラは唯物論者であり，個々の人間は死に際して完全に消滅するという．*パクダ・カッチャーヤナは運命論的多元論を説き，個々の人間は元素的物質の複合体であり，それらの物質は死に際して離散するとした．これら4人の思想家はいずれも倫理的なニヒリズムに立っており，行為と果報の因果関係を認めない．*サンジャヤ・ベーラッティプッタは「鰻のようにヌルヌルとはぐらかす者」と呼ばれ，あらゆる問題について特定の立場を明確に示すことをしなかった．6人目の*ニガンタ・ナータプッタはジャイナ教の指導者であり（→ジャイナ教），行為と果報の教理（*キリヤヴァーダ）を認める一方で，宗教的生活を物理的な修行と自虐的苦行とに降格させてしまった．これら6人はいずれも，宗教的生活の真の目的とその到達点とを正しく理解していないという理由で，ブッダの厳しい批判に晒される．ただし，*説一切有部の伝承では，6人の思想家の名前と思想内容の対応づけが上記と異なり，また，思想内容の説明も若干違っている．6人の思想家の名前と，上述のような種々の思想的立場の列挙は，他の文献ではそれぞれ独立して見られるので，これらの思想的立場は当初は特定の思想家と結びつけられていなかった可能性がある．

六趣 ろくしゅ six realms of rebirth（Skt., ṣaḍ-gati）
輪廻において趣く，6段階の存在領域．六道ともいう．すなわち，(1) *天（デーヴァ），(2) 人間，(3) *アスラ，(4) *動物，(5) *餓鬼，(6) 地獄の生き物たちの領域という6種である．仏教では一般に，これら六つの段階は現実の存在のあり方とされるが，特定の学派，とくに*大乗の一部では，これらは精神の状態や経験のあり方を象徴するものとして説明される．大乗の教えによれば，これら六趣のどれに*再生するかは，どのような精神的汚れ（煩悩）が支配的であるかに依存するという．慢心が強ければ天として生まれ，情欲が強ければ人間として，嫉妬が強ければアスラとして，愚かさが強ければ動物として，貪りが強ければ餓鬼として，憎悪が強ければ地獄の生き物として生まれる．これら6種の領域は，チベットでよく見られる*有輪の図画に描かれている．

『六十頌如理論』 ろくじゅうじゅにょりろん *Yukti-ṣaṣṭikā*（Skt.）

「推論の60［詩節］」の意．*ナーガールジュナによる，*縁起の観点から絶対的真実（*勝義諦）と相対的真実（*世俗諦）の関係を論ずる作品．

六処 ろくしょ ṣaḍ-āyatana（Skt.；Pāli, salāyatana）

「六つの感覚の領域」の意．すなわち，視覚，聴覚，触覚，味覚，嗅覚，思考の，六つの感覚の対象．→処

六相 ろくそう liu hsiang（Chin.）

*華厳の思想において諸法が具えている六つの特質である．(1) 総相：ある法はそれを構成する個別の法がもつ固有な特質の総合である（すべての人が眼と耳をもつように）．(2)別相：ある法を他の法から区別する特質（個人個人の眼や耳はそれぞれ異なるように）．(3) 同相：ある法を構成する各部分が互いに共有している特質（眼も耳も同じように感覚を心に伝えるように）．(4) 異相：ある法を構成する個別の法は相互に区別があり異なっている．(5) 成相：一人の人を形作るために眼や耳が協働すること．(6) 壊相：眼や耳が総合されながらもなお独自の進むべき道をもち，ときとして分裂してしまうこと．以上から理解できるように，共通性と相違性が対を成し，六つの相は三つの対をなしている．

六祖大師 ろくそだいし Lin-tsu Ta Shih

「6番目の祖，偉大なる師」を意味する言葉．禅の第6祖，*慧能に与えられる尊称．

『六祖壇経』 ろくそだんきょう *Platform Sūtra of the Sixth Patriarch*

初期の中国の禅における古典的な著作で，伝統的な人物の伝記と，中国禅宗の第6祖として崇拝されている人物，*慧能（638-713）の教えをまとめたものである．自伝的な章は，歴史上実在した証言としては疑わしいが，初期の禅内部の観念論に関する取り組みについて多くのことを示す．慧能は寺院の中から大声で詠唱された*『金剛般若経』の一説を聞いて突如悟りを得た無学な木こりとして描写されている．彼は禅の第5祖，*弘忍（601-674）のもとで修学するために，東山の寺院へと旅立った．弘忍は彼を無智な南部人とみくだしたが，慧能は弘忍に向かって「*悟りに北も南もない」と返事をした．弘忍は彼を寺院の食堂の米つき係においたが，授戒はしなかった．後に，弘忍が弟子の1人に第6祖の袈裟を授けるときがきたと感じ，弟子全員に自分の理解の深さを表現する詩を創作するよう命じた．弟子全員が競争することはなく*神秀（606-706）に詩を進呈するようにいい，神秀はさんざんためらった後にそうした．弘忍が僧侶全員にそれを朗読するように命じたが，個人的に神秀に対してそれが完璧な悟りには不足していると述べた．後に，慧能は見習いがその詩を朗読するのを聞いて，即座にどう訂正すればよいかを悟った．彼はそれについて尋ね，見習いは詩の創作のことを彼に話した．彼は，見習いに自分を玄関まで連れていくよう頼んだ．玄関の壁はきれいにされ，絵師が*『楞伽経』の場面を描けるように真っ白に塗られていた．その壁に，慧能は見習いに自身の詩を書き取らせた．弘忍はその詩を聞いて公然とけなしたが，その詩を壁に残すために絵師を下がらせた．その夜遅く，慧能を自分の部屋に呼んで，こっそりと慧能が第6祖である証として*ボーディダルマの*衣と*鉢を与えた．そして，彼に東山の僧侶らがこの具足戒を受けていない外部のものに嫉妬し，傷つけるといけないから，逃げるようにいった．

この物語は少なくとも発生期の，禅宗内部における議論の二つの流れを含んでいるように思われる．一つ目は，『楞伽経』の学習を強調する「楞伽宗」として知られる時代に先立って，経典の学習が強調されていたことを示している．『金剛経』の一説を聞いて慧能が悟ったことと『楞伽経』の場面を描くよりも彼の詩が先んじたやり方は，長い混乱した取捨選択的な『楞伽経』から，短くて明確に集約された『金剛般若経』へと宗派の重点が移っていった試みの一部が現れている．二つ目に，詩の創作の話は，慧能を神秀と闘わせ，おそらくこの2人の僧侶が同時に東山に生きられないであろうことを表している．神秀は後に宮廷で「*北宗」として知られるようになる法系の家長としてとても有名となった．一方で，慧能は伝統的に「*南宗」の創始者と認識されている．南宗は*南北宗論で支配権を得るために北宗と競い合った．詩の創作の話は，神秀に好意的でない見方を当てて，弘忍が年長の弟子を公式に承認しているにもかかわらず，個人的には慧能が自分の教えと悟りの本当の継承者であることを示すことを主張している．

自叙伝風の章に続く説教は，実践と悟りを扱っており，それらのほとんどがすべての禅の法系や中国仏教全体とも共通している．「南宗」の教えの特徴的なところは，「無思考」（無念）と形のない「*戒律」（無相戒）の伝達を考察する実践を必要とすることである．「無思考」とは，坐禅における瞑想の間，修行者は精神を自然に働く状態だけにさせ，起こりうる他の考えを抑制しないようにすることを意味する．これは，智慧の完成（*智慧波羅蜜）の思想にもとづいており，無知な心と悟りの心の間にあるあらゆる区別を切り取ることである．通常の心の働きを観察することだけが直接ブッダの心を観察することである．一瞬の間に実践と達成を合成するこの方法は，「*頓悟」の教えにもとづいている．達成するものが何もなく，たどりつくゴールもないために，悟りは瞬時のように見えるということである．明らかに，これは，精神を抑制するために多くの実践と修養を必要とする伝統的な瞑想の形式よりもはるかに簡単になっている．説教の中で，おそらく無学な慧能がさまざまなときに経典を引用していることは興味深い．

この書で与えられる「形のない戒律」では，自分の行いを改める努力についてではなく，人がすでに仏の種姓であることは明白であるという認識の中であらゆることを行うことを言及する．『六祖壇経』のある章では，慧能がそれらの誓願を宣告した後で，彼が実際に集められた群衆にこれらの誓願を伝えたかのように描写しており，「3回以上暗唱する」といった規定が書かれている．そのため，研究者にはこれらの章が実際に*出家のテキストとして使用されてきたと信じるものもいる．この書の起源はあいまいである．東山の師である弘忍に慧能という名の弟子がいたことは疑いようもないが，弘忍の弟子のリストの中で彼の名前が単にみられるという点以上に，その人生や思想のその他の詳細はまったく知られていない．「自叙伝風の」章はおそらくフィクションであり，説教で説かれる思想の多くは，ほとんど一言一句そのまま，慧能の弟子であり南北宗論で扇動しおもに論争した神会（670-762）による説教の記録を繰り返している．これにもかかわらず，神会をけなす多くの他のデータがあるので，単なる神会のつくり話ではおそらくないだろう．最も古い現存している写本は後の版よりもずっと短く，後の版には，『六祖壇経』が8世紀終わりから9世紀初めの最初の構成後の発展を受けたことがみられる．南宗と北宗とは独立して存在した牛頭宗が，穏健な解釈を示すことで敵意を和らげるためにその構成に手を加えたという理論を立てる研究者もいる．この書は，仏の説教を述べていないという事実にもかかわらず「経」という題がつけられている点や，起源について議論を呼び起こすことを卓越して禅宗全体で愛され研究される名著となった点において注目すべきものである．

六道 ろくどう →六趣 ろくしゅ

六波羅蜜 ろくはらみつ ṣaḍ-pāramitā（Skt.）

「六つの完成」の意．六波羅蜜多ともいう．菩薩によって，修行の過程で実践され完成されるもの．その六つとは，(1) *施波羅蜜，(2)

*戒波羅蜜，(3) *忍波羅蜜，(4) *精進波羅蜜，(5) *禅（静慮）波羅蜜，(6) *智慧（般若）波羅蜜，である．→波羅蜜

鹿野苑 ろくやおん Deer Park（Pāli, migadāya）

*初転法輪が行われた地であり，イシパタナ（現在の*ヴァーラーナシーの近く）にあった．ブッダは菩提を得た後にここへやってきて，かつて*苦行をともにした5人の仲間を相手に初めて法を説いた．この5人は，後に*五比丘と呼ばれる比丘になる．

ロサル losar（Tib., lo-gsar）

チベットでの新年．2月頃に祝う．毎年の正確な日付はチベットの伝統的な暦法にもとづいて算定される．

廬山 ろざん Lu-shan

中国，江西省北部．多くの峰と眺めのよい景観をそなえた山岳として知られている．古代より霊験あらたかな修行の場として有名であり，*廬山慧遠（334-416）によって，とくに仏教者の道場として重要視されることになった．廬山を有名にした彼の功績は大きく分けて二つある．浄土に再生することを目的として*阿弥陀仏を瞑想することを熱心に行う人々を集め，中国において初めて社会的な仏教集団を組織し，中国の浄土宗の端緒を開いた．また，有名な訳経僧を招聘し，東林寺において翻訳を続けさせ，10年間に100を超える寺院や*パゴダ，岩屋などが廬山に建設された．20世紀になっても，慧遠の仏塔をはじめ，大小さまざまな仏塔など，約80の建築物が残っている．

廬山慧遠 ろざんえおん Lu-shan Hui-yüan（334-416）

中国の初期の僧侶．経典の解釈・翻訳などで有名であり，また，一般的には中国の*浄土宗の最初の祖とみなされている．彼は弟子のうちで唯一，*道安（312-385）にだけ*格義の手法を用いることを許可した．誤解の危険性から，道安は自らの弟子にはこの手法を用いることを禁止した．しかし，道安は，原語やそれらの仏教的な意味における慧遠の深い理解は，歪曲なしに理解されたものと考えていた．慧遠は晩年，中央アジアの偉大な訳経僧であった*クマーラジーヴァとも親交を結び，彼自身の仏教理解を向上させるとともに，他の訳経僧への援助なども行った．さらに，402年，彼は出家・在家の弟子を集め，*阿弥陀仏の塑像をつくり，浄土への再生に身を捧げた．彼らの行いや浄土実践に対する理解は後世の解釈と異なってはいるものの，中国において初めて浄土実践の集団を組織したとされており，この点において，慧遠は中国の浄土宗の最初の祖とみなされている．

六角堂 ろっかくどう Rokkakudō

京都の*天台宗の寺．正式には頂法寺であるが，六角形であることから一般には六角堂（六つの角をもつ堂）と呼ばれている．

ローハパーサーダ Lohapāsāda（Pāli）

「銅の建物」の意．*マハーヴィハーラ派が*布薩（Skt.，ポーサダ，poṣadha）を行う集会場として使った建物の名前．もともとは*デーヴァーナンピヤ・ティッサ王によって建てられたが，*ドゥッタガーマニ・アバヤ王により解体され，銅板製の屋根をもつ9層の建物として建て直された．それゆえ，この名をもつ．この建物は，何年もかけた大修復と改築がなされて，ジェッタティッサの時代の後に，その名を「宝石の建物」を意味するマニパーサーダ（Maṇipāsāda）と変えた．ジェッタティッサは，非常に価値のある宝石を提供して，この建物の再建を命じた人物であった．*アバヤギリ派とマハーヴィハーラ派の比丘たちの対立の結果，この建物は破壊されたが，後に再建され，さらなる修復を受けることとなった．多くの有名な説法が，このローハパーサーダでなされたといわれている．

論 ろん śāstra（Skt.）

仏教文献の区分の一つで，経に対するもの．経がブッダ本人の言葉とされているのに対し，論は他の者たちによって著されたものである．学究的な問題について論じた論書のほか，それらに対する注釈文献も論に含まれる．パーリ語ではサッタ（sattha）が論に相当する語である

が，用例は滅多に見られない．

論蔵 ろんぞう ⇨阿毘達磨蔵 あびだつまぞう

ロンチェンパ Longchenpa（Tib., klong-chen-pa）（1308-1364）

*ニンマ派の偉大な師であり，学僧．*パドマサンバヴァと*ヴィマラミトラの*ゾクチェンの伝統を組織化し，ニンマ派から見た仏教のあらゆる点に関して多くの著作を残した．自派以外の*サキャ派や*カルマ・カギュ派の師からも教えを受けていた．*サムイェー寺（*ゴムパ）に住持としてしばらく留まっていたが，政治亡命者として避難と放浪に人生の多くを費やした．彼は270篇以上もの著作を著したが，最も特筆すべきものとしては，相互に関連した七つの宝たる，いわゆる『七つの宝蔵』や，『安息論』があげられる．

論理学派 ろんりがくは pramāṇa-vāda（Skt.）

*ディグナーガ（480-540頃）を祖とする論理学と認識論の学派の，一般的な名称．著名な人物としては，ディグナーガの弟子である*ダルマキールティ（530-600頃），プラジュニャーカラグプタ（西暦850頃），*シャーンタラクシタ（8世紀），*カマラシーラ（8世紀），ラトナキールティ（11世紀）があげられる．この派の教義については*プラマーナを参照．

ワ

和歌 わか waka (Jpn.)
日本の詩の一つの形式で 31 音で書かれ，中国の古典的形式の模倣ではなく日本語でつくられる．*良寛（1758-1831）をはじめ何人かの日本仏教の僧侶は，和歌詠みの才能で知られている．

和尚 わじょう ⇨和尚 おしょう

ワッツ，アラン Watts, Alan（1915-1973）
英国の折衷主義的な思想家・作家．カリフォルニアに移住し，1960 年代の反体制文化において中心的役割を担った．潜在能力回復運動の大家となり，エスリン・インスティテュート（Esalen Institute）に所属していた．東洋の宗教に関する学術的な予備知識も東洋の諸言語に関する知識もなかったが，彼の流麗な著作は人々の想像力をかき立て，めざましい成功を収めた．ワッツの著書『禅の道』(*The Way of Zen*, 1957）と『心理療法 東と西』(*Psychotherapy East and West*, 1961）では，西洋文化の自己中心的な快楽主義と認められるものにかわる，東洋の心理学を基礎とした個人の成長法が示されている．

ワット wat
*精舎を意味するタイ，クメール，ラオスの言葉.

ワット・プラ・ケオ Wat Phra Keo
エメラルド仏のある寺院．タイのすべての仏教施設の中で一番神聖な場所である．この複合施設は，バンコクの大宮殿の一部であり，*ウボソト内に所蔵されているブッダの像にちなんで名づけられた．一塊の翡翠から削り出された高さ 75 cm の仏像は世界中で最も敬意を払われる仏像の一つである．その起源は不明であるが，歴史では 1464 年にタイ北東部のチェンライにあったとする．そこから，初めにチェンマイに運ばれ，その後ランプンへ，再びチェンマイに戻ってきた．そこからラオス人が自国に持っていき，結局はタイが再びその所有者となった．像はおそらくラーマ 1 世が建てたと思われる現在の施設に動かされた．そこで，仏像は祭壇の上に高く安置され，訪問者は遠くからしかそれを見ることができない．祭壇の背後の窓枠の上にブッダの生涯を描写した壁面がある．ウボソトは，金箔の貼られた 3 層の屋根におおわれ，その外で守護している王家のグリフィン像に囲まれている．寺院は壁面と彫像ときらめく金で飾られている．この複合施設は，伝統的なタイの軍服を着た約 6 に及ぶ高さのある兜をかぶったレンガでおおわれた多くの像で護られている．内部の壁はラーマキエン（インドの叙事詩『ラーマーヤナ』のタイ版）全体を描写した壁面で飾られており，金の*ストゥーパが敷地内に立っている．

ワルド bar-do（Tib.）
チベット仏教に関する術語で，二つの状態の間の時期（または，繋ぎ目）あるいは局面を指す．以下の六つに関していわれる．すなわち，出生，夢，瞑想，死の瞬間，本質，生成に関する中間的な状態である．最初の三つは現世に生きている間に定期的に起こるが，残りの三つは死から再生までの 49 日間に起こることがらに関してである．これら後者の三つは『チベット死者の書』（*『ワルド・テーデル』）の主題となっており，それらを正しく理解していれば，輪廻から解脱する機会が与えられる．

『ワルド・テーデル』 *Bar-do thos-grol*
『チベット死者の書』として広く知られる著作であるが，文字どおりには「中有において聞くことを通して解脱する」という意味である．この典籍は『寂静・忿怒の神格の一群』として知られる厖大な集成書の一部であり，伝承によると，それらは*パドマサンバヴァによって明らかにされた後に秘匿され，14 世紀に「埋蔵教法発掘者」（テル・トゥン，gter-ston）であるカルマ・リンパに再発見されたものとされている．『チベット死者の書』（『ワルド・テーテル』）は，その教え（テー，thos）を聞くことによって，過った心の投影が真実を隠してしまっているとして，視覚のもつ真の性質（本質）を認識することで，死ぬこと，死の状態，再生という三つの中有（*ワルド）の間に出会う経験を通して，人が解脱すること（テル，grol）ができるという手引きを示す．

宏智正覚 わんししょうがく Hung-chih Cheng-chüeh（1091-1157）

一群の詩や*公案の作者として知られる，中国の禅の*曹洞宗に属した僧．曹洞宗内の宏智派の祖とされ，*「黙照禅」という瞑想の型を熱心に広めた．

付録１：発音解説

その長い歴史の過程で仏教はアジアのあらゆる地域に広まった．その結果の一つが，仏教の概念がサンスクリット語，パーリ語，チベット語，中国語，モンゴル語，日本語，韓国語，タイ語，シンハラ語，ヴェトナム語などのように異なった言語の中で表現されるようになったことである．この辞書は仏教の文化的多様性を反映することを目的としているため，すべての主要な仏教の言語から引き出された用語を収容している．しかし，研究者の慣例にしたがい，使用される主要言語はサンスクリット語である．サンスクリット語は古代インドの共通語であり，ちょうど中世ヨーロッパのラテン語と同じである．他のアジアの言語に翻訳されたほとんどのものがサンスクリット語原本に基づいている．大乗仏教の最も重要な写本は，仏教混淆梵語として知られるサンスクリット語の変異したものからなる．その一方で，最も初期にあたる仏教の写本は，サンスクリット語に由来する文語表現の言語であるパーリ語で現存している．

サンスクリット語といったアジアの言語に見られる特徴の一つは，西洋よりも文字体系が大きいことである．追加の文字を表現するために，発音記号をローマ字に付け加えなければならなかった．これらは通常，特定の文字の上や下に置かれるドットやダッシュといった符号の形式を取る．この符号は，辞書の項目のアルファベット順に影響を与えないが，様々な形で発音には影響を与えている．サンスクリット語に関する範囲において，最も重要なことは，母音の上の長音記号は長く発音することを示すことであり，おおざっぱにいって発音の長さが２倍になる．そのため「ā」の文字は「fat」よりも「far」のように発音される．子音に関しては，（ṭ，ḍ などのように）下点は，文字を発音するときに舌が上あごに触れることを示し，インドのアクセントで話されるときは英語の文字の発音に加えられる．大部分において他の符号は特別な事情に値するほど発音に影響を与えない．サンスクリット語とパーリ語の用語の発音と関連する最も重要な点をまとめると以下のとおりである．

ā　「far」の「a」と同じように発音する
ī　「seek」の「ee」と同じように発音する
ū　「brute」の「u」と同じように発音する
ṛ　「risk」の「r」と同じように発音する
ñ　スペイン語の「mañana」の「ñ」と同じように発音する
ś or ṣ　「shoe」の「sh」と同じように発音する
ṅ/ṃ　「ring」の「ng」と同じように鼻音で発音する
c　「church」の「ch」と同じように発音する

サンスクリット語の発音に関するより詳細な解説は，マイケル・クールソン（Michael Coulson）著『サンスクリット：古典語入門（*Sanskrit : An Introduction to the Classical Language*）』（Teach Youself Books, 1992）の第１章で確認できる．

中国語

中国語の転写と発音は，転写に用いられる二つの体系，すなわちウエード・ジャイルズ式とピンインがあるために特別な問題を抱えている．ピンインは1979年に中華人民共和国によって公式の体系として導入された．しかし，初期からあるウエード・ジャイルズ式もいまだ広く使用されていて，本書において使用されている．ピンインは専門家の間で支持を得てきたが，英米の生徒は入門書や大衆文学で用いられるウエード・ジャイルズ式に出会う可能性が高い．ウエード・ジャイルズ式からピンインに変換するのに役立つ案内として，A. C. グラハム（Graham）著『道の論争（*Disputers of the Tao*）』（La Salle, Ill.: Open Court, 1989）の441-444ページがあるが，中国語では同じ文字が四つの声調の一つで発音されるために，ウエード・ジャイルズ式もピンインどちらも，話されている中国語の音を正確に表現してはいない．

日本語

日本語の転写は，比較的問題がない．この辞書では広く採用されているヘボン式を用いている．用いられている文字は，長音の母音の ō と ū を除いて，ローマ字のそれと密接に対応している．サンスクリットの音訳と同様に，文字の上の長音記号は，母音の音が伸びることを示している．そのため，kōan は最初の音節に強調を置いて koh-an と発音される．

チベット語

日本語とは対照的に，チベット語の正書法と発音は多くの複雑な問題を抱えている．これは，事実に反して，発音記号に頼らない標準となる音訳の体系が，すなわちツゥレル・ワイリー（Turrell Wylie）によって考案された，「チベット語転写の標準体系（A Standard System of Tibetan Transcription）」（*Harvard Journal of Asiatic Studies*, 22（1959), 261-267）の論文で説明された体系が存在するからである．本書は，この転写方法を採用しているが，いまだ困難が伴う．とくにチベット語にしばしば発音されない文字が含まれている（これは though や ought など英語にもある特徴である）という事実があるからである．ましてやチベット語には余分な文字がよく単語の頭に見られるため，なおさらアルファベット化の観点から問題が多い．そのため，長老を表す lama の用語は実際には blama と綴られる．こうして lama の項目を b に置くか l に置くかという問題が起こる．この辞書は主として一般の読者を対象にしているため，チベット語の冒頭の文字の綴りに関して簡略な音声体系を用いる方針を採用した．その結果，簡略な音声体系において冒頭の文字はチベット語からの正しい転写は括弧の中に入れて示される．そのため，lama は lama（Tib., blama）と表記される．

韓国語

韓国の文字体系はハングルとして知られている．本書は英語からの転写のために標準的な変換を使用している．この方法は英語と同じくほとんどの部分で標準的なローマ字の発音を用いているが，（cot の o と同じように発音される）ŏ と（burn の u と同じように発音される）ŭ の二つの母音は例外である．

付録 2：仏教経典の解説*

異なる言語で保存された経典を集成したものはおもに三つある．パーリ正典，漢訳大蔵経，チベット正典である．

パーリ正典

パーリ語で保存されてきたこのパーリ正典は，現代まで生き残った唯一の小乗の宗派である上座部の正典である．他の初期の宗派は独自の正典をもっていたが，パーリ正典は完全な形で保存された唯一の経典のセットの点で独特である．パーリ正典は，律（僧侶の規則），経（ブッダの説法），阿毘達磨（学術論文）の三つの部分から三蔵（三つのかご）としても知られている．

Ⅰ．律蔵

A．経分別．僧伽の法や僧院の規約

1．大分別．僧侶の 227 項目の規則

2．比丘尼分別．尼僧の 311 項目の規則

B．犍度部．僧伽組織に関する問題

1．大品．得度，瞑想，服装，食べ物などの規則

2．小品．手続きに関する問題と最初の二つの結集の歴史

C．付随．規則を要約した付録

Ⅱ．経蔵

A．長部．34 の長い説法

B．中部．154 の中程度の長さの説法

C．相応部．テーマによって整理された説法の 56 のグループ

D．増支部．テーマを徐々に増加する数のリストによってまとめた説法

E．小部．15 の小さいテキストを集めたもの

1．『クッダカパータ』．短い経典

2．『法句経』．倫理に関する 423 頌からなる人気のある仏典の集成

3．『ウダーナ』．80 のブッダの宗教的な発言

4．『イティヴッタカ』．112 の短い経典

5．『スッタ・ニパータ』．頌からなる 70 の経典

6．『ヴィマーナヴァットゥ』．有徳な者が天界に再生する説明

7．『ペータヴァットゥ』．餓鬼として再生する 51 の詩

8．『テーラガーター』．264 人の男性の長老による頌

9．『テーリーガーター』．約 100 人の女性の長老による頌

10．『ジャータカ』．ブッダの前世に関する 547 の物語

11. 『ニッデーサ』.『スッタ・ニパータ』の一部の要約
12. 『パティサンビダーマッガ』. 教義の論点を阿毘達磨形式で分析したもの
13. 『アパダーナ』. 男性僧侶や尼僧の現生や前生に関する頌からなる物語
14. 『ブッダヴァンサ』. 24 人の過去仏の説明
15. 『チャリヤーピタカ』. 菩薩の善行に関するジャータカの物語

Ⅲ. 阿毘達磨蔵

A. 『法集論』. 倫理に関する心理学的分析
B. 『ヴィバンガ』. 様々な教義上の分類に関する分析
C. 『界論』. 教義の要点を分類したもの
D. 『プッガラパンニャッティ』. 人間のタイプを分類したもの
E. 『カターヴァットゥ』. 学派間の教義上の議論
F. 『ヤマカ』. 教えの基本的な分類に関する質問を一組にしたもの
G. 『パッターナ』. 因果関係を 24 のグループに分析したもの

漢訳大蔵経

中国の『漢訳大蔵経』は様々な版がつくられてきた. 最初の完全な版は 983 年に出版され, 現代の標準となる版は『大正新脩大蔵経』として知られ, 1924 年から 1929 年にかけて東京で刊行された.『大正新脩大蔵経』は 55 巻からなり 2184 の文献が収められ, 45 巻が追加されている.

I. 阿含部. 第 1-2 巻, 151 の文献. パーリの長部・中部・相応部・増支部と小部の一部と同内容
II. 本縁部. 第 3-4 巻, 68 の本生（ジャータカ）経
III. 般若部. 第 5-8 巻, 完全な洞察に関する 42 の文献
IV. 法華部. 第 9 巻,『法華経』に関係する 16 の文献
V. 華厳部. 第 9-10 巻,『華厳経』に関係する 31 の文献
VI. 宝積部. 第 11-12 巻, 64 の初期の大乗経典
VII. 涅槃部. 第 12 巻,『涅槃経』に関連する 23 の文献
VIII. 大集部. 第 13 巻,『大集経』から始まる初期の経典を含む 23 の文献
IX. 経集部. 第 14-17 巻, 423 の文献. 種々雑多な（おもに大乗の）経典を集めたもの
X. 密教部. 第 18-21 巻, 金剛経典と密教に関する内容を含む 572 の文献
XI. 律部. 第 22-24 巻, 様々な小乗部派の規律と菩薩の規律を含む 86 の文献
XII. 釈経論部. 第 24-26 巻, 31 の文献. 阿含や大乗経典に関するインド人の著した注釈書
XIII. 毘曇部. 第 26-29 巻, 28 の文献. 説一切有部, 法蔵部, 経量部の阿毘達磨文献の翻訳
XIV. 中観部. 第 30 巻, 15 の文献. 中観思想に関する文献
XV. 瑜伽部. 第 30-31 巻, 49 の文献. 瑜伽行派の思想に関する文献
XVI. 論集部. 第 32 巻, 65 の文献. 論理学やその他の問題に関する種々雑多な作品群
XVII. 経疏部. 第 33-39 巻. 中国の注釈書
XVIII. 律疏部. 第 40 巻. 中国の注釈書
XIX. 論疏部. 第 40-44 巻. 中国の注釈書
XX. 諸宗部. 第 44-48 巻

XXI. 史伝部. 第49-52巻, 95の文献
XXII. 事彙部. 第53-54巻, 16の文献
XXIII. 外教部. 第54巻, 8の文献. ヒンドゥー教, マニ教, ネストリウス派に関する内容
XXIV. 目録部. 第55巻, 40の文献. 僧祐の『出三蔵記集』(515年出版) から始まる中国の正典の目録

チベット正典

チベット正典は二つの部分：(1) ブッダの言葉であるカンジュルと, (2) 注釈のテンジュルで構成される. テンジュルはブッダよりも他の個人に帰属する作品を含むため, 準正典とのみ考えられている. カンジュルの最初の出版は北京で行われ, 1411年に完成した. 最初のチベットでの版はナルタンで行われ, カンジュルは1731年に, テンジュルは1742年に出版された.

Ⅰ. カンジュル：ブッダの言葉. ナルタン版では98巻.
A. 戒律：13巻
B. 般若：21巻
C. 華厳：6巻
D. 宝積：6巻
E. 諸経：30巻, 270の文献. 4分の3が大乗, 4分の1が小乗で構成される
F. 秘密：22巻, 300以上の文献を含む
Ⅱ. テンジュル：注釈書. 北京版では224巻 (3626の文献).
A. 讃頌：1巻, 64の文献
B. 秘密疏：86巻, 3055の文献
C. 経典の注釈：137巻, 567の文献
  1. 般若：16巻
  2. 中観：17巻
  3. 唯識：29巻
  4. 阿毘達磨：8巻
  5. 経疏：4巻
  6. 律疏：16巻
  7. 本生：4巻
  8. 技術論文：43巻
    a. 因明：21巻
    b. 文法学：1巻
    c. 語彙論と詩論：1巻
    d. 医学：5巻
    e. 科学とその他：1巻
    f. 補足：14巻

*：チャールズ・S・プレビッシュ (Charles S. Prebish) 著『仏教歴史辞典 (*Historical Dictionary of Buddhism*)』(Scarecrow Press, 1993) による.

付録3：年　表

前 1500-1000 年　インドにおけるヴェーダの時代
前 1000-800 年　ブラーフマナ文献が成立する
前 800-500 年　おもなウパニシャッドが成立する
前 500 年頃　老子の生涯
前 552-479 年　孔子の生涯
前 485-405 年　ブッダ（釈迦牟尼）の生涯
前 465-413 年　ビンビサーラ王の治世
前 405 年頃　ラージャグリハ会議
前 327-325 年　アレキサンダー大王のインド東征
前 322-298 年　マウルヤ朝チャンドラグプタ王の治世
前 303 年　メガステネスがチャンドラグプタの宮廷に赴く
前 300 年頃　ヴァイシャーリー会議
前 284 年頃　第 1 回パータリプトラ会議
前 272-231 年頃　アショーカ王の治世
前 250 年頃　第 2 回パータリプトラ会議
前 247 年　マヒンダがスリランカに仏教を伝える
前 200 年　大乗仏教が興る．般若経典の編纂が始まる．
前 200-0 年頃　サーンチーでストゥーパが建立される
前 200-後 200 年　シュンガ族とヤヴァナ族（前 187-30 年），サカ族とパフラヴァ族（前 100-75 年），クシャーナ族（1-2 世紀）のインドへの侵入
前 101-77 年　スリランカのドゥッタガーマニ・アバヤ王の治世；仏教が国教となる
前 100-0 年頃　スリランカにアバヤギリ僧院が創設される．
前 100-0 年頃　仏教が中央アジアと中国に伝わる．『法華経』や他の初期大乗経典が編纂される
前 29-17 年　ヴァッタガーマニ・アバヤ王の治世の間にスリランカでパーリ正典が文字化される．
100-200 年頃　ナーランダー寺院の建立
100-200 年頃　カニシュカ王の会議
148 年　安世高が中国に来て最初の翻訳所を創設する
150-250 年　ナーガールジュナの生涯
200 年頃　仏教がビルマ（ミャンマー），カンボジア，ラオス，インドネシアに伝わる
200-300 年頃　仏教がヴェトナムに到達する
300 年頃　アサンガとヴァスバンドゥの生涯
334-416 年　慧遠の生涯
343-413 年　クマーラジーヴァの生涯

350-650年　グプタ朝時代（インド），仏教哲学と美術が栄える
372年　仏教が朝鮮に伝わる
399-414年　法顕がインドに旅行する
400-500年頃　ブッダゴーシャの生涯
499-569年　パラマールタの生涯
500-600年頃　インドで密教経典が編纂される
500年頃　中国で華厳宗，天台宗，禅宗，浄土教が発展する
520年　ボーディダルマが中国に来る
538-597年　智顗の生涯；天台宗が発展
552年　仏教が朝鮮から日本に伝えられる
572-621年　日本で聖徳太子が仏教を支援する
581-618年　隋王朝（中国）
600年頃　チベットで最初の仏教の普及
600年頃　ダルマキールティの生涯；論理学と認識学が栄える
617-686年　元暁の生涯；朝鮮で「総合仏教」が創設される
618-650年　ソンツェン・ガンポの生涯；チベットで仏教が定着する
618-907年　唐王朝（中国）；中国における仏教の黄金時代
625-702年　義湘の生涯；朝鮮へ華厳宗を導入
629-645年　玄奘がインドに旅行する
638-713年　慧能の生涯；北宗との宗論
643-712年　法蔵の生涯；華厳宗が台頭
650-950年　パーラ王朝（インド）
668-918年　統一新羅時代（朝鮮）；仏教が栄える
671-695年　義浄がインドに旅行する
700年頃　パドマサンバヴァの生涯
700年頃　中国で南北宗論が起きる
700年頃　中国で密教が発展する
700-800年頃　ボロブドゥール寺院の建立
700-1100年頃　パーラ王朝；大乗と密教が栄える；論理学と認識学（プラマーナ）の学派が台頭
710-794年　奈良時代（日本）；南都六宗
742年　ラサの宗論
767年　チベットのサムイェー僧院の建立
767-822年　最澄の生涯；日本天台宗の創設
774-835年　空海の生涯；真言宗の創設
794-1185年　平安時代（日本）
800年頃　ヴィクラマシーラ僧院の建立
836-842年　ラン・ダルマ王の治世とチベットにおける仏教の弾圧
845年　中国で仏教の迫害
960-1279年　宋王朝（中国）

978-1392年　高麗時代（朝鮮）
983年　最初の漢訳大蔵経（四川版）の印刷
1012-1097年　マルパの生涯とカギュ派の始まり
1016-1100年　ナーローパの生涯
1040-1077年　アナウラター王がビルマ（ミャンマー）を統一し上座部にしたがう
1040-1123年　ミラレーパの生涯
1042年　アティシャがチベットに到達；仏教の二度目の流布が始まる
1055-1101年　義天の生涯
1073年　チベット仏教のサキャ派の創設
1079-1153年　ガムポパの生涯
1100年頃　アンコール・ワットの建立
1133-1212年　法然の生涯；浄土宗の創設
1141-1215年　栄西の生涯；臨済宗を日本に伝える
1158-1210年　知訥の生涯；曹渓宗の創設；朝鮮で禅宗が発展
1173-1262年　親鸞の生涯；日本の浄土真宗の創設
1185-1392年　鎌倉時代（日本）
1197年　ムハンマド・ゴーリーによるナーランダー大学の破壊
1200年頃　北インドから仏教が消滅．南インドに痕跡が残存
1200年頃　高麗大蔵経の印刷
1200-1253年　道元の生涯；日本に曹洞宗を創設する
1222-1282年　日蓮の生涯
1239-1289年　一遍の生涯；時宗の創設
1244年　サキャ・パンディタがモンゴルを仏教に改宗させる
1260年頃　スコータイ朝（タイ）で上座部が国教に定められる
1290-1364年　プトンの生涯：チベット大蔵経の編纂
1357-1419年　ツォンカパの生涯；チベットにゲルク派を創設
1360年　上座部がタイの国教になる
1368-1644年　明王朝（中国）
1392-1909年　李氏朝鮮時代（朝鮮）；仏教の弾圧
1411年　中国でチベット大蔵経のカンジュルが印刷される
1578年　モンゴル人によってダライ・ラマの事務局が設立される
1617-1682年　ダライ・ラマ5世の生涯とダライ・ラマによるチベット支配の始まり
1644-1694年　松尾芭蕉の生涯；仏教が日本の俳句と芸術に影響を与える
1700年頃　植民地時代の始まりと西洋の南アジアと東南アジアの支配
1749年　モンゴル大蔵経がチベット語から翻訳される
1800年頃　西洋の研究者による仏教の学問的研究の始まり
1823年　王立アジア協会の創設
1851-1868年　タイのラーマ4世の治世；タイの僧伽の改革
1853年　米国のサンフランシスコに最初の仏教寺院が創設される

1868-1912 年　明治時代（日本）；神道の高まりを受け仏教が弾圧される
1870-1945 年　西田幾太郎の生涯；京都学派の創設
1875 年　神智学協会の創設
1879 年　エドウィン・アーノルド卿の『アジアの光』の刊行
1881 年　T・W・リス・デヴィッツが英国にパーリ聖典協会を創設する
1891 年　アナガーリカ・ダルマパーラがマハーボディ・ソサイエティを創設する
1891-1956 年　アンベードカルの生涯；インドで不可触民の改宗
1899 年　米国仏教団の創設
1924 年　ロンドンに仏教協会が創設される
1924 年　円仏教の創設
1924-1929 年　日本で漢訳大蔵経（大正新脩大蔵経）が編纂される
1937 年　日蓮正宗創価学会が公式に創設される
1938 年　立正佼成会の創設
1950 年　人民解放軍がチベットに侵入
1950 年　世界仏教徒連盟の創設
1954-1956 年　ラングーン結集
1959 年　ダライ・ラマ 14 世がインドに亡命する；中国によるチベットでの仏教の迫害
1967 年　西洋仏教教団の友の創設
1970 年　社会参加仏教の発展
1973 年　ヴァジュラダートゥ・ファウンデーションの創設
1976 年　国際仏教学会の創設
1989 年　仏教者国際連帯会議の創設
1995 年　英国仏教学会（UKABS）の創設
2001 年　タリバン政権がバーミヤーンの仏像を破壊する

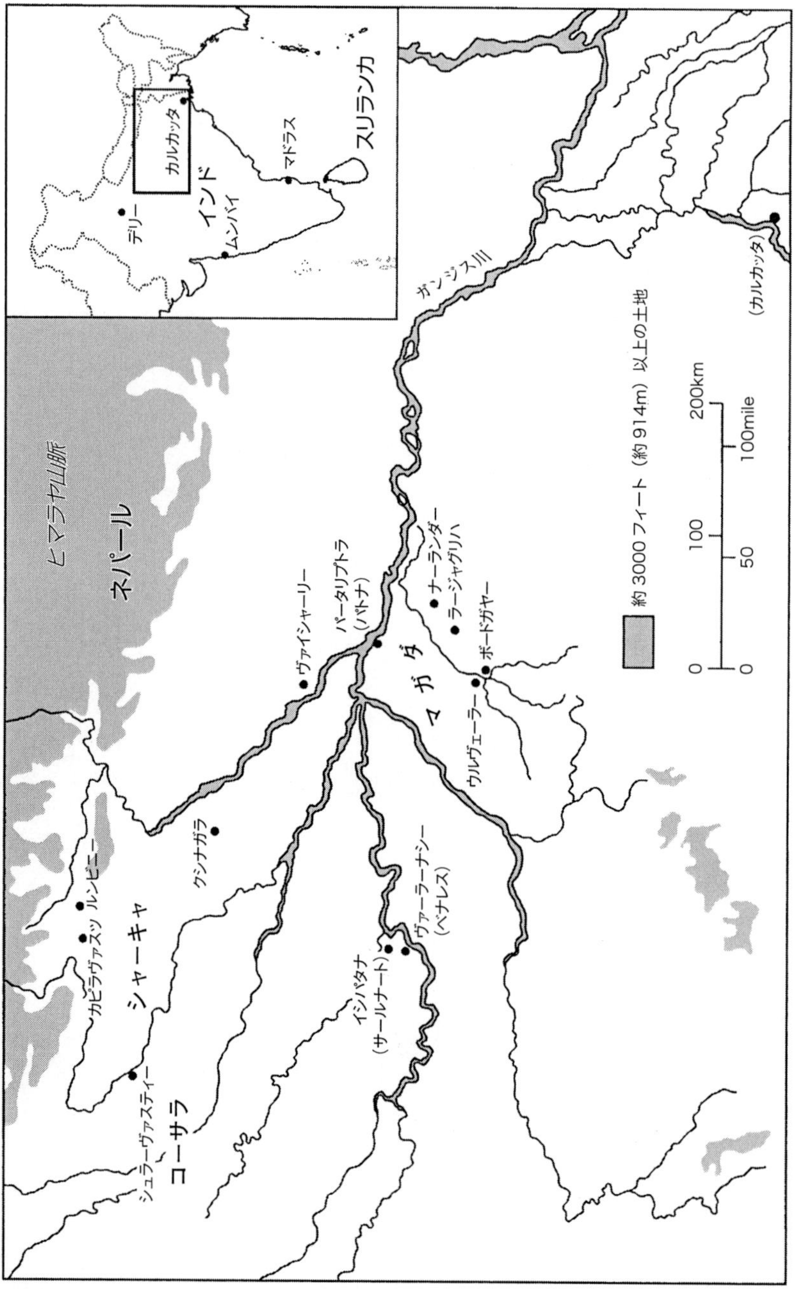

地図1 ブッダが教えを広めたインドの地域

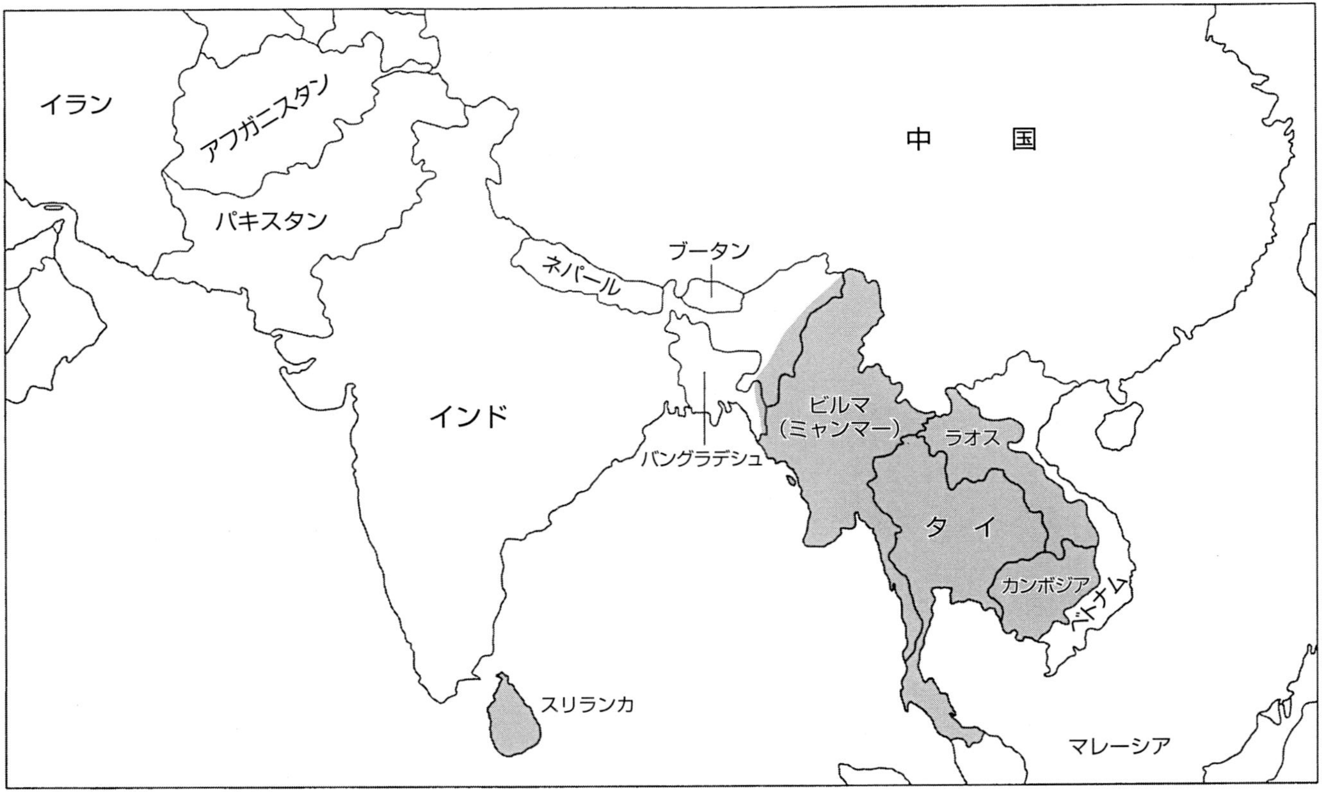

地図 2　アジアにおける上座部仏教の広がり

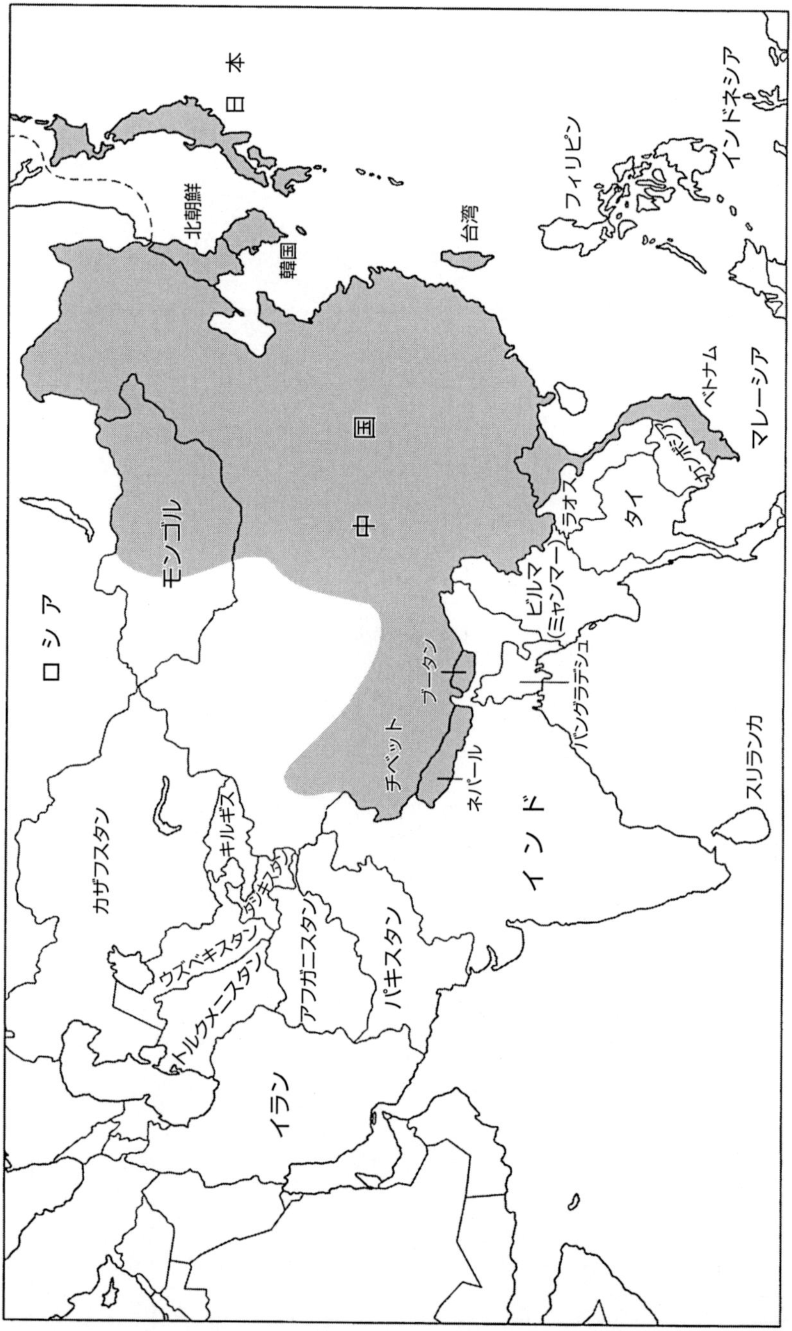

地図3 アジアにおける大乗仏教の広がり

欧文索引

A

abbhuta-dhamma (Pāli) 未曾有法 327
abhabba-ṭṭhāna (Pāli) アバッバッターナ 11
ābhassara (Pāli) アーバッサラ 11
abhaya-mudrā (Skt.) 施無畏印 177
Abhayagiri アバヤギリ 11
abhibhāyatana (Skt.) 勝処 142
abhidhamma (Pāli) 阿毘達磨 12
Abhidhamma-avatāra (Pāli) 『アビダンマ・アヴァターラ』 13
Abhidhammattha-saṅgaha (Pāli) 『アビダンマッタ・サンガハ』 13
Abhidhānappadīpikā (Pāli) 『アビダーナッパディーピカー』 13
Abhidharma (Skt.) 阿毘達磨 12
Abhidharma-dīpa 『アビダルマ・ディーパ』 13
Abhidharma-kośa 『阿毘達磨倶舎論』 12
Abhidharma-kośa-bhāṣya 『阿毘達磨倶舎論釈』 12
Abhidharma piṭaka (Skt.) 阿毘達磨蔵 13
Abhidharma-samuccaya 『阿毘達磨集論』 13
abhijjhā (Pāli) アビッジャー 14
abhijñā (Skt.) 神通[1] 165
abhimāna (Skt.) 増上慢 186
abhimukhī-bhūmi (Skt.) 現前地 89
abhiññā (Pāli) 神通[1] 165
Abhirati 妙喜 328
abhisamaya (Skt.) 現観 88
Abhisamaya-alaṃkāra 『現観荘厳論』 89
abhiṣeka (Skt.) 灌頂 63
abhūta-parikalpa (Skt.) 虚妄分別 98
abortion 堕胎 199
absolute mind 絶対の心 176
acalā-bhūmi (Skt.) 不動地 295
ācariyamuṭṭhi (Pāli) アーチャリヤムッティ 6
ācārya (Skt.) 軌範師 71
acinteyyāni (Pāli) アチンテーイヤーニ 7
Aciravatī (Skt.) アチラヴァティー 6
acquired enlightment 始覚 119
Adam's Peak アダムズピーク 6
adbhuta-dharma (Skt.) 未曾有法 327
adhicitta (Pāli) アディチッタ 7
adhigama-dharma (Skt.) 証得法 150
adhimokṣa (Skt.) 信解 160
adhipaññā (Pāli) 増上慧 186
adhiprajñā (Skt.) 増上慧 186
adhisīla (Pāli) 増上戒 186
adhiśīla (Skt.) 増上戒 186
adhiṣṭhāna (Skt.) 加持 54
adhiṭṭhāna (Pāli) 加持 54
ādi-Buddha (Skt.) アーディ・ブッダ 7
adveṣa (Skt.) 無瞋 333
Āgama (Skt.) 阿含 2
Āgama-dharma (Skt.) 阿含法 3
āgantuka-kleśa (Skt.) 客塵煩悩 71
Aggañña Sutta (Pāli) 『アッガンニャ・スッタ』 7
Aggavaṃsa アッガヴァンサ 7
Agonshū 阿含宗 2
āhāra (Pāli) アーハーラ 12
ahiṃsā (Skt.) 不殺生 287
ahosi-kamma (Pāli) アホーシ・カンマ 14
ajahn (Thai) アジャン 4
Ajaṇṭā アジャンター 4
Ajapāla-nigrodha アジャパーラ・ニグローダ 4
ajari (Jpn.) 阿闍梨 4
Ajātaśatru (Skt.) アジャータシャトル 4
Ajātasattu (Pāli) アジャータシャトル 4
Ajīta Kesakambala アジタ・ケーサカンバラ 3
Ājīvakas (Skt.) アージーヴァカ 3
Akaniṣṭha (Skt.) 色究竟天 120
ākāra (Skt.) 行相 73
ākāśa (Skt.) 虚空 94
akiriya-vāda (Pāli) アキリヤ・ヴァーダ 2
Aksobhya (Skt.) 阿閦仏 5
akusala (Pāli) 不善 288
akuśala (Skt.) 不善 288
akusala-mūla (Pāli) 不善根 288
akuśala-mūla (Skt.) 不善根 288
akuṣara (Skt.) アクシャラ 2
akushu-kū (Jpn.) 悪取空 2
akusō (Jpn.) 悪僧 2
ālambana (Skt.) 所縁 155

Āḷāra Kālāma　アーラーラ・カーラーマ　16
ālaya（Skt.）　阿頼耶　15
ālaya-vijñāna（Skt.）　阿頼耶識　16
alobha（Pāli）　アローバ　17
amala-vijñāna（Skt.）　無垢識　331
Amarakośa『アマラコーシャ』　14
Amarapura Nikāya（Skt.）　アマラプラ・ニカーヤ　14
Amarasiṃha　アマラシンハ　14
Amarāvatī　アマラーヴァティー　14
amarāvikkhepika（Pāli）　アマラーヴィッケーピカ　14
ambapālī　アンバパーリー　18
Ambedkar, Bhimrao　アンベードカル，ビームラーオ　18
America　アメリカの仏教　14
Amidism　阿弥陀信仰　14
Amis du bouddhisme　仏教友の会　289
Amitābha（Skt.）　阿弥陀　14
Amitābha Sūtra『阿弥陀経』　14
Amitāyurdhyāna Sūtra『観無量寿経』　66
Amitāyus（Skt.）　無量寿　335
Amoghasiddhi（Skt.）　不空成就　285
Amoghavajra　アモーガヴァジュラ　15
amoha（Pāli）　無痴　333
amṛta（Skt.）　甘露　67
An Shih-kao　安世高　18
anāgāmin（Skt., Pāli）　不還　286
anagārika（Pāli）　アナガーリカ　8
Anagārika Dharmapāla　アナガーリカ・ダルマパーラ　8
Ānanda　アーナンダ　9
Ānanda Metteya　アーナンダ・メッテーヤ　9
Ānanda Temple　アーナンダ寺院　9
ānantariya-kamma（Pāli）　無間業　331
ānantarya-karma（Skt.）　無間業　331
ānāpāna-sati（Pāli）　数息観　170
Anāthapiṇḍika　アナータピンディカ　8
anātman（Skt.）　無我　331
anattā（Pāli）　無我　331
Anatta-lakkhaṇa Sutta（Pāli）『アナッタラッカナ・スッタ』　8
Anawrahtā　アナウラター　8
Anesaki, Masaharu　姉崎正治　10
Aṅga　アンガ　17
aṅgirasa　アンギラサ　17
Angkor Wat　アンコール・ワット　17
Aṅgulimāla　アングリマーラ　17
Aṅguttara Nikāya（Pāli）　増支部　186
anicca（Pāli）　無常　332
animals　動物　238
animitta（Skt., Pāli）　無相　333
anitya（Skt.）　無常　332
anjin（Jpn.）　安心　18
Aññāta-Koṇḍañña　アンニャータ・コーンダニャ　18
Annen　安然　18
antara-bhāva（Skt.）　中有　214
anukampā（Pāli）　アヌカンパー　9
anumāṇa（Skt.）　比量　282
anupādisesa-nibbāna（Pāli）　無余依涅槃　335
anupādiśeṣa-nirvāṇa（Skt.）　無余依涅槃　335
anupassanā（Pāli）　順観　138
anupaśyanā（Skt.）　順観　138
Anurādhapura　アヌラーダプラ　10
Anuruddha　アヌルッダ　10
anusaya（Pāli）　随眠　168
anuśaya（Skt.）　随眠　168
anuśrava（Skt.）　随聞　168
anussati（Pāli）　随念　168
anussava（Pāli）　随聞　168
anuttara-yoga-tantra（Skt.）　アヌッタラ・ヨーガ・タントラ　10
anuvyañjana（Skt.）　随形好　168
anuyoga（Skt.）　アヌヨーガ　10
Apabhraṃśa　アパブランシャ　11
Apadāna（Pāli）『アパダーナ』　11
Aparagoyāna　アパラゴーヤーナ　12
Aparānta　アパラーンタ　12
apāya（Skt.）　悪趣[1]　2
appamāda（Pāli）　不放逸　296
apramāda（Skt.）　不放逸　296
apratisaṃkhyā-nirodha（Skt.）　非択滅　281
apratiṣṭha-nirvāṇa（Skt.）　無住処涅槃　332
apsaras（Skt.）　天女　230
arahant（Pāli）　阿羅漢　15
ārāma（Pāli）　精舎　141
araṇya（Skt.）　空閑処　77
āraṇya-vāsī（Skt.）　アーランヤ・ヴァーシン　16
arciṣmatī-bhūmi（Skt.）　焔慧地　45
argha（Skt.）　閼伽　1
Arhat（Skt.）　阿羅漢　15
ariya-aṭṭhaṅgika-magga（Pāli）　八支聖道　269
ariya-magga（Pāli）　聖道[1]　145
ariya-puggala（Pāli）　聖人　153
Ariyapariyesanā Sutta（Pāli）『アリヤパリエーサナー・スッタ』　17
Ariyavaṃsa（Pāli）『アリヤヴァンサ』　16
Arnold, Sir Edwin　アーノルド卿，エドウィン　10

artha (Skt.) 義 68
artha-kriyā (Skt.) アルタ・クリヤー 17
arūpa (Pāli) 無色 332
arūpa-dhātu (Pāli) 無色界 332
ārūpya (Skt.) 無色 332
ārūpya-dhātu (Skt.) 無色界 332
ārya-aṣṭāṅga-mārga (Skt.) 八支聖道 269
ārya-mārga (Skt.) 聖道[1] 145
ārya-pudgala (Skt.) 聖人 153
ārya-saṃgha (Skt.) 聖僧 143
Āryadeva アーリヤデーヴァ 16
Āryans アーリア人 16
aśaikṣa-mārga (Skt.) 無学道 331
Āsāḷha Pūjā (Skt.) アーサールハ・プージャー 3
asaṃskṛta (Skt.) 無為 330
āsana (Skt.) 坐 102
Asaṅga アサンガ 3
asaññasattā (Pāli) アサンニャサッター 3
āsava (Pāli) 漏 362
ascetic 苦行(主義) 78
asceticism 苦行(主義) 78
Asita アシタ 3
asmi-māna (Skt., Pāli) 我慢 58
Asoka (Pāli) アショーカ 5
Aśoka (Skt.) アショーカ 5
Aśoka-avadāna 『アショーカ・アヴァダーナ』 6
Asokārāma (Pāli) アソーカーラーマ 6
āśrava (Skt.) 漏 362
āśraya (Skt.) 所依 155
āśraya-parāvṛtti (Skt.) 転依 226
Aṣṭa-sāhasrikā-prajñā-pāramitā Sūtra 『八千頌般若経』 270
aṣṭa-vimokṣa (Skt.) 八解脱 269
aṣṭāṅga-śīla (Skt.) 八斎戒 269
āstika (Skt.) アースティカ 6
astrology 占星術 181
asubha (Pāli) 不浄 287
aśubha (Skt.) 不浄 287
Asuka period 飛鳥時代 6
asura (Skt.) アスラ 6
Aśvaghoṣa アシュヴァゴーシャ 4
aśvattha (Skt.) アシュヴァッタ 5
Atiśa アティシャ 7
atiyoga (Skt.) アティヨーガ 7
ātman (Skt.) アートマン 8
aṭṭha-sīla (Pāli) 八斎戒 269
aṭṭha vimokkha (Pāli) 八解脱 269
Atthasālinī (Pāli) 『アッタサーリニー』 7
Aum Shinrikyō (Jpn.) オウム真理教 47
avadāna (Skt.) アヴァダーナ 1
Avadāna-śataka (Skt.) 『撰集百縁経』 180
avadhūti (Skt.) アヴァドゥーティ 1
Avalokiteśvara (Skt.) 観自在 63
Avanti アヴァンティ 1
āvaraṇa (Skt.) 障 139
āvāsa (Pāli) 住処 132
Avataṃsaka Sūtra 『大方広仏華厳経』 197
avatāra (Skt.) 権化 99
āveṇika-buddha-dharma (Skt.) 不共仏法 285
Avīci (Skt.) 無間地獄 332
avidyā (Skt.) 無明 334
avijjā (Pāli) 無明 334
avyākṛta-vastu (Skt.) 無記 331
āyatana (Skt.) 処 138
Ayodhyā アヨーディヤー 15

B

Ba khin, U ウ・バ・キン 37
Bāhira-nidāna (Pāli) 『バーヒラ・ニダーナ』 271
Bahulika バフリカ 271
Bahuśrutīya 多聞部 200
bala (Skt., Pāli) 力 353
Bāmiyān バーミヤーン 272
bandha (Skt.) 縛 266
Bangladesh バングラデシュの仏教 276
Bankei Eitaku 盤珪永琢 276
bar-do (Tib.) ワルド 368
Bar-do thos-grol 『ワルド・テーテル』 368
Bārāṇasī (Pāli) ヴァーラーナシー 30
Barlaam and Josaphat バルラームとヨサファート 276
Bashō 芭蕉 267
Bassui Zenji 抜隊禅師 270
Bauddha Pālā Kīrtana バウッダ・パーラー・キールタナ 265
Bauddharañjikā 『バウッダランジカー』 266
bde-mchog 'khor-lo (Tib.) チャクラ・サンヴァラ 212
bdud-'joms rinpoche 'jigs-'bral ye-shes rdo-rje (Tib.) ドゥジョム・リンポチェ 234
begging-bowl 鉢 269
Beluva ベルヴァ 300
bhaddavaggiyā (Pāli) バッダヴァッギヤー 270
Bhadrakalpika Sūtra 『賢劫経』 89
Bhagavān (Skt.) バガヴァーン 266
Bhagavant (Pāli) バガヴァーン 266
Bhaggā バッガ 269
Bhaiṣajya-guru (Skt.) 薬師 340

bhāṇaka（Skt., Pāli） バーナカ 271
Bhāradvāja（Pāli） バーラドゥヴァージャ 273
Bhārhut バールフト 276
bhāṣya（Skt.） バーシュヤ 267
bhava（Skt., Pāli） 有 27
bhavacakra（Skt.） 有輪 38
bhāvanā（Skt.） 修習 136
Bhāvanā-krama『修習次第』 136
bhāvanā-mārga（Skt.） 修道 137
bhavaṅga（Pāli） バヴァンガ 265
Bhāvaviveka バーヴァヴィヴェーカ 265
bhikkhu（Pāli） 比丘 279
bhikkhunī（Pāli） 比丘尼 280
bhikṣu（Skt.） 比丘 279
bhikṣuṇī（Skt.） 比丘尼 280
bhrānta（Skt.） 迷 335
bhūmi（Skt.） 地 117
bhūmi-sparśa-mudrā（Skt.） 触地印 189
bhūta（Skt.） ブータ 288
bhūta-koṭi（Skt.） 実際 125
bhūta-tathatā（Skt.） 実真如 125
Bhutan ブータンの仏教 288
Bhuvanekabāhu ブヴァネーカバーフ 285
bīja（Skt.） 種子 132
Bimbisāra ビンビサーラ 284
bindu（Skt.） ビンドゥ 283
Bindusāra ビンドゥサーラ 284
bka' brgyud（Tib.） カギュ派 52
bka' brgyud-pa（Tib.） カギュパ 53
bka'-gdams-pa（Tib.） カダム派 56
bka'-gyur（Tib.） カンジュル 63
bkra-shis lhun-po（Tib.） タシルンポ寺 199
bla-ma（Tib.） ラマ 351
bla-ma mchod-pa（Tib.） グル・プージャー 81
bla-na-med-pa'i rgyud（Tib.） アヌッタラ・ヨーガ・タントラ 10
Blue Cliff Records『碧巌録』 299
Bodhāhārakula（Pāli） ボダーハーラクラ 309
Bodhgayā ボードガヤー 313
bodhi（Skt., Pāli） 菩提 308
bodhi-pākṣika-dharma（Skt.） 菩提分法 309
Bodhi Tree 菩提樹 308
Bodhicaryāvatāra『入菩提行論』 257
bodhicitta（Skt.） 菩提心 308
bodhicittotpāda（Skt.） 発菩提心 311
Bodhidharma ボーディダルマ 312
bodhimaṇḍa（Skt.） 菩提座 308
Bodhiruci ボーディルチ 312
Bodhisatta（Pāli） 菩薩 307
Bodhisattva（Skt.） 菩薩 307
Bodhisattva-śīla（Skt.） 菩薩戒 307
Bodhisattvabhūmi Śāstra「菩薩地」 307
Bodhisattvayāna（Skt.） 菩薩乗 307
Bodhisena ボーディセーナ 311
bodhyaṅga（Skt.） 覚支 53
body, speech, mind 身口意 160
bojjhaṅga（Pāli） 覚支 53
bōkatsu（Jpn.） 棒喝 301
bokuseki（Jpn.） 墨蹟 306
Bön（Tib.） ブン 298
bonpu no jōshiki（Jpn.） 凡夫の常識 316
bonze ボンズ 315
Borobudur ボロブドゥール 313
bot（Thai） ボト 313
Botataung Paya ボータタウン・パヤー 309
Brahmā 梵天 315
Brahma-loka（Skt., Pāli） 梵世天 315
Brahma-vihāra（Skt., Pāli） 梵住 315
brahmacariya（Pāli） 梵行 315
brahmacārya（Skt.） 梵行 315
Brahmajāla Sūtra『梵網経』 316
Brahman（Skt.） ブラフマン 297
Brāhmaṇa（Skt., Pāli） 婆羅門 274
Brāhmaṇa（Skt., Pāli） ブラーフマナ 297
Brāhmaṇatissa-cora（Pāli） ブラーフマナティッサ・チョーラ 297
Brahmanism バラモン教 274
Britain 英国の仏教 40
bsam-yas（Tib.） サムイェー 107
bstan-gyur（Tib.） テンジュル 227
btang-len（Tib.） タンレン 207
Bu-ston rin-chen grub（Tib.） プトン・リンチェンドゥプ 295
Buddha（Skt., Pāli） ブッダ 291
Buddha-dharma（Skt.） 仏法 294
buddha-dhātu（Skt.） 仏性 290
Buddha Jayantī ブッダ・ジャヤンティー 293
Buddha-kṣetra（Skt.） 仏国土 289
Buddha-kula（Skt.） ブッダ・クラ 292
Buddha-nature 仏性 290
Buddha-rūpa（Skt., Pāli） ブッダ・ルーパ 294
Buddhabhadra ブッダバドラ 294
Buddhacarita（Skt.）『仏所行讃』 291
Buddhadāsa ブッダダーサ 293
Buddhadatta ブッダダッタ 293
Buddhaghosa（Pāli） ブッダゴーシャ 292
Buddhaghoṣa（Skt.） ブッダゴーシャ 292
Buddhapālita ブッダパーリタ 294
Buddhaśānta ブッダシャーンタ 293
buddhatā（Skt.） 仏性 290

Buddhatrāta ブッダトラータ 293
Buddhavaṃsa (Pāli) 『ブッダヴァンサ』 292
Buddhism 仏教 289
Buddhist Churches of America 米国仏教団 299
Buddhist Hybrid Sanskrit 仏教混淆梵語 289
Buddhist Society 仏教協会 289
buji-zen (Jpn.) 無事禅 287
Bun (Lao) ブン 298
Burma ビルマの仏教 283
bushidō (Jpn.) 武士道 287
busshi (Jpn.) 仏子 290
busshin (Jpn.) 仏心 291
busso (Jpn.) 仏祖 291
Butön rin-chen-grup プトン・リンチェンドゥプ 295
butsudan (Jpn.) 仏壇 294

C

caitasika (Skt.) 心所 164
caitta (Skt.) 心所 164
caitya (Skt.) 制多 173
cakka (Pāli) チャクラ 211
cakka (Pāli) 輪 356
cakkaratana (Pāli) 輪宝 360
cakkavāḷa (Pāli) チャクラヴァーラ 211
Cakkavattisīhanāda Sutta (Pāli) 『チャッカヴァッティシーハナーダ・スッタ』 212
cakra (Skt.) チャクラ 211
cakra (Skt.) 輪 356
Cakra-saṃvara (Skt.) チャクラ・サンヴァラ 212
Cakra-saṃvara Tantra 『チャクラ・サンヴァラ・タントラ』 212
cakraratana (Skt.) 輪宝 360
cakravāla (Skt.) チャクラヴァーラ 211
cakravartin (Skt.) 転輪王 230
Campā チャンパー 214
caṇḍalī (Skt.) トゥンモ 239
Candasāra Buddha チャンダサーラ・ブッダ 213
Candragupta Maurya チャンドラグプタ・マウルヤ 213
Candrakīrti チャンドラキールティ 213
canon (Gk.) 正典 174
Cao Dai カオ・ダイ 52
Cariyāpiṭaka (Pāli) 『チャリヤーピタカ』 212
caryā-tantra (Skt.) チャリヤー・タントラ 212
casta (Portuguese) カースト 55
caste カースト 55
castus (Latin) カースト 55
Catuḥśataka 『四百論』 126
Catuḥstava 『四讃』 121
catur-nimitta (Skt.) チャトゥル・ニミッタ 212
catur-yoni (Skt.) 四生 122
Causal Vehicle 因乗 25
Celebrated Chronicle 『著名史』 222
celestial Bodhisattvas 天上菩薩 227
celibacy 禁欲 75
cetanā (Skt., Pāli) 思 117
cetasika (Pāli) 心所 164
cetiya (Pāli) 制多 173
Cetiyapabbata チェーティヤパッバタ 208
Ceylon セイロン 175
chabbaggiyā (Pāli) 六群比丘 363
Chah, Ajahn アジャン・チャー 4
'chams (Tib.) ラマ・チャム 351
Ch'an (Chin.) 禅 (中国) 177
Chan-jan 湛然 206
Ch'an-tsung (Chin.) 禅宗 179
chanda (Skt., Pāli) 欲[1] 346
Ch'ang-an 長安 219
ch'ang-shen (Chin.) 常身 143
Channa チャンナ 213
Chao-Chou Ts'ung-shen 趙州従諗 142
Chapata チャパタ僧 212
chen jen (Chin.) 真人 166
chen-yen (Chin.) 真言 161
Chen-yen tsung 真言宗 (中国) 161
cheng-hsiang-mo (Chin.) 正像末 143
Ch'eng-kuan 澄観 219
Chenrezi チェンレシ 209
Chi-tsang 吉蔵 69
chia-sha (Chin.) 袈裟 86
chich ming (Chin.) 戒名 51
chieh-t'an (Chin.) 戒壇 51
Chih-hsü 智旭 209
Chih-i 智顗 209
chih-kuan (Chin.) 止観 119
Chih-tun 支遁 126
Chih-yen 智儼 210
Chin-ying Hui-yüan 浄影慧遠 155
China 中国の仏教 216
Chinese Buddhist Association 中国仏教協会 217
Chinese Tripiṭaka 漢訳三蔵 67
ching hsin (Chin.) 浄心 143
ching-hsing (Chin.) 経行 75
Ching-te ch'uan-teng-lu (Chin.) 『景徳伝灯録』 84
Chinnamasta チンナマスター 222
Chinul 知訥 210

Chinzei-ha 鎮西派 222
chöd チュー 214
Chogye Order 曹渓宗 185
choka（Jpn.） 朝課 219
chörten チュルテン 219
Ch'osŏn（Kor.） 朝鮮（時代） 219
Ch'uan-teng Lu（Chin.） 伝灯録 230
Ch'ung-yüan 崇遠 169
cintāmaṇi（Skt.） 如意宝珠 258
citta（Skt., Pāli） 心 159
citta-ekaggatā（Pāli） 心一境性 160
citta-ekāgratā（Skt.） 心一境性 160
citta-mātra（Skt.） 唯心 342
citta-santāna（Skt.） 心相続 164
cīvara（Skt., Pāli） 衣 40
cloning クローン化 82
completion-phase 究竟次第 78
Confucianism 儒教 135
Conze, Edward コンゼ，エドワード 100
cosmology 宇宙論 35
Council of Kaniṣka カニシュカ王の会議 57
Council of Lhasa ラサの宗論 349
Council of Pāṭaliputra I パータリプトラ会議（第1回） 268
Council of Pāṭaliputra II パータリプトラ会議（第2回） 268
Council of Rājagṛha ラージャグリハ会議 350
Council of Rangoon ラングーン結集 352
Council of Vaiśālī ヴァイシャーリー会議 27
cremation 火葬 55
Critical Buddhism（Jpn.） 批判仏教 281
Cūlanāga Thera チューラナーガ・テーラ 218
Cūlapanthaka Thera チューラパンタカ・テーラ 218
Cūlavaṃsa 『小史』 141
Cullavagga（Pāli） 小品 154
Cunda チュンダ 219
cuti-citta（Pāli） チュティ・チッタ 218

D

dāgaba ダーガバ 198
dai-gedatsu（Jpn.） 大解脱 191
dai-gidan（Jpn.） 大疑団 191
Daikoku 大黒 192
Daikokuten 大黒天 192
daimoku（Jpn.） 題目 198
Dainichi Nōnin 大日能忍 195
daiosho（Jpn.） 大和尚 191
daishi（Jpn.） 大師 193
Daitoku-ji 大徳寺 195
dākinī（Skt.） ダーキニー 198
Dalada Maligawa（Pāli） ダラダー・マーリガーワ 202
Dalai Lama ダライ・ラマ 201
Dalai lama V ダライ・ラマ5世 201
Dalai Lama XIV ダライ・ラマ14世 202
ḍamaru（Skt.） ダマル 200
dāna（Skt., Pāli） 布施 287
dāna-pāramitā（Skt.） 施波羅蜜 177
Dānapāla ダーナパーラ 200
darśana（Skt.） ダルシャナ 202
darśana-mārga（Skt.） 見道 90
Daruma-shū 達磨宗 203
daśa-bala（Skt.） 十力 134
daśa-kuśala-karmapatha（Skt.） 十善業道 132
dasa-sīla（Pāli） 十戒 124
daśa-sīla（Skt.） 十戒 124
dasa-silmātā（Pāli） ダサ・シルマーター 199
Daśabhūmika Sūtra（Skt.） 『十地経』 132
dassana（Pāli） ダルシャナ 202
date of the Buddha ブッダの年代 293
dāyaka（Skt.） 施者 175
dbang-bskur（Tib.） 灌頂 63
de La Vallée Poussin, Louis ドゥ・ラ・ヴァレー・プサン，ルイ 238
death 死 117
debate 討論 238
Deer Park 鹿野苑 366
deity yoga 神のヨーガ 58
Denkō-roku 『伝光録』 227
Desanā Mahājāti デーサナー・マハージャーティ 225
desire 欲[2] 347
deva（Skt., Pāli） 天[1] 226
Devadatta デーヴァダッタ 224
devala デーヴァラ 225
Devānampiya Tissa デーヴァーナンピヤ・ティッサ 225
devatā（Skt.） 天[2] 226
dge-bshes（Tib.） ゲシェ 86
dge-'dun（Tib.） ゲンドゥン 90
dge-lugs-pa（Tib.） ゲルクパ 88
dge-lugs（Tib.） ゲルク派 88
dgon-pa（Tib.） ゴムパ 98
dhamma（Pāli） ダルマ 203
dhamma-anusārin（Pāli） 随法行 168
dhamma-cakka（Pāli） 法輪 304
Dhammajarig（Thai） ダンマジャリグ 206
Dhammapada（Pāli） 『法句経』 309

Dhammapada-aṭṭhakathā（Pāli）『ダンマパダ・アッタカター』 206
Dhammapāla（Pāli） ダンマパーラ 206
Dhammaruci Nikāya（Pāli） ダンマルチ・ニカーヤ 207
Dhammasaṅgaṇī（Pāli）『法集論』 302
Dhammayuttika（Pāli） タンマユット 207
dhāraṇī（Skt.） 陀羅尼 202
dharma（Skt.） ダルマ 203
dharma-anusārin（Skt.） 随法行 168
dharma-cakra（Skt.） 法輪 304
Dharma-dharmatā-vibhāga『法法性分別論』 304
dharma-dhātu（Skt.） 法界 309
dharma-kāya（Skt.） 法身 310
dharma-mudrā（Skt.） ダルマ・ムドラー 204
Dharmagupta ダルマグプタ 203
Dharmaguptaka 法蔵部 303
Dharmakīrti ダルマキールティ 203
Dharmakṣema ダルマクシェーマ 203
dharmameghā bhūmi（Skt.） 法雲地 301
Dharmapāla ダルマパーラ 204
Dharmapāla（Skt.） 護法 98
Dharmarakṣa ダルマラクシャ 204
dharmatā（Skt.） 法性 310
dhātu（Skt., Pāli） 界[1] 50
dhātu（Skt., Pāli） 仏舎利 290
Dhātukathā（Pāli）『界論』 51
dhutanga（Pāli） 頭陀支 170
dhyāna（Skt.） 禅定 181
dhyāna-pāramitā（Skt.） 禅波羅蜜 182
dhyāni-Buddhas ディヤーニ・ブッダ 224
Dhyānottara-paṭala『ディヤーノータラ・パタラ』 224
diet 食事制限 156
Dīgha-bhāṇaka（Pāli） ディーガバーナカ 223
Dīgha Nikāya（Pāli） 長部 221
Dignāga ディグナーガ 224
Dīpaṅkara（Skt., Pāli） ディーパンカラ 224
Dīpavaṃsa（Pāli）『島史』 233
Dīrgha Āgama（Skt.） 長阿含 139
diṭṭi（Pāli） 見 88
Divya-avadāna『ディヴィヤ・アヴァダーナ』 223
Dōgen 道元 232
dohā（Skt.） ドーハー 241
dokusan（Jpn.） 独参 239
Doṇa ドーナ 240
Dorje Shukden ドルジェ・シュクデン 241
dosa（Pāli） 瞋 159
Dōshō 道昌 234
Dōshō 道昭 234
dpal-sprul rin-po-che（Tib.） ペルトゥル・リンポチェ 300
'dras-spung（Tib.） デプン寺 225
Drepung デプン寺 225
dṛṣti（Skt.） 見 88
'drug-pa kun-legs（Tib.） ドゥクパ・クンレー 232
Drugpa Kunle ドゥクパ・クンレー 232
dry-visioned Arhats 乾観者 88
Dudjom Rinpoche ドゥジョム・リンポチェ 234
duḥkha（Skt.） 苦 76
Duka-paṭṭhāna（Pāli） ドゥカ・パッターナ 231
dukkha（Pāli） 苦 76
dūraṃgamā bhūmi（Skt.） 遠行地 49
durgati（Skt.） 悪趣[2] 2
Duruthu Perahera ドゥルトゥ・ペラヘラ 238
Duṭṭhagāmaṇi Abhaya ドゥッタガーマニ・アバヤ 236
dvātriṃśadvara-lakṣaṇa（Skt.） 三十二相 111
dvattiṃsa-lakkhaṇa（Pāli） 三十二相 111
dveṣa（Skt.） 瞋 159
Dzogchen ヅォクチェン 222

E

Eclectic Movement 無宗派運動 332
ecology 環境論 61
Edicts of Aśoka アショーカ王の法勅 6
ego 自我 119
eight auspisious symbols 吉祥八瑞 70
Eighteen Schools of Early Buddhism 小乗十八部 142
Eightfold Path 八支聖道 269
Eiheiji 永平寺 41
Eisai 栄西 346
Eizon 叡尊 41
Ekavyāvahārika（Skt.） 一説部 23
Ekayāna（Skt., Pāli） 一乗 21
Ekottara Āgama（Skt.） 増一阿含 184
Ellorā エローラー 43
Emerald Buddha エメラルド仏 43
Empō Dentō-roku『延宝伝灯録』 46
Enchin 円珍 45
Engaged Buddhism 社会参加仏教 127
Engakuji 円覚寺 44
enlightenment 悟り 106
Enni Ben'en 円爾弁円 45
Ennin 円仁 45
Enryakuji 延暦寺 46

Esala perahera エサラ・ペラヘラ 42
esoteric Buddhism 密教 327
ethics 倫理学 360
Europe ヨーロッパの仏教 347
euthanasia 安楽死 19
evaṃ mayā śrutam (Skt.) 如是我聞 258
evaṃ me sutam (Pāli) 如是我聞 258
Evans-Wentz, Walter Yeeling エヴァンス-ウェンツ，ウォルター・イェーリング 41
evil 悪[1] 2
extrinsic emptiness 他空 199

F

Fa-chao 法照 302
Fa-hsiang 法相（中国） 310
Fa-hsien 法顕 309
Fa-jung 法融 304
Fa-lang 法朗[1] 305
Fa-tsang 法蔵 303
Fa-yen wen-i 法眼文益 301
Falun Gong 法輪功 304
fang-sheng (Chin.) 放生 302
fang yen-k'ou 放焔口 301
Father Tantra 父タントラ 288
festivals 祭典 103
First Propagation 前伝期 181
first sermon 初転法輪 158
five Buddha families 五仏 98
five degrees of enlightenment 五位[1] 90
Five Houses 五家 95
Five Mountains and Ten Temples 五山十刹 95
Five Periods and Eight Teachings 五時八教 96
Five Ranks (of Ts'ao-tung) 五位[2] 90
fo 仏 289
Fo T'u-teng 仏図澄 294
Foundation for the Preservation of the Mahāyāna Tradition 大乗仏教保存財団 195
four famous mountains 四大名山 124
Four Noble Truths 四聖諦 123
Friends of the Western Buddhist Order 西洋仏教教団の友 174
front generation 現前生成 89
Fudō Myō-ō (Jpn.) 不動明王 295
fugyō-nigyō (Jpn.) 不行而行 285
fuju-fuse (Jpn.) 不受不施 287
fukasetsu (Jpn.) 不可説 285
Fuke school 普化宗 286

G

gaing ガイン 51
Gal Vihāra ガル・ヴィハーラ 59
Gampopa ガムポパ 59
gaṇa (Skt.) ガナ 57
Gaṇḍavyūha Sūtra 入法界品 257
Ganden ガンデン寺 65
gandhabba (Pāli) ガンダルヴァ 65
Gandhāra ガンダーラ 65
gandharva (Skt.) ガンダルヴァ 65
Gandhavaṃsa (Pāli) 『ガンダヴァンサ』 64
Gaṅgā ガンガー 60
Ganjin 鑑真 64
garu-dhamma (Pāli) 敬法 73
garuḍa (Skt.) ガルダ 59
gasshō 合掌 56
Gateless Gate 『無門関』 334
gāthā (Skt., Pāli) 頌 131
gati (Skt., Pāli) 趣 131
Gautama (Skt.) ガウタマ 52
gcod (Tib.) チュー 214
Ge-sar (Tib.) ゲサル 86
Geluk ゲルク派 88
Gelukpa ゲルクパ 88
Gendun ゲンドゥン 90
generation phase 生起次第 139
Genshin 源信 89
Gesar ゲサル 86
geshé ゲシェ 86
ghaṇṭā (Skt.) ガンター 64
Ghositārāma ゴーシターラーマ 96
Gijjhakūṭa (Pāli) 霊鷲山 356
Gilgit ギルギット 75
glang dar-ma (Tib.) ラン・ダルマ 352
Glass Palace Chronicle of the Kings of Burma 『玻璃王宮史』 275
gnas chung chos rje (Tib.) ネーチュン・チュージェ 260
go butsu (Jpn.) 五仏 98
God (Eng.) 神 58
Godenshō 『御伝鈔』 97
gohonzon (Jpn.) 本尊 315
Gokulika 鶏胤部 83
gompa ゴムパ 98
gopura (Thai) ゴプラ 98
Gotama (Pāli) ガウタマ 52
gotra (Skt.) 種姓 136
Govinda, Lama Anagarika ゴーヴィンダ，ラマ・

アナガーリカ 92
gradual enlightenment 漸悟 179
grāhya-grāhaka (Skt.) 所取・能取 157
Gṛdhrakūṭa (Skt.) 霊鷲山 356
Great Renunciation 偉大なる放棄 20
gsar-ma (Tib.) 新教 160
gshen-rab mi-bo (Tib.) シェンラブ・ミウォ 118
gter-ma (Tib.) テルマ 226
gter-ston (Tib.) テルテン 226
gtor-ma (Tib.) トルマ 241
gtum-mo (Tib.) トゥンモ 239
Guhyasamāja Tantra 『秘密集会タントラ』 281
Guṇabhadra グナバドラ 80
Gupta dynasty グプタ朝 80
guru (Skt., Pāli) グル 81
guru-dharma (Skt.) 敬法 73
guru pūjā (Skt.) グル・プージャー 81
Guru Rinpoche グル・リンポチェ 81
guru yoga (Skt.) グル・ヨーガ 81
Gyel-tshap ギェルツァプ 68
Gyōgi 行基 72
gzhan-stong (Tib.) 他空 199

H

Haein Temple 海印寺 50
haiku (Jpn.) 俳句 265
Hakuin Zenji 白隠禅師 266
hakushi (Jpn.) 白紙 266
Hakuun Yasutani 安谷白雲 340
Han dynasty 漢 60
Han-shan 寒山 62
Han-shan te-ch'ing 憨山徳清 63
hannya (Jpn.) 智慧 208
hara (Jpn.) 腹 272
hara-kiri (Jpn.) 腹切り 272
Harada, Daiun Sōgaku 原田大雲祖岳 273
Haribhadra ハリバドラ 275
Harivarman ハリヴァルマン 275
Haryaṅkas ハリヤンカ 276
hassō (Jpn.) 八相 270
hassu (Jpn.) 法嗣 270
haw tai (Lao) ハオ・タイ 266
Hayagrīva ハヤグリーヴァ 272
Heart Sūtra 『般若心経』 278
heaven 天界 226
Heian Period 平安時代 299
heikan (Jpn.) 閉関 299
hell 地獄 121
Heruka ヘールカ 300
hetu (Skt., Pāli) 因 24
Hevajra Tantra (Skt.) 『ヘーヴァジュラ・タントラ』 299
Hiei, Mt. 比叡山 279
hijiri (Jpn.) 聖 280
Hima-ālaya (Skt.) ヒマラヤ山脈 281
Himalayas ヒマラヤ山脈 281
Hīnayāna (Skt.) 小乗 142
Hinduism ヒンドゥー教 283
ho-shang 和尚 48
ho trai (Thai) ホー・トライ 313
Ho-tse Shen-hui 荷沢神会 55
hōgen (Jpn.) 法眼 301
Hōjō 北条 302
hōjō (Jpn.) 放生 302
hōkyōin-darani (Jpn.) 宝篋印陀羅尼 301
homa (Skt., Pāli) 護摩 98
homosexuality 同性愛 235
Hōnen 法然 303
hongaku (Jpn.) 本覚 314
Honganji 本願寺 314
honji-suijaku (Jpn.) 本地垂迹 315
honshi (Jpn.) 本師 315
Horner, Isaline Blew ホーナー，イザリン・ブルー 313
hossen (Jpn.) 法戦 310
Hossō 法相（日本） 311
Hsiang-lin Ch'en-yüan 香林澄遠 74
Hsiang-yen Chih-hsien 香厳智閑 72
Hsin-hsing 信行 160
Hsiyu chi 『西遊記』 104
Hsü-yün 虚雲 74
Hsüan-sha Shih-pei 玄沙師備 89
Hsüan-tsang 玄奘 89
Hsüeh-feng I-ts'un 雪峯義存 176
Hsüeh-tou Ch'ung-hsien 雪竇重顕 176
htī (Burm.) ティー 223
Hua-yen 華厳（中国） 84
Huai-kan 懐感 42
Huang-lung Hui-nan 横龍慧南 48
Huang-po Hsi-yün 黄蘗希運 47
Hui-ch'ang persecution 会昌の破仏 51
Hui-k'o 慧可 41
Hui-neng 慧能 43
Hui-ssu 慧思 42
Hui-wen 慧文 43
human rights 人権 160
Humphreys, Travers Christmas ハンフリーズ，トラヴァーズ・クリスマス 278

Hung-chih Cheng-chüeh 宏智正覚 369
Hung-chue school 洪州宗 93
Hung-jen 弘忍 93
Hvashang Mahāyāna マハーヤーナ和尚 323

I

I-ching 義浄 69
I-kuan Tao 一貫道 22
i-k'ung (Chin.) 一空 22
I-shan I-ning 一山一寧 23
icchantika (Skt.) 一闡提 23
ichiji-fusetsu (Jpn.) 一字不説 21
ichimi-Zen 一味禅 22
ichinengi (Jpn.) 一念義 21
iddhi (Pāli) 神通[2] 165
Igyō school 潙仰宗 20
Ikeda, Daisaku 池田大作 20
ikkō ikki (Jpn.) 一向一揆 22
Ikkyū Sōjun 一休宗純 22
Inda (Pāli) インドラ 27
India インドの仏教 25
Indra (Skt.) インドラ 27
Indra's net 梵網 316
Indrabhūti インドラブーティ 27
indriya (Skt., Pāli) 根 99
inka 印可 24
International Association of Buddhist Studies 国際仏教学会 94
International Network of Engaged Buddhists 仏教者国際連帯会議 289
intrinsic emptiness 自空 120
Ippen 一遍 23
Iryŏn 一然 21
ishin-denshin (Jpn.) 以心伝心 20
Isigili イシギリ 20
Isipatana イシパタナ 20
isshi injō 一師印証 23
Itivuttaka (Pāli) 『イティヴッタカ』 24

J

Jainism ジャイナ教 127
Jakumetsu 寂滅 128
Jakushitsu Genkō 寂室元光 128
Jambudīpa (Pāli) ジャンブドゥヴィーパ 130
Jambudvīpa ジャンブドゥヴィーパ 130
Jamgön Kongtrül ジャムグェン・コントェル 129
japa (Skt., Pāli) 持誦 122
Japan 日本の仏教 254
jarā-maraṇa (Skt., Pāli) 老死 363
Jātaka (Pāli) ジャータカ 128
Jātaka-aṭṭhakathā (Pāli) 『ジャータカ・アッタカター』 129
Jātaka-mālā 『ジャータカ・マーラー』 129
jāti (Skt., Pāli) 生 139
jedi (Lao) ジェディ 118
Jetavana ジェータヴァナ 118
Jewel Ornament of Liberation 『道次第解脱荘厳』 233
jhāna (Pāli) 禅定 181
jien-hsing (Chin.) 見性 89
Jigmé Lingpa ジクメー・リンパ 121
'Jigs-med gling-pa (Tib.) ジクメー・リンパ 121
jikkai 十界 124
jina (Skt., Pāli) ジナ 126
Jinakālamālīpakaraṇa (Pāli) 『ジナカーラマーリーパカラナ』 126
jiriki (Jpn.) 自力 158
Jishū 時宗 122
jiun 慈雲 118
Jīvaka Komārabhacca ジーヴァカ・コーマーラバッチャ 118
jñāna (Skt.) 智 208
jñāna-darśana (Skt.) 妙智見 329
Jñāna-prasthāna 『発智論』 311
jñāna-sattva (Skt.) ジュニャーナ・サットヴァ 137
jo nang pa (Tib.) ジョナン派 158
jōbutsu 成仏 154
Jōdo Shinshū 浄土真宗 151
Jōdo Shū 浄土宗 150
Jōjitsu school 成実宗 141
Jokhang ジョカン寺 156
Jonangpa ジョナン派 158
jōriki (Jpn.) 定力 155
Jōshin 静心 143
jōshin (Jpn.) 浄心 143
jōshin (Jpn.) 常身 143
Journal of Buddhist Ethics 『仏教倫理学紀要』 289
ju-chia 儒教 135
jūjūkai (Jpn.) 十重戒 132
jukai 受戒 135

K

Kaccāyana-vyākaraṇa (Pāli) 『カッチャーヤナヴ

ィヤーカラナ』 56
Kadampa カダム派 56
Kagyü カギュ派 52
Kagyüpa カギュパ 53
k'ai ming (Chin.) 開明 51
k'ai yen (Chin.) 開眼 50
kaidan (Jpn.) 戒壇 51
kaigen (Jpn.) 開眼 50
kaimyō (Jpn.) 戒名 51
kaimyō (Jpn.) 開明 51
Kakacūpama Sutta (Pāli) 『カカチューパマ・スッタ』 52
Kakua 覚阿 53
Kakue 覚恵 53
Kakunyo 覚如 54
Kakushin 覚心 53
Kakushinni 覚信尼 53
Kālacakra Tantra 『時輪タントラ』 158
Kālāma Sutta (Pāli) 『カーラーマ・スッタ』 59
Kālī カーリー 59
Kaliṅga カリンガ 59
kalpa (Skt.) 劫 91
kalyāṇa-mitra (Skt.) 善知識 181
kāma (Skt., Pāli) 欲[3] 347
kāma-dhātu (Skt., Pāli) 欲界 347
Kamakura period 鎌倉時代 58
Kamalaśīla カマラシーラ 58
Kāmarūpa カーマルーパ 58
Kamboja カンボージャ 66
Kami (Jpn.) 神 58
kamma (Pāli) 業 91
kammaṭṭhāna (Pāli) 業処 93
k'an-hua Ch'an 看話禅 65
Kāñcī カーンチー 65
Kandy キャンディー 71
Kaniṣka I カニシュカ１世 57
Kanjur カンジュル 63
Kaṅkhāvitaraṇī (Pāli) 『カンカーヴィタラニー』 61
kannen-nembutsu (Jpn.) 観念念仏 65
kannon (Jpn.) 観音 65
Kanthaka カンタカ 64
Kanzan Egen 関山慧玄 63
Kao-Seng-Chuan 高僧伝 93
kapāla (Skt.) カパーラ 57
Kapila カピラ 57
Kapilavastu カピラヴァスツ 57
kappa (Pāli) 劫 91
karma (Skt.) 業 91
Karma bka'-brgyud (Tib.) カルマ・カギュ派 60
Karma-kagyü カルマ・カギュ派 60
karma-mudrā (Skt.) カルマ・ムドラー 60
Karmapa カルマパ 60
karuṇā (Skt., Pāli) 悲 279
Kashmir カシミール 54
Kāśī (Skt.) カーシー 54
kasiṇa (Pāli) カシナ 54
Kāśyapa-parivarta 迦葉品 55
Kāśyapīya 飲光部 49
Kathāvatthu (Pāli) 『カターヴァットゥ』 55
kaṭhina (Skt., Pāli) カティナ 57
katsu (Jpn.) 喝 56
Katyāyana-abhidharma (Skt.) 『迦旃延阿毘曇』 55
Kātyāyanīputra (Skt.) カーティヤーヤニープトラ 57
Kauśāmbī (Skt.) コーサンビー 96
Kegon 華厳（日本） 85
Kegon-shū 華厳（日本） 85
Keizan Jōkin 瑩山紹瑾 83
kendō (Jpn.) 剣道 90
kenshō (Jpn.) 見性 89
kesa (Jpn.) 袈裟 86
Khaḍga dynasty カドガ朝 57
Khaggavisāna Sutta (Pāli) 『カッガヴィサーナ・スッタ』 56
khandha (Pāli) 蘊 39
Khandhaka (Pāli) 犍度部 90
khanti (Pāli) 忍 259
khattiya (Pāli) クシャトリヤ 79
khaṭvāṅga (Skt.) カトヴァーンガ 57
Khemā Therī (Pāli) ケーマー・テーリー 88
Khenpo ケンポ 90
Khmer クメール王国 81
Khotan コータン 97
Khuddaka Nikāya (Pāli) 小部 153
Khuddakapāṭha (Pāli) 『クッダカパータ』 80
khwan (Thai) クワン 82
kihō ittai (Jpn.) 機法一体 71
kīla (Skt.) プルワ 297
kilesa (Pāli) 煩悩 315
kill the Buddha 殺仏 105
kiṃnara (Skt.) キンナラ 75
kinhin (Jpn.) 経行 75
kinnara (Pāli) キンナラ 75
kiriya-vāda (Pāli) キリヤヴァーダ 75
Kisagotami Therī (Pāli) キサゴータミ・テーリー 69
Kitthiwutthō Phikkhu キッティウットー・ピック

70
Kiyozawa Manshi 清沢満之 74
kleśa (Skt.) 煩悩 315
klong-chen-pa (Tib.) ロンチェンパ 367
klong-sde (Tib.) 法界部 309
ko-i (Chin.) 格義 53
kōan (Jpn.) 公案 91
kokushi (Jpn.) 国師 95
Koliya (Skt., Pāli) コーリヤ 99
Koḷiya (Skt., Pāli) コーリヤ 99
komusō (Jpn.) 虚無僧 98
Korea 朝鮮の仏教 219
Körösi, Csoma ケーレシ，チョーマ 88
Koryŏ Period 高麗時代 94
Kośa school 倶舎宗 79
Kosala (Pāli) コーサラ 95
Kośala (Skt.) コーサラ 95
Kosambī (Pāli) コーサンビー 96
kotsu 笏 97
Kōya, Mt 高野山 94
kriyā-tantra (Skt.) クリヤー・タントラ 81
kṣānti (Skt.) 忍 259
kṣānti-pāramitā (Skt.) 忍波羅蜜 259
kṣatriya (Skt.) クシャトリヤ 79
Kṣitigarbha (Skt.) 地蔵菩薩 124
Kuan-yin (Chin.) 観音 65
Kucha クチャ 79
Kuei-shan Ling-yu 潙山霊祐 20
Kūkai 空海 76
kuladuhitṛ (Skt.) 善女人 182
kulaputra (Skt.) 善男子 182
Kum-bum クムブム寺 80
Kumāra Kassapa (Pāli) クマーラ・カッサパ 80
Kumārajīva クマーラジーヴァ 80
kun 'dun (Tib.) クェンドェン 77
Kün Dün クェンドェン 77
k'ung 空 76
kung-an (Chin.) 公案 91
k'ung chiao 儒教 135
kung-fu (Chin.) 工夫 80
kuo-shih (Chin.) 国師 95
Kuru (Skt., Pāli) クル 81
Kurundī-aṭṭhakathā (Pāli) 『クルンディー・アッタカター』 81
kusala (Pāli) 善 177
kuśala (Skt.) 善 177
kusala-mūla (Pāli) 善根 179
kuśala-mūla (Skt.) 善根 179
Kuṣāṇa (Skt.) クシャーナ 79
kushō (-nembutsu) 口称(念仏) 79
Kuśinagara (Skt.) クシナガラ 79
Kusinārā (Pāli) クシナガラ 79
Kūṭāgārasālā (Pāli) クーターガーラサーラー 79
Kūya 空也 77
kwannon (Jpn.) 観音 65
kyabdro キャプド 71
kyaung (Burm.) チャウン 211
kyōsaku (Jpn.) 警策 72
Kyoto 京都 73
Kyoto school 京都学派 73
kyūdō (Jpn.) 弓道 71

L

lakṣaṇa (Skt.) 相 183
lalanā (Skt.) ララナー 352
Lalitavistara (Skt.) 『ラリタヴィスタラ』 352
lam-'bras (Tib.) ラムデ 351
lam-dre ラムデ 351
lam-rim (Tib.) ラムリム 351
lama ラマ 351
lama dancing ラマ・チャム 351
lamaism ラマ教 351
Lamotte, Étienne ラモット，エティエンヌ 352
Lang Darma ラン・ダルマ 352
Laṅkāvatāra Sūtra 『楞伽経』 355
laukika (Skt.) 世俗 175
left-hand tantra 左道タントラ 106
Lhasa ラサ 349
Licchavi (Skt., Pāli) リッチャヴィ 355
Lin-chi I-hsüan 臨済義玄 357
Lin-chi school 臨済宗（中国） 357
Lin-tsu Ta Shih 六祖大師 364
liu hsiang (Chin.) 六相 364
lo-gsar (Tib.) ロサル 366
lo-han (Chin.) 羅漢 349
Lo-yang 洛陽 349
lobha 貪 241
Lohapāsāda (Pāli) ローハパーサーダ 366
Loi Krathong ロイクラトン祭 362
loka (Skt., Pāli) 世間 175
loka-dhamma (Pāli) 世法 177
Lokakṣema ローカクシェーマ 363
lokapāla, caturmahārāja (Skt.) 四天王 126
lokottara (Skt.) 出世間 137
lokottara-vāda (Skt.) 説出世部 176
lokuttara (Pāli) 出世間 137
Longchenpa ロンチェンパ 367
losar ロサル 366
lotus 蓮華[1] 361

lotus posture 蓮華坐 361
Lotus Sūtra 『法華経』 306
Lu-shan 廬山 366
Lu-shan Hui-yüan 廬山慧遠 366
Lumbinī (Skt., Pāli) ルンビニー 360
luminous mind 自性清浄心 123
lung-gom ルンゴム 360
Lung-men 龍門 355

M

Ma gcig lab kyi sgron ma (Tib.) マチク・ラプギ・ドェンマ 318
Ma-tsu Tao-i 馬祖道一 267
Machig Lapgi Drönma マチク・ラプギ・ドェンマ 318
Madhurā マトゥラー 319
Madhuratthavilāsinī (Pāli) 『マドゥラッタヴィラーシニー』 319
Madhyama Āgama (Skt.) 中阿含 214
madhyamā-pratipad (Skt.) 中道 217
madhyamadeśa (Skt.) マッジマデーサ 319
Madhyamaka (Skt.) 中観派 215
Madhyamakāvatāra 『入中論』 257
Madhyānta-vibhāga-kārikā (Skt.) 『中辺分別論』 218
Magadha (Skt., Pāli) マガダ 317
magga (Pāli) 道[1] 231
mahā-bhūta (Skt., Pāli) 大種 193
Maha Pasan Guha マハ・パサン・グハ 322
mahā-siddha (Skt.) マハー・シッダ 321
Mahā-thūpa (Pāli) マハートゥーパ 322
Mahā-vairocana-abhisaṃbodhi Tantra (Skt.) 『大日経』 195
Maha Wizaya paya マハ・ウィザヤ・パヤー 320
Mahabodhi Society マハーボーディ・ソサイエティ 322
Mahābodhivaṃsa (Pāli) 『マハーボーディヴァンサ』 322
Mahādeva (Skt.) マハーデーヴァ 322
mahājanapadas (Pāli) マハージャナパダ 321
Mahākaccana (Pāli) マハーカーティヤーヤナ 321
Mahākaccāyana (Pāli) マハーカーティヤーヤナ 321
Mahākāla (Skt.) マハーカーラ 321
Mahākassapa (Pāli) マハーカーシュヤパ 321
Mahākāśyapa (Skt.) マハーカーシュヤパ 321
Mahākatyāyana (Skt.) マハーカーティヤーヤナ 321
Mahāmaudgalyāna (Skt.) マハーマウドガリヤーヤナ 322
Mahāmoggallāna (Pāli) マハーマウドガリヤーヤナ 322
mahāmudrā (Skt.) マハームドラー 323
Mahāmuni Paya マハームニ・パヤー 323
Mahāmuni Temple マハームニ寺院 323
Mahāpajāpatī (Pāli) マハープラジャーパティー 322
Mahāparinibbāna Sutta (Pāli) 『大般涅槃経』 196
Mahāprajāpatī (Skt.) マハープラジャーパティー 322
mahāpurisa (Pāli) マハープルシャ 322
mahāpuruṣa (Skt.) マハープルシャ 322
Mahāsaṃghika (Skt.) 大衆部 193
Mahāsaṃnipāta Sūtra 『大集経』 193
mahāsattva (Skt.) 摩訶薩埵 317
Mahāsthāmaprāpta (Skt.) 大勢至 195
Mahāvagga (Pāli) 大品 198
Mahāvaṃsa (Pāli) 『大史』 192
Mahāvastu (Skt.) 『マハーヴァストゥ』 320
Mahāvibhāṣā (Skt.) 『大毘婆沙論』 197
Mahāvihāra (Pāli) マハーヴィハーラ 320
Mahāvīra (Skt.) マハーヴィーラ 320
Mahāvyutpatti 『翻訳名義大集』 316
Mahāyāna (Skt.) 大乗 193
Mahāyāna-saṃgraha 『摂大乗論』 144
Mahāyāna-śraddhotpāda Śāstra 『大乗起信論』 194
Mahāyāna-sūtrālaṃkāra (Skt.) 『大乗荘厳経論』 194
mahāyoga (Skt.) マハーヨーガ 323
Mahinda マヒンダ 324
Mahinda festival マヒンダ祭 324
Mahīśāsaka (Skt.) マヒーシャーサカ 323
Mahmud of Ghazni マフムード王 (ガズニ朝) 324
Maināmati-Lalmai range マイナーマティ・ラルマイ遺跡群 317
Maitreya (Skt.) 弥勒 329
Maitreyanātha マイトレーヤナータ 317
maitrī (Skt.) 慈 118
Majjhima Nikāya (Pāli) 中部 218
majjhimā-paṭipadā (Pāli) 中道 217
majjhimadesa (Pāli) マッジマデーサ 319
Makiguchi Tsunesaburō 牧口常三郎 318
Makkhali Gosāla マッカリ・ゴーサーラ 318
makyō (Jpn.) 魔郷 318
makyō (Jpn.) 魔境 318
mālā (Skt.) マーラー 325

Malla（Skt., Pāli） マッラ 319
Mallikā（Pāli） マッリカー 319
Māluṅkyāputta（Pāli） マールンキャープッタ 325
man-ngag-sde（Tib.） 訣竅部 87
māna（Skt., Pāli） 慢 325
manas（Skt.） 意 19
maṇḍala（Skt.） マンダラ 325
Mandāravā（Skt.） マンダーラヴァー 326
Mañjughoṣa（Skt.） マンジュゴーシャ 325
Mañjuśrī（Skt.） 文殊師利 338
Mañjuśrī-mūla-kalpa（Skt.）『マンジュシュリー・ムーラ・カルパ』 325
mano-jalpa（Skt.） 意言分別 20
Manorathapūraṇī（Pāli）『マノーラタプーラニー』 320
mantra（Skt.） マントラ 326
Mantrayāna（Skt.） マントラヤーナ 326
mantrin（Skt.） ガクパ 54
mappō 末法 319
Māra（Skt.） マーラ 324
Māra's daughters マーラの娘たち 325
maraṇa（Skt., Pāli） 死 117
maraṇānussati（Pāli） 死随念 124
mārga（Skt.） 道[1] 231
Marpa マルパ 325
marriage 結婚 87
martial arts 武道 295
Mathurā マトゥラー 319
mātikā（Pāli） マートリカー 319
mātṛkā（Skt.） マートリカー 319
Mauryan dynasty マウルヤ朝時代 317
Māyā（Skt.） マーヤー 324
mchod-rten（Tib.） チュルテン 219
medicine 医療 24
meditation 瞑想 335
Megasthenes メガステネス 336
Meiji Restoration 明治維新 335
Meru（Skt., Pāli） メール 336
metta（Pāli） 慈 118
Metta Sutta（Pāli）『慈経』 120
Metteyya（Pāli） 弥勒 329
Mettiyabhummajakā（Pāli） メッティヤブンマジャカー 336
mi-lam ミラム 329
Mi-tsung 密宗 327
migadāya（Pāli） 鹿野苑 366
Migāramātupāsāda（Pāli） ミガーラマートゥパーサーダ 327
Mihintale ミヒンタレー 328
Milaraspa（Tib.） ミラレーパ 329
Milarepa ミラレーパ 329
Milindapañha（Pāli）『ミリンダ王の問い』 329
Mind Category 心識部 162
mindfulness of the body 循身観 138
Ming-ti 明帝 335
miracles 奇跡 69
Mithilā（Skt., Pāli） ミティラー 327
mizuko kuyō（Jpn.） 水子供養 327
mkha'-'gro-ma（Tib.） ダーキニー 198
mkhan-po（Tib.） ケンポ 90
mkhregs-chod（Tib.） テクチュー 225
mo-chao Ch'an 黙照禅 337
Moggaliputta Tissa（Pāli） モッガリプッタ・ティッサ 337
moha（Skt., Pāli） 痴 208
Mon モン族 338
mondo（Jpn.） 問答 339
mondop（Thai） モンドプ 339
Mongkut モンクト 337
Mongolia モンゴルの仏教 338
monk 比丘 279
Monkey『西遊記』 104
mosshōryō 没商量 337
Mother Tantra 母タントラ 337
moxa（Jpn.） もぐさ 337
Mucalinda ムチャリンダ 333
muditā（Pāli） 喜 68
mudrā（Skt.） ムドラー 333
mujō 無諍 332
Mukan Fumon 無関普門 331
Mūla-madhyamaka-kārikā（Skt.）『根本中頌』 100
Mūla-sarvāstivāda（Skt.） 根本説一切有部 100
mūla-vijñāna（Skt.） 根本識 100
Müller, Friedrich Max ミュラー，フリードリヒ・マックス 328
Mumonkan（Jpn.）『無門関』 334
Muṇḍa（Skt.） ムンダ 335
muni（Skt., Pāli） ムニ 334
Musō Soseki 夢窓疎石 333
Myōe Kōben 明恵高弁 328
myōkōnin 妙好人 328

N

nāḍī（Skt.） ナーディー 245
nāga（Skt.） ナーガ 244
Nāgadīpa ナーガディーパ 244
Nāgārjuna（Skt.） ナーガールジュナ 244

Nāgārjunakoṇḍa（Skt.） ナーガールジュナコンダ 244
Nāgasena（Pāli） ナーガセーナ 244
Nairañjanā（Skt.） ナイランジャナー 244
Nakagawa Soen 中川宋淵 244
Nālāgiri（Skt.） ナーラーギリ 245
Nālandā（Skt.） ナーランダー 245
nam-thar ナムタル 245
nāma-rūpa（Skt., Pāli） 名色 328
Namo myōhō renge kyō（Jpn.） 南無妙法蓮華経 245
Namu Amida Butsu（Jpn.） 南無阿弥陀仏 245
Namuci（Pāli） ナムチ 245
Nan-ch'uan P'u-yüan 南泉普願 247
Nan-yang Hui-chung 南陽慧忠 248
Nan-yueh Huai-jang 南嶽懐譲 246
ñāṇa（Pāli） 智 208
ñāṇa-dassana（Pāli） 妙智見 329
Nanda（Skt.） ナンダ 247
Nanjio Bunyū 南条文雄 247
Nara period 奈良時代 245
nāro chos drug（Tib.） ナーローパの六法 246
Nāropa ナーローパ 246
Naropa University ナーローパ大学 246
nāstika（Skt.） ナースティカ 244
national protection Buddhism 鎮護国家 222
National Teacher 国師 95
nats（Burm.） ナッ 245
Nechung Chöje ネーチュン・チュージェ 260
nembutsu 念仏 263
nenju（Jpn.） 念珠 263
Nepal ネパールの仏教 260
Nerañjarā（Pāli） ナイランジャナー 244
New Kadampa Tradition ニュー・カダムパ・トラディション 258
New School 新教 160
ngak-pa（Tib.） ガクパ 54
nibbāna（Pāli） 涅槃 260
nibbuta（Pāli） ニッブタ 254
Nichiren 日蓮 251
Nichiren Shōshū 日蓮正宗 254
Nichiren-shū 日蓮宗 253
nidāna（Skt., Pāli） 因縁 27
Nidānakathā（Pāli）『ニダーナカター』 251
Niddesa『ニッデーサ』 254
nien-chü（Chin.） 念珠 263
nigaṇṭha（Pāli） ニガンタ 249
Nigaṇṭha Nātaputta ニガンタ・ナータプッタ 249
Nigrodhārāma（Skt.） ニグローダーラーマ 249
Nihon ryōiki『日本霊異記』 256
nijushi-ryū（Jpn.） 二十四流 250
nikai（Thai） ニカイ 249
Nikāya（Skt., Pāli） ニカーヤ 249
nimitta（Skt.） 因相 25
nine vehicles 九乗 79
Nipponzan Myōhoji 日本山妙法寺 254
nirmāṇa-kāya（Skt.） 応化身 46
nirodha（Pāli） 滅 336
nirodha-samāpatti（Pāli） 滅尽定 336
nirvāṇa（Skt.） 涅槃 260
nirupadhiśeṣa-nirvāṇa（Skt.） 無余依涅槃 335
Nirvāṇa school 涅槃宗 262
Nirvāṇa Sūtra『涅槃経』 261
nirvikalpa（Skt.） 無分別 334
nirvikalpa-jñāna（Skt.） 無分別智 334
Nishida Kitarō 西田幾多郎 250
Nishitani Keiji 西谷啓治 250
niśraya（Skt.） 依止 42
nissaya（Pāli） 依止 42
nīvaraṇa（Skt., Pāli） 蓋 50
Niwano Nikkyō 庭野日敬 259
niyama（Skt., Pāli） ニヤマ 257
Nō（Jpn.） 能 264
Non-dual Tantras 不二タントラ 296
Northern School 北宗 305
Northern-Southern School controversy 南北宗論 247
nun 尼僧 251
Nyanatiloka ニャーナティローカ 256
Nyingma ニンマ派 259
Nyingmapa ニンマパ 260

O

ö-sel オェーセル 48
Ōbaku school 黄檗宗 47
Obon 盆 314
'od-gsal（Tib.） オェーセル 48
Odantapurī オーダンタプリー寺 48
Oḍḍiyāna オッディヤーナ 48
ogha（Skt., Pāli） 瀑流 313
ōjō（Jpn.） 往生 46
ōjōden（Jpn.） 往生伝 46
Ōjōyōshū『往生要集』 46
Olcott, Henry Steele オルコット，ヘンリー・スティール 49
Oldenberg, Hermann オルデンベルク，ヘルマン 49
Oṃ（Skt.） オーム 48

Oṃ maṇi padme hūṃ (Skt.)　オン・マニ・ペメ・フン　49
one hand clapping　隻手音声　175
One Mind　一心　23
ordination　得度　239
ordination certificates　度牒　240
original face　本来の面目　316
Oxhead school　牛頭宗　96
Oxherding pictures　十牛図　131

P

pa hsiang (Chin.)　八相　270
pabbajjā (Pāli)　出家　136
paccantajanapada (Pāli)　パッチャンタジャナパダ　271
paccaya (Pāli)　縁　43
Paccekabuddha (Pāli)　独覚　240
padma (Skt.)　蓮華　361
Padmasambhava　パドマサンバヴァ　271
paduma (Pāli)　蓮華[1]　361
Pagān　パガン　266
pagoda　パゴダ　267
Pai-chang-ch'ing-kuei　『百丈清規』　282
Pai-chang Huai-hai　百丈懐海　281
Pai-i Kuan-yin (Chin.)　白衣観音　281
Pai-lien tsung　白蓮宗　282
Pai-ma Ssu　白馬寺　267
Pakudha Kaccāyana　パクダ・カッチャーヤナ　266
Pāla dynasty　パーラ朝　273
Pāli　パーリ　275
Pāli Text Society　パーリ聖典協会　275
paṃsukūlikā (Pāli)　パンスクーリカー　277
Paṇ-chen bla-ma (Tib.)　パンチェン・ラマ　277
p'an-chiao (Chin.)　判教　276
pan-jo (Chin.)　智慧　208
pañca-jñāna (Skt.)　五智　97
pañca-mārga (Skt.)　五道　97
pañca-sīla (Pāli)　五戒　94
pañca-śīla (Skt.)　五戒　94
Pañcāla　パンチャーラ　277
pañcavaggiyā (Pāli)　五比丘　98
Panchen Lama　パンチェン・ラマ　277
paṇḍita (Skt.)　ケンポ　90
P'ang Yün　龐蘊　301
Paññāsa Jātaka (Pāli)　『パンニャーサ・ジャータカ』　278
pāpa (Skt., Pāli)　悪[2]　2
pāpa-desanā (Pāli)　懺悔　110
pāpa-deśanā (Skt.)　懺悔　110
Papañcasūdanī　『パパンチャスーダニー』　271
pārājika-dharma (Skt.)　波羅夷法　272
Parakkamabāhu Ⅰ　パラッカマバーフ１世　273
paramāṇu (Skt.)　極微　95
Paramārtha　パラマールタ　274
paramārtha-satya (Skt.)　勝義諦　140
Paramatthadīpanī　『パラマッタディーパニー』　274
Paramatthajotikā　『パラマッタジョーティカー』　274
Paramatthamañjūsā　『パラマッタマンジューサー』　274
pāramī (Pāli)　パーラミー　274
pāramitā (Skt.)　波羅蜜　274
paramparā (Skt.)　転授　227
paratantra (Skt.)　依他起　42
paribbājaka (Pāli)　出家外道　137
parikalpita (Skt.)　遍計所執　300
parinirvāṇa (Skt.)　般涅槃　271
pariniṣpanna (Skt.)　円成実　45
paritta (Pāli)　護呪　96
Parivāra (Pāli)　附随　287
parivrājaka (Skt.)　出家外道　137
pariyatti (Pāli)　パリヤッティ　275
Pasenadi　パセーナディ　267
Pāṭaliputra　パータリプトラ　268
Pāṭaliputta (Pāli)　パータリプトラ　268
patho (Burm.)　パト　271
paṭiccasamuppāda (Pāli)　縁起　44
pāṭihāriya (Pāli)　神変　166
Pāṭimokkha (Pāli)　波羅提木叉　272
Paṭisambhidāmagga　『パティサンビダーマッガ』　271
pātra (Skt.)　鉢　269
patriarch　祖師　189
patta (Pāli)　鉢　269
Paṭṭhāna (Pāli)　『パッターナ』　271
Pāvā　パーヴァー　265
paya (Burm.)　パヤー　272
Peltrül Rinpoche　ペルトェル・リンポチェ　300
perahera　ペラヘラ　300
peta (Pāli)　餓鬼　52
Petavatthu　『ペータヴァットゥ』　300
pha (Lao)　パー　265
Pha-dam-pa sangs-rgyas (Tib.)　パダンパ・サンギェー　269
Phadampa Sangyé　パダンパ・サンギェー　269
Phags pa blo drö　パクパ・ロドェー　267
'Phags pa blo gros (Tib.)　パクパ・ロドェー　267

phala（Skt., Pāli） 果 50
phassa（Pāli） 触 188
'pho-ba（Tib.） ポワ 314
phongyi（Burm.） ポンギ 314
phowa ポワ 314
phurba（Tib.） プルワ 297
phyi-dar（Tib.） 後伝期 97
pi-kuan（Chin.） 閉関 299
pien-wen（Chin.） 変容経典 300
pilgrimage 聖地巡礼 174
Piṇḍola-Bhāradvāja ピンドーラ・バーラドヴァージャ 284
pirit ピリット 282
piśāca ピシャーチャ 280
piṭaka（Skt., Pāli） 蔵 183
piṭha（Skt.） ピタ 280
Platform Sūtra of the Sixth Patriarch 『六祖壇経』 364
Pŏmnang 法朗[2] 305
Pŏpsŏng jong 法性宗 310
poṣadha（Skt.） 布薩 287
Poson ポソン 308
Potala ポタラ宮 309
poya ポーヤ 313
prabhākarī-bhūmi（Skt.） 発光地 310
prabhāsvara（Skt.） オェーセル 48
pradakṣina（Skt.） 右旋 35
pragoya-mārga（Skt.） 加行道 84
Prajñā プラジュニャー 296
prajñā（Skt.） 智慧 208
prajñā-pāramitā（Skt.） 智慧波羅蜜 208
Prajñā-pāramitā Sūtras 『般若経』 277
Prajñaptivāda 説仮部 176
Prajñāruci プラジュニャールチ 296
Prakrit プラークリット 296
prākṛta（Skt.） プラークリット 296
pramāṇa（Skt.） プラマーナ 297
Pramāṇa-samuccaya 『集量論』 138
pramāṇa-vāda（Skt.） 論理学派 367
Pramāṇa-vārttika 『量評釈』 356
pramuditā-bhūmi（Skt.） 歓喜地 61
praṇidhāna（Skt.） 誓願 173
prapañca（Skt.） 戯論 88
Prāsaṅgika（Skt.） 帰謬論証派 71
prasat プラサット 296
Prasenajit（Skt.） プラセーナジット 296
Prātimokṣa（Skt.） 波羅提木叉 272
pratisaṃkhyā-nirodha（Skt.） 択滅 211
pratiṣṭhita-nirvāṇa（Skt.） プラティシュティタ・ニルヴァーナ 297
pratītya-samutpāda（Skt.） 縁起 44
pratyakṣa（Skt.） 現量 90
pratyātma-adhigama（Skt.） 自証 123
pratyaya（Skt.） 縁 43
Pratyekabuddha（Skt.） 独覚 240
Pratyekabuddhayāna（Skt.） 独覚乗 240
Pratyutpanna Sūtra 『般舟三昧経』 277
pravrajyā（Skt.） 出家 136
prayer 祈願 68
prayer flag タルチョ 203
prayer wheel マニ車 320
precepts 戒律 51
preliminary practices ゴェンド 94
preta（Skt.） 餓鬼 52
Protestant Buddhism プロテスタント・ブッディズム 298
pṛthagjana（Skt.） 凡夫 316
P'u Hua 普化 286
Pu-tai 布袋 311
P'u-t'o-shan 普陀山 288
Pubbārāma（Pāli） プッバーラーマ 294
Pubbavideha（Pāli） プッバヴィデーハ 294
pudgala（Skt.） プトガラ 295
pudgala-vāda（Skt.） 我論 60
puggala（Pāli） プトガラ 295
Puggalapaññatti 『プッガラパンニャッティ』 289
pūjā 供養 81
Pulatthinagara プラッティナガラ 296
punarbhava（Pāli） 後有 91
puṇḍarīka（Skt.） 白蓮華 282
puñña（Pāli） 福 285
puñña-khetta（Pāli） 福田 286
puṇya（Skt.） 福 285
puṇya-jñāna-saṃbhāra（Skt.） 福徳智慧資糧 286
puṇya-kṣetra（Skt.） 福田 286
Pūraṇa Kassapa プーラナ・カッサパ 297
Pure Land 浄土 144
Pure Land school, China 浄土教（中国） 145
Pure Land school, Japan 浄土教（日本） 148
Pure Rules 清規 160
puthujjana（Pāli） 凡夫 316

R

raft parable 筏の喩え 20
rāga（Skt.） 貪 241
Rāhula ラーフラ 351
Rāhulabhadra ラーフラバドラ 351
Rāhulamātā（Pāli） ラーフラマーター 351

Rājagaha（Pāli） ラージャグリハ 349
Rājagṛha（Skt.） ラージャグリハ 349
rākṣasa（Skt.） 羅刹 350
Rāmañña（Pāli） ラーマンニャ 351
rang-rgyud-pa（Tib.） 中観自立論証派 214
rang-stong（Tib.） 自空 120
rasanā（Skt.） ラサナー 349
Ratna-gotra-vibhāga 『宝性論』 303
Ratnagiri ラトナギリ 350
Ratnākaraśānti ラトナーカラ・シャーンティ 350
Ratnakūṭa（Skt.） 『宝積経』 302
Ratnasaṃbhava（Skt.） 宝生 302
Ratnāvalī 『宝行王正論』 301
Raṭṭhapāla ラッタパーラ 350
ṛddhi（Skt.） 神通[2] 165
rdo-rje（Tib.） ヴァジュラ 28
rdo-rje phur-ba（Tib.） ヴァジュラキーラ 28
rdo rje shugs ldan（Tib.） ドルジェ・シュクデン 241
rdzogs-chen（Tib.） ヅォクチェン 222
rebirth 再生 102
Red Hats 紅帽派 93
refuge tree ツォクシン 222
reincarnation 転生 227
Reiyūkai Kyōdan 霊友会教団 361
relics 仏舎利 290
Rennyo 蓮如 361
Revata レーヴァタ 361
rgyu'i theg-pa（Tib.） 因乗 25
Rhy Davids, Thomas William リス・デヴィッツ，トーマス・ウィリアム 353
Rhys Davids, Caroline Augusta Foley リス・デヴィッツ，キャロライン・オーガスタ・フォーリー 353
Rin-chen bzang-po（Tib.） リンチェン・サンポ 359
Rinchen Sangpo リンチェン・サンポ 359
rinpoche リンポチェ 360
Rinzai shū（Jpn.） 臨済宗（日本） 358
Rinzairoku 『臨済録』 359
ris-med（Tib.） 無宗派運動 332
rishi（Thai） リシ 353
Risshō Kōseikai 立正佼成会 354
Ritsu school 律宗（日本） 353
rlung-gom（Tib.） ルンゴム 360
rmi-lam（Tib.） ミラム 329
rnam-thar（Tib.） ナムタル 245
rnying-ma（Tib.） ニンマ派 259
rnying-ma-pa（Tib.） ニンマパ 260
Rokkakudō 六角堂 366
rōshi（Jpn.） 老師 363
Royal Asiatic Society：RAS 王立アジア協会 47
rūpa（Skt., Pāli） 色 120
rūpa-dhātu（Skt., Pāli） 色界 120
Ryōbu-Shintō（Jpn.） 両部神道 356
Ryōgen 良源 356
Ryōkan 良寛 356
Ryōnin 良忍 356

S

Sa-skya（Tib.） サキャ派 104
sa-upadhisesa-nibbāna（Pāli） 有余依涅槃 37
saala long tham（Lao） サーラ・ロン・タン 108
Sabbatthivāda（Pāli） 説一切有部 175
sacca（Pāli） 諦 191
Sacred Books of the Buddhists セイクリッド・ブックス・オブ・ザ・ブッディスツ 173
ṣad-āyatana（Skt.） 六処 364
ṣaḍ-gati（Skt.） 六趣 363
ṣaḍ-pāramitā（Skt.） 六波羅蜜 365
sadā（Burm.） サダー 105
saddhā（Pāli） 信 159
saddhā-anusārin（Pāli） 随信行 168
Saddhātissa サッダーティッサ 105
sādhana（Skt.） サーダナ 105
sādhumatī-bhūmi（Skt.） 善慧地 182
sahaja（Skt.） サハジャ 106
Sahajayāna サハジャヤーナ 106
Sahampati サハンパティ 106
Sahor サホル 107
Saichō 最澄 102
sakadāgāmin（Pāli） 一来 22
Sāketa サーケータ 105
Sakka（Pāli） 帝釈天 193
sakkāya-diṭṭhi（Pāli） 有身見 35
Śakra 帝釈天 193
sakṛdāgāmin（Skt.） 一来 22
Sakya サキャ派 104
Śākya シャーキャ 128
Sakya Paṇḍita サキャ・パンディタ 104
Sakyadhita サキャディーター 104
Śākyamuni シャーキャムニ 128
Sakyapa サキャパ 104
salāyatana（Pāli） 六処 364
samādhi（Skt.） 三昧 115
samaṇa（Pāli） 沙門 129
sāmaṇera（Pāli） 沙弥 129
Sāmaññaphala Sutta 『サーマンニャパラ・スッタ』

107
Samantabhadra（Skt.） 普賢 286
Samantabhadra-praṇidhāna（Skt.） 普賢の誓願 286
Samantabhadra's Resolution 普賢の誓願 286
Samantapāsādikā 『サマンタパーサーディカー』 107
sāmānya-lakṣaṇa（Skt.） 共相 77
samāpatti（Skt., Pāli） 等至 233
samatha（Pāli） 止 117
śamatha（Skt.） 止 117
samaya（Skt.） 三摩耶 115
samaya-mudrā（Skt.） 三昧耶印 115
samaya-sattva（Skt.） 三昧耶薩埵 115
saṃbhāra-mārga（Skt.） 資糧道 158
saṃbhoga-kāya（Skt.） 報身 303
saṃbodhi（Skt.） 正覚 139
Saṃgha（Skt., Pāli） 僧伽 185
Saṃgha Administration Act サンガ法 109
Saṃghabhadra サンガバドラ 109
Saṃghavarman 康僧鎧 93
saṃgraha-vastu（Skt.） 摂事 141
Sāmindavisaya（Pāli） サーミンダヴィサヤ 107
saṃjñā（Skt.） 想 183
sammappadhāna（Pāli） 正勤 140
Saṃmitīya サンミティーヤ 115
Sammohavinodanī 『サンモーハヴィノーダニー』 115
saṃpanna-krama（Skt.） 究竟次第 78
saṃsāra（Skt., Pāli） 輪廻 359
saṃskāra（Skt.） 行 72
saṃskṛta（Skt.） 有為 30
samurai 侍 108
saṃvṛti-satya（Skt.） 世俗諦 175
samyak-prahāṇa（Skt.） 正勤 140
samyak-saṃbuddha（Skt.） 正等覚者 145
Samyé サムイェー 107
Samyé Ling サムイェー・リン 107
saṃyojana（Skt., Pāli） 結 87
Saṃyukta Āgama（Skt.） 相応阿含 184
Saṃyutta Nikāya（Pāli） 相応部 184
san-chiao 三教 110
San-chiao school 三教宗 110
San-chieh-chiao 三階教 109
San-lun（Chin.） 三論（中国） 115
Sāñcī サーンチー 114
Sandhi-nirmocana Sūtra 『解深密経』 86
sanei gyo-daing（Burm.） サネイ・ギョダイ 106
Saṅghamittā サンガミッター 110
Sañjaya Belaṭṭhiputta サンジャヤ・ベーラッティプッタ 111
saṅkhāra（Pāli） 行 72
saṅkhata（Pāli） 有為 30
saññā（Pāli） 想 183
saññā-vedayita-nirodha（Pāli） サンニャー・ヴェーダイタ・ニローダ 114
Sanron（Jpn.） 三論（日本） 116
Sanskrit サンスクリット語 112
Śāntarakṣita シャーンタラクシタ 130
Santi Asok サンティ・アソーク 114
Śāntideva シャーンティデーヴァ 130
Saraha サラハ 108
Sāratthappakāsinī 『サーラッタッパカーシニー』 108
Śāriputra シャーリプトラ 130
Sāriputta（Pāli） シャーリプトラ 130
śarīra（Skt.） 舎利 129
Sārnāth サールナート 108
sarva-jña（Skt.） 一切智者 22
sarva-jña-jñāna（Skt.） 一切智智 22
Sarva-maṇḍala-sāmānya-vidhi-guhya Tantra 『サルヴァ・マンダラ・サーマーニャ・ヴィディ・グフヤ・タントラ』 108
Sarva-tathāgata-tattva-saṃgraha 『一切如来真実摂経』 22
Sarvāstivāda（Skt.） 説一切有部 175
Sarvodaya サルボダヤ 108
sāsana（Pāli） 聖教 140
śāsana（Skt.） 聖教 140
Sāsanavaṃsa 『サーサナヴァンサ』 105
sassatavāda（Pāli） 常住論 142
śāstra（Skt.） 論 366
śāśvata-vāda（Skt.） 常住論 142
sati（Pāli） 念 263
satipaṭṭhāna（Pāli） 念住 263
Satipaṭṭhāna Sutta 『サティパッターナ・スッタ』 106
satkāya-dṛṣṭi（Skt.） 有身見 35
satya（Skt.） 諦 191
satya-dvaya（Skt.） 二諦 251
Satyasiddhi Śāstra 『成実論』 141
Sautrāntika 経量部 74
Sāvatthi（Pāli） シュラーヴァスティー 137
Sayadaw（Burm.） サヤド 108
schism 部派分裂 296
sdom-gsum（Tib.） 三律儀 115
Second Propagation 後伝期 97
Secret Instrustion Category 訣竅部 88
self-generation 自己生成 121
sems-sde（Tib.） 心識部 162

Seng-chao　僧肇　186
Seng-ts'an　僧粲　185
Sengai Gibon　仙厓(崖)義梵　178
sensei（Jpn.）　先生　181
Sera　セラ寺　177
sesshin（Jpn.）　摂心　176
setsuwa bungaku（Jpn.）　説話文学　176
sgam-po-pa（Tib.）　ガムポパ　59
shambhala　シャンバラ　130
Shan-tao　善導　181
Shangri-la　シャングリラ　130
Shao-k'ang　少康　140
Shao-Lin monastery　少林寺　155
Shen-hsiu　神秀　162
Shen-rap Mi-wo　シェンラプ・ミウォ　118
shiguzeigan（Jpn.）　四弘誓願　120
shih chung chieh（Chin.）　十重戒　132
shikan-taza（Jpn.）　只管打坐　119
shiko（Jpn.）　四枯　121
Shin Arahan　シン・アラハン　159
shinbutsu bunri（Jpn.）　神仏分離　166
shinbutsu shūgō（Jpn.）　神仏習合　166
Shingon school　真言宗（日本）　162
shinpyu（Burm.）　シンピュ　166
Shinran　親鸞　167
Shintō　神道　165
shō-zō-matsu（Jpn.）　正像末　143
shōbō　正法　154
Shōbō-genzō　『正法眼蔵』　154
Shōbō-genzō Zuimonki　『正法眼蔵随聞記』　154
shōdō（Jpn.）　正堂　145
shōdō（Jpn.）　正道　145
shōdō（Jpn.）　唱道　145
shōdō（Jpn.）　聖道[2]　145
shōdō（Jpn.）　障道　145
Shōmu Tennō　聖武天皇　154
Shōtoku Taishi　聖徳太子　149
shugendō（Jpn.）　修験道　136
Shūhō Myōchō　宗峰妙超　133
Shwedagon Pagoda　シュエダゴン・パゴダ　134
shwegyin　シュエギン派　134
siddha（Skt.）　シッダ　125
Siddhārtha Gautama（Skt.）　シッダールタ・ガウタマ　125
Siddhattha Gotama（Pāli）　シッダールタ・ガウタマ　125
siddhi（Skt.）　シッディ　126
Sigālovāda Sutta　『シガーローヴァーダ・スッタ』　119
sikkhamat　シッカマト　124
sikkhāpada（Pāli）　学処　53
Sikkim　シッキム　124
Śikṣā-samuccaya　『学集論』　53
śikṣāpada（Skt.）　学処　53
sīla（Pāli）　戒　50
śīla（Skt.）　戒　50
śīla-pāramitā（Skt.）　戒波羅蜜　51
sīlabbataparāmāsa（Pāli）　戒禁取見　51
Śīlabhadra　シーラバドラ　158
śīlavrata-parāmārśa（Skt.）　戒禁取見　51
Silk Road　シルクロード　158
sim（Lao）　シン　159
sīmā（Pāli）　界[2]　50
sin　罪　223
Sivaraksa, Sulak　スラック・シワラック　172
six realms of rebirth　六趣　363
Six Schools of Nara Buddhism　南都六宗　247
Six Sectarian Teachers　六師外道　363
Six Yogas of Nāropa　ナーローパの六法　246
sixteen Arhats　十六羅漢　134
skandha（Skt.）　蘊　39
Skandhaka（Skt.）　犍度部　90
sku-'bum（Tib.）　クムブム寺　80
skyabs-'gro（Tib.）　キャプド　71
śloka（Skt.）　偈　83
smṛti（Skt.）　念　263
smṛti-upasthāna（Skt.）　念住　263
snga-dar（Tib.）　前伝期　181
sngon-'gro（Tib.）　ゴェンド　94
Soga clan　蘇我氏　188
sōhei（Jpn.）　僧兵　188
Sōjiji　総持寺　185
Sōka Gakkai International　創価学会インタナショナル　184
sokushin jōbutsu（Jpn.）　即身成仏　189
Somapuri Mahāvihāra　ソーマプリ僧院　189
Sŏn（Kor.）　禅（朝鮮）　177
Songs of the Sixth Dalai Lama　『ダライ・ラマ6世歌集』　202
Songtsen Gampo　ソンツェン・ガンポ　190
Sōniryō（Jpn.）　僧尼令　188
sopādhiśeṣa-nirvāṇa（Skt.）　有余依涅槃　37
Sŏsan Taesa　清虚大師　173
sotāpanna（Pāli）　預流　347
Sōtō　曹洞宗（日本）　187
Sōtō-shū　曹洞宗（日本）　187
south-east Asia　東南アジアの仏教　236
Southern School　南宗　246
sparśa（Skt.）　触　188
spatial category　法界部　309

sprul-sku（Tib.） トェルク 239
spyan ras gzigs（Tib.） 観自在 63
spyan-ras-gzigs（Tib.） チェンレシ 209
śraddhā（Skt.） 信 159
śraddhā-anusārin（Skt.） 随信行 168
śramaṇa（Skt.） 沙門 129
śrāmaṇera（Skt.） 沙弥 129
Śrāvakayāna（Skt.） 声聞乗 155
Śrāvastī（Skt.） シュラーヴァスティー 137
Śrī Kṣetra Pyu Golden Pāli Text シュリー・クシェートラ・ピュー・ゴールデン・パーリ・テキスト 138
Sri Lanka スリランカの仏教 172
srid pa'i 'khor-lo（Tib.） シーペー・コルロ 126
Śrīmālā-devī-siṃhanāda Sūtra 『勝鬘経』 154
śrīvatsa（Skt.） シュリーヴァツサ 138
Srong-btsan sgam-po（Tib.） ソンツェン・ガンポ 190
śrotāpanna（Skt.） 預流 347
ssu hung shih yuan（Chin.） 四弘誓願 120
Stcherbatsky, Fedor Ipporitovich チェルバツキー，フェドール・イッポリトーヴィッチ 208
stem cell research 幹細胞研究 61
Sthavira（Skt.） 上座 140
Sthiramati スティラマティ 171
stūpa（Skt.） ストゥーパ 171
Subāhu-paripṛcchā 『蘇婆呼童子請問経』 189
Śubhākarasiṃha スバーカラシンハ 171
Subhūti スブーティ 171
subitism 頓 241
sudden enlightenment 頓悟 241
suddhāvāsa（Pāli） スッダーヴァーサ 171
Śuddhodana シュッドーダナ 137
sudurjayā bhūmi（Skt.） 極難勝地 95
suffering（Eng.） 苦 76
Suhṛllekha 『勧誡王頌』 60
suicide 自殺 121
sūkara-maddava（Pāli） スーカラ・マッダヴァ 169
Sukhāvatī（Skt.） 極楽 95
sukkha-vipassaka（Pāli） 乾観者 88
Sule Paya スーレー・パヤー 172
Sumaṅgalavilāsinī 『スマンガラヴィラーシニー』 172
Sumedha スメーダ 172
Sundo 順道 138
suññattā（Pāli） 空性 77
śūnyatā（Skt.） 空性 77
Śūnyatā-saptati 『空七十論』 77
supermundane 出世間 137
Śūraṅgama-samādhi Sūtra 『首楞厳三昧経』 138
Susiddhikara Tantra 『蘇悉地経』 189
Śuśunāga シュシュナーガ王朝 136
Susunāga（Pāli） シュシュナーガ王朝 136
sūtra（Skt.） 経 71
Sūtra in Forty-Two Sections 『四十二章経』 122
Sūtra Piṭaka（Skt.） 経蔵 72
sutta（Pāli） 経 71
Sutta-nipāta 『スッタニパータ』 171
Sutta Piṭaka（Pāli） 経蔵 72
Suvaṇṇabhūmi スヴァンナブーミ 169
Suvarṇa-prabhāsottama Sūtra 『金光明経』 100
Suzuki Shōsan 鈴木正三 169
Suzuki Shunryū 鈴木俊隆 169
Suzuki, D. T. 鈴木大拙 170
sva-lakṣaṇa（Skt.） 自相 124
svabhāva（Skt.） 自性 122
svābhāvika-kāya（Skt.） 自性身 123
svastika（Skt.） スヴァスティカ 168
Svātantrika-Madhyamaka（Skt.） 中観自立論証派 214
Swayambhunath スヴァヤンブーナート 169

T

Ta-chu Hui-hai 大珠慧海 193
Ta-hui Tsung-kao 大慧宗杲 191
Tachikawa-ryū（Jpn.） 立川流 200
T'aego Pou 太古普愚 192
T'ai-hsü 太虚 191
Taishō Canon 『大正新脩大蔵経』 195
Takuan Sōhō 沢庵宗彭 198
takuhatsu（Jpn.） 托鉢 199
Tambapaṇṇi-dīpa（Pāli） タンバパンニ・ディーパ 206
T'an-luan 曇鸞 242
T'ang dynasty 唐 231
Tangut タングート 204
taṇhā（Pāli） 渇愛 56
Tannishō 『歎異抄』 205
tantric Buddhism タントラ仏教 204
Tao 道[2] 231
Tao-an 道安 231
Tao-ch'o 道綽 233
Tao-hsin 道信 234
Tao-hsüan 道宣 235
Tao-sheng 道生 234
Taoism 道教 231
Tapassu タプッサ 200
Tapussa タプッサ 200

Tārā　ターラー　200
Tāranātha　ターラナータ　202
tariki (Jpn.)　他力　202
Tashilhumpo　タシルンポ寺　199
tathāgata (Skt., Pāli)　如来　258
tathāgata-garbha (Skt.)　如来蔵　258
Tathāgata-garbha Sūtra　『如来蔵経』　259
tathatā (Skt.)　真如　166
tattva (Skt.)　タットヴァ　200
tāvatiṃsa (Pāli)　三十三天　111
Taxila　タクシラ　199
tazaung (Burm.)　タザウン　199
Te-shan Hsüan-chien　徳山宣鑑　239
tea ceremony　茶会　211
telakhon　テラコン　226
Temple of the Tooth　仏歯寺　290
temporary ordination　一時的な出家　21
ten great disciples　十大弟子　133
ten kings　十王　131
Tendai　天台宗（日本）　229
Tenjur　テンジュル　227
terma　テルマ　226
thabeik (Burm.)　タベイ　200
Thailand　タイの仏教　196
thal-gyur-pa (Tib.)　帰謬論証派　71
Thammayut (Thai)　タンマユット　207
thang-ka (Tib.)　タンカ　204
Thang-song rgyal-po (Tib.)　タントン・ギェルポ　205
Thangtong Gyelpo　タントン・ギェルポ　205
Thar pa rin po ch'ei rgyan (Tib.)　『道次第解脱荘厳』　233
that (Thai)　タト　200
The Monkey King　『西遊記』　104
thein (Burm.)　テイン　224
Theosophical Society　神智学協会　164
thep (Thai)　テプ　225
thera (Pāli)　上座　140
thera (Pāli)　長老　221
Theragāthā　『テーラガーター』　225
Theravāda (Pāli)　上座部　140
Therīgāthā　『テーリーガーター』　226
Thich Nhat Hanh　ティク・ナット・ハン　224
Thich Quang Duc　ティク・クアン・ドック　224
thilashin　シラシン　158
thod-rgal (Tib.)　トェーギェル　239
thögal　トェーギェル　239
three Buddha families　三部　115
three periods of the teachings　三時　110
Three Pillars of Zen　禅の三本柱　182
three realms　三界　109
three times　三世　113
Three Truths　三諦　113
three turnings of the wheel　三転法輪　114
three uncountable kalpas　三阿僧祇劫　109
three vows　三律儀　115
threk-chö　テクチュー　225
Thudhamma　トゥダンマ　236
thūpa (Pāli)　ストゥーパ　171
Thūpārāma　トゥーパーラーマ　238
Thūpavaṃsa　『トゥーパヴァンサ』　237
Ti-lun　『地論』　159
Tibet　チベットの仏教　210
T'ien-t'ai　天台（中国）　227
ṭīkā (Skt., Pāli)　ティーカー　223
Tika-paṭṭhāna (Pāli)　ティカ・パッターナ　223
tilakkhaṇa (Pāli)　三相　113
Tilopa　ティローパ　224
ting-li (Chin.)　定力　155
Tipiṭaka (Pāli)　三蔵　113
tiratna (Pāli)　三宝　115
tīrthika (Skt.)　外道　88
tisaraṇa (Pāli)　三帰依　110
Tōdaiji　東大寺　235
Tōji　東寺　233
tong-len　タンレン　207
tooth relic　仏歯　290
torma　トルマ　241
transformation texts　変容経典　300
trāyastriṃśa (Skt.)　三十三天　111
tri-dharma-cakra-pravartana (Skt.)　三転法輪　114
tri-kāla (Skt.)　三相　113
tri-svabhāva (Skt.)　三性　111
Tri-svabhāva-nirdeśa (Skt.)　『三性論』　112
Tridharma　トリダルマ　241
tridhātu (Skt.)　三界　109
trikāya (Skt.)　三身　112
trilakṣaṇa (Skt.)　三相　113
triloka (Skt.)　三界　109
Triṃśikā　『唯識三十頌』　342
Tripiṭaka (Skt.)　三蔵　113
Tripiṭaka Koreana　朝鮮三蔵　219
triratna (Skt.)　三宝　115
triśaraṇa (Skt.)　三帰依　110
triyāna (Skt.)　三乗　111
tṛṣṇā (Skt.)　渇愛　56
Trungpa, Chogyam　トゥンパ・チョギャム　238
try-asaṃkhyeya-kalpa (Skt.)　三阿僧祇劫　109
Ts'ao-shan Pen-chi　曹山本寂　185

Ts'ao-tung school 曹洞宗（中国） 186
tsha-tsha ツァツァ 222
tshva-tshva（Tib.） ツァツァ 222
Tsong kha pa losang drakpa（Tib.） ツォンカパ 222
Tsongkhapa ツォンカパ 222
Tsung-mi 宗密 133
Tu-shun 杜順 240
Tucci, Giuseppe トゥッチ，ジュゼッペ 236
tülku トゥルク 239
tummo トゥンモ 239
Tun-huang 敦煌 242
Tung-shan Liang-chieh 洞山良价 233
Tusita（Pāli） 兜率天 240
Tuṣita（Skt.） 兜率天 240
Two Truths 二諦 251
tzu-li（Chin.） 自力 158
Tz'u-min Hui-jih 慈愍慧日 127

U

U Nu ウー・ヌ 36
ubhato-bhāga-vimutta（Pāli） 倶解脱 78
ubosoth（Thai） ウボソト 37
uccheda-vāda（Skt.） 断滅論 207
Udāna『ウダーナ』 35
Udaya I-IV ウダヤ1世～4世 35
Uddaka Rāmaputta（Pāli） ウドラカ・ラーマプトラ 36
Udraka Rāmaputra（Skt.） ウドラカ・ラーマプトラ 36
Ŭich'ŏn 義天 70
Uighur ウイグルの仏教 30
Ŭisang 義湘 69
UK Association for Buddhist Studies：UKABS 英国仏教学会 41
Ullambana（Skt.） 盂蘭盆 38
unsui（Jpn.） 雲水 39
upacāra-samādhi（Pāli） ウパチャーラ・サマーディ 37
upādāna（Skt., Pāli） 取 131
upādāna-skandha（Skt.） 取蘊 134
Upagupta（Skt.） ウパグプタ 37
Upāli（Pāli） ウパーリ 37
upāsaka（Skt., Pāli） 優婆塞 37
Upasampadā（Skt., Pāli） 授戒 135
upāsikā（Skt., Pāli） 優婆夷 36
upāya-kauśalya（Skt.） 善巧方便 178
upekkhā（Pāli） 捨 127
upekṣā（Skt.） 捨 127
uposatha（Pāli） 布薩 287
Uppalavaṇṇā（Pāli） ウッパラヴァンナー 36
ūrṇā（Skt.） 白毫 281
Uruvelā（Pāli） ウルヴェーラー 38
Uruvela-Kassapa（Pāli） ウルヴェーラ・カッサパ 38
uṣṇīṣa（Skt.） 肉髻 254
Uṣṇīṣa-vijaya（Skt.） 仏頂尊勝 294
utpala（Skt.） 優鉢羅 37
utpatti-krama（Skt.） 生起次第 139
Uttarakuru（Skt.） ウッタラクル 35
Uttaramūla Nikāya ウッタラムーラ・ニカーヤ 36
uttarāpatha（Skt.） ウッタラーパタ 36
Uttarārāma ウッタラーラーマ 36

V

Vacchagotta ヴァッチャゴッタ 30
Vaibhāṣika（Skt.） 毘婆沙師 281
vaipulya sūtra（Skt.） 方広経 302
Vairocana（Skt.） 毘盧遮那 282
Vaiśālī（Skt.） ヴァイシャーリー 27
vaiśāradya（Skt.） 無畏 331
Vajjī（Pāli） ヴァッジー 29
Vajjiputtaka（Pāli） ヴリジプトラカ 38
vajra（Skt.） ヴァジュラ 28
Vajra-śekhara Tantra（Skt.）『金剛頂経』 99
Vajrabhairava ヴァジュラバイラヴァ 28
Vajrabodhi ヴァジュラボーディ 28
Vajracchedika Sūtra『金剛般若経』 99
Vajradhara（Skt.） 執金剛 132
Vajradhatu Foundation ヴァジュラダートゥ・ファウンデーション 28
Vajrakīla（Skt.） ヴァジュラキーラ 28
Vajrapāṇi（Skt.） 金剛手 99
Vajrasattva（Skt.） 金剛薩埵 99
Vajrayāna（Skt.） 金剛乗 99
Vajrayoginī（Skt.） ヴァジュラヨーギニー 28
Vakkali（Pāli） ヴァッカリ 29
Valabhī（Skt.） ヴァラビー 30
Vārāṇasī（Skt.） ヴァーラーナシー 30
varṣya（Skt.） 安居 17
vāsanā（Skt.） 習気 125
vassa（Pāli） 安居 17
Vasubandhu（Skt.） ヴァスバンドゥ 28
Vasumitra（Skt.） ヴァスミトラ 29
Vātsīputrīya（Skt.） 犢子部 239
Vaṭṭagāmaṇi Abhaya ヴァッタガーマニ・アバヤ 29

vāyu (Skt.) 風 285
Veda (Skt.) ヴェーダ 32
vedanā (Skt., Pāli) 受 131
Veḷuvana (Pāli) ヴェールヴァナ 34
Vesālī (Pāli) ヴァイシャーリー 27
Vessantara Jātaka (Pāli) 『ヴェッサンタラ・ジャータカ』 32
Vibhajjavāda (Pāli) 分別説部 299
vicāra (Skt.) 伺 117
vicikicchā (Pāli) 疑 68
vicikitsā (Skt.) 疑 68
Videha (Skt.) ヴィデーハ 31
Viḍūḍabha (Pāli) ヴィドゥーダバ 31
vidyā (Skt.) 明 328
vidyā-sthāna (Skt.) 明処 328
vidyādhara (Skt.) 持明 126
Vietnam ヴェトナムの仏教 32
Vigraha-vyāvartanī (Skt.) 『廻諍論』 42
vihāra (Skt., Pāli) 精舎 141
viharn (Thai) ウィハーン 31
Vijayabāhu ヴィジャヤバーフ 31
vijñāna (Skt.) 識[1] 120
Vijñānavāda (Skt.) 唯識派 342
vijñapti (Skt.) 識[2] 120
vijñapti-mātra (Skt.) 唯識 342
Vijñapti-mātratā Siddhi 『成唯識論』 155
vikalpa (Skt.) 分別 299
Vikramaśīla (Skt.) ヴィクラマシーラ 30
vimalā-bhūmi (Skt.) 離垢地 353
Vimalakīrti-nirdeśa Sūtra (Skt.) 『維摩経』 342
Vimalamitra ヴィマラミトラ 32
Vimānavatthu (Pāli) 『ヴィマーナヴァットゥ』 31
vimokkha (Pāli) 解脱[1] 86
vimokṣa (Skt.) 解脱[1] 86
Viṃśatikā (Skt.) 『唯識二十論』 342
vimukti (Skt.) 解脱[2] 86
vimutti (Pāli) 解脱[2] 86
Vimuttimagga (Pāli) 『解脱道論』 87
Vinaya (Skt., Pāli) 律 353
Vinaya Piṭaka 律蔵 354
Vinaya school 律宗 (中国) 353
viññāna (Pāli) 識[1] 120
vipāka (Skt.) 異熟 20
viparyāsa (Skt.) 顛倒 230
vipassanā (Pāli) 観 60
vipaśyanā (Skt.) 観 60
viriya (Pāli) 精進 143
vīrya (Skt.) 精進 143
vīrya-pāramitā (Skt.) 精進波羅蜜 143
viṣaya (Skt.) 境 72
visualization 観想 64
Visuddhajanavilāsinī 『ヴィスッダジャナヴィラーシニー』 31
Visuddhimagga 『清浄道論』 143
vitakka (Pāli) 尋 159
vitarka (Skt.) 尋 159
Vṛji (Skt.) ヴァッジー 29
Vṛjiputraka (Skt.) ヴリジプトラカ 38
Vulture's peak 霊鷲山 356
vyākaraṇa (Skt.) 授記 135
vyavahāra (Skt.) 言説 100

W

waka (Jpn.) 和歌 368
Wang jih-hsiu 王日休 47
wang-sheng (Chin.) 往生 46
Warren, Henry Clarke ウォーレン，ヘンリー・クラーク 34
wat ワット 368
Wat Dhammakāya ダンマカーヤ寺院 206
Wat Phra Keo ワット・プラ・ケオ 368
Watts, Alan ワッツ，アラン 368
Wei-t'o 韋駄天 20
Wesak ウェサク 32
wihaan (Lao) ウィハーン 31
women 女性 157
Wŏn Buddhism 円仏教 45
Wŏnch'uk 円測 45
Wŏnhyo (617-686) 元暁 61
World Fellowship of Buddhists 世界仏教徒連盟 175
wrathful deities 忿怒尊 298
wu 悟 90
wu (Chin.) 無 330
Wu-men Hui-k'ai 無門慧開 334
Wu-men kuan (Chin.) 『無門関』 334
Wu-t'ai-shan 五台山 97
Wu-tsung 武宗 288

Y

yab-yum ヤプユム 340
yakṣa (Skt.) ヤクシャ 340
Yama (Skt.) ヤマ 341
yamabushi (Jpn.) 山伏 341
yamaka-pāṭihāriya (Pāli) 双神変 186
Yamamoto Gempo 山本玄峰 341
Yamāntaka (Skt.) 大威徳明王 191

yāna（Skt.） 乗 139
Yang-shan Hui-chi 仰山慧寂 72
yantra（Skt.） ヤントラ 341
Yasa（Pāli） ヤサ 340
Yaśodharā（Skt.） ヤショーダラー 340
yathā-bhūta（Skt.） 如実 258
Yavana（Pāli） ヤヴァナ 340
Ye-shes mtsho-rgyal（Tib.） イェーシェー・ツォギェル 19
Yellow Hats 黄帽派 93
Yeshé Tshogyel イェーシェー・ツォギェル 19
yi-dam（Tib.） イダム 21
yi hsin ch'uan hsin 以心伝心 20
yi tzu pu shuo 一字不説 21
Yin-kuang 印光 24
yoga（Skt.） ヨーガ 346
yoga-tantra（Skt.） 瑜伽タントラ 345
Yogācāra（Skt.） 瑜伽行派 344
Yogācārabhūmi Śāstra（Skt.）『瑜伽師地論』 345
yogin（Skt.） 行者 72
yoginī（Skt.） ヨーギニー 346
yon-mchod（Tib.） イェンチュー 19
Yuan-chüeh ching『円覚経』 43
Yüan Hung-tao 袁宏道 44
Yüan-wu K'o-ch'in 圜悟克勤 45
Yukti-ṣaṣtikā（Skt.）『六十頌如理論』 364
Yün-chi Chu-hung 雲棲袾宏 39
Yün-kang caves 雲岡石窟 39
Yün-men Wen-yen 雲門文偃 40
Yung-chia Hsüan-chüeh 永嘉玄覚 346
Yūzū-nembutsu school 融通念仏宗 343

Z

zabuton（Jpn.） 座蒲団 107
zafu（Jpn.） 坐蒲 107
zazen 坐禅 105
zedi（Burm.） ゼディ 177
Zen（Jpn.） 禅（日本） 178
zendō（Jpn.） 禅堂 182
zengyō（Jpn.） 漸教 178
zengyō（Jpn.） 善巧 178
zengyō（Jpn.） 禅行 178
Zenrin-kushū『禅林句集』 182
Zimmè Paññāsa（Burm.） ジンメ・パニャーサ 166

監訳者略歴

末木文美士（すえき・ふみひこ）

1949 年　山梨県に生まれる
1978 年　東京大学大学院人文科学研究科博士課程修了
　　　　東京大学教授，国際日本文化研究センター教授を経て
現　在　東京大学名誉教授，国際日本文化研究センター名誉教授
　　　　文学博士

編訳者略歴

豊嶋悠吾（とよしま・ゆうご）

1977 年　香川県に生まれる
2005 年　東京大学大学院人文社会系研究科修士課程修了
現　在　出版社勤務

オックスフォード
仏　教　辞　典　　　定価はカバーに表示

2016 年 2 月 20 日　初版第 1 刷
2016 年 5 月 20 日　　　第 2 刷

監訳者　末　木　文　美　士
編訳者　豊　嶋　悠　吾
発行者　朝　倉　誠　造
発行所　株式会社　朝　倉　書　店
東京都新宿区新小川町 6-29
郵便番号　162-8707
電　話　03（3260）0141
FAX　03（3260）0180
http://www.asakura.co.jp

〈検印省略〉

教文堂・牧製本

ISBN 978-4-254-50019-6　C 3515　Printed in Japan